Pierre Nora

DU MÊME AUTEUR

L'Histoire en miettes, des Annales à la nouvelle histoire, La Découverte, 1987, rééd. La Découverte-poche, 2010.
Histoire du structuralisme. Le champ du signe, 1945-1966, tome 1, 1991, rééd. Livre de poche-Hachette, coll. « Biblio-essais », 1995.
Histoire du structuralisme. Le chant du cygne, 1967 à nos jours, tome 2, 1992, rééd. Livre de poche-Hachette, « Biblio-essais », 1995.
L'Instant éclaté, entretiens avec Pierre Chaunu, Aubier, 1994.
L'Empire du sens, l'humanisation des sciences humaines, La Découverte, 1995.
Paul Ricœur. Les sens d'une vie, La Découverte, 1997, rééd. actualisée, La Découverte-poche, 2008.
Les Courants historiques en France 19e-20e siècle, avec Christian Delacroix et Patrick Garcia, Armand Colin, coll. « U », 1999, rééd., Gallimard, coll. « Folio », 2007.
L'Histoire ou le Temps réfléchi, Hatier, 1999.
L'Histoire, Armand Colin, coll. « Cursus », 2000, rééd. actualisée, 2010.
Michel de Certeau, le marcheur blessé, La Découverte, 2002, rééd. La Découverte-poche, 2007.
Michel de Certeau, les chemins d'histoire, Complexe, 2002, codirigé avec Christian Delacroix, Patrick Garcia et Michel Trebitsch.
La Marche des idées. Histoire des intellectuels, histoire intellectuelle, La Découverte, 2003.
Histoire et historiens en France depuis 1945, ADPF, 2003, avec Christian Delacroix et Patrick Garcia.
Le Pari biographique. Écrire une vie, La Découverte, 2005, rééd. La Découverte-poche, 2011.
Paul Ricœur et Michel de Certeau. L'histoire entre le dire et le faire, éditions de L'Herne, 2006.
La Mémoire, pour quoi faire ?, avec Jean-Claude Guillebaud et Alain Finkielkraut, éd. de l'Atelier, 2006.
Paul Ricœur et les sciences humaines, codirigé avec Christian Delacroix et Patrick Garcia, La Découverte, coll. « Armillaire », 2007.
Gilles Deleuze et Félix Guattari. Biographie croisée, La Découverte, 2007.
Gilles Deleuze et les images, codirigé avec Jean-Michel Frodon, éd. Cahiers du cinéma, 2008.
Historicités, codirigé avec Christian Delacroix et Patrick Garcia, La Découverte, 2009.
Renaissance de l'événement. Un défi pour l'historien : entre Sphinx et Phénix, PUF, 2010.
Historiographies. Concepts et débats, codirigé avec Christian Delacroix, Patrick Garcia et Nicolas Offenstadt, tome 1 et tome 2, Gallimard, coll. « Folio », 2010.

François DOSSE

Pierre Nora

Homo historicus

Ouvrage publié avec le concours
du Centre national du livre

PERRIN
www.editions-perrin.fr

ISBN : 978-2-262-03379-8

Avant-propos

Écrire la biographie d'un contemporain est une gageure. À ce pari biographique se sont ajoutées les difficultés inhérentes au fait que Pierre Nora est en plein exercice de ses multiples activités : directeur d'une des revues les plus importantes du paysage intellectuel français, *Le Débat*; orchestrateur du rayonnement international des sciences humaines françaises en tant que directeur de ses « Bibliothèques » chez Gallimard; académicien, donc déjà immortel, sans compter ses autres responsabilités et sa position centrale dans nombre de réseaux.

Dans ces conditions, le biographe peut-il tout dire, peut-il avoir accès à tout ? Quelle part doit avoir le témoignage direct du sujet biographé, en l'occurrence la parole de Pierre Nora, par rapport aux autres sources d'information ? Comment éviter l'hagiographie ? Ces délicates questions ont fait l'objet entre Pierre Nora et moi de nos premières conversations en juillet et septembre 2008. Dès le départ, il était entendu qu'il me faudrait trouver la juste distance pour éviter le double écueil d'une trop grande extériorité qui conduirait à se limiter à une somme de clichés, et celui d'une trop grande proximité qui conduirait à une biographie autorisée, compassée et complaisante.

J'ai tenu à me lancer dans une vaste enquête auprès de nombreux témoins pour démultiplier les points de vue et les éclairages, sollicitant de rencontrer ses proches, ses confrères, quelques-uns de ses anciens étudiants, de ses innombrables auteurs. Si Pierre Nora a fait montre d'une grande disponibilité pour répondre à mes questions, il n'a nullement été interventionniste. Me laissant une liberté totale dans ma recherche, manifestant une confiance croissante à mon égard, il m'a ouvert de plus en plus largement ses archives personnelles. Je me suis tenu de mon côté à un effort de discrétion qui m'a coûté, tant étaient précieux les moments au cours desquels Pierre Nora répondait à mes questions. Sous le masque du sérieux académique, je découvrais en même temps un homme au sens inné de l'humour, un imitateur doué, un observateur lucide, évoquant sur un ton toujours sarcastique et dévastateur, tranchant comme un scalpel, la comédie humaine, maniant le récit avec un art consommé.

Je plongeai donc tête baissée dans les archives des collections de Pierre Nora et me trouvai immergé dans le cœur du réacteur, celui de la fabrique de l'histoire et des sciences humaines pendant plus de quarante ans, incarnée par un tremblement de l'être, car je découvrais chez Pierre Nora une identité en abîme : sous l'éditeur connu, respecté et admiré par le public, je retrouvais l'historien qui m'était familier, tout en allant de surprise en surprise car, sous l'historien, je devinais le littéraire, le poète, le créateur.

L'éditeur, qui en lui s'est identifié à l'excellence, recouvre une promesse non tenue, celle de l'auteur qui est pourtant là, bien présent, mais dans des textes souvent interstitiels, mal perçus dans leur cohérence par le public. Très jeune, comme nous le verrons, il est bien conscient d'avoir une œuvre à accomplir et il l'accomplira en consacrant l'essentiel de sa vie aux œuvres des autres, faisant par là même de sa vie – une vie pour les autres – une œuvre. Soucieux de conserver la possibilité d'exprimer l'une ou l'autre de ses identités, Pierre Nora est toujours aux aguets, à l'écoute de la nouveauté, disponible pour l'accueillir. Cette disposition d'esprit a un prix : renoncer à des appartenances institutionnelles trop lourdes qui ont tendance à soumettre l'individu qui les sert à suivre une voie toute tracée.

Toujours prêt à l'aventure intellectuelle, Pierre Nora est particulièrement soucieux de préserver son espace de liberté, ce qui fera de lui ce qu'il appelle un «central latéral», ne se laissant jamais réduire à sa fonction, si prestigieuse soit celle qu'il occupe chez Gallimard. Il entend en être, mais avec un pas d'écart qui lui permet une expression tout à fait libre. Ce geste qui consiste à préserver sa liberté est chez lui de l'ordre du vital, indispensable à sa respiration, chaque combat collectif où la liberté est mise à mal le trouvant aux avant-postes avec un courage certain qui contredit l'image répandue dans le public d'une «pensée tiède». Que ceux qui en doutent lisent son ouvrage *Les Français d'Algérie*, ils y verront un regard glacé et glaçant, sans complaisance; qu'ils lisent son discours sur Michel Droit, à l'occasion de sa réception à l'Académie française, qui rend justice à un homme tombé par ses excès dans l'opprobre; qu'ils se rappellent sa solitude dans la défense du droit au débat d'un Michel Legris qui mettait violemment en cause le type d'éthique journalistique du *Monde*; qu'ils prennent ici la mesure de l'absence de tout esprit de secte dans sa politique éditoriale. Ces combats pour les libertés ont fait de lui le président presque naturel de l'association Libertés pour l'histoire, où il a succédé dans cette fonction à René Rémond.

Le succès fulgurant de sa carrière, son aisance et son charme, tous ces atouts ont contribué à lui forger l'image quelque peu élitiste d'un mondain. Il est certain que l'élégance, qualificatif par lequel Marie-Laure Delorme le désigne, lui convient à merveille[1]. En 1976, Pierre Nora, alors âgé de quarante-cinq ans, participe à un débat à la télévision à l'occasion d'une émission d'*Apostrophes* de Bernard Pivot consacrée à l'art et au métier d'historien. Maurice Clavel qui écrit alors des chroniques sur la télévision dans *Le Nouvel Observateur* exprime son admiration avec ferveur, saluant son courage consistant, au milieu d'un aréopage prompt à considérer les usages de l'histoire comme autant d'instruments idéologiques, à défendre, «doux, ferme, serein, pensif, pur et plein, beau de visage et encore plus beau de cette attitude», le bien-fondé de la curiosité intellectuelle et du mouvement immotivé de l'esprit : «Ce n'est pas la première fois que je trouve Pierre Nora admirable. Ce grand bourgeois de gauche m'a toujours fait penser à quelque jeune Athénien "bien né" et naturellement ambitieux, entre Platon et Alcibiade, dans l'attente d'une rencontre avec Socrate, ou dans son pressentiment. Cette fois l'aurait-il rencontré, en lui-même[2] ?» Si la famille Nora n'a pas le même poids que celle des Alcméonides dans l'Athènes du Ve siècle avant J.-C., elle n'en est pas moins une grande famille bourgeoise. La justesse du propos de Clavel peut se révéler dans le portrait que Plutarque dresse d'Alcibiade : «Quant à sa beauté, peut-être n'est-il pas besoin d'en rien dire, sinon qu'elle fleurit et brilla à tous les âges et fit de lui, un enfant, un jeune homme, puis un homme plein de charme et de séduction[3].»

En même temps, comme le dit son amie Mona Ozouf, «Pierre a l'intelligence du malheur», ce qui pondère singulièrement cette première impression toute de mondanité. La traversée de la tragédie de la guerre entre dix et quatorze ans n'est pas étrangère à sa part d'ombre. L'équivoque identitaire qu'il ressent n'est pas sans effet sur son équilibre personnel. Pierre Nora nourrit un doute, une forme d'inquiétude, source d'une constante anxiété et de somatisations en tout genre qui ont grevé sa santé. La vie est pour lui une difficulté perpétuée, et il s'étonne de la propension au bonheur de certains de ses proches, comme il l'a dit une fois à son ami Jean-Noël Jeanneney. Il souffre à l'idée même de devoir souffrir ! Son hypocondrie le poursuivra toute sa vie, se manifestant significativement avec intensité autour de sa date d'anniversaire. Cette fragilité physique se double chez lui d'un constant besoin de réassurance narcissique ; le pire étant selon lui toujours sûr, il doit être régulièrement réconforté par les encouragements de ses innombrables amis et par la force du cercle familial. En même temps, s'il cède parfois aux lamentations, Pierre Nora ne le fait jamais sans humour ; il se tourne lui-même – comme autrui – en dérision, si bien qu'il n'y a chez lui aucune complaisance au drame, au tragique historique ou personnel.

D'où viennent ces fragilités ? Le biographe n'a pas de sondes pour pénétrer les reins et les cœurs, et ne peut qu'émettre quelques hypothèses au terme de son enquête. Disons qu'elles s'enracinent dans un terreau qui engage tout autant son histoire personnelle que l'histoire collective à laquelle il appartient. L'équation familiale d'un père très autoritaire et d'un frère aîné de dix années, Simon, qui a fait figure de substitut de père et même de héros à ses yeux, a fortement contribué à rendre difficile l'affirmation de sa singularité. Le passage du « petit Pierre » qu'il était, le petit dernier, amusant, rétif à la loi du père, qu'on adore sans le prendre vraiment au sérieux, au Pierre Nora, autorité incontestée de la vie intellectuelle française, n'a pas toujours été aussi facile qu'on le croit.

Il y a aussi la tragédie de l'histoire traversée à l'âge de douze ans lorsque la Gestapo vient le chercher et qu'il doit s'enfuir pour échapper au nazisme. Avoir vécu si tôt dans sa chair la politique antisémite de l'État français a fortement marqué un Pierre Nora qui se donnera pour objet l'approfondissement de ce que peut être le fait national, le sentiment national. Évitant le double écueil d'une posture purement dénonciatrice du phénomène national qui n'y verrait que le visage du refus de l'autre, de la crispation identitaire, et de la vision nationaliste pétrie de fierté de tous les éléments de la francité, il aura passé sa vie à naviguer entre ces deux récifs pour exprimer son amour de la France, d'une certaine France. S'il n'a eu de cesse d'exprimer son amour de la France, ce n'est en effet pas celle au visage grimaçant du régime de Vichy qui a failli l'envoyer droit vers les chambres à gaz, ce n'est pas non plus la France qu'il aura l'occasion de connaître lors de ses deux années d'enseignement à Oran à la fin des années 1950, celle du colonialisme, d'une guerre qui n'ose dire son nom, ni encore celle des rodomontades antiaméricaines du farouche coq gaulois gaulliste. La France qu'il chante, sa France, est celle, plus souriante, de l'affirmation selon laquelle «il n'y a pas plus heureux qu'un Juif en France», celle de l'universalisme de ses valeurs républicaines. Oui, cette France-là, il l'aime jusqu'à se refuser à la plupart des invitations au voyage, jusqu'à ne se sentir bien que dans la langue française, et d'achever sa grande entreprise des *Lieux de mémoire* par trois volumes consacrés aux *France*.

Si Pierre Nora a fondamentalement innové lui-même en tant que promoteur d'une nouvelle manière d'écrire l'histoire, c'est justement par sa capacité à pratiquer un écart par rapport au modèle existant. Lorsque la France fait retour dans l'historiographie à l'horizon des années 1980, il n'est pas question pour lui de se contenter de reprendre les vieux chevaux lavissiens du XIXe siècle, mais de promouvoir une nouvelle manière de parler de la France, un nouveau rapport à la tradition, non celui du legs ossifié, embaumé, non celui d'une simple identification aux grands monuments du passé, mais un rapport actif à la traditionnalité inscrite au sein même de notre présent, avec le décalage du temps passé, à un second niveau, celui de la réflexivité.

Comme le plus souvent, l'innovation vient de cette position d'*outsider* du dedans et d'équilibre instable qui fait de Pierre Nora un intellectuel français juif qui entend vivre cette double identité souvent clivée, parfois douloureuse, dont la tension évite de tomber dans les écueils du nationalisme ou du repli communautaire. Il évoque souvent ses angoisses en utilisant un terme fort et évocateur : «Ce qui me taraude.» Cette identité juive aura été vécue sur un mode mineur, comme une tonalité de fond qui aura nourri son besoin d'être toujours tourné vers l'avenir et son sens de l'intellect que définit son ami Philippe Meyer, répondant à qui lui demande qui est Pierre Nora : «C'est très simple, si vous avez la solution, il a le problème.» En tant qu'intellectuel juif néanmoins, il se refuse à tout ce qui pourrait l'obliger, au nom d'une solidarité communautaire, à aller à l'encontre de sa raison, et c'est en ce sens qu'il fait honneur à ce qu'il y a de plus juif en lui.

Mon hypothèse est qu'il a trouvé, avec sa grande entreprise des *Lieux de mémoire*, une réponse historienne personnelle à cette situation clivée de l'intellectuel français juif, d'où sa relation passionnelle avec ce monument éditorial. Il y est inscrit bien davantage qu'en tant que chef d'orchestre, car il en est le compositeur, le créateur, et sa réalisation, certes collective, est d'une certaine manière sa *Recherche du temps perdu*. Il a les traits de son ouvrage et l'on pourrait affirmer, comme Jules Michelet dans sa fameuse préface de 1869 à son *Histoire de France* : «Mon livre m'a créé. C'est moi qui fus son œuvre. Ce fils a fait son père. S'il est sorti de moi d'abord, de mon orage (trouble encore) de jeunesse, il m'a rendu bien plus en force et en lumière, même en chaleur féconde, en puissance réelle de ressusciter le passé. Si nous nous ressemblons, c'est bien. Les traits qu'il a de moi sont en grande partie ceux que je lui devais, que j'ai tenus de lui[4]. »

Homme des confluences, entre l'histoire politique à la Renouvin et la nouvelle histoire à la Le Goff, Pierre Nora aura incarné une voie possible pour des intellectuels juifs se refusant aux facilités du repli identitaire, en montrant que l'on peut tenir et penser ensemble les deux dimensions que sont l'histoire et la mémoire, en faisant travailler dans leurs lieux les vertus propres à chacune, et en évacuant leurs tentations exclusivistes. C'est l'apport le plus incontestable, le plus décisif de Pierre Nora à l'historiographie, que celui d'avoir, par sa singularité de Juif, valorisé la mémoire – le *Zakhor* –, mais en la soumettant au feu roulant de la critique de la discipline historique, à la vigilance historienne. Avant de laisser le lecteur se faire juge en découvrant la richesse de cet itinéraire, je reprends à mon compte les propos tenus par Pierre Nora sur Jean Lacouture : «C'est ce que personnellement j'admire en lui : Jean a réussi sa vie en la consacrant à celle des autres.»

I

GUERRE ET PAIX

1

Une famille de miraculés

Perché sur les hauteurs de Grenoble à plus de mille mètres, le bourg de Villard-de-Lans dispose de deux collèges pendant la guerre. Celui, très catholique, de Belmont où les chères têtes blondes sont invitées à chanter tous les matins *Maréchal, nous voilà*, et le collège laïque Le Portique dirigé par un vieil anarcho-socialiste très cultivé et porté sur l'alcool, ayant longtemps vécu et enseigné en Indochine, Charles Juillet; l'homme a de solides convictions et entend bien sauver le plus de Juifs possible des mains allemandes. Dans la grande maison au cœur d'un parc, il a fondé cette institution enseignante, cette pension. Il la dirige de main de maître, aidé par une vieille gouvernante avec laquelle il vit. Il y a nommé beaucoup de professeurs juifs étrangers, réfugiés dans ce lieu reculé du Vercors, et il a accepté l'inscription de nombreux enfants juifs. Au Portique, on ne chantait pas *Maréchal, nous voilà*, mais *La Marseillaise*, et chaque matin on levait le drapeau tricolore en manière de défi lancé aux troupes occupantes depuis 1942. Charles Juillet ressemblait un peu, avec sa barbichette, à Hô Chi Minh, mais un Hô au teint de brique et au pull-over rouge. Avec son groupe d'amis et de collègues, de nombreux exilés des années 1930, il refaisait le monde tous les jours en puisant dans les divers marxismes hétérodoxes, et notamment dans la littérature trotskiste. De formation philosophique, Charles Juillet possédait une bonne partie des publications de «La Pléiade» qu'il entreposait dans son bureau, et lorsque le petit Pierre Nora, qui avait alors une douzaine d'années, était premier de la classe, il lui en prêtait un exemplaire. Il protégeait tout son petit monde des incursions des Allemands et, lors des visites inopinées de ces derniers, il envoyait ses gamins dans la forêt; lorsque les soldats redescendaient vers Grenoble, il brandissait une couverture à la fenêtre.

Au Portique, Pierre Nora partage sa chambre avec quelques camarades dont Jean-Pierre Franck, le frère de son voisin de classe à Grenoble. De quelques années plus âgé que Pierre, Jean-Pierre a seize ans en 1943. La famille Franck, comme la famille Nora, s'est réfugiée dans le Vercors, à Saint-Nizier. Didier Franck est envoyé dans un pensionnat catholique, à Autrans, pendant que son frère Jean-Pierre se retrouve à Villard-de-Lans avec Pierre Nora. Les horreurs de la guerre sont alors partout. Peu après que Saint-Nizier eut fêté l'arrivée des résistants dans le village, les Allemands débarquent et mettent le feu à toutes les maisons, épargnant seulement l'hôtel qui avait servi de refuge à un officier allemand. Tout déplacement était des plus dangereux : «Revenant un jour à vélo à Villard-de-Lans, j'ai été doublé par les Allemands et, imbécile, je me suis arrêté. Ils m'ont vu dans leur rétroviseur et se sont arrêtés à leur tour. Je suis reparti et comme ils étaient assez loin, j'ai pu faire demi-tour[1].» Outre ses fonctions de direction, Charles Juillet donnait des cours passionnants de littérature, ainsi que des rudiments de philosophie et de latin : «On discutait beaucoup de littérature avec Pierre[2].»

C'est lui, Charles Juillet, qui a sauvé la vie du petit Pierre Nora en cette nuit de janvier 1944 lorsque, voyant arriver la Gestapo vers 3 heures du matin, il lui a dit de sauter par la fenêtre et de prendre la fuite. La Gestapo venait en effet chercher Pierre Nora : «Lorsque plus tard je suis allé à Izieu, je me suis un peu identifié à celui qui a réussi à se sauver en sautant par la fenêtre[3].»

En cas de problème, son frère Simon, plus âgé de dix ans et engagé dans la Résistance, dans le maquis du Vercors, avait conseillé à son frère de se réfugier dans une grosse ferme isolée, *La Conversaria*, qui est devenue depuis un vrai hameau. Le paysan qui tenait cette grosse ferme ne comprenait pas trop ce qui se passait. Pour lui le monde se divisait entre ceux qui cherchent et ceux qui se cachent, et il acceptait volontiers d'accueillir ceux qui étaient traqués. Le jeune garçon qu'est alors Pierre Nora s'installe donc pour un moment dans la grange de la ferme, mais il ne se sent pas vraiment à l'aise dans cet univers un peu primitif. Le paysan forniquait à l'occasion avec ses filles, et le petit Pierre posait trop de questions et donc de problèmes. On lui a demandé sagement de rentrer chez lui. Il retourne au Portique, mais Charles Juillet lui déconseille de rester à la pension devenue beaucoup trop dangereuse pour lui : «Je me vois encore repartant par la petite porte avec mes skis et mon sac à dos, allant retrouver ma mère à Méaudre[4].»

Le maquis du Vercors

À l'exception du père, Gaston Nora, titulaire de la croix de guerre et de la médaille militaire, chirurgien qui a pu poursuivre son activité à Paris à condition de porter l'étoile jaune et de rester sous étroite surveillance, toute la famille Nora s'était réfugiée à Grenoble. À l'été 1943, la mère de Pierre, Julie Lehman, sa sœur et lui s'installent à Villard-de-Lans dans le massif du Vercors, dans la pension Georges. À partir d'une imprudence de la mère de Pierre Nora, qui a fait savoir à une amie qu'elle pouvait lui écrire à ladite pension, mais sous un faux nom, les Allemands sont venus effectuer quelques contrôles, espérant bien mettre la main sur la famille Nora qui heureusement n'était pas présente ce jour-là. Ils en ont néanmoins profité pour arrêter un jeune de seize ans. L'étau se resserre et les Nora décident de ne pas retourner vivre à Grenoble, mais de rester le plus isolés possible dans le massif du Vercors. Ils doivent cependant quitter la pension Georges et vont s'installer dans un petit village, à une trentaine de kilomètres de Grenoble, lui aussi à mille mètres d'altitude, Méaudre, dans le Vercors. Ils ont d'abord trouvé refuge chez une femme qui, lorsqu'elle a appris qu'ils étaient juifs, leur a montré la porte, puis ils ont été hébergés dans la ferme de M. Audemard, futur maire du village à la Libération. C'est donc à Méaudre que Pierre Nora se rend lorsqu'il doit fuir le Portique. Là, il retrouve sa mère et sa sœur Jacqueline qui aide la famille qui les héberge aux activités de la ferme. Quant à ses frères, Simon et Jean, ils ont rejoint le maquis du Vercors.

À Méaudre, la peur des incursions allemandes était constante, et il fallait prévoir de disparaître dans la forêt en cas de montée des Allemands sur le plateau. Un dispositif d'alerte avait été mis au point avec des résistants qui travaillaient en contrebas dans une usine hydro-électrique qui surplombait la route menant sur le plateau du Vercors : «Lorsqu'ils les voyaient arriver, ils faisaient des appels de lumière et on fichait le camp, y compris la nuit, dans la forêt[5].» Alors que Jacqueline Nora aidait aux foins, son frère Pierre était plongé dans ses lectures, surtout de la poésie, contemplant le paysage de la fenêtre de sa chambre. Mais il était déjà passé de la lecture à l'écriture, dès cet âge de treize ans, tenant régulièrement son journal, y consignant même des informations dangereuses comme les parachutages, les actions de tel ou tel résistant, au point qu'un jour le maire du village qui les avait accueillis, M. Audemard, est venu voir Jacqueline pour enjoindre à son petit frère de faire plus attention : «Pierre avait caché son journal sous une grosse pierre, pas très loin de la maison, et, pour que l'humidité ne l'abîme pas, il l'avait enfermé dans une boîte à carreaux rouges et blancs, ayant écrit dessus : "À n'ouvrir sous aucun prétexte[6]." »

Le frère aîné de Pierre Nora, Simon, a rejoint à vingt-deux ans la compagnie du capitaine Goderville durant l'été 1943, et il a ainsi combattu sans le savoir sous les ordres de l'écrivain Jean Prévost, jusqu'à la veille de la mort de celui-ci. Deux jours après le débarquement des Alliés, le 8 juin 1944, l'ordre est donné dans les réseaux maquisards du Vercors de passer à l'attaque. Les effectifs grimpent alors d'un millier à 3500 combattants, pas moins de cinq compagnies, dont celle de Goderville, mais avec un armement quelque peu dérisoire car les Forces françaises libres regardaient avec une certaine défiance la résistance intérieure et ne lui livraient des armes qu'au compte-gouttes. Malgré leur faible équipement, les maquisards réussissent à contenir les assauts de la 157e division allemande, venue de Grenoble, au point qu'elle doit s'y replier. Les renforts arrivent et bientôt les Allemands vont encercler le massif avec 15 000 soldats armés jusqu'aux dents, sous la houlette du général Pflaum, tous prêts à faire payer cher leur audace à la poignée de rebelles français.

À la fin du mois de juillet, le capitaine Goderville trouve refuge avec une dizaine d'hommes, dont Simon Nora, au-dessus du hameau de la Rivière qui surplombe une vallée de la forêt d'Arbonouse, dans la grotte des Fées : «Une entrée étroite, une caverne rocheuse de deux cents mètres de profondeur, et un lac souterrain : on peut donc s'y cacher, y vivre et y apaiser sa soif. Dans l'enfer, une manière de paradis provisoire, à huis clos[7]. » C'est là que sera la dernière demeure de cette escouade en fuite, recluse pendant une semaine, ne pouvant pas même sortir de la grotte tant sont nombreuses les patrouilles allemandes qui ratissent le secteur. L'espoir de s'en sortir baisse d'heure en heure et le vaillant capitaine, prompt à mener ses troupes au combat, ne cesse de répéter : «On va crever ! », tout en prenant l'initiative de quelques tentatives de sortie qui échouent. Simon Nora soupçonne que sous le masque du capitaine se cache un lettré de haute volée. Il finit un soir par le pousser aux aveux dans ce moment où, face à la mort probable, il ne sert plus à rien de biaiser. Jean Prévost est d'ailleurs plutôt soulagé de pouvoir ainsi décliner son identité réelle à Simon Nora, celle d'un élève du philosophe Alain, d'un complice de Saint-Exupéry, protégé de Roger Martin du Gard, auteur d'une thèse sur la création chez

Stendhal et poète : « Ce soir Goderville est silencieux, enfermé en lui-même... Sortant de son mutisme, il me révèle alors qu'il est Jean Prévost. Il pense que nous allons mourir... Et de cette minute, il ne me parlera plus que de Stendhal, jusqu'à ce que nous nous séparions, quelques heures avant qu'il soit intercepté par une patrouille allemande, qui le tuera sauvagement[8]. » En même temps, Jean Prévost reste discret, ne veut en aucun cas que son passé le distingue de ses camarades de combat.

Simon Nora demeurera plus tard d'une grande discrétion sur cet épisode qui l'a tant marqué. Il relevait du secret absolu, et il a fallu que Jérôme Garcin se retrouve enfermé avec lui dans une grande banque internationale de la rue Saint-Honoré pour qu'il se décide à raconter ce moment d'intensité fulgurante qui s'est ensuite transformé en sentiment de culpabilité : « D'une Boyard maïs, Simon Nora tire de longues volutes de fumée et une improbable sérénité. Je ne sais ce qui lui pique plus les yeux, du tabac brun ou de l'émotion contenue, ce matin-là. Cinquante ans n'auront donc pas suffi à cautériser la blessure[9]. » Simon Nora a beau affirmer à Jérôme Garcin en 1994 qu'il a refoulé les souvenirs de cet été dramatique de 1944, rêvant sans doute d'une possible amnésie, ses souvenirs sont là, présents comme une hallucination ; il revoit et revit l'enchaînement fatal du drame dont il ne s'est jamais remis et n'a jamais fait état publiquement : « Ces rares et rapides conversations lettrées, si éloignées du drame que nous vivions, m'ont marqué pour la vie... Par-dessus tout, Prévost regrettait de ne pas pouvoir finir son manuscrit sur Baudelaire. Il avait caché son sac tyrolien, avec des papiers et sa machine à écrire portative, et il aurait au moins voulu profiter de ces journées d'enfermement pour y mettre la dernière main[10]. »

Le groupe, à bout de ressources et le moral au plus bas, décide de quitter la grotte des Fées le 29 juillet. Tous tomberont sous le feu des patrouilles allemandes, mis à part un miraculé qui part de son côté rejoindre sa famille à Méaudre, Simon Nora, qui « devra la vie sauve aux planches vermoulues d'un pont sous lequel il se dissimule et sur lequel passent les troupes allemandes[11] ». Quant à Jean Prévost, ayant choisi de regagner Grenoble les armes à la main, il descend avec quatre de ses camarades. Arrivant au pont Charvet, ils tombent sur une patrouille allemande qui ouvre le feu, tous sont tués. À Méaudre, les Audemard ont la bonne idée de planquer les deux frères, Simon et Jean, dans des bottes de foin lorsque les planeurs allemands atterrissent sur le massif du Vercors pour liquider les dernières poches de résistance.

Le frère cadet de Simon, Jean, s'est aussi engagé dans le maquis du Vercors et lui non plus n'est pas passé loin de la catastrophe. Son groupe de maquisards a également été presque totalement liquidé par les troupes allemandes. Un jour, Julie Nora envoie son fils Pierre chercher Jean pour lui dire de se replier et de les rejoindre à Méaudre : « Je suis parti de Méaudre avec le papier de ma mère dans la poche et, à la sortie du village, je suis arrêté par les Allemands. J'ai dû bouffer le papier en passant. Quelle ne fut pas ma stupeur de tomber sur un gamin, j'avais douze ans, il en avait seize. Il m'a pris ce que j'avais dans mes poches : deux sous et un opinel. Il était ravi de sa prise, mais j'ai dû rebrousser chemin et n'ai pas pu rejoindre mon frère Jean[12]. »

Lorsque les Allemands investissent le massif du Vercors, un colonel allemand se présente chez le maire du village de Méaudre, ancien combattant de la Grande Guerre. Il lui demande de réunir à la mairie tous les hommes de dix-sept à quarante-cinq ans pour un recensement, lui promettant, parole d'officier, qu'il ne leur arriverait rien. Le maire part à la rencontre des jeunes maquisards traqués et leur fait part de la promesse du colonel et des menaces de représailles pesant sur leurs familles. Beaucoup reviennent ainsi au village où ils sont regroupés à la mairie et gardés trois jours. Le maire commence à s'inquiéter lorsque ces jeunes sont entassés dans des camions, descendus à Grenoble, laissant le village sans nouvelles. En fait, on apprendra plus tard que les troupes allemandes les ont transportés à la sortie de Grenoble dans un espace d'exercice militaire. Ils les ont fait descendre des camions, les ont matraqués et jetés dans une fosse commune, les enterrant vivants, ce que l'on sait pour avoir constaté que leurs phalanges étaient meurtries d'avoir gratté la terre pour s'en sortir. Les corps déterrés ont été déposés temporairement à l'hôpital et « comme Simon n'était pas encore rentré, ma mère m'a demandé d'aller voir s'il n'était pas parmi les cadavres[13] ». Lorsque les planeurs ont commencé à investir le plateau du Vercors en juillet 1944, Pierre Nora revenait du village où il avait accompagné sa mère pour y faire les courses. À chaque passage, Pierre se terrait dans le caniveau, mais sa mère restait candide sur la route, commentant chaque coup de mitraillette qu'elle entendait en disant : « "Ils ne l'ont pas encore eu" : elle croyait que c'étaient les résistants qui tiraient sur les planeurs, espérant à chaque accrochage que l'avion des Allemands allait enfin tomber[14]. »

À l'âge de douze ans, Pierre Nora traverse ces événements sans traumatisme apparent, mais dans un climat d'horreur quotidien. Il a le sentiment d'appartenir à une famille de miraculés. Il est d'évidence marqué par la traversée de cette période mortifère où le danger extrême se trouve à chaque croisement. Il en résulte chez lui un profond sentiment de gravité, et en même temps un sens tout aussi aigu de la dérision pour tout ce qui ne touche pas à l'essentiel, c'est-à-dire aux forces vitales, ce qui va faire de lui un adolescent, puis un jeune homme décalé : « C'est surtout rétrospectivement, une fois rentré à Paris et retrouvant des gosses innocents de mon âge, que j'ai ressenti un décalage générationnel très fort[15]. » En effet, lorsque Pierre Nora revient à Paris, il ne supporte ni le climat innocent et ingénu de ses camarades de classe ni le confort douillet de son univers familial. Il s'enfuit et retourne à Villard-de-Lans chez Charles Juillet qui l'accueille chaleureusement, lui parle pendant toute une journée pour le calmer et le convaincre de retourner chez ses parents.

Gaston sauve Vallat; Vallat sauve Gaston

De son côté, le père de Pierre, Gaston Nora, a passé la guerre à Paris, poursuivant son activité de chirurgien à l'hôpital Rothschild. La fondation Rothschild, reconnue d'utilité publique par décret en 1886, comprend un hôpital parisien qui a été inauguré en 1852. La fondation accueille les malades sans distinction de confession, dont la majorité sont juifs et sans moyens. C'est là, non loin du camp de Drancy, qu'officie Gaston Nora, sans être inquiété en tant que Juif. Il doit cependant porter l'étoile jaune et raconte dans son journal la première sortie de chez lui avec l'insigne : « Remontant le boulevard Haussmann, près de la rue La Boétie, il aperçoit une jeune femme assez élégante portant comme lui l'étoile et, quand ils sont arrivés à la même hauteur, ils se sont embrassés[16]. »

Il se trouve que Gaston Nora a sauvé la vie du commissaire général aux questions juives que sera plus tard l'antisémite Xavier Vallat pendant le régime de Vichy. Médecin auxiliaire pendant la Première Guerre mondiale, Gaston Nora s'est porté volontaire pour servir, à partir du mois de mars 1917, au 114e bataillon de chasseurs alpins où il s'est lié d'amitié avec ce sous-lieutenant du nom de Xavier Vallat. Ce dernier étant très gravement blessé, Gaston Nora vole à son secours. Il « avait été, au cours même du combat et sous le feu de l'ennemi, ramassé et ramené dans nos lignes par le docteur Nora, médecin de son régiment. Souvent il lui avait répété – ce qui était indéniable – qu'il lui avait sauvé la vie au péril de la sienne[17] ». En effet, Gaston Nora s'est exposé à la mort pour venir en aide, avec un brancardier, à son ami le 30 mars 1918. Puis Gaston Nora sauva une seconde fois la vie de Xavier Vallat en lui prodiguant les premiers soins sur le champ de bataille. Il aura néanmoins fallu amputer Vallat de sa jambe gauche. Il en est résulté une complicité indélébile : « Xavier Vallat garda certainement pour lui une profonde gratitude. Devenus amis, ils continuèrent à se voir, soit chez Gaston Nora, soit aux réunions des anciens chasseurs alpins[18]. » Xavier Vallat, dans les mois suivants son opération, est promu chevalier de la Légion d'honneur et décoré de la croix de guerre avec palmes, tandis que Gaston Nora est « promu à son tour, par décret de 1931, au rang de chevalier de la Légion d'honneur[19] ». Lorsque la Seconde Guerre mondiale éclate, Gaston Nora est capitaine de réserve. Il est rappelé le 2 septembre 1939 au sein de l'hôpital militaire Dominique-Larrey de Versailles qui se replie à Tarbes le 12 juin 1940. Démobilisé le 16 août, il rentre à Paris, envoyant son épouse et ses quatre enfants en zone Sud, à Grenoble.

Immédiatement, le régime de Vichy révèle son antisémitisme, un statut des Juifs est promulgué dès octobre 1940. Une lettre solennelle est adressée au maréchal Pétain par quelques personnalités juives qui avaient déjà fait leurs preuves dans la défense de la nation française. Pierre Masse, qui disparaîtra en déportation, l'ingénieur général de la Marine Dupont, le professeur d'histoire à la Sorbonne Louis Halphen et Gaston Nora figurent parmi les signataires : « C'est aussi en ce temps que nous rendîmes, le docteur Gaston Nora et moi-même, visite à Xavier Vallat car nous espérions que son patriotisme arrêterait son antisémitisme jusqu'alors militant[20]. » L'entretien est aimable, et Xavier Vallat pousse le désir d'entente jusqu'à sortir pour ses invités un excellent apéritif en ces temps de disette, mais « lorsque nous nous retrouvâmes, le docteur Nora et moi-même, sur le parvis de l'église Saint-Germain-des-Prés, nous échangeâmes nos impressions. Deux phrases les résument. “Il se croit le patron”, me dit Nora. “Ni cœur ni intelligence”, fut ma réponse. Les événements devaient confirmer ce diagnostic évident[21] ».

Malgré cette lucidité sur ce que va devenir Xavier Vallat, Gaston Nora le met en relation avec le grand spécialiste de l'histoire médiévale qu'est Louis Halphen, président du bureau d'études du consistoire central qui a réuni quarante intellectuels pour une série d'études sur la « question juive », rapport remis à Xavier Vallat qui souhaitait fonder son antisémitisme sur un dossier historique solide. On se souvient du cri de dégoût du dénommé Vallat lorsque la France s'est donné un président du Conseil juif avec Léon Blum en juin 1936 ; il dénonçait alors que la France, « ce vieux pays gallo-romain sera gouverné... par un Juif[22] ». Au terme de ces consultations, la religion de Vallat est faite, son antisémitisme est viscéralement installé sur une base nationalitaire et pour lui les Juifs sont historiquement les persécuteurs de la religion catholique en France. Ils se sont hissés au pouvoir en profitant des progrès du libéralisme. En 1941, Gaston Nora intègre l'UGIF*, tout en étant chef du service d'urologie de l'hôpital Rothschild.

Dans l'immédiat après-guerre, alors que Xavier Vallat risque la peine de mort pour sa politique antisémite forcenée, Gaston Nora déposera en sa faveur lors du procès, attestant la force du lien amical en dépit de la politique criminelle menée par Vallat. On peut même avancer que la déposition de Gaston Nora lors du procès en Haute Cour a permis à Xavier Vallat de sauver sa tête. Une nouvelle fois, le père de Pierre Nora lui aura donc sauvé la vie en affirmant que le commissaire général aux questions juives avait tout fait pour « défendre les Israélites français et en particulier les anciens combattants qui, pour lui, ne devaient pas être dissociés de la collectivité française ». Il insiste aussi sur la germanophobie de Xavier Vallat et, pour réussir à sauver la tête de son ami, Gaston Nora ajoute : « Par lui, j'ai pu connaître la date de certaines grandes rafles et en particulier celle du 16 juillet 1941 [1942], indiscrétion voulue par lui et qui nous a permis de sauver environ 10 000 Israélites[23]. » Xavier Vallat aurait ainsi permis d'atténuer la rafle du Vel' d'hiv. Il n'en attendait pas tant de cette déposition, et rectifie quelque peu les dires de Gaston Nora : « Je lui ai multiplié les conseils de prudence ; mais je n'ai pas pu lui indiquer une date de rafle, car je n'en ai jamais été informé qu'après coup moi-même[24]. » Le verdict de la Haute Cour est pour le moins clément pour celui qui a incarné la politique antisémite en France, même si, jugé trop mou par les Allemands, il a été remplacé par Darquier de Pellepoix : dix ans d'emprisonnement et l'indignité nationale. Libéré en décembre 1949, il est amnistié en 1954.

Gaston Nora, qui a travaillé pendant toute la guerre à l'hôpital Rothschild, aura pourtant été aux premières loges pour mesurer l'horreur de la politique antisémite du régime. Il a d'ailleurs adopté deux petits Polonais dont l'un était hospitalisé dans son service quand ses

* UGIF : Union générale des Israélites de France.

parents ont été déportés. Gaston Nora a été informé par un petit mot que les parents de cet enfant de dix ans venaient d'être déportés, et que son frère vivait caché dans un immeuble proche. Ce mot s'achevait par un «Occupez-vous-en». Effectivement, Gaston Nora va s'en occuper au point de les adopter à la fin de la guerre, souhaitant même qu'ils viennent habiter au domicile familial. Son épouse, séparée de son mari pendant quatre ans, à peine revenue de la région grenobloise et reprenant les choses en main avec ses quatre enfants, ne s'est pas sentie capable de les accueillir. Gaston Nora s'est arrangé pour trouver à ces enfants Brusztowski de l'argent, et il les a installés dans l'appartement de leurs parents disparus dans le 11e arrondissement. Mme Nora faisait la navette entre son appartement et le leur pour leur apporter des gâteaux et vérifier qu'ils disposaient de tout ce dont ils avaient besoin. La concierge de l'immeuble a, de son côté, assuré le suivi quotidien jusqu'à sa mort. Le père de Pierre Nora a alors offert à ces deux enfants un appartement à proximité du sien, au bout du boulevard Malesherbes. Tout en vivant de manière indépendante, ces deux enfants étaient régulièrement invités chez les Nora : «Pour moi, cela a beaucoup compté, car l'un d'eux avait exactement le même âge que moi et ils venaient tous les jeudis déjeuner à la maison. J'étais censé m'en occuper[25].» L'un des deux frères, Paul, a adopté une attitude mimétique vis-à-vis de Pierre Nora, cherchant à lire ce qu'il lisait, à s'habiller comme lui, à partager ses moments de distraction, et ce jusqu'à l'adolescence. Quant à l'autre, celui qui avait été soigné par Gaston Nora, il a plutôt réagi par le mutisme et le désintérêt général pour tout ce qui l'entourait et s'est vite trouvé en situation d'échec scolaire, alors que son frère a réussi un cursus d'études de droit et est devenu notaire à Saint-Brieuc : «Cela signifie qu'à un moment où ces deux enfants auraient dû partir pour Israël où mon père aurait dû les envoyer faire leur vie, il n'a pensé qu'à une chose, en faire de bons petits Français[26].»

Gaston Nora a aussi été protégé pendant l'Occupation par une de ses anciennes patientes qu'il avait opérée avant la guerre tout en sachant qu'elle n'avait pas les moyens de le payer. Il lui avait dit qu'il ne lui en coûterait rien, mais que si plus tard elle se trouvait en meilleure situation financière elle pourrait toujours venir le voir et payer ses dettes. Or, un jour, Gaston Nora reçoit dans son cabinet médical une jeune femme élégante et lui demande quels sont ses problèmes de santé. Elle s'étonne qu'il ne la reconnaisse pas et lui rappelle avoir été cette patiente qu'il a opérée gratuitement. Elle l'informe qu'il est désormais en mauvaise situation, et qu'elle peut à son tour l'aider : « Il se trouve que cette femme était la compagne d'un Italien plus que véreux et qu'elle a prêté à mon père son petit appartement parisien certains soirs dangereux[27]. »

Une famille juive plus française que française

D'où vient cette famille juive des Nora qui est passée au travers des mailles de la politique antisémite qui a sévi sous Vichy ? Elle est issue d'une vieille lignée d'ashkénazes totalement assimilés à la République française, qui doivent leur intégration comme Français à part entière à l'état civil de Napoléon. En 1808, en effet, l'Empereur, par décret, oblige les Juifs de l'est de la France à choisir un vrai nom de famille, alors que jusque-là on les appelait par leurs prénoms. L'ancêtre de Pierre Nora s'appelait alors Moshé Aron et habitait le village de Hellimer, à une soixantaine de kilomètres de Metz, très proche de Saint-Avold, en pleine terre mosellane. C'était une grosse communauté juive disposant d'une synagogue et d'un vaste cimetière, comme dans beaucoup de villages mosellans avant la Révolution française. Ensuite, après la prise de nom et l'adoption de la citoyenneté française, la plupart ont quitté la région pour essaimer sur le territoire national. Ces émigrés étaient en général des marchands de bestiaux. C'était une des plus importantes activités locales, sinon ces Juifs étaient commerçants, colporteurs, fripiers : « Dans la famille Becker, on dit que les Nora avaient mieux réussi que nous parce qu'à la synagogue ils étaient chantres, ce qui représentait une fonction distinctive[28]. »

Lorsque la prise de nom est devenue obligatoire sur l'état civil pour ceux qui voulaient obtenir la citoyenneté française, Moshé Aron a inversé son nom qui est devenu Nora. Il y avait là, dans le même village, l'ancêtre d'Annie Kriegel, Mathias Becker, boulanger du village, père de onze enfants, qui est le trente-deuxième sur la liste des nouveaux citoyens français assimilés, alors que Moïse Aron est trente-troisième sur la même liste. À la racine de cette souche figure un Joseph Mathias, né vers 1700, instituteur faisant fonction de rabbin. Il a été à l'origine de deux familles : « l'une prit le nom de Fabius et l'autre celui de Becker... La tradition familiale rapporte qu'à Noël, autour de 1910, les riches cousins Fabius apportaient des jouets à la pauvre orpheline qu'était devenue une de mes tantes[29] ».

Pierre Nora s'est demandé pourquoi cette inversion de son nom de famille. Est-ce qu'adopter l'anagramme d'Aron voulait signifier une francisation du nom ? Pierre Nora ne le pense pas, car sa famille est très anciennement enracinée en France. Il a retrouvé des traces de sa présence depuis le XVIe siècle, et, d'après les travaux de Louis Halphen, cela peut même dater de bien avant. Halphen identifie en effet des Juifs dans le Bassin parisien dès l'époque gauloise, Juifs qui auraient été expulsés par les rois de France et se seraient réfugiés à l'est, en Alsace. Serait-ce du côté de la signification du nom de Nora en hébreu qu'il faudrait alors chercher ? Pierre Nora a posé la question à des spécialistes comme Gershom Scholem et Emmanuel Levinas qui lui ont appris que « Nora » signifiait « chef de la communauté » ou « le terrible », ce qui voudrait dire que cette prise de nom signifierait de la part de Moshé Aron la volonté d'un retour à la religion, à la tradition plutôt qu'une recherche de francité. Quoi qu'il en soit, la famille Nora est une famille parfaitement assimilée qui se sent d'abord et avant tout française, avant de se sentir juive.

Le père de famille, Gaston Nora, a eu à souffrir très jeune de l'antisémitisme. Tout jeune garçon, il a traversé l'affaire Dreyfus et les tensions de l'époque. Ses camarades du lycée Janson-de-Sailly sont allés jusqu'à le déculotter et le plonger dans la fontaine pour le baptiser ! Il n'en a pas moins témoigné à la France un attachement sans faille. Il fait son service militaire après ses études de médecine à partir de 1912, mais doit repartir en 1914 sous les drapeaux au moment de la mobilisation générale. En tant que médecin, il ne sera démobilisé qu'un an après la guerre en 1919, comptabilisant ainsi sept ans dans l'armée française. Gaston Nora est très représentatif de ces Juifs laïcs infiniment attachés à la patrie française : « Enfants de la France et héritiers du message des droits de l'homme, les Juifs continuent à vouer à leur patrie un amour profond et sincère qui s'accentuera pendant la guerre et même après... La Grande Guerre est la confirmation de la symbiose entre le judaïsme et la République[30]. » Gaston Nora se consacre surtout à son métier d'urologue et à ses patients pour lesquels il est d'une sollicitude extrême. C'est un modèle de professeur de médecine entièrement dévoué à ses malades, et particulièrement serviable pour son entourage.

Le plus jeune de la famille, Pierre Nora, est pour tous « petit Pierre » : « Tout le monde l'adorait, c'était le petit dernier qui était tout le temps en train de se tordre les cheveux, ce dont on se moquait gentiment[31]. » Le père exerçait au sein de sa famille une autorité sans partage, imposant ses points de vue et régentant le destin de tous dans un climat de crainte peu à peu mis en question par les deux frères aînés, Simon et Jean : «Astucieux, vif et original, Pierre ne se pliait pas du tout à la loi du père, laissant ses frères affronter l'autorité paternelle[32].»

L'autorité paternelle ne souffrait pas de discussion, au point que son fils Pierre le qualifie de «Pétain juif» tant son austérité était manifeste ainsi que son sens du rituel et du devoir. Avec l'âge, Gaston Nora ressemblera d'ailleurs physiquement de plus en plus au Maréchal : «Un homme tendu et pour qui la famille, le travail, la patrie sont des valeurs sacrées[33].» Mais petit Pierre échappait pour l'essentiel à cette férule par sa solidarité avec sa sœur, et par son sens précoce de l'humour : «Pierre, tout en étant plus petit que moi, a très vite occupé une place importante. Je me suis toujours sentie un peu écrasée par sa rapidité, son intelligence et sa drôlerie. Il était très drôle[34].» Sa première vocation, enfant, était d'être acteur. Il déclamait, apprenait des rôles, et ce goût du jeu théâtral le suivra jusqu'à l'âge adulte. Lorsqu'il se liera d'amitié avec André Fermigier dans l'après-guerre, ils joueront tous les deux lors des soirées familiales des morceaux de grands classiques comme *L'Avare* en utilisant un vieux guignol d'enfants : «On mourait de rire avec eux[35].» Ce petit dernier, petit Pierre, joyeux drille, plein d'humour, portait alors le surnom de «Yoyo». Si le père était un père sévère, son épouse, la mère de cette famille nombreuse, Julie Nora, était toute en douceur, en générosité, en sens de l'accueil : «Elle faisait partie d'une espèce entièrement disparue qu'on appelait une dame, mais sans aucune ostentation, avec une exceptionnelle modestie[36].» Mme Nora ne cessait de répéter, ouvrant sa porte très généreusement, qu'«il ne faut pas penser à soi, c'est le pire que l'on puisse faire». Le couple était très uni. Avant guerre, lorsque Julie Nora était séparée de son mari pour emmener ses enfants en vacances pour une petite semaine, elle pleurait à chaudes larmes dans son compartiment de train. Néanmoins, lorsqu'il a fallu partir dans la zone non occupée par les Allemands avec ses quatre enfants et sans son mari, elle a fait face «avec une grande tenue. Elle a été exemplaire, d'autant que la plupart des autres familles étaient rassemblées[37]».

En dépit de l'attachement de la famille à la République laïque, Mme Nora est restée pratiquante, et même pieuse. N'y a-t-il pas quelque signe discret de ce désir de transmission d'une tradition dans le choix des prénoms de ces deux frères qui seront si proches, Simon et Pierre, et qui renvoie au fait que l'apôtre Pierre s'appelait Simon ? Toujours est-il que Julie Nora était issue d'une famille juive très pieuse d'Alsace, habituée à dire la prière avant de se mettre à table. Étant l'aînée de cinq enfants, les fêtes religieuses se passaient le plus souvent chez elle où l'on réunissait les familles pour dire les prières : « Les dames alignées faisaient leur rituel et leurs maris, non croyants, grimaçaient derrière, et nous, les enfants, nous rigolions[38]. » Lorsqu'ils étaient tout jeunes, Jacqueline et Pierre devaient dire leur prière en hébreu avant d'aller se coucher : « On disait cela à toute vitesse pour aller se coucher au plus vite, jusqu'au jour où mon père nous a demandé ce que cela voulait dire, mais l'on n'en savait rien[39]. » Julie Nora se rendait à la synagogue le vendredi soir, souvent accompagnée par sa fille Jacqueline. Par contre, les Nora devaient impérativement être réunis dans le salon de la rue La Boétie toutes les semaines, le soir du Sabbat, seul rituel de la tradition juive conservé par l'ensemble de la famille. Julie Nora aurait aimé que les siens aient davantage un sentiment d'appartenance à la communauté juive. Elle regrettera amèrement de ne pas avoir de gendre ou de belles-filles d'origine juive : « Quand Pierre a épousé Françoise Cachin, elle était désolée, une fois de plus, et elle m'a dit : "Pour une belle-fille juive, j'aurais déroulé le tapis rouge jusqu'à la synagogue"[40]. » Très mesurée dans ses prises de position, ne voulant froisser personne, Julie Nora ne manquait pas de fantaisie. Sa grande amie Annette Lindon se souvient d'une visite qu'elle devait rendre à quelqu'un qui ne l'enthousiasmait pas et, ayant tardé à se préparer, elle se trouvait horriblement mal coiffée : « Elle a pris une chaussette de ses garçons et en a fait un turban et elle est partie comme cela. Revenue de cette visite, elle m'a dit que c'était vraiment très ennuyeux car le turban s'était défait[41]. »

Comme dans beaucoup de familles bourgeoises, les Nora avaient une gouvernante chargée de s'occuper des enfants et d'aider Mme Nora dans ses tâches ménagères. Ils ont eu la chance de dénicher la perle, une Bretonne, Michelle Dupé, qui a trouvé là sa famille d'adoption et s'est intégrée au point de suivre les Nora dans leur refuge grenoblois et dans le Vercors. Arrivée chez les Nora à l'âge de dix-huit ans en 1925 : « C'est elle qui nous a élevés Pierre et moi et pour moi elle a été plus essentielle que ma mère[42]. » Elle est restée cinquante ans au service des Nora. Elle participait à toutes les activités de la famille, et on lui déléguait une bonne part de l'autorité sur les enfants. Avant guerre, c'est elle qui a fait travailler Jacqueline et Pierre Nora qui allaient au cours Hattemer une fois par semaine. Lors de la vérification du travail effectué pendant la semaine, les mères étaient présentes aux côtés des institutrices, certaines avec leurs aiguilles à tricoter pour piquer les fesses de leur progéniture lorsqu'elle était défaillante : « Michelle était dure avec nous dans le travail. Quand on répondait à côté, elle nous tirait les oreilles avec ses ongles et on pleurait comme des veaux, mais on l'adorait. Quand on la faisait trop enrager, j'allais lui mettre un franc que j'avais gagné dans la semaine dans son porte-monnaie, sans qu'elle s'en aperçoive[43]. » Comme on disait à l'époque, c'était une bonne à tout faire. Elle aidait Mme Nora sur tous les fronts, et pas seulement celui de l'éducation des enfants, elle s'occupait du repassage, de la cuisine... Lorsque les Allemands étaient annoncés dans le Vercors, elle filait dans la forêt par tous les temps avec les enfants, sans ménager sa santé, et elle y a d'ailleurs attrapé une grave pneumonie.

Par ailleurs, le fait de passer un mois d'été tous rassemblés dans la maison familiale de la Cour-des-Haies, dans la commune de Bourdonné, dans le département des Yvelines, avait une valeur sacrale. La propriété est située en lisière de la forêt de Rambouillet, pas loin d'Houdan et à quelques kilomètres seulement d'une célébrité locale, Landru ; c'est dans cette maison que la belle-sœur de Pierre Nora, Marie-Pierre de Cossé Brissac, la première femme de Simon, lui apprendra à monter à cheval, s'élançant avec lui dans la forêt de Rambouillet dans des chevauchées particulièrement agréables pour les cavaliers comme pour les chevaux : « Je me promenais ainsi souvent avec Pierre et nous allions nous baigner aux étangs de la Tour[44]. » Marie-Pierre de Cossé Brissac vient d'une grande famille aristocratique, liée à la famille Schneider ; son père a hérité du titre de duc de Brissac ; elle a fait montre d'un certain courage en épousant Simon Nora malgré les mises en garde antisémites de sa famille : « "Tu peux tout faire, sauf épouser un Juif", me répétait mon père depuis que j'étais pubère. "Nous sommes une des seules familles de la noblesse française à ne pas être enjuivée."[45] » Passant outre à l'interdit, elle sera déshéritée, ne recevant pour tout legs qu'un cheval et un piano. La meilleure amie de sa mère, qu'elle appelait tante J., avait eu le front de lui dire qu'épouser un Juif aurait pour conséquence de donner naissance à des enfants anormaux : « L'affirmation de ma tante me remontait à la gorge et me donnait envie de vomir[46]. »

Cette propriété de la Cour-des-Haies restera un haut lieu de la famille Nora. Elle est l'endroit où les parents Nora, Gaston et Julie, se retrouvent au mois d'août au milieu de leurs enfants, puis de leurs petits-enfants. « Nous avons fait construire Simon et moi une maison dans la forêt et nous l'avons ensuite donnée à notre fils Olivier au moment où il s'est marié. Notre fille Dominique a une ferme à côté qui était la maison où nous allions chercher le lait et les œufs autrefois. Fabrice est en face. Nous avons ainsi quatre enfants sur cinq qui sont là*[47]. » Quant à Pierre Nora, il a repris la maison de ses parents et se retrouve donc au centre de ce petit cercle familial. Cette destination est devenue presque hebdomadaire pour Pierre Nora qui apprécie beaucoup ce refuge à la campagne, et peut aujourd'hui continuer à le faire vivre, avec d'autant plus d'intensité qu'il y retrouve souvent son neveu Olivier qui a suivi ses pas dans le domaine de l'édition où il fait une carrière exceptionnelle, dirigeant à la fois les éditions Grasset et les éditions Fayard. Ils devisent ainsi sur l'actualité dans leurs promenades à pied ou à bicyclette dans la forêt.

Grenoble : le refuge

Grenoble est un cas un peu particulier entre 1940 et 1942. Pendant la guerre, la ville a accueilli un bon nombre de réfugiés juifs, de 10000 à 20000. Située dans la zone non occupée par les Allemands, la région a été en grande partie épargnée par la persécution antisémite. L'occupation italienne a commencé peu après l'armistice et a duré deux ans et demi. La situation est restée plutôt détendue, d'autant que le général italien Castiglioni n'était pas du tout favorable à la politique antisémite. Il lui est arrivé plusieurs fois de faire relâcher les Juifs raflés sur ordre du préfet vichyssois. Il a même interdit au préfet de l'Isère, Raoul Didkowski, le 13 février 1943, d'arrêter ou de transférer des Juifs hors de la zone italienne.

Lorsque les Allemands sont arrivés en Isère, en août-septembre 1943, la situation a brutalement changé et il a fallu pour beaucoup, dont les Nora, quitter Grenoble pour se réfugier sur les hauteurs du Vercors. La famille Nora comptait parmi les nombreuses familles juives réfugiées à Grenoble. S'y trouvaient aussi Albert Gros, Annie Kriegel, Jean-Jacques et Henri Becker et bien d'autres.

La famille Nora fait partie des familles juives à ne pas s'être déclarées comme juives, ce dont les autorités administratives n'étaient pas dupes. En effet, Jean-William Dereymez, qui a réalisé une recherche sur les Juifs réfugiés en Isère pendant la guerre, a retrouvé les traces de la présence de la famille Nora dans un dossier des archives de la police fran-

* Fabrice est le fils de Simon Nora et de sa première femme, Marie-Pierre de Cossé Brissac.

çaise rangé dans le classeur «Juifs ne s'étant pas déclarés[48]». À peine arrivés à Grenoble à l'hôtel Gambetta, les Nora se retrouvent avec des amis comme voisins, par exemple la famille Lyon qui a dû abandonner son appartement de Neuilly. M. Lyon est dans la finance, «coulissier» disait-on alors (banquier) ; son épouse et Julie Nora, une grande amie, sont ravies de se retrouver fortuitement dans le même hôtel. Les deux familles vivent ensemble à Grenoble jusqu'à la dispersion de 1943 et leur fille Anne-Marie Chimènes devient une amie inséparable de Julie Nora et de sa fille Jacqueline. Lorsque les Nora partiront se réfugier à Méaudre, elle fera l'expérience de la générosité de Julie Nora qui l'invitera dans leur ferme au confort rudimentaire : «Elle m'a dit : "Tu viens, ce n'est pas grave, il n'y aura aucun problème. Simon dormira avec Jean, je coucherai avec Jacqueline, il y aura toujours un lit pour toi"[49].» Après la Libération, Anne-Marie Chimènes a vécu tout un temps chez les Nora à Paris : «Mes parents s'étant séparés, c'était devenu ma famille[50].» Grâce à sa gouvernante, Michelle Dupé, en utilisant son identité bretonne, la famille Nora a pu quitter l'hôtel Gambetta et louer successivement deux appartements, l'un d'eux, situé dans l'immeuble du cours Berriat où ils demeurèrent un moment, devenant plus tard le siège de la Gestapo[51].

Autre famille d'amis que les Nora retrouvent en Isère, celle d'Annette Lindon, réfugiée à Villard-de-Lans, à proximité immédiate de Méaudre. Or, c'est là que se trouve le Portique où Pierre Nora sera un temps pensionnaire. La grand-mère d'Annette Lindon, Mme Rosenfeld, était très liée à la grand-mère Nora. Invitée à des goûters d'enfants, Annette Lindon était déjà avant guerre familière de la famille Nora. Elle est devenue une grande amie de Jacqueline et une adoratrice du couple des parents Nora : «Tous les deux, c'était magnifique de les voir. Pour moi, adolescente, ils étaient des divinités bienveillantes[52].» Annette Lindon a noué une relation d'une grande proximité avec Julie Nora et cette amitié s'est consolidée dans l'après-guerre, que ce soit à la Cour-des-Haies où le couple Jérôme et Annette Lindon était invité par Gaston et Julie Nora, ou à Paris : «Quand elle est morte, en 1970, j'ai été si triste que ma mère en a été jalouse, me disant : "Quand je mourrai, tu n'auras pas autant de chagrin." Ce qui était prophétique car la pauvre, quand elle est morte, n'avait plus toute sa tête[53].»

Le choix de Grenoble comme lieu de refuge pour la famille Nora tient aussi aux relations d'amitié entretenues avec la famille Jeanneney qui y habitait. Ils résidaient très exactement en face de l'hôtel

Gambetta. Le contact entre les deux familles s'est noué au départ sur le plan médical. Le célèbre Jules Jeanneney, un des hommes politiques les plus importants de la IIIe République, président du Sénat à partir de 1932, souffrait de la prostate. Il a fait appel en 1934 au meilleur spécialiste en urologie, le chirurgien Gaston Nora, qui demande au fils de Jules, Jean-Marcel Jeanneney, alors âgé de vingt-quatre ans, de venir le voir. Il le reçoit dans son bel appartement de la rue La Boétie qui était à la fois le domicile familial et son cabinet de consultation, et l'informe que les examens pratiqués ne sont pas bons et lui font craindre un cancer de la vessie. Une intervention chirurgicale lui semblait s'imposer pour prévenir ce risque. Mais à l'époque une telle opération était encore particulièrement complexe et se faisait en deux étapes. La première opération se déroule bien, mais la seconde provoque une hémorragie et nécessite, de la part de Gaston Nora, de suivre de très près son malade. L'hémorragie se produit un dimanche, et Gaston Nora vient immédiatement au chevet de Jules Jeanneney, appelle un médecin pour une transfusion sanguine, fait transporter son malade et l'opère en urgence alors que sa vie est en danger : «Le docteur Nora a tout de suite eu une grande affection pour son malade, pour mon père[54].» Le suivi médical sur une longue durée s'est vite transformé en complicité amicale entre Gaston Nora et Jules Jeanneney, ce dernier devenant le grand sujet de conversation dans la famille Nora. Pierre, alors tout enfant, demandait à son père, lorsqu'il avait terminé ses consultations, «Alors, Jules, il pisse ou il pisse pas ?» et il se souvient encore aujourd'hui du jour où Gaston est rentré triomphant : «Jules pisse !» Or, la question a pris la dimension d'une grande affaire nationale car, selon son petit-fils, Jean-Noël Jeanneney, «mon grand-père aurait été moins réticent à succéder à Albert Lebrun en 1939 s'il n'avait eu ce handicap qui demeurait d'une opération qui n'avait pas pleinement réussi[55]». Cela aurait pu effectivement changer le cours des choses, car Jules Jeanneney a essayé de convaincre, sans succès, Albert Lebrun de poursuivre la guerre contre les Allemands à partir de l'Afrique du Nord. Il en aurait peut-être été autrement si Jules Jeanneney avait occupé l'Élysée, mais on ne refait pas l'histoire.

Le fils de Jules, Jean-Marcel, futur ministre du général de Gaulle, était en 1940 professeur d'économie à l'université de Grenoble : «Lorsque Mme Nora et ses enfants sont venus se réfugier à Grenoble, ils ont naturellement pris contact avec nous[56].» Les deux familles ont passé de fréquents moments ensemble, d'autant que l'aîné des Nora, Simon, qui avait commencé ses études de droit et d'économie à Paris, les a poursuivies à Grenoble où il a eu comme professeur Jean-Marcel Jeanneney, pendant que Jean poursuivait des études de médecine. Avant que les Allemands suppriment la ligne de démarcation, à l'automne 1942, Gaston Nora a réussi à la passer plusieurs fois, caché dans le coffre d'une voiture, pour aller voir sa famille à Grenoble.

En 1942, les rapports des préfets ne sont pas bons pour l'image du Maréchal ; l'opinion publique commence à être ébranlée par sa politique et le héros de Verdun ne fait plus consensus. Il décide de se rapprocher des Français et commence une tournée dans la zone non occupée. Pétain quitte donc la station thermale de Vichy et commence par aller à la rencontre de la population de Grenoble. Pierre Nora est alors en classe de cinquième dans le lycée de Grenoble et toutes les classes sont mobilisées pour accueillir le Maréchal et applaudir avec ferveur l'homme qui « a fait don de sa personne à la France ».

La veille de l'événement, on discute de la participation ou non de Pierre. Sa mère y est hostile, alors que son frère Simon considère qu'il ne doit pas se faire remarquer pour une chose aussi insignifiante. Pierre Nora se rendra donc avec toute sa classe sur la place de Verdun pour entendre le discours que Pétain prononcera du balcon de l'hôtel de ville : « C'est ma première angoisse de la foule, qui m'a poursuivi toute ma vie. Coincé dans cette multitude particulièrement dense, j'ai étouffé et j'ai dû me mettre à crier, à moitié évanoui[57]. » Les enseignants un peu affolés mettent Pierre Nora au premier rang, et, lorsque Pétain fait le tour de la place appuyé sur sa canne, il aperçoit cet enfant de onze ans à moitié inconscient et pense qu'il est en état d'extase : « Il s'arrête, me tapote les joues et passe son chemin[58]. » Le lendemain, remis de ses émotions, Pierre Nora se retrouve en classe. On demande aux élèves leurs impressions sur la journée historique de la veille et d'en faire le récit. Pour le coup, Pierre Nora avait quelque chose à raconter et, comme il est tôt doté d'un esprit littéraire et d'un sens certain du lyrisme, il se lance dans un récit épique dont la qualité lui vaut de voir sa copie envoyée à Vichy. Elle est revenue au lycée avec l'annotation : « Très bien mon petit, continue, Philippe Pétain » !

En réalité le jeune Pierre Nora a été très tôt lucide – dès l'âge de dix ans – sur la nature du pétainisme, grâce à son grand frère Simon. En sixième et en cinquième, il était sur le banc du lycée Champollion à côté d'un autre élève juif, Didier Franck, fils d'un père couvert de médailles de la Grande Guerre. La famille Franck est persuadée que Pétain, l'homme de Verdun, ne fera pas subir aux Juifs français le sort qu'il fait subir aux Juifs étrangers : « C'est Pierre qui m'a fait comprendre en sixième que ce qui arrivait aux Juifs étrangers nous arriverait aussi... De son côté, Simon nous avait dit que la première des choses à apprendre était de se battre et d'utiliser nos poings dans la cour de récréation, c'était le plus urgent[59]. »

À Grenoble, c'est Simon qui faisait un peu office de père, en l'absence de ce dernier. Avec sept années de plus que Jacqueline et dix de plus que Pierre, il allait voir les professeurs et tenait son père informé de l'évolution de chacun.

Après novembre 1942, tout l'Hexagone est sous occupation allemande et la situation se durcit. Gaston Nora ne peut plus venir voir sa famille, ses visites seraient trop risquées ; c'est Jean-Marcel Jeanneney, partageant son temps de travail entre l'université de Grenoble et Sciences-Po à Paris, qui donne à un Gaston Nora, de plus en plus inquiet, des nouvelles des siens : « Il m'a demandé de dire à Simon de ne pas faire de bêtises[60]. » Jean-Marcel Jeanneney se souvient de Simon Nora après sa fuite de la grotte des Fées, « hanté par ce qu'il avait vécu. Un soir, il a eu une sorte d'hallucination. J'étais dans l'appartement de mon père avec son frère Jean et il ne cessait de dire : "Ils tirent sur moi. Ils tirent sur moi..."[61] ». Au retour du Vercors, les liens se sont encore renforcés et Jean-Marcel Jeanneney, qui aura Simon Nora comme étudiant, cette fois à l'ENA, lui demandera d'être le parrain laïc de sa fille Laurence. Cette proximité s'est perpétuée avec les générations suivantes. Le fils de Jean-Marcel, Jean-Noël, de dix ans le cadet de Pierre Nora, entre à l'ENS en 1961 et appartient au premier cercle de proches de Pierre Nora, lui demandant conseil pour sa carrière, fréquentant régulièrement la maison du couple Pierre Nora et Françoise Cachin boulevard Saint-Michel.

Lorsque Jean-Noël Jeanneney présidera la Bibliothèque nationale de France, il aura à sa droite dans les réunions du conseil d'administration le fils de Simon Nora, Olivier Nora. Et lorsque Jean-Noël Jeanneney fait savoir au président Jacques Chirac qu'il souhaite prolonger sa fonction de président de la BNF au-delà de la date devenue couperet de soixante-cinq ans, et apprendra la veille de la date fatidique qu'il est remercié, Pierre Nora, sans que personne lui ait rien demandé, prend sa plume pour écrire au président de la République que la communauté historienne souhaiterait le maintien de Jean-Noël Jeanneney : « Monsieur le Président, Cher Jacques Chirac, je m'autorise des attentions que vous avez toujours eues à mon égard pour m'adresser à vous avec simplicité sur un sujet qui m'a beaucoup occupé et me tient toujours à cœur : le sort de la Bibliothèque nationale de France. Elle a trouvé en Jean-Noël Jeanneney le président qu'il lui fallait. C'est sans doute cette conviction qui vous a inspiré la décision de le reconduire dans ses fonctions après son premier mandat. Cette reconduction a été unanimement appréciée. Elle a permis à une institution encore fragile de trouver une régularité de fonctionnement, une stabilité intérieure et un rayonnement extérieur liés à la personnalité exceptionnelle de Jean-Noël Jeanneney. Elle a permis notamment l'essor du projet de bibliothèque numérique européenne que vous aviez appuyé dès l'origine et qui a encore besoin d'être porté par son initiateur. Voilà que Jean-Noël Jeanneney arrive à soixante-cinq ans en avril prochain. J'ai le sentiment de me faire l'interprète de la communauté intellectuelle tout entière, des utilisateurs et du personnel de la BNF en vous disant combien nous serions heureux et reconnaissants s'il vous paraissait possible que ce second mandat aille à son terme, ce qui suppose une mesure juridique que vous avez déjà fait prendre pour d'autres grands établissements publics[62]... » Cette lettre n'aura pas de réponse de l'Élysée, « mais ce geste me reste près du cœur[63] ».

2

Un après-guerre décalé : les copains d'abord

Après sa traversée traumatique de la guerre, même si sa famille sort miraculeusement indemne de cette période, Pierre Nora retrouve sa ville natale, Paris, le 8e arrondissement, et l'appartement familial au 60 de la rue La Boétie. Il poursuit sa scolarité au lycée Carnot en classe de troisième et ressent immédiatement le décalage entre l'innocence de ses camarades de classe et la maturité qu'il a acquise. Cette discordance va avoir deux conséquences majeures, d'une part le refuge dans le monde de la poésie, de la littérature, de la culture à défaut de communication directe avec ses camarades de classe, et d'autre part une propension à nourrir des relations avec ses aînés, des personnes plus expérimentées, plus matures. C'est donc dans ce grand lycée parisien sur le boulevard Malesherbes que Pierre Nora va achever le cycle de ses études secondaires. Il aura en ce haut lieu de l'Éducation nationale un professeur de lettres classiques qui va le marquer et le conforter dans sa passion pour la littérature, Louis Blaizot, qui enseignait en classe de première, déclinant notamment avec grand art l'œuvre et la pensée de Jean-Jacques Rousseau.

Imprudence

C'est à Carnot que Pierre Nora fait la connaissance de Pierre Vidal-Naquet, d'un an son aîné, et qui, en seconde, est donc en avance sur lui d'une classe. L'intermédiaire pour cette rencontre qui va tout de suite beaucoup compter a été le cousin de Pierre Nora, Étienne Jaudel. Pierre Nora trouve enfin auprès de Vidal-Naquet un ami de son âge et d'une grande maturité, d'une exceptionnelle curiosité intellectuelle, juif comme lui, mais à jamais meurtri par la guerre, ayant perdu son père et sa mère en déportation. Vidal-Naquet a trouvé refuge et raisons de vivre dans la littérature, dans la poésie : « Que pouvaient faire des adolescents en mal de littérature ? Ils faisaient des vers, naturellement[1]. » Et Vidal en rédige dès 1941, il n'a alors que onze ans. Or, Pierre Nora est un amoureux de poésie qu'il lit avec passion et retient avec une mémoire déjà étonnante. Il la déclame, avant d'en écrire à son tour. Entre autres, il découvre avec ravissement dans le roman de Pierre Louÿs, *Psyché*, le poème écrit par Marie de Régnier, fille de José-Maria de Heredia, *Pervigilium Mortis*, dont il trouve l'érotisme désuet et précieux particulièrement inoubliable. La rencontre entre les deux Pierre est donc tout de suite intense, source d'un sentiment fraternel qui ne sera pas démenti par la suite malgré bien des avatars et des disputes comme dans la plupart des fratries. Leur première communion, si l'on peut dire, est littéraire, et ils partagent leur passion pour Aragon : « Nous communions, Pierre Nora et moi, dans l'amour d'Aragon et d'un de ses plus mauvais poèmes, *La Ballade de celui qui chanta dans les supplices*[2]. »

Par Aragon, l'évocation de la ville de Paris avait fait rêver et pleurer Pierre Nora en pleine guerre dans le Vercors lorsqu'une jeune fille résistante, Geneviève Gayet, lui avait lu – il avait alors douze ans – les vers d'Aragon qui circulaient clandestinement, « et qu'elle n'a pas eu besoin de me lire deux fois pour que je m'en souvienne encore aujourd'hui* ». Plus que politique, leur rapport au monde se noue au plan poétique avec un profond désir de l'exprimer, de crier la vie, de la chanter au sortir des années noires marquées du sceau de la mort, de la peur et de l'angoisse.

Pierre Nora reçoit souvent chez ses parents son ami Pierre Vidal-Naquet : « La table à laquelle je dînais avait quelque chose d'étrange. Le docteur Gaston Nora, chirurgien et plus particulièrement urologue,

---

* Pierre Nora, discours de remise de la médaille Grand Vermeil de la ville de Paris, 1er octobre 2007.

« Ah Paris mon Paris
Lui qui sait des chansons et qui fait des colères
Qui n'a plus qu'aux lavoirs des drapeaux délavés
Métropole pareille à l'étoile polaire
Paris qui n'est Paris qu'arrachant ses pavés

Paris de mes malheurs Paris du Cours-la-Reine
Paris des Blancs-Manteaux Paris de février
Du faubourg Saint-Antoine aux coteaux de Suresnes
Paris plus déchirant qu'un cri de vitrier. »

la présidait avec un rien de solennité et beaucoup de distinction, mais autour de lui les "gros mots" – "con", "couillon", "merdeux" – fusaient avec une vivacité qui me stupéfiait. L'aîné des fils, Simon, inspecteur des Finances, portant volontiers un smoking flamboyant, avait épousé Marie-Pierre de Cossé Brissac, fille d'un duc et chassée de sa famille. Elle avait fini par dire "nous" en parlant des Juifs. Jean, futur médecin, ancien maquisard comme son frère Simon, avait moins d'éclat et plus de modestie. Leur ravissante sœur Jacqueline, qui arborait un somptueux manteau de velours rouge, fabriquait de petits objets dignes de son charme[3]. » On sent bien dans cette description du petit cercle familial Nora perçu par Pierre Vidal-Naquet un certain malaise qui a toujours existé et qui ne tient pas principalement à une différence de niveau social, car Vidal-Naquet appartient aussi à la grande bourgeoisie qui dispose du double capital financier et culturel. Il tient très certainement au sort tragique de la propre famille de l'adolescent qui porte un regard un peu caustique sur ces miraculés étalant leur bonheur de manière un peu trop ostentatoire pour lui. Vidal-Naquet cultive vis-à-vis des Nora une forme d'aigreur, un vif sentiment de jalousie qui se transformera plus tard en posture de surplomb de celui qui sait.

En attendant, les deux Pierre ont un projet commun qui est de lancer une petite revue avec un groupe d'amis qui n'ont pas plus de dix-sept/dix-huit ans en cette année 1948, date du premier numéro d'*Imprudence*. On retrouve auprès d'eux le grand ami de Pierre Vidal-Naquet qui se trouvait dans la classe de Pierre Nora, Noël Alexandre, les amis de Marseille de Vidal, Gérald Hervé, Alain Michel, et les amis de Carnot, François Cloquet, Claude Imbert, le futur directeur du *Point*, et Louis Seguin, rejoints ensuite par les élèves d'Henri-IV d'hypokhâgne et khâgne, Jean-Jacques Salomon et Charles Malamond qui deviendra Malamoud.

Pierre Vidal-Naquet, l'aîné, est l'aile marchante de cette aventure. Il en a eu l'idée à l'occasion de ses vacances de l'été 1947 dans le Surrey où un jeune Anglais, Savill, qui figure dans le comité de rédaction de la revue, lui a donné les quelques subsides nécessaires pour démarrer. Dans l'éditorial signé « Imprudence », écrit pour l'essentiel par Pierre Nora, les animateurs de la revue se définissent comme appartenant à une génération qui a manqué la guerre : « Nous n'avons pas fait la guerre – dans cette formule tout est-il dit ? Oui, mais nous ne voulons pas le croire. Nous avons vu partir nos camarades de quelques années plus âgés, revenir... et ne pas revenir. Et entre eux et nous, entre eux et leurs propres aînés, s'est creusé un fossé et malgré leurs efforts de réadaptation, ils sont séparés de nous par des barrières de mort. Nous voudrions retrouver le dialogue, non point d'égaux à égaux, mais simplement d'eux à nous[4].» Tels sont les premiers mots par lesquels l'aventure prend son envol. Il est clair avec ce premier éditorial que la revue naît de la Shoah. Il y est affirmé que l'on souhaiterait pouvoir défendre les restes des valeurs de l'avant-guerre, «tandis qu'Auschwitz en sonne le glas et que l'histoire nous en révèle l'agonie à coups de matraques et de fours crématoires[5]». Il se dessine dans cet éditorial une farouche volonté de vivre son temps, celui qui a enterré les chimères de l'enfance, et de prendre ses responsabilités en servant de pont. Cet élan vital exclut toute forme de modérantisme : «Notre seul désir est de pousser nos entreprises à l'extrême[6].» D'où cet appel à rompre avec le conformisme bourgeois et à prendre le risque de l'imprudence. Dans ce premier numéro d'*Imprudence*, Pierre Nora, outre la rédaction de l'éditorial écrit de concert avec Pierre Vidal-Naquet, publie son premier poème. Il n'a alors en ce mois de mars 1948 que seize ans et demi et à le lire on ressent bien à quel point l'adolescent est marqué par la période traumatique qu'il vient de traverser.

Le poème est signé Pierre-Charles Nora :

> Toutes lumières s'évanouirent
> Aux dernières lueurs,
> Je vis me croiser des hommes et des souvenirs,
> Comme des nuages interminablement longs.
> Dans l'évanouissement des derniers regards, jeune femme,
> Belle comme un adieu, tandis que
> Je gravissais lentement les degrés de ma solitude
> Pour me trouver seul avec mon assassin.
> Il me semblait voir un pays que j'ai quitté très jeune.
> Dans ma montée, je déliai un à un les liens de mes chevilles,
> Mais ils se raccrochaient comme de lents baisers de pieuvre,
> Pour me revêtir du vêtement commun.
> Moi je coupai de glace la tiédeur de leurs bras –
> Glissaient toujours les hommes,
> Fuyaient dans le lointain
> Le bruit des chaînes qu'ils emportaient pour d'autres.
>
> Comédie pour me croire unique –
>
> Je serai bientôt dans ma cathédrale haute
> Baigné de mon assassin –

Je le veux resserrer, je le veux tuer ; bercé de son sang,
Cette nécessité qui m'aura été gêne me deviendra bonheur –

Riant de ma terreur,
Je reste seul
Sous le ciel bas qui chavire,
Qui m'écrase comme un laminoir ;
Le poids de ma solitude me plombe.

— Ils sont aux portes des fraîcheurs,
Le vent m'apporte la rumeur
De tous leurs désirs apaisés ;
Le vent, ma plus dense étendue
N'a pas assourdi le silence...

Je serai bientôt seul à vivre
Tant j'ai voulu me distinguer
Seul ; éternellement moi ;
Vivre pour croire à ma croyance,
Pour connaître mon assassin :
Cet inconnu qui toujours vous matraque au seuil de la pensée.

En vain, j'entends encore
Le brûlant sanglot de la terre,
Monter du fond des temps en ondes de misère
Le cri de la douleur du monde,
Sceptres de l'impuissance liés aux dignités d'homme –
Je vois le dard du souvenir, je vois le pal du temps
Viser la mort, au long fil des jours
Je vois tous les défis, je vois tous les remords
Brisés de nos destins, portés du flux des larmes,
Les espoirs étranglés aux potences du mal
Noircir tous les soleils et rougir les neigeurs
La lumière empourprée du sang de tous nos frères
Et la terre jonchée du crucifix humain.

Ce premier numéro est placé sous le signe de Paul Valéry : « Le meilleur des conseils ne vaut pas la moindre imprudence », et il aurait pu aussi porter en exergue : « Le vent se lève, il faut tenter de vivre. » Le mois de la naissance de la revue est aussi celui de la disparition d'Antonin Artaud que le petit groupe lisait avec passion. Un lecteur de ce premier numéro, Louis Berthe, écrit à la revue qu'il y a quelque contradiction à se réclamer à la fois de la nudité et faire dans la préciosité. Avec la distance du temps, Pierre Vidal-Naquet reconnaît volontiers le caractère pertinent de l'appréciation et juge en effet qu'avec la très belle nouvelle de Jérôme Peignot, la description des émotions ressenties au musée du Jeu de paume par Claude Imbert ou encore avec les commentaires de Gérald Hervé sur Rilke et de lui-même sur Giraudoux, on nageait dans la préciosité même.

Cette publication fit son petit effet et un jour, signe du destin pour Pierre Nora qui sera qualifié beaucoup plus tard par certains de « Paulhan des sciences humaines », la revue reçoit une lettre énigmatique signée J.P. : « Je voudrais bien m'abonner à *Imprudence*, mais comment ? On n'a jamais vu revue qui n'indiquât pas son prix. » Pierre Vidal-Naquet, qui reçoit à son adresse personnelle, rue de Varenne, dans le 7e arrondissement, le courrier de la revue, répond à l'expéditeur : « Cher J.P., je vous envoie volontiers un bulletin d'abonnement mais comment ? On n'a jamais vu lecteur faisant pareille demande qui n'indiquât pas son nom... », il s'agissait de Jean Paulhan, et voilà que cette petite revue est invitée aux cocktails de Gallimard !

Chaque livraison de la revue devait répondre aux exigences d'une révolution permanente. L'éditorial du second numéro, corédigé par Pierre Nora et Pierre Vidal-Naquet, s'intitule « L'avant-garde n'est à personne ». Il proclame qu'en 1948 il n'est plus possible de réaliser ce qu'ont fait les surréalistes dans l'après-1914-1918, que la révolution à produire est d'essence morale, il refuse catégoriquement (on est en 1948) la guerre froide et affirme la volonté de rester neutre dans le conflit entre les deux superpuissances. Le thème des fours crématoires revient comme une obsession dans un texte poétique de l'ami de Pierre Vidal-Naquet, Noël Alexandre, « La rivière coule aussi la nuit » : « Pourquoi est-ce affreux le four crématoire ? C'est qu'il ne peut vous dire que le seul crime est votre habitude de vivre, et la merveille est le temps qui ne suspend pas son vol. Ce n'est pas malin d'en parler n'est-ce pas, et nous les avons trop vues les images des actualités, une porte qui s'ouvre sur un trou sombre dans les briques réfractaires et au fond l'image d'un squelette humain comme gravé dans la pierre. Mais vous n'entendez que trop le cri de cette image et vous avez peur[7]... »

En cette période où le monde se fracture de nouveau en deux blocs, sous le leadership des Soviétiques d'un côté et des Américains de l'autre, Pierre Nora et Pierre Vidal-Naquet sont sur la même ligne intellectuelle face à ce que Raymond Aron appelle le grand schisme : « Il y avait bien sûr la guerre froide qui nous sommait de prendre position. Je dirais que quelques amis, dont Pierre Nora par exemple, et moi nous étions passionnément ennemis de la guerre froide[8]. »

La figure tutélaire de René Char

Il restait à trouver une figure de référence pour incarner cette nouvelle «ligne» et les deux Pierre tombent d'accord pour que ce soit René Char dont Pierre Vidal-Naquet s'était procuré en juillet 1947 deux minces plaquettes, *Seuls demeurent* et *Feuillets d'Hypnos* : «Les textes de Char n'agirent pas tout de suite sur nous, mais un jour Nora me dit, dans notre langue de grands adolescents : "Tu sais, c'est vraiment ça."[9]» Hypnos est le nom de résistant de René Char et les feuillets sont le journal de sa résistance, mais d'une résistance qui reste celle d'un poète qui ne cède pas sur le front de la langue.

Né en 1907 à L'Isle-sur-la-Sorgue, René Char s'engage tôt dans la Résistance. Il décide de continuer à écrire, mais ne veut rien publier tant que la France restera occupée. En 1943, responsable des MUR (Mouvements unis de la Résistance), il organise les premiers maquis dans la région de Céreste, et c'est en 1944 qu'il note ses réflexions dans un carnet qui va constituer la base des *Feuillets d'Hypnos*. Ces feuillets tentent de penser ensemble les contraires. Ils portent au plus haut la figure rhétorique de l'oxymore en définissant la voie d'une sorte de morale stoïcienne à la Marc Aurèle pour retrouver, contre les affres du temps présent, les apports d'une sagesse antique qui aurait permis un nouveau souffle, en s'inspirant aussi de la puissance de subversion du surréalisme. Plus tard, Éluard lui écrira : «Ce petit livre est un immense chef-d'œuvre. Tu as planté en terre une épée qui restera[10].»

Pierre Vidal-Naquet et Pierre Nora, enthousiasmés par ces *Feuillets d'Hypnos*, décident d'en publier un petit extrait en quatrième de couverture comme devise pour la deuxième livraison de leur revue*. Pierre Nora écrit à René Char pour lui demander son autorisation. Le poète répond très vite à ces jeunes adolescents intrépides : «Je ne puis que vous envoyer mon consentement, dans la mesure, bien entendu, où vos camarades et vous êtes persuadés de l'accord, avec votre pensée et vos intentions, de mon propre sentiment[11].»

---

* L'extrait en question : «AUX PRUDENTS : Il neige sur le maquis et c'est contre nous chasse perpétuelle. Vous dont la maison ne pleure pas, chez qui l'avarice écrase l'amour, dans la succession des journées chaudes, votre feu n'est qu'un garde-malade. Trop tard. Votre cancer a parlé. Le pays natal n'a plus de pouvoir.»

Ce n'est pas sans anxiété que les animateurs de la revue envoient la deuxième livraison à la fin du mois de juin 1948 à leur nouvelle figure tutélaire qui leur répond le 10 juillet. On comprend la joie des imprudents à la lecture de cette missive très laudative : «Enfin, Pierre Vidal-Naquet, on ne glisse pas sur une authenticité seulement embryonnaire en lisant les textes de votre revue. Votre façon substantielle d'appréhender le réel, la loyauté et les scrupules dont font preuve vos collaborateurs dans le dire du labyrinthe que le monde d'aujourd'hui vous offre, l'exigence d'une vérité que se disputent les machiavels pour l'anéantir (rassurez-vous, ils crèveront), toutes ces intentions, cette réserve, ces accents, ces critiques justifiées, ce refus de vous asseoir, cette foi dans le juste, dans le lucide, m'ont fait plaisir et m'ont ému. Restez du bond, déclinez le festin. Je vous écris spontanément, n'aimant pas correspondre. Vous gagnerez du terrain encore, certes, vous vous allégerez. Je vous souhaite de conserver longtemps le pouvoir, l'honnêteté et l'ardeur de vous exprimer. Les éternelles génisses de la politique et de la littérature ne vous ménageront pas les critiques. Tenez votre liberté et surveillez vos illusions, vous n'en serez que plus "profond", le moment venu, comme l'arbre à réglisse dont les racines sont les fruits de la terre succulente[12].» On imagine la stupéfaction et le ravissement des adolescents recevant une telle lettre de la part de celui qui est consacré dès l'après-guerre comme un des plus grands poètes français, auréolé de plus par ses actions résistantes en un temps où la plupart des hommes de lettres n'ont eu ni sa probité ni son courage.

Le troisième numéro de la revue sera le dernier, et évidemment placé sous l'égide de René Char. Il commence par le prélude du poème filmé de René Char *Sur les hauteurs*, intitulé «Pourquoi ce chemin...», et les animateurs de la revue expliquent d'entrée pourquoi ce choix; ils ont l'intention d'emprunter les chemins non tracés de leur poète préféré : «On sait que nous n'avons pas l'habitude d'ouvrir notre numéro par le texte d'un auteur "connu". Si nous mettons cependant à cette place le poème de René Char, malgré la différence de génération qui nous sépare, c'est que le chemin dont il parle est le nôtre[13].» Cet ultime numéro paru en mars 1949 comporte un texte de Jean-François Lyotard, et Pierre Nora écrit un nouveau poème, *Pierre à bâtir*, où l'on retrouve la juxtaposition des contraires, le jeu des contrastes, les défis de la mort à la vie : «Mon enfance au doux regard facile, je t'ai crevé les yeux ce soir. Il fallait que ce jour arrivât, sereinement. Les fleurs fichées sur les paupières pacifiées, le choix aveugle de l'aurore, au crépuscule des candeurs, la mort, mes songes plus futiles, et la naissance confondues...[14].» Ainsi commence ce nouveau poème d'un adolescent qui sait déjà que sa vie va être consacrée à l'écriture et qui vit très jeune l'expérience de la voie littéraire. René Char invite les deux Pierre à l'hôtel Montalembert où il descend quand il quitte L'Isle-sur-la-Sorgue pour Paris.

N'ayant pas d'enfant, il se prend d'une affection particulière pour cet apprenti poète qu'est Pierre Nora et l'entraîne dans de grandes balades parisiennes : «Il improvise, empruntant ici à un gardien les clés de l'hôtel particulier de Gustave Moreau, rue de La Rochefoucauld – ils visitent alors pendant des heures l'étrange demeure du peintre symboliste abandonnée aux toiles d'araignée –, ou sonnant chez des particuliers et inventant mille histoires abracadabrantes[15].» Les samedis et dimanches, René Char emmenait l'adolescent dans les maisons parisiennes qui suscitaient son intérêt, se faisant passer pour l'électricien de service, et s'installait à table. Jugeant que son protégé n'avait pas assez d'argent, «il venait chez mon père, volait les ivoires qui étaient sur le piano à queue et les vendait pour me donner de l'argent de poche[16]». C'est une période au cours de laquelle Pierre Nora s'exprime par la poésie* : «Pour un garçon de dix-sept ans, c'était magique d'être initié à tant de choses, y compris la poésie. Il m'a ouvert des mondes : la poésie, la peinture, et cette attention aux textes, aux manuscrits[17].» Lorsque son protégé fera son entrée chez Gallimard au milieu des années 1960, René Char considérera qu'il tourne le dos à sa véritable vocation et lui suggérera plutôt de regrouper ses poèmes dans une publication. Pierre Nora n'oubliera jamais sa dette vis-à-vis de René Char et lorsqu'il lancera la revue *Le Débat*, il fera appel à lui pour y publier deux longs textes-poèmes[18]. Jusqu'à la disparition de René Char ils restent liés par une correspondance affectueuse, presque familiale, ainsi que par des retrouvailles soit à Paris, lors des passages

* Quelques poésies de Pierre Nora de l'époque, communiquées par Jérôme Garcin :

«Monde complice du chasseur, monde brimé, fauteur de ta propre mémoire, la bague de la porte est là, si basse, que seul y passe le dompteur.»

«*Salut de l'enlisé* : Au commencement le temps était plaine – comme un aveugle, je titubais devant le désert des chardons à cueillir, devant le champ des fleurs à clous – La paupière de l'horizon s'ouvrait sur un abîme. L'absence d'explosions internes m'épouvantait; elle apparentait la prodigieuse aventure provisoire aux sécurités de la mort. Je ne me souvenais plus de m'être oublié. Je louais les jours au détail et je briserais la certitude – La pesanteur m'accompagnait. Un jour l'emprunt cessa – le pain calma ma faim... Je cessai de me pendre avec la corde à nœuds, du temps...»

de René Char, soit dans la propriété des Busclats à L'Isle-sur-la-Sorgue. Lorsque la compagne de René Char, Tina, est hospitalisée à la fin de 1972, Pierre Nora écrit tout de suite à son ami, lequel lui répond aussitôt : « Mon cher Pierre, vous êtes l'affection même, celle qui, comme la violette, se montre quand l'espoir va sombrer dans l'obscurité de la forêt. Votre lettre est arrivée aux Busclats au même moment que j'en poussais la porte. Tina va mieux... Vous savez les vœux que je forme pour vous. Ils ont le visage du présent perpétuel qu'avait si bien défini Georges Braque, avant de vieillir... Merci Pierre. Je vous affectionne. C'est avec chaleur que je vous le dis[19]. »

Au lycée Carnot, l'élève de première de Louis Blaizot qu'est Pierre Nora est particulièrement doué et atteint l'excellence. Il se fait remarquer par un jeune normalien venu faire son stage d'agrégation, Jacques Guicharnaud, qui fera plus tard une belle carrière aux États-Unis, à Yale, et dont Queneau publiera chez Gallimard un recueil de nouvelles, *Entre chien et loup*, puis, toujours chez Gallimard, un ouvrage sur Molière[20]. Repérant le talent du jeune Pierre Nora à partir de la correction d'une de ses copies sur *Bérénice* de Racine, Jacques Guicharnaud l'emmène au bal de l'École normale supérieure rue d'Ulm en lui disant que c'est là et pas ailleurs qu'il « faut vivre et mourir ». Il était loin de se douter que cette entrée à l'ENS allait être barrée, restant la blessure secrète de Pierre Nora.

C'est à cette occasion que le jeune homme fait la connaissance de deux personnes qui seront ses plus proches amis. Jacques Guicharnaud est en effet le grand ami de J.-B. Pontalis qui deviendra psychanalyste et confrère de Pierre Nora chez Gallimard. En 1947, Jacques Guicharnaud introduit celui qu'on appelle alors « Pierrot » dans sa bande d'amis. Il y était le plus jeune, mais déjà très brillant et sidérant ses aînés : « Il récitait déjà par cœur *La Jeune Parque* en entier[21] ! »

En cette année 1947, au tout début de leur relation d'amitié, J.-B. Pontalis descend au volant de sa 4 CV Renault avec Pierre Nora en Provence. Il mesure, à l'entendre parler pendant tout le voyage de son frère Simon, à quel point celui-ci est son grand héros, auréolé par sa résistance dans le Vercors, ses relations avec le poète Prévost, ainsi que par le rôle paternel qu'il a joué pendant l'absence du père auprès de l'enfant d'une dizaine d'années qu'il était alors. Si Pierre Nora est ressenti par Pontalis comme issu d'une famille de la grande bourgeoisie, à aucun moment il n'est perçu comme Juif, et cette identité reste très discrète, non dite. Cette dimension n'est nullement présente dans leur relation. Pourtant, il se souvient d'une scène révélatrice au cours de ce voyage en Provence : « On s'est arrêté chez un M. Sartre qui s'est mis à tenir des propos antisémites. Pierre a immédiatement dit : "On fout le camp."[22] »

Après lui avoir indiqué l'importance de la rue d'Ulm dans l'acquisition d'un magistère intellectuel, Jacques Guicharnaud emmène son jeune et prometteur protégé chez Gallimard, rue Sébastien-Bottin, dans un de ces cocktails parisiens devenus le haut lieu de l'intelligentsia. C'était au printemps 1947 et l'adolescent peut y croiser ébloui André Malraux, Jean Paulhan, Sartre et René-Louis Des Forêts : « J'ai eu cette fois spontanément le sentiment que c'était là qu'"il fallait vivre et mourir"[23]. »

En l'été 1948, le petit cercle d'amis organise une virée en Italie. Il y a là Jacques Guicharnaud, Pierre Nora et sa sœur Jacqueline, Jean Laplanche, lui aussi futur psychanalyste, J.-B. Pontalis et sa jeune femme ; il venait de se marier à vingt ans. Ils ont fait le tour de l'Italie dans une grosse Ford empruntée par Jean Laplanche à ses riches parents producteurs de très bons bordeaux. Ce voyage, au cours duquel les courants désirants allaient dans tous les sens, ajoutant un plus à l'émerveillement de la découverte de l'Italie, est devenu légendaire pour le petit groupe qui a parcouru le nord de l'Italie : le lac de Côme, Venise et la Toscane : « On campait n'importe où, il n'y avait pas de campings. Je me souviens d'une arrivée de nuit dans un village. On plante nos tentes et le lendemain matin, tous les habitants du village s'étaient regroupés autour de nous[24]. »

En ces années d'après guerre, Pierre Nora est aussi intronisé dans le cercle des amis de Roger Stéphane par son frère Simon qui est un de ses proches. Roger Stéphane a libéré l'hôtel de ville de Paris en août 1944 et fondé *France-Observateur*. Il a fait de son appartement parisien de la place Vendôme un lieu de fête permanente où circulent ses innombrables amis qui y ont table ouverte à n'importe quelle heure du jour et de la nuit. Il n'y était jamais seul, mais en compagnie de sa « bande » très composite. En premier lieu, il y a là le grand ami et amour de Roger Stéphane, Jean-Jacques Rinieri, mais aussi le spécialiste d'Heidegger Jean Beaufret, Pierre Lebar, Jacques Roudinesco, Jean Sussel, « d'anciens compagnons de la Résistance comme Simon Nora ; des journalistes comme Pierre Courtade, Jean-Jacques de Meyenbourg, André Gillois, Albert Bayet, Gilles Martinet ou Claude Roussel... de jeunes normaliens comme Marc Soriano... des auteurs confirmés, Aragon, Maulnier, parfois Mauriac, et Roger Vailland... des hommes d'avenir comme Pierre Bertaux, Roger Wybot ou Edgar

Faure ; des têtes politiques, Mendès France et Georges Boris, souvent conviés ; et bien sûr Léon Pierre-Quint, l'éditeur élu*... Un fameux cocktail[25] ».

C'est dans ce milieu très parisien et très en vue que le jeune Pierre Nora évolue, invité très fréquemment par Roger Stéphane, alors qu'il n'a que quinze, seize ans, devisant déjà des dernières productions littéraires et de la bonne marche du monde. Roger Stéphane devient ainsi un de ses initiateurs intellectuels. C'est chez lui qu'il fait la connaissance de Jouhandeau et de Cocteau. « Roger Stéphane m'a dit : "Tu écriras, c'est comme cela. Tu es fait pour écrire", et il m'a fait lire plein de livres, jouant pour moi un vrai rôle d'éducateur[26]. » Roger Stéphane a rencontré Jean-Jacques Rinieri, brillant normalien, en juin 1946. Ils vivent un amour très passionné jusqu'à l'accident de voiture qui emporte Jean-Jacques Rinieri le 30 août 1950 alors qu'il se rendait à Amsterdam pour y visiter ses musées. Pour Roger Stéphane commence une longue période de dix années d'un deuil impossible à assumer. Il aura pu néanmoins exprimer la douleur de l'absence par la publication d'un livre en 1953[27].

André Fermigier

L'autre grande rencontre que fait le jeune adolescent Pierre Nora lors de cette soirée de bal à l'ENS est celle de l'historien d'art et journaliste André Fermigier, de neuf années son aîné. Né en 1923, André Fermigier, grand amateur d'art, est déjà agrégé de lettres classiques, en poste à Alexandrie. Esthète et homosexuel, André Fermigier voue à son nouveau jeune ami Pierre Nora une véritable passion amoureuse. De son côté, Pierre Nora est fasciné par ce personnage proustien, très raffiné, très cultivé. Fermigier fait aussi partie de la bande d'amis de J.-B. Pontalis qui prendra d'ailleurs sa succession à Alexandrie. Dès cette rencontre de 1947 l'intensité de la relation amicale est immédiate et passionnelle du côté d'André Fermigier : « J'aime en tout cas la rue La Boétie (le nom permet une belle amitié), ta maison, ta famille... Pars, ne m'oublie pas[28] » ; « Mon petit Pierre, j'ai reçu hier matin ta lettre si

* Léon Pierre-Quint, de son vrai nom Léon Steindecker, a commencé sa carrière d'éditeur en 1923 en publiant le *Manifeste surréaliste* d'André Breton. Éditeur en titre des éditions Sagittaire dans les années 1930, il publie, outre Breton, Gide, Valéry, Scott Fitzgerald, René Crevel, Thomas Mann, Claude Simon...

longuement attendue et je l'ai trouvée si belle que d'abord je ne voulais pas lui répondre… Ta mélancolie est la mienne, cet ennui charmant accompagne chacun de nos jours et nous sommes vraiment frères. Mais l'enfant qui garde ses poings fermés dans sa poche ne sait pas qu'il tient *là* le plus beau des trésors, que nous n'en avons pas d'autre : nos mains, nos yeux, nos livres, notre amour, et que comme tous les trésors il faut se hâter de dépenser ceux-là et les lancer aux quatre vents… Dans tes lettres, il y a parfois une froideur, une sorte de réticence qui m'attristent… Je déteste la dureté : elle est pour moi la plus impardonnable bêtise de notre époque. Tu m'as fait revoir Paris, je voudrais le revoir avec toi, *te voir* chaque jour[29]. » André Fermigier va jouer un rôle fondamental dans les premiers approfondissements de la sensibilité artistique et littéraire de l'adolescent de seize ans qu'est alors Pierre Nora. Il lui fait notamment lire le livre qui l'accompagnera toute sa vie comme le modèle même de l'écriture, *À la recherche du temps perdu* de Proust : « Je crois que tu seras déçu par les premiers volumes de Proust. Il y a dans tout cela (même dans *Un amour de Swann*) une philosophie mondaine, une sensiblerie malodorante, un bavardage poussiéreux que je n'aime guère, quoique déjà Combray et surtout Françoise nous retiennent. Mais il faut arriver jusqu'à *Sodome* pour pénétrer dans le monde éblouissant et cruel et apercevoir sur cette face à l'enfant sage et rusé les “noirs serpents écumeux” de la folie. Là commence l'envoûtement : je ne connais pas d'œuvre qui se referme davantage sur vous, vous fasse moins douter de ses personnages et de ses mythes, obscurcisse davantage toute autre vie. Et là encore ce n'est pas le grand romancier que j'aime en Proust mais sa bêtise et sa vulgarité d'homme du monde, ses cachotteries, ses mensonges, sa culture odieuse à force de virtuosité et de cabotinage, ses prodigieux accents de causeur, sa vision burlesque et hallucinée du détail le plus humble, et par-dessus tout sa gaieté nerveuse et méchante, la monstrueuse frivolité est son enfer. J'essaierai de t'envoyer *Sodome et Gomorrhe* avant ton retour[30]. » André Fermigier fait aussi partager à son nouvel ami ses enthousiasmes artistiques à chacun de ses voyages en Italie : « Arrivée à Rome – léger frisson de palpitation historique et d'émotion conjugale. La colline étonne, le Forum enchante, le Capitole bouleverse et pour la statue de Marc Aurèle, c'est le délire : poitrail, couilles, naseaux… On arrive à Modigliani : là, c'est le déchaînement. MODI, ah modi, parce que pour moi modi – on se prosterne, on multiplie les angles[31]. » En 1954, à la faveur d'un brillant TB à son diplôme d'histoire, le père de Pierre Nora lui prête une 4 CV dans laquelle s'engouffrent Pierre et ses deux amis André Fermigier et Jean-François Revel pour un tour de la Toscane : Florence, San Gimignano, Sienne... Le regard très caustique et polémique vis-à-vis de la modernité s'exprime déjà en ces années 1950 : « À l'occasion d'un cours, j'ai relu bon nombre de romans contemporains : mon cher, c'est absolument épouvantable, tout ce fatras incroyable d'indigence, de négligence, de nullité, aucun doute tu es le premier. Dhôtel, Bosco, Queneau, pour ne parler que de ceux qui ont une vague réputation de derrière les fagots, mais ces gens-là, comme dirait Marthe, une mitrailleuse voilà tout ce qu'il leur faut; et Camus et Malraux même, que de procédés, de faiblesses, de platitudes, sans parler des Arland et autres Guilloux et apôtres du fin du fin de la tradition française que j'abandonne volontiers à l'écœurement qu'il t'inspire. Je dois dire qu'il n'y a que le petit père des peuples (Sartre) qui m'ait paru assez estimable... Un roman doit s'écrire comme un opéra (Flaubert), ou se dessiner comme un portrait d'Ingres[32]. » André Fermigier ne cesse de pousser son jeune ami dans la voie de sa vocation littéraire : « Le concours passé le 1er octobre, à la rentrée des vacances, si tu n'as pas déposé ton premier manuscrit chez l'éditeur, je ne te serre plus la main[33]. » Cette complicité amicale résistera au caractère quelque peu irascible d'un André Fermigier dont la susceptibilité est à fleur de peau et dont l'exclusivisme est farouche. Il faudra à Pierre Nora déployer tout son savoir-faire de diplomate pour atténuer les effets de ses multiples colères et préserver leurs relations amicales dans la durée. Leur proximité sera même un bon moment topographique puisque Pierre Nora vivra dans les années 1960 avec son épouse Françoise Cachin au 38, boulevard Saint-Michel qui sera aussi le domicile d'André Fermigier, à un seul étage de distance.

André Fermigier deviendra l'auteur de grandes monographies sur Bonnard, Courbet, Millet, Picasso, Toulouse-Lautrec; il aura en outre édité Élie Faure et Wölfflin, et dirigé chez Hachette le « Livre de poche illustré », puis chez Gallimard la série « Folio-Classique » et la collection « Poésie ». Mais il se fera surtout connaître par ses chroniques dans *Le Nouvel Observateur* de 1966 à 1973, puis dans le quotidien *Le Monde* pendant onze ans, bataillant jusqu'à sa disparition en 1988 contre l'art moderne et les grands travaux de transformation de Paris, que ce soit les Halles, la gare d'Orsay, la pyramide du Louvre : « Il y avait en lui du Proust inaccompli, du Stendhal des *Mémoires d'un touriste*, du Larbaud amoureux du cœur frais de la France, de l'Émile Mâle et du Focillon dans la science et l'autorité du jugement, du

Léautaud pour ses bêtes noires et du Cocteau dans le feu d'artifice», écrit Pierre Nora en hommage au moment de sa disparition[34].

Pierre Nora aurait voulu que son ami publie ses chroniques parues dans *Le Nouvel Observateur* qui suscitaient chez lui un vrai bonheur tant par le talent de plume et la liberté de ton que par l'acuité du jugement et la drôlerie des démonstrations. Il se heurte au refus obstiné d'André Fermigier malgré les objurgations et le véritable harcèlement qu'il pratique auprès de lui pour le faire céder, au point qu'en 1980 il tente de passer outre au refus de son ami en préparant un projet qu'il soumet à Claude Gallimard. Il obtient de ce dernier le feu vert enthousiaste pour une telle publication dans la prestigieuse collection «Blanche». Mais il reste à obtenir l'accord et l'implication de l'auteur lui-même. Pierre Nora tente une ultime fois de vaincre ses résistances : «Je suis devant un choix et j'aurais besoin de toi. Je sais, tu ne veux pas t'en occuper. Tu t'en moques, tu ne veux pas en entendre parler. Mais quand même, c'est le projet de ma vie. Ma seule gloire éditoriale aura été de réaliser ce livre, Claude est d'accord pour une fois, il y a (enfin, il y aura, il devrait y avoir) une fortune à la clé. Alors ne rechigne pas, accepte à mon retour de me consacrer cinq minutes pour en parler[35].»

Ce ne sera qu'au moment où il se saura condamné par un cancer au poumon, à soixante-quatre ans, qu'il consentira à une telle publication, laissant à Pierre Nora le soin d'opérer les choix qui lui semblent les plus judicieux. C'est ce dont s'acquitte l'ami de toujours avec Catherine Fotiadi, sa légataire testamentaire. La publication de ces chroniques sera divisée en trois parties, d'une part ce qui a trait à l'urbanisme, aux batailles contre la destruction des Halles, contre la pyramide du Louvre, préparé et présenté par François Loyer pour la collection «Le Débat»[36], ensuite ses chroniques d'humeur, présentées par Jean-Michel Gardair et publiées dans la collection «Blanche»[37], enfin ses chroniques d'art présentées par Françoise Cachin pour la même collection «Blanche»[38].

L'ami Jean-François Revel

C'est aussi par André Fermigier que Pierre Nora fait la connaissance d'un de ses plus proches amis, Jean-François Revel, dont le vrai nom est Jean-François Ricard. Il est alors le collègue d'André Fermigier qui, agrégé de lettres, enseigne la littérature française à l'Institut français de

Florence, alors que lui s'est vu confier l'enseignement de l'histoire. Jean-François Revel est philosophe de formation, mais en rupture de ban avec l'École normale supérieure. André Fermigier, Jean-François Revel et Pierre Nora forment alors un trio. Ils habitent tous trois à l'hôtel Barchielli, sur la rive droite de l'Arno, près du Ponte Vecchio. À ce trio se joint souvent un historien d'art américain, Jacob Bean. La rencontre entre Jean-François Revel et Pierre Nora date de Noël 1952, lorsque Revel vient passer les fêtes à Paris en décembre. André Fermigier s'excuse par avance d'avoir à présenter à Pierre Nora un normalien un peu lourd, un peu au ras des pâquerettes, mais «il a une vertu, dans sa lourdeur, il m'écoute[39]». En effet, le dédicataire du Proust de Revel[40] sera Fermigier qui le lui a fait lire : «Jean-François buvait le monde extérieur et ce qu'on pouvait lui dire[41].»

Jean-François Revel et Pierre Nora ne se quitteront plus. Là encore, Pierre Nora a quelque sept années de moins que son nouvel ami, ce qui confirme sa propension à nouer des relations avec des personnes plus âgées que lui, de l'âge de son frère. Tout en étant de loin son cadet, il apporte déjà à Jean-François Revel : «Je dus ainsi, salutaire nécessité, rebâtir à nouveaux frais ou, le plus souvent, bâtir à partir de rien une culture historique, avec un résultat modeste, sans doute, mais au moins mis à jour par la lecture de quelques travaux d'historiographie. Mon guide dans ce rafraîchissement intellectuel se trouva être Pierre Nora[42].» De son côté, Jean-François Revel séduit Pierre Nora par son art de dévorer la vie à pleines dents, de manière boulimique, avec un appétit jamais satisfait. Provocateur et gouailleur, il n'en est pas moins extrêmement cultivé et en prise avec l'actualité culturelle et politique. Ancien résistant, mais profondément antigaulliste, Jean-François Revel est alors plutôt libertaire, et ne manque pas de bons mots et de sarcasmes. Lorsqu'en 1958, à la faveur du complot d'Alger, le général de Gaulle revient au pouvoir, il écrit : «Le général de Gaulle a raison de se prendre pour la France. Il a tort de croire que cela l'honore[43].»

Le trio André Fermigier, Jean-François Revel et Pierre Nora forme un clan anticonformiste, un peu bohème, un peu rebelle, un peu marginal, qui s'enthousiasme pour l'art italien, pour le Quattrocento, éclairé par les commentaires érudits d'André Fermigier. Jean-François Revel devient rapidement un auteur fécond, publiant entre 1957 et 1962 un roman qu'il venait d'écrire sur sa compagne, disciple de Georges Gurdjieff, avec laquelle il ne voulait plus vivre, *Histoire de Flore*, puis *Pourquoi des philosophes ?*, *Pour l'Italie*, *Sur Proust*, *Le Style du général*, *La Cabale des dévots*, «véritable feu d'artifice pétaradant et jubilatoire, qui révélait un des hommes les plus intelligents de sa génération et un sacré tempérament d'écrivain[44] ».

Mais derrière le provocateur, derrière le polémiste qui se faisait sur son passage de nombreux ennemis, Pierre Nora voit surtout un homme qui place les valeurs de l'amitié à une hauteur sacrée : «Ce dont Jean-François était cependant le plus affamé, c'était d'amitié. Elle l'aidait sans doute à conjurer un fond d'angoisse qu'il a su dominer si bien à tant d'égards, pas à tous[45]. »

C'est Jean-François Revel qui introduira Pierre Nora chez l'éditeur René Julliard, lui permettant de lancer sa collection de livres d'histoire de poche si novatrice, «Archives», tandis que de son côté il créait les collections «Libertés», «Littérature» et sa collection de théoriciens de l'art.. Ils partageront chez Julliard un petit bureau bleu. La première publication de Jean-François Revel est pourtant un échec complet. Son roman, comme il le dira plus tard, «garnit moins les vitrines des libraires que les cartons de "retour à l'éditeur"[46]». Très déconfit, humilié, Jean-François Revel va voir René Julliard quelques semaines après cet échec et lui propose pourtant la publication de son essai sur la philosophie : «Écoutez, me dit-il, c'est un texte qui peut intéresser tout au plus quatre à cinq cents personnes en France. Nadeau a refusé d'en passer un extrait dans *Les Lettres nouvelles*. Mais enfin, pour vous faire plaisir, je le publie volontiers[47]. » Et ce sera le best-seller inattendu qui assurera la notoriété de son auteur avec *Pourquoi des philosophes ?*.

Auteur, éditeur, Jean-François Revel sera aussi journaliste, chroniqueur, directeur de *L'Express*, il aura également été dans le *shadow cabinet* de François Mitterrand en tant que ministre de la Culture putatif après le ballottage de 1965, lorsque Mitterrand, à la faveur de son bon score, incarnait les espérances de changement. Puis, il deviendra un farouche opposant de la politique socialiste jugée trop léniniste lorsque le PS d'Épinay fera alliance avec le PCF.

À chacune des publications de Jean-François Revel, Pierre Nora lui envoie des lettres circonstanciées, en général enthousiastes, lui signalant parfois des points de désaccord, mais toujours dans les limites d'une profonde affection. Jean-François Revel obtient un succès spectaculaire en 1970 avec son *Ni Marx ni Jésus*. La réaction de Pierre Nora est plutôt critique. Après lui avoir signifié que toutes ses considérations sur l'Europe, la France, le tiers-monde sont parfaites de justesse, de clarté, de drôlerie, il regrette qu'ensuite «le livre devient profondément ambigu. Tu joues sur le mot révolution. Si tu veux dire que les États-Unis sont le laboratoire historique où apparaissent des phénomènes inédits qui caractérisent une société industrielle avancée, une démocratie de masse, et un pays qui a toujours eu un type de développement particulier et d'une originalité sous-estimée en Europe, cela est certain. L'Amérique n'a pas cessé d'être le Nouveau Monde ; c'est une évidence, mais que l'antiaméricanisme traditionnel de gauche se refuse à admettre, et qui n'est pas facile en sorte à comprendre avec des concepts européens et français. L'Amérique est le pays où l'histoire change. Est-elle pour autant révolutionnaire ?[48] ».

Mais en général les réserves sont exprimées sur un mode mineur et l'enthousiasme prévaut toujours. Pierre Nora lui repose à chaque fois sous des formes différentes la même question laissée en suspens par un Jean-François Revel toujours péremptoire et prompt à donner des réponses massives et catégoriques. Lorsque Jean-François Revel durcit le ton et pourfend la gauche française et sa tentation totalitaire, il a un art consommé de mettre le doigt sur l'angle mort de sa démonstration[49] : « Oui, mon cher J.-F., tu as bien écrit le livre politique le plus important de l'année et tapé dans le mille une fois de plus avec un punch formidable. Et un courage que je salue très bas. Bravo mille fois. Il va falloir te défendre sans broncher, et comme je le ferai pour ma part sans réserve, les objections qui me sont venues en te lisant, c'est à toi que je les ferai. Les deux que je te soumets rapidement, en attendant de te voir dès que le maelström te le permettra, sont les suivantes : 1. Tu parles du stalinisme et du communisme comme si c'était un système d'idées, une doctrine, une politique comparables à d'autres, non un mouvement historique qui exprime tout autre chose, s'enracine dans des frustrations sociales et historiques, s'incarne dans un combat qui se moque pas mal de toutes les notions qui ont cours dans les démocraties. C'est pourquoi les communistes ont tout encaissé et encaisseront tout : le stalinisme, les camps, le goulag. Ta description est parfaitement exacte, mais elle amène la question complémentaire : les choses étant ainsi, et les communistes le sachant parfaitement, qu'est-ce qui fait qu'ils continuent à l'être ? C'est un peu comme les révolutions. On peut facilement constater qu'elles échouent toutes, ça n'a jamais empêché qu'on veuille en faire de nouvelles. Je sais que ton livre ne s'adresse pas à eux, mais aux socialistes. 2. D'où ma deuxième objection : l'expérience montre depuis le Front populaire que la gauche non communiste ne trouve de force que dans une alliance avec les communistes. Il n'y a pas, en France au moins, de social-démocratie autonome. Le pari de Mitterrand le prouve encore : il n'aurait jamais refait le parti socialiste sans les communistes. Est-ce que c'est son suicide, ou la seule possibilité d'exister[50] ?... »

Le succès éditorial le plus spectaculaire de Jean-François Revel sera la publication en 1997 de son dialogue avec son fils Matthieu Ricard, représentant en France du dalaï-lama, *Le Moine et le Philosophe*, qui a atteint le chiffre de 350 000 exemplaires vendus ! Ce dialogue rappelle à Pierre Nora les souvenirs anciens des débuts de leur amitié dans les années 1950 lorsque, passant quelques jours de vacances ensemble dans un chalet de la famille Revel à Courchevel, Pierre Nora avait offert un Jokari au fils de Jean-François Revel, le petit Matthieu, qui était alors âgé de huit ans. Alors que Pierre Nora était en train de jouer avec l'enfant devant le chalet entre deux mélèzes, la radio annonce en ce 30 août 1954 que l'Assemblée nationale venait, durant la nuit, sans discussion de fond, de rejeter le projet de CED* : « Nous tombâmes dans les bras l'un de l'autre en pleurant presque de joie[51]. » L'actualité politique aura toujours fait irruption dans leur vie quotidienne avec une particulière intensité. À l'époque, dans les années 1950, les choses sont assez claires pour eux deux, largement sous l'influence de Simon Nora qui est alors au côté de Pierre Mendès France, brillant président du Conseil.

Jean-François Revel a affectivement besoin de se voir sans cesse réassuré dans ses liens d'amitié, et les relations avec lui ne sont pas toujours de toute tranquillité tant il est prompt à prendre ombrage de la moindre manifestation de froideur. Surtout, le trio réunissant André Fermigier, Pierre Nora et Jean-François Revel, qui semblait si uni, traverse de sérieux orages, et Pierre Nora doit jouer les pacificateurs tant l'animosité grandit entre ses deux compagnons d'armes. Leur relation passionnelle se transforme en ce que Lacan aurait qualifié d'« hainamoration » et entre eux deux Pierre Nora, sujet non dit de la joute entre leurs deux egos, est souvent pris en otage.. La première fracture, qui ne se refermera jamais, date de 1957, lorsque André Fermigier est l'objet de critiques de son entourage à propos de son rapport quelque peu maladif à l'argent. Il s'en prend à Jean-François Revel comme le responsable de cette mauvaise réputation et leur relation tourne à l'aigre. Dans les années 1960, les sentiments amicaux entre eux deux se transforment en déchaînements haineux : « Sa hargne contre moi

* CED : Communauté européenne de défense, projet qui a divisé la plupart des formations politiques.

[André F.]. Il en est aujourd'hui à écrire à Galard des lettres où, à l'instar de Marthe Cazal, il me nomme "Ricard" (la belle injure), pour préciser que, s'il collabore, il refuse tout rapport avec moi et veut adresser ses articles directement audit Galard… Il apostrophe Richet pour lui demander : "Comment pouvez-vous travailler avec Ricard ?"… de même que quand il me débine auprès de Bernard de Fallois… Je cesse de considérer comme un devoir d'être victime de toutes les petitesses imaginables tout en me défendant jamais, sous peine d'être pris pour un énergumène qui n'a que ce qu'il mérite… Aucun rabibochage n'est à envisager de mon côté[52]. » Ils se trouvent même à partir de 1963 en concurrence directe dans le domaine de l'édition artistique puisque Jean-François Revel anime chez Julliard une collection consacrée aux critiques d'art, alors que peu après son lancement Schoeller recrute chez Hachette André Fermigier pour animer une collection du même ordre : « Il devient, à propos d'une affaire d'édition, mon ennemi en quelque sorte "professionnel" le plus réellement du monde[53]. » Grâce aux bons offices de Pierre Nora, ils garderont le contact encore pour un temps, mais l'atmosphère devient de plus en plus irrespirable car les coups de colère se multiplient de part et d'autre : « La seule cause de ma colère est cette morgue, ce ton de supériorité dédaigneux et satisfait sans lesquels vous ne semblez plus pouvoir parler… Je sais depuis longtemps, certes, que pour vous l'amitié consiste à tout recevoir, à tout exiger, et à ne jamais donner, je n'ignore rien des propos violemment haineux qu'il vous arrive de tenir sur moi à qui veut bien les entendre… Comme être en désaccord avec vous, c'est être rangé aussitôt dans la catégorie mondiale du "ridicule", à laquelle, semble-t-il, vous échapperiez seul… je ne prétends, par cette lettre, pas vous donner autre chose que la satisfaction de contempler une fois de plus la banalité, la sottise, la platitude, l'abjection et la folie de tout ce qui n'est pas vous[54]. »

3

Un destin contrarié

Au sortir du bachot obtenu au lycée Carnot, Pierre Nora, brillant élève, semble avoir un destin tout tracé qui doit impérativement le mener rue d'Ulm, lieu de consécration des littéraires, de la même manière que son frère aîné Simon a intégré l'ENA pour entrer dans la haute administration. Il entre donc tout naturellement en classes préparatoires et suit les cours d'hypokhâgne et de khâgne dans les prestigieux lycées Henri-IV et Louis-le-Grand qui forment l'essentiel de la petite élite qui intègre l'École normale supérieure.

À genoux devant Ulm

Pierre Nora est alors programmé pour réussir le concours d'entrée à l'ENS. Outre le jeune stagiaire d'agrégation Jacques Guicharnaud qui lui avait dit, alors qu'il était en première, qu'il fallait vivre et mourir à Ulm, il avait déjà eu à l'âge de quatorze ans son premier contact avec cet Olympe lorsqu'un ami de son frère l'avait emmené dîner dans un restaurant chinois du Quartier latin à l'occasion d'une de ses premières escapades hors de son 8e arrondissement. Passant dans la rue d'Ulm, «il m'a fait mettre à genoux devant la porte d'entrée en me disant : “C'est là que tu seras”[1]». À Henri-IV, Pierre Nora reçoit l'enseignement de philosophie d'Étienne Borne en hypokhâgne et de Jean Beaufret en khâgne, deux personnalités importantes de la philosophie française. Étienne Borne, démocrate-chrétien très engagé dans le MRP, avait des dons d'élocution et cultivait la rhétorique du grand orateur dans ses cours. Pierre Nora écoutait son «maître» avec quelque distance amusée, tenant son carnet de bord dont il donnera, sous l'anonymat d'une signature «xxx», quelques échantillons dans un des tout premiers numéros de sa revue *Le Débat* en 1980[2] : « Une aura l'entourait; Borne était l'éloquence. Debout, crucifié sur le tableau noir, habité par une parole qu'il dansait de toute sa maigreur épuisée par le service de la chaire, on s'attendait à le voir mourir à la fin de chaque phrase[3]. »

Le récit que Pierre Nora fait de ces cours traduit la distance qu'il a toujours eue vis-à-vis de la spéculation philosophique qui pourtant aura été sa première formation, ayant eu la sagesse de suivre en même temps le cursus de philosophie à la Sorbonne où il décrochera sa licence. Mais cette discipline lui inspire surtout à l'époque une ironie irrésistible vis-à-vis d'une formation qu'il juge purement rhétorique et qu'il perçoit comme fondamentalement enfermée dans le simple maintien de la reproduction d'une tradition immuable, sourde au monde et à ses remous, impropre aux changements, incapable de répondre aux exigences existentielles de cet après-guerre pourtant si riche d'expériences culturelles, comme il peut les vivre par ailleurs avec ses amis André Fermigier et Jean-François Revel. Il envoie d'ailleurs à ce dernier, un mois après avoir fait sa connaissance, ses impressions sur la formation qu'il suit : « Il m'envoya une longue et désopilante lettre. Pierre possède un talent pour le récit comique, rehaussé encore, quand il raconte de vive voix, par son don d'imitateur. Il me narrait et dépeignait la logorrhée des cours des "maîtres" d'alors en philosophie à la Sorbonne, son écœurement qui, m'assurait-il, devait s'entendre au sens propre et non pas au sens figuré : n'avait-il pas dû s'enfuir d'un cours de Jankélévitch, cet incompréhensible bavard, pour aller d'urgence vomir aux cabinets[4] ? » Il ressent là une profonde insatisfaction qui va beaucoup compter dans le fait d'échouer au concours de Normale supérieure, dans son rejet de la culture du khâgneux faite d'un mélange de savoir-faire plus que de savoir. Toute sa personne se révolte contre ce modèle qui selon lui tourne à vide. Pourtant, en khâgne, il a comme voisin et ami un certain Jacques Derrida avec lequel la compétition est rude. Lorsque l'un est premier, l'autre est second et inversement. Une ligne frontière passait pourtant entre eux qui séparait très fortement les Parisiens et les provinciaux : « Au lycée Louis-le-Grand, en ce temps-là, une vraie frontière sépare les internes et les externes. Dans ces classes de khâgne très nombreuses, ils forment deux groupes bien distincts que rassemble une seule chose : le dédain pour ceux qui font leurs études de l'autre côté de la rue Saint-Jacques, à la Sorbonne[5]. » Les Parisiens que sont Pierre Nora, Michel Deguy ou Dominique Fernandez n'ont alors que peu d'occasions d'échanges avec les internes comme Michel Serres, Bellemin-Noël, distincts par leur blouse grise qui les désigne comme le prolétariat de l'élite de la République.

Au cours de ses deux années de khâgne, de 1951 à 1953, Pierre Nora a pour condisciple un étudiant originaire d'Oran, Louis Martinez, qui n'était pas de ses relations les plus proches en tant qu'interne, mais comme Louis Martinez s'intéressait déjà beaucoup à l'URSS dont il deviendra un spécialiste, Pierre Nora lui confiait des informations qu'il tenait de son frère Simon, alors proche de Mendès France : « C'est lui qui m'a appris que le général de Gaulle consultait les Soviétiques toutes les semaines[6]. »

En ces années de khâgne, Pierre Nora reçoit le soutien d'un jeune normalien, Paul Viallaneix, qui deviendra un spécialiste de Jules Michelet. Ils font connaissance, à la demande de Pierre Nora qui souhaitait rencontrer un normalien en chair et en os pour voir à quoi cela ressemblait, et plus sérieusement mesurer ce qu'était ce concours-couperet d'entrée à Ulm. Il en exprime le désir auprès de ses professeurs de Louis-le-Grand qui l'orientent vers ce Paul Viallaneix, alors considéré par eux comme un prochain brillant helléniste qui a réussi à décrocher le prix Victor-Bérard quand il était en khâgne : « On a fait du grec ensemble. On a parlé de tout, et on a surtout sympathisé[7]. »

Le rejet de cette culture n'a pas fait de Pierre Nora un marginal ; il restait un des élèves les plus brillants, et tout le monde voyait en lui l'image même du futur normalien, un habit qui semblait avoir été conçu pour lui sur mesure. Qu'est-ce que philosopher selon Étienne Borne ? « C'est expliquer le clair par l'obscur. Eau transparente est peu profonde. Le tout neuf effluve d'une rhétorique opiacée venait de nous emporter des rivages du secondaire pour nous pousser vers les îles d'où l'on ne revient pas. Sirène et sorcier, Borne agitait convulsivement les bras pour nous appeler tendrement aux appels du logos[8]. » La transmission de ce logos passait par son incarnation et une théâtralisation par laquelle le professeur rejouait l'antique Pythie : « Borne éructait dans sa gesticulation les premières syllabes de certains mots pour leur donner des italiques : "La vocation philosophique n'est pas seulement *con*-vocation des volontés, *re*-censement des capacités, *mo*-bilisation des patiences, c'est une version du réel qui suppose une *con*-version spirituelle..."[9] » L'élève Pierre Nora avoue avoir du mal à suivre, mais cela fait partie du jeu dans la mesure où la philosophie par définition se *dé*-robe.

L'institution est fortement contraignante, pas question de sécher les cours, pas question de prétendre disposer de loisirs. Il convient de se résigner à tous les sacrifices, à se plier à l'ascèse. On doit tenir son rang, mériter sa place parmi l'élite française qui entrera à l'École normale supérieure pour devenir... professeurs !

L'autre figure haute en couleur qui a enseigné au khâgneux Pierre Nora est Jean Beaufret, le chantre en France de Martin Heidegger, son maître, le berger de l'étant. Résistant à Grenoble, il avait déjà eu pour élève Simon Nora à qui il a appris, entre autres, à se servir d'une mitraillette. Devant la classe de Pierre Nora, il fait l'apologie de Spinoza sur le mode d'une improvisation aussi étourdissante qu'incompréhensible : « La voix de Beaufret se faisait d'une douceur déchirante. Nous suivions des yeux son va-et-vient sur l'estrade. "Car enfin, le *Traité théologico-politique* a été brûlé en place publique, si je ne m'abuse, et par la main du bourreau." Il alluma une cigarette et laissa tomber : "C'est une caricature de Juif. Un Juif pour *Le Pilori*, un Juif pour Sartre. Naturellement les rabbins ne l'ont pas compris, ses parents non plus... Là où Descartes parle de l''exactitude de la Raison', Spinoza parle de la 'béatitude de la Raison'... Le début de *L'Éthique* s'ouvre sur une atmosphère d'expérience intime, dans la béatitude de ce qui touche au port : '*Deum nomino*', j'appelle Dieu..." La cloche en sonnant nous réveillait : "Nous continuerons demain. Vous êtes libres." À la récréation, nous étions tous spinozistes. Oubliés les métros de décembre et les queues qui nous attendaient au self-service universitaire !... On venait d'assister à l'une de ces fêtes que j'étais, hélas, tout fier d'avoir appelé les "Bakkhâgniales". Ces monologues électriques nous laissaient mous et fervents. Qui a goûté à cette mystique verbale s'est enivré du philtre qui l'empoisonnera pour toujours[10]. »

Pierre Nora envoie à son ami Jean-François Revel des récits hilarants sur ce qu'il voit, ce qu'il entend et qui lui apparaît relever d'une certaine forme de charlatanisme, doublé d'une arrogance absolue à partir de laquelle le monde se diviserait entre ceux qui seraient dignes de la khâgne et les autres, la plèbe. Loin de le dissuader, Jean-François Revel le conforte dans sa rébellion et s'inspire même de ses témoignages, de leurs discussions pour alimenter un pamphlet virulent qu'il prépare contre la faillite de la philosophie universitaire classique, et dont Pierre Nora et Louis Althusser seront les deux premiers lecteurs[11]. Dans sa dédicace personnelle adressée à son ami Pierre Nora, Jean-François Revel mentionnera : « Ce livre écrit à deux, sous le nom de Jean-François Revel. »

La traversée de la guerre et de ses horreurs rendait aux yeux de Pierre Nora dérisoire ce qu'il percevait comme une rhétorique vidée de sens. Il n'en est pas moins un brillant khâgneux, décrochant d'excellentes notes et appréciations, et surtout en lettres. Plus de trente ans plus tard, lorsque Pierre Nora publiera son grand œuvre *Les Lieux de mémoire*, il illustrera la contribution sur la «khâgne» confiée à Jean-François Sirinelli par les annotations de son professeur, M. Pons, sur sa copie de dissertation française du 25 novembre 1951 sur le sujet «Voltaire, juge de Pascal» qui obtint un beau 14/20 : «Copie vraiment intéressante qui marque un don littéraire, le goût des idées, une culture naissante. Mais encore trop de maladresses de technique pour que ces richesses puissent jouer à plein[12]...»

Une soif d'ailleurs

À ce rejet du discours qui fait des nœuds autour de lui-même, s'ajoute pour Pierre Nora une autre difficulté : sa santé particulièrement fragile, une propension à somatiser ses nombreuses angoisses vécues au cours de la guerre, et qui se sont poursuivies ensuite. Son père, médecin, en est inquiet au point de lui faire suivre des cures de bile qui le transforment en corps rattaché à toute une tuyauterie pendant des heures. Lorsque l'un de ses cousins lui demande à l'âge de dix-huit ans ce qu'il souhaite : «Je lui ai dit : la santé. J'étais tout le temps malade[13].» Fondamentalement attaché à une certaine forme de dilettantisme, de curiosité ouverte et gratuite, les contraintes des classes préparatoires ont été vécues comme une camisole de force sur un corps malade et aggravant ses douleurs. Avec ses amis J.-B. Pontalis et Jean Laplanche, il songe même à changer radicalement de voie et à suivre leur chemin vers la psychanalyse. Il a soif d'un ailleurs, ce qui va susciter chez lui, comme pour toute sa génération, une véritable passion pour *Tristes tropiques*, de Claude Lévi-Strauss, publié en 1955 et devenu immédiatement un best-seller. L'ethnologie le tenterait bien comme ailleurs absolu, coupure des ponts, mais en même temps, sagement, il poursuit et achève son cursus de philosophie à la Sorbonne. Au-delà de ces errances il y avait chez lui une certitude que l'on ne cessait de lui rappeler à satiété : «Tu seras écrivain», et incontestablement cette injonction semblait la plus fondée car tous reconnaissaient à Pierre Nora un talent de plume hors norme, et lorsque l'on est dans ce domaine conforté par des poètes reconnus comme René Char, on ne peut pas, on ne doit pas douter.

Pierre Nora, pendant ses classes de khâgne, se lie d'amitié avec un littéraire comme lui, qui va aussi échouer aux portes de l'ENS, le père de Jérôme Garcin, Philippe Garcin, dont la vocation première a également été d'être écrivain. Très grands amis, leurs destins ne cesseront de les rapprocher, que ce soit par leur goût pour la littérature, la poésie et les sciences humaines, mais aussi professionnellement puisque Philippe Garcin fera une belle carrière dans l'édition. Rentrant aux PUF en 1951, à peine sorti de sa khâgne, en qualité d'attaché de direction, il gravit très vite les échelons, devenant en 1959 chef du service littéraire, en 1962 directeur littéraire, et en 1968 directeur général de la maison, responsable des services littéraires et scientifiques. Il meurt prématurément en 1973 à quarante-cinq ans d'une chute de cheval racontée par son fils Jérôme dans un récit[14] qui suscite une vive émotion chez l'ami de son père, Pierre Nora : «Ton livre m'a bouleversé. J'ai lu ce chapitre 3 les larmes aux yeux, dans les sanglots du souvenir. Il donne évidemment son sens et sa lumière à tout le livre qui est très beau[15].» Lui rendant hommage lors de la disparition de son ami, Pierre Nora dit sur Philippe Garcin ce qui vaut tout aussi bien pour lui : «Les meilleurs éditeurs sont à coup sûr des écrivains rentrés, réprimés, convertis[16].»

Avec Philippe Garcin, Pierre Nora partageait à la fois une profonde passion pour la littérature ainsi qu'un rejet du conformisme des classes préparatoires. Alors que Pierre Nora de son côté poursuivait, malgré la fin de la revue *Imprudence*, l'expression de son inspiration poétique comme ce poème dédié à Philippe Garcin*, ce dernier publiait ses premiers articles dans la revue *Critique* sur Mme de Staël, Chamfort et Barrès. Et alors que Philippe Garcin venait de rentrer aux PUF, Pierre Nora était en train de réviser dans la propriété familiale de la Cour-des-Haies le fameux concours de l'ENS : «Je ne rentrerai qu'à la fin de la semaine, pour arriver au concours, lundi prochain, aussi frais que possible. Aussi pourrons-nous nous revoir avant un départ dont je me réjouis pour toi, puisque tu as obtenu le poste que tu souhaitais. Quel est-il exactement ? J'espère que tes occupations te laisseront le temps de mettre un mot. Ici latin, grec, Halphen et Sagnac. Tu imagines l'emploi de mon temps, et le cours de mes pensées. Merci de m'avoir apporté un peu d'air du dehors, et de n'avoir pas reculé devant l'idée

---

* Poème à Philippe Garcin : «Comme un vif blessé sous sa neige centrale rêve à sa gloire inerte, je m'agenouille dans ma cage. Monde complexe du chasseur, monde brimé, fauteur de sa propre mémoire, la bague de ta porte est là, si basse, que seul y passe le dompteur – Cerné des barreaux de couleur, mon corps, comme le visage écroulé de la rose, qui tourne encore son vieux regard vers le soleil», communiqué par Jérôme Garcin.

de me supporter un moment. Tu as de l'amitié une conception héroïque[17]. »

Lorsque Philippe Garcin disparaît en 1973, Pierre Nora, très proche de la famille, deviendra un peu le père de substitution de Jérôme qui n'a que dix-sept ans. Quelques années plus tard, Pierre Nora retrouve dans le jeune Jérôme, qui a alors vingt ans, son ami Philippe disparu : « Ces cinq jours ont été pour moi un petit miracle prousto-tchékhovien, un retour aux vacances familiales d'avant la guerre, quand Simon avait plutôt l'âge d'Olivier[18] que le vôtre ! Il n'y manquait ni la cousine restée vieille fille, ni la tante un peu fofolle, ni le général d'opérette mais-au-cœur-si-généreux, ni la rencontre si inattendue : la vôtre, cher Jérôme, qui est aussi une manière de temps retrouvé tant certaines de vos expressions, la manière de vous tenir, de serrer la main, votre sourire, votre gravité, vos goûts littéraires rappellent Philippe qui n'était pas beaucoup plus vieux que vous quand je l'ai connu… Réflexion faite, je ne suis pas très sûr qu'une nouvelle khâgne soit très heureuse. Il y a tant de raisons, chez vous, pour que les choses se répètent de génération en génération. Vous aviez, au début, tant de répugnance à la khâgne que je me demande si le jeu en vaut la chandelle. N'avez-vous pas pris de la khâgne ce qu'il y avait à en prendre ? Il vous reste à en retirer l'essentiel, que Philippe avait bien compris : à savoir que la vraie culture se conquiert contre elle, en désapprouvant toute l'horreur et la sacralité grise du savoir normalien ; il ne fait que des imbéciles. Il y a en vous quelque chose de plus personnel et secret qui mérite d'être travaillé et cultivé, et les possibilités de travail ne vous manquent pas. Faites ce que vous avez *envie* de faire[19]. »

Si Philippe Garcin a tôt compris qu'il fallait prendre la tangente face à l'obstacle du concours d'entrée à l'ENS, Pierre Nora, comme Pierre Vidal-Naquet, se sera cassé le nez trois fois sur ce concours pour lequel il était pourtant programmé, et que tout le monde pensait qu'il réussirait sans difficulté, mais c'était sans compter avec des résistances inconscientes. Le premier passage doit son échec à sa désinvolture un peu bohème de l'époque. Amoureux de sa « princesse » malgache, Marthe El Kayem, qu'il avait connue par l'intermédiaire de René Char, il va dîner avec elle chez sa sœur la veille du concours. Un accident de voiture au retour nécessite de se précipiter aux urgences où il passe l'essentiel de la nuit. Mais après ce premier échec que l'on peut qualifier d'accidentel, il y en aura deux autres : « J'ai été collé deux fois sérieusement et à l'écrit, persuadé que je l'aurais eu à l'oral. Cela en dit long sur le manque de confiance en soi[20]. » Mais cette phobie des examens semble propre à la famille Nora, à l'exception de Simon. Son frère Jean, qui fera une belle carrière comme médecin, n'a jamais pu passer l'internat car il tombait systématiquement malade la veille de l'examen. Il est donc resté externe.

Pierre Nora se voyait par ailleurs incité par ses amis à rompre avec toutes les formes existantes d'institution. André Fermigier ne cessait de lui répéter : « Si tu es à la colle, tu es foutu », et René Char envisageait un autre sort à son protégé que celui du professorat. Pierre Nora décide alors de renoncer à la philosophie et de se lancer dans un cursus d'histoire : « Tournant l'avant-dernier feuillet de l'épître de Pierre, je tombai enfin sur le pot aux roses, dévoilé en une phrase qu'il avait tracée, au milieu d'une page blanche, d'une écriture qu'il avait rendue à dessein minuscule par humour, comme pour confesser l'inavouable : "Je fais un diplôme d'histoire."[21] » Il s'inscrit en effet à la préparation d'un DES sous la direction de Victor-Lucien Tapié à la Sorbonne, puis se prépare à l'agrégation d'histoire.

Toujours en situation de fragilité par rapport aux examens, il échoue une première fois en 1957, et réussit en 1958. Au cours de la première année, il part avec un sérieux handicap dans la mesure où il a une formation de philosophe, de littéraire, mais pas d'historien, qu'il s'efforce de rattraper avec vélocité. Il fait même un échange de bibliothèque avec l'épouse de son frère Simon, Marie-Pierre de Cossé Brissac, qui souhaitait se destiner à la philosophie et qui, par passion pour l'histoire, avait une bibliothèque bien fournie en cette matière.

Il fait partie d'un groupe de préparation où il se retrouve avec quelques normaliens, Antoine Prost, Alain Plessis : « Pierre Nora, je m'en rappelle très bien car il était un peu décalé par rapport au milieu des historiens. Mais il s'y mettait courageusement, avec déjà une écriture magnifique et très intelligente, ce n'était pas les idées qui lui manquaient[22]. » Antoine Prost est reçu en 1957, mais Pierre Nora devra encore préparer un an. Il sera admis la même année que Jacques Julliard qui a préparé l'agrégation avec lui, après qu'ils ont été mis en contact par leur ami commun Noël Alexandre, par ailleurs très proche de Pierre Vidal-Naquet et devenu musicien, flûtiste renommé.

En cette année 1958, Pierre Nora sait qu'il n'a pas droit à l'erreur. Alors que l'idée même de concours le rend malade, il subit une pression à ce point intense qu'il est atteint par un lichen plan avant les épreuves, des champignons dans le dos, en haut de la colonne vertébrale et dans les articulations. Il commence à se soigner, et il apparaît que ce qu'on lui donnait pour badigeonner ses champignons contenait une substance à laquelle il était allergique. Au lieu de résorber ses éruptions de peau, ses soins les alimentaient et les démultipliaient : «Je me suis retrouvé avec des boutons partout, sur les oreilles, sur la tête, et ce trois semaines avant l'agrégation[23].» Son père a beau être médecin, il est épouvanté et demande consultation à un des plus grands dermatologues, chef de service à l'hôpital Rothschild qui prend l'agrégatif dans son service pour une dizaine de jours : «En sortant j'étais très déprimé. Les autres malades m'avaient expliqué que l'on ne se débarrasse jamais des maladies de peau, et donc que je serais de retour. C'était la vallée des lépreux devenue mon lieu de vie[24].»

Pierre Nora est enfin admissible en 1958, et l'oral semble alors pour lui une simple formalité. Il n'est pourtant pas au bout de ses émotions. Il porte encore quelques stigmates de ses éruptions cutanées et se rend aux épreuves avec un bandeau sur la tête. Il planche devant le jury d'agrégation présidé par l'antiquisant André Aymard sur le sujet : «Les ennemis athéniens de Démosthène après la bataille de Chéronée.» Il commence doucement à s'élever dans les hautes sphères de l'érudition grecque lorsqu'il entend derrière lui, dans le public, le parquet craquer sous des pas résolus. Il se retourne et, stupeur, il lui semble bien reconnaître la démarche familière de son frère Simon, en costume bleu marine, qui s'assied au milieu du public : «Je suis saisi et réduit au silence une bonne minute, voyant Aymard agiter son stylo, le taper sur la table et déclarer de sa voix nasillarde : "Alors Monsieur, Chéronée ?"[25]» L'impétrant se reprend peu à peu, se plonge de nouveau dans l'univers athénien lorsqu'il entend son frère Simon qui, s'étant rendu compte qu'il gênait, se lève et fait de nouveau crisser le parquet ! «Il m'a attendu dans la cour et je suis allé le voir, fou de colère. C'était bien la seule fois que je l'ai engueulé : "Fous-moi la paix", lui ai-je lancé[26].» Mais cette fois sera la bonne, le succès n'échappera pas à Pierre Nora, vivement félicité par ses proches qui savent ce qu'il a enduré : «L'événement se situe au-delà de tous les commentaires, de toutes les félicitations. Il faudrait être Pindare pour exprimer ce que l'on sent. Comme je l'écris à André, désormais tu as à tes pieds le CNRS, la thèse, la maîtrise de conférence, et nous aurons enfin un protecteur[27].» Son ami André Fermigier exprime aussi avec éclat sa joie, en même temps que son dépit de n'avoir pas été le premier prévenu de l'événement : «Mon cher maître, je n'ai pas *pu* jusqu'à aujourd'hui prendre la plume à ton intention tant la colère m'étranglait que, sachant les résultats depuis samedi, tu n'aies consenti à me les faire connaître que quatre jours après par une lettre que tu as eu l'hypocrisie de dater de dimanche. Et moi pendant ce temps qui m'épuisais les nerfs et la bourse, à téléphoner à tout un chacun !... Enfin c'est magnifique. Promu, nommé, agrégé, intégré, te voilà devenu le soleil d'Austerlitz de Held, la campagne de France de Gaston, le retour de l'île d'Elbe de Marthe, et le rocher de Sainte-Hélène de Ricard. Je décore Furet, et t'embrasse sur le front des troupes[28]. »

Le succès à l'agrégation d'histoire va peser lourd dans la carrière de Pierre Nora, mais pour lui c'est un pis-aller qui n'efface pas l'échec qu'il va devoir porter tout le reste de sa vie, ne pas avoir intégré l'ENS. Il en est de même pour son ami Pierre Vidal-Naquet qui, agrégé d'histoire en 1955, confie encore au soir de sa vie, en 2006 : « En effet, je ne suis pas normalien. Lorsque j'ai été collé pour la troisième fois, mon cousin Jacques Brunschwig m'a dit : "Tu y enseigneras un jour" ; ce que j'ai fait. Il n'empêche. J'ai très mal vécu cet échec répété[29]. » Pierre Nora, agrégé d'histoire, sera donc historien, et l'on peut dire qu'on ne pouvait trouver meilleur serviteur de la muse Clio.

4

Un essai qui est un coup de maître : 1961

1958 est une année historique avec le retour aux affaires du général de Gaulle qui attendait le moment opportun depuis son départ intempestif de 1946. Il commençait à se désespérer à Colombey lorsque le destin lui sourit avec les treize complots du 13 mai 1958 à Alger qui sèment la panique chez tous les responsables politiques d'une République aux abois, la IVe, incapable de trouver une solution à une guerre d'Algérie qui n'en finit plus de finir. En cette même année 1958, Pierre Nora, malgré sa phobie des concours qui lui a valu les déboires que nous savons, décroche l'agrégation d'histoire. Il doit donc prendre son poste de titulaire à la rentrée automnale. Or, de Gaulle a décidé que les nouveaux fonctionnaires de la catégorie A devraient commencer leur carrière en Algérie. Sursitaires et célibataires sont donc tous nommés de l'autre côté de la Méditerranée.

Le lycée Lamoricière

Pierre Nora se retrouve à Oran pour deux années d'enseignement, affecté au lycée Lamoricière, évitant de faire ses classes car réformé à cause de fréquentes crises de colique néphrétique. Il y enseigne jusqu'à l'été 1960 dans le climat tendu des derniers soubresauts de l'Algérie française qui précèdent l'inéluctable indépendance de l'Algérie. Il voit ainsi défiler cinq cents élèves de la quatrième à la classe d'hypokhâgne, très étonné de constater qu'ils ne semblent pas vraiment avoir conscience de vivre en pleine situation de guerre, ignorant tout de la situation sociale environnante au point que, sur une classe de philo, neuf élèves sur dix croyaient qu'en Algérie les Européens étaient aussi nombreux que les musulmans. Il est vrai que cette myopie vient du fait que le lycée Lamoricière donne une idée déformée de l'état des populations puisqu'il n'accueille qu'une très faible proportion de musulmans, à peine une dizaine dans les petites classes, nombre qui diminue au fil du cursus scolaire.

Lamoricière est le grand lycée français d'Oran, dans le plus pur style des grands établissements républicains, avec ses cours intérieures, ses colonnes, ses murs rouge et blanc, ses rites intangibles que sont les cérémonies de la distribution des prix en présence du préfet. Ce lycée entendait l'emporter sur le lycée français d'Alger. Responsable de l'enseignement de l'histoire en hypokhâgne, Pierre Nora forme avec deux de ses collègues un trio en vue : Georges Devallet y est professeur de lettres classiques et Jean Cohen de philosophie. Il est fortement question de poésie dans leurs fréquentes rencontres au café près du lycée, car non seulement ils en sont tous trois passionnés, mais Jean Cohen prépare déjà son ouvrage qui paraîtra plus tard sur le langage poétique[1]. Jean Cohen invitait chez lui ses deux collègues et leur passait des bandes enregistrées au magnétophone de dialogues en des langues dont il s'assurait qu'ils ne connaissaient rien. Il testait ainsi leurs réactions pour faire la part entre le son et le sens dans le cadre de la préparation de son livre de sémiotique.

Pierre Nora a fortement apprécié ces années oranaises, au point qu'il a confié à son collègue et ami Georges Devallet qu'il y resterait bien : «Pierre ne manquait pas de nous dire que si les circonstances avaient été autres, il se serait volontiers laissé prendre aux charmes de la vie oranaise[2].» Le climat de tension résultant de la guerre ne pénétrait pas vraiment à l'intérieur de l'enceinte du lycée, et Pierre Nora, dans ses cours d'histoire, «n'a pas eu à parler de la situation locale et nationale[3]». Mais, dès les portes du lycée franchies, le rappel violent du réel se faisait immédiatement sentir, avec un certain nombre de précautions à prendre : «J'habitais loin du centre-ville et, pour rentrer chez moi, il fallait faire le trajet avec la peur des attentats. Il y avait des grilles aux vitres des bus pour éviter que les grenades ne pénètrent à l'intérieur. On était sans cesse sur le qui-vive[4].»

Pierre Nora a tout de suite été très estimé en tant que professeur d'histoire par ses élèves. Son public n'était pourtant pas particulièrement discipliné, composé pour l'essentiel de jeunes frondeurs plutôt méprisants pour tout ce qui venait de la métropole et le tournant facilement en dérision, et ayant tendance à considérer que les résultats scolaires étaient très secondaires par rapport à d'autres critères jugés plus importants : briller en sport et draguer le plus de filles possible. Dans un contexte particulièrement machiste, la démonstration de sa virilité relègue les évaluations scolaires à l'insignifiance. Mais, malgré une ambiance de fond assez agitée, Pierre Nora réussit à faire partager à beaucoup sa passion pour l'histoire : « Il m'a fait découvrir l'histoire et j'ai ensuite avec cette passion fait une carrière dans les milieux culturels français à l'étranger », se rappelle Jean Montoya qui a eu Pierre Nora comme enseignant en première et en terminale. Pour Évelyne Dahan, née Bénichou, originaire de Tlemcen, qui a eu Pierre Nora en hypokhâgne, « il était passionnant et passionné, et il m'a fait découvrir que l'histoire n'était pas ce que je croyais, mais un art[5] ».

Parmi ses élèves, il en est un qui fera une brillante carrière de philosophe, Jean-François Mattéi, et un autre qu'il repère immédiatement comme ayant de grandes qualités dans sa discipline, l'histoire, Frédéric Grasset, qui fera une brillante carrière diplomatique jusqu'à devenir le chef du protocole du président de la République Jacques Chirac : « [Pierre Nora] avait apparemment quelque mal à se lever car il n'arrivait qu'au dernier moment. Plutôt timide, il était éblouissant[6]. » Pierre Nora l'engage à présenter le concours général et le prépare à cette échéance. Il donne à son élève toute une bibliographie d'ouvrages qu'il dévore avec un plaisir tel qu'un demi-siècle plus tard, ayant conservé ces joyaux, il les fera relier. En outre, son professeur lui donne de nombreux devoirs, corrigés avec lui au bistrot avec beaucoup de sévérité, ce qui ne faisait que stimuler son candidat. Il enrichit ses connaissances factuelles grâce à une ouverture littéraire, notamment pour la période de la fin du XIXe et du début du XXe siècle ; il lui parle de la saga des *Thibault* de Roger Martin du Gard. Une de ses anciennes élèves d'hypokhâgne se souvient de son extrême exigence : « Ma première dissertation avec vous : "squelettique" ; la seconde fut "décharnée" : j'ai compris que j'étais en progrès[7]. »

Ses cours au lycée intégraient déjà très fortement la dimension historiographique : « Il ne nous parlait pas seulement de Lavisse, mais de Marc Bloch, et c'est la première fois que j'entendais parler d'Alexis de Tocqueville. Je me souviens de son parallèle entre l'histoire vue par Tocqueville et par le marquis de Custine[8]. » Par contre, alors que la plupart des intellectuels invoquent Marx en cette fin des années 1950, Pierre Nora pratique l'évitement et privilégie de tout autres références. Cette préparation au concours général se révèle fructueuse puisque Frédéric Grasset en est un des lauréats sur le sujet qui demandait aux candidats de « Comparer la France, l'Angleterre et l'Allemagne à la veille de 1914». En hypokhâgne, Pierre Nora ouvre largement son enseignement de l'histoire à la création artistique : «Il y avait beaucoup de culture artistique dans ses cours d'histoire[9].» S'il appliquait très scrupuleusement le programme dans ses classes du secondaire, il l'abordait déjà au second degré, en le resituant à partir de la confrontation de divers points de vue : «On faisait le programme, mais il regardait les planètes qui allaient tourner autour du système solaire de l'histoire, et il nous communiquait les bribes de sa vision télescopique de l'histoire, fasciné par le XIXe siècle[10].» Parmi les ouvrages que Pierre Nora fait découvrir à son élève Frédéric Grasset, il en est un qui l'a particulièrement enthousiasmé, publié chez Hachette en 1959 par un trio de normaliens : André Ducasse, Jacques Meyer et Gabriel Perreux, *Vie et mort des Français 1914-1918*, qui a représenté un premier tournant historiographique dans le regard sur la guerre, avec un aspect anticonformiste souligné par Maurice Genevoix dans sa postface, entrelaçant le récit d'en haut et celui d'en bas pour permettre une vision globale de la guerre qui ne se limitait plus aux grandes batailles mais racontait la vie des hommes en guerre et de leur vie quotidienne, au ras du sol.

Le chaudron algérien

Pierre Nora n'arrive pas à Oran en héros, le jeune agrégé est en effet précédé par la réputation sulfureuse déjà bien établie de son frère Simon, conseiller de Pierre Mendès France, qui incarne aux yeux des Français d'Algérie l'anti-France. Or, il débarque dans un des foyers du chaudron algérien. Avant lui, l'historien Marc Ferro avait été professeur d'histoire au lycée Lamoricière de 1946 à 1956. Durant cette période, l'espoir d'une possible entente entre musulmans et Français était encore solide et le courant libéral pouvait compter sur une forte assise. Marc Ferro avait même pris l'initiative, avec son collègue le philosophe Jean Cohen, d'un Appel lancé à Oran en 1955 qui a rassemblé quelque quatre cents signataires de toutes tendances : «Je n'en ai jamais parlé et je n'ai pas publié la liste des signataires car beaucoup auraient été fusillés[11].»

Mais lorsque Pierre Nora arrive, ce rêve de réconciliation a été définitivement broyé et il n'est d'autre alternative que celle de la victoire des forces de l'indépendance ou leur écrasement. Les choses basculent de manière irréversible en 1959 avec le principe d'autodétermination qui voit les deux communautés se radicaliser avec d'un côté le renforcement du pôle indépendantiste et de l'autre la crispation qui donnera naissance à l'OAS du côté des partisans de l'Algérie française : « C'est le commencement de l'ostracisation des libéraux[12]. » Or, c'est justement ce milieu qui va accueillir Pierre Nora, celui des intellectuels juifs qui, pour l'essentiel, viennent de la gauche et ont nourri un rêve libéral de bonne entente entre les diverses communautés, mais sont pour la plupart en train de se crisper sur des positions « Algérie française » dans une situation qui pousse presque naturellement aux extrêmes. La lumière camusienne s'affaiblit au fil de ces mois d'affrontements et de violence croissante. Albert Camus avait enseigné dans le cours Descartes tenu par les frères André et Georges Bénichou, et il avait même épousé une collègue de mathématiques dans cet établissement privé qui accueillait les élèves juifs rejetés du circuit officiel. C'est dans ce milieu des Bénichou que Pierre Nora sera le mieux reçu. Il finira d'ailleurs par dispenser des cours dans leur école lors de sa dernière année à Oran : « Il a été littéralement cajolé par les Bénichou qui l'emmenaient pour lui plaire à des parties de pêche dans les îles, à de belles plages, à des moments festifs autour de méchouis et de paellas[13] », se souvient Louis Martinez, ancien camarade de khâgne de Pierre Nora, originaire d'Oran, et qui est devenu un proche des Bénichou, enseignant dans leur cours en 1961-1962. C'est aussi tout un bain intellectuel. André Bénichou avait soutenu une thèse, non publiée, sur Proust, et était l'ami de Jean Grenier, le maître de Camus : « Georges Bénichou m'a fait connaître la douceur coloniale : les filles, la plage, la belle voiture, la Dolce Vita[14]. » Pierre Nora est aussi parfois invité dans la famille de son excellent élève dont il a fait un lauréat du concours général, la famille Grasset. Devenu le partenaire de tennis de la sœur de son élève Frédéric, Élisabeth, les parents regardaient ce beau jeune homme qui faisait déjà l'expérience de la vertu, submergé par les mots d'amour de ses élèves trouvés dans son casier de professeur, comme un gendre de rêve. Mais le jeune homme avait déjà fait son choix de vie et sa future femme, Françoise Cachin, faisait souvent le voyage à Oran pour le retrouver.

Pierre Nora, plongé dans le chaudron algérien, va de surprise en surprise dans ce milieu où l'exaspération est à son comble, et c'est avec un humour caustique qu'il vit cette première expérience professionnelle et politique. Il s'étonne par exemple que ces Français qui se disent aussi « froncé[s] que vous » ne lisent que la presse locale. *L'Écho d'Oran* tire alors à 75 000 exemplaires, alors que la presse métropolitaine est laissée aux musulmans, ce qui vaut à Pierre Nora son premier sujet d'étonnement dès son arrivée : «Je demandais *Le Monde* à dix-sept heures au grand kiosque, devant la poste centrale : "Il n'y en a pas." Le lendemain, le surlendemain, même réponse. "Mais enfin, me dit le vendeur, venez donc à deux heures, ou dites-moi de vous le mettre de côté; vous pensez bien que je préfère encore vous le vendre à vous qu'aux ratons."[15]» Pierre Nora se trouve tout de suite au cœur des tensions les plus vives pour savoir quels sont les fondements du sentiment national, qui sera le thème de réflexion de toute sa vie professionnelle d'historien. Il ressent tout ce qui l'entoure avec une particulière acuité à la fois intellectuelle et affective, éprouvant avec douleur le contraste frappant entre le bonheur des travaux et des jours et l'intensité du drame collectif dans laquelle se trouve plongée cette terre. Aux yeux de Pierre Nora, la nature semble même exprimer le drame historique qu'elle doit supporter : «Une tristesse lancinante se dégage des rues matraquées de soleil; elle envahit les champs que les remontées de sel lèprent de taches noirâtres, mobiles sous le vent dans les blés. On dirait l'ombre des nuages[16].»

Un regard glacé

De retour en métropole, Pierre Nora entre à la fondation Thiers pour entreprendre sa thèse, mais il n'a pas encore vraiment de plan de carrière. La fondation Thiers est une sorte d'abbaye de Thélème qui offre à une quinzaine de pensionnaires pour trois années le gîte, le couvert et de quoi bien vivre. On y est payé, nourri, logé, blanchi et même raccommodé, et tout cela pour se consacrer exclusivement à ses recherches. Cette institution exceptionnelle dans le paysage universitaire français remonte à 1893. Elle a été créée par la sœur cadette d'Élise Thiers, l'épouse d'Adolphe, Félicie Dosne, qui a cédé toute sa fortune à cette fondation[17]. D'illustres prédécesseurs sont passés par la fondation Thiers, jouant un rôle majeur dans la rénovation de leur discipline. Il en est ainsi, parmi bien d'autres cas, de la géographie humaine de l'école vidalienne avec les pensionnaires Jean Brunhes (1893), René Musset (1906), Pierre Deffontaines (1921) et Roger Dion (1922), et pour l'école historique française des *Annales*. Rappelons que Lucien Febvre y fut pensionnaire à partir de 1903, Marc Bloch en 1909, ainsi que François Simiand la même année. Michel Foucault a intégré la fondation en 1951. Il n'y restera qu'un an, acceptant un poste d'assistant à l'université de Lille en 1952, mais le majordome qui officiait toujours au moment où Pierre Nora y est entré en 1960, et toujours fidèle au poste lorsque Pascal Ory a intégré la fondation en 1973, se souvenait encore avec délectation des fulgurances foucaldiennes. Servant à table en veste blanche, «il nous faisait remarquer que Foucault parlait de lui à la troisième personne en se féminisant : "Ah ! Je suis morte aujourd'hui !"[18]». Comme le fait remarquer Pascal Ory, la fondation aura conduit nombre de ses pensionnaires à être infidèles à leur contrat initial de thèse en préparation «pour mieux être fidèle à soi-même[19]». Il en aura été ainsi pour Pierre Nora qui, dans le climat de plus en plus tendu de la fin 1960, souhaiterait rendre publiques ses observations et réflexions sur la guerre en cours en Algérie.

Pierre Nora publie son premier article dans *France-Observateur*. «J'étais professeur en Algérie», grand article sur deux pages, paraît le 27 octobre 1960, jour d'une grande manifestation organisée par l'UNEF à Maubert-Mutualité pour exiger la paix en Algérie, et qui se termine par des charges de police. Ce témoignage haut en couleur atteste déjà son talent de plume. Il plante tout de suite le décor qui fut le sien pendant deux ans à Oran : «C'est un Monaco de Prisunic où des gratte-ciel surplombent le quartier espagnol, flanqué de bidonvilles discrets[20].» Il stigmatise ensuite le culte de l'inculture, la censure, les organes de presse devenus des entreprises d'abrutissement chez les Européens d'Algérie chez lesquels il ne fait pas bon, quand on est un jeune garçon, se promener un livre à la main, car on se fait vite traiter de «fillette».

Dans cet hebdomadaire de gauche, Pierre Nora rappelle la responsabilité de la gauche dans cette guerre sans nom : «C'est sous Lacoste et Mollet que les Algériens ont subi mille morts, que se sont généralisées les pratiques les plus révoltantes de la répression[21].» Il oppose au discours officiel euphémisé le fait qu'on est bel et bien dans une guerre à laquelle aucune institution n'échappe au point que «pas un musulman, sur dix millions d'Algériens qui puisse dormir tranquille[22]». Il termine son article en considérant qu'il n'est pas d'autre alternative que de reconnaître la représentativité et la légitimité du FLN, «seul mouvement qui ait fait ses preuves et il incarne provisoirement le contenu de toutes les revendications[23]», de telle sorte que les musulmans sont en 1960 en Algérie «un seul homme».

Le soir de la publication de ce témoignage, Pierre Nora se retrouve chez celle qui deviendra son épouse, Françoise Cachin, avec son ami

Jean-François Revel et son éditeur Christian Bourgois qui vient de rentrer chez René Julliard. Ce dernier le félicite pour son article sur l'Algérie, et Revel rebondit dans la conversation qui suit en suggérant à Pierre Nora d'écrire un livre sur l'Algérie, lui proposant même de l'écrire avec lui. De cette soirée naît un synopsis de livre qui permettrait de confronter leurs expériences car Jean-François Revel a été en Algérie en 1948 et a pu constater avec consternation la pratique des élections truquées, convaincu à ce moment que la seule issue ne pouvait être que l'indépendance de l'Algérie. Il se propose d'écrire le chapitre sur l'Algérie de 1948 et Pierre Nora ferait le chapitre complémentaire sur 1958, date de sa nomination à Oran.

À peine rentré à la fondation Thiers, Pierre Nora se lance dans l'écriture du livre, envoie une première version à son ami Jean-François Revel qui, le voyant si bien parti, lui dit de le faire seul. Il fait alors état de ses observations et se plonge dans la littérature anticolonialiste, celle de Frantz Fanon, Albert Memmi, mais aussi dans la littérature algérianiste, celle de Brua, Cagayous, Robert Randau, Louis Lecoq, Louis Bertrand, ainsi que dans les publications nationalistes du tournant du siècle pour bien saisir le spectre de l'imaginaire national algérien.

En ce début des années 1960, les publications critiques sur la politique algérienne de la France se multiplient, accompagnant le mouvement de contestation contre la guerre, alors que les réseaux d'information restent étroitement contrôlés par la censure gouvernementale. Les trois maisons d'édition Minuit, Maspero et Julliard orchestrent la contestation antigaulliste. Il y a eu chez Julliard le récit de Jean-Jacques Servan-Schreiber publié en 1957[24], le retentissant livre d'Henri Alleg chez Minuit en 1958[25], et celui de Pierre Vidal-Naquet la même année[26]; quant à Maspero, il est en 1960 un des épicentres de la contestation de la politique colonialiste, éditant Frantz Fanon[27], et la librairie La joie de lire devient un haut lieu d'aide à la lutte pour l'indépendance algérienne.

Julliard publie en 1960 un ouvrage critique de Jules Roy qui devait s'intituler *La guerre de Cent Ans aura-t-elle lieu?* Christian Bourgois, qui venait d'entrer chez Julliard, entend en faire un événement marquant et suggère à René Julliard d'adopter comme titre *La Guerre d'Algérie*, ce qui à l'époque relevait d'un acte transgressif, passible des tribunaux, car on ne parlait jamais de guerre, mais seulement des événements, des problèmes de maintien de l'ordre. Cette guerre devait rester une guerre sans nom. La censure ne plaisante pas à l'époque, et on envisage chez Julliard tous les scénarios en cas de saisie, au point qu'il est même prévu d'imprimer le livre à l'étranger si nécessaire. L'écho est tel lors de sa parution en septembre 1960, avec le titre du livre en couverture de *L'Express*, qu'en quelques jours 120000 exemplaires en sont vendus et le pouvoir recule à l'idée d'une saisie du livre[28].

Dans le même esprit, lorsque Pierre Nora donne à son livre le titre *Les Français d'Algérie*, il participe à une provocation nominaliste similaire, car on parlait à l'époque des pieds-noirs, des Européens, mais pas vraiment des «Français d'Algérie» comme catégorie communautaire spécifique. Cette véracité terminologique permettait de percer les masques d'euphémisation derrière lesquels se cachait la pratique des pires violences. De plus, l'ouvrage paraît au cœur de la tourmente et dans l'incertitude absolue sur l'épilogue de cette tragédie puisqu'au printemps 1961, date de sa publication, on enregistre des signes de détente avec la première conférence d'Évian qui s'ouvre officiellement le 20 mai, après des négociations secrètes et l'adoption par les Français, par le référendum du 8 janvier 1961, du principe de l'autodétermination. Mais en même temps, la situation d'affrontement est poussée à son paroxysme avec le putsch des généraux à Alger en avril 1961 et la menace d'un débarquement de parachutistes en métropole. L'angoisse est alors portée à son comble, et le Premier ministre Michel Debré intervient en pleine nuit à la télévision, interrompt les programmes et enjoint la population parisienne de défendre la République menacée. Le «quarteron de généraux en retraite» ne pourra mettre à exécution ses menaces, mais la République a tremblé, et tout le monde se demande alors quel est ce bouillon de culture particulier qui, de l'autre côté de la Méditerranée, a pu engendrer un tel extrémisme de rupture. C'est dans ce climat propice d'attente que le livre de Pierre Nora paraît et connaît tout de suite un succès retentissant car, outre ses qualités, il répond à une inquiétude, à une curiosité extrême.

Préfacé par le spécialiste du sujet, Charles-André Julien, professeur à la Sorbonne, le jeune agrégé Pierre Nora s'emploie, dans cet essai de psychologie collective, à un exercice de sagacité critique sur le milieu dont il a partagé l'existence pendant deux années. Il en dresse, sans fard, le portrait dans la crudité d'un regard animé par une intelligence qui résiste à l'effusion affective pour préserver sa lucidité. Pierre Nora entend déjà porter sur le milieu qu'il traverse un double regard d'historien et d'ethnologue : «Grâce à son honnêteté intellectuelle et à son souci de vérité, par lesquels se mesure la dignité d'un esprit libre,

M. Pierre Nora a donné sa pleine force à la rigueur de ses appréciations[29]. » Charles-André Julien considère que le témoignage de Pierre Nora deviendra une contribution importante pour éclairer les relations difficiles entre colons et indigènes prises entre les promesses sous forme de beaux principes et l'absence totale de volonté de les réaliser. C'est en effet à un tableau accablant qu'aboutit Pierre Nora, dressant le procès d'une situation qui reste, quelles que soient les bonnes volontés des libéraux, de nature coloniale, et doit donc à ce titre déboucher sur une remise en cause radicale et sur l'acceptation de l'indépendance de la population algérienne : «M. Nora prend position, en l'occurrence, loyalement et sans flatterie. Il a raison», juge son préfacier[30].

Se défier des transports affectifs pour laisser place à la seule raison est toute l'ambition de l'auteur, dont l'essai commence par cette observation : «Les Français d'Algérie ne veulent pas être défendus par la métropole, ils veulent en être aimés. Seul compte ici le rapport personnel. La rue, le café, la manifestation, la foule, autant d'occasions d'éprouver l'efficacité de la présence charnelle. Dans ce pays où la loi n'a jamais été respectée, seul est compris le contact humain[31]. » Soucieux de préserver sa distance critique, Pierre Nora entend contenir ces élans passionnels qui ont pour effet d'anéantir l'indépendance de la pensée au profit d'une émotion fusionnelle devenue aveugle aux enjeux. Or, le danger est particulièrement fort en cette terre de conquête car «l'érosion algérienne vient à bout de tous les granits[32] ». L'échange d'arguments contraires se métamorphose en soupçon d'être méprisé, en sentiment de persécution de la part d'une population prompte à transformer chaque désaveu en preuve tangible de trahison : «Il n'est pire ennemi des Français que les Français eux-mêmes[33]. »

Pierre Nora ressent bien ce ressort populaire de la politique coloniale qui trouve à se nourrir dans la mentalité du petit Blanc qui se sent supérieur aux Arabes et éprouve en même temps un complexe d'infériorité vis-à-vis de la métropole, ce qui le conduit à être d'autant plus attaché à ce qui le sépare de son voisin indigène. Ces catégories populaires sont le terreau idéal pour la propagande des militaires qui ont réussi à transformer le sentiment d'humiliation en orgueil patriotique, et se disent prêts à incarner les intérêts du peuple d'Algérie contre les féodalités et autres égoïsmes. Gagnant la partie auprès des catégories populaires et de la jeunesse, cette armée est, selon Pierre Nora, l'expression d'un possible fascisme : «Non, *toute* l'Algérie n'est pas fasciste, *tous* les Français ne sont pas ultras, *toute* l'armée ne torture pas. Mais le fascisme, les ultras, la torture, sont la France en Algérie[34]. »

Pierre Nora, en jeune agrégé, mobilise ses connaissances historiques pour mieux caractériser la société qu'il observe. L'histoire des Arabes en ce pays colonisé est celle des exclus, on les exproprie de leurs terres. Fin XIXe siècle, les colons font obstacle à deux tentatives de naturalisation française, et la gauche métropolitaine a joué la carte des colons lors de chaque tension communautaire. Pierre Nora voit par contre les prodromes de la politique gaullienne d'autodétermination chez Napoléon III qui a mené une politique cohérente et qui échouera devant le rejet des colons. Cette situation insupportable de domination politique s'est doublée d'une aggravation de la situation sociale avec l'explosion démographique, le manque d'emplois, le chômage, mais Pierre Nora considère la revendication politique comme première, prévalente dans le désir de se voir respecté dans sa dignité. À une société qui a été totalement désarticulée, le combat pour l'indépendance nationale a permis de redonner une unité, une cohérence, une dynamique collective.

Pierre Nora restitue surtout ce qu'il observe de la représentation des diverses communautés : les Arabes et leur antisémitisme spontané ; les Juifs et leur conviction contradictoire que les Arabes, tout en étant antisémites, les aiment bien et que s'il n'y avait que leurs deux communautés, l'entente serait cordiale ; les Européens d'Algérie ont le cœur sur la main, d'un dévouement sans limites, s'étonnant de se voir qualifiés de racistes, et pourtant encore marqués par l'esprit de croisade : « La psychologie du croisé n'a pas cessé d'influencer la conquête coloniale du XIXe siècle en pays maghrébin[35]. »

Il résulte de cette empreinte mentale de longue durée un mélange ambivalent de fascination et de peur vis-à-vis de la population arabe. Cet état d'angoisse est entretenu depuis l'enfance : on menace les jeunes trop agités d'appeler l'Arabe qui fait office du grand méchant loup. L'Arabe est donc assigné dès le départ au rôle de l'ennemi potentiel, celui qui risque à tout moment de mettre en péril les possessions des colons. Et en même temps, les Français vivent dans un monde enchanté, aidés par les « fatmas » du pays dans la tenue de la maison, dégustant les diverses manières de faire le couscous, les confitures à la fleur d'oranger, les pâtes de cédrat, les cheveux d'ange, toute une gastronomie maghrébine succulente. Mais ce rêve éveillé reste bien fragile, et c'est en général la pulsion de violence qui l'emporte selon Pierre Nora, qui invoque le chef-d'œuvre de Camus, *L'Étranger*, pour y voir de manière métaphorique dans l'acte gratuit du meurtre commis par Meursault sous un soleil étincelant la transfiguration de la pulsion inconsciente de tout Français d'Algérie vis-à-vis des Arabes.

Pierre Nora s'en prend ensuite aux libéraux qui plaident pour une entente possible entre Français et Arabes, à condition de pratiquer une politique progressiste d'émancipation sociale et d'égalité civile. Il s'attaque là à sa propre famille politique, celle d'une gauche anticolonialiste et réformatrice. Pourtant, la posture libérale est dénoncée avec d'autant plus de vigueur qu'elle est la plus largement partagée : « Tout libéral d'Algérie reste un raciste repentant, puisqu'il a dû vaincre une part inconsciente de lui-même », écrit sans nuances Pierre Nora[36]. Comme il n'y a plus d'espace pour une politique libérale prise en tenailles entre les crispations des Français d'Algérie et la radicalisation du combat indépendantiste, les libéraux se réfugient à la fois dans l'imaginaire et dans des argumentations d'ordre économique, espérant changer la donne en améliorant l'ordinaire de la population musulmane.

L'égérie du libéralisme en ce début des années 1960, son héroïne incontestée, est la résistante et déportée à Ravensbrück, l'ethnologue Germaine Tillion. Spécialiste de l'Afrique du Nord, elle a notamment écrit, à propos de la situation algérienne, un ouvrage important en 1957[37]. Dénonçant tôt la pratique de la torture, elle s'est opposée avec vigueur à la politique coloniale. Pierre Nora reconnaît le talent avec lequel elle se fait l'avocate des positions libérales, mais si la dénonciation conduite par l'ethnologue est percutante et généreuse, elle conduit pourtant à l'impasse en substituant au nécessaire combat contre le colonialisme une lutte contre la misère. Cependant, comme l'Algérie ne peut atteindre un réel développement économique et social qu'en liaison étroite avec la métropole, elle ne peut penser son avenir qu'à l'intérieur du système colonial français. Et Pierre Nora de présenter son ouvrage comme un écran de fumée passant à côté des réels enjeux : « *L'Algérie en 1957*, opium des libéraux métropolitains, retarda de quelque trois ans la prise de conscience des problèmes réels[38]. » Passant à côté de l'histoire en lui substituant le primat des bons sentiments, les libéraux sont réduits, selon Pierre Nora, à l'impuissance et ils ne bénéficieront d'aucune reconnaissance car « hier gauche inutile de l'Algérie française, ils seront demain la droite inutile d'une Algérie arabe[39] ».

La thèse radicale opposée par Pierre Nora aux libéraux revenait à affirmer que l'on ne pouvait plus composer en 1960 avec le système colonial qui finit par pervertir les meilleures intentions du monde, les plus réformatrices et généreuses. À partir de ce constat, il n'y a pas d'autre issue que d'accepter l'indépendance algérienne. Quant aux Français d'Algérie, Pierre Nora pense qu'ils reviendront simplement en métropole, et qu'à l'inverse des scénarios catastrophistes selon lesquels la France court tout droit au fascisme, à la guerre civile, ils reviendront tous et il ne se passera rien. Il ne s'agit alors que d'une hypothèse, car l'ouvrage paraît avant les accords d'Évian et tout semble encore possible dans un sens ou dans l'autre. Pierre Nora invite donc fermement à trancher, à couper, une fois pour toutes, le cordon ombilical, et à sortir enfin des propos alambiqués à double sens.

Bien que convaincu par la justesse de sa propre thèse, Pierre Nora veut quand même soumettre son manuscrit à un intellectuel proche de sa sensibilité politique, bon connaisseur de la question algérienne, originaire de Blida, et grand ami de son frère Simon, Jean Daniel, qui est alors à *L'Express*. Jean Daniel lui fait part de tout le bien qu'il pense de son témoignage, mais aussi des désaccords qu'il éprouve devant ses conclusions : « C'est un essai remarquable, plein d'intuitions[40]. » Selon Jean Daniel, Pierre Nora reprend un peu vite à son compte l'air du temps en ce début des années 1960 marqué par les thèses de Frantz Fanon, d'Albert Memmi, de Sartre, de Jean Amrouche, thèses selon lesquelles tous les jeux les plus sophistiqués de la société algérienne ne visent qu'à masquer la réalité coloniale et à repousser l'idée d'une indépendance nationale algérienne : « Je lui reprochais d'ignorer une chose importante, c'est que parmi les libéraux dont il parle, il y avait des Algériens et qu'on ne pouvait donc essentialiser la situation à partir du seul fait colonial[41]. » Pour Jean Daniel, il faut donc tenir compte de tout le courant des musulmans souhaitant une fédération avec la France. Or, c'est avec ce courant fortement enraciné dans l'histoire algérienne que les libéraux entendent travailler de manière constructive. Ce sont ces manifestations d'Algériens dans les Aurès dont Germaine Tillion porte témoignage. Il y a aussi tout un courant anticolonialiste composé de personnalités comme Mohammed Dib mobilisées contre la torture et les agissements de l'armée française, mais qui n'avaient pas pour autant décidé d'une rupture radicale avec ce qu'il y avait de meilleur dans la culture et la société françaises.

Alors que l'on entre en pleine période de négociations, Jean Daniel considère que Pierre Nora ne peut ainsi se rendre aux arguments des adversaires de la France et lui conseille donc d'adopter une position plus nuancée, moins définitive et affirmative. Pierre Nora reprend alors son manuscrit, en modifie l'introduction et ajoute un sixième chapitre : « Un *New Deal* pour l'Algérie », très édulcoré par rapport à sa position de départ. Il clôt son livre sur l'idée que sur les 800 000 Français d'Algérie, 250 000 reviendront en France en quelques années après l'indépendance, 250 000 s'adapteront à l'Algérie nouvelle, et qu'il restera un dilemme pour 300 000 autres qui hésiteront entre ces deux possibilités, mais dont le poids ne suffit pas à grever l'avenir de la France enkystée dans l'engrenage colonial. Certes, reconnaît Pierre Nora, « ces statistiques ne rendent pas compte de la douleur des hommes[42] », mais ces souffrances sont celles d'une situation infernale qui a conduit à sept ans de guerre et à 600 000 morts. Ce *New Deal* algérien appelé de ses vœux par Pierre Nora relève bien d'une thérapie radicale : « La médecine de la solution française a autrefois échoué ; il faut recourir au bistouri[43]. »

Une intervention qui fait mouche

L'ouvrage paraît opportunément au printemps 1961, alors que le putsch des généraux (avril 1961) et la première conférence d'Évian (20 mai-13 juin 1961) ont pour effet de concentrer tous les regards vers le devenir encore incertain des Français d'Algérie. Plus qu'un témoignage, le livre de Pierre Nora revêt instantanément une importance politique majeure, celle d'une intervention au cœur de la plaie, de la véritable gangrène qui atteint la nation française en son entier. L'ouvrage connaît un succès retentissant. Tiré tout de suite à 35 000 exemplaires, il s'arrache en librairie, faisant la réputation de son jeune auteur. Il est cependant reçu ici et là comme une réelle provocation, suscitant critiques et même quelques actes de violence. Chercheur à la fondation Thiers, Pierre Nora subit un attentat au plastic. Parmi les nombreux destinataires du livre, il l'envoie à celui qui a tôt, dès 1957, montré que la seule issue était l'indépendance de l'Algérie, Raymond Aron[44]. Dans sa dédicace personnelle, Pierre Nora écrit de sa main : « Pour M. le professeur Raymond Aron, ce petit essai, fruit d'une expérience de deux ans que j'ai essayé de vivre en historien. En hommage très profondément respectueux à l'homme et à l'œuvre. » Peu de temps après, Pierre Nora croise Raymond Aron qui lui lance, à propos de sa publication : « 18 pour l'écrivain, 0 pour le citoyen ! »

Jean Lacouture consacre au livre de Pierre Nora un article dans *Le Monde*[45]. Il le considère comme de tout premier rang parmi les très nombreuses publications sur le sujet, «par ses qualités de pénétration, d'intelligence[46]». Mais il y perçoit un point faible qui est le manque d'empathie de Pierre Nora pour ces Français d'Algérie : «Tout indique que l'auteur ne les "aime" pas[47].» Plutôt que de comprendre par sympathie, l'auteur est perçu comme pratiquant un intelligent travail de dissection, de vivisection sur le milieu qu'il décrit en entomologiste. Son objectivisme glacé conduit Pierre Nora à infliger aux libéraux un traitement considéré comme particulièrement injuste par Jean Lacouture : «Comment laisser passer sans protester le réquisitoire de M. Pierre Nora contre l'œuvre de Germaine Tillion, qualifiée d'"opium des libéraux métropolitains"?[48]» Certes, la charge est sévère, mais obtenir pour un premier livre un article dans *Le Monde*, et de plus signé par Jean Lacouture, atteste un vrai succès. À la suite de cette publication, ils se rencontrent et nouent une amitié que rien ne démentira.

Dans *France Observateur*, Albert-Paul Lentin accorde à l'ouvrage une longue recension. Dans le même registre, il salue un témoignage porteur d'une brillante analyse : «Rares sont les livres dont on puisse dire qu'ils sont à la fois brillants et profonds, incisifs comme un libelle et instructifs comme un traité. Celui qu'un jeune agrégé d'histoire, Pierre Nora, a ramené... allie, avec une aisance surprenante, ces deux mérites contradictoires[49].» Mais si Albert-Paul Lentin est prêt à suivre la démonstration de l'auteur, il ne partage nullement ses critiques acerbes sur le libéralisme. En aucune manière on ne peut, selon lui, qualifier les libéraux d'immobilistes «coupés de l'histoire actuelle», «vivant dans l'imaginaire»; «l'exemple de Germaine Tillion va précisément à l'encontre de sa thèse[50]». Elle a en effet très sensiblement évolué entre son analyse de 1957 qui privilégiait unilatéralement les données économiques pour expliquer l'effondrement de la société musulmane et ses positions ultérieures.

Toucher à Germaine Tillion a été considéré par les progressistes comme un geste insupportable. C'est Germaine Tillion elle-même qui rend compte du livre dans *L'Express*[51]. Elle ne réagit pas si violemment vis-à-vis de la charge de Pierre Nora : «Je dois dire que mes réactions dominantes furent celles de l'approbation et même de la sympathie. Disons : 90 % d'approbations sérieuses et 10 % de petites critiques[52].» Elle considère que le ton de l'auteur est juste, sa documentation honnête, son style excellent. Mais elle reproche à ce «jeune et brillant universitaire» d'avoir une connaissance de la situation algérienne plus livresque que vécue. Selon elle, Pierre Nora a considérablement surévalué la part rurale, agricole de ces Français d'Algérie qui se sont en fait massivement urbanisés. Certes, Germaine Tillion reconnaît avoir à tort parlé du colonialisme comme d'un «vieux croquemitaine» dans *L'Algérie en 1957*, et si les libéraux étaient, comme les dépeint Pierre Nora, des gens oublieux du passé et ne pensant qu'en termes d'individus déshistoricisés, sa critique serait fondée. Mais Germaine Tillion rappelle que ses premiers contacts avec l'Algérie datent de 1934, et qu'elle a surtout été à l'écoute de la population algérienne, prenant pour habitude de ne pas penser à sa place.

Les échos du livre de Pierre Nora font part de cette ambivalence ressentie devant le brio du propos et le caractère discutable de ses analyses. Isabelle Vichniac du quotidien *Combat* salue une «étude brillante, passionnante[53]», mais regrette son «esprit de généralisation». La catégorie «Français d'Algérie» ne peut, selon elle, recouvrir une réalité sociale homogène, et l'on ne peut assimiler dans un même ensemble Maurice Audin, assassiné, Henri Alleg, torturé, et leurs tortionnaires. Pourtant, ce sont tous des Français d'Algérie. Par contre, Isabelle Vichniac apprécie la conclusion atténuée du *New Deal* et de la division de la communauté des Français d'Algérie en trois tiers, ce qui relève davantage des conseils de Jean Daniel.

La revue *Esprit* consacre une longue chronique au livre de Pierre Nora dans sa livraison d'octobre 1961, sous la plume de Vincent Monteil qui salue un «livre lucide et précis[54]». Là aussi, *Esprit* stigmatise l'injustice à présenter les libéraux d'Algérie comme une force inutile : «Voire ! N'est-ce pas là mettre tout le monde dans le même sac, et faire bon marché de pas mal de Français d'Algérie courageux, qui ont pris leurs risques[55] ?» Et d'évoquer le cas de tel prêtre dont la famille s'est installée en Algérie en 1838, de telle assistante sociale des bidonvilles algérois, de tel avocat déterminé à défendre les causes perdues, du témoignage d'Emmanuel Roblès. Si Vincent Monteil peut souscrire au jugement sévère sur Camus, «je ne puis admettre la condamnation de notre chère et grande Germaine Tillion[56]», dit-il. Mais, dans le même temps, il qualifie l'ouvrage de Pierre Nora de «beau livre» qui «témoigne de l'honnêteté d'une pensée et d'une méthode : pierre de touche de l'universitaire»[57]. Le jugement qui suit dans *Esprit*, signé de Claude Pierre, un Français d'Algérie, réagit plus vivement sous le titre «Pour être un des leurs». Il oppose sa propre expérience et sa connaissance personnelle du bled et des campagnes aux thèses de Pierre Nora qualifiées de trop urbaines. Il salue néanmoins un livre digne d'éloges qui livre quelques clés utiles. Mais la qualité de la mise en perspective sociologique est gâchée par «les injustices qui l'assaisonnent çà et là[58]».

Outre les échos dans la presse, Pierre Nora reçoit une très longue lettre (19 pages dactylographiées) et très argumentée de la part de son condisciple en khâgne, Jacques Derrida, qui connaît de l'intérieur la question des Français d'Algérie, ayant vécu toute son enfance et adolescence jusqu'à l'âge de 19 ans à Alger. Comme la plupart des commentateurs bienveillants, il félicite Pierre Nora d'avoir écrit ce livre dont il ne conteste pas la démonstration qui lui semble appropriée, mais il regrette un ton «d'une agressivité un peu âpre» et parfois même «avec une volonté d'humilier»[59]. S'il partage avec Pierre Nora son regard très critique sur l'attitude adoptée par les Français d'Algérie, il entend aussi faire preuve d'un jugement plus équitable. Or «n'est-il pas difficile de faire endosser par quelque chose comme les Français d'Algérie (malgré leur culpabilité constante et massive qu'il ne faut ni méconnaître ni diluer sous prétexte de la faire partager) toute la politique de la France en Algérie depuis 130 ans[60] ?» Jacques Derrida rejoint aussi les critiques qui ont stigmatisé dans l'ouvrage de Pierre Nora une assimilation à une entité «Français d'Algérie» extrêmement diverse, ce qui lui permet de jeter l'opprobre sur les libéraux avec lesquels il est profondément injuste, ce que Jacques Derrida supporte d'autant moins qu'il se reconnaît pour l'essentiel dans leurs positions. Il partage en effet le point de vue d'une Germaine Tillion ou d'un Albert Camus, espérant encore au tournant des années 1960 une Algérie franco-musulmane. Ces libéraux sont ceux qui «ont animé une vie politique et syndicale avant la guerre, et au milieu desquels des gens comme Alleg, Audin ou Camus ont pensé et agi. Ce sont eux qui, après 45, ont rendu possible à Alger l'élection d'une municipalité progressiste-communiste (oui !...) et qui, par la suite, ont fait du bon travail en collaborant avec des élus algériens, militants déclarés des partis nationalistes. Ce sont ceux qui, jusqu'en 57, ont gardé le contact avec des nationalistes, à l'époque où la guerre, la répression, les attentats ont commencé à rendre impossibles bien des choses[61]». Pierre Nora reconnaît volontiers dans sa réponse à Jacques Derrida qu'il a été parfois un peu rapide, mais qu'il ne s'agissait pas pour lui de publier une thèse sur la question, mais un livre de témoignage et d'intervention à chaud : «Si j'avais abordé de front le sujet dans son ampleur, j'aurais fait une thèse et c'était la paralysie[62].»

Dans la communauté juive d'Algérie, on se sent d'autant plus touché par les thèses de Pierre Nora qu'elle est la plus libérale. L'évocation de son livre par Émile Touati qui dresse le «Portrait d'une communauté» n'est pas tendre : «Ce livre brillant, intelligent, et apparemment rigoureux, est en réalité tendancieux. C'est l'œuvre plutôt d'un journaliste "engagé" que d'un véritable historien[63].» En même temps, cette vive réaction affective de rejet d'une attitude jugée d'ingratitude et parisianiste vaut à Pierre Nora de fortes sympathies. C'est le cas d'un jeune intellectuel juif né à Mascara en Oranie en janvier 1949 et issu d'une famille libérale assez typique de celles qui sont moquées par Pierre Nora, Jean-Paul Enthoven : «Avec un Œdipe bien programmé, cela me le rendait tout à fait intéressant puisqu'il déplaisait à mes parents[64].» Jean-Paul Enthoven, qui n'a que treize ans au moment de l'indépendance de l'Algérie, déteste la bêtise qui règne autour de lui dans son milieu et, lorsqu'il atteint l'âge mûr, il découvre avec ravissement que celui qui a été pendant deux années bien accueilli dans sa famille exprime avec talent très exactement ce qu'il éprouvait douloureusement et solitairement, «avec une certaine morgue condescendante, et je trouve cela plutôt sympathique[65]». Néanmoins, à distance, Jean-Paul Enthoven pense aujourd'hui que ce livre a été très injuste en s'en prenant au milieu libéral qui a surtout essuyé tous les refus, et notamment avec la communauté juive méprisée des giraudistes, des pétainistes, de l'OAS et des universitaires.

Ceux qui avaient accueilli Pierre Nora avec beaucoup de chaleur amicale, et notamment la famille Bénichou, se sont sentis poignardés dans le dos. La famille Bénichou, comme toutes les familles juives d'Oran, a dû quitter l'Algérie en 1962 la mort dans l'âme et le père de la famille en est décédé deux mois après d'une crise cardiaque. Son fils, Pierre Bénichou, en est venu à considérer Pierre Nora comme le responsable du décès de son père, et lorsque Pierre Nora viendra donner son premier article au *Nouvel Observateur*, croisant Pierre Bénichou, ce dernier refusera de lui serrer la main pour avoir écrit «ce livre inadmissible». Les membres de cette communauté éprouvent un vif sentiment d'ingratitude et reçoivent surtout très mal le portrait fait d'eux dans ce livre qui se gausse de leur accent : «plus froncé que vous», de leur propension à se choisir des prénoms anglo-saxons : William ou Sidney pour faire plus *British* et les sortir de la «huileuse Algérie». Celle qui sera l'épouse de Pierre Nora, Françoise Cachin, qui est souvent venue le voir à Oran entre 1958 et 1960, n'en revient pas elle-même de la dureté du ton adopté vis-à-vis de gens qui ont fait montre d'une hospitalité si chaleureuse et d'une gentillesse exceptionnelle : «Lisant le manuscrit, ma mère, qui était pourtant très pro-FLN, était sidérée, le trouvant d'une dureté incroyable, injuste, même si sur le fond du problème elle pensait qu'il avait raison[66].»

Ce qui est resté le plus insupportable, surtout après qu'il a été si bien reçu, c'est lorsque Pierre Nora stigmatise leur «hospitalité agressive[67]». Peu après la fin de la guerre d'Algérie, une secrétaire de la faculté d'Aix-Marseille, originaire d'Oran, est allée rencontrer Pierre Nora à Paris et l'a convié à la retrouver dans son hôtel parisien : «Elle a commandé un whisky au bar devant Pierre Nora. Elle l'a bu devant lui, et en levant son verre, elle lui a dit : "Je ne voulais pas vous agresser."[68]» On peut tout à fait concevoir que ces pieds-noirs meurtris ont mal supporté d'être renvoyés dans le néant de l'histoire et se sont sentis trahis en tant que communauté par un proche qu'ils avaient de plus accueilli avec chaleur et affection.

En même temps, son élève Frédéric Grasset, originaire d'Oran, s'il ne partage pas la sévérité de son maître pour avoir connu de l'intérieur les souffrances endurées par son milieu d'origine, comprend que Pierre Nora ne pouvait avoir un autre jugement : «Il fallait qu'il ait ce jugement d'historien, ce regard froid. Il ne devait pas se faire journaliste, ni observateur gratifiant, ni idéologue. C'était son épreuve du feu. Il a un langage cruel, mais cela tient à sa méthode[69].» Beaucoup plus tard, lorsque ce dossier se sera refroidi et que les blessures auront cicatrisé, Frédéric Grasset écrira à celui qu'il continue d'appeler «Maître» à l'occasion de son élection à l'Académie française. Il avait gardé le contact avec lui et l'avait même invité à plusieurs reprises dans ses lieux de pérégrination en tant que diplomate. Il lui communique alors sa joie de voir la république des lettres «récompenser un de ses princes[70]». Il revient sur le jugement qu'a porté Pierre Nora sur la terre algérienne à partir de son passage à Oran, reconnaissant qu'il avait perçu l'essentiel avec un regard clinique, sans complaisance, même si cet épisode suscite en lui une tendresse attristée pour cette minorité paradoxale et convulsive constituée par les Français d'Algérie, qui n'a été ni meilleure ni pire que d'autres dans des situations comparables : «Votre scalpel a découpé en fines lamelles cet immense gâchis. La seule critique que je me permettrai sur votre livre *Les Français d'Algérie*, par ailleurs analyse lucide de la colonisation et finalement de la souffrance historique, réside moins dans certaines formules cruelles que dans le traitement des libéraux... Ils étaient de bonne foi, dépourvus de cynisme, plutôt naïfs et pour tout dire courageux. Ils auraient peut-être mérité un salut d'autant plus appuyé qu'ils sont toujours ceux que l'on exécute les premiers[71]. »

Cette réaction critique de la part de quelqu'un qui a la plus grande estime pour Pierre Nora est partagée par Alain-Gérard Slama, lequel aura l'occasion de lui exprimer ses réserves assez tardivement, dans les années 1980. Il est alors professeur à Sciences-Po, animant un séminaire sur la guerre d'Algérie dans la mémoire française. Il fait venir Albert Memmi, Jean Daniel ainsi que Jules Roy qui lui conseille d'inviter Pierre Nora qu'Alain-Gérard Slama connaît déjà bien pour avoir pris sa succession à Sciences-Po en 1977 : «Je suis allé le voir et je lui ai dit que son livre *Les Français d'Algérie* est un livre à la limite du racisme, le racisme de situation, notamment quand il parle de ces Français qui disent "Je suis froncé"[72]. » Alain-Gérard Slama reconnaît avoir été un peu agressif, mais, bien que n'étant pas un tenant de l'Algérie française et étant hostile à cette guerre coloniale, il n'a vraiment pas supporté ce livre. Arrivant en France pour faire ses classes préparatoires et l'École normale supérieure entre 1959 et 1965, il est révolté par la manière désinvolte avec laquelle on traite les Français d'Algérie : «Je partageais son idée que la République n'avait pas été à la hauteur, n'avait pas tenu ses engagements et n'avait pas tenu compte de la réalité des indigènes, c'est totalement vrai[73]. » Mais ce qu'il n'accepte pas, c'est que l'on tire un trait léger sur la souffrance des pieds-noirs : «Cela me paraissait assez typique de la bourgeoisie française, d'une jeunesse dorée qui avait été en Algérie dans un certain confort et n'avait pas voulu comprendre le sort de toute une population abandonnée à elle-même par une République qui était pourtant leur idole. Il y a là une ingratitude qui me choque, un manque total de compassion[74]. »

La tentation journalistique

L'écho de son premier article publié dans *France-Observateur* le 27 octobre 1960, amplifié par la publication de son ouvrage au printemps 1961, vaut à Pierre Nora des propositions de collaboration journalistique en un moment où il est des plus hésitants sur son avenir. Cela lui ouvre une autre perspective professionnelle que celle de l'enseignement à laquelle semble pourtant le destiner son agrégation d'histoire. Au début de l'année 1961, *France Observateur* choisit sept livres sur la guerre dite de sept ans et demande à sept personnalités de rendre compte de l'un d'eux. Parmi eux, on note de proches amis de Pierre Nora dont Jean-François Revel et André Delcroix (François Furet). Le choix de Pierre Nora se porte sur un ouvrage de Pierre Boudot, *L'Algérie mal enchaînée* (1960), publié par Gallimard. Gaulliste de gauche, l'auteur considère la guerre comme perdue et dénonce les atrocités commises par l'armée française qui en vient à enterrer vivants des prisonniers, puis à les déterrer pour pouvoir les fusiller avant l'enquête de gendarmerie. Outre cette dénonciation d'une politique qui bafoue les valeurs fondamentales de l'humanité et de la République, on sent bien déjà chez Pierre Nora qu'il a mal à la France, au sale rôle qu'on lui fait jouer. Il apprécie chez cet auteur une généreuse énergie à réveiller le « concept du Français vrai ».

Une autre fois, c'est l'historien Pierre Nora qui est requis pour évoquer l'histoire de la communauté juive à partir de la publication d'un ouvrage de Léon Poliakov[75]. En 1961, Pierre Nora retourne à Oran pour y prononcer une conférence sur « André Malraux, témoin de son temps », invité par l'association générale des étudiants d'Oran. Il s'adresse à une salle comble du lycée Stéphane-Grell, et cette initiative est considérée comme une grande réussite. La presse juge la conférence excellente : « Le conférencier sut mener habilement sa tâche, d'abord par ses qualités formelles, voire percutantes, rythme haletant et par-là même malraussien... À ce s'ajoutèrent des qualités d'agencement[76]. » Toujours soucieux du présent, Pierre Nora met en garde son jeune public passionné contre toute instrumentalisation de l'œuvre de Malraux en faveur d'un activisme sans fondement.

Abderrahmane Farès, président de l'Exécutif provisoire algérien, au lendemain des accords d'Évian du 18 mars 1962, organise une tournée de journalistes français en Algérie pour venir faire un état des lieux au terme d'une si longue guerre coloniale. *France Observateur* désigne Pierre Nora parmi sa délégation de journalistes. Avant de partir, Pierre Nora téléphone à Jean Daniel qui se trouve alors, en avril, à la clinique Hartmann de Neuilly, en attente d'une nouvelle intervention chirurgicale particulièrement angoissante, car il en était à la huitième opération et toujours aussi incertain de pouvoir récupérer l'usage de sa jambe blessée à Bizerte. Pierre Nora lui demande donc des nouvelles de sa santé et exprime ses profonds regrets qu'il ne puisse être du voyage.

Jean Daniel lui propose de passer le voir à la clinique. Lorsqu'il arrive dans la chambre il y a déjà Jules Roy qu'il ne connaissait que par son livre sur la guerre d'Algérie qui avait inspiré le titre de son propre livre. En cette fin de guerre d'Algérie, Jean Daniel est à un tournant de sa carrière, car il vient de quitter *L'Express* et Jules Roy l'exhorte à se consacrer à son œuvre d'écrivain : « J'allais me retirer quand il me dit : "Et qui allez-vous contacter là-bas ?" Je ne connaissais personne. Il se saisit aussitôt d'un bloc et se mit à griffonner des mots de recommandation pour Yazid, Ben Yahia, Krim Belkacem, tous personnages aux noms à l'époque mythologiques... et sur chacun des mots, il indiquait : "Parlez-lui comme à moi." Jean Daniel était en train de m'offrir le meilleur de son carnet d'adresses. Je ne m'attendais pas du tout à ce cadeau, qui me donnait tout à coup le sentiment qu'il m'envoyait *à sa place*[77]. »

Pierre Nora rapporte de son voyage un journal sur cette Algérie à la veille de son indépendance, publié par *France Observateur*[78]. Ce parcours d'une semaine le conduit à Rocher Noir, qui a abrité les derniers moments de l'autorité française avant l'indépendance, à Alger, sur les routes du bled où errent des centaines de milliers d'Algériens hier regroupés, en quête d'un nouveau gîte : « Depuis le début de la vallée de la Soumame jusqu'à Sétif, de Sétif à Bougie, l'un des plus beaux paysages du monde est une espèce de grand Verdun : troncs coupés, champs d'oliviers carbonisés, forêts soufflées de napalm, gourbis détruits, routes effondrées, et surtout, ces maisons dont la façade a l'air de tenir quand l'intérieur n'est plus qu'un trou[79]. » À Sétif, une population essentiellement jeune et au chômage où Pierre Nora, sidéré, entend ces propos spontanés d'un adolescent de dix-sept ans qui « a ce mot que les philosophes existentialistes ne trouvent qu'après l'agrégation : "Avec les Français, ça ne marchera jamais ; je suis né dans la différence"[80] ».

Il fait aussi le constat d'une violence sourde qui vient de tous ces jeunes, mais masquée par le discours conciliant des responsables vis-à-vis des Européens depuis les accords d'Évian. L'hostilité de la population algérienne en réaction aux violences commises est pourtant patente. Dans cet enfantement difficile d'une nation, Pierre Nora, en historien, comme hier Marc Bloch à l'arrière du front de la Grande Guerre, constate l'importance que revêtent la rumeur et les « bobards », véritable fléau et foyer de toutes les peurs collectives. À proximité immédiate se retrouvent les deux pôles les plus opposés que sont les forces victorieuses du FLN et les ultras de l'OAS : « Radio trottoir fait des ravages. À Maison-Carrée, par exemple, on annonce l'enlèvement d'un enfant par le FLN ; on l'aurait retrouvé mains coupées, yeux crevés. Aussitôt, c'est la claustration. Nul ne cherche à vérifier. Et quand il s'avère que l'enfant n'a pas quitté son domicile, personne ne dément. Au contraire, le lendemain, on parlait de trois enfants enlevés[81]. » En cette période de mutation, de tensions portées à leur paroxysme, c'est le règne de la fausse nouvelle avec toutes les identifications fantasmatiques et hystériques.

Alors que l'exode massif vers la métropole ne s'est pas encore produit, Pierre Nora constate que « les Européens vivent dans un demi-départ, dans un presque départ[82] ». La stratification des malheurs de l'Algérie, Pierre Nora la voit incarnée par le nom que l'on donne au cimetière musulman qui se trouve sur un plateau arasé près de Tlemcen où, sous les tombes, s'accrochent des familles miséreuses : « Toute l'Algérie ressemble à ce village ; on l'appelle "Les Vivants-sous-les-morts". » C'est ainsi que l'historien Pierre Nora termine son article sur cette actualité algérienne, en entrelaçant déjà les temporalités d'hier et d'aujourd'hui, pour mieux comprendre les épreuves traversées et les traces qui subsistent du passé à l'intérieur du présent. Pierre Nora retournera encore une fois en Algérie, au cours de l'été 1962, fin juillet, cette fois dans une Algérie qui vient de conquérir son indépendance. Il y est doublement missionné par *France Observateur* et par le consistoire qui l'envoie récupérer les archives de la communauté juive d'Algérie. Il commence son voyage par Constantine et s'entend dire par le rabbin que toute la communauté est partie. Il n'obtient guère plus à Alger et achève son voyage par Oran, retrouvant la ville où il a enseigné deux années. A son arrivée, il a la visite surprise d'Ahmed Boumendjel qui lui signale que Ben Bella se trouve à la préfecture et souhaiterait le rencontrer avant son retour le lendemain à Alger. Pierre Nora en profite pour faire un entretien avec Ben Bella, leader de l'indépendance qui sera désigné peu de temps après, en septembre, premier président de l'Algérie. La rencontre donne lieu à un quiproquo lorsque Ben Bella invite Pierre Nora à revenir avec lui dans sa voiture à Alger, voulant ainsi s'exhiber avec un bon Français juif dont il a particulièrement apprécié le livre, *Les Français d'Algérie*, et qu'il croit de surplus originaire d'Algérie. Pierre Nora, lui révélant son origine ashkénaze, l'en détrompe. Il en rapporte néanmoins un entretien publié dans *France Observateur*[83].

Pierre Nora aura encore quelques occasions d'exercer son talent de journaliste au début des années 1960. C'est notamment le cas lorsqu'il couvre pour *Le Monde* la « Semaine de la pensée marxiste » qui se déroule à la Mutualité du 13 au 20 mars 1963 sur le thème : « Marxisme et classes sociales. » C'est le directeur de la rédaction du *Monde* lui-même, Pierre Viansson-Ponté, qui le sollicite pour rendre compte de l'événement à ses lecteurs. À la manière de son ouvrage sur l'Algérie, Pierre Nora ne contourne pas l'enjeu majeur, et trouve les mots pour l'exprimer. En cette année 1963 de début de détente internationale et de déglaciation, il observe certes quelques signes rassurants chez les intellectuels communistes, et pose frontalement la question en titre de son article : «Le terrorisme idéologique a-t-il diminué[84] ?», mais l'ensemble reste assez caustique sur ce qui n'est qu'un alibi d'ouverture pour la direction du PCF, et cela vise ce qui est encore sans conteste le premier parti de l'opposition, presque un quart du corps électoral : «Le matin où l'article devait paraître, j'ai été réveillé à 7 heures par un coup de fil de la secrétaire de Jacques Fauvet, rédacteur en chef, me demandant de venir tout de suite[85].» Pierre Nora était attendu avec impatience par Jacques Fauvet qui, du haut de l'escalier de la rue des Italiens, lui signifie qu'il n'est pas question que ses articles paraissent sans correction, et qu'en tout état de cause on allait réduire ses trois articles à deux; Pierre Viansson-Ponté, très ennuyé, acceptant de contracter le tout.

Dans son premier article, Pierre Nora ne se montre pas dupe d'une cérémonie dite ouverte par Roger Garaudy au nom de la vérité du marxisme, mais qui est en fait totalement verrouillée : «Le débat n'était pas ouvert qu'en un sens il était déjà clos[86].» Cependant, Pierre Nora note comme un phénomène nouveau le fait d'inviter des intellectuels non communistes à intervenir lors de cette semaine, ce qui l'incite à penser que le terrorisme idéologique a fortement diminué et «le fait doit être salué comme il le mérite[87]». D'autant qu'il constate avec étonnement que la jeune génération des étudiants communistes se met à entendre ceux qu'ils n'écouteront pas, mais dont ils prennent soigneusement en notes les propos, rompant ainsi avec les anathèmes jetés hier vis-à-vis de tous ceux qui ne pensent pas comme le Parti.

C'est sous le titre moins provocateur de «La coexistence idéologique est-elle possible?» que Pierre Nora publie la suite de son reportage[88]. Le compagnon de route ficelé au PCF a fait désormais place au grand intellectuel dont la notoriété honore en retour le PCF qui l'accueille, mais dont on sait par avance qu'on ne le convaincra pas et réciproquement. C'est ainsi que sur le thème de la lutte des classes, le sociologue Alain Touraine a pu exposer ses analyses, tout en se retrouvant en apesanteur lorsqu'il se met à expliquer qu'au XXe siècle on ne peut réduire la société à un affrontement classe contre classe. Autres invités de marque, Jean Lacroix et Paul Ricœur représentent alors, en

1963, le pôle chrétien personnaliste, celui d'Emmanuel Mounier, de la revue *Esprit* et, comme le note avec humour Pierre Nora dans son article, cela les situe dans la rubrique de l'«inframarxisme» dans la mesure où Marx en personne a déjà réfuté les thèses qu'ils incarnent. Pierre Nora fait état de la fausse réciprocité de ces échanges d'arguments et prend l'exemple pathétique de la confrontation entre l'homme de bonne foi, Paul Ricœur, et le maître des lieux de cette Semaine de la pensée marxiste, Roger Garaudy : «Il fallait au professeur Ricœur la dignité que donne toujours à un homme intelligent le fait de dire ce qu'il pense et de penser ce qu'il dit pour oser faire état, devant un public en principe rationaliste, de la "féconde discordance entre la morale de l'intention et celle de la responsabilité", des "requêtes indémontrables" qui font de l'homme, "cet interpellé", un être éthique, et de l'existence d'un "universel flottant" qui passerait aux frontières, des systèmes et des classes. Fausse réciprocité, car si Paul Ricœur avait la belle audace de conclure que ses convictions avaient été "pour toujours blessées par la rencontre de Marx", je n'ai pas eu le sentiment que la lecture de Nietzsche et de Freud ait sérieusement menacé le sommeil de Roger Garaudy[89].»

Pierre Nora publiera encore en 1964 un article d'une page dans ce qui est désormais *Le Nouvel Observateur*, rendant compte de la publication de Charles-André Julien sur l'Algérie[90] dont il fait l'éloge et qu'il considère déjà comme un futur classique. Mais Pierre Nora en cette année 1964 voit son avenir se dessiner plus clairement du côté du pôle éditorial qui le requiert tant par sa collection «Archives» chez Julliard que par le fait qu'il est appelé à une haute fonction chez Gallimard, ce qui aura pour effet quasi mécanique de lui faire non pas abandonner la part journalistique de son activité, mais de la réduire très sensiblement.

5

Le tour du monde en plus de 80 jours

De retour d'Algérie, Pierre Nora est donc entré en 1961 à la fondation Thiers, où il restera jusqu'en 1963. Encore fallait-il trouver un sujet de thèse. S'il va de soi qu'il doit être d'ordre historique pour un jeune agrégé d'histoire, il hésite entre plusieurs pistes. Il a déjà l'intention d'approfondir la question du nationalisme, mais il est aussi, au retour d'Algérie, intéressé par la question coloniale et par ses enjeux intellectuels. Il est tenté par l'étude du nationalisme des intellectuels français avant 1914, mais Eugen Weber l'a déjà et bien traité[1]. Pierre Nora n'est donc pas vraiment fixé sur son sujet de recherche.

Il va voir le maître de tous ceux qui s'intéressent à l'histoire politique, celui qui règne à la Sorbonne sur l'histoire contemporaine, Pierre Renouvin, qui avait bien apprécié son article sur Ernest Lavisse[2]. Pierre Nora lui rend visite chez lui à la mi-août, impressionné par le personnage qui était devenu une véritable institution dans un moment de la vie universitaire où les rapports étaient encore très hiérarchisés, au point que devisant chez lui de son avenir de chercheur, il n'osait pas même s'asseoir. Spécialiste de la Grande Guerre, Pierre Renouvin souhaiterait partager l'étude de la guerre par la nouvelle génération entre Jean-Jacques Becker qui consacrerait ses recherches sur le déclenchement de la guerre, sur 1914, ce qu'il a effectivement réalisé, et Pierre Nora qui s'attacherait plutôt à la période de crise, à 1917, ce qu'il n'a pas fait, car il a été pris par d'autres sollicitations moins classiques dues au retentissement de son livre sur les Français d'Algérie qui lui a ouvert d'autres portes. Pierre Nora prend la tangente face à la perspective de retomber dans une longue ascèse, car la thèse d'histoire était alors un parcours solitaire auquel il fallait consacrer une partie de sa vie au prix de nombreux renoncements. Ce qui ne pouvait satisfaire quelqu'un qui ressentait depuis un bon moment le désir d'ailleurs et l'avait vécu pendant deux années en Algérie.

La bourse Polignac

Un des effets de son succès éditorial, qui va permettre à Pierre Nora de satisfaire ce désir d'ailleurs, est une proposition qui lui vient du président de son jury d'agrégation André Aymard. Pierre Nora lui avait envoyé son livre *Les Français d'Algérie*, et il avait reçu en réponse un petit mot très chaleureux. Un jour, André Aymard se rend à un cocktail organisé à la fondation Thiers où se trouve Pierre Nora. Il l'invite à passer le voir à son bureau de doyen et lui demande s'il n'aurait pas par hasard envie de faire le tour du monde ! Pierre Nora est sidéré par cette question, quelque peu ébranlé, à la fois tenté, mais d'un autre côté il avait fini par se résoudre à contrecœur à l'idée de se lancer dans une thèse d'État. André Aymard lui dit : « Écoutez, franchement cela m'étonnerait que vous la fassiez. Si vous le voulez vraiment, vous pourrez la faire, mais le voulez-vous seulement[3] ? »

André Aymard explique ensuite à Pierre Nora qu'il est président de la fondation Polignac qui donne des bourses pour des voyages lointains. Pour en bénéficier, il faut passer neuf mois en dehors de la France pour se former, et ces voyages ne doivent pas être utilitaires. La bourse s'élève à 30000 francs, ce qui à l'époque, en 1962, représente une somme rondelette qui permet sans problème de pourvoir à ses besoins pendant un an. Une des conditions pour bénéficier de cette bourse est d'être encore célibataire. Or, Pierre Nora était fiancée avec Françoise Cachin, la petite-fille de Marcel, qui est sa compagne depuis 1959. Ils avaient déjà dû différer le mariage car il fallait aussi rester célibataire pour pouvoir être pensionnaire à la fondation Thiers. Il est donc contrarié de devoir de nouveau le remettre *sine die*, et s'ouvre de ce problème à André Aymard qui le rassure en lui conseillant d'aller arranger les choses avec le président de cette bourse au cas où celle-ci lui serait attribuée, ce qui se produit : « Mon cher Nora, la réunion du comité préparatoire a eu lieu hier soir. Il faut croire que votre cause était très bonne, puisque vous avez été retenu premier avec un ex aequo, alors qu'il y aura quatre bourses, peut-être cinq. Le conseil d'administration parle en dernier ressort, et je n'en suis pas membre. Tout de même, vos chances sont de 99,75 %. J'en suis content : on l'est toujours d'avoir été le jockey d'un vainqueur[4]. » Une fois la bourse obtenue, Pierre Nora va donc voir le dénommé Wolff pour lui exposer son problème marital, ce qui plonge son interlocuteur dans des abîmes de perplexité, car il n'avait jamais été confronté à ce cas. Il lui demande huit jours de réflexion, tout en le rassurant car si la bourse lui a été attribuée, on ne peut la lui retirer : « Il me dit au bout de huit jours, vous allez décomposer votre voyage en deux phases. Vous faites la première partie de votre voyage aux États-Unis et au Mexique où vous tenez à aller, mais seul, bien que personne ne puisse vous empêcher de recevoir quiconque. Ensuite, au bout de trois ou quatre mois, vous revenez à Paris, vous vous mariez et vous repartez, mais seul[5] ! » Pierre Nora est un peu étonné que l'on privilégie ainsi le concubinage par rapport au mariage et rétorque qu'il ne se voit pas se marier et planter là son épouse en repartant parcourir le monde en solitaire. À bout d'argument, son interlocuteur finit par lui dire qu'il fasse ce qu'il veut et qu'il se débrouille.

À nous, l'Amérique !

Pierre Nora prépare donc la première partie du voyage aux États-Unis. Son ami et de plus beau-frère François Furet, qui a épousé sa sœur Jacqueline, lui dit qu'il n'y a aucune raison qu'il en profite tout seul, que ce serait honteux, et qu'il entend bien l'accompagner. Ils partent donc à deux le 28 juin 1963 pour New York. Leur périple les mène successivement de New York à Chicago, rejoint en car, puis ils prennent l'avion pour Denver, d'où ils veulent rejoindre Los Angeles pour passer juillet en Californie. Après avoir loué une voiture, ils se dirigent vers Santa Fe, Albuquerque, les canyons et Las Vegas. Arrivés à Los Angeles, ils visitent la ville, Santa Monica, UCLA, puis ils remontent la côte californienne jusqu'à San Francisco. À Chicago, en pleine semaine, un mercredi, François Furet et Pierre Nora sillonnent les grandes avenues, très étonnés de les trouver désertes. Toutes les boutiques sont fermées. Ils ne comprennent pas, jusqu'à ce qu'ils rejoignent une fête et s'aperçoivent alors que c'est le jour de la fête nationale. Ils auront plus tard de multiples occasions de rire de leur ignorance pour des historiens contemporanéistes passionnés d'histoire américaine.

À San Francisco, François Furet rejoint quelqu'un de son réseau de connaissances, Constantin Melnik, un Russe d'origine, surnommé par la presse satirique le « SDECE tartare ». Non naturalisé, il n'a pu entrer dans la fonction publique, mais Michel Debré l'a pris comme adjoint à Matignon au moment de la guerre d'Algérie pour superviser les barbouzes. Constantin Melnik était en liaison constante avec la CIA et l'organisme de Santa Barbara qui était le cerveau de la guerre froide du côté américain. Melnik avait envoyé à ses correspondants de Santa Barbara les recommandations nécessaires pour recevoir François Furet et Pierre Nora. Ils ont ainsi pu entrer en contact avec ceux que l'on dénommait les *whizz kids*, c'est-à-dire les « petits malins », ces super-polytechniciens qui sont capables de planifier comme un jeu la future guerre atomique : « Extraordinaire atmosphère des week-ends où des piscines particulières de Beverley Hills émerge un spécialiste qui vous commente l'hypothèse 9 B, c'est-à-dire l'extermination atomique de l'Europe moins l'Irlande, puis, après un nouveau plongeon, envisage à l'heure du whisky l'agréable hypothèse 9 C, où la France, du moins la Bretagne, pourrait se voir épargner l'Apocalypse[6]. »

Le périple se termine par une conférence improvisée et qui n'est pas restée dans les annales de l'histoire. Arrivés dans leur motel, François Furet et Pierre Nora trouvent une lettre leur demandant de faire une conférence pour expliquer à leur auditoire pourquoi la France gaullienne vient de rompre avec l'OTAN. À l'époque, François Furet ne parle pas du tout l'anglais et dit à son ami Pierre : « C'est ton sujet et c'est toi qui parles anglais. On y passe la nuit, je vais t'aider. » C'est ainsi que Pierre Nora va devoir officier devant le public le plus informé du monde sur la situation internationale, un parterre d'une cinquantaine de spécialistes de très haut niveau dans un mauvais anglais : « C'était ubuesque ! Je revois encore ce petit amphithéâtre avec cinquante personnes, des gens qui ne comprenaient rien à mon anglais bégayé, ni à Maurras, ni à de Gaulle, et qui partaient les uns après les autres[7]. »

Le 30 juillet, après ce coup d'éclat, François Furet rentre en France et Pierre Nora poursuit son voyage en prenant l'avion pour Mexico où il est rejoint par sa fiancée Françoise Cachin pour un grand séjour d'un mois au Mexique qu'ils sillonnent en touristes. Pierre Nora en profite pour rendre visite au disciple de Pierre Renouvin, Jean-Baptiste Duroselle, qui se trouve alors non loin de Mexico, à Cuernavaca. Outre les excursions autour de Mexico, le couple se rend à Veracruz, puis accompagne l'équipe de recherche de Marcel Bataillon dans le Chiapas jusqu'à San Cristóbal de las Casas et Palenque, en passant par Oaxaca, pour finir à Mérida dans le Yucatán fin août. Cette fois, c'est Françoise Cachin qui rentre, mais Pierre Nora continue. Il revient aux

États-Unis pour visiter le sud du pays : la Louisiane, le Mississippi, le Texas jusqu'au 10 septembre, puis il remonte dans le nord-est. Il se retrouve à New York, dans le Massachusetts puis en Nouvelle-Angleterre avec les campus prestigieux de Harvard et de Yale, pour finir à Washington début octobre.

Pierre Nora achève la première partie de ce tour du monde par un séjour à Cuba entre le 16 octobre et le 8 novembre. Il y est accueilli par l'Union nationale des écrivains et artistes cubains. Arrivant au lendemain d'un de ces cyclones aux effets dévastateurs dans une île quelque peu ravagée, sous pression et ayant réquisitionné ses moyens de transport public, donc dans des conditions peu favorables au tourisme, il a pu assister à la manière dont le système castriste faisait face à une catastrophe naturelle, avec une société totalement encadrée et un Fidel Castro sur tous les fronts, présent en même temps sur le petit écran, sur la place de la Révolution, au bar de l'hôtel Habana Libre... De son côté, Pierre Nora a pu rencontrer au cours de ce séjour des intellectuels, des artistes, des architectes et des écrivains cubains. Il a été reçu par toute une série d'institutions du régime comme les «maquisards vétérans de la Sierra Maestra», les «Jeunesses communistes». Il s'est trouvé en outre que le voyage de l'économiste Charles Bettelheim coïncidait avec le sien et, grâce à lui, il a pu avoir accès à quelques arcanes de la vie économique cubaine, dialoguant notamment avec le ministre de la Réforme agraire, Carlos Rafael Rodríguez.

De retour à Paris, le bénéficiaire de la bourse de la fondation Polignac doit rédiger un rapport qui est publié dans le bulletin de la fondation. Pierre Nora se soumet à ce rituel et concentre son propos sur les États-Unis autour de l'idée du refus de l'histoire. Il porte déjà un regard d'historien sur l'Amérique qu'il a parcourue en s'étonnant d'un angle mort dans la représentation que se font les Américains de leur rapport au temps; soit ils se transportent dans le siècle des Lumières, soit ils se projettent dans un futur XXIe siècle, mais «on souffre d'une absence de XIXe siècle[8]». Même pour ce rapport à usage interne, on retrouve le sens de la formule et la capacité à user du comparatisme. Ainsi, pour exprimer le refus du passé chez les Américains, il observe que «les cendriers eux-mêmes ont des arrière-fonds qui permettent de faire disparaître instantanément les mégots. On n'apprend rien des vieillards. Il faut être revenu des États-Unis pour éprouver non la force de notre américanisation, mais la vitalité de notre héritage[9]».

Ce qui intéresse déjà Pierre Nora est le rapport au temps de la société américaine, on dirait aujourd'hui son régime d'historicité. Or, tout concourt selon lui dans cette société à refouler ce qui est le propre de l'histoire et à devenir une machine à ne pas voir, ce qui provoque des réveils particulièrement inattendus, car lorsque l'Amérique bascule, elle ne fait pas semblant, n'ayant ni frein ni contrepoids, ce qui peut conduire à des catastrophes. À la manière de ce qu'il avait dénoncé comme les illusions du progressisme libéral à propos du cas algérien, Pierre Nora ne croit pas à l'optimisme porté par le discours sur l'intégration des Noirs. Tout dément selon lui cette croyance, mais il est vrai que l'on n'est pas en 1963 dans l'Amérique d'Obama, et les affrontements entre communautés sont particulièrement violents. Pierre Nora use de généralisations un peu rapides : « À quelques exceptions près, tous les Américains sont "racistes", en ce sens qu'aucun ne supporterait, à échéance prévisible, la cohabitation avec des Noirs dans un même immeuble[10]. »

Au contraire de la présentation habituelle des États-Unis comme société d'individus, Pierre Nora insiste sur la matrice communautaire qui constitue le message des Pères fondateurs pesant encore de tout son poids sur l'ensemble des citoyens américains. Ce sens communautaire est tout de suite perceptible par le voyageur dont l'arrivée est une fête : « Le voyageur, l'étranger est admis, remercié d'exister, béni d'être venu... Mais si vous revenez, le charme est rompu. Vous faites partie de la société, le rideau de fer tombe entre les consciences. Nomade, l'Amérique est à vous ; sédentaire, vous êtes à elle[11]. »

Un autre contraste par rapport à l'Europe, auquel est particulièrement sensible Pierre Nora, est le statut des intellectuels, particulièrement détestés dans l'univers sociétal américain : « Les intellectuels sont un peu comme les Indiens, perdus dans la nature, parqués dans ces réserves luxueuses qu'on appelle universités, objets d'une admiration de principe et d'un mépris de fait[12]. » Les grandes et prestigieuses universités américaines bénéficient d'un musée imaginaire de la culture mondiale, mais en même temps le rythme de rotation est tel qu'« il n'y a guère de gloires acquises[13] ».

Amateur de paradoxes, Pierre Nora affirme que la société américaine si hostile à Marx est sans doute la seule où le schéma d'explication marxiste peut s'appliquer, avec sa surdétermination des facteurs économiques : « C'est ici qu'il faut voir l'homme aliéné dans la consommation[14] », et de dénoncer les poches de misère sociale, et de s'étonner qu'ici les héros stakhanovistes soient les consommateurs américains : « Achetez, c'est prier ! », ce qui s'accompagne d'une déhiérarchisation des valeurs qui conduit à acheter «*La Somme* de saint Thomas avec son dentifrice[15] ».

Pourtant Pierre Nora achève son rapport en affirmant que les Américains ont beaucoup à apporter aux Européens, sans pour autant leur offrir un projet civilisateur. Ils ont réussi à préserver leur vitalité malgré la traversée de leurs deux grandes crises, celle de la grande dépression et celle de la chasse aux sorcières durant la guerre froide. À ce titre, les États-Unis ont une leçon à donner à l'Europe, celle de «la vitalité de l'adolescence, l'amour du grand, le trésor de la disponibilité pour ce rendez-vous avec l'histoire vers lequel ils m'ont paru s'acheminer à tâtons[16]». Comme on peut le mesurer, ce rapport est d'une tout autre teneur qu'un simple compte rendu d'un jeune voyageur touristique, il peut être le point de départ d'une vocation d'américaniste pour Pierre Nora, ce qui reste à son retour une possibilité de carrière académique.

La Chine jusqu'à en presque mourir

De retour à Paris, Pierre Nora se marie, comme prévu, avec sa fiancée Françoise Cachin. Et les voilà partis tous deux, en dépit des règles de la bourse Polignac, vers le Japon. La première étape est fixée au Cambodge, d'autant que Françoise Cachin tenait à voir les merveilles d'Angkor et Phnom Penh. À leur arrivée, le couple Nora est recommandé à l'ambassadeur de France qui leur dit avoir à visiter, avec le ministre de l'Agriculture du Cambodge, des plantations d'hévéas. Il invite Pierre Nora et son épouse à l'accompagner dans ce voyage qui doit durer trois jours et au cours duquel il doit procéder à une distribution de décorations. À ce voyage est aussi convié l'ambassadeur de Chine.

C'est le moment où le général de Gaulle vient de reconnaître la Chine, et son ambassadeur ne comprenait pas ce que ce jeune couple de Français faisait là : «On est invités à déjeuner chez l'ambassadeur et, à côté de moi, il y avait un monsieur chinois qui me demande où l'on va. Je lui réponds que l'on va au Japon et il me dit que cela n'a aucun intérêt, qu'il est de loin préférable de se rendre en Chine[17].»

En 1964, les Occidentaux ne pouvaient se rendre en Chine, mais l'ambassadeur se déclare prêt à s'occuper des formalités administratives, et à fournir au jeune couple les visas en vingt-quatre heures, ce qu'il fait : «La seule chose que je savais de la Chine avant de partir était que Jules Roy, que j'avais connu chez Julliard et grâce à Christian Bourgois à propos de l'Algérie, était un des tout premiers invités en Chine par Mao[18]. » Le couple Nora obtient donc un visa d'un mois. Ils vont à Hong Kong et se rendent au China Central Service avec le mot de recommandation de l'ambassadeur. Passant au consulat, on leur dit que l'attaché d'ambassade part ouvrir l'ambassade française à Pékin. Il n'y en avait pas jusque-là, et pour cause, puisque la France n'avait pas reconnu la Chine populaire de Mao. Le consul propose au couple Nora de faire partie de la suite de l'attaché d'ambassade. Il se trouve que celui-ci était Jean-Pierre Angremy, Pierre-Jean Rémy en littérature, que Pierre Nora connaissait déjà un peu pour avoir publié comme lui chez Julliard. Jean-Pierre Angremy a alors vingt-six ans, et venait de se marier, à peine sorti de l'ENA. De son côté, le premier ambassadeur de France en Chine, Lucien Paye, venait d'être nommé et de s'installer à Pékin le 27 mars 1963.

De Hong Kong à la frontière de la Chine populaire, Pierre et Françoise Nora sont donc accompagnés de Jean-Pierre Angremy et de son épouse Odile Cail. Ils prennent un premier train à Kowloon pour se diriger vers Pékin. Ce petit carré de Français constitue en ce 30 août 1964 les tout premiers Occidentaux à faire le voyage dans une Chine totalement fermée à l'Occident depuis 1949. Le train s'arrête avant d'arriver à Canton, car les rails n'ont pas le même écartement du côté communiste. Tout le monde descend, ce qui est le plus sûr moyen de contrôler toutes les entrées : « Puis, le passage à pied, initiatique en somme, du fameux pont. Longue station dans la gare chinoise de Shum Chum, où les honorables étrangers attendent dans une série de petits salons aux meubles recouverts de housses blanches, lustres années vingt et œuvres édifiantes sur les tables[19]. » Voilà nos aventuriers ayant passé le pont à pied, valise à la main, accueillis de l'autre côté par des Chinois s'empressant de porter leurs bagages, leur offrant de l'alcool de riz, et les installant dans des bâtiments refuges dans lesquels ils peuvent avoir accès à une connaissance livresque de la Chine pour une part issue d'ouvrages en langue française, triés sur le volet, essentiellement composés du fonds des éditions Maspero : « On était un peu terrifiés, d'autant que les Chinois nous regardaient d'un œil bizarre. Nous étions pour eux "les longs nezs"[20]. » À Canton, l'équipée française est attendue par trois employés de Chine Travel Service. Arrivés à l'hôtel sous escorte, ils subissent les fastidieuses formalités d'enregistrement, ressentent intensément la peur collective de la population sans avoir besoin de la langue, et tombent dans le hall de l'hôtel sur une délégation de Sénégalais en boubous qui, entendant parler français, tombent dans leurs bras : « Ils nous embrassent : “Enfin entre nous !” Ils épanchaient ainsi leur angoisse. On a tout de suite compris que ce n’était pas un pays facile[21]. »

Une fois les formalités terminées, ils font un tour dans la ville livrée aux innombrables bicyclettes, visitent l’immense parc de la culture où se trouvent l’Opéra et quantité de jeux géants, une sorte de Luna Park surdimensionné : « Nous sommes les seuls étrangers, naturellement. On nous regarde, mais personne ne songerait à s’approcher de trop près[22]. » On peut s’éduquer jusque dans la rue où se trouve une gigantesque exposition sur la planification des naissances exposant tous les moyens possibles de contrôle de la natalité, préservatifs et autres diaphragmes. Dans l’hôtel, nos aventuriers regagnent leurs chambres respectives au fond de longs couloirs mal éclairés par de vieilles ampoules de faible intensité, donnant une vague lueur jaunâtre qui permet d’arriver dans une chambre où « les grandes palmes d’un ventilateur brassent la tiédeur, l’odeur de fumée et de cendres froides qui le dispute à celle du Crésyl et autres désinfectants[23] ».

Le 1er septembre, tout le monde s’embarque de nouveau en train pour Pékin ; chaque couple est dans un compartiment de wagons anciens mais qui ne manquent pas de classe par rapport à la moyenne ; de larges banquettes couvertes d’une toile blanche y font lit la nuit. Chacun a son thermos avec de l’eau chaude renouvelée toutes les deux heures. De l’autre côté de la vitre, la Chine : « Des buffles dans les rizières, des hommes et des femmes qui traînent des choses le long des chemins, des routes[24]. »

À Pékin, Jean-Pierre Angremy est logé dans le Grand Hôtel, ancien hôtel des wagons-lits, alors que les Nora sont à l’hôtel Xinqiao. On leur apprend qu’au même étage se trouve l’écrivain français Jules Roy qui attend désespérément une entrevue promise avec le Grand Timonier, Mao Zedong. Il trépignait d’impatience en guettant un signe de la part de Mao qui ne vint jamais. À Pékin, tous se retrouvent avec le correspondant de l’agence France Presse, Jacques Marcuse, bon connaisseur de la Chine, un personnage de légende selon Pierre-Jean Rémy : « Très grand, nœud papillon, un monocle vissé à l’œil, bourré dès 11 heures du matin, ou presque[25]. »

Les Nora sont déçus de leur côté de constater que les pressions amicales de l’ambassadeur n’ont pas eu de suites à Pékin où ils sont réduits au statut de banals touristes devant s’adresser comme tout un chacun à une agence pour leur organiser une visite du Temple du Ciel, de la

Grande Muraille, « sans contact avec ce qu'on appelait naïvement les intellectuels chinois. Marcuse et moi l'aidâmes à faire son deuil de ses derniers espoirs[26] ».

Pierre Nora était sujet à l'époque à de fréquentes et douloureuses crises de colique néphrétique, mais il avait prudemment apporté avec lui de quoi faire face. Le voyage l'ayant quelque peu éprouvé, le voilà confronté à une crise aiguë. Son épouse Françoise descend dans la cuisine de l'hôtel avec une seringue pour la faire bouillir et lui administrer une piqûre : « Immédiatement : "Comment ? Il se drogue ? C'est interdit." On appelle la police qui arrive à l'hôtel et on est embarqués en pousse-pousse à l'hôpital où je vois une énorme file d'attente. On me fait une piqûre, cela va un peu mieux. Je rentre à l'hôtel[27]. » Mais deux heures plus tard, les douleurs reprennent de plus belle. Pierre Nora retourne à l'hôpital, accompagné de Françoise Cachin, où on lui fait une nouvelle piqûre, et cette fois il tombe dans un état semi-comateux, mais comme on n'hospitalise qu'à plus de 39° de fièvre, on le renvoie dans cet état de semi-conscience à son hôtel : « Françoise se dit : "Quel voyage de noces ! Pierre est potentiellement mort !" J'ai su après qu'ils m'avaient administré une double dose de morphine[28]. »

Françoise Cachin alerte Jules Roy qui se hâte de s'habiller en ce dimanche matin et se précipite dans la chambre où il trouve un Pierre Nora dans un piètre état : « Habité par la peur de mourir loin de chez lui, il se terrait, refusait de voir personne, dans la crainte d'être livré sans défense à des médecins qui risquaient de le tuer avec un formulaire. Je compris qu'il fallait forcer chez lui la confiance et vins m'asseoir près de lui. Il reposait, blême et presque hagard, sur les oreillers, le regard sombre, les joues mangées par la barbe, noyé dans la pensée du malheur, livide et déjà cireux. Un désordre de panique régnait dans la chambre, encombrée de tasses de thé refroidi et de flacons ouverts[29]. »

Évidemment, il n'était pas question pour Pierre Nora de retourner dans l'officine d'urgence qui avait failli le tuer. Il était alors à l'article de la mort : « Étendu dans son lit avec Jules Roy d'un côté, qu'on appelle Julius, et moi de l'autre : il nous tient une main à chacun, Françoise est assise au pied du lit et il nous demande de nous occuper d'elle[30]. » Il fallait trouver une personne compétente en matière médicale à qui expliquer ce dont il souffrait. Jules Roy alerte toutes ses relations pékinoises parlant français. Enfin, à la mi-journée, il réussit à joindre l'épouse du conseiller d'une ambassade occidentale qui était médecin et qui parlait français. Elle arrive à l'hôtel dans la chambre du grand malade : « D'une voix hachée et le front inondé de sueur, Pierre Nora lui fit le récit de son mal et de sa mésaventure. Elle l'écouta longuement et ne l'interrompit que pour lui poser de brèves questions. Quand il eut fini, elle s'approcha de lui, tomba presque à ses genoux et le conjura de l'écouter à son tour[31]. » Elle lui avoue avoir éprouvé les mêmes préventions que lui vis-à-vis des médecins chinois, mais qu'elle en est revenue, ayant depuis eu maintes occasions de reconnaître leur compétence et même la sûreté de leurs diagnostics. Elle promet d'intervenir pour le faire accepter dans un hôpital sans passer par l'infirmerie des urgences. L'ambassadeur de France, Lucien Paye, est alerté à son tour. Il intervient immédiatement, faisant envoyer une ambulance qui vient chercher le malade et le conduit directement à l'ancien hôpital américain devenu l'hôpital Wangfujing : « À l'hôpital, j'ai été soigné durant quelques jours. J'ai compris que j'avais fait un coma et il a fallu un grand lavage, toute une transfusion sanguine. Pour moi le voyage était terminé[32]. » À partir de là, Pierre Nora n'a qu'une idée, regagner au plus vite Paris où l'attend le lancement des premiers volumes de la collection qu'il vient de créer chez Julliard, « Archives ». Il suivait d'ailleurs de loin en loin, depuis Pékin, l'avancement des travaux : « Tu sais que je n'hésiterais pas une minute à sacrifier un Japon à la con ou un retour par le chemin des écoliers (sud de l'Inde) si je savais qu'"Archives" ou un de ses livres étaient le moins du monde en danger », écrit-il à Christian Bourgois avant même d'avoir son accident de santé[33].

6

Archivez, archivez, il en restera toujours quelque chose...

En 1962, peu après avoir publié *Les Français d'Algérie*, Pierre Nora travaille dans le magnifique hôtel de Soubise des Archives nationales. C'est là, devant la série Bb 18, celle des procureurs généraux, que lui vient l'idée d'une collection de livres de poche qui présenterait aux lecteurs les archives elles-mêmes à l'état brut, commentées, présentées, mises en scène par un historien spécialiste de la période. En effet, il ne se résout pas à en extraire de simples passages enserrés dans une mise en intrigue et conçoit la possibilité de les éditer pour elles-mêmes. À la manière d'un Michelet scrutant le bruissement de la vie derrière ces liasses de papier, il se prend à rêver de donner à lire ces archives à un large public, d'en livrer l'authenticité à des lecteurs simplement curieux. Éprouvant un enthousiasme similaire à celui de Michelet, Pierre Nora suggère son idée à son éditeur René Julliard qui est favorable au projet. Il ne pourra pourtant pas donner suite car, atteint d'un cancer à l'œsophage, il meurt le 1er juillet 1962, mais sa femme poursuit son aventure éditoriale avec Christian Bourgois qui devient directeur des éditions Julliard.

Le poche jusqu'en histoire

En ce début des années 1960, la maison Julliard constitue un pôle éditorial particulièrement original, non conformiste, créatif et transgressant les frontières entre la littérature et la politique. Toute une constellation d'auteurs y publie une œuvre prometteuse : Jean-François Revel, Francis Jeanson, Jean-Jacques Servan-Schreiber, Maurice Nadeau, Charles-André Julien... Le grand ami de Pierre Nora, Jean-François Revel, propose de travailler à plein temps comme éditeur dans la maison. Il expose son intention de créer toute une série de collections : «Je désirerais coiffer l'ensemble de ces collections (en dehors desquelles je laisse la collection purement historique que, sur mes instances, vous a apportée mon ami Pierre Nora, et qu'il est seul à pouvoir diriger)[1].» Il est d'abord question d'une collection qui se serait appelée «Culture» et dont les premiers titres auraient été *La Sorcière* de Michelet, selon les vœux de Pierre Nora, ainsi qu'une *Histoire de l'Europe*, les deux ouvrages de Marx, *Dix-huit Brumaire* et *Luttes de classes en France*, et *La Vie de Jésus* de Renan.

En définitive, c'est une nouvelle collection de poche que lance Pierre Nora, en un moment favorable car on assiste à une large diffusion de la lecture favorisée et accompagnée par le lancement de nouvelles collections de poche qui s'ouvrent à ce qui ne relève pas de la fiction. Gallimard connaît le succès avec la collection «Idées» dirigée par François Erval, Plon avec la collection 10/18 de Michel-Claude Jalard, Le Seuil aussi avec «Petite Planète».

En 1964, Pierre Nora est prêt à lancer sa collection. Il prépare méticuleusement sa formule en mettant au point quelques numéros zéros dont un réalisé par Annie Kriegel sur l'état de l'opinion publique française en 1917 telle que l'on peut la reconstituer à partir des rapports de police. Ce projet ne verra pas le jour : «Bien sûr ce numéro zéro, destiné à tester l'esprit et la formule de la collection, resta inédit. Pierre avait trop le sens des convenances pour inaugurer ses fonctions avec des textes de source aussi impure. Je ne pouvais que lui donner acte de cette sagesse[2].»

La formule est particulièrement originale car elle a pour ambition de parvenir à une position d'équilibre entre la restitution de l'archive et l'éclairage que peut en donner l'historien responsable de la présentation du dossier. La collection doit éviter aussi bien la fétichisation de l'archive qui considérerait que l'archive parle d'elle-même, qu'elle serait transparente, délivrant d'emblée la vérité historienne, et l'autre écueil qui serait de donner trop de poids au commentaire qui se substituerait à l'authenticité de l'archive. Par ailleurs, la visée d'un large public exige d'avoir une couverture attirante et un riche dossier iconographique avec un hors-texte de seize pages de photos. Cette collection entend promouvoir une sensibilité historique nouvelle en privilégiant le contact direct avec le document. Elle met en évidence l'épaisseur temporelle de la trace laissée dans l'historiographie en faisant exécuter la partition par un historien de métier qui a pleine liberté pour donner libre cours aux jeux de miroir et d'échos entre le document et l'historien dans un espace discursif pluriel. La sœur de Pierre Nora, Jacqueline, travaillant alors au *Jardin des modes*, lui fait rencontrer un maquettiste de grand talent, Jean Widmer, qui lui confie son assistant Rolf Bruderer : « On travaillait ensemble le soir. Bourgois avait été très clair : "Cette couverture, ou je la prends et je la paye ; ou je ne la prends pas, et tu la payes." J'étais d'autant plus inquiet[3] ! » Il faut aussi concilier le discours savant du spécialiste avec l'ambition de toucher un large public puisque le tirage initial des ouvrages de la collection est de 20 000 exemplaires, au prix modique de quatre à six francs. Pierre Nora doit donc porter avec volontarisme le savoir le plus informé à un public de non-spécialistes, sinon son pari ne serait pas viable. Le défi n'est pas simple à relever, et chaque livre nouveau est une aventure dans laquelle Pierre Nora s'implique totalement, s'attachant de manière obsessionnelle à son élaboration, peaufinant avec le plus grand soin la quatrième de couverture, suivant au plus près la réalisation matérielle. En outre, confronté à des auteurs habitués à des réalisations classiques dans lesquelles ils ont tendance à noyer l'archive sous le flot de leur propre écriture, il doit être attentif au bon agencement entre le commentaire de l'auteur et le montage de l'archive.

Participant à toutes les étapes de la fabrication de ces livres-objets, Pierre Nora n'en délaisse pas pour autant leur diffusion. Lorsque la première salve des cinq premiers volumes est prête, il la porte lui-même à la responsable de la rubrique « Livres » du *Monde*, Jacqueline Piatier, qui lui consacre une demi-page du quotidien, sous le titre « Les dépôts d'archives dans votre poche[4] », permettant de lancer la collection en lui donnant tout de suite une visibilité. Enthousiaste, la journaliste du *Monde* salue la naissance de ces « quintuplés », « pleins de saveur et d'intérêt », qui permettent de ressusciter des trésors dormants ou oubliés, communiquant au lecteur l'ivresse que peut connaître l'historien prenant connaissance de sources inédites, de tout ce passé enfoui qui recèle tant de secrets vivants à découvrir. Pierre Nora rend ainsi accessible ce que l'historien professionnel tenait jusque-là jalousement comme son domaine propre, une part laissée à l'abri des regards extérieurs, considérée comme devant rester occulte dans la fabrique de l'histoire, comme devant être retranchée de son chantier une fois l'œuvre accomplie.

L'objectif de Nora est à la fois de renouveler le regard sur des dossiers connus et de faire connaître des thématiques historiques méconnues. Chaque plongée archivistique doit correspondre à une innovation de la part de l'historien responsable de sa mise en musique.

La présentation de la collection définit bien l'originalité de l'entreprise qui se situe dans un entre-deux, entre l'érudition scientifique et la littérature historique, mettant le lecteur en contact direct avec les sources : « La collection "Archives" ouvre à tous la porte du laboratoire, elle met les bibliothèques dans la rue et les dépôts d'archives dans la poche[5]. » La première fournée de cette production, élaborée selon tous les critères artisanaux de la belle ouvrage, donne tout de suite une idée de la vaste ambition de Pierre Nora qui, loin de se contenter de sa spécialité de contemporanéiste, couvre dès 1964 une période allant de la bataille d'Azincourt à l'Internationale communiste. Point de limites chronologiques à un projet fondé sur le dévoilement de la richesse archivistique. En outre, le rythme de parution annoncé est lui aussi ambitieux : pas moins de deux ouvrages tous les deux mois.

Une collection qui renouvelle la discipline historique

Le choix du premier volume qui doit inaugurer cette collection n'est pas laissé au hasard. Il est significatif de ce qu'a représenté dans l'histoire de la France l'épisode révolutionnaire saisi ici comme prise de parole par les Français eux-mêmes, révélant grâce aux cahiers de doléances leurs préoccupations, leurs angoisses et leurs espoirs. Pierre Nora confie ce dossier à deux modernistes, Pierre Goubert et Michel Denis. Choisir ce grand moment d'expression du peuple de France comme question inaugurale de cette collection était particulièrement judicieux et son succès immédiat l'atteste puisque Pierre Nora fait le constat dès décembre 1964, soit seulement quelques mois après sa parution, qu'il est déjà devenu un « petit classique » dont il félicite les auteurs : « Les étudiants de Science-Po où je fais cette année une conférence se jettent dessus, les services commerciaux ont constaté qu'ils ont eu environ 18 000 ventes. Partagez donc avec Michel Denis mes félicitations et mes remerciements renouvelés[6]. » Pour parvenir à ce succès, l'éditeur Pierre Nora a dû faire preuve de beaucoup de qualités de maïeutique auprès de Pierre Goubert. Celui-ci était loin d'être convaincu par un projet éditorial qui lui semblait trop hétérodoxe par rapport à ses critères d'universitaire – l'historien est certes ouvert aux nouvelles orientations historiographiques, mais à condition que l'on suive les étroites règles du sérail –, au point que Pierre Nora est prêt à faire le voyage pour lui préciser la nature du projet : « Si ma visite à Rennes vous paraissait nécessaire, n'hésitez pas à me faire venir[7]. »

Réjoui par l'écho que rencontre sa publication, Pierre Goubert se dit rassuré, et ses doutes sont dissipés. Il avait en effet travaillé avec Michel Denis dans une perspective plus classique d'une introduction aux cahiers de doléances simplement réunis par quelques précisions de liaison. Le résultat tient d'ailleurs davantage de la mise à disposition des doléances des Français thématiquement regroupées après une mise en perspective introductive substantielle. Outre les difficultés propres à saisir la nature du projet de Pierre Nora, le caractère hybride, mi-universitaire, mi-grand public de la collection suscite des préventions qui ne seront levées qu'une fois le succès rencontré : « Contrairement à ce que je craignais, les "chers collègues" ont pris au sérieux notre petit livre et même, ce que je n'attendais pas, plusieurs ont manifesté une espèce de jalousie à l'égard de Denis et de moi !... En fin de compte, vous avez bien fait de me décider[8]. »

Le deuxième volume de la collection donne lieu à une véritable aventure. Pierre Nora apprend par Annie Kriegel, qui lui préparait un numéro zéro, que l'ancien secrétaire de l'Internationale communiste chargé de s'occuper des pays latins à partir de 1921, Jules Humbert-Droz, vient de léguer toutes ses archives à Amsterdam et qu'il est possible de lui rendre visite. Il se déplace donc en Suisse à La Chaux-de-Fonds le 14 juin 1963, en se recommandant d'Alfred Rosmer. Humbert-Droz fait lire à Pierre Nora les lettres qu'il a reçues des camarades Lénine et Boukharine ; il lui montre les liasses d'archives en partance pour Amsterdam : « J'ai passé en sa compagnie une journée magnifique qui m'a conforté dans mon envie de faire accoucher un auteur d'un type de livre qu'il portait en lui sans le savoir[9]. » La documentation est d'une qualité exceptionnelle car totalement inédite, restée jusque-là secrète. Or, elle permet de restituer de l'intérieur le fonctionnement de l'appareil et démontrer le poids des directives de Moscou, d'autant qu'Humbert-Droz a soigneusement conservé des copies de ses documents, copies qu'il envoyait régulièrement à sa mère en Suisse.

Pierre Nora informe Humbert-Droz qu'Annie Kriegel servira d'intermédiaire. Elle fait le même voyage peu après, le 12 juillet, et Humbert-Droz s'engage à mettre au point un manuscrit presque prêt à la fin de l'année 1963. Pierre Nora réussit à faire accepter sa proposition de titre à l'auteur : *L'Œil de Moscou à Paris*, estimant même que l'expression a peut-être été inventée par la police pour rendre compte de l'activité de cet ancien pasteur suisse devenu agent secret du Komintern, délégué de la IIIe Internationale par Trotsky et Zinoviev au congrès de Paris pour empêcher l'éclatement de la jeune section française, le nouveau-né qu'était le Parti communiste français. Dans ce cas aussi, les résistances, pour d'autres raisons, moins académiques, mais plus de l'ordre de l'*habitus* militant auront été surmontées par la capacité de conviction de Pierre Nora : «Le volume est aussi bien placé dans les vitrines des librairies du canton de Neuchâtel. Je suis étonné de l'intérêt qu'il suscite. Vous savez que j'étais sceptique à ce sujet et que j'admirais votre optimisme avec une certaine appréhension[10].» Le succès est aussi au rendez-vous de ce second volume de la collection puisque, en avril 1964, peu après sa parution, on en est déjà à 17 000 exemplaires vendus.

Le troisième volume est écrit par l'historien de l'économie Jean Bouvier[11]. Pierre Nora exprime à son auteur sa satisfaction de voir son livre figurer en bonne place dans la presse : «Avez-vous vu l'article de Roger Giron dans *Le Figaro*? C'est la première fois que le livre de poche accède à la dignité de la rubrique "Les livres et la politique"[12].»

Mais le grand succès de cette première livraison de la collection est le livre de Léon Poliakov sur *Auschwitz*, premier livre paru en France sur ce qui va devenir l'emblème même du génocide, le lieu par excellence de la barbarie. C'est Pierre Nora qui, insatisfait des suggestions de couvertures de Christian Bourgois qui tournent autour de la croix gammée, choisit une illustration qui représente des barbelés. Le livre est tiré à 30 000 exemplaires. Il devient immédiatement la référence pour se représenter ce qu'aura été le fonctionnement de cette industrie moderne de mort, nourrie de témoignages de bourreaux et de survivants ainsi que des archives rassemblées dans le Centre de documentation juive à Paris. Son auteur, Léon Poliakov, né à Léningrad en 1910, est un des spécialistes de l'étude des archives du IIIe Reich[13]. Il reçoit cette lettre de Primo Levi après la publication de son *Auschwitz* dans la collection «Archives» : «J'ai bien reçu votre volume *Auschwitz*... Je me sens vraiment honoré du fait que mon nom figure dans vos pages : je connais presque par cœur *Le Bréviaire de la haine*..., et je ne saurais vous dire combien j'apprécie votre œuvre d'historien et d'écrivain[14].»

Enfin, le cinquième volume, *Azincourt*, présenté par le médiéviste Philippe Contamine, s'attache à une bataille qui revêt pour les Français un parfum de défaite. En même temps, l'évocation de cette victoire anglaise, de la supériorité de l'archer anglais sur le chevalier français, atteste que déjà la France était en retard d'une guerre à la fin du Moyen Âge. L'étude de cette bataille permet aussi de mesurer la place de la guerre dans la société occidentale à cette période, son rôle grandissant avec la constitution d'armées permanentes au coût de plus en plus élevé, donnant lieu à un corps social de plus en plus distinct de la société civile.

Jean-François Revel exprime sa joie d'éditeur et d'ami devant ce succès immédiat : «Bravo pour les premiers "Archives", je les lis avec beaucoup de plaisir. Tu as vraiment réussi à donner corps à ta conception et je suis très content de voir que la presse a compris ce qu'elle avait de neuf[15].»

Un investissement personnel de l'éditeur

Chaque titre exige de la part de Pierre Nora de travailler au plus près de sa réalisation au côté de l'auteur pour que l'ouvrage corresponde au cahier des charges de sa collection. Il y aura ainsi plus d'une centaine de publications, la dernière, fermant la marche, étant celle de Pascal Ory en 1998, *Le Discours gastronomique français*. Au rythme de deux livraisons tous les deux mois, Pierre Nora ne peut à lui seul couvrir toutes les facettes du travail préparatoire. Il va trouver en Françoise Borin celle qui va s'occuper, à partir de 1965, du dossier d'iconographie. Elle débute sa collaboration avec la préparation de l'ouvrage de Michel Devèze sur les carnets de forçats de Cayenne[16] : «Les premiers temps, Pierre surveillait de très près les bons à tirer. Il a dû faire cela sur deux livres. Puis il faisait confiance. Il vérifiait la réalisation finale. J'ai trouvé cela très bien[17].» Très vite, il incombe à Françoise Borin de composer les couvertures des livres sous le regard anxieux de Pierre Nora qui se demande toujours si le choix est judicieux et si le coût ne sera pas exorbitant : «Pour *Les Spartakistes*[18], j'avais trouvé une gravure de Noske avec l'épée en l'air et un bébé transpercé. On avait l'épée en l'air, et j'ai dit qu'il fallait trouver celle avec le bébé. Il m'a dit : "Françoise, votre esprit de gauche vous perdra." Et puis pour le *Juin 36*[19], Pierre est très fier parce que sur la couverture, c'est son poing[20] !»

Ensuite, il a fallu trouver un collaborateur pour suivre les manuscrits des auteurs. Pierre Nora sollicite un brillant normalien engagé dans des études d'histoire, Jean-Noël Jeanneney, souvent invité à dîner chez Pierre Nora et Françoise Cachin. Intéressé par le métier d'éditeur, Jean-Noël Jeanneney rend visite plusieurs fois à Pierre Nora dans le petit bureau qu'il partage avec Christian Bourgois aux éditions Julliard : «Il me demande de contribuer à la collection "Archives". J'ai ainsi discrètement revu le manuscrit du livre d'Étiemble sur *Les*

Jésuites en Chine[21] et cela nous a rapprochés[22]. » Jeanneney assure aussi le suivi de l'ouvrage de Michel Borwicz sur le ghetto de Varsovie[23], mais ses curiosités sont si diverses qu'il ne fait que passer de manière éphémère, d'autant que Pierre Nora a besoin d'un jeune historien qui s'investisse totalement dans ce travail ascétique d'animation de la collection.

Il va trouver la perle rare en la personne de Jacques Revel qui vient d'obtenir l'agrégation d'histoire en septembre 1968 et qui fait son service militaire dans la région parisienne. Pierre Nora est alors chez Gallimard en train d'animer sa « Bibliothèque des sciences humaines » et de préparer sa « Bibliothèque des histoires », sans compter la direction de la collection « Témoins ». C'est dire que le besoin d'un collaborateur pleinement investi se fait sentir de manière urgente. Il en parle à son ami Jacques Julliard qui lui conseille de rentrer en contact avec Jacques Revel qu'il connaît bien pour avoir milité avec lui dans le SGEN-CFDT : « Pierre Nora téléphone chez moi, me demandant, lorsque je sortirai de ma caserne, de venir le voir. À l'occasion d'une permission, je me rends chez Gallimard et Pierre me dit avoir besoin de quelqu'un pour l'aider[24]. » Le travail régulier avec Jacques Revel va être la source de confusions nombreuses avec l'ami de Pierre Nora, Jean-François Revel, au point qu'Anne Rives, des éditions Julliard, doit clarifier la situation des échanges épistolaires avec la secrétaire de Jean-François Revel, Françoise Rosset : « Nora a en effet comme assistant, non seulement un homonyme de Jean-François mais un quasi-sosie, ce qui fait que les gens ignorant le vrai patronyme de Jean-François pensent qu'il s'agit de son petit frère. J'ai donné des ordres pour que toute la correspondance adressée au nom de Revel me soit remise afin d'essayer d'éviter des erreurs de ce genre[25]. »

Par contre, Pierre Nora se heurte à de grosses difficultés avec le livre que lui écrit Renée Neher-Bernheim, *La Déclaration Balfour*[26], ne partageant aucunement le point de vue passionnel et unilatéral de l'auteur sur ce dossier délicat. Elle faisait de cette histoire une lecture à la fois héroïque de la saga sioniste et presque un chant catéchistique. Il ne cache d'ailleurs pas ses réserves à l'auteur qui s'en plaint : « Ce qui me frappe encore dans votre lettre ce sont vos réserves et vos réticences à l'égard de mon manuscrit... Ne peut-il y avoir de votre part un geste de confiance à mon égard ? Vous vous drapez dans l'attitude d'un membre adjoint d'un jury de thèse qui veut vite se documenter pour montrer à son candidat qu'il en sait plus que lui. Ce n'est pas cela que j'attendais[27] », et de s'offusquer de ce que les éditions Julliard s'apprêtent à publier un livre sur les Palestiniens. Il est temps pour Pierre Nora de passer le témoin à un collaborateur sur ce dossier, mais aussi sur la prise en charge, à ses côtés, de la collection : « J'avais du temps car, mes classes finies, je me suis retrouvé professeur à l'École de guerre. Je travaille ce manuscrit et je dois dire que, dans ces années-là, j'ai beaucoup appris de Nora. Le goût de l'édition m'est venu de ce moment car il était très soigneux. Il habitait boulevard Saint-Michel et, au-dessus de son appartement, il y avait un grand bureau-bibliothèque dont il m'a laissé la clé et où je venais travailler. On s'est beaucoup vus à ce moment-là[28]. »

Dans la foulée Pierre Nora propose à Jacques Revel de diriger la collection avec lui. Ce dernier n'a alors que vingt-six ans, aucune expérience de ce type à son actif, mais il bénéficie de l'entière confiance de Pierre Nora qui va devenir son ami. En tant que codirecteur et appartenant à une génération plus jeune, il fait monter de nouveaux auteurs en un moment, la fin des années 1960, où les orientations de l'historiographie sont en train de changer. C'est Jacques Revel qui apporte à la collection Michel de Certeau en lui demandant de présenter le dossier de la possession de Loudun : « *La Possession de Loudun*[29] est un des trois premiers livres que j'ai édités quand on a relancé "Archives" avec Pierre Nora[30]. » Cette collection convient à merveille à Certeau qui est le plus grand érudit sur le cas présenté, Loudun. Une adéquation rare entre ce projet éditorial, « Archives », et le type d'écriture et de position épistémologique d'un auteur, Certeau, qui va donner naissance à ce que l'on peut qualifier, sans se payer de mots, de chef-d'œuvre[31].

Michel Foucault publie dans cette même collection « Archives » un autre maître livre, jumeau de celui de Michel de Certeau, en présentant le dossier d'un criminel, obscur parricide qu'il découvre dans les *Annales d'hygiène politique et de médecine légale* (1836), celui de Pierre Rivière qui a égorgé sa mère, sa sœur et son frère. Le dossier archivistique permet à Foucault de mettre en scène la manière dont un corps peut être pris comme enjeu de pouvoir dans l'entrelacement de multiples dispositifs discursifs qui se le disputent. L'appareil judiciaire et l'appareil médical se confrontent pour élucider l'acte d'hyperviolence pris en tension entre criminalité et folie. L'affaire Pierre Rivière, qui date de 1836, fait ainsi l'objet de deux ans de travail du séminaire que tient Foucault au Collège de France, et ce dossier collectif réalisé par Foucault et les membres de son séminaire est publié en 1973[32]. La publication de ce dossier fera grand bruit et donnera même lieu à une adaptation cinématographique de René Allio en 1976.

La découverte de zones d'ombre...

La collection offre aux lecteurs français la possibilité de prendre connaissance de dossiers totalement inconnus, comme c'est le cas avec la parution en 1966 de l'ouvrage de Godfrey Hodgson[33] auquel Raymond Bellour donnera un large retentissement dans *Les Lettres françaises*[34]. Ce dossier présente la virulence de l'affrontement qui suit la guerre de Sécession entre les républicains envoyés pour se faire élire dans le Sud et appliquer le quinzième amendement (les *Carpetbaggers*) et les extrémistes racistes du Ku Klux Klan, affrontement qui traduit l'échec de l'intégration de quatre millions d'esclaves noirs à peine entrés dans le système politique et déjà proscrits.

La collection est aussi l'occasion de bousculer le rituel du long labeur solitaire que suppose la préparation de la thèse d'État pour l'historien, permettant à ce dernier de gagner du temps et un plus large public. C'est le cas de Jacques Ozouf que son ami Pierre Nora réussit à convaincre de présenter un dossier archivistique exceptionnel qu'il avait lui-même constitué par son enquête auprès des instituteurs survivants d'avant 1914. Il avait envoyé quelque 20000 questionnaires et reçu 4000 réponses argumentées devenant un corpus d'archives totalement inédites, particulièrement vivantes car ancrées dans le terreau des souvenirs les plus précieux et des carnets jaunis reprenant forme une fois déterrés et remis en perspective. L'enquête s'est révélée particulièrement difficile car il a fallu retrouver les traces de ces 20000 instituteurs, vaincre leur lassitude, d'autant que les plus jeunes des correspondants avaient soixante-dix ans. Il a fallu en outre écrire chaque lettre à la main, mais c'était le prix à payer pour déterrer ces archives provoquées : « C'est Pierre qui a poussé Jacques à le faire, et il avait tout à fait raison là encore car Jacques était engagé dans une thèse longue avec Labrousse. Contre toute bonne politique universitaire à l'époque qui consistait à ne pas déflorer son sujet, Pierre lui a dit qu'il avait là une enquête formidable et qu'il devait la publier sans attendre de la mettre en annexe de sa thèse[35]. »

La thèse de Jacques Ozouf portait sur l'instituteur français et, comme tout historien de sa génération, il est allé solliciter Labrousse comme directeur de thèse : « C'est Denis Richet qui a suggéré le "Nous" du titre du livre et "Les maîtres d'école", c'est une idée de Pierre[36]. » Quand Jacques Ozouf rend son manuscrit, Pierre Nora le considère comme remarquable, lui suggérant cependant de bousculer l'ordre de présentation et de commencer par ses trois longs témoignages. L'ouvrage commence donc par trois vies d'instituteurs. Le grand ami et beau-frère de Pierre Nora, François Furet, ayant gentiment qualifié sa collection « Archives » de râteau à cons, Jacques Ozouf, ami des deux, avait écrit comme dédicace personnelle à Pierre Nora : « Voici une nouvelle dent du râteau à cons. »

Les premiers titres de la collection sont significatifs de l'esprit du temps qui donne une place aux muets de l'histoire, aux vaincus, aux refoulements de l'histoire officielle. Les dossiers font état de moments de conflictualité, de cet envers de l'édification nationale qui est éclatant avec cet *Anti-Napoléon* de Jean Tulard qui restitue la filiation de la légende noire accompagnant depuis toujours la légende dorée du grand héros de la France. Avec cette publication, Pierre Nora, par son appropriation des traces discursives laissées par un événement ou un individu entre l'instant de leur apparition et le temps présent de leur restitution, amorce très tôt (1965) ce qui sera plus tard théorisé comme un tournant historiographique de la discipline. En ce même moment, Pierre Nora confie à Jacques Rougerie de donner à lire le dossier du drame des communards[37]. Les vaincus de gauche massacrés par les versaillais reçoivent ainsi l'onction historienne, mais Pierre Nora n'oublie pas pour autant les vaincus de l'autre bord et confie au thuriféraire de la Révolution française qu'est Albert Soboul le soin d'établir le dossier d'un illustre vaincu, Louis XVI[38].

Autres vaincus, plus contemporains, ceux de l'immédiat après-guerre, les spartakistes font l'objet d'un dossier établi par Gilbert Badia[39]. Des héros comme Rosa Luxemburg ou Karl Liebknecht soulèvent alors la passion de la jeunesse scolarisée contestataire qui s'identifie à ce combat hors des appareils. Le lancement de l'ouvrage bénéficie d'ailleurs de ce climat porteur, et Pierre Nora obtient de cet épicentre de la contestation qu'est la librairie Maspero, La joie de lire, une vitrine d'une semaine sur le thème de la publication de Badia : « Les représentants me disent que le réassortiment sur le Quartier latin est très rapide[40]. » De l'autre côté de la frontière droite/gauche, Pierre Nora publie le dossier des vaincus du jour en ces années 1960, une archive ultracontemporaine qui sent encore le fumet des pains de plastic et des assassinats au coin du bois avec *OAS parle*[41], dossier publié à titre anonyme, mais en fait préparé par l'historien Raoul Girardet.

Chacun de ces ouvrages est en général confié au spécialiste le plus réputé du sujet, reconnu comme tel par l'institution universitaire, mais parfois pour son implication personnelle et la reconnaissance d'un milieu militant. C'est le cas de Pierre Broué, historien trotskiste qui se voit confier la tâche de restituer *Les Procès de Moscou*[42], ouvrage qui va conforter la critique du stalinisme en pleine bataille interne au sein des étudiants communistes avec l'éclatement de l'UEC en 1965. Cette publication est elle aussi au plus proche de la sensibilité de l'époque, celle d'une génération montante en rupture de ban, et Pierre Nora est ravi de pouvoir lui donner la parole : «J'ai déjà d'excellents échos. Je tiens à vous dire combien je suis heureux de ce volume dans ma collection et le souvenir que je garde de nos rapports. J'espère bien qu'ils ne s'arrêteront pas sur le plan personnel à la parution de ce livre[43].» Du côté de la Chine, c'est à l'historien communiste avant de devenir maoïste Jean Chesneaux que Pierre Nora s'adresse[44].

L'envers du décor, c'est aussi, derrière les proclamations généreuses d'une République unifiée autour de ses valeurs à vocation universelle d'égalité, de liberté et de fraternité, des lieux maudits, des refuges pour proscrits comme celui dont la seule évocation du nom fait trembler, Cayenne, tant le contraste est grand entre l'exubérance de la végétation guyanaise et la dureté du régime infligé aux déportés qu'on y envoie pour y casser des pierres[45] : «Le titre de *Cayenne* est à la fois plus précis et plus suggestif que *Les Bagnards* que je vous avais moi-même suggéré. Et ceci nous ramène d'ailleurs à l'optique guyanaise qui était initialement la vôtre[46].»

En 1973 paraît le livre de Robert Paxton sur le régime de Vichy, zone d'ombre s'il en est de l'histoire de France, qui fait s'effondrer le mythe pétainiste du bouclier préservant l'essentiel face à l'occupant allemand. C'est en cette même année que Pascal Ory devient pensionnaire de la fondation Thiers. Il va susciter la création d'une Association des pensionnaires dont il devient président en 1975. Il invite l'ancien pensionnaire qu'a été Pierre Nora qui lui demande sur quoi il travaille. C'est aussi à cette occasion qu'Antoine Compagnon, pensionnaire à la fondation, fait la connaissance de Pierre Nora. Pascal Ory, en thèse avec René Rémond, a déposé un sujet de recherche, auquel il consacrera près d'une vingtaine d'années, sur la politique culturelle du Front populaire, thèse qu'il soutiendra en 1990, véritable somme de cinq volumes. Mais de la main gauche, pour des raisons éthiques, il déterre les cadavres de cette zone d'ombre de l'Occupation en plongeant dans les archives des collaborationnistes français, s'interrogeant sur les parcours paradoxaux de ces individus qui se sont engagés dans la voie de la dénationalisation extrême, jusqu'à se retrouver aux côtés des Allemands nazis. Il prépare alors pour Le Seuil un ouvrage sur les collaborateurs[47]. Intéressé, Pierre Nora lui passe commande d'un volume pour sa collection « Archives » qui permettrait d'accompagner son ouvrage du Seuil et de remettre en perspective la parole des collaborationnistes[48] : « Il a été déclencheur, c'est une des grandes qualités de Pierre, un vrai éditeur, très exigeant[49]. »

... et de moments matriciels

Pierre Nora accorde dès les débuts de sa collection à ce grand moment matriciel de clivage de la vie intellectuelle française qu'a été l'affaire Dreyfus un dossier pris en charge par Robert Gauthier. Il offre le double intérêt de retracer les étapes du procès et de publier les mémoires inédits de Mathieu Dreyfus[50]. L'implication personnelle dans la relation éditeur-auteur est là encore effective comme Pierre Nora l'écrit à l'auteur : « Une des tristesses de ce métier est d'entretenir des relations intenses avec un auteur au moment de la parution de son livre et de voir ces relations s'évanouir ensuite. Je suis d'autant plus sensible à vos signes de vie[51]. »

Autre temps fort de conflictualité et matrice identitaire de la culture de gauche, le gouvernement éphémère, mais décisif, du Front populaire de Léon Blum en 1936. Le dossier en est confié au spécialiste de la période qu'est Georges Lefranc[52]. Dans ce cas, c'est Georges Lefranc qui a pris l'initiative de proposer à Pierre Nora de prendre place avec ce dossier dans sa nouvelle collection, alors qu'il est sur le point de publier chez Payot une *Histoire du Front populaire* : « L'idée m'est venue de vous proposer de consacrer un volume de la collection "Archives" car je pourrais sans doute obtenir d'un certain nombre de témoins ou d'acteurs des événements de 1934 à 1938 qu'ils me communiquent des documents authentiques ou des fragments de mémoires déjà rédigés[53]. » L'ouvrage connaît un grand succès commercial : publié à 12 000 exemplaires en 1966, il est réimprimé en 1970 à 10 000 exemplaires et réimprimé encore deux fois après son passage chez Gallimard en 1973 et 1976 à 13 000 exemplaires. Il donne cependant lieu à une petite déconvenue avec l'article de Gilles Martinet paru dans *Le Nouvel Observateur*, alors que Pierre Nora s'attendait à une recension élogieuse. Or, Gilles Martinet présente l'ouvrage de Lefranc comme un « petit livre » car moins important que ses précédentes publications. La déception est telle que l'éditeur de la collection,

Christian Bourgois, prend la plume pour s'étonner auprès de Gilles Martinet d'un tel traitement. Ce dernier lui répond : « Mon cher Christian, je ne suis pas sûr que tu te sois rendu compte du caractère insultant de ta lettre. Je vois bien le souci qui t'a conduit à l'écrire. Il y a un livre à lancer ; Pierre Nora pense qu'il est le meilleur qui ait jamais été publié sur le sujet. Il est déçu de voir que l'article que *Le Nouvel Observateur* consacre à *Juin 36* ne fait que mentionner le livre. Tout cela est très naturel. Mais de là à laisser entendre que l'article qui a été publié est une sorte de démarquage du livre, il y a un pas que tu n'aurais pas dû franchir. Il se trouve que je connais un peu mieux l'histoire et les historiens du Front populaire que Pierre Nora. C'est un sujet qui me passionne depuis de longues années[54]. » Ce à quoi Christian Bourgois répond à son ami Gilles Martinet que son intervention intempestive s'explique par une déception momentanée : « Mon cher Gilles, tu as raison, je m'excuse d'un mouvement d'humeur provoqué par diverses réactions autour de moi et je me suis mal exprimé. Je ne mets nullement ta compétence en doute, ni en balance avec celle de qui que ce soit... Mets-toi à la place de Nora, de Lefranc, de moi et de mes collaborateurs lisant un article qui semblait, en vertu de ce document, annoncer une critique du livre et n'y trouvant qu'une brève allusion[55]... »

Ces dossiers d'archives peuvent aussi faire découvrir des dimensions oubliées par les constructions quasi mythologiques des grands personnages de la République, comme c'est le cas avec l'ouvrage publié par Jacques Julliard sur Georges Clemenceau[56]. Lorsque Jacques Julliard apporte son manuscrit à Pierre Nora, ce dernier lui exprime sa satisfaction, à ceci près qu'il faut en modifier radicalement le plan d'ensemble. En effet, Julliard y procédait par cercles concentriques en présentant le monde syndical, puis les fédérations concernées, le gouvernement et enfin l'événement : « Il m'a dit : il faut faire exactement le contraire. Tu racontes l'événement et ensuite tu l'expliques[57]. » Par ailleurs, Pierre Nora, qui tient beaucoup aux titres des ouvrages de sa collection, suggère *Le Premier des flics*, et il insiste d'autant plus que le chef de gouvernement s'était approprié ce qualificatif. Mais Jacques Julliard résiste, trouvant ce titre trop provocateur, trop vulgaire : « Je ressentais que ce titre allait me desservir dans l'université[58] », et finalement, mais ce sera rare, c'est l'auteur Jacques Julliard qui imposera son point de vue, ce qu'il regrette aujourd'hui, considérant rétrospectivement que son ami éditeur avait pleinement raison et qu'il a manqué de culot face à une université trop compassée.

Mais on ne touche pas impunément aux héros de la nation, et si le livre est bien accueilli, il suscite quelques remous du côté de la Société des amis de Clemenceau. En effet, l'Assemblée générale de cette société du 27 avril 1965 réagit immédiatement et violemment à la publication du livre de Jacques Julliard. Ce qui est mis en cause, c'est le rôle joué par un certain Métivier, provocateur instrumentalisé par Clemenceau pour mieux briser le mouvement de grève de juin 1908 et qui conduira à une fusillade meurtrière : « Sur l'existence de provocateurs dans toute cette affaire, le doute n'est pas possible, parce que des preuves ont été apportées, des aveux enregistrés. Si on s'attarde à cet épisode, c'est moins par souci de pittoresque qu'afin de mettre en lumière la mentalité d'un Clemenceau qui a élevé la machination policière à la hauteur d'un système de gouvernement[59]. » Dans sa réponse circonstanciée à la Société des amis de Clemenceau, Jacques Julliard précise avoir évoqué un des épisodes les plus délicats des relations du chef de gouvernement Clemenceau avec le mouvement ouvrier, mais qu'il ne s'est avancé dans ses affirmations qu'avec la plus grande prudence, et à partir de preuves incontestables.

Pierre Nora est aussi monté au front en cette occasion pour défendre son auteur et ami Jacques Julliard, et également son projet éditorial. Il répond en tant qu'animateur de la collection « Archives » qui est mise en cause dans son ensemble, accusée de privilégier la publication de livres à scandales. Il rappelle son souci d'ouvrir l'histoire au grand public, de dépasser le cénacle des seuls spécialistes, mais il précise qu'il n'y a aucun parti pris d'engagement politique dans le principe de cette collection et suggère, pour apaiser les esprits, qu'en cas de réédition l'auteur insère en annexes les critiques formulées par la Société des amis de Clemenceau ainsi que ses réponses[60].

Autre moment matriciel qui a été présenté comme l'aurore des temps nouveaux à partir du début du XXe siècle, la révolution soviétique. Dès l'origine de la collection, Pierre Nora s'adresse à Marc Ferro pour qu'il écrive un « Archives » sur le soviet de Pétrograd. Dans un premier temps, le livre ne se fait pas, car Marc Ferro comprend vite qu'il ne peut s'en tenir à ce moment et à ce lieu, qu'il a besoin d'une autre échelle d'analyse qui permette de rendre compte des processus d'émergence du système bureaucratique au sein même des soviets. L'ouvrage paraîtra en suivant cet axe problématique en 1980[61] : « Si c'est Jacques Revel qui a finalement édité le livre, c'est Pierre qui me l'a fait faire, et il est devenu une référence essentielle pour les soviétologues[62]. »

Le passage chez Gallimard

Malgré son succès auprès d'un large public pour lequel la collection «Archives» est vite devenue une référence majeure, la collection de Pierre Nora subit les avanies de la maison Julliard qui traverse de graves difficultés : «Fin juillet, à la suite d'une échéance particulièrement difficile, Gisèle [Julliard] a cédé la majorité à l'Union financière qui a nommé Duclozel président-directeur général de Julliard. Ce Duclozel s'est avéré être [quelqu'un] pour qui "les Français" ne s'intéressent ni à l'histoire, ni à la littérature, ni à l'art, ni à l'Afrique. Autrement dit, les collections sont visées, menacées. Christian [Bourgois], accusé à la fois par Gisèle d'être un "petit arriviste" (littéral) qui a manœuvré afin de placer la maison dans une position difficile et la vendre, et par Duclozel de ne concevoir et lancer que des programmes non rentables, est au bord du suicide... Gisèle n'a pas encore compris qu'elle n'était plus la patronne et qu'on n'attendait plus d'elle que l'évacuation de son bureau. Je vois Duclozel demain matin... Ils ont un engagement à mon égard jusqu'en avril 66... Ne te fais *aucun* souci, car nous sommes *invulnérables*[63].» Si dans un premier temps la collection «Archives» ne subit pas de plein fouet ces bourrasques, elle doit d'abord restreindre de manière drastique son programme de publications et même l'interrompre en 1969. En 1970 et 1971, très peu de titres voient le jour avant une nouvelle période de silence en 1972 qui semble augurer d'une fin définitive.

La collection est pourtant sauvée grâce à son passage chez Gallimard que Pierre Nora est parvenu à négocier, fort du succès de sa «Bibliothèque des sciences humaines» en 1966 et de sa «Bibliothèque des histoires» en 1971. L'année 1973 devient celle de la renaissance de la collection «Archives», particulièrement spectaculaire car le nombre de titres nouveaux est impressionnant. Parmi ces titres, qui paraissent désormais chez Gallimard, Pierre Nora réédite, avec Jacques Revel qui codirige désormais la collection, de nombreux ouvrages de la première génération initialement publiés chez Julliard. Cette renaissance n'est cependant possible qu'à condition de se conformer à des règles éditoriales plus strictes, moins avantageuses pour les auteurs, afin de préserver l'équilibre financier de la collection. Les droits d'auteurs sont en effet réduits de 7 % à 5 % et la condition pour bénéficier d'une réédition est de pouvoir réimprimer entre 11 000 et 15 000 exemplaires, excluant ainsi les titres qui n'atteindraient pas une espérance de ventes comprise dans cette fourchette assez élevée. 1973 est donc l'année du redémarrage et la visibilité donnée à la collection est alors particulièrement éclatante grâce au cumul des rééditions et des nouvelles publications : pas moins de trente-neuf titres publiés en cette seule année !

Déjà la mémoire

Avec cette nouvelle vague d'ouvrages dans ces années 1970, un titre de la collection « Archives » fait figure de signal des intérêts ultérieurs de Pierre Nora pour la mémoire, celui de Philippe Joutard sur la mémoire collective des camisards dans la région cévenole[64]. Historien de cet événement traumatique qui a suscité un clivage durable entre les deux communautés protestante et catholique, Philippe Joutard s'interroge dans sa thèse sur une affaire qui n'a en fait été qu'un épisode très bref de deux ans et qui pourtant a réussi à perdurer, traversant les siècles jusqu'à nos jours. La réponse à la question qu'il se pose se trouve dans la force de transmission de la mémoire collective par les voies souterraines de l'oralité.

Philippe Joutard entend expliquer la fascination exercée par cet épisode qui pourtant a été unanimement réprouvé par la culture écrite. Il entreprend à partir de 1967 pour son enquête une véritable investigation d'ordre historico-ethnographique pour mesurer la puissance et la résurgence de ce clivage qui ne date que de la seconde moitié du XIXe siècle : « Dans les Cévennes où la tradition orale est encore riche, les informateurs baptisent camisards toutes les manifestations de la résistance protestante, pacifiques ou guerrières, qu'elles se situent en 1686, en 1703 ou en 1744[65]. »

L'étude de la transmission de la mémoire d'un événement traumatique dans ses rapports avec l'histoire officielle est ainsi tôt entreprise et trouve une issue éditoriale riche en promesses que Pierre Nora élargira aux relations générales entre mémoire et histoire, bases mêmes d'un véritable tournant historiographique : « C'est un livre fort important, le premier à inaugurer un vrai ouvrage d'historiographie[66]. » Dix années plus tard, Philippe Joutard apportera une nouvelle contribution à la collection en publiant un dossier sur le mont Blanc à l'occasion du bicentenaire de sa conquête, en 1986, qui aura été un événement fondateur de l'alpinisme moderne[67]. Il y est encore question de mémoire, de sensibilité collective, car avant de conquérir les cimes du plus haut massif européen, le mont Blanc a donné lieu à l'expression de tout un imaginaire fait de goût du risque, d'une esthétique de la démesure, d'un mélange de beauté et d'angoisse.

L'insistance sur les questions mémorielles se traduit aussi par une attention particulière à la mémoire juive qui, dans les années 1980, revêt une centralité à laquelle Pierre Nora est particulièrement sensible. Lucette Valensi et Nathan Wachtel présentent ainsi la parole d'anonymes, de Juifs ordinaires de la diaspora venus de partout pour vivre en France, ayant dû un jour plier bagage pour prendre la route. Les deux historiens rendent compte de leur enquête auprès d'une cinquantaine de Juifs français venus d'ailleurs et parfois de très loin, pour la plupart d'entre eux entre la fin du XIXe siècle et le déclenchement de la Première Guerre mondiale[68]. Histoire et mémoire sont mêlées dans ces fragments de vie suscités par les questions posées par les enquêteurs qui ont mis leurs interlocuteurs dans une situation de travail de leurs souvenirs : « D'emblée notre demande plaçait la mémoire à la croisée du destin individuel et du destin collectif[69]. » Par-delà la différence majeure qui oppose la communauté juive d'Europe occidentale, les ashkénazes qui ont subi le génocide, et la communauté des Juifs méditerranéens, il en résulte une similitude de destin dans l'errance, le déracinement, l'exil, les persécutions et le deuil impossible. Si les uns n'ont pas connu l'extrême de l'horreur avec le génocide, ils « incorporent, eux aussi, la Shoah dans leur mémoire, et l'inscrivent dans leur propre passé, de même (et plus encore) que l'expulsion d'Espagne, à l'aube des Temps modernes, était devenue thème de référence pour la mémoire juive dans son ensemble. Ainsi les multiples mémoires, ashkénazes et sépharades, convergent pour former une même mémoire collective[70] ».

La Shoah apparaît bien comme une rupture radicale qui fait de la mémoire du génocide un devoir pour exprimer à la fois la volonté de survivre et le refus d'Auschwitz qui s'incarnent dans la formule biblique du « Souviens-toi » (*Zakhor*). Cette démonstration occupe une place privilégiée pour Pierre Nora qui tient à l'exprimer avec chaleur à ses auteurs : « Le livre m'a tellement plu que j'aurais voulu vous le dire tout de suite et de vive voix comme je l'ai fait avec Nathan... Il y a une qualité de montage des voix qui va faire de cet ouvrage, non seulement un des classiques de la collection, mais un point de passage obligé de l'histoire juive contemporaine et de l'histoire orale en général... Vraiment, ma chère Lucette, je suis ravi[71]. »

De ce travail du souvenir, il reste de la Pologne décimée de sa population juive les «livres du souvenir», écrits par les survivants qui rappellent ce que fut le monde du *shtetl*. L'exhumation de cette mémoire collective est réalisée par Itzhok Niborski et Annette Wieviorka[72]. Le suivi du manuscrit est placé sous la responsabilité de Jacques Revel, mais Pierre Nora tient à exprimer aux auteurs l'importance que représente pour lui leur travail : «J'aurais voulu vous dire de vive voix, en faisant connaissance avec vous et M. Niborski, combien votre livre m'avait plu. C'est tout à fait excellent et je vous suis particulièrement reconnaissant d'avoir enrichi la collection d'un si bon ouvrage[73].»

Dans les années 1970, la collection «Archives» s'efforce aussi de livrer des dossiers utiles à la lecture de l'actualité la plus brûlante. Il en est ainsi de l'ouvrage d'Alain Joxe sur le Chili qui paraît juste après le coup d'État de Pinochet[74]. Le contrat a été signé peu après la chute d'Allende, le 16 octobre 1973. La crise pétrolière qui secoue l'économie mondiale à partir de 1973-1974 suscite le désir de revisiter la grande crise de 1929. Pierre Nora fait appel à l'historien de l'économie américaine qu'est Jean Heffer pour présenter le dossier de la grande dépression qui constitue une des rares contributions de la collection à l'histoire économique[75]. Pour rendre compte au plan historique des fondements du conflit israélo-palestinien, Pierre Nora publie à la fois un ouvrage sur les Palestiniens[76] et un ouvrage sur les origines du sionisme politique qui devait paraître au même moment, mais qui ne paraîtra que quatre ans plus tard, du fait des retards de son auteur[77] : «Je m'aperçois que je n'ai toujours pas de nouvelles de toi. Le résultat c'est que... mon projet de publication conjointe d'un livre sur le *sionisme* équilibré par un livre sur le *mouvement palestinien* s'est tout à fait inversé. J'en suis désolé[78].»

Le triomphe des mentalités

En ces années 1970, ce qui domine la production de l'histoire savante est l'histoire des mentalités, et la collection «Archives» donne aussi un large écho à cet engouement. Pierre Nora sollicite de Michel Vovelle un ouvrage sur la mort[79] : «Mon cher Vovelle, je ne sais si je puis m'autoriser d'anciens souvenirs de khâgne pour, en te tutoyant ou en te vouvoyant, m'adresser à toi. Sans doute connais-tu la collection "Archives" qui compte maintenant une cinquantaine de numéros? Comme te voilà débarrassé de ta thèse, accepterais-tu l'idée de faire pour la collection une présentation de textes autour du thème de la mort à l'époque moderne[80] ?» Michel Vovelle présente ainsi ce dossier de sources en différenciant trois niveaux, du plus simple au plus complexe, entre la mort subie que l'on peut appréhender grâce à la démographie historique, la mort vécue qui engage des sources plus qualitatives comme les hagiographies, les livres de raison, la littérature mémorialiste, et enfin les discours sur la mort dans leur évolution entre le XVIIe et le XVIIIe siècle.

À l'autre extrémité de l'existence humaine se situe la naissance, et c'est un groupe composé d'un historien et de deux historiennes qui prend en charge ce dossier[81]. Entre les deux se place l'âge de la sexualité et des relations amoureuses, et pour en rendre compte Pierre Nora sollicite Jean-Louis Flandrin : «Je suis très heureux que dans notre entretien de jeudi dernier tu aies bien voulu accepter l'idée de faire un livre pour “Archives” sur la vie sexuelle dans l'ancienne France[82].» Pierre Nora ajoute qu'il se tient prêt à aider son auteur pour le choix des textes les plus pertinents de cette collection qui s'adresse au grand public. Malgré cette proposition d'accompagnement éditorial, les préventions et craintes de l'auteur ne sont pas totalement levées, d'autant qu'il doit procéder différemment de ses habitudes universitaires et en un moment où l'on ne jure que par le quantitatif; même pour ce troisième niveau que sont les mentalités, cela lui pose problème : «J'imagine bien un livre sur la sexualité qui soit conforme à la formule “Archives” : il faudrait présenter un cas, y souligner les archaïsmes et l'éclairer par la culture d'un milieu et d'une époque. Mais pour l'instant, j'ai toujours travaillé d'une manière très différente : sur des séries et non sur des cas. Je n'ai donc pas de bon dossier sous la main[83].» Finalement, ce livre verra le jour, avec le titre suggéré par Pierre Nora : *Les Amours paysannes*[84].

Mais la collection «Archives» marque le pas dans ces années 1980, le nombre de publications nouvelles se réduit, le public se détourne progressivement d'un type d'ouvrages qui semble avoir rempli son rôle et achevé sa mission. Lorsque Jean-Marie Mayeur s'inquiète pour sa publication sur la séparation de l'Église et de l'État qui remonte au début de la collection, en 1966, et qui avait bénéficié d'une réédition lors du passage chez Gallimard en 1973, mais qui se trouve épuisée en 1984, il demande à Pierre Nora l'autorisation de reprendre ses droits pour en proposer la publication ailleurs[85]. C'est avec beaucoup de regret que Pierre Nora doit le laisser partir, constatant l'état de langueur de sa collection : «J'espérais bien arriver à ne pas m'en “séparer”. Le départ d'un livre de la collection “Archives” est toujours pour moi une espèce d'amputation. Elle m'est d'autant plus sensible quand il s'agit d'un livre de toi. Force est de me rendre à l'évidence. La collection au bout de vingt ans n'est plus exactement adaptée au marché actuel et ce n'est pas sans mal que j'arrive à maintenir – pour combien de temps ? – des publications assez rares[86]. »

En ce milieu des années 1980, Pascal Ory déposera un projet qui sera accepté d'un ouvrage de la collection consacré à une anthologie du discours gastronomique en France[87]. La gestation sera laborieuse puisque ce n'est qu'en 1998 que le manuscrit parviendra chez Gallimard, et Pascal Ory fermera la marche d'une collection qui aura marqué le paysage éditorial en transformant le rapport du public à l'archive.

Comme toute collection, « Archives » aura eu aussi son cimetière de projets non aboutis comme celui de Michelle Perrot sur les grèves ouvrières ou de suggestions non réalisées par les auteurs sollicités. Parmi ces projets avortés, il en est un auquel Pierre Nora tenait plus qu'à d'autres, revenant périodiquement à la charge, c'est une publication sur les droits de l'homme et du citoyen. Il en fait la demande en 1973 au grand spécialiste de la Révolution française qu'est Ernest Labrousse, qui décline l'offre, puis à Jean Starobinski, toujours en 1973, puis à Jean-Pierre Cot en 1974 ; le projet ne verra jamais le jour.

7

L'Institut d'études politiques de Paris

De retour de son long périple autour du monde, Pierre Nora est très investi dans le lancement de sa collection «Archives» chez Julliard. Mais il lui faut trouver un poste d'enseignant, et, s'il a renoncé à sa thèse d'État, il a été à ce point passionné par son voyage américain qu'il se demande s'il ne deviendrait pas un spécialiste de l'histoire américaine contemporaine. Claude Lévi-Strauss l'y encourage vivement, lui laissant d'ailleurs entendre qu'il lui suffit de partir y vivre cinq ans et qu'ensuite on lui assure une élection au Collège de France, ce qui aurait pu être une carrière universitaire brillante.

Mais Pierre Nora vient de se marier, et de sillonner en tous sens la planète; de plus il ressent tout de suite une passion pour son nouveau métier d'éditeur chez Julliard. Ce sera donc Paris et nulle autre ville. Pierre Renouvin, qui avait apprécié son article sur Lavisse et qui a besoin d'un assistant, le prend à la Sorbonne. Mais très vite, au bout de quelques petites semaines, il lui dit qu'il serait mieux à Sciences-Po dont il est président. À Sciences-Po, se trouve René Rémond qui est déjà une autorité depuis sa publication sur *La Droite en France* (1954). Or, René Rémond a eu à corriger le DES que Pierre Nora a écrit sous la direction de Victor-Lucien Tapié sur «L'opinion française devant la Russie de 1815 à 1840», sujet tout à fait en phase avec le renouvellement apporté par Pierre Renouvin et son disciple Duroselle dans les études des relations internationales qui s'étaient substituées à la vieille histoire diplomatique et qui portait son attention sur ce que Renouvin appelait les «forces profondes».

René Rémond, qui travaillait alors sa thèse sur les États-Unis et l'opinion française de 1815 à 1835, corrige le travail de Pierre Nora, le juge remarquable, lui met la note maximale, et demande à Pierre Renouvin de bénéficier de ce jeune talent comme assistant à Sciences-Po. Ainsi

Pierre Nora devient-il assistant, puis maître-assistant rue Saint-Guillaume pour une assez longue période, de 1965 à 1976. Il y enseigne sous le règne de Jacques Chapsal. Il jouit d'un prestige certain, non seulement pour ses activités extérieures à l'Institut, mais aussi grâce au succès de son enseignement auprès de son public d'étudiants. On lui confie une ou deux conférences classiques, mais surtout il a la responsabilité de la prestigieuse conférence de préparation de l'ENA en «Histoire et culture générale» qui est l'épreuve reine. Il y retrouve son ancien élève du lycée Lamoricière d'Oran Frédéric Grasset, avec lequel il va déjeuner de temps à autre au restaurant La Petite Chaise, à côté de la rue Saint-Guillaume. Son étudiant a poursuivi sa brillante carrière, n'étant nullement dépaysé par ce qu'on lui enseignait à Sciences-Po : «Quand je suivais les cours de Raoul Girardet, Jean Touchard ou Jean-Jacques Chevallier sur les idées politiques, ils ne m'apprenaient rien de nouveau. Pierre Nora m'avait déjà initié à tout cela[1].» Déjà au cœur de toute une série de réseaux intellectuels parisiens, Pierre Nora invite souvent des spécialistes particulièrement compétents dans leur domaine : «En 1971, quand je deviens assistant à Sciences-Po, il en imposait et en même temps, il était un peu à part[2].» Il ne pouvait pleinement se réaliser dans le cadre de Sciences-Po de l'époque dirigé de manière rigide par Jacques Chapsal qui n'était pas particulièrement porté vers l'innovation et la recherche : «Chapsal avait de grandes qualités, mais quand on lui parlait de recherche, c'est tout juste s'il ne sortait pas son revolver[3].»

Un professeur latéral

Dans cet univers un peu caporalisé, Pierre Nora bénéficie de plus en plus du prestige de ses collections «Archives», «Bibliothèque des sciences humaines», «Témoins»... En même temps, il reste un marginal par rapport à l'institution. Il appartient au petit milieu des historiens au sein de Sciences-Po qui représente une discipline à laquelle tient beaucoup Jacques Chapsal qui est très à l'écoute de ce que dit «Monsieur Rémond», mais le groupe des historiens ne forme qu'une petite minorité du corps enseignant, une petite dizaine, parmi lesquels René Rémond, Jean-Baptiste Duroselle, Raoul Girardet, Jules Monnerot, Alfred Grosser, Alain-Gérard Slama, Gérard Vincent, Jean-Pierre Azéma à partir de 1971, Pierre Milza, puis Serge Berstein... Toujours très attiré par les itinéraires de traverse, les non-conformistes, Pierre

Nora entretient des relations de connivence au sein de ce petit monde de Sciences-Po avec Raoul Girardet qui est pourtant aux antipodes de ses opinions politiques. Raoul Girardet est en effet allé au bout de ses convictions en faveur de l'Algérie française en s'engageant dans l'OAS. Il représentait le pôle traditionaliste : «Personnellement, j'aime les défilés militaires, les curés en soutane, les instituteurs en redingote noire, le latin et l'"histoire-bataille"[4].» Le pôle de gauche était représenté par l'historien et sociologue Gérard Vincent : «L'image de Pierre Nora était un peu symétrique de celle de Raoul Girardet qui était à la fois très intégré à Sciences-Po et en même temps original, non conformiste, et totalement extérieur à l'idéologie dominante à Sciences-Po. Pierre Nora était quelqu'un dont on savait qu'il était très brillant, qu'il était à l'aise à Sciences-Po, mais ce n'était pas quelqu'un dont on se disait, comme pour Touchard ou Duverger, qu'il finirait pilier de Sciences-Po. On sentait qu'il ferait autre chose, des choses plus personnelles[5].»

L'enseignement de Pierre Nora suscite chez certains des vocations et l'enthousiasme. C'est le cas par exemple de Françoise Chandernagor qui se trouve en 1965 dans son petit groupe de préparation à l'épreuve de culture générale pour entrer à l'ENA. Elle est une si excellente étudiante que Pierre Nora, après lui avoir rendu ses copies corrigées avec la belle note de 18/20, lui a demandé de les garder pour s'en servir comme modèles pour les générations à venir. Entre autres sujets, elle avait eu à commenter cette phrase de Tocqueville : «Les démocraties ne sachant jamais ce qu'elles ont de fort et ce qu'elles ont de faible, ne résolvent jamais les questions du dehors que pour les questions du dedans.» Ayant suivi un an ses cours et intégrant l'ENA, Françoise Chandernagor est à ce point passionnée qu'elle sollicite de Pierre Nora la faveur de pouvoir assister en auditrice libre à ses cours, ce qu'elle fera pendant deux années après son année de stage de l'ENA : «Il m'a ouvert des fenêtres partout et a eu une énorme influence[6].» Françoise Chandernagor avait suivi la voie paternelle de la formation des grands commis de l'État, mais elle ressentait vivement un manque, ayant surtout envie d'écrire et se passionnant pour l'histoire. Elle se trouve comblée au contact de Pierre Nora qui lui parle pour la première fois de Marc Bloch, de Philippe Ariès, de Michel Vovelle, de l'histoire des mentalités... Elle appréciait aussi en lui sa constante ouverture et un esprit iconoclaste, ainsi qu'un souci de formation à la liberté de l'esprit comme lorsque Pierre Nora prit le quotidien *Le Monde* pour objet d'étude, expliquant à ses étudiants comment le lire, comment le décrypter : « On lisait tous *Le Monde*, mais il nous a donné des clés, nous informant sur l'appartenance politique, les engagements religieux de tel ou tel journaliste. Du coup, on a regardé ce journal autrement[7]. »

L'année suivante 1966-1967, Pierre Nora a dans son groupe de préparation à l'ENA Jérôme Clément qui deviendra plus tard le directeur d'Arte : « Il m'a énormément intéressé parce qu'on a beaucoup travaillé sur l'histoire intellectuelle, avec une vision très ouverte sur la société et sur la fluidité des idées[8]. » Jérôme Clément appréciait aussi beaucoup son sens de la maïeutique fondée sur l'écoute et la discussion avec ses étudiants, discutant avec les uns et les autres, très généreux de son temps, très engagé dans son enseignement, toujours disponible, allant avec ses étudiants au café ou au restaurant après ses cours pour poursuivre les discussions avec eux : « Il m'a appris à réfléchir et j'ai le souvenir, peut-être du fait de ses yeux bleus, de l'intensité des échanges que l'on avait avec lui. Il m'a fait lire, me conseillant des lectures[9]. » L'intérêt de Jérôme Clément pour ses cours, notamment autour de la question de l'affaire Dreyfus et de la naissance de l'intellectuel, a fait naître entre eux une relation personnelle qui ne s'est pas démentie plus de quarante années après.

Sans avoir été directement son étudiant, Alain Duhamel, achevant son troisième cycle au milieu des années 1960, s'intéresse à ce professeur qu'est Pierre Nora car il a apprécié son ouvrage sur *Les Français d'Algérie*, à contre-courant de ce qui se disait alors. Ils se trouvent avoir de nombreux intérêts communs, d'autant que l'un et l'autre ont un pied à l'université, tout en ayant plus qu'un œil du côté du journalisme, et pour Pierre Nora déjà une activité éditoriale : « À l'extrême fin de mes études à Sciences-Po, quand je commençais à faire des articles pour *Le Monde* et pour *L'Express*, je voyais souvent Pierre Nora. On déjeunait ou dînait ensemble. Il était très accueillant pour les jeunes pousses[10]. »

Dans ces années 1960, le politologue Jean Touchard est nommé secrétaire général de la Fondation des sciences politiques et souhaite redonner du lustre à la vénérable institution, la rajeunir un peu et la connecter davantage avec la vie intellectuelle et ses enjeux. Il fait appel à une nouvelle génération, et c'est dans cet esprit qu'Alfred Grosser y enseignera à plein temps. Pierre Nora suit le séminaire du jeudi après-midi de René Rémond, consacré à un thème qui sera particulièrement important pour lui par la suite : « Durée, mémoire et politique. » Ce séminaire croise déjà ces trois dimensions qui deviendront cardinales dans la problématique future des *Lieux de mémoire*. L'argumentaire du cours de 1964-1965[11] annonce l'examen des relations entre «le temps objectif» et «le poids du passé remémoré ou commémoré, l'influence de la durée réfractée par la conscience et s'exerçant à travers la mémoire collective». Alors que Sciences-Po de l'époque fait figure d'archaïsme au regard des lieux de l'innovation comme la VIe section de l'EPHE, on est sidéré de la modernité et de la féconde postérité des thématiques mises en avant par René Rémond : «L'étude de l'oubli constitue un chapitre essentiel de notre recherche. L'oubli prend deux formes : oubli délibéré, résultant d'un décret volontaire engageant une décision politique, et oubli spontané ; amnistie et amnésie.» Cette première année de séminaire devrait contribuer, selon René Rémond, à clarifier trois problèmes fondamentaux de l'expérience politique : «celui de la réalité et de la nature du consensus dont l'existence implique un minimum de souvenirs acceptés et honorés en commun ; celui de la place et de la nécessité du sacré dans une société politique ; celui enfin de la part qui revient au passé dans les idées, les sentiments et les conduites des hommes d'aujourd'hui».

La seconde année du séminaire de René Rémond est consacrée au même thème, à partir de cas plus concrets. Il y sera étudié par exemple comment l'enseignement a véhiculé de génération en génération une certaine vision fluctuante du passé, et comment la société française a pratiqué un véritable culte du passé à travers «les monuments, les statues, les noms de rues, les obsèques nationales, les transferts au Panthéon ; les anniversaires, le calendrier des fêtes nationales et, plus généralement, toutes les manifestations d'un sacré collectif qui empruntent au passé leur principe d'existence».

Pierre Nora ayant assisté à ce séminaire, on peut dater de ce moment quelques éléments encore épars de ce qui deviendra plus tard sa problématique des lieux de mémoire et notamment leur part symbolique, idéelle et néanmoins très réelle dans les télescopages entre présent et passé. Mais ce n'est qu'une pierre d'attente qui ne sera véritablement transformée, polie et reconfigurée que beaucoup plus tard, pas avant les années 1977-1978.

Dans ces années 1960, l'intérêt de Pierre Nora continue de se porter sur l'historiographie et sur les États-Unis. Jean-Baptiste Duroselle appelle Pierre Nora, qu'il avait rencontré au Mexique lors de son voyage planétaire, et l'informe qu'il est en train de préparer un livre d'hommage à Pierre Renouvin, des *Mélanges*, et qu'il compte sur une contribution de sa part. Pierre Nora, d'abord surpris, accepte et approfondit la question du rapport des Américains à leur passé déjà évoquée dans son rapport de voyage pour la fondation Polignac : «Je me suis mis en dimanche, si j'ose dire, et j'écris une contribution[12] qui m'a demandé beaucoup de travail[13].» Pierre Nora inscrit très clairement ses réflexions novatrices sur l'état des représentations du passé dans la société américaine dans la filiation de ce qu'a initié Pierre Renouvin avec ses «forces profondes». Alors qu'en 1966 l'école des *Annales* est placée sous la houlette de Fernand Braudel qui réédite alors sa thèse sur *La Méditerranée* et continue à pourfendre l'histoire politique, Pierre Nora ne voit pas de contradictions à poursuivre une histoire politique en l'enrichissant des apports de la nouvelle histoire et notamment de cette notion nouvelle qui ne va cesser de prospérer dans les années 1960 et 1970, celle d'histoire des mentalités : «L'histoire des relations internationales doit pouvoir s'annexer celle des mentalités; reconstituer de l'extérieur le modèle d'une histoire vécue, décrire un sentiment national étranger, pénétrer l'intimité d'une expérience du temps qui n'est plus nôtre[14].»

Avec cette contribution, Pierre Nora plonge dans les arcanes de l'historiographie américaine et repère un basculement au cours duquel l'hypothèse progressiste s'est substituée à une hypothèse conservatrice pour expliquer l'évolution des États américains qui ne seraient plus travaillés en leur cœur par leurs divisions, mais seulement par quelques poches de résistance, à l'avènement d'une société industrielle moderne. En minorant le rôle des conflits, les historiens américains ont peu à peu relégué l'histoire au rang de folklore au bénéfice d'un consensus autour de l'immédiateté qui se donne à lire dans la généralisation de l'*American Way of Life* : «Le révisionnisme actuel tend à faire désormais de l'Amérique une monade historique[15].»

La thématique de la mémoire est déjà fortement présente dans cette contribution, ce qui est en totale résonance avec les directions de recherche définies par René Rémond peu avant, en 1964, et Pierre Nora d'étudier les diverses célébrations qui ont assuré un passé lisse, continu à la nation américaine : «C'est là le contraire de ce qu'au plus profond de notre sentiment du temps l'histoire est pour nous. Le temps de l'Europe est celui des continuités rompues... L'Amérique ne se recommence pas[16].» Le rapport à la mémoire des Américains est analysé comme un rapport à une mémoire d'adoption, non pas celle de pionniers, mais d'héritiers de pionniers qui entendent affirmer leur fidélité à une tradition, donc là encore une continuité de filiation. D'où un regard tourné vers un mythe d'origine, celui d'un âge d'or, intangible identité narrative que l'on ressasse à satiété et que l'on projette dans la fiction et le cinéma. C'est sur ce mythe des origines que vient se briser la force propulsive de l'événement, alors que l'Europe vit sous la dictée de la trame événementielle : «Les historiens américains ont en effet le privilège de n'être pas prisonniers de l'événement, ce tyran à deux faces, dont l'une est toujours malheureuse[17].»

L'autre dynamique à l'œuvre dans la conscience américaine est l'éloignement progressif de son passé européen, et à ce titre la frontière définie comme moteur du dynamisme de cette nation par l'historien Turner[18] touche juste. Cette conquête incessante de nouvelles frontières a conduit les Américains toujours plus à l'ouest, puis vers la lune. Cette contribution n'a pas eu un grand retentissement, du fait de sa parution dans des *Mélanges*, mais Pierre Nora l'a quand même envoyée à un certain nombre d'historiens importants aux États-Unis pour qu'ils puissent apprécier la pertinence de sa démonstration : «J'ai eu la stupeur de recevoir des lettres, dont une de Richard Hofstadter qui était pour moi le grand historien des États-Unis, et il me disait que c'était le regard dont nous avions besoin, et qu'aucun Américain n'aurait pu avoir[19].»

Après quelques années d'enseignement, la direction de Sciences-Po confie l'enseignement très magistral de l'amphithéâtre Boutmy à Pierre Nora. Faisant le grand cours de culture générale devant quatre cents étudiants sur les questions d'actualité comme la question nationale, l'Europe, la démocratie, la sociologie américaine, le structuralisme..., Pierre Nora privilégie une approche réflexive et invite un certain nombre de personnalités qui sont de ses amis. C'est ainsi qu'Edgar Morin ou Françoise Giroud sont venus faire part de leur expérience aux étudiants de Sciences-Po.

L'Institut Lénine

C'est à Sciences-Po que Pierre Nora vit de l'intérieur les événements de Mai 68 qui vont transformer la vénérable institution de la rue Saint-Guillaume en un éphémère «Institut Lénine». Le drapeau rouge flotte sur ce foyer de formation de l'élite française. L'amphi Boutmy est rebaptisé «amphi Che Guevara», et, lors de la grève du 13 mai, l'assemblée générale décrète l'occupation des locaux ; le pouvoir change provisoirement de main. Il est assuré par une commission paritaire qui comprend autant d'enseignants élus que d'étudiants. Pierre Nora traverse ces bouleversements avec humour. Alors qu'un climat d'angoisse se répand parmi nombre de responsables, ce qui se passe a plutôt sur lui l'effet d'un gaz hilarant : « Mais la rigolade était un langage qui passait mal à Sciences-Po. Rien que l'idée de voir le drapeau noir sur la tête de Taine et le drapeau rouge sur celle de Boutmy me faisait hautement rigoler, sans pouvoir le dire[20]. »

Pierre Nora, avec quelques collègues, dont Raoul Girardet, Pierre Joxe, Gérard Vincent et Jean-Pierre Chevènement, a dû passer quelques nuits dans le bureau du directeur Jacques Chapsal qui s'y était barricadé, refusant tous les appels au dialogue avec les étudiants. L'aile réformatrice dont faisait partie Pierre Nora ne cessait de lui conseiller de descendre et d'engager la discussion, mais pas question, c'eût été un comble dans le déshonneur de la fonction qu'il avait habitée dans une dignité solitaire. Ses protecteurs lui demandent comment il réagirait à une intrusion des agitateurs, et Chapsal de leur répondre : « Si quelqu'un de la horde franchit la porte de mon bureau, je sors ma nomination par Maurice Thorez en 1945 » ; « Surtout pas ! » répondent en chœur tous les participants de sa garde rapprochée. En effet, le PCF n'était pas vraiment en odeur de sainteté au cœur de Mai 68. Et Jacques Chapsal de poursuivre : « Et si on entre vraiment dans mon bureau jusque-là », dit-il en désignant sa table, et ouvrant un tiroir il en sort un revolver, le brandit : « Alors là ! pas pour eux, mais pour moi », le dirigeant vers sa tempe ; « Surtout pas ! » répond une nouvelle fois le chœur[21]. En même temps, Chapsal ne s'est pas dérobé à ses responsabilités et venait chaque jour à Sciences-Po : « Je le voyais arriver sur son solex en costume trois-pièces, et je trouvais très bien qu'un monsieur en poste depuis la Libération vienne même en période si agitée[22] », se souvient Alain Duhamel qui est alors un tout jeune maître de conférences, à peine plus âgé que ses étudiants, mais qui reste très à l'écart du mouvement, en observateur quelque peu ironique devant un corps enseignant courant après les étudiants sans jamais les rattraper tout à fait. Alain Duhamel refuse par principe de transformer ses cours en AG. Il est temporairement à contre-courant jusqu'au jour de mai-juin 68 où il commente pour *Le Monde* le premier sondage qui révèle un retournement de l'opinion publique : « Alors qu'à Sciences-Po beaucoup étaient partis vent debout derrière les étudiants, j'ai brusquement reçu une dizaine de coups de téléphone pour me demander si j'étais vraiment sûr de mes commentaires sur le revirement de l'opinion et ces collègues ont alors procédé à un changement de leur comportement. Mais Pierre Nora n'était pas de ceux qui couraient éperdument derrière les étudiants[23]. »

Le groupe d'enseignants dont faisait partie Pierre Nora assurait la liaison entre le bureau de Jacques Chapsal et le rez-de-chaussée où il restait à l'écoute des étudiants contestataires, tout en essayant de calmer le jeu pour renouer le dialogue. Dans cette atmosphère effervescente, un jour Pierre Nora reçoit un coup de téléphone de la secrétaire du directeur pour lui dire que Jacques Chapsal organise une « superbob » ! Surpris et se retenant d'éclater de rire, Pierre Nora lui demande de lui en dire davantage sur le sens de cette initiative intempestive : « Oui, me dit-elle, il fait une superbobinette. Ils appelaient "bobinette" la réunion hebdomadaire qui était censée réfléchir à la situation autour de Chapsal[24]. »

À la suite de la « superbob », Jean Touchard se dit qu'il faut prendre le train du changement en route en dépoussiérant et en rénovant Sciences-Po. Il en parle à Raoul Girardet qui le renvoie à Pierre Nora en lui disant qu'il est sous-employé dans la maison. Peu après, lorsque Touchard croise Pierre Nora rue Saint-Guillaume, il l'interpelle : « Il paraît que vous avez des idées, Nora ? C'est le moment de nous rapprocher. Je souhaiterais que vous réfléchissiez à la mise en place de cours rénovés[25]. » Voilà Pierre Nora, fort de son carnet d'adresses bien rempli et de son réseau d'éditeur déjà ample de relations dans le domaine des sciences humaines et de l'histoire, qui prépare un beau programme comportant un cours sur le marxisme, non pas dispensé par un marxiste officiel, mais par Cornelius Castoriadis, Annie Kriegel et Kostas Papaïoannou, et un cours sur l'État qui comblerait ainsi un manque cruel pour une institution de sciences politiques. Il soumet son plan de cours, mais reste sans nouvelles. Un jour, il croise Jean Touchard et l'interpelle en lui demandant s'il a bien reçu sa petite note de suggestions : « Oui, oui, Nora, je l'ai lue. Il y a beaucoup d'idées là-dedans. Cela ne m'étonne pas de vous. Vos idées sont vraiment très bonnes, Nora, mais je ne peux pas donner l'amphi Boutmy à des noms à coucher dehors. On n'a pas de penseurs en France[26] ? » À l'époque, Sciences-Po s'honorait d'être une exception dans le monde en politologie. On n'imaginait même pas qu'il pût y avoir des spécialistes d'une qualité équivalente dans le reste du monde, et l'on ne ressentait même pas le besoin d'apprendre l'anglais. Raoul Girardet avait trouvé une formule assassine pour qualifier la *Revue des sciences politiques* : « L'inventaire des problèmes qui ne se posent pas. »

En ce sens, le passage de Pierre Nora à Sciences-Po a été fondamental pour désenclaver les savoirs, pour ouvrir portes et fenêtres, comme l'atteste celui qui prendra d'ailleurs sa succession lorsqu'il sera élu à l'EHESS, Alain-Gérard Slama : « Pour moi, il a été déterminant, désenclavant, car je venais des lettres classiques et j'entrais par la voie de la science politique dans le corps des historiens de Sciences-Po avec un énorme complexe vis-à-vis des historiens plongés dans les archives et le quantitativisme[27]. » Lorsqu'il reprend les charges d'enseignement qui étaient celles de Pierre Nora en 1977, Alain-Gérard Slama se sent autorisé à privilégier les liens entre littérature, société et histoire politique. Lui aussi, comme Pierre Nora, aura l'occasion de mesurer les limites de l'institution à l'époque de Chapsal qui lui lancera : « Slama, Sciences-Po ce n'est pas le music-hall ! », parce qu'il avait eu l'audace d'inviter quelques personnalités extérieures.

Le monument Auriol

Outre son activité d'éditeur, son enseignement à Sciences-Po, Pierre Nora réalise durant ces années 1960 une grande œuvre historienne avec la publication, dont il s'est occupé avec son ami Jacques Ozouf, du *Journal du septennat* du président de la République Vincent Auriol entre 1947 et 1954. Il s'est trouvé confronté à des archives à la fois volumineuses et exceptionnelles qui auraient pu rester enfouies et ignorées s'il n'avait eu l'idée de les éditer, en les resituant dans leur contexte.

Archives d'exception en effet car le président de la République avait pris pour habitude d'enregistrer, à l'insu de ses interlocuteurs, toutes ses conversations, avec l'idée d'écrire un jour les mémoires de son septennat de président socialiste. Il dissimulait son magnétophone dans un tiroir de son bureau et actionnait discrètement avec son pied sa mise en route. Vincent Auriol avait à ce point accumulé la moindre trace de ses entretiens que ses archives sont vite devenues pléthoriques. Il transcrivait lui-même les échanges qu'il avait avec tous ses visiteurs dans son bureau de président, puis dictait systématiquement ces documents à sa secrétaire qui les avait dactylographiés ; résultat : 15 000 pages de transcription ! Jusqu'à sa mort, en 1966, Vincent Auriol n'a cessé de se préoccuper de cette masse archivistique, annonçant partout et en toute occasion la publication de ses mémoires. Mais il ne réussit qu'à rédiger son année 1947, plusieurs fois remaniée, en tenant à lui conserver la forme d'un journal, soucieux de la véracité des informations données. Il est vite englouti par la surabondance de ce qu'il a accumulé et qui dépasse ses forces.

La veuve de Vincent Auriol consulte Pierre Nora en 1967 : « Il m'apparut à l'examen que la seule solution honnête et décente, la seule propre à concilier au moins mal les impératifs inconciliables, consistait à réaliser deux éditions différentes et complémentaires[28]. » À partir de ce diagnostic, Pierre Nora se lance dans une entreprise d'une grande ampleur avec Jacques Ozouf, celle de publier sept volumes, un par année du septennat, ce qui revient à déroger à la règle considérée longtemps comme intangible selon laquelle on ne peut avoir accès aux archives avant cinquante ans, et à se rapprocher des pratiques américaines qui mettent à disposition du public les *Kennedy Papers* peu après sa disparition. Ce qui séduit Pierre Nora dans ce monument archivistique est cette absence d'apprêt, cette authenticité du document livré comme tel, qui n'a d'autre fonction que celle de donner le maximum d'informations sur une période particulièrement mouvementée puisqu'elle correspond au début de la guerre froide jusqu'à la mort de Staline, avec toutes ses tensions au plan national et international. Ce journal se tient volontairement à distance de toute forme de sensationnalisme pour restituer ce que furent les travaux et les jours d'un président de la République quelque peu reclus dans son palais de l'Élysée, et qui compense cette coupure mal ressentie avec le peuple pour un homme de conviction socialiste par une volonté de transparence et de comptes à rendre.

Le travail d'édition est cependant particulièrement délicat tant les versions sont nombreuses, fluctuantes et les exigences définies par Pierre Nora contradictoires : « Fidélité au texte et soin de sa présentation, respect du fourmillement et tentative d'ordonnancement, la ligne de partage entre ces deux séries d'impératifs n'était pas toujours aisée à définir[29]. » Ce document exceptionnel permet de restituer au plus près les périodes de crise que l'on connaît par ailleurs de l'extérieur, d'en dévoiler la dimension individuelle, affective, comme le moment de la rupture du PCF avec le gouvernement Ramadier qui est un des tournants décisifs de la IVe République : Thorez « très ému, rouge, les larmes aux yeux, il me dit : "Je ne peux plus rien, j'ai fait tout ce que j'ai pu, je suis maintenant au bout de mon rouleau, je sais que ce que nous faisons est très grave, mais, je vous le répète, je suis au bout de mon rouleau".[30] »

Des changements de perspective interviennent à la faveur de cette pénétration au cœur de l'Élysée. On pourrait ainsi croire que le raz-de-marée gaulliste du RPF et la vague de grèves déclenchée par le PCF qui embrase toute la France en l'automne 1947 ont été ressentis de manière dramatique par un pouvoir aux abois. Le journal d'Auriol nous révèle que ce n'est nullement le cas : « La tornade gaullo-communiste ne frappe que les vitres de l'Élysée, elle n'y pénètre pas[31]. » Derrière ce souci d'être au plus proche de la véracité historique, ce journal apporte aussi, selon Pierre Nora, une leçon de méthode, celle de la nécessaire défatalisation lorsque l'on restitue à ce degré de proximité l'action des hommes du passé. Tout y paraît encore possible, même lorsque tout est déjà joué. Par ailleurs, Pierre Nora renverse aussi la perspective habituelle qui consiste à présenter en cette année 1947 des institutions politiques ayant déjà fait la preuve de leur incapacité et de plus en plus affaiblies par leur confrontation avec les deux mastodontes, le gaullisme et le communisme. Il considère tout au contraire que, si affaiblie soit-elle, la IVe République a résisté à ces deux grands assauts, et que le général de Gaulle mettra quelque onze années à s'en remettre. Quant au PCF, on ne peut affirmer qu'il s'en soit jamais remis.

Dans la durée des sept années de la présidence d'Auriol, Pierre Nora repère une progression des prérogatives du président de la République qui, à la faveur de chacune des crises et des ambitions de plus en plus grandes des partis politiques, prend davantage de poids dans la pratique des institutions. L'esprit des institutions à la Libération l'avait rendu faible, mais les circonstances ont fait de lui le maillon majeur de la République, transformant ce qui le réduisait dans la Constitution à une tâche de simple greffier en un réel pouvoir d'arbitre. Ce qu'atteste de manière de plus en plus probante son journal au fil des sept années est l'invention d'une fonction qui n'était qu'en creux dans la lettre des institutions, celle du président de la République. La publication de son journal contribue fortement à réévaluer la représentation du premier président de la IVe République. Au-delà de l'image du politicien rondouillard effacé par la forte personnalité de Léon Blum, on découvre un véritable homme d'État soucieux de ses responsabilités et ayant la volonté de faire prévaloir ses prérogatives. Ce qui n'empêchera pas l'ami et beau-frère de Pierre Nora, François Furet, de se gausser de l'intérêt qu'ils pouvaient porter lui et Jacques Ozouf à ce personnage d'Auriol qu'il considérait comme falot : « François n'a cessé de le couvrir de sarcasmes. Pierre et Jacques étaient enthousiastes, et François ne cessait de leur dire : “Comment pouvez-vous passer autant de temps sur ce crétin d'Auriol ?” Il ne comprenait pas du tout l'intérêt de cette entreprise[32]. »

Pierre Nora réalise aussi son intention de publier à partir de cet océan d'archives un ouvrage de synthèse sur le septennat qui paraît chez Gallimard dans sa collection « Témoins » en 1970[33] et déploie année après année l'ensemble de son journal de 1970 à 1978 aux éditions Armand Colin, en sept volumes[34]. Cependant le volume IV, couvrant l'année 1950, est demeuré longtemps inédit en raison d'une discrète intervention de François Mitterrand, mécontent de certains jugements portés à son endroit par l'ancien locataire de l'Élysée. Il faudra attendre 2004 la publication de l'ensemble sur CD-Rom chez Tallandier pour avoir accès à la version papier de l'année 1950[35]. Dans son avant-propos, Pierre Nora livre la clé de l'énigme : « François Mitterrand ayant modérément apprécié les jugements portés par Vincent Auriol sur sa personne et son action quand il était ministre de la IVe République, les sources de subventions publiques qui avaient permis la publication des précédents volumes se sont mystérieusement et obstinément fermées [à partir de 1981], et le manuscrit a dormi dans les tiroirs, malgré les interventions réitérées, notamment, de Pierre Bérégovoy. »

Pierre Nora aura réussi, avec cette grande et longue aventure éditoriale, son rêve de désenclaver l'édition scientifique, universitaire, ouvrant ses trésors à un plus large public. La veuve du président, Michelle Vincent-Auriol, qui a tenu après la disparition de son mari à la publication de ce journal, lui témoigne une profonde reconnaissance : « Cet enfant qui n'est pas le mien a été ma grande préoccupation depuis quatre ans. Grâce à vous, à Jacques Ozouf, il va entrer dans la vie par une porte à doubles battants. J'ai fait une confiance complète à vos valeurs d'historiens... Aujourd'hui où tout est livré aux imprimeurs, je viens vous exprimer ma reconnaissance : sans vous, Pierre, cette édition scientifique que je n'avais pas prévue, que vous avez créée malgré le travail qu'elle allait vous imposer et qu'elle a largement dépassé, je souhaite qu'elle vous donne la satisfaction sinon la joie que votre labeur mérite[36]. » Pour réussir cette opération éditoriale, Pierre Nora a mobilisé autour de lui toute une équipe d'historiens qui ont pris en charge les sept années du journal[37].

À l'automne 1971, juste après la publication du premier volume de ce *Journal du septennat*, alors que le programme des concours du CAPES et de l'agrégation porte sur la France de 1934 à 1958, Pierre Nora est sollicité par l'École normale supérieure pour faire une conférence aux agrégatifs sur « l'année 1947 ». À la fin de sa conférence, il informe son auditoire qu'il cherche encore deux personnes pour achever ce long travail de publication, et, au sortir de la salle, il est entrepris dans le couloir par un de ces agrégatifs qui lui déclare tout de go, sans fioritures : « Après l'agrégation, je voudrais travailler avec vous. » Il s'agit de Laurent Theis qui deviendra son ami et à qui effectivement Pierre Nora donnera la responsabilité du cinquième volume du *Journal du septennat*, l'année 1951 : « Ce n'était pas mon idée au départ, je me destinais plutôt au Moyen Âge, ce que j'ai fait, mais il me restait une année à passer à l'ENS[38]. » À partir de là, Laurent Theis soutient sa thèse de troisième cycle sous la direction de René Rémond, et Pierre Nora lui confie quelques travaux d'édition pour ses collections chez Gallimard, notamment la mise au point du dernier manuscrit de Pierre Mendès France[39]. Il est aussi sollicité pour faire des notes de lecture et évaluer les manuscrits qui arrivent au service Nora chez Gallimard, mais surtout « c'est devenu un lien affectif, un ami, malgré la différence d'âge. Il avait quarante ans, j'en avais vingt-trois. Il s'est installé dans ma vie intellectuelle et affective[40] ».

Lors de la sortie du premier volume en 1970, le président de la République, Georges Pompidou, s'est ému de la divulgation au public de ces secrets d'État, à tel point que l'on a craint un moment une saisie de l'ouvrage. Mais Pierre Juillet fit valoir au chef de l'État qu'une telle mesure, peu avant la sortie des *Mémoires d'espoir* du général de Gaulle, donnerait l'impression désastreuse d'un procès de la Vᵉ République à la IVᵉ. Tout au contraire, plus tard, Valéry Giscard d'Estaing, qui a toujours fait montre d'un grand souci de conservation des archives de son propre septennat et de sa mise à disposition rapide aux historiens, pour une meilleure compréhension des enjeux de l'époque, réagit très positivement à la lecture du *Journal du septennat*, et cela lui donne même des idées pour la suite : « J'ai lu avec beaucoup d'intérêt "année 1950" du *Journal du septennat* de Vincent Auriol... En refermant le livre, je me disais que les historiens devraient faire voter un texte obligeant les responsables politiques à enregistrer leurs conversations[41]. »

8

Le choix de l'historiographie et frictions avec Braudel

Alors qu'il est pensionnaire à la fondation Thiers entre 1960 et 1963, Pierre Nora, on l'a vu, est tiraillé entre plusieurs sujets de thèse possibles. Il déplace son intérêt vers un champ nouveau, peu exploité jusqu'alors par les historiens, celui de l'historiographie, tout en ayant pour interrogation majeure la question du national. Il écrit pour Pierre Renouvin, pour la *Revue historique*, un long article sur Ernest Lavisse qui va avoir une valeur matricielle dans son parcours d'historien.

Pierre Nora se situe en observateur de ce moment qui précède la Grande Guerre, en s'interrogeant sur la centralité qu'occupe la discipline historienne durant cette période et sur la force du sentiment national. Il trouve un élément d'explication dans le rôle joué par cet instituteur de la République que fut, en réaction à la défaite de Sedan, l'historien Lavisse. Pierre Nora prend donc pour objet d'étude son rôle dans la formation du sentiment national[1]. Par cette contribution, il dévoile l'importance prise par la discipline historique dans la construction d'un consensus national, en même temps qu'il démythologise la statue d'un Lavisse coulée dans le bronze républicain. Il dévoile, sur la base d'archives, que celui qui a incarné la République naissante a mis du temps à abandonner ses convictions bonapartistes. Précepteur du prince impérial, il ne croyait nullement au devenir républicain de la France, et il ne s'est rallié que par opportunisme. Par contre, la conviction forte qui anime toute son œuvre d'historien et le magistère d'instituteur national qu'il a occupé est bien le souci patriotique, le désir de revanche vis-à-vis des Allemands, le renforcement de la cohésion nationale : « Sans doute représente-t-il l'effort le plus cohérent pour instaurer une légitimité politique tout en déclarant close l'ère des révolutions. Par une conception militante de l'éducation, il a appuyé le culte de la patrie sur celui de la liberté; une notion très simple sur une notion chargée d'équivoque[2].» Avec cet article, Pierre Nora ouvre un champ d'investigation nouveau, celui de l'historiographie qui fait porter l'intérêt sur l'historien lui-même en tant qu'auteur d'une certaine manière d'écrire l'histoire, interrogé à partir de son parcours, de sa sensibilité, de son idéologie. Cette articulation recherchée entre l'équation singulière de l'historien et son mode d'écriture de l'histoire sera conceptualisée plus tard par Pierre Nora sous la forme de l'«ego-histoire». Elle est déjà présente dès ce premier essai sur Lavisse et atteste la complémentarité fondatrice entre la préoccupation historiographique et l'intérêt pour l'équation personnelle de l'historien.

Accordant plus tard une place cardinale à l'historiographie, Pierre Nora reprendra le dossier Lavisse pour en tirer une nouvelle contribution dans *Les Lieux de mémoire* dont le premier volume consacré à la nation accorde plus d'un tiers de son contenu à l'historiographie[3]. Il montre cette fois la centralité lavissienne dans un équilibre national enfin réalisé et une adéquation exceptionnelle entre le travail savant et le discours scolaire tenu à toutes les générations montantes en voie de scolarisation et qui a permis une sorte d'âge d'or de l'histoire en France.

L'année suivante, en 1964, Pierre Nora publie une préface pour le grand classique qu'est en ce milieu des années 1960 l'étude historique de Marx sur la révolution de 1848 et le coup d'État de Louis Napoléon Bonaparte de 1851. Elle est éditée dans la collection dirigée par son ami Jean-François Revel chez Jean-Jacques Pauvert[4]. C'est en tant qu'historien que Pierre Nora est intéressé par ces deux petits ouvrages de Marx qui entendent rendre compte d'une actualité politique traversée au plus près par son auteur. C'est en tant qu'application de la dialectique propre à Marx sur une étude de cas concrète que cette lecture offre un intérêt. À cet égard, Pierre Nora exprime ses réticences d'historien par rapport au systématisme et au réductionnisme pratiqués par Marx qui en vient à nier l'autonomie de la sphère politique pour mieux faire apparaître le lien présupposé entre les intérêts de tel ou tel groupe social et leurs représentants, leurs leaders politiques, réduits à l'état de pantins. Ce sociologisme primaire pourrait invalider ces deux ouvrages de Marx, et pourtant ils ne manquent pas de souffle. Pierre Nora voit une raison à cette contradiction apparente dans le fait qu'«au moment même où le dialecticien enferme l'histoire dans une théorie sociologique, l'historien en hausse le récit au niveau du drame shakespearien[5]». Sous le doctrinaire, Pierre Nora dévoile aussi un discours de moraliste dont le contenu est organiquement lié à sa prétention scientifique. Non sans humour, par un retournement spectaculaire, la critique qu'adresse Pierre Nora au récit de Marx, son coup de pied de l'âne, consiste à lui reprocher de ne pas faire assez état de l'économie, d'en sous-estimer le rôle : «On demeure profondément étonné par le fait qu'une analyse qui prétend à une lecture sociale des faits politiques décolle à ce point de l'observation économique[6].» Dans le contexte très marxisant du milieu des années 1960 au sein des milieux intellectuels français qui ont canonisé Marx comme un saint laïc, cette préface exhale un parfum iconoclaste.

En la même année 1964, Pierre Nora fait paraître dans les *Annales* un article qui se voulait quelque peu séminal d'un projet de thèse jamais réalisée, car le thème choisi avait déjà été exploré par Eugen Weber, celui du nationalisme d'avant 1914[7]. Pierre Nora se situe dans la filiation de René Rémond et de son ouvrage qui fait autorité depuis 1954 sur *La Droite en France* en prenant pour objet une des familles de cette droite, celle incarnée par Charles Maurras. De la même manière qu'il avait exploré le trait d'union entre républicanisme et patriotisme chez Lavisse, il explore dans ce cas la conjonction entre nationalisme et royalisme, et retrace ses temps forts dans l'histoire politique française, approfondissant le paradoxe selon lequel «succès et insuccès ne sont que les deux faces de la même médaille. L'Action française n'est jamais plus présente sur la scène nationale que lorsque, d'une certaine manière, elle en est radicalement absente[8]».

Au moment de la «divine surprise» de 1940, le paradoxe tient au fait que la défaite offre un second souffle à un mouvement politiquement agonisant. L'adhésion à l'Action française rassure alors, et, loin d'incarner quelque changement révolutionnaire, les adhésions à ce courant expriment au contraire un état d'esprit essentiellement conservateur, tandis que l'extrémisme rejoint les forces vives du collaborationnisme parisien. 1940 joue alors, aux yeux de Pierre Nora, le rôle de révélateur qui voit le maurrassisme constituer «l'ultime transfiguration de la contre-révolution en milieu profondément républicain[9]». D'où le constat selon lequel ce courant vaut surtout comme symptôme de la crise française, et son rôle se décrypte en creux entre sa fausse victoire et la vraie défaite de 1940. Par cette contribution d'histoire politique, parue dans les *Annales* en 1964, Pierre Nora détonnait par rapport à l'orientation très économiciste de la revue sous l'impulsion de Fernand

Braudel, alors seul maître à bord. Mais c'est par Marc Ferro, nouveau secrétaire de la revue en 1962, que cet article a pu être publié.

Celui qui fait figure de pape de l'histoire, Fernand Braudel, régnant sans partage en ces années 1960 sur une bonne partie de l'école historique française qui se reconnaissait de plus en plus dans le paradigme des *Annales*, entretient des relations plutôt difficiles avec Pierre Nora. Emmanuel Le Roy Ladurie emmène son ami Pierre Nora en 1960 à son retour d'Oran au séminaire de Braudel. Pierre Nora y fait une intervention et ils discutent un peu. Braudel demande à Pierre Nora dans quelle direction il entend travailler et réagit à ce qu'il apprend en lui rétorquant, vexé de ne pas être sollicité comme son maître : « Tu choisis les cons[10]. » Il s'agit en l'occurrence de Pierre Renouvin, sommité alors incontournable en histoire contemporaine. Peu de temps après, Fernand Braudel, dont l'épouse était une Française d'Algérie, réagit très négativement au livre de Pierre Nora sur *Les Français d'Algérie*. À cela s'ajoutent quelques griefs : « Braudel reprochait à Pierre Nora de ne pas aller aux archives[11]. » Et cela suffit pour lui à le disqualifier comme historien. On ne peut pourtant dire que le concepteur de la collection « Archives » ait ignoré cette dimension majeure de l'exercice historiographique !

Les choses s'enveniment lorsque Pierre Nora entre chez Gallimard. Il devient alors un concurrent direct de Fernand Braudel qui dirige une collection d'histoire chez Flammarion. De plus, Pierre Nora devient l'éditeur de Le Roy Ladurie, de Nathan Wachtel et de la plupart des grands auteurs de la nouvelle histoire. Braudel a alors le sentiment d'une dépossession. Devenant un rival redoutable, alors qu'aux yeux de Braudel il n'avait ni la légitimité de la thèse ni celle d'une plongée dans des archives, c'en est trop, et Braudel ne peut plus se contenir de vitupérer partout ce qu'il considérait comme relevant de l'imposture. Il a même été jusqu'à le faire à l'occasion d'un déjeuner chez François Furet, alors marié avec la sœur de Pierre Nora, Jacqueline : « Il a commencé par me traiter de voyou qui faisait du détournement de talweg ! Cela ne s'invente pas. Ma sœur a réagi : "Le terme de voyou ne lui convient pas du tout et je ne laisserai pas chez moi parler comme cela de Pierre."[12] » Face à cette agression caractérisée, Pierre Nora envoie une missive à Braudel pour qu'ils aient une explication sur le fond. Il est reçu dans son bureau aux Hautes Études. Fernand Braudel lui dit alors tout devoir à Henri Flammarion avec lequel il a été prisonnier en camp pendant la guerre et il ajoute que Pierre Nora en revanche ne doit rien à Gallimard. Il lui propose un marché au terme duquel Pierre Nora viendrait le rejoindre chez Flammarion pour l'aider à animer la collection d'histoire : « "Et ici, à l'EHESS, je ne t'oublierai pas ! " Je l'ai remercié et c'en est resté là[13]. »

Lorsque Pierre Nora prépare avec Jacques Le Goff ce qui deviendra un événement historiographique majeur dans les années 1970, les trois volumes de *Faire de l'histoire*, ils se disent qu'il serait opportun de demander une contribution à Fernand Braudel, tout en étant conscients que l'on ne pouvait le mettre au même niveau que les autres auteurs. On lui suggère donc d'écrire une contribution importante sur la figure même de l'historien : «Jacques Le Goff m'apprend que vous ne seriez pas entièrement hostile à écrire pour notre ouvrage collectif sur l'histoire un texte sur "L'historien comme objet nouveau de la curiosité historique". Est-il besoin de vous dire que cette perspective m'enchante[14] ? » Fernand Braudel ne donnera pas suite à cette proposition. Il en donne deux raisons dans sa réponse à Pierre Nora : «La première contre laquelle vous protesterez : c'est une nouvelle génération d'historiens qui dresse son bilan et qui prend ses responsabilités. Elle doit le faire, tel un fils émancipé de la présence de son père. Mais la véritable raison, c'est que je ne peux pas distraire une journée de travail de mon programme actuel[15]. »

Braudel se désiste en termes diplomatiques, mais sur le fond, s'il n'accepte pas de collaborer à *Faire de l'histoire*, c'est parce qu'il n'en est pas le maître d'œuvre et n'entend pas se laisser déposséder de son magistère en devenant une simple pièce rapportée. Marc Ferro, proche de lui, a senti monter son exaspération croissante devant l'ampleur prise progressivement par ce projet conduit par Pierre Nora et Jacques Le Goff : «Comme disait François Furet, "Braudel ne participe aux choses que s'il les préside" et c'est très vrai. Il lui fallait régner, tout en n'aimant pas forcément gouverner; il déléguait très fort, j'en sais quelque chose aux *Annales*[16]. » Non seulement se joue à cette occasion, ce que ressent bien Braudel, la question du relais par une génération plus jeune, mais s'y ajoute aussi une inflexion du paradigme historique qui avait déjà été énoncée par Pierre Nora en 1971 lorsqu'il lançait sa «Bibliothèque des histoires» sous le signe de l'éclatement, de la pluralité des histoires, et qui exemplifie avec cette trilogie *Faire de l'histoire* sa fécondité, remettant en cause la notion de globalité, de totalité à laquelle étaient attachées les générations précédentes, de Marc Bloch et Lucien Febvre à Braudel. Cette tension se traduira par un nombre croissant d'interventions de Braudel pour retenir ses auteurs chez Flammarion et les empêcher de passer chez Gallimard avec Pierre Nora.

Cela n'empêchera pourtant pas ce dernier de participer aux *Mélanges* offerts à Fernand Braudel en y publiant une contribution. Mais celle-ci est tout en décalage par rapport à l'orientation braudélienne marquée par la double prévalence de l'époque moderne et des temps immobiles. Tout au contraire, Pierre Nora intervient en cette occasion avec un plaidoyer pour l'histoire contemporaine[17], considérée par Braudel comme relevant à peine de la discipline, si ce n'est celle du journalisme.

Dans ce texte de 1973, Pierre Nora devance toutes les réflexions ultérieures sur ce que l'on appellera l'histoire du temps présent, chaire qu'il occupera plus tard à partir de 1976 à l'EHESS. En effet, il ne conçoit pas l'histoire contemporaine comme le simple rajout d'une période plus proche que les périodisations plus anciennes, comme on a l'habitude de la concevoir, selon une nouvelle tranche chronologique que certains font partir de 1789, d'autres de 1900, d'autres encore de 1945. L'histoire contemporaine, selon Pierre Nora, serait surtout une « histoire *autre*[18] ». Il relie cette mutation à sa réflexion sur l'événement publiée juste un an auparavant[19] : « La problématique de l'événement est étroitement liée à l'avènement d'une histoire "contemporaine"[20]. » Pierre Nora récuse le confinement de l'histoire contemporaine dans une étroite histoire politique et dans un temps éphémère au souffle court comme la conçoit Braudel, pour y voir au contraire le laboratoire privilégié de cristallisation des dynamiques profondes sous-jacentes qui devrait porter le nom d'histoire du présent.

Poursuivant ses réflexions dans le domaine de l'historiographie, Pierre Nora publie une préface à une œuvre de Taine qu'il donne en prépublication à son ami Georges Liébert pour sa revue *Contrepoint* en 1973[21]. Il s'interroge sur cet historien qu'il juge injustement décrié et relégué systématiquement dans le purgatoire des scientistes froids. Il en donne une vision très différente en revisitant son œuvre tenue pendant longtemps à distance et oubliée, étant même devenue un véritable épouvantail cumulant tout ce qui est détestable, incarnant le caractère le plus rance du nationalisme le plus rétrograde : « Taine ne se réduit pas à sa légende[22]. » Pierre Nora voit en lui un personnage beaucoup moins académique qu'on ne le croit, qui n'a jamais enseigné à la Sorbonne ni dans aucune université. Son œuvre qui est considérée comme sage est celle, iconoclaste, d'un battant. Et celui qui est présenté comme le chantre des humanités classiques délaisse le grec et le latin pour mieux privilégier les sciences les plus modernes. Tout au contraire de sa réputation, le Taine revisité par Pierre Nora n'est pas le scientiste borné que l'on stigmatise, mais « tout de sensibilité et d'observation[23] », et Pierre Nora de déceler dans cette œuvre méconnue l'émergence d'une grande sociologie concrète de la modernité. Son génie serait celui de l'observation : « C'est un homme à la rétine cultivée[24]. »

Toujours en ce milieu des années 1970, Pierre Nora établit l'édition et écrit la préface des *Lettres de Russie* du marquis de Custine, à la demande de son ami André Fermigier pour la collection qu'il dirige chez Gallimard[25]. C'est un document exceptionnel qui relate deux mois de voyage du marquis sous le règne de Nicolas Ier. Voilà un noble français en rupture de ban, en révolte contre les hypocrisies de sa caste sociale, un homme libre, tant au plan de ses ennuis de santé que de ceux de sa vie amoureuse. C'est la singularité de cet « homme de tous les exils », et qui trouve refuge dans les voyages, que fait revivre Pierre Nora dans sa préface. Custine part pour la Russie, fort de son légitimisme politique et convaincu d'y trouver la société de ses rêves ; il en revient horrifié.

Pierre Nora fait le parallèle entre la capacité de Tocqueville à saisir l'esprit de la nation américaine à la même époque, dans les années 1830, et la qualité du diagnostic sur la Russie d'un Custine qui est « de la race de ces intuitifs de génie qui ont tout compris entre la gare et l'hôtel[26] ». Ils font tous deux œuvres anticipatrices, et Custine de saisir au mieux derrière les traits grimaçants de l'autocratie tsariste les formes mêmes dans lesquelles va se couler la dictature stalinienne. Custine dénonce un système d'oppression déguisé en amour de l'ordre, le secret qui préside à toutes les relations humaines, le fanatisme d'obéissance, un régime qui bafoue toutes les libertés. Dans un souci historiographique constant, Pierre Nora suit le parcours posthume d'un ouvrage qui est un best-seller sur le moment, confortant les arguments d'une réprobation générale par les Français de la politique menée par les Russes en Pologne, puis l'oubli, la renaissance du livre au moment de la guerre froide, malgré les défauts d'un ouvrage qui reste « partial et partiel ». Ouvrage étonnant qui passe à côté de beaucoup d'aspects fondamentaux de la Russie de 1839 et devient pourtant un excellent outil pour comprendre le mode de fonctionnement de la Russie stalinienne : « Là gît le mystère : comment le cauchemar de 1839 est-il devenu la réalité de 1939 et la quasi-réalité de 1969[27] ? » Cela tient surtout au fait que la sphère de l'État observée à l'époque tsariste va s'étendre comme une hydre dans tous les pores de la société russe pour mieux la contrôler, et ce qui n'était que miroir grossi du portrait dressé en 1839 va devenir la triste réalité, celle d'une caricature. Pour finir, Pierre Nora en tire un enseignement plus général : « La vérité, c'est bien connu, ne sort jamais que de la bouche des parias[28]. »

Le sociologue Georges Friedmann, spécialiste de la Russie où il a fait plusieurs séjours entre 1932 et 1936, en rapportant deux ouvrages, salue avec enthousiasme la préface de Pierre Nora : « Je me suis jeté sur votre préface aux lettres de Custine que j'avais admirées surtout après mon troisième séjour en URSS (octobre 36, séjour traumatisant, premiers "Grands procès" de Moscou – je commençais à mieux comprendre la Sainte Russie des tsars et de Staline). Votre texte est de tout premier ordre. Je le dis sans une vue d'amicale complaisance, comme si l'auteur m'était inconnu. Pages vigoureusement pensées, remarquables par l'intuition du personnage de Custine, la saisie de la Russie "de toujours" et de l'actualité de celle de 1839 ; témoignant de nombreuses et érudites lectures : vous avez, en une esquisse magistrale, su restituer Custine, son milieu, son contexte historique passionnant[29]. »

Plus tard, en 1987, à l'occasion du dixième anniversaire de la disparition de Georges Friedmann, Pierre Nora publie son *Journal de guerre, 1939-1940* dans la collection blanche. Le sociologue était alors gestionnaire d'un hôpital militaire de campagne, et Pierre Nora est frappé par la lucidité précoce de Friedmann sur la réalité du système soviétique qu'il avait pourtant loué dans le passé, mais sur lequel son regard est de plus en plus critique, au point de percevoir dès la drôle de guerre un parallélisme entre le régime nazi et le régime stalinien. Il en ressent une « solitude morale » et en revient à un spinozisme qui a marqué sa jeunesse. Tout en reconnaissant en interne chez Gallimard que sa pensée a été rangée au purgatoire, Pierre Nora plaide pour sa publication : « On peut considérer que l'on doit quelque chose à sa fidélité et à sa mémoire. À ce titre aussi son manuscrit mérite de n'être pas inconsidérément écarté[30]. »

En cette même occasion de commémoration de la mémoire de Georges Friedmann, Pierre Nora organise, en tant que président de l'Association du Clos de Metz (Jeanne et Léon Blum), une Journée Georges Friedmann à Jouy-en-Josas dans la maison de Léon Blum le 10 octobre 1987. Cette journée d'hommage a été introduite par Pierre Nora lui-même, Edgar Morin et Alain Touraine. Elle s'est déclinée autour de trois thèmes de réflexion : la crise industrielle ; culture et communication de masse ; le destin du peuple juif.

II

LE DEUIL ÉCLATANT DE LA LITTÉRATURE

9

Les noces souvent incestueuses entre journalisme et édition

Avec le succès en 1961 de son premier essai, *Les Français d'Algérie*, Pierre Nora a fait son deuil de ses ambitions littéraires et s'est engagé dans des voies dérivées, celle de l'édition et de l'enseignement supérieur. A-t-il pour autant renoncé à faire œuvre littéraire ? Renonce-t-on vraiment lorsqu'on a son talent de plume ? En ces années 1960, l'inspiration littéraire en France est quelque peu en panne, le nouveau roman théorise la fin du récit et s'engage dans une littérature souvent perçue, à quelques exceptions notables près, comme trop ésotérique. En revanche, l'heure est aux sciences humaines que l'on dévore pour mieux penser les transformations de la société, pour mieux comprendre un monde en plein mouvement.

Pierre Nora ressent de l'intérieur cette mutation et considère l'âge d'or des sciences humaines, qu'il orchestre, comme l'expression même de cet essoufflement de la littérature qui s'exprime toujours, mais par d'autres moyens. L'exemple le plus spectaculaire en est *Tristes tropiques* de Claude Lévi-Strauss qui paraît en 1955 comme un essai d'ethnologie dans la collection « Terre humaine » chez Plon, mais qui était au départ un projet de roman dans l'esprit de Lévi-Strauss. Le jury Goncourt regrettera d'ailleurs qu'il ne soit pas étiqueté comme tel car il aurait eu le prix.

Certes, Pierre Nora a dû opter pour un chemin professionnel, mais il ne cessera d'être tiraillé, écartelé en tous sens entre ses diverses vocations qui lui rendent possibles à la fois l'édition, le journalisme, l'université et la littérature. La décantation va se faire dans la durée, mais il entend surtout ne rien se laisser imposer et rester libre dans ses choix, se rappelant à chaque occasion ce conseil de son ami André Fermigier : « Si tu es à la colle, tu es foutu. » De ces tiraillements, de ce déséquilibre à la fois fécond et peu sécurisant, Pierre Nora tire une anxiété profonde qui se traduit d'ailleurs souvent par des manifestations psychosomatiques, par des maladies récurrentes, et une réelle fragilité de sa santé. Il s'ouvre bien sûr à ses proches de ses indécisions. Son ami Edgar Morin lui envoie en 1969 une lettre dont le titre, « Ordonnance », sonne comme une plaisanterie, mais dont le contenu révèle qu'il a bien compris la déchirure qui traverse Pierre Nora au plan professionnel. Rappelons qu'en 1969 Pierre Nora est déjà bien ancré chez Gallimard. Il enseigne par ailleurs à Sciences-Po, mais l'essentiel de son identité s'est alors réalisée dans l'édition.

Edgar Morin fait le point sur cette situation : « Bien que vous y réussissiez brillamment, vous n'êtes pas en réalité destiné au managérisme intellectuel généralisé ni au forcing pédagogique. Certes, ces deux voies vous ont été sans doute utiles : vous avez ressenti le besoin de doter d'un statut extérieur votre personnalité, incité en cela par un doute profond sur vous, qui vient peut-être d'un complexe de cadet (psychanalyse de la relation infantile juvénile Simon-Pierre) ; elles vous sont toujours utiles, vous permettant de nourrir votre polyvalence et de vous culturer polycentriquement. Mais désormais et de plus en plus vous courez le risque de superficialité en consommant de plus en plus hâtivement les nourritures culturelles – en lisant avec un œil de "lecteur" ou/et de professeur. Et surtout vous risquez de vous emprisonner (c'est peut-être par secrète sagesse que vous temporisez, restant duplice sur Sc/Po et Gallimard, ce qui vous évite de vous laisser enfermer définitivement dans l'un des deux systèmes)... La seconde personnalité sociale que vous vous êtes construite vous donne des avantages finalement trop pernicieux : sous cette peau, derrière ce masque, vous pouvez vous dissimuler aux autres, esquiver ces difficultés fondamentales que *nous portons tous*, acquérir de multiples petites satisfactions, mais en la gardant de plus en plus au secret. Vous mettez de plus en plus au cachot votre personnalité première, que je crois rêveuse, méditative, affectueuse, avec des curiosités profondes allant ailleurs. Il n'y a pas de solution en vue, mais il y a une voie : cultivez votre propre philosophie. Cela ne veut pas dire : faites une thèse ou un livre, ou faites du cheval. Cela veut seulement dire qu'il est temps de partir à la recherche de l'expression de ce qui vous importe le plus en vous-même, et qui ne se découvre nullement à la première introspection. Cela veut dire qu'il est temps de comprendre ce qui est devenu autoaliénation après avoir été autoréalisation. Cela veut dire qu'il est temps d'aller au-devant de vos difficultés et de ne plus vous laisser porter par vos facilités. Un jour, un déclic se produira en vous, et ce sera le moment crucial pour pousser dans le bon sens, dans un acte de confiance – et non de doute – pour votre personnalité première[1]. »

Cette belle analyse du « docteur » Morin est assez juste sur les doutes que traverse Pierre Nora et sur la nécessité d'un déclic qu'il ne peut pas vraiment déclencher, mais seulement réaliser dans l'après-coup. On n'en est pas encore là, dans ce second temps de la vie professionnelle de Pierre Nora, moment où l'adéquation entre sa personnalité profonde et son personnage public va se réaliser avec éclat. On peut assez précisément le dater de l'entreprise des *Lieux de mémoire*, soit pas avant la fin des années 1970, à presque cinquante ans.

Jusque-là Pierre Nora va incarner brillamment et successivement l'âge d'or des sciences humaines, puis le triomphe de la nouvelle histoire, se faisant l'avocat et le grand diffuseur de ces deux temps clés, sans jamais vraiment s'y reconnaître pleinement, tout en y engageant sans compter toutes ses forces de travail. Pour que ce déclic intérieur se produise et débouche sur une réalisation de ce qu'il porte, encore faut-il ne pas se trouver prisonnier d'une institution, d'une activité, d'une fonction pour laquelle on aurait sacrifié son identité. D'où le souci constant de Pierre Nora de s'investir certes pleinement dans ce qu'il fait, tout en préservant du jeu, un équilibre instable entre plusieurs allégeances, plusieurs possibles qui sont comme des pierres d'attente pour être prêt le jour venu où ce déclenchement intérieur se produirait.

Après 1968, Pierre Nora est devenu l'étoile montante de l'édition des sciences humaines, domaine dans lequel son ami Philippe Garcin, vieil ami de sa khâgne, nouveau directeur des PUF, joue aussi un rôle majeur. Philippe Garcin lui fait une proposition de rapprochement qui aboutirait à une grande collection commune en rassemblant le fonds des PUF et celui, nouveau, de chez Gallimard. Dans le même temps, Jean Malaurie connaît des difficultés avec sa belle collection « Terre humaine » chez Plon et s'adresse à Pierre Nora pour savoir si Gallimard serait prêt à l'accueillir. De son côté, Christian Bourgois s'apprête à quitter René Julliard et exprime le désir de faire quelque chose avec Pierre Nora avec lequel il avait si bien assuré le succès de la collection « Archives ». Du côté de la VIe section de l'EPHE, Clemens Heller voudrait faire entrer Pierre Nora pour qu'il s'occupe des éditions de l'École. À toutes ces propositions s'ajoute encore celle de Jean Daniel qui souhaite que Pierre Nora reprenne sa collection d'essais du *Nouvel Observateur* qui marche mal. Pour répondre à toutes ces sollicitations, Pierre Nora prend une initiative : « J'ai fait une note un peu bismarckienne à Claude Gallimard l'informant que j'avais sous ma responsabilité un secteur trop important et appelé encore à grandir. Je lui ai suggéré de fonder sous l'égide de Gallimard une nouvelle maison d'édition spécialisée dans ce domaine[2]. »

Pierre Nora entrevoit alors l'opportunité de construire une fusée éditoriale à trois étages : un pôle scientifique qui serait le débouché des productions de l'École des hautes études, s'occupant de l'édition des thèses et autres travaux d'ordre scientifique ; un second pôle de *paperback*, de livres de poche, constitué par le fonds des PUF, de Plon – « Terre humaine » ; et un troisième pôle axé sur l'actualité avec la collection « Témoins » et les essais du *Nouvel Observateur*. La réaction de Claude Gallimard n'a pas été d'enthousiasme. Il invite à déjeuner Pierre Nora pour lui signifier son refus de ce plan, considérant que l'on n'a pas fait tous ces efforts dans le domaine des sciences humaines pour brader le secteur en l'intégrant dans le fonds des PUF. De plus, il regarde désormais avec quelque défiance un Pierre Nora suspect de vouloir construire à son profit un État dans l'État. La fusée ne verra donc jamais le jour et restera un mirage. À distance, Pierre Nora considère que la manière dont il a procédé ne pouvait qu'aboutir à cet échec qu'il souhaitait inconsciemment pour préserver sa liberté : « J'ai présenté mon hypothèse à Claude Gallimard en lui demandant ce qu'il en pensait, ce qui est enfantin. La seule chose à faire était de lui signifier mes intentions et de lui demander s'il voulait en être. Il ne fallait pas aller demander la permission, ce qui prouve en fait que je n'avais pas vraiment envie de réaliser ce projet[3]. »

Ce qui confirme cette posture d'un Pierre Nora soucieux de préserver sa liberté indispensable pour l'exercice de sa responsabilité d'intellectuel, c'est son refus réitéré à accepter des propositions qu'on lui fera régulièrement pour prendre la tête de grandes maisons d'édition. On lui proposera ainsi de diriger les éditions Fayard avant qu'elles ne soient confiées à Claude Durand, donc avant 1980, et lorsque Hervé de La Martinière prend la direction des éditions du Seuil, il propose à Pierre Nora de les présider : « Je suis sûr que vous auriez été un grand président pour le Seuil et, plaisir supplémentaire, que je me serais parfaitement entendu avec vous[4]. » Ces refus réitérés ont leur cohérence, celle d'une obscure conscience de la part de Pierre Nora qu'il n'a nullement envie de se voir transformé en chef d'entreprise, fût-elle éditoriale, s'occupant pour l'essentiel de l'équilibre d'un budget, de faire rentrer des fonds, de gérer une masse salariale. Ses succès en tant qu'éditeur le mènent logiquement à assumer une telle responsabilité au sommet, mais cela présuppose le renoncement à son identité profonde, plus créative.

La famille de L'Obs

Outre son ancrage majeur qui se situe chez Gallimard, Pierre Nora participe à la mouvance du *Nouvel Observateur.* Il est lié d'amitié avec le directeur de l'hebdomadaire Jean Daniel, mais aussi avec nombre de collaborateurs réguliers du journal, Mona et Jacques Ozouf, André Fermigier, François Furet, Denis Richet, Jean Lacouture. C'est un peu sa famille intellectuelle, d'autant que l'équipe de *L'Obs* est très attachée à la figure de Pierre Mendès France, ce qui renforce encore la relation avec la famille Nora puisque son frère aîné est le conseiller de Mendès. Jean Daniel est totalement accaparé par la direction de son hebdomadaire dans les années 1960, mais il souhaiterait se réserver un temps personnel pour une écriture moins directement tributaire de l'actualité. Il propose alors à Pierre Nora, comme il le fera aussi à Jean Lacouture, de devenir directeur adjoint de la rédaction : « Pierre Nora a réfléchi et finalement a répondu qu'il ne pouvait pas. Il faut dire que la proposition était d'autant plus digne d'être appréciée qu'au *Nouvel Observateur* il avait tous ses amis à demeure[5]. »

Cette relation d'extrême proximité avec l'hebdomadaire préféré de l'intelligentsia française lorsque l'on est par ailleurs l'éditeur des sciences humaines dans la maison d'édition la plus réputée du pays, chez Gallimard, n'est pas sans faciliter les choses, tout en posant des problèmes quant à la division des tâches entre celui qui édite et celui qui doit préserver son indépendance critique. En même temps, la proximité est si grande entre ce que veut promouvoir le journal et ce qu'édite Pierre Nora, que l'on comprend bien qu'il estime naturel que la presse, surtout celle qu'il perçoit comme appartenant à sa famille, contribue à faire connaître et à assurer le succès de ses publications.

Cette situation ambivalente provoque quelques moments de tension. C'est le cas lorsque Pierre Nora publie en 1970 un ouvrage auquel il tient beaucoup, celui de son cousin François Jacob, prix Nobel de médecine, *Logique du vivant.* Ce qui avait été prévu pour la promotion du livre dans *Le Nouvel Observateur* ne passe pas, du fait d'un concours de circonstances qui suscite la colère de Pierre Nora et l'embarras de Jean Daniel, lequel reconnaît que des nuages obscurcissent ses rapports non personnels mais professionnels avec Pierre Nora. Pour les dissiper, il lui propose de se rapprocher davantage de la vie du *Nouvel Obs* : «Parce que le journal vient d'accroître considérablement son audience, parce que nous réorganisons le service littéraire et que nous avons besoin de ton concours : il y aura chaque mois au moins trois pages sur les sciences humaines et cela peut être du plus grand intérêt pour toi et pour nous[6].» Dans cette phase de griefs, Jean Daniel propose donc à Pierre Nora de passer du statut de collaborateur extérieur à qui on demande épisodiquement un papier à celui de collaborateur interne au journal et à sa ligne éditoriale.

Pierre Nora en profite pour exprimer très clairement son dépit et les leçons qu'il en tire ne vont pas dans le sens souhaité par Jean Daniel : «Je ne reproche pas au journal de ne pas faire un écho suffisant aux livres que je publie. Bien que je ne puisse m'empêcher de relever qu'en une année, la dernière, *L'Observateur* a seulement parlé de cinq livres (Berque, Liehm, Alain Rey, Veblen, Lazarsfeld) sur les quelque quarante que j'ai fait paraître. L'appui d'un seul hebdo intellectuel serait nécessaire au type d'édition auquel je me consacre et je suis toujours très heureux de le recevoir. Je ne crois pas que cette production soit trop difficile pour votre public, mais je suis bien sûr sensible au manque de place, au nombre de livres dont il faut rendre compte, à la difficulté de trouver de bonnes plumes. Par conséquent, ce n'est pas la question. Ce sont les méthodes de travail qui sont en cause. Il n'est pas possible de laisser bloquer les livres qui ne sont jamais prépubliés, de retéléphoner vingt fois pour avoir des réponses vagues, de s'entendre éventuellement renvoyer de l'un à l'autre et de voir les accords échouer au dernier moment. Tu m'as solennellement annoncé plusieurs fois des réformes spectaculaires. Je ne les ai pas vues. Tu m'as dit que les rapports n'étaient difficiles qu'avec Gallimard. J'ai pris mes renseignements, c'est la réputation de *L'Observateur* qui est la même dans toutes les maisons d'édition. Je ne reviendrai pas sur les histoires anciennes; sur les tentatives de mettre sur pied un "comité culturel", comité fantôme aux réunions duquel je suis ponctuellement allé pour m'y retrouver avec toi en tête à tête ou pour y agiter des idées qui n'ont jamais vu le jour[7]...»

Pierre Nora poursuit sa missive en rappelant ces publications dont l'hebdo pouvait avoir des bonnes feuilles, et qui appartiennent toutes à la collection «Témoins», celle des essais d'actualité. Il y a l'ouvrage de Vladimir Dedijer[8], préfacé par un journaliste de *L'Observateur*, Karol : «Il a fallu mille tergiversations avant le refus.» Pour l'ouvrage d'Andrei Amalrik[9], les bonnes feuilles sont acceptées et proposées à 5000 francs, le journal estime la somme à 2000 francs, refus chez Gallimard car il y avait des offres bien supérieures. Pierre Nora intervient auprès de Claude Gallimard, et parvient à lui faire baisser le prix à 4000 francs pour tenir ses promesses, mais *L'Observateur* signifie qu'il n'ira pas au-delà de 3000 francs. Résultat : *L'Express* publiera les bonnes feuilles moyennant 10000 francs. *L'Observateur* s'enthousiasme pour le livre de Lawrence Wylie[10], rendez-vous est pris avec l'auteur américain de passage à Paris, double page prévue : « Agitation, frénésie, contre-temps. Total : zéro. » Enfin, un document qui ne pouvait que retenir l'attention de l'hebdomadaire, le livre de Seymour Hersh sur les horreurs commises par les GI's américains au Vietnam[11] : « Examens, lectures, hésitations, va-et-vient, pour finir dans les marécages. »

Triste bilan des relations entre l'éditeur et le journaliste dressé par Pierre Nora qui déplore ce qui est l'occasion de cette mise à plat, le fait que *L'Observateur* avait programmé, réservé, chapeauté la leçon inaugurale au Collège de France de François Jacob à l'occasion de la publication de son ouvrage, et que cela lui avait été finalement refusé, car à la dernière minute elle avait été considérée comme trop ardue pour le public du journal : « Par-delà ces péripéties, il est certain que nous avons deux manières différentes de concevoir la collaboration. Les amitiés personnelles viennent toujours interférer chez toi avec l'activité professionnelle...Tu m'as souvent dit que tu trouvais normal, si un éditeur commandait un livre ou travaillait avec un auteur, qu'il veuille prolonger son geste en le faisant connaître au public : oui et non. C'est là que nous divergeons. À chacun son travail. Si *L'Observateur* parle de Veblen ou de Lazarsfeld, il ne fait que son devoir et il ne l'a fait à mon avis, jusqu'à présent, dans ce domaine culturel, que dans les limites les plus étroites. S'il prépublie Amalrik ou Dedijer, ce n'est pas un service qu'on me rend. Ce point de vue te paraît glacial et sans cœur ou inamical vis-à-vis d'un journal auquel tant de liens m'attachent : et dès lors, de mon côté, je suis exaspéré de sentir que tu me renvoies de moi-même l'image d'un manager américain doublé d'un marchand de tapis. Comprends-moi bien, je suis le premier conscient de tes responsabilités, des terribles difficultés au milieu desquelles tu dois te débattre tout seul avec ton courage et ton talent... Je suis à bout. Je sais bien toute l'ironie qu'il y a à se dire “brouillé” avec *L'Observateur*. De Lacouture à Dumur, de Todd à Claude Roy, de Serge à Hector, sans parler d'André Fermigier, sans parler de toi... de quel journal suis-je aussi proche ? C'est ma famille. Mais je n'en peux plus. Je suis comme un mari qui finit par vouloir divorcer parce que sa femme est toujours en retard, trouve la raison un peu mince, lui donne solennellement le rendez-vous de la dernière chance, l'attend deux heures, et ne sait pas choisir entre le divorce et la crise cardiaque. Personnellement, je ne choisirai pas la crise cardiaque, et je voudrais éviter le divorce avec toi[12]. »

Cette longue mise au point éclaire la manière dont Pierre Nora conçoit la division des rôles et notamment, même s'il investit beaucoup de chaleur amicale dans ses relations professionnelles, comment il entend séparer les domaines. On peut penser à nombre de ses amis très proches qu'il n'éditera pas pour autant chez Gallimard. C'est ce compartimentage qu'il défend en s'adressant à Jean Daniel et qui sera tout au long de sa carrière d'éditeur sa ligne de conduite, ce qui est d'autant plus difficile à tenir que, contrairement à beaucoup d'universitaires ou d'éditeurs, il n'a aucun mépris pour le journalisme, bien au contraire, cela était pour lui une voie possible qui l'a toujours un peu tenté, même si ses obligations l'ont tenu à distance de cette activité.

Ce différend dans les pratiques et la méthode n'altère cependant pas les relations de Pierre Nora avec Jean Daniel qui restent très amicales, surmontant tous les obstacles. Lorsque Jean Daniel, beaucoup plus tard, le 6 juin 2007, recevra les insignes de commandeur de la Légion d'honneur, il demandera à Pierre Nora de les lui remettre. En cette occasion solennelle, au cours de laquelle c'est à Pierre Nora de faire le discours, ce dernier lui rappelle le chemin d'obstacles de leur relation amicale : « Pendant longtemps, j'ai été surtout à tes yeux le petit frère de Simon. Ensuite, j'ai été probablement pour toi l'auteur des *Français d'Algérie*, ce qui a peut-être contribué à nous rapprocher par le sujet, mais pas par la manière dont je l'ai traité. Ensuite j'ai été pour le directeur du *Nouvel Obs* l'éditeur des sciences humaines chez Gallimard, râleur, jamais content du sort fait à ses auteurs, éternel faiseur d'embrouilles. Ensuite encore, il y a eu la période *Débat*, que tu as vu naître, disons-le franchement, avec des sentiments partagés, la crainte de voir des collaborateurs aussi précieux que François Furet, Jacques Julliard, Mona Ozouf distraire leur temps et leur talent dans cette revue[13]. »

Ce milieu de *L'Obs* est en effet celui de Pierre Nora qui entretient des relations d'amitié avec Jean Lacouture dont il a fait la connaissance depuis la publication de son livre sur l'Algérie. En 1968, ils se voient beaucoup, d'autant que Pierre Nora, habitant avec Françoise Cachin un appartement au 38, boulevard Saint-Michel, avait un bon poste d'observation des «événements», et Jean Lacouture, en journaliste et historien de l'immédiat, était souvent chez lui. Intrigués, on ne peut pas dire qu'ils aient été transportés par ce qui se passait : «On voyait sous nos yeux les arbres arrachés, les voitures renversées et brûlées, on trouvait que c'était des conneries[14].» Mais Jean Lacouture reconnaît n'avoir jamais eu les yeux de Chimène pour la jeunesse et dit même être partial et malveillant à l'égard des jeunes générations. Peu après, en 1970, c'est chez Pierre Nora que Jean Lacouture écrit sur un bout de table l'article sur la réception de Michel Foucault au Collège de France qu'il considère comme le meilleur qu'il ait écrit. Pierre Nora sortant avec lui du Collège de France l'invite à boire un verre, et il en profite pour rédiger l'article pour *Le Monde* en n'y consacrant pas plus d'une demi-heure : «Moi, je l'admire beaucoup, Pierre, mais là il était béat d'admiration, j'ai eu un bon moment d'inspiration[15].» Jean Lacouture s'est aussi vu proposer de seconder Jean Daniel, il a également refusé, mais il était davantage à l'intérieur du journal, alors que Pierre Nora était un des grands collaborateurs de l'extérieur du journal, «moi, j'étais un peu la maîtresse en titre, la Pompadour[16]».

Pierre Nora entretient surtout avec Jean Lacouture, malgré quelques divergences politiques, des relations amicales. Il est allé plusieurs fois le voir en Provence à Roussillon où il est même venu lui proposer de le seconder lorsqu'il a créé la revue *Le Débat*, et de son côté Jean Lacouture est allé plusieurs fois à Belle-Île où Pierre Nora passe l'essentiel de ses courtes vacances. Parmi les différends entre eux, il y a eu la contestation ferme par Jean Lacouture du soutien apporté par François Furet à la thèse de Thierry Wolton laissant entendre que Jean Moulin aurait pu être un agent de renseignement soviétique, et s'en prenant en passant à la mémoire de Pierre Cot. Certes, Pierre Nora n'a pas pris position dans la polémique, mais à ses yeux on ne discute pas les prises de position de son ami François Furet. En effet François Furet fait une recension très louangeuse de l'ouvrage de Wolton[17] : «Jean Moulin a-t-il été un agent de renseignement soviétique ?... Voici un livre qui fait pencher le sentiment des lecteurs dans le sens de Frenay avec des arguments lourds[18].» Ce à quoi, dans le même numéro de l'hebdomadaire, Jean Lacouture répond vertement : «De cet océan d'ordures n'émergeait qu'un îlot de sincérité, le KGB, ses hommes et ses archives... Jean Moulin, Charles de Gaulle, Pierre Mendès France : si la chasse aux sorcières est ouverte, le gibier est, sachons-le, de haut vol. S'il s'agit de taupes, la taupinière est grande[19] !»

Pierre Nora rend régulièrement hommage à son ami, saluant ses publications si nombreuses, sa facilité de plume, au point qu'il le dénomme un jour qu'il recevait son troisième livre... de l'année : « Roule-ton-bic. » À propos de sa trilogie sur le général de Gaulle, Pierre Nora écrit un bel article : « On attendait de Boisdeffre, on attendait Druon, c'est Lacouture qui vint ! Il y a quelque chose d'ironique et de profondément réjouissant dans la rencontre historique de De Gaulle et du premier de ses grands biographes : le vieux barde tragique devant ce petit Bordelais pétaradant, la statue du Commandeur livrée à ce farfadet amoureux de la vie et de l'instant... C'est pourtant la chance ultime de son destin. Après huit cents livres sur de Gaulle, voici le premier[20]. »

C'est dans *Le Nouvel Observateur* que Pierre Nora rend compte dans un même article des deux regards sur le siècle de ses deux amis Jean Daniel et Jean Lacouture[21]. Il y voit le symptôme d'un changement d'époque entre un XIXe siècle considéré comme le siècle de l'histoire et un XXe siècle qui a fait place aux journalistes et aux témoins. En même temps, il confronte deux styles, celui vif-argent de l'extraversion de l'infatigable « Roule-ton-bic » et de l'autre côté un style introverti, celui de Jean Daniel qui aura inventé un genre à lui, celui du journalisme intériorisé, et qui pose un problème central pour Pierre Nora qui publie au même moment le dernier volume de ses *Lieux de mémoire* : comment fonder et défendre la nation sans nationalisme ?

Lors de la journée Jean Lacouture organisée à la BNF le 28 novembre 2002, Pierre Nora fait une intervention intitulée « Le peuple lacouturisé » et se dit sidéré de constater que ce n'est pas moins de cent cinquante figures à qui Jean Lacouture a redonné vie avec ses portraits, ses biographies aux dimensions parfois dantesques. Il rappelle ce qu'a été cette production exceptionnelle, et devant cette « prolifération explosive, devant ce jaillissement séminal », Pierre Nora se pose quelques questions comme de savoir si le fait d'aller si vite ne sacrifie pas trop de la profondeur, ensuite il se demande si l'on peut en tant que biographie comprendre tout et son contraire, comme de Gaulle *et* Mitterrand, Talleyrand *et* Robespierre.

Fin 2005, alors qu'il avait achevé la lecture de l'ouvrage que venait de publier Mona Ozouf sur la fuite à Varennes dans la collection « Les journées qui ont fait la France », Jean Lacouture déjeune chez Lipp avec Pierre Nora et lui dit avoir fait un rêve au sortir de sa lecture, celui de publier un livre dans cette fameuse collection. Pierre Nora s'enquiert alors de savoir si son ami a déjà un sujet. Jean Lacouture lui dit être prêt à raconter l'événement du 19 mars 1962, la fin de l'Empire français, journée décisive qui a défait et en même temps refait la France sous un autre visage. Ils conviennent de ce projet et Jean Lacouture le réalise, comme tout ce qu'il fait, plus vite que son ombre. Mais la collection est dirigée par Ran Halévi qui se montre très réservé sur le résultat et qui signifie à Lacouture que son manuscrit ne correspond pas aux canons de sa collection. À quatre-vingt-cinq ans, Jean Lacouture, qui a tout réussi au plan éditorial, se voit donc refuser son manuscrit et sort un peu assommé de chez Gallimard : « Pierre m'appelle le soir même pour me demander comment cela s'est passé avec Ran et je lui dis qu'il a refusé de me publier. Il a trouvé cela bizarre et a demandé à lire mon manuscrit[22]. » En définitive, considérant que ce qu'a écrit Jean Lacouture est de l'ordre du témoignage d'un contemporain, il publie le livre dans sa collection « Témoins[23] ».

Autre pilier du *Nouvel Observateur*, Jacques Julliard est lié d'amitié avec Pierre Nora depuis qu'ils ont préparé de concert l'agrégation d'histoire en 1958. Comme Pierre Nora, Julliard est un homme aux multiples compétences qui ne s'est jamais adonné à une seule activité pour pouvoir les mener toutes de front : l'édition, le journalisme et l'histoire universitaire. Ils auront ainsi mené deux carrières parallèles qui, contrairement aux règles de la géométrie, se retrouveront en bien des moments en connexion : « Il y a en effet de toute évidence comme un fil rouge entre nos vies. Même type de formation... Mais aussi mêmes lieux, mêmes milieux, même type de carrière partagée entre l'université et autre chose. Mon premier souvenir de toi c'est à la Bibliothèque nationale dans la cour du square Louvois où nous avons dû parler de la guerre d'Algérie et aller prendre un verre chez Poccardi, célèbre café qui a disparu[24]. »

Pierre Nora et Jacques Julliard sont pourtant très différents de tempérament et leur élan respectif ne s'enracine pas dans la même tradition. Le fond religieux de Jacques Julliard, très catholique dans son inspiration et dans le contenu de ses colères, est étranger à Pierre Nora : « Il y a chez toi une passion que souvent j'admire mais dont je ne partage pas les emportements, les coups d'irrationalité, les pulsions, une rage froide qui fait le fond de ton caractère, une espèce de colère sacrée[25]. » Pierre Nora situe la filiation de son ami du côté de Péguy, de Bernanos, de Claudel, du côté d'un spiritualisme symbolique. Il n'est donc pas du tout de la même famille de pensée que Pierre Nora, et pourtant son cheminement est singulièrement proche du sien.

Lorsque Pierre Nora lance sa collection « Archives » chez René

Julliard, son ami Jacques Julliard arrive aux éditions du Seuil, alors resplendissantes, entrant d'emblée, ce qui est rare, au comité. D'un côté Pierre Nora lance «Témoins» en 1966, une collection de livres d'actualité, de l'autre Jacques Julliard lance sa collection de poche «Politique». Au moment où Pierre Nora rayonnait sur le continent des sciences humaines et de l'histoire avec ses «Bibliothèques» chez Gallimard, Jacques Julliard lançait de grandes entreprises éditoriales à succès au Seuil, comme *L'Histoire de la France rurale*, puis *L'Histoire de la France urbaine*, qui vont même inquiéter Claude Gallimard, car nombre des auteurs de Pierre Nora se retrouvent dans ces entreprises, Georges Duby le premier : «Pierre m'a dit, à propos de ces publications, qu'il en était jaloux, mais moi je lui disais toutes les semaines que j'étais jaloux de ses publications de Foucault, de Dumézil[26]...» Avant même que Pierre Nora édite le grand livre d'épistémologie historique qui fait retour sur l'écriture historienne, *L'Écriture de l'histoire* de Michel de Certeau, en 1975, Jacques Julliard va lancer le premier brûlot avec la publication de l'ouvrage de Paul Veyne sur l'histoire en 1971. Paul Flamand lui signale qu'une sorte d'olibrius a apporté un manuscrit qui porte comme titre *Intrigues dans le sublunaire*, en ajoutant que cela n'intéressera pas plus de dix personnes en France. Jacques Julliard prend le manuscrit, d'autant qu'il connaissait Paul Veyne depuis les classes préparatoires où il l'avait initié à Gramsci. Il trouve le propos passionnant : «Je fais venir Paul Veyne et je lui dis que son livre est formidable, qu'il va susciter des polémiques, qu'il est très anti-*Annales*, mais qu'il ne peut pas s'intituler comme cela[27].» Il réussit à le convaincre d'adopter comme titre : *Comment on écrit l'histoire.*

Ils se retrouvent aussi, à un an d'intervalle, tous deux élus comme directeurs d'études à l'EHESS. C'est Pierre Nora, l'élu de l'année précédente, qui annonce à Jacques Julliard son succès : «Cela a été un moment particulièrement émouvant car mon élection a été difficile à cause de Pierre Vidal-Naquet qui était pourtant un ami[28].» En effet, Vidal-Naquet était intervenu en commission pour dire que Jacques Julliard était certes brillant, qu'il avait plein de dons, mais tellement qu'on ne savait jamais où le trouver, et pour parfaire le tableau il exprimait ses craintes que le journalisme risquait fort de le détourner des exigences de la recherche et de l'enseignement à l'École des hautes études. Pierre Bourdieu n'en demandait pas tant et enfonce le clou en lançant : «On ne va tout de même pas élire tout *Le Nouvel Observateur* aux Hautes Études.» Cela se présente au plus mal, «mais les amis, et surtout Jacques Revel, ont œuvré toute la nuit[29] » et réussissent à renverser la situation. Jacques Julliard est élu au premier tour !

Régulièrement, dans les années 1980, Pierre Nora et Jacques Julliard font le point de la situation dans des déjeuners en tête à tête au domicile de Pierre Nora, rue de Furstenberg. Le premier sollicite plusieurs fois le second comme auteur, d'abord pour présenter le dossier Clemenceau pour la collection « Archives », ensuite pour une contribution importante en 1974 dans *Faire de l'histoire* où il a écrit un plaidoyer pour une histoire politique rénovée, puis dans *Les Lieux de mémoire* pour y écrire la contribution sur « Le peuple », dans la revue *Le Débat*, dans la collection « La suite des temps » chez Gallimard où il a publié son séminaire sur *La Mort du roi*, qui est une réflexion collective d'ethnographie politique, à l'occasion de la disparition de François Mitterrand[30].

L'affaire Le Monde

Une des interventions de Pierre Nora dans la presse va faire grand bruit et l'onde de choc va atteindre le bureau même de Claude Gallimard. L'affaire tourne autour du premier livre critique vis-à-vis de la rédaction du *Monde* ; il y en aura par la suite beaucoup d'autres, notamment dans les années 2000[31]. Mais lorsqu'un ancien grand reporter du journal, Michel Legris, publie *Le Monde tel qu'il est*, chez Plon, en 1976, il est le premier à se faire le procureur du quotidien du soir qui est alors considéré comme une institution incontestable, l'incarnation même de la voix de la France, et du souci de véracité journalistique au service de l'information du public. Or, Michel Legris, entré au journal en 1956 et le connaissant donc de l'intérieur, le quitte en 1972, considérant que son rattachement au service des informations générales est une rétrogradation. Son livre est à la fois une sorte de règlement de comptes, de pamphlet sur la ligne du journal, et en même temps une analyse de ce qu'il juge comme étant des dérives graves de l'éthique journalistique. Tout en épargnant Hubert Beuve-Méry qui continue à bénéficier de toute sa confiance, il considère que lorsque ce dernier a passé la main en abandonnant la direction du journal à la fin de 1969, tout s'est détraqué et la réputation d'honnêteté n'a plus été qu'un fantôme usurpé par la nouvelle équipe emmenée par Jacques Fauvet.

Michel Legris critique avec véhémence les dérives favorables aux courants communisants de la révolution portugaise des œillets de 1975 de la part des correspondants du *Monde*, qu'il met en relation avec la manière édulcorée dont le journal a rendu compte de la politique criminelle des Khmers rouges au Cambodge. Un certain nombre d'intellectuels de gauche reprendront un peu plus tard ces critiques : « Le journal donna à l'idéologie maoïste de considérables aliments », écriront en 1979 Jean-Noël Jeanneney et Jacques Julliard[32]. Le réquisitoire de Michel Legris n'est pas exempt de formules assassines du type : « *Le Monde* est un journal qui a marqué son temps. Aujourd'hui, qu'en reste-t-il ? un journal qui a fait son temps[33]. » La charge est sévère et le quotidien de la rue des Italiens est dénoncé comme ayant donné l'exemple de l'irresponsabilité en entretenant « la chimère, le verbalisme et la négativité[34] ».

La direction du journal, qui n'est pas habituée jusque-là à recevoir de telles salves, réunit en urgence son état-major qui décide à la fois de dramatiser, de contre-attaquer de manière solennelle, tout en faisant silence sur le livre d'un « ancien collaborateur », en condamnant en première page dans un encadré bien visible une « attaque » sans citer le livre en question sous les noms prestigieux de Jacques Fauvet, Hubert Beuve-Méry et Jean-Marie Dupont, et renvoyant à un compte rendu de Jean Planchais en page intérieure[35]. Cette réaction, par sa solennité, invitait à faire silence sur ledit ouvrage considéré comme nul et non avenu, et entendait bien dissuader quiconque de venir au secours de son auteur. Effectivement, la loi du silence finit par s'imposer sur ce livre maudit dont personne ne pouvait parler sans être immédiatement étiqueté comme un ennemi du *Monde*.

Restait à savoir qui oserait sur la place publique se porter seul contre *Le Monde* ! Signe d'un courage certain, car il en fallait, Pierre Nora décide de ne pas rester silencieux et de prendre la plume pour que les critiques formulées suscitent un réel débat. Il écrit donc un article pour *Le Nouvel Observateur*, et Jean Daniel le communique aux journalistes du *Monde* : « Je suis convoqué par Jean Daniel qui a reçu un coup de téléphone de Pierre Viansson-Ponté lui intimant l'ordre de renoncer à le publier et lui fait savoir que Jacques Fauvet est à l'hôpital depuis qu'il a lu cet article[36] ! »

Malgré cette pression, Jean Daniel décide de passer outre et de publier l'article de Pierre Nora, mais en prenant d'infinies précautions diplomatiques. L'article est précédé par un grand encadré écrit par Jean Daniel qui engage solennellement toute la rédaction, puisque signé « *Le Nouvel Observateur* » sous le titre : « *Le Monde* et nous. » Il est y précisé que l'hebdomadaire s'est toujours retrouvé dans « le même camp que celui de ses confrères du *Monde*». Il y est affirmé que si cela n'exclut pas l'apparition de divergences, elles ne peuvent affecter «une solidarité naturelle». Cet encadré tient par ailleurs à distance très critique le livre de Michel Legris : «La publication d'une bien méchante étude qui, pour être nettement injurieuse, n'en pose pas moins certains problèmes graves. Avouons-le : sans l'étrange réaction de nos confrères du *Monde*, nous n'aurions peut-être pas prêté la moindre attention à ce livre[37].» Il est par ailleurs précisé que le point de vue exprimé par Pierre Nora est une opinion qui lui est toute personnelle, qu'elle n'a même pas le statut d'article, mais de simple lettre ouverte et n'engage en rien *Le Nouvel Observateur* : «Il se trouve que c'est un universitaire extérieur au journal, un ami historien et non un journaliste qui traduit ici, et pour nous, cette inquiétude. Simplement parce qu'il a pris l'initiative de nous adresser cette sorte de lettre ouverte au *Monde* qu'il n'entendait publier que dans un journal de gauche[38].»

Dans son article, Pierre Nora s'étonne et exprime son malaise à découvrir la réaction indignée de la direction du *Monde* à la parution d'un simple livre, une réaction disproportionnée qui consiste à brandir le marteau-pilon du silence pour discréditer son auteur, balayer d'un trait les questions qu'il pose, et crier à une atteinte aux libertés : «Trop ou trop peu. Car si délit mineur il y avait seulement, et qui "*n'avilit que son auteur*", méritait-il, grands dieux, cette union sacrée avec recours au Père, au Fils et au Saint-Esprit[39] ?» Pierre Nora dénonce cette loi du silence qui s'impose à tous au point qu'il ressent lui-même quelque peur de représailles en prenant la plume : «Ce parfum de *kamikase*, avouons-le, n'est sain pour personne[40].»

Pierre Nora dit cependant ne pas souscrire à la manière dont Michel Legris a procédé et juge son livre à la fois superficiel, pamphlétaire, de souffle court, porté par la rancœur vis-à-vis de Jacques Fauvet, traité de manière très injuste, mais son livre ne pose pas moins une vraie question qui reste à débattre, celle de l'inflexion du journal d'un organe d'information à un organe d'opinion. Sans partager pour autant le diagnostic de l'auteur, la question a le mérite d'être posée et devrait pouvoir susciter un débat intéressant qui puisse préserver un sens critique. Pierre Nora clôt son article par cette mise en garde : «"*Si le sel perd sa saveur...*", c'est l'air de toute la vie politique et culturelle qui deviendrait irrespirable. Il y aurait, quelque part en France, des choses qu'on ne pourrait plus dire. Il y aurait, sur la carte de notre géographie mentale, imperceptible aux non-initiés mais déjà visible en pointillé, le fin tracé d'un quelque chose qui ne serait pas si loin d'évoquer un goulag idéologique ; il n'y aurait plus qu'à construire les murs[41]. »

La réaction des directeurs du *Monde* ne se fait pas attendre. C'est l'indignation, l'outrage qui ne restera pas sans suites. Dans une lettre à Jean Daniel, le directeur du *Monde*, Jacques Fauvet, affirme que « la blessure que Pierre Nora m'a faite ne se refermera jamais ». Le directeur administratif du *Monde*, Jacques Sauvageot, écrit à Claude Perdriel pour s'indigner que *Le Nouvel Observateur* ait consacré deux pages à cette affaire, à propos d'un méchant livre, « c'est trop ou ce n'est pas assez » ; « Était-ce pourtant le moment d'ouvrir, par l'article de Pierre Nora, un débat que nous ne refusons pas mais qui, actuellement, ne peut qu'alimenter une campagne de dénigrement et – accessoirement – favoriser la vente d'un ouvrage qui nous insulte[42] ? »

Pierre Nora aura fait la preuve d'un courage d'autant plus méritoire qu'il est en 1976 à la tête d'un autre magistère chez Gallimard. Il a un besoin très précieux de la presse pour exercer et réussir son travail d'éditeur, et notamment du support du *Monde* dont les points de vue sont particulièrement prescripteurs. Il a pris le risque de l'ostracisme dont il va en effet pâtir un bon moment. L'affaire fait des remous jusqu'au cœur de son activité d'éditeur puisqu'il est convoqué par Claude Gallimard, mais entre-temps élu à l'EHESS, Pierre Nora est prêt à sacrifier ce qui lui tient le plus à cœur, son activité d'éditeur, s'il fallait composer avec ce à quoi il tient plus encore, la liberté d'expression. Beaucoup de ses amis, de ses confrères ont vite compris les risques qu'il n'a pas hésité à prendre, le courage qui a été le sien. Ils se sont manifestés à lui pour exprimer leur solidarité et leur indignation partagée. D'abord, celui qui lui envoie ce petit mot : « D'un kamikase à un autre : Bravo ! », Georges Liébert, qui connaît Pierre Nora depuis la fête de ses quarante ans qu'avait organisée François Furet en 1971 et qui dirige la revue *Contrepoint*. Georges Liébert a aussi rompu la loi du silence sur ce livre en publiant dans sa revue des « bonnes feuilles » du livre de Michel Legris, malgré un avis contraire du comité de rédaction. Michel Legris avait eu le plus grand mal à être publié. Son manuscrit avait été envoyé chez Grasset à Bernard Privat qui l'avait communiqué au *Monde* en précisant qu'il n'allait pas publier une pareille ordure. « Raymond Aron me dit à la sortie du comité de rédaction : "On n'est pas favorable à la publication, mais c'est vous le patron." Je décide de publier, seul Bernard Manin était de mon avis[43]. »

Ostracisé pour un temps, Pierre Nora est conforté d'un autre côté par de nombreuses manifestations de solidarité : «J'ai admiré, avec un frisson (le même que le tien) ton courage dans *L'Observateur*... Nous avons tout à fait les mêmes réactions devant un certain terrorisme inquisitorial d'une certaine gauche[44]»; «Tu as fait un article impeccable. Mesure, force et justesse ensemble. Je suis heureux que l'article nécessaire ait été fait, que ce soit toi qui l'aies fait, et que tu l'aies fait parfait», lui écrit Edgar Morin[45]; «Bravo! Cher ami pour ce papier si bien ajusté, si mesuré et si courageux[46]»; «Mon cher Pierre, vous avez écrit, à propos du livre de Michel Legris, et de la façon dont *Le Monde* a pris la chose, un article courageux... qui est un acte de salut pour tous ceux qui croient aux droits de l'esprit[47]»; «Dans l'affaire du "Monde", vous avez été le seul. Le seul à avoir su démêler l'écheveau de raisons et de contre-raisons, de passions sournoises et d'intentions mal abouties dans lequel, tous, nous nous prenons les pieds, pour n'en retenir que l'essentiel : ce que la réaction des gens du "Monde" contient – en germe – ou même pour un futur prochain, de dangereux et d'intolérable. Car telle est bien la source du "malaise" présent. Vous l'aurez dit pour nous tous, seul», le félicite Paul Guilbert, des *Nouvelles littéraires*[48]. Cette polémique a fait aussi les affaires du livre de Michel Legris, invité à l'émission de Bernard Pivot le 7 mai 1976 où il a été opposé à André Fontaine, et son livre a été vendu à près de 65000 exemplaires, ce qui est un record pour un tel ouvrage. Par contre, son auteur a bel et bien été victime d'un ostracisme généralisé et n'a pas retrouvé de travail dans la presse.

Le cercle des amis entre presse et édition

Si Pierre Nora a vite renoncé à devenir journaliste et a opté pour une carrière d'éditeur, son identité historienne de contemporanéiste tourné vers l'intelligibilité du temps présent le situe, comme son ami Jean Lacouture, à la croisée des chemins, à l'intersection même de l'activité du journaliste, de l'historien et de l'éditeur. C'est ainsi que son premier cercle de proches ne se définit pas par son identité professionnelle, mais justement par cet équilibre instable, sans cesse remis en question entre ces divers pôles d'activité. C'est le cas de l'ami de Pierre Nora qui aura été un moment, beaucoup plus tard, son confrère chez Gallimard, Georges Liébert, qu'il a rencontré en 1971. Georges Liébert venait de créer une nouvelle revue en 1970, *Contrepoint*, qu'il avait lancée avec l'historien Pierre-Marie Dioudonnat, Jean-Claude Casanova, et avec le soutien de Patrick Devedjian. On y retrouve les habitués du séminaire de Raymond Aron*, lequel était pourtant très sceptique quant aux chances de réussite d'une telle entreprise qui manquait singulièrement de moyens financiers. En l'informant qu'ils n'avaient qu'autour de 35 000 francs, « il m'a regardé et m'a dit : "Vous n'avez aucune chance, mais essayez toujours." Cela a été une douche froide typiquement aronienne. Il avait pour habitude quand il soutenait un candidat de dire qu'il n'était ni meilleur ni pire que les autres. On a commencé comme cela en regroupant les libéraux de naissance[49] ». À ce premier groupe d'aroniens se sont agrégés un certain nombre de personnalités, à majorité historienne, comme Philippe Ariès, Raoul Girardet, François Fejtö, Boris Souvarine, Jacques Ellul, Marc Fumaroli.

En 1976, Georges Liébert met fin à la revue *Contrepoint* après un conflit avec Patrick Devedjian, mais aussi parce que sa vie personnelle a radicalement changé. Jusque-là célibataire, il y consacrait tout son temps de loisir et ses nuits après ses journées de travail salarié. Mais il fait en 1975 la rencontre de Françoise Cachin qui n'est plus alors la compagne de Pierre Nora. Cette rencontre décisive, qui va changer sa vie, s'est faite dans des circonstances fortuites. Un jour, un des collaborateurs de la revue, Marc Fumaroli, l'invite à venir à l'inauguration d'un orgue historique récupéré dans une petite chapelle en Touraine dans la propriété d'un de ses amis galeristes, Claude Bernard : « Je me retrouve dans un cercle très parisien. Il y avait là André Fermigier qui me dit : "Est-ce que vous connaissez Mme Nora ?" Je lui dis que non et il me présente Françoise[50]. » Ils se retrouvent au moment du concert dans la chapelle, et Georges Liébert la raccompagne à Paris. Ils décident de vivre ensemble et auront une fille en 1977, Charlotte, qui se lancera aussi dans l'édition, passant de Lattès à Perrin. La vie maritale devient incompatible avec l'activisme échevelé d'un animateur de revue, et Georges Liébert rentre chez Hachette en 1976 où il lance une collection de livres de poche qui connaîtra un grand succès, la collection « Pluriel », dans le prolongement direct de *Contrepoint* au plan intellectuel. À la fin 1976, Liébert travaille aussi chez Robert Laffont où Jean-François Revel, s'éloignant de l'édition, lui laisse la responsabilité de ses collections.

* Alain Besançon, Michel Heller, Annie Kriegel, Jean-Claude Casanova, Pierre Manent, Pierre Hassner, Pierre Kende, Kostas Papaïoannou.

Lorsqu'en 1993 Bernard Fixot devient le P-DG de la maison Laffont, Georges Liébert se retrouve sur la touche. Antoine Gallimard et Teresa Cremisi lui demandent d'entrer chez Gallimard, ce qu'il fait, devenant ainsi le confrère de son ami Pierre Nora : « La première personne que je vais voir, c'est Pierre, pour lui annoncer la nouvelle. Il m'a accueilli très chaleureusement en me disant que c'était une très bonne chose qu'Antoine Gallimard ait pris l'initiative de me recruter, comme cela je n'étais redevable à personne de mes nouvelles fonctions[51]. » Outre ses activités éditoriales, Georges Liébert est bien connu par les auditeurs de France Musique où il a animé pendant des années une émission sur la saga des chefs d'orchestre : « Les matinées de l'orchestre. » Avec Georges Liébert, Pierre Nora partage donc cette passion pour son temps, avec une curiosité très ouverte et un esprit non conformiste qui ont pour effet de toujours être en route, de ne jamais s'arrêter à une adhésion, à une fonction précise, pour rester réceptif et disponible aux bouleversements du monde que l'on traverse.

Autre grand ami de Pierre Nora, producteur d'émissions de radio, éditeur, auteur, journaliste, de formation universitaire, Philippe Meyer a lui aussi un itinéraire qui n'a rien de linéaire. Il connaît Pierre Nora depuis le milieu des années 1970, l'ayant rencontré chez le couple Jean-Pierre et Myriam Worms. Peu de temps après, c'est grâce à Pierre Nora que Philippe Meyer fait ses débuts dans le journalisme. Il était jusque-là chercheur indépendant, mais la ministre Alice Saunier-Seïté met fin à tous les contrats avec les chercheurs hors statut. Philippe Meyer, qui avait fait trois ans de recherche en sociologie de la psychiatrie, se voit donc sommé de rentrer dans le rang, au CNRS : « J'ai absolument refusé de rentrer au CNRS, comme j'avais refusé d'entrer à l'université comme assistant, ce que m'avait proposé Annie Kriegel qui était, avec Philippe Ariès, ma patronne de thèse[52]. »

Il venait de publier son premier livre sur les rapports entre l'État et l'enfance dite irrégulière, comme l'on disait au XIXe siècle[53]. François Furet lui promet son élection à l'EHESS, mais il n'y avait pas de poste pour les deux années à venir. Pierre Nora communique alors son nom à son ami Jean-François Revel qui venait de prendre la direction de *L'Express* et cherchait quelqu'un pour recenser les ouvrages de sciences humaines. Il a eu la chance de faire des vagues dès son premier papier qui tirait à boulets rouges sur la nouvelle parution de Roger Garaudy sur l'Islam, ce qui lui a valu des incidents avec Le Seuil, mais un soutien sans faille de Jean-François Revel qui ensuite lui a confié une rubrique hebdomadaire sur la télévision dans *L'Express.* Par ailleurs auteur au Seuil, il y était sous contrat pour cinq livres qu'il a écrits, lorsque, au début des années 1990, Françoise Verny, qui travaillait chez Flammarion, lui fait dire qu'elle veut le voir. Il s'y rend sans enthousiasme, persuadé qu'on va lui demander encore une fois une galerie de portraits politiques, comme il en a publié une qui a bien marché au Seuil, et peu porté à faire des infidélités à son éditeur : « Elle ne parlait pas ni ne buvait autre chose que son Perrier sur lequel elle portait un regard furieux, car c'était le repas de midi. Tout à coup, elle lève son goitre de dessus son Perrier et me dit : "Vous savez quoi Philippe Meyer ? Ce qu'on a envie de lire de vous, c'est un voyage à travers la France." Or, il se trouve que c'était ce que j'avais envie de faire et c'est ce que j'ai fait[54] », passant ainsi chez Flammarion[55].

Philippe Meyer est même, très temporairement, le confrère de Pierre Nora chez Gallimard où il lance une collection : « Pour en finir avec... » Il s'agit de relancer le genre pamphlétaire et de publier simultanément deux ouvrages sur un même thème, l'un écrit par un auteur connu, et l'autre par un auteur non encore connu mais compétent sur le sujet. Pierre Nora l'encourage à réaliser son idée, et la collection est lancée chez Gallimard en 1996. Elle n'aura que sept à huit titres, car la plupart des auteurs connus qui avaient donné leur accord s'étaient désistés*. Philippe Meyer appartient vraiment au premier cercle des amis de Pierre Nora. Il aura passé avec lui bon nombre de week-ends dans sa propriété de la Cour-des-Haies, mais ils ont aussi partagé quelques-uns de leurs temps de vacances. En général ils louaient en arrière-saison, en octobre, un bateau avec son équipage pour longer la côte anatolienne de la Turquie, vivant une bonne semaine sur ce voilier à bord duquel on se balade de crique en crique le long de la côte. Philippe Meyer, qui est très drôle, apprécie beaucoup le sens de l'autodérision de son ami Pierre Nora : « Partir avec lui en vacances, c'est partir avec un type qui transporte dans sa mallette l'Institut Pasteur, depuis l'aspirine des usines du Rhône jusqu'à tous les médicaments contre toutes les maladies possibles. Je le vois encore, à l'aéroport à destination de la Turquie, ouvrant sa mallette sanitaire et faisant un vrai numéro de camelot, se foutant de lui, rigolant en brandissant tel

---

* Parmi les quelques titres de cette collection, Marin de Viry, *Pour en finir avec les hebdomadaires*, Gallimard, 1996 ; Bernard Oudin, *Pour en finir avec les écolos*, Gallimard, 1996.

médicament : "Ça, c'est si j'ai le béribéri, ça, c'est si j'ai le paludisme[56]..." »

Jean-Paul Enthoven est aussi de ces proches amis de Pierre Nora, familier de ses hauts lieux privés et qui navigue entre le journalisme, l'édition et la littérature. Il est lié d'amitié au milieu des années 1960 avec Gilles Hertzog, petit-fils de Marcel Cachin et cousin germain de Françoise Cachin. Jean-Paul Enthoven intègre très vite la tribu Nora et ses lieux de prédilection, dont bien sûr la fameuse maison de la Cour-des-Haies. C'est là qu'il est sollicité par Pierre Nora et François Furet pour écrire dans *Le Nouvel Observateur* des papiers d'idées qui vont décider de sa carrière de critique littéraire, de journaliste, puis d'éditeur : « La Cour-des-Haies, cela me plaît beaucoup, avec son côté Guermantes. On y croise Jean Daniel, François Furet, sa femme Jacqueline, Françoise Cachin, Pierre et Simon Nora et mon désir d'écrire est parti de là[57]. »

En 1968, il a comme professeur Maurice Clavel, il se proclame heideggéro-foucaldo-clavélien, « c'est-à-dire n'importe quoi, de la bouillie, mais avec de la poésie, de la fulgurance[58] ». Il est reconnaissant à Pierre Nora de lui avoir épargné des faux pas lorsqu'il a eu, pendant un très court laps de temps en Mai 68, la tentation de devenir marxiste-léniniste : « Il m'a recadré sérieusement et m'a fait gagner du temps[59]. » Lui aussi passe une bonne part de son temps de loisir avec Pierre Nora avec lequel il fait de longues marches autour de Paris ou dans le Morvan, des séjours de ski aux Arcs. En 1984, Jean-Paul Enthoven quitte *Le Nouvel Observateur* pour devenir en 1986 directeur éditorial chez Grasset. Ce qu'il apprécie par-dessus tout chez son ami Pierre Nora, c'est l'homme de lettres, l'amateur passionné de littérature, bien davantage que l'historien : « J'aime le Pierre qui apprécie Céline, Chateaubriand, Proust et Stendhal. C'est là où j'entends les battements de son âme[60]. »

Ami de toujours et même meilleur ami de Bernard-Henri Lévy, Jean-Paul Enthoven regrette cependant de ne pas avoir réussi à ce que se noue entre Pierre Nora et BHL une relation de confiance. Il est davantage porté par l'audace de l'essayisme à la française tel que l'incarne BHL que par la prudence dont fait preuve Pierre Nora qui préfère la posture savante à celle de l'agitateur d'idées. Il considère que Pierre Nora est enfermé dans un carcan trop strict qui l'empêche de s'enflammer, qui le rend très sérieux en public alors qu'il adore s'amuser, qu'il préférera une démarche auprès de hiérarques plutôt que d'écrire une page d'humeur dans la presse : « Quand je pense à Pierre, je dis toujours qu'il m'a rendu un double service, sans pareil. Il a incarné tout ce que je voulais être, et il a incarné presque simultanément tout ce que je ne voulais pas devenir, parce que je me fais de la vie une idée plus désordonnée, plus imprudente[61]. »

Le jeune normalien agrégatif qu'est Laurent Theis au moment où, comme nous l'avons vu, il interpelle Pierre Nora au début des années 1970 pour travailler sur l'édition du journal d'Auriol, est aussi à la croisée de l'édition, des revues, du journalisme et de l'université, se donnant clairement Pierre Nora comme modèle de vie professionnelle. Non seulement Pierre Nora lui permet de réaliser sa première grande publication universitaire avec le volume d'Auriol, mais de plus il lui facilite l'entrée dans le groupe Hachette-littérature, d'abord à mi-temps, puis à plein temps à partir de 1974-1975. Grâce à François Furet et à Pierre Nora, il devient aussi collaborateur du *Nouvel Observateur* pendant quinze ans, avant de devenir un collaborateur du *Point*. François Furet tient beaucoup à ce jeune historien qu'est Laurent Theis, car outre son talent d'intellectuel et son humour, il possède des dispositions de sportif qui en font un entraîneur qui s'est rendu indispensable, tant pour faire du vélo que du tennis.

Entre 1975 et 1980, il a dû faire au moins une longue virée par an à vélo, partant de la vallée de la Loire ou de la maison de François Furet, à Senonches, pour se rendre dans une autre de ses maisons, sur le Causse de Cajarc, soit des raids de cinq cents kilomètres en une semaine à huit ou dix amis. Le peloton, guidé par le maillot jaune porté par Laurent Theis, était en général composé de François Furet et son fils Antoine, Jean-Étienne Cohen-Séat qui avait fondé les éditions Mazarine et qui a pris la direction d'Hachette-littérature, Ran Halévi, l'épouse de Laurent Theis, la première femme de Georges Kiejman, Claude Kiejman, Joseph Goy et le fils des Ozouf, Pierre-Antoine : « Une fois, on a emmené Pierre dans nos virées, pas sur les cinq cents kilomètres, mais sur deux cents quand même[62]. » Outre la Cour-des-Haies, Senonches, la belle maison de François Furet, dans le Perche, était un des hauts lieux de leurs week-ends et de parties de tennis « où m'éblouissaient votre coup droit, vos services, vos smashes », reconnaît sportivement Pierre Nora à Laurent Theis en une occasion solennelle[63].

Devenu éditeur chez Hachette, Laurent Theis a pour modèle ce que réalise Pierre Nora chez Gallimard : « On a tous essayé de décalquer, mais personne n'y est arrivé. Michel Winock y est un peu parvenu[64]. » Certes, Laurent Theis lance des collections dans les années 1980, mais cette décennie n'est plus aussi porteuse que la précédente. Dans sa collection «Le temps et les hommes», il adapte des thèses et publie de grands classiques. Il y publie des ouvrages importants comme ceux de Jean Delumeau ou de Bartolomé Bennassar. Il lance aussi la collection «Hachette-Essais», très repérable car elle entame la publication du texte en couverture, et qui donnera le grand succès de François George[65]. C'est lui, médiéviste, qui a initié la biographie de Saint Louis par Jacques Le Goff, et lorsque Laurent Theis est licencié de chez Hachette, Jacques Le Goff lui demande si cela l'ennuie qu'il passe chez Pierre Nora : «Je lui ai dit : "Cela m'ennuierait que vous passiez chez n'importe qui, mais pas chez Pierre[66]".» Puis, après Hachette, il initie chez Denoël la collection «L'aventure coloniale» avec Bernard Lauzanne qui publiera Jean Planchais et Jean Lacouture.

«Le Siècle»

Autre réseau de sociabilité transversal entre les diverses occupations professionnelles, Pierre Nora est membre, comme son frère Simon qui en a été le secrétaire général, d'un club qui s'appelle «Le Siècle». Comme l'écrit Anne Martin-Fugier, c'est un bon exemple de sociabilité des élites[67]. À l'origine de ce cercle se trouve le franc-maçon radical-socialiste Georges Bérard-Quélin, journaliste qui considère que le désastre de 1940 aurait pu être évité si l'on avait favorisé les échanges entre les responsables de tous les horizons politiques. Il décide donc de créer ce club dès 1944, parallèlement à une nouvelle agence de presse éditrice du fameux *Bulletin quotidien* lu dans toutes les administrations françaises. Le rituel de ce club consiste à réunir ses membres une fois par mois à l'occasion d'un dîner à l'Automobile Club sur la place de la Concorde. Les membres, au nombre de cinq cent quatre-vingts en 1999, sont soigneusement choisis par cooptation et l'ensemble est géré par un conseil d'administration de quatorze membres. Ce club rassemble surtout des représentants de la haute administration, des hommes politiques et des chefs d'entreprise, mais il a peu à peu été élargi à des cercles intellectuels. Les femmes ont eu aussi quelques difficultés à y être reconnues. Admises dans la première configuration et dans le climat de la Libération, le conseil d'administration décide de les exclure en 1949 : «Ils ne voulaient plus de femmes car elles étaient considérées comme trop bavardes, or rien ne devait filtrer des débats internes. De plus elles étaient supposées coucher avec tout le monde, cela fait des histoires[68] », selon Françoise Chandernagor qui fait partie de la première promotion féminine admise, « en partie grâce à Simon Nora d'ailleurs[69] » en 1983, après trente-quatre ans de purgatoire. Il ne s'agit encore que d'une intronisation limitée et expérimentale qui ne concerne qu'une petite poignée de femmes très en vue comme Hélène Ahrweiler, recteur de l'académie de Paris, Michèle Cotta, présidente de la haute autorité, Lisette Mayret, présidente de la banque Hervet, Simone Rozès, avocat général à la Cour de justice des communautés européennes, et Françoise Chandernagor, maître des requêtes au Conseil d'État et écrivain.

Dans ce cercle, Pierre Nora rencontre des responsables, évolue dans un milieu en général éloigné des sphères intellectuelles et universitaires : « Je m'y rendais irrégulièrement. Il y avait René Rémond qui y était un pilier. Si on tombait sur une bonne table, cela pouvait être intéressant[70]. » Après l'apéritif où tout se passe en termes de réseaux, car c'est le moment où l'on s'échange les coordonnées de son carnet d'adresses et où l'on se rend de petits services entre amis, les convives (deux cent cinquante à trois cents personnes) prennent place autour de tables de sept ou huit personnes qui ont chacune un président de table chargé des thèmes de débat et de leur animation. Normalement à soixante-cinq ans, on quitte le cercle, sauf si l'on est encore en activité, ce qui était le cas de Pierre Nora à cet âge : « Ils m'ont demandé de rester, mais je leur ai dit : "Vous avez assez de Nora, il y a Olivier, Dominique[71]..." »

10

L'orchestrateur de l'âge d'or des sciences humaines

En l'année phare du structuralisme, 1966, Pierre Nora est prêt à en assumer le rayonnement maximal, non qu'il soit l'éditeur officiel des quatre mousquetaires de cette aventure puisque des grands maîtres penseurs du moment il n'est l'éditeur que de Michel Foucault. Roland Barthes, Jacques Lacan et Jacques Derrida sont en effet publiés par François Wahl au Seuil; Louis Althusser par Maspero; Pierre Bourdieu et Gilles Deleuze par Jérôme Lindon chez Minuit. Or, malgré cette dispersion éditoriale, c'est Pierre Nora qui réussit à porter au plus haut la vague/vogue structurale, favorisant la cristallisation de ce moment en lui donnant la légitimité de la maison Gallimard : «Emmanuel d'Astier de La Vigerie nous a dit, à Claude et à moi, il y a quelqu'un de jeune et talentueux, un certain Pierre Nora. Vous auriez besoin de quelqu'un comme cela[1].» Claude Gallimard découvre alors avec le plus grand intérêt la qualité, l'originalité et le succès spectaculaire de sa collection «Archives» chez Julliard, et il demande à la responsable du service de presse de la maison, Léone Nora, si elle n'aurait pas quelque lien de parenté avec un certain Pierre Nora : «C'est mon beau-frère», répond Léone, femme de Simon Nora. Léone Nora avait appartenu à l'équipe fondatrice de *L'Express* et quitté le journal pour suivre Simon Nora nommé à la CECA au Luxembourg. Une fois revenue, en 1963, Claude Gallimard lui demande si elle veut bien prendre en charge le service de presse après le décès de la femme d'Alex Grall. Elle y restera sept années, quittant Gallimard pour travailler avec Jacques Duhamel au ministère de la Culture en 1971. Entre-temps, son fils Olivier avait pris l'habitude, encore tout jeune enfant, de venir courir dans les souterrains de la maison Gallimard, venant voir sa mère dans son bureau, fasciné par ces trésors de livres, et nourrissant très jeune le désir de devenir éditeur : «Les goûts d'Olivier sont nés chez Gallimard et Pierre l'a considéré un peu comme son fils[2].»

Claude Gallimard prend donc contact avec Pierre Nora en 1965 et lui propose de venir travailler auprès de lui dans le domaine en pleine croissance des sciences humaines. Pierre Nora hésite un moment, ne voulant pas abandonner sa collection naissante «Archives» qui a tout de suite trouvé un large public. Par ailleurs, il redoute de se laisser absorber par des tâches éditoriales et de devoir renoncer à son identité d'historien, de chercheur et d'intellectuel pour devenir un entrepreneur, certes prestigieux, mais réduit à sa fonction. Son frère Simon, ses amis Jules Roy, Emmanuel d'Astier de La Vigerie le mettent d'ailleurs en garde : «Si tu entres chez Gallimard, c'est fini. Tu n'écriras plus, tu te couperas de l'université et tu deviendras éditeur[3].» Mais la tentation est trop forte, d'autant que Claude Gallimard rassure Pierre Nora qui pourra conserver sa collection «Archives» et qui, tout en bénéficiant d'une énorme responsabilité, pourra en même temps rester indépendant. Il est en effet invité à entrer chez Gallimard pour «animer» tout le domaine de la non-fiction, ce qui ne signifie pas forcément «diriger», nuance sémantique qui lui permettra de ne pas abandonner ses autres activités, professorale et de recherche. Ainsi ne renonce-t-il pas à un poste d'assistant qui lui est ouvert à Sciences-Po. Ce double ancrage institutionnel est salué par Raymond Queneau qui, membre du comité de lecture de la maison, avertit Pierre Nora : «Vous avez tout à fait raison. Avec les Gallimard, il faut être quelque chose d'autre. Vous êtes universitaire, restez-le[4].»

Pierre Nora fait donc son entrée chez Gallimard à un moment particulièrement opportun, car les sciences humaines sont à l'apogée de leur succès. Il hésite cependant encore une petite année avant de franchir le pas, d'autant que Gallimard est encore en 1965 d'abord et avant tout la grande maison éditoriale qui règne sur la littérature française et pour laquelle le domaine de la non-fiction ne peut être que marginal et mineur. D'ailleurs, Pierre Nora, arrivant dans le hall du 5 de la rue Sébastien Bottin, ne s'entend-il pas dire par un des auteurs phares de la maison, Louis Aragon, alors au faîte de la gloire, le dévisageant du haut de l'escalier et le saluant au passage d'un coup de chapeau : «Monsieur Notes-de-bas-de-page, je présume?», qui en dit long sur sa commisération pour ceux qui ne sont pas considérés en ces lieux comme de vrais écrivains, mais comme de vulgaires écrivants.

Une fois sa décision prise, et même si Pierre Nora n'imagine pas alors faire un choix qui engage toute sa carrière, il s'y investit entièrement, avec la ferme volonté de se donner les moyens éditoriaux de réussir la mission que lui a confiée Claude Gallimard. Après réflexion sur l'état du secteur tel qu'il en hérite, il constate surtout sa dispersion qui comporte certes des publications de qualité, mais sans réelle unité, au gré des engouements de tel ou tel éditeur de la maison. Des écrivains y avaient la responsabilité de collections relevant des sciences humaines comme celle dirigée par Michel Leiris, « L'espèce humaine ».

Conforté par le succès chez Julliard de sa collection « Archives », Pierre Nora est alors convaincu que l'avenir des sciences humaines et de l'histoire doit se bâtir en collection de poche. Il est prêt à lancer une série sur le modèle de la collection « Idées » fondée et dirigée par François Erval. Il nourrit le projet d'une collection sous la forme d'un *paperback*, de livres de fonds vendus dans une fourchette de dix à quinze francs, soit à un prix modique, grâce à un tirage initial supérieur à 10000 exemplaires. En cette fin de l'année 1965, Pierre Nora souhaite publier dans un premier temps : Malinovski, Huizinga, Sartre, et la traduction de l'ouvrage du Britannique Andrew Shonfield, *Modern Capitalism*. Mais François Erval, inquiet de se voir dépossédé de sa collection, va immédiatement voir Claude Gallimard pour lui signifier qu'il n'est pas question pour lui de poursuivre son travail avec une telle concurrence interne. Pierre Nora espère alors se rabattre sur la prestigieuse « Bibliothèque des idées » qui avait été créée par Bernard Groethuysen en 1927, et qui avait publié les grandes œuvres philosophiques de Sartre comme *L'Être et le Néant*, le fameux ouvrage de Spengler, *Le Déclin de l'Occident* ou encore *La Phénoménologie de la perception* de Merleau-Ponty. Mais il se heurte cette fois à l'opposition farouche de Georges Lambrichs qui estime que ce petit jeune homme doit d'abord faire ses preuves avant de parvenir sur les crêtes du Parnasse de la maison.

Pierre Nora décide alors de créer une nouvelle collection avec la « Bibliothèque des sciences humaines » qui entend être le parallèle de la « Bibliothèque des idées ». Il retrouve chez Gallimard son vieil ami psychanalyste, Jean-Bertrand Pontalis, qu'il connaît depuis ses quinze ans. En 1966, Pontalis venait d'entrer chez Gallimard pour y lancer une nouvelle collection d'orientation psychanalytique : « Connaissance de l'inconscient ». Il choisit Gallimard car c'est le premier éditeur de Freud en France. Cependant ce secteur particulièrement effervescent en ces années 1960, si l'on songe au succès d'un Lacan, semblait curieusement atteint de langueur chez Gallimard. De son côté, Pontalis est en train de préparer pour les PUF un *Vocabulaire de la psychanalyse* avec Jean Laplanche[5]. Il a l'intention de publier avec ce dernier les *Œuvres complètes* de Freud et son projet de collection reçoit l'assentiment de Claude Gallimard.

L'amitié entre Pierre Nora et Pontalis est un peu mise à l'épreuve puisque Pierre Nora ayant reçu mission d'animer tout le secteur de la non-fiction, il lui semblait aller de soi que la psychanalyse en fît partie, mais par ailleurs Pontalis entend défendre l'autonomie d'un domaine qu'il venait à peine de mettre sur pied : «Pierre a voulu tout coiffer sous sa collection, me disant que ce serait beaucoup plus simple si tout était regroupé[6].»

À l'exception de la «Bibliothèque des idées», qui reste le domaine réservé du comité de lecture et de «Connaissance de l'inconscient» de Pontalis, Pierre Nora prend donc la responsabilité de tout ce qui n'est pas littéraire chez Gallimard. Il commence donc par lancer une «Bibliothèque des sciences humaines» pour relayer l'effervescence en cours, mais comme celle-ci risque d'avoir un coût élevé car son public savant est par définition restreint, il décide dans le même temps de créer une collection plus proche du grand public, plus en prise avec l'actualité, et il a l'excellente idée de l'appeler «Témoins». Cette collection va immédiatement se trouver en phase avec ce que Annette Wierviorka appellera plus tard «l'Ère du témoin». Tirant les leçons du succès de la prestigieuse collection «Blanche» dans la maison, Pierre Nora suggère à Claude Gallimard d'unifier la présentation de tous les ouvrages des «Bibliothèques», dont la collection sur l'inconscient, qui seront désormais mis au même format, avec une couverture de même couleur, non pas beige mais vraiment blanche.

La «Bibliothèque des sciences humaines» : la première salve

Pierre Nora conçoit cette collection comme un moyen de diffusion d'un savoir savant à un plus vaste public que celui des universitaires. C'est à l'honnête homme qu'il s'adresse. Ce dernier doit trouver dans son travail d'éditeur un gage de sérieux, une garantie de la compétence de ses auteurs. Comme pour la collection «Archives», il s'agit de désensabler le savoir universitaire pour le faire entrer dans les bibliothèques d'un public de curieux. Mais cette fois, Pierre Nora s'éloigne du domaine qui lui est familier, de l'histoire : «Je me suis donné rapidement, un peu scolairement, et de manière boulimique, un type de connaissances dans des domaines dont j'ignorais tout[7].» Il saisit tout de suite qu'en ce milieu des années 1960, c'est la linguistique, sous sa forme saussurienne, qui est en position de science pilote, modèle de toutes les autres sciences humaines dans un vaste programme sémiologique particulièrement ambitieux.

Le moins que l'on puisse dire est que Pierre Nora n'a pas raté le lancement de sa collection. Il aura même été particulièrement retentissant. Le premier étage de la fusée sera donc linguistique puisque l'ère est à la linguistique, et Pierre Nora prend contact avec Émile Benveniste, professeur au Collège de France depuis 1937, pour lui suggérer de réunir en un volume ses divers articles parus dans les revues les plus savantes. Pierre Nora va même donner un titre saussurien à l'ensemble, évoquant le fameux *Cours de linguistique générale* de 1915 qui sert de matrice à toutes les études sémiologiques du moment. Ce sera la publication en 1966 des *Problèmes de linguistique générale.* Ce choix est particulièrement pertinent, d'autant que Benveniste offre une porte de sortie aux impasses du saussurisme par sa prise en compte du sujet, grâce à sa théorie de l'énonciation. Loin d'être un simple reflet de la vogue structurale présente, Benveniste en est son devenir et d'ailleurs il est encore, quand Pierre Nora vient le chercher, dans un état d'isolement total, s'adressant au Collège de France à un auditoire des plus restreints qui, dans les meilleurs jours, atteint une demi-douzaine de spécialistes.

Du fait de la publication des *Problèmes de linguistique générale*, il devient instantanément le grand linguiste de référence[8]. Pierre Nora exprime à Benveniste sa joie de le voir figurer parmi les titres de lancement de sa collection : «Je suis heureux de voir votre livre très remarquable figurer au programme du début de cette collection[9].» C'est au point que trois semaines après la publication, il faut réimprimer, et Pierre Nora prend son téléphone pour en informer Émile Benveniste qui n'en croit pas ses oreilles : «Monsieur, vous mentez», et reprenant peu à peu ses esprits, ajoute : «Monsieur, je m'assieds et je tiens mon cœur[10].» Un second volume est envisagé qui paraîtra en 1974, et les deux volumes seront repris par la collection de poche «Tel»*.

Deuxième publication sur la ligne de départ, Pierre Nora suggère de récupérer un titre initialement prévu pour la collection de Michel

---

* À la fin de l'année 2008, les ventes cumulées s'élèvent à 192756 exemplaires qui se décomposent ainsi : tome 1 : «Bibliothèque des sciences humaines» : 33204 et «Tel» : 91079; tome 2 : «Bibliothèque des sciences humaines» : 11129 et «Tel» : 57344.

Leiris «L'espèce humaine», l'ouvrage de la fille de Marcel Griaule, Geneviève Calame-Griaule, sur les Dogon[11], donnant un avant-goût anthropologique à une «Bibliothèque» qui va accorder à cette approche une part tout à fait privilégiée[12].

Un troisième titre est retenu par Pierre Nora pour figurer sur la ligne de départ, celui d'Élias Canetti, *Masse et Puissance*, qui est déjà en cours de traduction pour la collection «Blanche». Pierre Nora est enthousiasmé par la lecture du manuscrit qui renouvelle toute une réflexion sur le totalitarisme, en privilégiant une démarche anthropologique pour éclairer la part d'ombre de l'homme, son goût immodéré pour la toute-puissance : «Le maître peut déclencher des dévastations qui surpassent tous les fléaux de Dieu pris ensemble. L'homme a dépouillé son propre Dieu. Il l'a empoigné et s'est emparé de tout ce qui était sien, terrible et fatal... Gengis Khan, Tamerlan, Hitler, allons donc! Quels minables apprentis quand on voit nos possibilités[13] !» Entre l'éditeur Pierre Nora et l'auteur Élias Canetti une amitié naît instantanément. Canetti voit en Pierre Nora celui qui va le sortir enfin de l'anonymat, et Pierre Nora de son côté est saisi par le caractère nietzschéen du personnage. La passion est réciproque. Cet écrivain juif, Bulgare d'origine, a dû quitter Vienne après l'Anschluss et se réfugier à Londres, ayant noué des amitiés avec Thomas Mann et Alban Berg. Mais cette complicité immédiate va vite éclater du fait de l'absence de succès de l'ouvrage qui finit par être imputée à son éditeur. Élias Canetti en est arrivé à penser de manière paranoïaque que si Pierre Nora l'a édité, c'est pour mieux le «tuer». Quittant Paris, il ne se manifestera plus à son éditeur, même lorsque Pierre Nora le félicitera pour son prix Nobel. Certes, Canetti a été victime du triomphe imprévisible que remporte dans la même collection, au même moment, l'ouvrage de Michel Foucault, *Les Mots et les Choses*. Mais Pierre Nora n'a pas été sans essayer de faire partager sa passion pour le livre de Canetti. Il a même dérogé à une règle que lui rappelle Jacqueline Piatier du *Monde*, et qui astreint l'éditeur à un devoir de réserve qui consiste à ne pas prendre la plume pour se faire l'avocat des livres qu'il édite, laissant à la critique le soin de faire ce travail.

Déplorant le faible écho de l'ouvrage, et sous la pression de son auteur, Pierre Nora écrit en effet un article très louangeur sur le livre de Canetti[14]. Il salue dans cet article un auteur qui vient actualiser le propos de Tocqueville à l'aune de la modernité technologique et des sciences humaines du XXe siècle pour mieux percer le mystère, le noyau d'irrationalité qui couve sous la volonté de toute-puissance qui a revêtu l'habit tragique du totalitarisme : «Canetti reprend le problème où Tocqueville l'avait laissé. Chez tous deux la détermination première est la même : une angoisse biologique. Rien d'étonnant à ce que ces deux exilés soient habités par l'idée collective de la mort. Rien d'étonnant à ce que *Masse et Puissance* soit, comme toute l'œuvre de Tocqueville, un grand essai sur la liberté[15].»

L'effet Foucault

Malgré ces efforts pour soutenir le livre, il aura été bel et bien éclipsé par une puissance concurrente autrement plus forte et dont l'effet de souffle n'était pas attendu, Michel Foucault. Pierre Nora avait fait sa connaissance en 1962. Il avait été conquis par son livre sur l'histoire de la folie qui avait été refusé par Brice Parain chez Gallimard et publié par Philippe Ariès et Robert Mandrou chez Plon[16]. Michel Foucault y avait fait resurgir l'oublié, le refoulé de la raison occidentale, et ouvrait à une nouvelle sensibilité historique qui n'était plus celle de la valorisation des héros, ils étaient fatigués, ni celle de la glorification des damnés, la dialectique s'étant prise dans ses nœuds en 1956, mais celle des oubliés de l'histoire, des ratés de la raison, recherchés dans toutes leurs traces derrière les murs où la raison les a enfermés.

Pierre Nora exprime à Foucault son enthousiasme de lecteur qui établit des liens entre la démonstration du philosophe et ce qu'il a pu ressentir à Oran à la fin de la guerre d'Algérie. Ils se rencontrent et naît une intense amitié. Lorsque peu après Pierre Nora lance la collection «Archives» chez Julliard, il s'adresse à Foucault pour un ouvrage sur les «embastillés». Foucault signe même un contrat pour ce projet qui ne verra le jour que bien plus tard, en 1982, et sera réalisé en collaboration avec l'historienne Arlette Farge[17]. Pierre Nora, apprenant que Michel Foucault prépare un ouvrage important qui ne s'appelle pas encore *Les Mots et les Choses* mais *La Prose du monde*, titre auquel Foucault doit renoncer à cause de la publication de Merleau-Ponty, il lui suggère de l'éditer dans sa nouvelle collection et, discutant d'un sous-titre plus informatif de l'ouvrage à venir, ils décident de l'intituler «Archéologie des sciences humaines», ce qui lui donne un statut particulier, quasi matriciel, pour la nouvelle collection qui démarre donc sous les meilleurs auspices.

«Tout s'est déglingué à partir de 1966. Un ami m'avait prêté *Les*

Mots et les Choses que j'ai eu l'étourderie d'ouvrir... J'ai abandonné d'un seul coup Stendhal, Mandelstam et Rimbaud, comme on cesse un beau jour de fumer des Gitanes, pour consommer les gens dont Foucault nous entretenait, Freud, Saussure et Ricardo. J'avais la peste. La fièvre ne me lâchait pas et j'aimais cette peste. Je me gardais de me soigner[18]. »

C'est en ces termes burlesques que Gilles Lapouge décrit, vingt ans après, ce que fut la véritable fièvre du samedi soir de cette année 1966 pour un structuralisme qui atteint alors son apogée. Toute l'effervescence des sciences humaines converge à ce moment pour irradier l'horizon des recherches et des publications autour du paradigme structuraliste. 1966 est le « repère central [...] On peut dire que, tout au moins au niveau parisien, il y eut cette année-là un grand brassage, et probablement décisif, des thèmes les plus aigus de la recherche[19] ». 1966 peut être sacrée année structuraliste. Si l'on a pu parler des enfants de 1848 ou de ceux de 1968, il faut y ajouter les enfants, tout aussi turbulents, de 1966.

L'actualité éditoriale de l'année traduit dans tous les domaines la force de l'explosion structuraliste qui prend l'allure d'une véritable secousse tellurique[20]. Or, l'événement qui relègue par son succès les autres ouvrages au second plan, c'est bien sûr la parution de l'ouvrage de Michel Foucault, *Les Mots et les Choses*. Fait sans précédent, c'est en quelques jours que le tirage est épuisé : « Foucault comme des petits pains : 800 exemplaires des *Mots et les Choses* vendus en cinq jours pendant la dernière semaine de juillet (9 000 exemplaires en tout)[21]. » En la seule année 1966, alors que le livre ne paraît qu'en avril, *Les Mots et les Choses* seront vendus à 20 000 exemplaires et en 1987 la vente cumulée s'élèvera à 103 000 exemplaires[22], chiffre tout à fait exceptionnel compte tenu de la difficulté de l'œuvre en question et de la collection savante qui la porte. Et pourtant, si Sartre a pu dire que cet ouvrage était attendu, son succès n'en a pas moins surpris l'éditeur Pierre Nora et l'auteur puisque le premier tirage fut modeste, 3 500 exemplaires, très vite épuisés. Sorti en avril 1966, il faut réimprimer dès juin 5 000 exemplaires, puis 3 000 en juillet, encore 3 500 en septembre...

Pierre Nora, qui vient juste d'entrer chez Gallimard à la fin de l'année 1965, a contribué à cristalliser le phénomène en cours : « J'avais profondément senti qu'il y avait un mouvement dont l'unité générale était ce que l'on appelait : sciences humaines. Des recherches convergentes s'esquissaient entre des disciplines séparées autour d'une problématique commune fondée sur le fait que les hommes parlent pour dire des choses dont ils ne sont pas forcément responsables, qu'ils aboutissent à des actes qu'ils n'ont pas forcément voulus, qu'ils sont traversés par des déterminations dont ils ne sont pas conscients et qui les commandent. [...] Par ailleurs, un second mouvement traversait ces recherches, c'est le contenu sociopolitique de ce savoir auquel on attribuait une valeur à la limite subversive[23].» Michel Foucault exerçait en général sur son entourage un effet de sidération, et en particulier sur son éditeur Pierre Nora qui deviendra son ami et l'invitera chez lui et chez son frère Simon : «Lors d'un déjeuner avec Simon et Pierre, Foucault expliquait que ce dont il avait envie était d'être membre d'un cabinet ministériel pour voir comment cela marchait. Simon lui a dit que ce serait pour lui pure perte de temps[24].»

La situation de responsable des sciences humaines chez Gallimard en 1966 fait de Pierre Nora, malgré lui et en dépit de ses goûts personnels qui le portent ailleurs, le chantre du structuralisme. Il tente d'ailleurs une démarche qui échouera auprès de Claude Lévi-Strauss : «Quand je suis rentré dans la maison Gallimard, je suis allé le voir pour l'attirer. Il m'a dit : tout ce que vous voulez pour vous, mais rien pour Gallimard[25].» Il avait en effet un contentieux avec la maison car Brice Parain lui avait refusé la publication de *Tristes tropiques* en lui disant que les voyages n'intéressent pas les Français. Malgré cette première déconvenue, Lévi-Strauss lui avait envoyé le manuscrit de l'*Anthropologie structurale* pour s'entendre répondre que tous les articles ne sont pas de la même teneur, et que certains ne sont pas vraiment mûrs. En une nouvelle occasion, en 1954, Roger Caillois présente dans le bureau ovale Lévi-Strauss à Gaston Gallimard qui lui demande : «Que faites-vous pour nous ?» et Lévi-Strauss de répondre : «Une chronique culinaire.» Gaston Gallimard lui répondra : «Très drôle», et ils en resteront là[26]. Dix années plus tard, à l'occasion de l'entrée de Roland Barthes au Collège de France, Pierre Nora le sollicitera pour éditer sa leçon inaugurale : «Ce serait pour moi une grande joie que de vous donner la leçon – si Le Seuil ne fait pas d'histoire. Nous en reparlerons[27].»

Michel Foucault est porté par la vague structuraliste et son ouvrage apparaît comme la synthèse philosophique de la réflexion nouvelle menée depuis une quinzaine d'années. Si l'auteur prendra plus tard ses distances avec l'étiquette structuraliste qu'il jugera infamante, il se situe pourtant d'emblée en 1966 au cœur du phénomène : «Le structuralisme n'est pas une méthode nouvelle; il est la conscience éveillée et inquiète du savoir moderne[28]. »

L'accueil réservé au livre de Michel Foucault est flamboyant. Jean Lacroix salue dans *Le Monde* l'œuvre de Michel Foucault comme l'« une des plus importantes de ce temps[29] »; c'est « une œuvre impressionnante[30] » répond en écho Robert Kanters dans *Le Figaro*. François Châtelet consacre, en philosophe, l'événement qui révolutionne la pensée dans *La Quinzaine littéraire*. La lecture de l'ouvrage de Foucault fait naître « un regard radicalement nouveau sur le passé de la culture occidentale et une conception plus lucide de la confusion de son présent[31] ». Dans *L'Express*, Madeleine Chapsal ouvre un grand article de trois pages sous un titre évocateur : « La plus grande révolution depuis l'existentialisme[32]. » Quant au *Nouvel Observateur*, c'est Gilles Deleuze qui rend compte aussi sur trois pages du livre de Foucault : « L'idée de Foucault : les sciences de l'homme ne se sont nullement constituées quand l'homme s'est pris pour objet de représentation, ni même quand il s'est découvert une histoire – c'est au contraire quand il s'est déshistoricisé[33]. »

Ce n'est qu'un début pour Foucault dont toute l'œuvre sera publiée par Pierre Nora chez Gallimard. Son éditeur ira même laver l'affront du refus en récupérant en 1971 pour Gallimard son *Histoire de la folie*, négociant avec Plon une reprise pour la « Bibliothèque des sciences humaines ». Dès le démarrage de sa collection, Pierre Nora réussit donc son pari au-delà des prévisions les plus optimistes. Il devait apporter à Gallimard une percée dans le domaine des sciences humaines, assurant à la maison un prestige supplémentaire au plan intellectuel. C'est non seulement le cas, mais de plus la « Bibliothèque des sciences humaines » est bénéficiaire, ce qui n'avait même pas été envisagé. Elle acquiert immédiatement une forte visibilité et légitimité : « Cher ami, Bravo pour ce tir nourri d'artillerie scientifique... En ces temps de ratiocination langagière, la réédition de Benveniste m'apporte un soulagement, une caution. Qui est Michel Foucault ? Ce que j'ai lu de son livre me paraît de premier ordre[34]. »

Pierre Nora, dans le même esprit, publie celui qui est une référence majeure de cette période d'effervescence structuraliste, faisant autorité dans tous les travaux de sémiologie, Vladimir Propp. Il s'adresse en 1968 à Roman Jakobson pour qu'il accepte de rédiger une introduction à l'ouvrage de Propp, *Morphologie du conte*, qu'il publie en 1970. Le rapport interne établi par Pierre Nora ne cache pas la difficulté de ce livre plus aride, mais fondamental dans les études sur les mythes, et que Benveniste et Dumézil l'engagent fortement à faire traduire. Le sort commercial du livre est un échec, essentiellement dû au fait que Le Seuil publie au même moment le même ouvrage dans une autre traduction – celle de Marguerite Derrida, alors que celle de Gallimard a été réalisée par Claude Ligny –, mais surtout en poche, ce qui a cantonné la version Gallimard à un faible lectorat.

Un peu plus tard, en 1973, l'ouvrage de Propp, *Les Racines du conte merveilleux*, est mis à l'étude dans sa version russe. Il est refusé après consultation de Nathalie Sarraute : «Ce lourd et compact travail d'érudition... ne m'a pas paru dénué d'intérêt. Il me semble cependant que cet ouvrage, en raison de son sujet très particulier et de la façon très universitaire de le traiter, ne peut toucher qu'un public restreint[35].» Pierre Nora revient à la charge plus tard, au début des années 1980, et réussit cette fois à publier *Les Racines historiques du conte merveilleux* en 1983, avec une préface rédigée par Jean-Claude Schmitt et Daniel Fabre.

Georges Dumézil : «Pierre Nora : c'est lui qui m'a fabriqué»

Autre monstre sacré que Pierre Nora va chercher, Georges Dumézil. C'est en 1966 que Payot décide de publier un livre originellement prévu pour un éditeur allemand, *La Religion romaine archaïque*. Il saisit immédiatement le parti qu'il peut tirer en tant qu'éditeur de l'œuvre de Dumézil dans ce climat structuralisant : «Pierre Nora est intervenu. C'est lui qui m'a fabriqué. Je suis une création Gallimard[36].» Avant Pierre Nora, Brice Parain avait déjà perçu l'importance de l'œuvre en cours de Dumézil et avait publié pendant la guerre quatre de ses petits volumes dans une collection créée à cet effet, «La montagne Sainte-Geneviève», mais ces publications n'ont jamais trouvé leur public et pas davantage, entre 1945 et 1966, les quelques tentatives des PUF qui ont abouti au pilon. C'est avec ce même auteur, pourtant particulièrement érudit et difficile de lecture, que Pierre Nora réussit à percer le mur du silence et à réaliser des chiffres de ventes sidérants pour des ouvrages d'une telle difficulté*.

C'est Pierre Nora qui prend l'initiative et suscite la rencontre avec

* Georges Dumézil, *Mythe et Épopée*, Gallimard, tome 1, 1968 : ventes : 14910 exemplaires jusqu'en 1993 ; tome 2, 1971 : ventes : 9948 exemplaires jusqu'en 1993 ; tome 3, 1973 : ventes : 8105 exemplaires jusqu'en 1993.

Dumézil par l'intermédiaire de leur ami commun, Michel Foucault : « Voilà plusieurs mois que je souhaitais entrer en rapport avec vous ; précisément depuis mon entrée chez Gallimard en octobre dernier. Nos projets de collections d'histoire et de sciences humaines ont été plusieurs fois modifiés. Nous savons maintenant où nous allons avec la "Bibliothèque des sciences humaines". Nous aiderez-vous à y aller ? C'est ce que j'espère beaucoup[37]. » Pour assurer ce succès, encore faut-il donner un peu de cohésion à une œuvre déjà bien avancée, mais dispersée en articles inaccessibles dans des revues spécialisées ou des publications introuvables. Pierre Nora entend publier ces travaux selon deux axes : celui rassemblant toutes les études sur les structures de la religion romaine, et un second axe qui prend pour objet la tripartition indo-européenne sur un mode comparatif. Par ailleurs, la conjoncture semble porteuse car la jeune génération structuraliste de l'époque apparaît comme particulièrement réceptive à ces travaux savants. Pierre Nora invite donc Georges Dumézil dans son bureau chez Gallimard : « Quand je lui ai dit que son *Mythe et Épopée* manquait d'une préface, il s'est pris la tête dans les mains et m'a dit, presque en pleurant : "Je ne suis pas Foucault, je n'y arriverai pas. Je ne sais pas écrire autrement, je ne peux pas."[38] » Pierre Nora est convaincu que cette œuvre pionnière est parue trop tôt et vient à son heure en 1966. Son écho immédiat lui donnera raison. Il vient même à bout des réticences et du refus premier de la part de Dumézil de rééditer toutes ses petites études, *Jupiter-Mars-Quirinus* (1941, 1948), *Mitra-Varuna* (1940, 1948), *Naissance d'archanges* (1945), *Le Troisième Souverain* (1949), parues pendant la guerre et dans l'immédiat après-guerre, jugées par trop polémiques. Il réussit à les publier en 1976, précédées d'une remise en perspective de son parcours de recherche[39]. La fidélité de l'auteur Dumézil à son éditeur ne se démentira pas, et toute son œuvre sera publiée chez Gallimard. Elle popularisera cette thématique d'un trait singulier de la civilisation indo-européenne qui est cette structure unitaire et trifonctionnelle distinguant la souveraineté sacrée, la fonction guerrière et la fonction de fécondité.

Lorsque le 13 juin 1979 l'Académie française reçoit Georges Dumézil, il sait ce dont il est redevable à Pierre Nora : « Sans vous, l'Académie ne se serait pas aperçue de mon existence[40]. » Le pair du récipiendaire, qui l'accueille sous la coupole pour faire la synthèse de son œuvre, n'est autre que Claude Lévi-Strauss. Ce choix n'est pas dû au hasard des circonstances, mais à une parenté de leurs projets, par-delà la singularité manifeste de chacun. Certes, Dumézil s'est montré avec constance méfiant vis-à-vis de toute assimilation de ses travaux à l'intérieur d'un moule dans lequel il ne se reconnaissait pas : «Je ne suis pas, je n'ai pas à être, ou à n'être pas, structuraliste[41].» Sa position est intangible, et il va jusqu'à bouder la moindre référence au mot «structure» pour éviter toute forme de récupération. Échaudé par ses enthousiasmes de jeunesse vis-à-vis de systèmes abstraits, il s'en tient au domaine, à l'abri des turbulences, de la philologie. Mais Claude Lévi-Strauss a raison, sous la Coupole, de le recevoir en lui disant que le terme de structure, structural, viendrait immédiatement à l'esprit pour qualifier son corps de doctrine, s'il ne l'avait récusé en 1973.

Curieux et étonnant Dumézil qui, au soir de sa vie, en août 1983, demande à son éditeur Pierre Nora de venir le voir à son bureau pour lui remettre son tout dernier manuscrit qui n'est pas une suite de sa série d'études sur les mythes, mais un travail auquel il tient beaucoup à titre personnel et qu'il lui transmet «avec un mélange de solennité et d'humour... entourant ce manuscrit d'un étrange mystère[42]». Il s'agit d'un décryptage tout à fait savant réalisé par Dumézil d'un célèbre quatrain de Nostradamus qui évoque un certain «Moyne noir», «en gris», qui «viendra dedans Varennes» et par lequel il aurait prédit la fuite à Varennes du roi Louis XVI. Pierre Nora va appuyer la publication de ce curieux ouvrage qui paraîtra dans la collection «Blanche», mais il ne cache pas, dans le rapport rédigé sur ce manuscrit, sa perplexité : «Dumézil y croit-il ? Un chapitre final prend un peu ses distances, mais, mais, mais... Dans cette affaire tout est étrange. Les techniques les plus sophistiquées de la philologie savante convoquées à la rescousse de Nostradamus ! Le plus érudit et le plus rationaliste de nos grands savants qui révèle une familiarité de trente ans avec toutes les éditions successives et variées du prophète pour littérature de gare ! Et pourtant une espèce de testament intellectuel et spirituel où, à mon avis, tout est plus ou moins crypté et où Dumézil, en filigrane, insère beaucoup d'aveux personnels d'une vie plus compliquée qu'il n'apparaît[43].» Pierre Nora exprime aussi son enthousiasme pour ce manuscrit qu'on ne peut lâcher une fois en main tant il séduit par son charme et son savoir, ainsi que des pronostics plus que favorables d'éditeur en rappelant que Christian Bourgois a tiré à un million d'exemplaires une édition récente de Nostradamus, et il envisage même pour son auteur savant un possible triomphe populaire[44].

Pierre Nora poursuivra l'édition de son œuvre par-delà sa disparition et en premier lieu en publiant le quatrième volume des *Esquisses* qu'il était en train de travailler au moment où la mort l'a surpris[45], ainsi que les études déjà anciennes de Dumézil sur les mythes scandinaves, mises au point et préfacées par un de ses disciples, François-Xavier Dillmann, directeur d'études d'histoire et de philologie de la Scandinavie ancienne et médiévale à l'EPHE[46].

Déjà Raymond Aron

Mais Pierre Nora n'entend nullement se laisser enfermer par le paradigme structural. Il a au contraire la ferme intention d'affirmer d'emblée le caractère pluriel de sa collection qui doit échapper à toute inféodation, à toute chapelle. Il suit le séminaire de Raymond Aron à la Sorbonne et lui suggère de regrouper ses cours sur les sept grands sociologues en un ouvrage : Montesquieu, Comte, Marx, Tocqueville, Durkheim, Pareto et Weber. Il le sollicite dès 1966 : « Mon grand souhait serait 1. de publier le plus vite possible, *Les 7 sociologues*, comme prévu, dans une jolie édition bon marché... 2. de publier dans la "Bibliothèque des sciences humaines" cet *Ordre social* dont vous m'aviez parlé et qui doit d'abord paraître en anglais... pourquoi pas *Les 7 sociologues* dans la "Bibliothèque des sciences humaines" car cette collection vous attend[47]. »

Ce sera finalement en effet une publication dans cette nouvelle « Bibliothèque des sciences humaines » sous le titre : *Les Étapes de la pensée sociologique*[48] qui sera un véritable best-seller, un ouvrage incontournable pour plusieurs générations d'apprentis sociologues. En 2009, l'ouvrage dépasse, tous tirages cumulés, y compris son passage en poche « Tel », le chiffre de 100 000 exemplaires vendus et poursuit sa route à un rythme de 3 000 par an[49]. Cette importance de Raymond Aron dans la réflexion sociologique, malgré le succès du marxisme dans ce domaine qui semble ne laisser place à aucune méthode alternative en ces années 1960, Pierre Nora l'avait pressentie alors qu'il n'était pas encore chez Gallimard. Il avait en effet déjà consacré en 1963 un article dans *France Observateur* à « Raymond Aron : les raisons d'un succès », saluant la collection de poche « Idées » dirigée par François Erval chez Gallimard pour avoir publié *La République moderne* de Pierre Mendès France, *Le Grand Espoir du XX*e *siècle* de Jean Fourastié, mais surtout les *18 leçons sur la société industrielle* qui est le cours donné par Raymond Aron en 1955-1956 : « En quelques semaines, 50 000 exemplaires vendus ; Aron a dépassé Camus. La société industrielle intéresserait-elle plus aujourd'hui le grand public que Sisyphe ? Acceptons-en l'augure[50]. » En se faisant aronien dans cet article de ce haut lieu de la gauche plutôt sartrienne qu'est l'hebdomadaire *France Observateur*, Pierre Nora se fait gibelin chez les guelfes. Il se gausse de Simone de Beauvoir qui présente Aron dans *Les Temps modernes* en 1955, année de ces leçons sur la société industrielle, comme un « aigri fasciné par la richesse » et un pseudo-penseur « adoptant la conception d'une Françoise Giroud ». Depuis, le XXe congrès est passé par là et incite à un autre regard : « Raymond Aron, maintenant, appelait un chat "un chat". Et dans un style parlé que je n'ai connu à personne, aussi naturellement proche du style écrit, il faisait la preuve qu'un sociologue politique pouvait être rigoureux sans se cantonner dans le futile, et passionnant sans tomber dans la passion[51]. »

Pierre Nora devient l'ami d'un disciple de Raymond Aron, le philosophe grec Kostas Papaïoannou qui est arrivé en France au sortir de la Seconde Guerre mondiale en s'embarquant sur « la Nef des Grecs », ces boursiers engagés à gauche et désireux de poursuivre leurs études universitaires en France, parmi lesquels Kostas Papaïoannou aura, entre autres, pour compagnons de voyage, Cornelius Castoriadis et Kostas Axelos. Il entre au CNRS comme attaché de recherches. Il est alors, en 1963, en thèse sur le marxisme sous la direction de Raymond Aron qui le soutient de manière indéfectible jusqu'au bout, malgré une véritable procrastination de la part de son doctorant qui multiplie la publication de ses articles, sans que l'on voie arriver sa thèse. Mais Raymond Aron attend de lui « sa grande œuvre sur Marx » dont il ne doute pas qu'elle fera date. Ses contributions dans diverses revues : *Le Contrat social*, *Preuves*, *Diogène*, *Contrepoint*, *Commentaire*, sont de lucides critiques du totalitarisme, et il acquiert à l'époque une réputation de spécialiste du marxisme grâce à la publication d'un certain nombre d'ouvrages[52]. Pour le sortir de l'impasse, Pierre Nora lui propose de réunir certains de ses articles sur la genèse et l'histoire de l'Idée communiste pour les publier dans sa « Bibliothèque ».

Kostas Papaïoannou meurt en 1981 sans que sa thèse ni ce recueil d'articles soient parus. Pierre Nora lui rend hommage en le présentant comme « l'un des tout premiers philosophes engagés dans le grand combat intellectuel de notre temps[53] », qui n'a pas su ou voulu rassembler des fragments épars. Son ami Pierre Nora s'assigne la tâche de rassembler en un ensemble cohérent un certain nombre de ses réflexions sur le marxisme et son destin funeste. Il se met au travail avec la veuve de son ami, Hélène Papaïoannou, dans le dédale insigne de papiers, de dossiers totalement dispersés, pour établir le projet d'un ouvrage qui est un tel serpent de mer qu'il ne réussit qu'à moitié à convaincre Antoine Gallimard : «Ce n'est que grâce à l'insistance de Raymond Aron qu'Antoine Gallimard accepta finalement l'ouvrage[54]» qui verra le jour en 1983, avec une préface de Raymond Aron[55].

Une incursion dans les sciences dures : François Jacob

Il se trouve que François Jacob est lié familialement à Pierre Nora qui est son cousin par alliance. La mère de sa première femme, Lise, est en effet la sœur de la mère de Pierre Nora. Prix Nobel de médecine en 1965 pour ses travaux sur la génétique et la régulation de la cellule bactérienne, professeur au Collège de France et directeur du service de génétique cellulaire de l'Institut Pasteur, il initie Pierre Nora aux domaines de la science médicale, de la génétique, de l'ADN, tous en plein bouleversement en ces années 1960.

Un jour, François Jacob apporte un manuscrit à Pierre Nora : «J'ai écrit un livre en ne le montrant à personne, et je suis allé le donner à Pierre en lui demandant son avis. Il m'a dit que c'était excellent et qu'on le publiait. J'en ai été évidemment très heureux[56].» Il sera publié dans sa nouvelle «Bibliothèque» en 1970, et aura un retentissement certain, ouvrant un savoir difficile de spécialiste à un vaste public[57]. Dans ce livre, François Jacob retrace le parcours historique de la biologie en rompant avec la démarche de simple généalogie continue d'un empilement d'idées toujours nouvelles, selon la vieille méthode des origines. Il s'agit pour lui de s'interroger sur les objets de la discipline, de saisir comment ils deviennent accessibles à l'analyse, de comprendre quelle est l'attitude de ceux qui les étudient, les valeurs, les connaissances qui ont cours, définissant pour chaque époque un champ des possibles.

C'est cette approche qui permet à François Jacob de distinguer des époques différentes qui ne sont pas sans faire penser aux *épistémè* de Michel Foucault qui a accordé à la science du vivant – dans *Les Mots et les Choses* – une place majeure dans les basculements des manières de voir et de savoir. En effet, l'analyse de Foucault a beaucoup compté dans les distinctions que fait François Jacob entre une période moderne qui, aux XVIIe et XVIIIe siècles, privilégie les surfaces visibles des êtres vivants puis, au XIXe siècle, l'étude des fonctions sous-jacentes des organes qui fondent une organisation harmonique, et le début du

XXe siècle, où l'étude du gène débouche sur la molécule d'acide nucléique sous-tendant la reproduction et l'évolution des êtres vivants.

Pierre Nora est là encore un passeur essentiel en mettant en relation Michel Foucault et François Jacob. Touchant aux problèmes majeurs du poids de l'hérédité en un moment où la société s'interroge sur la part du culturel et du naturel dans ce domaine, sur la part du comportement humain induite par son organisation génique, François Jacob pose frontalement la question de la part de la liberté humaine et de la part des contraintes intangibles. L'ouvrage prend tout de suite une place majeure dans ce débat de société, et il faut compter aussi avec la publication concurrente et complémentaire de Jacques Monod. Pierre Nora est intellectuellement convaincu de l'enjeu, et affectivement très concerné, de par ses liens familiaux avec son auteur. Il veille au lancement du livre avec une attention et une implication toute particulière. Il se plaint à Claude Gallimard début novembre d'un insuffisant effort de lancement commercial : « Un office de moins de trois cents exemplaires sur Paris pour un pareil ouvrage et de moins de cinq cents exemplaires pour le reste de la France n'est pas raisonnable... J'ai été furieux, c'est vrai. Mais vous avouerez qu'il y a de quoi[58] ! » Des décisions sont immédiatement prises et un avertissement est mis au point pour signaler l'importance de l'ouvrage, envoyé à cent quatre-vingts librairies avec une offre exceptionnelle d'un exemplaire personnel dédicacé envoyé par l'auteur au libraire.

Michel Foucault rend compte du livre de François Jacob dans *Le Monde* des 15-16 novembre 1970, Michel Polac consacre son émission télévisée *Post-Scriptum* du 15 février 1971 à François Jacob, Emmanuel Berl écrit la recension du livre pour *Le Figaro* le 6 janvier 1971.

Une discipline phare : l'anthropologie

Dès 1955, Lévi-Strauss avertissait l'Occident des désastres, de l'envers de son envol dans les Trente Glorieuses. Il se proposait de faire revivre avec *Tristes tropiques* les sociétés primitives englouties sous « notre ordure » lancée au visage de l'humanité, le béton qui prend partout comme du chiendent, la paupérisation des bidonvilles, le défrichement des forêts. Triste bilan d'une civilisation conquérante et dispensatrice de leçons que celui de la mort donnée derrière le visage hypocrite de l'aventure et de la rencontre de l'Autre. L'anthropologie structurale de Lévi-Strauss s'en prend aux Lumières, à leur prétention à un message à vocation universalisante.

Pierre Nora, tout en étant historien, a tout de suite compris l'importance qu'allait avoir l'anthropologie dans le champ du savoir des sciences humaines. Dans les années 1960, c'est le lieu du vrai défi, autrement sérieux que le défi durkheimien du début du siècle, car les anthropologues sont les porte-parole du paradigme structuraliste qui s'impose à tous dans un projet sémiologique englobant autour de la question du signe. Si Pierre Nora échoue à rallier le leader de ce programme qu'est Claude Lévi-Strauss, fidèle à la maison Plon, il va compenser cette déception en faisant feu de tout bois, et en éditant la plupart des plus grands anthropologues du moment, notamment toute l'école anglo-saxonne qu'il va faire traduire et diffuser en France. Là encore, on reconnaît le geste de Pierre Nora qui consiste à ne pas se laisser enfermer à l'intérieur d'une école ou d'un paradigme, car malgré son admiration qui ne s'est jamais démentie pour Claude Lévi-Strauss, il va éditer nombre de tenants de positions adverses, très critiques quant à l'orientation structuraliste de leur discipline.

Pierre Nora commence à investir le champ anthropologique en dérogeant à l'un de ses principes éditoriaux qui consiste à ne pas reprendre des titres épuisés issus d'autres collections. En 1967, on lui signale que la publication d'Alfred Métraux, *Le Vaudou haïtien*, paru initialement en collection «Idées» en 1958, est épuisée. Claude Gallimard lui suggère une reprise dans sa nouvelle «Bibliothèque des sciences humaines». Il accepte, malgré ses fortes réticences sur le principe, car il s'agit d'Alfred Métraux et l'ouvrage reparaît à la fin de la première année de vie de sa collection[59].

Par ailleurs, Pierre Nora fait avancer le dossier de l'indianisant Louis Dumont qui est déjà une autorité dans les années 1960. Le manuscrit d'*Homo hierarchicus* est depuis un moment en souffrance chez Gallimard car Raymond Queneau et Michel Deguy, tout en reconnaissant de grandes qualités à l'auteur, estiment que l'ensemble de la démonstration reste encore un peu confus. Pierre Nora écrit un rapport qui bouscule les réserves, répond par avance aux objections pour emporter la décision de la publication pour sa «Bibliothèque des sciences humaines». Il pressent que l'étude de Louis Dumont ne se limite pas à une escapade exotique du côté du système des castes indiennes, mais affecte toute une conception de l'histoire de l'humanité et le rôle que joue le rapport hiérarchique dans les sociétés traditionnelles, suscitant l'intérêt non seulement chez les anthropologues, mais chez les sociologues et les politistes. Pour améliorer le manuscrit, il suggère de demander une conclusion plus ferme à l'auteur. Il emporte la décision; le contrat est signé en mai 1966, et l'ouvrage paraît en 1967. Louis Dumont travaille ensuite à un pendant complémentaire au système stratifié des sociétés traditionnelles qui est le système égalitaire des sociétés démocratiques.

Malgré les pressions exercées par Braudel sur Louis Dumont pour obtenir ce manuscrit dans sa collection chez Flammarion, ce dernier soumet son manuscrit chez Gallimard où il est adopté. Si dans son rapport Pierre Nora souligne que Louis Dumont «est un esprit extrêmement original et même profond; que *Homo hierarchicus* en a fait immédiatement après Lévi-Strauss un des rares anthropologues français de stature internationale[60]», il ne s'en ouvre pas moins vis-à-vis de son auteur de réserves et de conseils. Et en premier lieu, Pierre Nora a le souci extrême du bon titre et juge celui proposé par Louis Dumont calamiteux : «En toute honnêteté, *De Mandeville à Marx* est franchement impossible, c'est du suicide[61].» Il lui suggère d'opter pour un titre qui exprime la binarité à l'œuvre dans la démonstration de son auteur, et à cet égard *Homo aequalis* fait bien le pendant de *Homo hierarchicus*. Par ailleurs, s'il ne cache pas à Louis Dumont l'enthousiasme avec lequel il s'est fait l'avocat de son manuscrit, il lui signifie que son devoir de sincérité est de lui exprimer ses insatisfactions, et notamment ce qu'il estime être un manque de fermeté dans l'affirmation de la thèse défendue qui fait pourtant l'originalité de l'ouvrage, sa propension à égarer le lecteur dans les détails : «Je regrette personnellement qu'un livre aussi profondément juste et convaincant, qui met le doigt de façon originale sur des idées simples et cruciales, qui donc pourrait et devrait toucher un large public, ne soit pas plus net dans son propos général[62].» Louis Dumont ne lui tient pas rigueur de ces réserves et, tout au contraire, il lui est très reconnaissant d'«avoir emporté la décision à [lui] seul et du premier coup[63]».

Le succès de Louis Dumont est au rendez-vous[64], et Pierre Nora suggère en 1981 la réédition de son premier livre, paru dans la collection «L'espèce humaine» en 1951, désormais épuisé, *La Tarasque*, qui est une étude ethnologique locale d'un rituel de fête dans la région de Tarascon qui remonte jusqu'au XIIe siècle, et qui irrigue de nouveau tout le Midi dans le contexte de la réaffirmation identitaire occitane.

Soucieux de couvrir toutes les grandes aires culturelles et civilisationnelles, Pierre Nora réussit un autre grand coup au début de l'année 1967 en récupérant un auteur du Seuil, Jacques Berque, spécialiste déjà reconnu du monde arabe. Né en Algérie en 1910, Jacques Berque est en effet depuis 1956 professeur au Collège de France, titulaire d'une chaire d'histoire sociale de l'Islam contemporain. Un contrat est signé en un temps record le 26 janvier 1967, et le lendemain Claude Gallimard écrit à l'auteur : «Pierre Nora m'a parlé de vous longuement et chaleureusement, ainsi que l'important ouvrage que vous lui avez proposé de publier dans la "Bibliothèque des sciences humaines". J'espère que c'est là le début d'une longue collaboration[65].» Ce sera le cas, et l'aventure ne fait que commencer avec la publication, en novembre 1967, de *L'Égypte, impérialisme et révolution*, qui retrace l'histoire sociale de l'Égypte coloniale depuis la domination britannique en 1880 jusqu'au nassérisme en 1952. Cet ouvrage paraît opportunément au lendemain de la guerre des Six Jours et bénéficie d'un large écho pour une publication savante, très érudite, longue de sept cents pages. *Le Monde* lui consacre une double page fin novembre, lors de sa parution[66]. Lorsque Jacques Berque soumet à Pierre Nora son second manuscrit, ce dernier lui exprime son ravissement : «Votre livre est excellent. Merci de nous donner du sur-Berque, du Berque au carré. Le livre est un beau feu d'artifice[67].» Il s'agit de *L'Orient second* qui élargit l'horizon des études publiées jusque-là dans le sens de réflexions sur l'histoire contemporaine, la modernité et les outils des sciences humaines pour rendre compte de la diversité des civilisations : «La seconde partie, "Espaces", la plus intéressante à mon sens, où Berque extrapole et "mondialise" en Californie pour pétarader dans tous les sens... Cette partie fait songer à *Tristes tropiques*. Berque l'a voulu, qui appelle son chapitre sur le Canada : "Les tropiques du Nord"[68].» Et Pierre Nora suit la carrière de l'ouvrage jusque dans ses échos dans la presse. Satisfait d'un très bon article dans *Le Nouvel Observateur*, il obtient l'assurance d'un article dans *Le Monde*, sollicite Edgar Morin qui ne peut promettre une recension dans l'immédiat, et se tourne alors vers Albert Memmi pour un article dans *La Quinzaine littéraire*.

En 1977, Jacques Berque propose cette fois un manuscrit pour la «Bibliothèque des histoires», avec une étude d'ordre historico-socio-anthropologique qui rassemble une bonne dizaine d'années d'expérience et de pensée à propos de la civilisation maghrébine[69]. Une nouvelle fois, Pierre Nora fait part à Jacques Berque de son enthousiasme : «On reste – et c'est là l'essentiel – admiratif et stupéfié devant ce monstre d'intelligence et de savoir. Votre livre est une extraordinaire "anastylose", une vraie tentative d'histoire totale... À partir d'un matériel de première main, que vous étiez le seul à pouvoir ainsi manipuler, vous aboutissez à une reconstitution presque charnelle. Jamais l'homme de science n'a été si loin, chez vous, épaulé par le témoin[70]. » C'en est au point que, selon Pierre Nora, la mariée est presque trop belle, et que l'impression océanique laissée par l'ouvrage suscite un sentiment de risque d'engloutissement. Cette publication vaudra à Jacques Berque le prix Biguet de l'Académie française au printemps 1979.

Si Pierre Nora n'a pas réussi à convaincre Claude Lévi-Strauss d'entrer dans l'écurie Gallimard, ce dernier le met néanmoins en rapport avec un de ses plus proches disciples, l'anthropologue belge Luc de Heusch : « Vous m'avez naguère fait part de votre souci de diminuer la part des traductions de votre "Bibliothèque des sciences humaines". Aussi ai-je pris la liberté de conseiller à mon collègue Luc de Heusch d'aller vous voir lors de sa prochaine venue à Paris... Il a un manuscrit pour partie théorique et pour partie polémique qu'il souhaiterait vous soumettre pour publication et qui, à mon sens, n'est pas indigne de votre attention[71]. » La recommandation de Lévi-Strauss a valeur d'or pour Pierre Nora qui fait tout de suite entrer Luc de Heusch dans son réseau d'auteurs. Il publiera quatre de ses ouvrages en commençant en 1971 par *Pourquoi l'épouser ?*, recueil d'études issues de son expérience d'africaniste, notamment au Rwanda.

Ces essais qui ne sont pas sans faire penser, selon Pierre Nora, à l'ouvrage séminal de Lévi-Strauss, *Anthropologie structurale*, paru en 1958, se veulent une illustration de la fécondité de la méthode structuraliste de son maître Lévi-Strauss sur terrain africain. C'est donc la lune de miel entre Pierre Nora et Luc de Heusch, mais elle ne durera que le temps où l'anthropologie occupera une position centrale dans les sciences humaines et où le structuralisme sera source d'inspiration.

Ce n'est plus le cas dans les années 1980 et les relations entre éditeur et auteur en seront affectées. Lorsque Luc de Heusch soumet en 1983 un manuscrit sur le thème du sacrifice dans les sociétés africaines, il suscite de fortes réticences : « Claude Gallimard s'est entretenu longuement avec moi du *Sacrifice* et me fait des objections sérieuses à l'adoption de votre ouvrage, au moins dans son état actuel[72]. » Le livre sera finalement pris et publié en 1986[73]. Mais lorsque Luc de Heusch présentera un nouveau manuscrit en 1993, cette fois le refus sera catégorique, et Pierre Nora n'en cache pas les raisons, pour l'essentiel commerciales, qui tiennent au fait que l'anthropologie a perdu une part importante de son lectorat : « J'ai lu avec beaucoup d'intérêt et d'attention les essais que vous avez réunis sous le titre *Maintenir l'anthropologie* et je n'en suis que plus gêné – pour ne pas dire déchiré – pour vous dire, d'un point de vue d'éditeur, pourquoi il me semble difficile de le publier dans la "Bibliothèque des sciences humaines"... C'est avant tout que l'anthropologie n'est plus commercialement ce qu'elle était... Les chiffres – en particulier les vôtres – ne font que confirmer cette conclusion. En onze ans, *Rois nés d'un cœur de vache* s'est vendu à 1 000 exemplaires sur un tirage de 2 000. En six ans, 1 500 exemplaires sur 3 000 de *Sacrifice*[74].» Il y aura néanmoins une nouvelle publication de Luc de Heusch en 2000, *Le Roi du Congo et les monstres sacrés*, mais son faible écho confirme le diagnostic de Pierre Nora.

Mais surtout, Pierre Nora aura fait connaître au public français, malgré les coûts élevés de la traduction, les grands travaux de l'anthropologie anglo-saxonne. Il signe un contrat dès 1969 pour publier un ouvrage de Victor Turner[75], professeur d'ethnologie à Chicago, qui a déjà beaucoup publié depuis 1953. Africaniste, il a surtout exploré le terrain des Ndembu de Zambie, mais il a dépassé le stade de la monographie ethnographique pour avancer dans le sens de l'élaboration d'une théorie du symbolique à partir de l'observation des pratiques religieuses.

Dès 1966, Pierre Nora rédige un rapport adressé à Claude Gallimard pour le convaincre de traduire Evans-Pritchard qu'il présente comme «le meilleur représentant de l'école anthropologique anglaise[76]». La première publication, en 1969, concerne *Les Nuers*, devenue déjà un classique dans lequel l'ethnologue étudie une population soudanaise qui a valeur de modèle par l'harmonie réalisée entre la population et son bétail. Pierre Nora demande à Louis Dumont de préfacer l'ouvrage et trouve en son futur collaborateur Louis Évrard, qui va jouer un rôle tout à fait fondamental auprès de lui, celui qui va le traduire. En 1972, une seconde publication d'Evans-Pritchard voit le jour[77].

En publiant Edmund R. Leach, Pierre Nora donne à lire au public français sa controverse théorique avec Claude Lévi-Strauss que Leach a contribué à faire connaître au public anglo-saxon, mais sur une base critique de ses positions structuralistes*. Pierre Nora avait déjà longtemps hésité et laissé échapper la publication de sa thèse, dissuadé par son épaisseur. Elle a été publiée chez Maspero, avec une préface de

---

* Edmund R. Leach avait déjà publié un *Lévi-Strauss* chez Seghers en 1970.

Jean Pouillon. En 1976, il est désireux d'éditer un recueil d'articles de Leach. Il le rencontre à cet effet à l'occasion d'un de ses passages à Paris et s'entend avec lui sur un choix de textes qui donne lieu à une publication en 1980, axée sur l'étude des symboles et précédée d'une préface où Leach revient sur les points de désaccord avec Lévi-Strauss[78].

Pierre Nora assure aussi la publication du chef de file du courant culturaliste en anthropologie, Clifford Geertz. Il va le voir dans son bureau de Princeton en 1977 et reprend contact avec lui en 1980, par l'intermédiaire de Lucette Valensi, pour lui soumettre des propositions de publications pour sa collection. L'investigation de Geertz porte à la fois sur l'Indonésie et sur l'Afrique du Nord, mais sa singularité tient surtout à une analyse des ensembles économiques et sociaux dite «fixe», ou encore culturaliste. Il s'y emploie notamment à propos d'observations sur le combat de coqs à Bali dont le décryptage lui sert à révéler les règles complexes de la société balinaise[79].

Grâce à Jean Pouillon, Pierre Nora va aussi publier dès les années 1970 un jeune anthropologue prometteur, Marshall Sahlins, et sollicite Pierre Clastres pour en écrire la préface. Ayant séjourné un bon moment à Nanterre, ses travaux sont déjà connus par les anthropologues et sociologues français. Maurice Godelier souhaitait le publier chez Maspero, et Pierre Bourdieu chez Minuit. Pierre Nora obtient de l'auteur sa préférence pour Gallimard. Il propose l'édition d'un recueil d'études par lesquelles Sahlins procède à un réexamen critique des grandes théories classiques, des grandes grilles de lecture, qu'elles soient maussiennes ou marxistes, et développe le point de vue paradoxal selon lequel ce sont les sociétés primitives qui connaissent la réelle abondance[80]. Peu après, Pierre Nora suggère de traduire *Culture and Practical Reason*, paru en 1976; il en propose la publication dès juin 1977. Il y voit une contribution majeure pour ouvrir une voie alternative aux modes d'interprétation de l'anthropologie marxiste, mettant en évidence les impasses d'un réductionnisme économiciste. Sahlins offre aussi une vive critique de la démarche fonctionnaliste qui a eu son heure de gloire en anthropologie, réduisant tout à des critères utilitaristes : «Un livre brillant, profondément actuel et moderne dans son esprit, qui ne s'intéresse à l'anthropologie économique des sociétés primitives que pour éclairer la réflexion sur les sociétés historiques modernes[81].»

Un autre intérêt, très actuel, de Sahlins aura été de tenter de dépasser l'alternative appauvrissante entre des analyses en termes de structures et celles qui privilégient l'événement, départageant d'un côté l'anthropologie située du côté de la structure, alors que l'événement serait considéré comme le domaine propre de l'historien. Sahlins est un des rares anthropologues à être ouverts à l'histoire et à l'événement, et à affirmer qu'il ne suffit pas de déceler des structures rigides, car il y a une conjoncture de la structure et une structure de la conjoncture. Il propose pour étayer ses thèses de tirer les enseignements épistémologiques de quelques observations de terrain comme celles que l'on peut faire à partir de l'expérience qu'a vécue le nouveau gouverneur Sir George Grey arrivé dans les îles polynésiennes en 1844 et confronté à un mouvement de révolte des Maoris.

L'actualité des thèses de Marshall Sahlins ne se dément pas malgré le reflux de l'anthropologie, et elle connaît même un regain certain d'intérêt avec la reprise par Gérard Lenclud et François Hartog de la notion de régime d'historicité qu'ils empruntent en partie à Sahlins. Pierre Nora suit donc de près cet anthropologue dont il a publié les premiers travaux, et suggère en 2000 d'éditer une partie de son ensemble d'essais publié en anglais sous le titre *Culture in practice* : « Plusieurs de ces essais sont de petits chefs-d'œuvre par l'art de l'exemple, la souplesse du style, l'humour et l'absence de démagogie tiers-mondiste. Le tout pose la question de la possibilité d'une histoire universelle aujourd'hui[82]. » Pierre Nora demande à Marshall Sahlins, pour l'édition française, de lui donner une préface pour retracer son itinéraire, son parcours de recherche, une forme d'autobiographie intellectuelle. L'ouvrage paraît en 2006 sous un autre titre, *La Découverte du vrai sauvage*.

Outre l'école anglo-saxonne, Pierre Nora publie nombre d'anthropologues qui ont compté pour leur contribution originale, soit aux frontières de la littérature, soit sur les brisées de l'ethno-psychanalyse, soit sur celles de l'anthropologie historique. Aux frontières de la littérature, il reçoit de Roger Caillois un manuscrit pour sa « Bibliothèque des sciences humaines » en 1974 ; c'est un recueil d'articles et d'essais qui retrace son itinéraire sociologique. Il atteste une tension créatrice chez son auteur entre sa réflexion sur la poésie et son désir de scientificité. On y retrouve aussi toute sa période de chercheur au Collège de sociologie, ainsi que deux contributions particulièrement hétérodoxes, « Puissance du roman » et « Description du marxisme », et des inédits[83]. Lorsqu'il est question de rééditer un certain nombre de titres de Roger Caillois déjà parus dans la collection « Blanche », Pierre Nora réussit à convaincre Claude Gallimard de les faire passer dans sa

« Bibliothèque des sciences humaines », selon les vœux de Caillois lui-même, et malgré les réticences de Claude Gallimard qui aurait plutôt opté pour une réédition des trois titres anciens et épuisés de Caillois, *Les Impostures de la poésie*, *Babel* et *L'Art poétique* dans leur collection d'origine. Si leur qualité très littéraire ne fait pas de doute pour Pierre Nora, leur caractère historique et rétrospectif justifie à ses yeux leur passage en sciences humaines. Ce sont en définitive cinq œuvres dispersées dans le temps, entre 1944 et 1971, qui seront ainsi republiées, et Pierre Nora demande à Roger Caillois de donner à l'ensemble une cohérence en écrivant une conclusion dans laquelle il définira une « esthétique généralisée[84] » : « Ce livre vous devra beaucoup et j'ai l'intention, si vous le permettez, de vous dédier la conclusion dont vous êtes responsable pour une grande part[85]. » Pierre Nora en est ému et l'on comprend pourquoi car la poésie a toujours été pour lui depuis l'enfance son jardin secret, son œuvre à venir, toujours différée. Il ne cache pas son émotion dans sa réponse à Roger Caillois : « Qui m'aurait dit, quand je lisais en culottes courtes (pas si courtes d'ailleurs !) avec ferveur *Les Imposteurs de la poésie*, que, si modestement soit-il, je figurerais quelque part dans votre œuvre ? Et pas n'importe où. Avec le *Fleuve Alphée*, avec ce texte, il me semble, je vous le redis, que vous débouchez au carrefour de tous les chemins de vous-même[86]. »

Du côté des rapports entre ethnologie et psychiatrie, Pierre Nora édite Georges Devereux. D'origine hongroise, il a la double compétence dans les deux disciplines et enseigne à l'EPHE après avoir longtemps séjourné chez les Indiens Mohave et les Sedang Moi du Vietnam. Outre l'intérêt de rapprocher deux modes d'analyse, Devereux ouvre la voie à une relativisation, en tout cas à une diversification en fonction du cadre culturel, des modalités du fameux complexe d'Œdipe dont le primat sera un peu plus tard fortement ébranlé par la publication de Deleuze et Guattari[87]. Georges Devereux soumet en 1969 à Pierre Nora un nombre élevé d'articles qui nécessite deux volumes. Face à cette masse, l'éditeur opère un choix, demande à Roger Bastide de le présenter dans une préface et publie ce premier ensemble en 1970. Il trouvera un assez large public[88]. Mais une certaine tension naît entre l'auteur et l'éditeur au sujet de la publication du second volume, plus ou moins promise. Devereux veut obtenir de son éditeur un engagement et une date ferme de publication. En fait Pierre Nora avait opéré, sans lui dire, un choix de ses meilleures contributions pour ce premier volume et n'entendait pas forcément s'engager pour un second. Dans le domaine de l'anthropologie historique, Pierre Nora publie un disciple de Jean-Pierre Vernant, Marcel Detienne, qui décrypte les mythes grecs à la lumière de la méthode structurale lévi-straussienne. Dans son premier ouvrage, consacré à Adonis et sa mère Myrrha, il dissocie plusieurs plans de signification des mythes en fonction du code végétal, du code sociologique et du code astronomique. Detienne, qui apporte un regard nouveau sur le séducteur Adonis par rapport à l'analyse célèbre qu'en avait faite Frazer dans *Le Rameau d'or*, souhaite et obtient que son ouvrage soit publié dans la nouvelle collection créée en 1971, la «Bibliothèque des histoires» où il paraît en 1972[89]. C'est la première publication d'une longue série, et Detienne conduira Jean-Pierre Vernant chez Gallimard pour la publication d'une œuvre collective sur le sacrifice. Pierre Nora est convaincu de l'importance de l'œuvre que déploie Marcel Detienne, et après avoir publié ses deux premiers ouvrages dans la collection d'histoire, il publie les suivants à bon rythme[90].

Pierre Nora pressent aussi que ce regard anthropologique en ces temps de l'après-décolonisation a de fortes chances de se concentrer sur l'étude de l'Hexagone vu différemment à partir d'enquêtes ethnographiques et du regard formé à voir l'altérité, mais cette fois au cœur du même, dans son propre espace et ses propres traditions. C'est pourquoi il écrit à Jeanne Favret-Saada en 1971 : «Quelque chose me dit que votre travail sur la sorcellerie mûrit. Au cas où vous n'auriez pas d'engagement avec d'autres éditeurs, auriez-vous la gentillesse, sans aucun engagement mutuel, de me faire signe et de m'en parler[91] ?» Les choses vont particulièrement vite. Rendez-vous est pris pour le 5 avril 1971 et l'ouvrage paraît en octobre de la même année. Pierre Nora est particulièrement intéressé à la publication de ce travail d'enquête ethnographique sur les pratiques de sorcellerie dans le bocage où, à partir de cas concrets, l'auteur analyse le phénomène de «sorts» jetés et qui ont des effets de catastrophes à répétition au point de requérir l'intervention de désorceleurs[92]. Jeanne Favret-Saada révèle par là l'existence de pratiques magiques au cœur de la modernité qui ne doivent pas être perçues comme des traces attardées d'un primitivisme rural, mais comme des systèmes de pensée portés par une métaphysique que seule une relation d'implication, d'observation participante peut restituer.

Pierres d'attente pour une histoire de l'art

Pierre Nora n'entend pas délaisser dans sa collection un domaine qui va prendre une dimension essentielle dans la période suivante, au moment du tournant culturel, celui de l'esthétique, de l'histoire et de la critique d'art. Grand ami d'André Fermigier, il a en ce dernier un conseiller avisé qui l'invite dès 1966 à intégrer dans sa collection l'œuvre de Panofsky qui, malgré sa notoriété internationale, n'est pas encore traduit en français. En un temps record, il acquiert les droits, fait traduire et publie en 1967 les *Essais d'iconologie* par lesquels Panofsky entend reconstituer l'histoire de l'imagination créatrice à travers l'analyse de thèmes artistiques.

Par sa méthode Panofsky a fortement contribué à fonder l'histoire de l'art qui était jusque-là tributaire de regards d'ordre sociologisant, psychologisant ou esthétique. La méthode définie par Panofsky a inspiré une véritable histoire de l'art considérant les thèmes iconographiques comme l'expression même d'une culture historique. Cet ouvrage dévoile la richesse de son approche sur le Quattrocento. Par cette publication, Pierre Nora donne à découvrir en France le premier ouvrage traduit en français de Panofsky, et ne cache pas sa joie en s'adressant à l'auteur qui se trouve à Princeton : « Vous aurez j'espère reçu l'édition française de *Essais d'iconologie*. Ou peut-être ma femme, qui est actuellement Focillon Fellow à Yale, aura-t-elle sollicité de vous le plaisir de vous remettre l'ouvrage en mains propres. Voici, pour la honte de la culture française, mais l'honneur de la maison Gallimard, votre premier ouvrage traduit en français[93]. »

Peu après, en 1969, il publiera *L'Œuvre d'art et ses significations*, livre dans lequel Panofsky définit trois niveaux d'analyse d'une œuvre à partir d'une histoire des styles, des types et des symboles. Dès 1966, Pierre Nora s'attache aussi à obtenir les droits de publication de Pierre Francastel qui fait autorité sur la même période, le Quattrocento, dans l'analyse de l'humanisation de l'univers pictural autour de la naissance de la perspective. Il obtient donc, par l'intermédiaire de Jean-Louis Ferrier qui en avait les droits aux éditions Gonthier, le second volume de *Peinture et société*, qui paraît en 1967[94]. Dans ce cas aussi, il s'agit d'un système de lecture des significations de la peinture de la Renaissance italienne qui part du déploiement de l'espace pictural.

En 1969, Pierre Nora s'adresse à Ernst Gombrich pour lui demander les droits sur son ouvrage *Art and Illusion* qu'il qualifie de « merveilleux », et que son ami Jean-François Revel a dû renoncer à publier :

« Voici un des très rares livres sur l'art qui peuvent, qui *doivent* figurer dans la "Bibliothèque des sciences humaines"[95]. » Il s'agit d'un livre qui est déjà devenu un classique et qui, sitôt paru, en 1959, a été salué comme un chef-d'œuvre par sa capacité à articuler le déchiffrement de l'image avec la psychologie de la forme, la linguistique et la théorie de l'information ; autant de raisons de figurer dans une collection de sciences humaines pour ce directeur de l'Institut Warburg à Londres. Son ouvrage paraît en 1971 et trouve un large public avec un tirage total qui s'élève en 1995 à 12 000 exemplaires.

Quelques sociologues hétérodoxes et un grand classique de l'économie

Dans le domaine de la sociologie, ce qui domine sans partage dans ces années 1960 est incontestablement la démarche bourdieusienne qui fait figure de prolongement modernisé du marxisme triomphant et trouve aux éditions de Minuit matière à toucher un large public nourri par les thèses de *La Reproduction* ou *Les Héritiers*. Ce n'est pas l'orientation que souhaite donner à sa collection Pierre Nora qui, sans avoir d'alternative à opposer dans ces années, entend bien explorer quelques pistes moins systématiques et ouvrir les voies d'accès à la sociologie. Par Raymond Boudon, il obtient en 1969 l'ouvrage de Paul Lazarsfeld, *Philosophie des sciences sociales*, que Boudon, son disciple qui vient d'être nommé à la Sorbonne, traduit et préface. Lazarsfeld, d'origine autrichienne et émigré aux États-Unis où il jouit d'une solide notoriété, a consacré l'essentiel de son travail à la méthode sociologique, privilégiant l'outil mathématique.

Avec Jean Baudrillard, Pierre Nora explore une autre composante, plus sémiologique, de la sociologie. Il publie en 1968 dans la collection « Les Essais » *Le Système des objets* dont les thèses sont alors assez proches de celles de Roland Barthes. Un peu plus tard, Baudrillard souhaite réunir certains de ses articles en un nouvel ouvrage de la même collection qui voit le jour en 1971, *Critique de l'économie politique du signe*, dont la thématique tourne autour d'une sémiologie iconique. Par là Baudrillard entend déborder les limites de l'analyse marxienne classique en réfléchissant à la question de la valeur, non du point de vue de la valeur d'usage ou marchande, mais du point de vue des signes. C'est finalement en 1976 que Baudrillard fait son entrée dans la « Bibliothèque des sciences humaines » avec la publication de *L'Échange symbolique et la mort*. C'est un manuscrit qui suscite l'enthousiasme de Pierre Nora : « Ton livre m'a plu énormément... Peu de lectures m'ont si profondément marqué depuis longtemps, tellement ta réflexion va loin dans la critique de notre modernité. Quel chemin parcouru depuis *La Société de consommation.* C'est le passage de la relativité restreinte à la relativité généralisée[96]. »

Mais le sociologue qui sera le plus proche de Pierre Nora, et dont les thèses vont fortement compter pour lui, au point qu'il citera toujours comme fondamentale son idée d'une « seconde Révolution française », c'est Henri Mendras. Ce sociologue fait partie d'un courant de la sociologie française largement inspiré par les thèses de Michel Crozier sur *La Société bloquée.* Cette école sociologique scrute les pesanteurs, les blocages sociétaux dans une perspective empirique, transformatrice et ouverte aux influences de la sociologie anglo-saxonne, autant de raisons d'être diabolisée par le courant bourdieusien. Henri Mendras est le président d'une association qui gère un programme avec la Fondation nationale de sciences politiques*.

Outre la publication en 1980 d'un ouvrage collectif qui émane de cette association, *La Sagesse et le Désordre*, Pierre Nora aura surtout été l'éditeur de l'ouvrage de Mendras, *La Seconde Révolution française. 1965-1984*, paru en 1988. L'idée largement étayée par Mendras est que la société française a connu dans les années 1960-1980 une transformation aussi profonde que celle consécutive à la révolution de 1789, avec l'exode rural, la rurbanisation, l'explosion des classes moyennes. Henri Mendras reçoit à propos de cette publication une belle lettre de Claude Lévi-Strauss : « Cher collègue, *La Seconde Révolution française* est une fresque majestueusement composée et peinte où vous représentez une société et son évolution. En vous lisant, j'ai admiré la compétence, la clarté, la finesse de vos analyses, portant sur des domaines qui relèvent de disciplines très différentes : vous les maîtrisez tous avec une pareille aisance[97]. » C'est en soi une consécration pour Mendras et pour la collection de Pierre Nora qui aura ainsi incarné en bien des domaines cet âge d'or des sciences humaines, lorsque celles-ci ont compensé la panne d'inspiration romanesque pour nourrir l'imaginaire collectif en se projetant dans un univers plus disponible aux schème d'intelligibilité.

---

* L'Association pour le développement des sciences sociales appliquées (ADSSA) et dont le bureau est composé, outre son président, de Michel Crozier, Jean-Daniel Reynaud, Jacques Lautman, Raymond Boudon, G. Lajoinie, R. Sainsaulieu, M. Ternier et A. de Valpian.

Pierre Nora publie aussi dans sa «Bibliothèque» une valeur sûre, un auteur déjà classique en économie, Galbraith. Son livre *Le Nouvel État industriel* a révolutionné l'approche économique et avancé des notions décisives pour comprendre le fonctionnement de l'État moderne comme celle de la technostructure. Il paraît en France en 1968 avec grand succès*, au point qu'il bénéficiera d'une réédition profondément remaniée en 1979. En 1983, en «Hors collection», Pierre Nora publiera les *Mémoires* de Galbraith qui sont l'occasion d'une plongée dans la vie américaine du dernier demi-siècle. On y découvre le Berkeley et le Harvard de l'époque du *New Deal*, la fréquentation de Keynes et des milieux libéraux rooseveltiens qui le conduiront jusqu'aux Kennedy.

Le succès de la politique éditoriale menée par Pierre Nora chez Gallimard depuis 1966 réussit à détrôner le magistère occupé jusque-là dans le domaine de la réflexion d'actualité, des sciences humaines et de l'histoire par les éditions du Seuil. En effet, jusqu'en 1965, le partage des eaux s'opère autour d'une excellence acquise dans le domaine proprement littéraire par Gallimard et un autre pôle d'excellence, celui de la non-fiction, qui est la spécialité du Seuil. C'est au Seuil que se trouvent en 1965 François Wahl, Paul Ricœur, Jean-Marie Domenach, Roger Bastide, Jean Lacouture, Jean-Pierre Faye, Philippe Sollers, tous autour de Paul Flamand. Le comité de lecture du Seuil donnait une cohérence à la politique éditoriale d'ensemble et c'est là que publient à la fois Roland Barthes, Jacques Derrida et Jacques Lacan.

Lorsque Michel Winock arrive au Seuil en 1969 pour s'occuper du secteur histoire, Pierre Nora, qui n'a pas encore lancé sa «Bibliothèque des histoires», a pourtant déjà gagné la partie. C'est cette fois au Seuil que l'on prend pour modèle sa politique éditoriale : «Quand je rentre au Seuil en 1969, je peux dire que j'avais ce double modèle que représentait déjà Pierre Nora[98].» Le premier modèle est représenté par la collection «Archives» : «Mon admiration pour lui a commencé dans les années 1960 quand j'ai découvert sa collection "Archives". Je me suis dit : voilà ce qu'il faut faire[99].» Et Michel Winock lance de son côté une collection de poche de qualité avec «Points-histoire» née en 1970. Le second volet du modèle est représenté par sa «Bibliothèque»,

* John Kenneth Galbraith, *Le Nouvel État industriel*, Gallimard, 1968. L'ouvrage connaît un tirage cumulé de 44150 exemplaires et des ventes de 42321 exemplaires jusqu'en août 1985.

et Michel Winock lance de son côté au Seuil, la même année que la «Bibliothèque des histoires», «L'Univers historique», sollicitant Jacques Julliard pour diriger avec lui cette collection.

La concurrence sera âpre, et en même temps tout à fait loyale : «Nous nous faisions une concurrence entre Pierre Nora et nous, mais dans des termes d'une loyauté parfaite, au point que j'ai débauché quelques-uns de ses auteurs sans que j'aie jamais entendu de sa bouche la moindre rancœur, la moindre plainte[100].» Un bel exemple de cette loyauté est le cas de Paul Veyne, auteur du Seuil et notamment d'un ouvrage qui compte en 1971, premier éclairage d'ordre épistémologique qui insiste sur l'importance en histoire de la mise en intrigue du récit, au sens aristotélicien[101]. Or, préparant en 1972 son ouvrage sur l'évergétisme romain, Paul Veyne exprime à Pierre Nora son désir de passer chez Gallimard, dans sa nouvelle «Bibliothèque des histoires» : «Mon rêve : que tu veuilles (et que tu puisses...) le publier chez toi. Mais voudras-tu de moi, et puis-je lâcher Le Seuil[102] ?» Pierre Nora lui répond avec une rectitude, une probité morale exemplaire, alors qu'il a lui aussi une folle envie de gagner Paul Veyne dans son écurie : «Une fois jeté dans mon télégramme l'enthousiasme pour publier ton livre que je pourlècherai, bichonnerai et porterai à des altitudes publicitaires sans rapport avec le public naturel de l'évergétisme, il faut bien reconnaître que le problème n'est pas facile. Tu as un contrat et il n'y a pas la moindre raison pour que Le Seuil te laisse partir. J'ajoute que Jacques Julliard est un ami et qu'il ne saurait être question de notre part de lui débaucher un auteur. Dans ces conditions, nous sommes mal partis. L'unique chance serait que Le Seuil refuse le livre ou paraisse découragé par son érudition... À vrai dire, la seule issue serait sans doute une entente à l'amiable. Il y a des éditeurs (dont je suis) qui n'aiment pas retenir les auteurs contre leur gré. Il faudrait faire admettre à Julliard, mais aussi à Flamand, ce qui est moins simple, que tu n'écriras plus que des livres très austères, que tu es attiré par la "Bibliothèque des histoires" ! Peut-être te laisserait-on ta liberté. Mais j'ai bien peur de m'illusionner[103].»

11

Un témoin de son temps

Arrivé en 1965 chez Gallimard pour s'occuper de tout le vaste domaine de la non-fiction, Pierre Nora lance la prestigieuse « Bibliothèque des sciences humaines » dont le caractère savant ne peut, qu'à de rares exceptions, mais il y en aura, viser un vaste lectorat. Pour compenser le coût prévisible d'une telle collection, il met au point au même moment une collection de « documents » qu'il appelle « Témoins » et dont l'objectif est d'être plus en prise avec l'actualité, de promouvoir des titres à rentabilité immédiate. Il réussit ainsi, avec ce projet, à contourner le risque de se faire appeler « Monsieur déficit ». La nouvelle collection revendique son caractère hybride, à la croisée de la recherche, du journalisme, du témoignage, de l'actualité, du regard critique.

« L'Aveu »

En cette année de lancement de la nouvelle collection, 1966, Pierre Nora a la chance de recevoir un manuscrit qui va connaître un succès à ce point retentissant qu'il se transformera en film à succès joué par l'un des acteurs français les plus talentueux, Yves Montand, réalisé par un grand cinéaste, Costa-Gavras, *L'Aveu*. Mais avant d'être un film distribué sur tous les écrans français, *L'Aveu* est un livre publié chez Gallimard dans la collection « Témoins ». C'est Pierre Daix, directeur des *Lettres françaises*, et qui se trouve être le gendre d'Artur London, qui apporte le manuscrit à Pierre Nora au lendemain de l'invasion soviétique en Tchécoslovaquie en août 1968. Le PCF a en effet réprouvé cette invasion, avant d'avaliser la politique de normalisation de Husák. L'actualité dramatique fait rejouer le coup de Prague de 1948 et ses effets funestes avec son cortège de procès.

Pierre Nora dévore le manuscrit en une nuit avec une irrépressible émotion, et au petit matin, enthousiaste, il est convaincu qu'il faut le publier au plus vite. L'itinéraire de London a quelque chose d'exemplaire. Né en 1915 à Ostrava dans une famille d'artisans juifs, il entre à quatorze ans aux jeunesses communistes; emprisonné pour ses activités militantes à plusieurs reprises, il doit se faire soigner à Moscou en 1934. Lorsque éclate la guerre d'Espagne, il s'engage dans les Brigades internationales en 1937 jusqu'à la chute de la Catalogne, puis il poursuit sa résistance au fascisme en France où il est arrêté en août 1942, puis déporté au camp de Mauthausen. Après le coup de Prague de 1948, il se retrouve vice-ministre des Affaires étrangères de Tchécoslovaquie, mais la bolchevisation consiste au début des années 1950 à mettre aux postes de commande des hommes liges, et à éliminer les responsables qui ont trempé dans plusieurs cultures et qui parlent plusieurs langues. Artur London se trouve alors en ligne de mire. Arrêté en janvier 1951, il est jugé dans le procès contre le «Centre de conspiration contre l'État dirigé par Slansky», condamné à perpétuité en novembre 1952, et finalement libéré en février 1956, quittant son pays en 1963 pour s'établir en France.

Pierre Nora prend connaissance de ce manuscrit qui décrit avec minutie et émotion l'engrenage qui conduit à l'autoaccusation et à l'anéantissement de l'identité individuelle, alors qu'il est comme beaucoup encore sous le choc du 21 août 1968, jour de l'invasion de la Tchécoslovaquie par les chars soviétiques. Il prend contact avec Artur London et fixe un rendez-vous dans son bureau de la rue Sébastien-Bottin. Il reçoit Artur London accompagné de sa femme, Lise London, qui lui dit : «J'ai déjà demandé à Aragon de faire la préface»; «Madame, dans ces conditions je ne publie pas le manuscrit», lui rétorque immédiatement Pierre Nora[1]. Il suscite le plus grand étonnement de Lise London pour laquelle Aragon est le grand héros de la geste communiste, et en même temps de sa dissidence vigilante. Artur London, qui s'était jusque-là tenu à un silence énigmatique, prend la parole et tranche : «Lise, tais-toi, M. Nora est en train de dire tout haut ce que je pense tout bas[2].»

Emballé par le manuscrit, Pierre Nora n'est pourtant pas sans réserve sur son auteur qui est devenu le protégé d'Aragon et qui, en outre, appartient encore au sérail communiste, beau-frère de Guyot, membre du bureau politique et beau-père de Pierre Daix : «*L'Aveu* n'est pas sans demi-aveux que je ne décèle peut-être pas tous. Il y a quelque chose d'écœurant à voir le clan Aragon se sauver aujourd'hui en essayant de sauver des têtes qu'ils ont tellement contribué à mettre sur le billot[3]. » Pierre Nora pousse la maison Gallimard à resserrer les délais de fabrication pour que le livre soit publié au plus vite. Sous le titre *L'Aveu*, il dévoile au grand public et au grand jour les mécanismes de torture physique et morale mis en œuvre lors du procès Slansky et, par-delà ce procès, il démonte la technique à l'œuvre dans tout procès stalinien.

Le démarrage du livre est cependant difficile. Ce brûlot fait peur et son auteur reste discret, se tenant à distance de ce qu'il continue à qualifier de presse bourgeoise, rappelant à chaque occasion qu'il conserve toute sa foi dans le projet communiste. La première réaction d'enthousiasme est celle de François Nourissier qui avait eu communication des épreuves par Aragon, et publie son article dès décembre 1968 dans *Les Nouvelles littéraires*. Néanmoins, il faudra attendre quelques mois pour que les langues se délient et que revues ou journaux en rendent compte, avec la collaboration de Simone de Beauvoir, Claude Lanzmann, Julien Besançon, Guy Dumur et Milan Kundera qui défend ardemment *L'Aveu* dans *Les Lettres françaises* le 12 février 1969. Quant à la réaction de *L'Humanité*, c'est le silence du mépris rompu cependant par une mise au point qui contribue, à son insu, au succès du livre. Artur London rapporte en effet que le secrétaire général du Parti, Waldeck Rochet, lui aurait dit : « Tu es le seul à avoir pu faire un livre comme celui-là. » Il se trouvait ainsi conforté et légitimé par la direction du PCF, mais c'était sans compter sur les limites de la condamnation de l'intervention soviétique d'août 1968, et *L'Humanité* publie un encadré qui précise : « Le secrétaire général du PCF dément qu'il ait jamais pu dire d'un livre quelconque que son auteur était le seul à[4]... », réveillant l'intérêt pour le livre en question.

Le succès de l'ouvrage est alors retentissant et le film de Costa-Gavras en 1970 sera l'occasion d'une relance spectaculaire. Artur London en est infiniment reconnaissant à Pierre Nora et l'informe en décembre 1970 que l'édition française a traversé le rideau de fer : « J'ai appris que l'édition française a pénétré dans les démocraties populaires et ne cesse de circuler de main en main. Je vous en parlerai de vive voix lorsque nous nous verrons. De l'avis unanime, son existence est un coup sérieux porté aux survivances du stalinisme, aux nostalgiques du passé[5]. »

Outre l'importance éditoriale de cette publication, dont Pierre Nora écrira plus tard que c'est « un événement historique aussi important, à sa manière, en France, que le rapport Khrouchtchev au XXe congrès du PCUS, en 1956 – qu'il a contribué à accréditer –, et que *L'Archipel du Goulag*, en 1976, dont il a préparé l'effet[6] », les relations engagées entre Pierre Nora et le couple London atteste le souci de Pierre Nora du sort de ses auteurs. Il reçoit au début 1973 une visite de Pierre Daix et un appel du psychiatre d'Artur London pour lui passer commande d'un nouveau livre, seul moyen selon eux qu'il sorte de son état dépressif. Pierre Nora suggère à Claude Gallimard de le faire travailler sur la période de la Résistance française et il écrit dans ce sens à Artur London : « Il serait bon de ne pas laisser sans suite le triomphe de *L'Aveu*, d'autant que votre vie si riche et dramatique vous a pourvu d'une expérience qu'il serait dommage de ne pas transmettre. C'est pourquoi je me demande si ce ne serait pas un projet heureux de vous mettre au travail sur une autre période que vous avez bien connue, l'entrée des communistes dans la guerre, la Résistance, votre expérience de la MOI, pour déboucher sur Mauthausen et l'après-guerre... Pardonnez-moi de vous relancer ainsi, mais n'est-ce pas le rôle d'un éditeur de pousser les auteurs à écrire[7] ? »

En 1996, paraît l'ouvrage de l'historien tchèque Karel Bartosek qui met vivement en cause Artur London[8] et l'accuse de participer à une opération lancée par le PCF pour occulter le fait que les véritables victimes de la répression ont été les non-communistes comme lui. Selon Bartosek, *L'Aveu* aurait été une « commande » du PCF « pour fournir aux communistes une interprétation acceptable de la répression avant la publication du rapport du Comité central du PCT[9] ». De manière polémique Bartosek attaque frontalement London, et dénonce un livre qui « ment », qui « manipule », c'est « un roman ». Il s'agit bien d'un véritable règlement de comptes qui vise Artur London et la popularité que lui vaut le succès du livre et du film. Alexandre Adler s'en prend vivement à la publication de Bartosek sur le mode « touche pas à mes héros », et suscite une réaction des meilleurs spécialistes en histoire contemporaine qui prennent fait et cause « Pour Bartosek* ».

La réponse à cette mise en cause donne lieu à une nouvelle publication préparée par Pierre Nora et Lise London dans la même collection

* « Pour Karel Bartosek », Jean-Pierre Azéma, Jean-Jacques Becker, François Bédarida, Serge Berstein, Pierre Broué, Philippe Buton, Stéphane Courtois, Jean-Luc Domenach, Pierre Grémion, François Hincker, Pierre Kendé, Marc Lazar, Philipe Levillain, Pierre Milza, Henry Rousso, Jean-François Sirinelli, Nicolas Werth, Annette Wieviorka et Michel Winock, *Le Monde*, 24-25 novembre 1996.

« Témoins »[10] qui permet de découvrir les feuillets préparatoires à ce que sera *L'Aveu*, écrits par London dans sa prison en 1954 et transmis clandestinement à son épouse. Ce document atteste l'incongruité des accusations de Bartosek puisque ce document, qui est la matrice même du livre à venir, n'était nullement destiné à être publié, écrit dans l'urgence, il était surtout une manière de communiquer à son épouse ce qu'il était en train d'éprouver.

Outre l'attention portée à Artur London, Pierre Nora se sent très engagé dans ce combat politique et historique pour dévoiler ce qui se cache derrière le rideau de fer en ces temps où l'on en sait déjà beaucoup, mais encore trop souvent dans un mi-dire. Il écarte le manuscrit que lui avait indiqué Claude Gallimard des Mémoires de la veuve de Slansky, Mme Slanska, qui était à vendre à la foire de Francfort. En 1970, Pierre Nora participe au Congrès d'histoire internationale à Moscou, signe une pétition pour que l'historien Andreï Amalrik soit invité à ce congrès et publie la même année dans sa collection « Témoins » son ouvrage *Voyage involontaire en Sibérie*, alors que s'ouvre son procès à Sverdlovsk le 11 novembre.

Avant de partir à Moscou en 1970, Pierre Nora, croisant Claude Gallimard, lui lance en plaisantant : « Si jamais je rencontre Soljenitsyne, je lui fais signer un contrat[11] ? » Il se trouve que ce qui se voulait être un trait d'humour a bien failli déboucher sur un autre coup éditorial d'envergure, car l'opportunité s'est en effet présentée d'un possible passage de l'auteur de *L'Archipel du Goulag* chez Gallimard. Ayant déjà publié en France *Une journée d'Ivan Denissovitch* et *Le Pavillon des cancéreux*, Soljenitsyne se trouvait établi chez Rostropovitch, à une soixantaine de kilomètres de Moscou, au moment de la venue de Pierre Nora en URSS. Il avait quitté Julliard, insatisfait du lancement de son *Pavillon des cancéreux*, et il cherchait un éditeur français capable de porter son œuvre. C'est dans ces conditions très favorables que l'Union des écrivains soviétiques propose à Pierre Nora de rendre visite à Soljenitsyne : « J'ai refusé de lui rendre visite, ce qui est quand même un comble ! Je savais qu'Aragon n'aurait jamais admis que Soljenitsyne soit publié chez Gallimard et Aragon avait un immense pouvoir éditorial[12]. » Aragon avait en effet déjà manœuvré lors de la publication de *L'Aveu* pour que Pierre Nora soit exclu de chez Gallimard. On imagine ce qu'il en aurait été s'il avait été l'éditeur de *L'Archipel du Goulag*, qui finalement échouera au Seuil, connaissant le succès que l'on sait. En 1973, Pierre Nora signe l'appel lancé par Sakharov à propos d'Amalrik. Il exprime par télégramme son émoi auprès de l'ambassade de l'URSS : «En tant qu'éditeur français d'Andreï Amalrik, je m'alarme du fait qu'il n'est pas libéré le 21 mai au terme de sa condamnation[13].»

Si Pierre Nora n'a donc pu éditer Soljenitsyne, il aura néanmoins été l'éditeur d'un autre grand nom de la résistance au terrorisme stalinien, Mandelstam, dont le livre de souvenirs représente trois volumes parus entre 1972 et 1975[14]. Le premier volume de ces souvenirs commence en 1934, date de la première arrestation du poète russe Ossip Mandelstam et s'achève avec la mort du poète dans un wagon de déportation en Sibérie en 1938. Il représente un document exceptionnel sur l'asphyxie de la culture russe au moment de la stalinisation. Le second volume fait retour sur 1919, date de sa rencontre avec son épouse, Nadejda, et se poursuit au-delà de la disparition du poète jusqu'en 1970. Quant au dernier volume, il débute sur des réflexions sur la poésie et se poursuit par l'atmosphère qui règne dans l'après-Seconde Guerre mondiale au temps du camarade Jdanov.

Cet engagement auprès de la dissidence soviétique ne se dément pas chez Pierre Nora qui publie le *Journal d'un condamné à mort* d'Édouard Kouznetsov en 1974 et ses *Lettres de Mordovie* en 1981 dans sa collection «Témoins». En décembre 1970, Kouznetsov est condamné avec onze coaccusés par le tribunal de Léningrad pour avoir voulu détourner un avion et s'enfuir vers la Suède, simple étape pour la plupart de ces jeunes Russes qui voulaient émigrer en Israël. Ce verdict de mort soulève l'indignation internationale. De nombreuses interventions gouvernementales conduisent le gouvernement soviétique à commuer la peine en quinze ans de bagne.

En 1976, Pierre Nora reçoit un document exceptionnel composé par les minutes des audiences du procès du docteur Mikhaïl Stern qui s'était tenu en décembre 1974 à Vinnitza, près de Kiev. L'accusé exerçait depuis trente ans sa profession de médecin et dirigeait, lors de son arrestation, le département consultatif du centre d'endocrinologie de Vinnitza, ayant réussi à faire reculer la maladie du goitre qui frappait les villages ukrainiens. L'acte d'accusation lui reproche d'avoir reçu de nombreux pots-de-vin pour ses actes médicaux : deux oies, un coq, soixante-dix œufs, trois paniers de pommes et 775 roubles ! La raison des poursuites est évidemment ailleurs que dans ces grotesques accusations. Ses deux fils, Victor et August, qui avaient brillamment réussi leurs études universitaires, demandaient une autorisation d'émigration, ce qui, aux yeux du KGB, attestait en soi une contestation du régime. Le KGB exige alors de leur père, le docteur Mikhaïl, de s'opposer au désir de ses fils. Refusant de faire pression sur ses enfants majeurs, il est arrêté et condamné à huit ans de « travaux correctifs » dans un camp à régime renforcé où il est occupé à visser des boulons pendant que ses deux fils sont chassés d'URSS. Un appel est lancé par Sartre et Beauvoir et publié le 25 mars 1976 par *Le Monde*, avec la signature de cinquante prix Nobel. Les deux fils assistent au procès et ont l'excellente idée de dissimuler deux petits magnétophones. Si les bandes seront saisies à plusieurs reprises, le réseau amical a eu le temps à chaque fois de s'en emparer et de les faire circuler : « Une fois sortis d'URSS, les deux frères mirent plus d'un an à recomposer le puzzle dispersé[15]. »

Le document publié par Gallimard représente un tiers de la transcription retravaillée par le fils August Stern et la traductrice Ania Chevallier. Ce livre restitue le processus par lequel tout citoyen soviétique peut se retrouver en position d'accusé pour un procès que le procureur qualifie lui-même de « très ordinaire ». Pour la réalisation de l'ouvrage en France, la traductrice Ania Chevallier travaille jour et nuit pour tenir les délais, avec une abnégation totale. En outre, c'est elle qui communique des informations précises à Pierre Nora sur le cas du docteur Stern.

On ne peut pourtant pas dire qu'elle soit payée en retour par le fils Stern, August, qui s'est comporté avec elle de manière scandaleuse. Plus d'un an après la parution de l'ouvrage, il se permet d'envoyer cette missive à sa traductrice qui révèle un rare niveau de vulgarité et d'agressivité : « Madame Chevallier, vos ignobles, sales intrigues concernant le paiement de mon avance italienne pour un contrat déjà signé il y a près d'un an, ainsi que le relevé et paiement de mes droits au 30 mars, comme indiqué dans le contrat qu'en son temps vous m'avez obligé à signer, utilisant vos méthodes malpropres habituelles – tout cela, avec vos bas ragots, ne trompera personne sur votre ignoble méthode d'utiliser les gens qui dépendent de vous pour vos sales buts. Je porte à connaissance, qu'à défaut de cessation dans les plus brefs délais de tous agissements illégaux de votre part, toutes mesures indispensables ou non seront prises pour mettre un terme à votre activité morale[16]. »

Le sang de son éditeur, Pierre Nora, a failli tourner au bleu à la lecture de tels propos et, si aimable soit-il, cette fois la coupe est pleine et il entend bien mettre un terme immédiatement à de tels agissements : « Mme Chevallier m'a montré la lettre – non datée, non signée – que vous lui avez adressée. Elle est aussi ignoble qu'injustifiable. Aux dernières nouvelles, la banque italienne qui bloquait depuis un an le montant de l'à-valoir en provenance de Feltrinelli, s'apprête à nous le verser... Au cas où vous continueriez à exercer la moindre menace écrite ou verbale contre Mme Chevallier, nous serions amenés – moi le premier – à prendre toutes les mesures pour la mettre à l'abri de vos agissements irresponsables[17]. »

La collection présente en 1994 le dossier de l'« affaire Pasternak », donnant suite à une suggestion du vice-directeur du Centre d'archives contemporaines de Moscou, V. N. Tchernoous. Il s'agit là d'une des premières manifestations de ce que l'on a appelé la dissidence qui est devenue instantanément affaire d'État. Le grand poète russe Boris Pasternak prend la décision en 1957, un an après le fameux XXe congrès du PCUS et le rapport Khrouchtchev, de transgresser le principe intangible de l'isolat culturel soviétique en contactant l'éditeur italien Giangiacomo Feltrinelli pour la publication de son roman *Le Docteur Jivago*, censuré en URSS. Le livre paraît en 1958 dans la plupart des pays européens et vaut à son auteur l'obtention du prix Nobel. Le comité central du PCUS, relayé par la presse, se déchaîne contre Pasternak au point que celui-ci se voit contraint de refuser son prix, ce qui n'empêche pas la poursuite des persécutions de toutes sortes jusqu'à sa mort en 1960. Il ne verra donc jamais son livre publié en russe. Le dossier d'archives exhumé permet de restituer les mécanismes de l'État totalitaire contre un créateur de renommée internationale. Ce livre se présente par ailleurs comme le pendant de la publication par Gallimard de la correspondance de Pasternak avec son amie Jacqueline de Proyart qui relate la même histoire, mais vue de « l'autre camp », celui des victimes confrontées à la paranoïa du système bureaucratique.

Eichmann à Jérusalem

Il n'y avait pas meilleure collection pour accueillir le livre d'Hannah Arendt sur le procès d'Eichmann que la collection « Témoins ». Cet ouvrage d'Hannah Arendt, un des tout premiers de cette nouvelle collection, va faire grand bruit. Il retrace le procès Eichmann à Jérusalem que la philosophe a couvert pour le quotidien américain *New Yorker*[18]. À partir du choc traumatique d'Auschwitz, elle prend ses distances avec la notion de « mal radical » de Kant pour lui substituer sa thèse sur la « banalité du mal » à propos du procès Eichmann. Sa thèse conteste le primat de l'idéologique, de la conception intentionnaliste, considérant qu'elle avait jusque-là surestimé « l'impact de l'idéologie sur l'individu » et lui substitue une approche fonctionnaliste présentant Eichmann comme un fonctionnaire tranquille, ressentant même quelque répugnance à « commettre le crime[19] ».

Ce livre soulève une très vive polémique dans le monde anglo-saxon et en Allemagne. En fait, Pierre Nora hérite d'un projet éditorial dont le contrat a été signé en mai 1964, soit avant son arrivée chez Gallimard. Il est néanmoins tout de suite conscient de l'importance que revêt ce livre d'Arendt, et émet le désir dès l'été 1965 qu'il figure dans sa nouvelle collection « Témoins ». L'ouvrage sent pourtant le soufre, et a suscité depuis sa parution en 1963 aux États-Unis de très vives critiques.

Pierre Nora sollicite un spécialiste en la personne de Léon Poliakov sur le contenu du livre d'Arendt. Ce dernier le met sérieusement en garde contre les thèses d'un ouvrage sur lequel il a bien plus que des réserves et qu'il juge en définitive, après plusieurs lectures, très négativement : « Mon cher Pierre, ce mot, pour vous parler encore à tête reposée de *Eichmann à Jérusalem* de Hannah Arendt. Il n'y a pas eu de livre consacré aux persécutions nazies à avoir fait couler autant d'encre à travers le monde. Il a soulevé, parmi les Juifs des États-Unis, une véritable vague de fureur. Lorsque je l'ai lu pour la première fois, rapidement, j'ai pris du plaisir à le lire, parce qu'il est alerte et spirituel, et je me suis dit que les Juifs des États-Unis exagéraient. Il a fallu une seconde lecture pour que je m'aperçoive qu'il s'agit d'un ouvrage ignoble, pour autant que l'expression ait un sens. Il ne peut que laisser le lecteur moyen sur l'impression que parmi les complices du génocide hitlérien, une place de choix revient aux Juifs eux-mêmes : notamment, à leurs dirigeants et à leurs rabbins[20]. »

Léon Poliakov, qui précise que le succès commercial du livre ne fait aucun doute, suggère à Pierre Nora de faire précéder sa publication d'une introduction dans laquelle serait mises en évidence les libertés que prend Arendt avec la réalité historique et la partialité de sa thèse. Pierre Nora décide de suivre ce conseil, d'honorer le contrat signé, mais demande à Poliakov lui-même de bien vouloir se charger d'une introduction. Ce dernier se désistant, il se tourne vers Vladimir Jankélévitch, puis vers Saul Friedländer qui ne donnent pas suite non plus.

Pierre Nora décide alors de présenter lui-même l'ouvrage dans un « Avertissement de l'éditeur » dans lequel il fait état de la polémique et rappelle la virulence des critiques suscitées par la thèse d'Arendt et la qualité indéniable de ceux qui les ont formulées. Arendt est contestée autant pour son ton distant jusqu'à l'ironie sarcastique que par ses allégations visant la collaboration des responsables des communautés juives à la « solution finale », tant sur le plan du respect des faits que sur celui des interprétations. Et parmi ces critiques acerbes, l'on compte des noms prestigieux comme l'historien anglais Hugh Trevor-Roper, le philosophe Gershom Scholem, Manès Sperber, le fils de Thomas Mann, Golo Mann. Partout le livre a soulevé un véritable tollé d'indignation et a déjà fait l'objet d'un ouvrage critique publié en Allemagne. Pierre Nora fait état dans son « Avertissement » de cette controverse et indique les publications dans lesquelles on peut suivre ses rebondissements.

Par ailleurs, lorsque le livre paraît en 1966, les relations entre Arendt et Gallimard ne sont pas au beau fixe, car la maison avait laissé en déshérence le projet de publier *Les Origines du totalitarisme* que François Erval avait pourtant voulu pour sa collection « Idées », mais qu'il n'a jamais réussi à faire traduire en français. La suspicion est donc de mise du côté de Arendt, et le contenu de l'avertissement de son éditeur, Pierre Nora, ne pouvait que la conforter dans ses soupçons. Pourtant, Pierre Nora et sa belle-sœur, Léone Nora, qui dirige le service de presse, mettent tout en œuvre pour le meilleur des lancements possibles de l'ouvrage. Contact est pris avec *Les Temps modernes*, *Le Nouvel Observateur*, la revue *Preuves* qui passe une longue recension dithyrambique de Roger Paret[21]. Michèle Cotta y consacre une longue recension dans *L'Express*.

Dans l'hebdomadaire d'extrême droite *Le Nouveau Candide*, c'est un ancien condisciple de Pierre Nora, Pierre Démeron, qui écrit sur l'ouvrage d'Arendt après une longue discussion avec son éditeur qui l'informe sur la polémique qu'il a suscitée et le met en garde contre toute conclusion trop hâtive, car Démeron en vient à penser, à la lecture de Arendt, que tout antisémitisme n'est pas forcément coupable. À cette interprétation abusive, Pierre Nora lui suggère de faire bien attention à ce qu'il va écrire car la question est délicate, et le livre d'Arendt est de la dynamite. Pierre Démeron trouve dans cette dernière remarque un titre idéal pour son article et commence par citer Pierre Nora : « Attention, ce livre, c'est de la dynamite[22]. »

Quant au *Nouvel Observateur*, il fait de l'ouvrage le grand événement culturel de la rentrée 1966, en présentant un gros dossier de six pages d'extraits avec un éditorial non signé qui prend ses plus grandes distances avec le caractère grinçant et irritant de l'œuvre d'Arendt[23]. L'hebdomadaire prévient donc ses lecteurs dans le même esprit que l'a fait l'éditeur du livre pour rappeler l'existence d'une âpre polémique autour de ses thèses. Dans le numéro suivant, l'hebdomadaire poursuit la publication d'extraits du livre, cette fois consacrés aux Conseils juifs : « Où se situe la responsabilité d'Adolf Eichmann ? C'est la question que pose, avec une grinçante brutalité, cette Juive au cœur scientifique[24]. »

L'amie d'Hannah Arendt, Mary McCarthy, s'inquiète du sort réservé à son livre et en alerte immédiatement Arendt : « Sais-tu que des extraits d'Eichmann paraissent dans *Le Nouvel Observateur* ? Avec un texte de présentation extrêmement mielleux et poltron dû, pense une de mes amies, à Jean Daniel[25]. » Mary McCarthy demande à son amie si elle désire user de son droit de réponse et si elle doit en référer à Raymond Aron, mais en même temps elle lui dit que la polémique n'ira pas aussi loin en France qu'aux États-Unis. Or, la salve de lettres d'indignation contre les thèses d'Arendt est à ce point imposante que l'hebdomadaire y revient une troisième fois le 26 octobre, sous le titre provocateur : « Hannah Arendt est-elle nazie ? », où sont présentées trois pages de courriers incendiaires.

Hannah Arendt envoie alors une lettre de protestation à Léone Nora, s'indignant d'un tel traitement et considérant surtout que Gallimard a consciencieusement sabordé le lancement de son ouvrage. Il n'en est évidemment rien et Pierre Nora décide de répondre en personne à Arendt, d'autant que l'essentiel de sa lettre de récrimination s'en prend à sa formule selon laquelle ce livre serait de la dynamite. Il se dit d'abord fort heureux de cette occasion de dire l'admiration qu'il éprouve pour son ouvrage, conscient qu'elle a eu de légitimes raisons de souffrir de l'accueil qui lui a été réservé aux États-Unis. Mais Pierre Nora tient à lui signifier que la situation française est tout autre : « Si vous étiez très informée sur la situation française vous devriez au contraire voir dans cette phrase un propos destiné à servir votre livre[26]. » Il informe par ailleurs Hannah Arendt que d'une part peu de Français se sont vraiment intéressés au procès Eichmann, contrairement à ce qu'il en a été aux États-Unis, et que d'autre part, en 1966, elle est encore très peu connue en France : « Dans ces conditions, j'ai dû faire de grands efforts à la fois pour obtenir de la presse, pour qu'elle soit favorable, enfin pour qu'elle ne vienne pas seulement de la "droite"[27]. » Et Pierre Nora prend pour exemple significatif les difficultés rencontrées avec le quotidien *Le Monde* qui avait pensé confier la recension à une personnalité catholique favorable au rapprochement judéo-chrétien et qui partageait les réactions d'indignation des milieux juifs officiels au point d'être un des signataires d'une lettre collective de protestation envoyée au *Nouvel Observateur*. Pierre Nora a dû insister auprès de la rédaction du *Monde* pour qu'il n'en soit rien et que l'ouvrage soit confié à son ami Pierre Vidal-Naquet, lequel saluera un ouvrage brillant, à la fois exaspérant et injuste, mais toujours intelligent : « Cette sociologue à la fois ironique et passionnée au ton souvent cruel ne tient pas assez compte des nuances et du cas d'espèce[28]. » Avec un tel écho dans la presse, l'ouvrage d'Arendt rencontre un large public et le tirage de 5 000 exemplaires d'octobre 1966 doit être complété par un nouveau tirage de 3 000 exemplaires dès novembre.

L'affaire Drieu La Rochelle

Il est une publication de la collection qui a suscité aussi une véritable tempête, celle du journal de Drieu[29]. Pierre Nora, dans l'avertissement qui présente cette publication sulfureuse, pose d'emblée le cas de conscience de l'éditeur : « Fallait-il publier ? Ne pas publier ? Devant ce journal de guerre explosant de la haine de Drieu contre tous et tout, les femmes, les Juifs, ses meilleurs amis et lui-même, c'est la question que beaucoup se poseront et que se sont posée en cascade les responsables de sa publication[30]. » Cette question est reprise par la plupart des organes de presse qui font un large écho au torrent de haine et de boue que charrie ce journal de Drieu, une véritable mise à nu du grand écrivain qui se livre sans retenue à sa hargne d'impuissant, de haine de soi transformée en haine des autres jusqu'à s'exprimer, selon ses propres termes, comme « un graffiti sur le mur d'une pissotière ou d'une cellule[31] ».

On connaissait la personnalité trouble de celui qui a échappé à la justice des hommes en se donnant lui-même la mort, sa longue dérive suicidaire au plan à la fois personnel et littéraire, mais ce journal dévoile un degré inouï et insoupçonné dans l'abjection. Peut-on ainsi se repaître de ce flot d'immondices à travers lesquels l'auteur de *Gilles* et du *Feu follet* semble lui-même déconstruire ce qu'ont pu apprécier ses admirateurs ?

Le mythe Drieu avait pu traverser le temps et faire des adeptes avec une sorte de panache nihiliste et romantique. Ce journal a toute chance de détruire ce qu'il restait de positivité « puisque le ténébreux Drieu, l'inconsolé Drieu, n'y apparaît plus, hélas, que sous les traits de ce qu'il était : gigolo, raciste, pas très intelligent, ancien combattant, séducteur de bordel, doriotiste rêveur et lymphatique. À chaque page, il bombe le torse puis il s'excuse en tournant un peu. C'est un Des Esseintes qui s'affuble en Viking, un scout sybarite, un nietzschéen de circonstance qui demande aux dames si la fumée de ses cigarettes ne les dérange pas[32] ». En même temps, il reste une énigme Drieu : comment une telle incarnation de l'abjection a-t-elle pu avoir comme exécuteur testamentaire un André Malraux, être défendu par des auteurs aux convictions antifascistes comme Emmanuel Berl ou Jean Paulhan ? La descente aux enfers, son goût masochiste pour l'autoflagellation, sa fascination pour la mort des autres et pour la sienne qu'il finira par se donner, ce désir héroïque du néant, de la perdition ont toujours intrigué, sinon séduit.

Ce journal n'est-il pas une seconde mort, souhaitée par son auteur, celle de l'écrivain, après celle de son corps en 1945 ? La question est largement relayée par la presse qui consacre de gros dossiers à ce thème : « Fallait-il publier ou pas ? », convoquant pour l'occasion quelques grandes plumes et autorités morales. La dominante des réactions est d'approuver la décision de Pierre Nora : la publication s'imposait. *Le Figaro* demande leur avis à Emmanuel Le Roy Ladurie, Bertrand Poirot-Delpech, Louis Pauwels, Pascal Bruckner, Jean Daniel, Max Gallo, Jean-Denis Bredin. Pas une voix ne s'élève contre cette publication jugée à la fois nécessaire et opportune. Le mensuel *Information juive* de juin 1992 pose la même question et reçoit des réponses plus contradictoires ; si Robert Misrahi, Henri Raczymow, Antoine Spire remercient l'éditeur de mettre ainsi à disposition des lecteurs le contenu explicite de la passion nazie et antisémite de Drieu, Claude Vigée et Jean Blot sont d'un avis contraire et ce dernier va même jusqu'à juger cette publication comme relevant de « la propagande fasciste et antisémite » ! Le livre donne lieu à une très large couverture médiatique[33]. Ce *Journal* rencontre aussi un succès commercial, mais sans plus[34].

Si l'affaire Drieu fait grand bruit, elle est amplifiée par un couac du *Canard enchaîné* qui dénonce une censure, un aigle envolé sur la photographie de couverture de l'ouvrage[35]. Cette photo est celle, bien connue, d'un groupe d'écrivains français revenant d'un voyage en Allemagne en novembre 1941, parmi lesquels figure Drieu. *Le Canard* s'étonne que l'insigne du képi de l'officier de la Luftwaffe placée derrière Drieu ait disparu de cette photo. Les journalistes de la rédaction se renseignent et en concluent que « c'est Pierre Nora, responsable de la collection "Témoins" qui a accédé aux souhaits pressants de la belle-sœur de Drieu de faire disparaître ce symbole dont elle faisait un problème d'image[36] ». Le vice-président du Comité des chefs de réseaux des Forces françaises combattantes, Maurice Braun, s'alarme, et dans un courrier envoyé à l'éditeur, dénonce un « trucage inadmissible ».

Pierre Nora lui répond en levant quelques malentendus et surinterprétations quelque peu abusives : « Je crains que vous n'ayez été, comme beaucoup de lecteurs, abusé par ces photos qui ne reproduisaient pas la totalité de la photo de la couverture et pouvaient faire croire à une suppression volontaire d'un "symbole allemand sur le journal de Drieu" qui "pouvait fausser le sens de l'histoire". La couverture est faite à partir de la photo, très connue et passe-partout, du retour d'Allemagne des écrivains français en novembre 1941. Le maquettiste en a fait des plans successivement agrandis sur le visage de Drieu. Sur l'un de ces plans figurent bien visibles l'officier allemand (Gerhard Heller), Robert Brasillach, Georg Rabuse, et l'identification de la photo figure en toutes lettres sur la quatrième de couverture. Il n'y a donc aucune espèce d'équivoque[37]. » Il ajoute que c'est sur sa propre insistance et celle d'Antoine Gallimard que Mme Jean Drieu La Rochelle, belle-sœur de Pierre, a finalement accepté la publication de cette photo en couverture, alors qu'elle avait souhaité un choix moins marqué. Quant à l'insigne incriminé, l'aigle, Pierre Nora rappelle qu'il ne s'agit pas d'un symbole propre au nazisme, mais à l'Allemagne. Quant au personnage estompé par le cadrage de la photo, il s'agit d'un anonyme accompagnateur du convoi.

Quand la Chine s'éveillera

Dans les années 1960, la chanson de Jacques Dutronc est sur toutes les lèvres : *700 millions de Chinois et moi et moi et moi*. La Chine inquiète par son explosion démographique, elle fascine certains qui se convertissent au col Mao et au petit livre rouge. Ce n'est pas le cas de Pierre Nora, mais sa collection « Témoins » doit faire place à la Chine et cela commence par la publication en 1972 d'une traduction de Jan Myrdal, *Un village de la Chine populaire*.

Puis, toujours en ce début des années 1970, Pierre Nora publie une traduction du livre de Jean Pasqualini, *Prisonnier de Mao*, qui sera un gros succès. Mis en vente début janvier 1975, le livre est déjà en rupture de stock le 30 du mois. Pierre Nora alerte Claude Gallimard en lui demandant de passer à la vitesse supérieure car la première réimpression décidée de 4 000 exemplaires laisse prévoir une nouvelle rupture au moment même où la presse va rendre compte de l'ouvrage : « À mille indices que je vous passe (coups de téléphone les plus inattendus d'anciens élèves, libraires, petit public qui ne trouve pas le livre et même de journalistes que nous ne pouvons pas servir), je sens le best-seller[38]. » Pierre Nora a bien senti le sens du vent et les ventes s'élèveront à plus de 55 000 exemplaires en 1988 : un vrai Soljenitsyne chinois !

Avec cet ouvrage, Pierre Nora tient un document exceptionnel sur le système pénitentiaire chinois de la période qui précède juste la révolution culturelle. Jean Pasqualini est né en Chine en 1926 d'un père français et d'une mère chinoise. Fort de cette double culture et d'un diplôme de technicien spécialisé en machines-outils, il travaille avec les Américains, d'autant qu'il maîtrise parfaitement la langue anglaise, mais ce qui était un argument positif devient infamant après la campagne des cent fleurs, et Pasqualini est arrêté en décembre 1957. On lui ordonne d'écrire une longue confession de quelque sept cents pages avant de lui imposer un nom sinisé, Bao Ruo-Wang. C'est sous cette identité qu'il purge sa peine dans un camp de travail jusqu'à ce que la France reconnaisse la Chine en 1964, date à laquelle les autorités le libèrent.

Il quitte alors la Chine pour Paris où il rencontre un journaliste de *Life*, Rudolph Chelminski, qui lui fait écrire ses souvenirs. Il en résulte un récit d'où est absente toute marque de ressentiment, ni anti-Chinois, ni même anticommuniste, alors qu'il a vécu en camp dans des conditions très éprouvantes, avec des journées de travail qui pouvaient aller souvent jusqu'à seize heures : « C'est sans doute un des résultats les plus extraordinaires de cette rééducation ; l'homme qui raconte est réellement encore sous le coup de cette machine à transformer les esprits... Ce qui ressort de plus clair, c'est le poids encore formidable de la philosophie confucéenne pour qui l'homme est perfectible[39]. » Il y a donc bien combinaison entre une longue tradition culturelle et un système carcéral qui touche alors quelque seize millions d'individus qui, une fois incarcérés, n'ont que très peu de chances de se retrouver en liberté. La majorité d'entre eux, une fois leur peine purgée, se retrouvent recyclés dans l'encadrement des nombreux camps de rééducation pour y assumer à leur tour un rôle de gardiennage ou de rééducateur. Quant à Pasqualini, il se dit lui-même sauvé par sa capacité à ironiser : «Si je n'avais pas eu le sens de l'humour, je ne serais pas vivant aujourd'hui.»

Le sinologue américain Michael B. Frolic, professeur à Harvard, a recueilli le témoignage de centaines de réfugiés de la «révolution culturelle» qui s'étaient enfuis à Hong Kong; il en a retenu treize récits sur le tragique ordinaire de cette période[40]. L'auteur s'efface derrière les témoignages dont la force tient surtout au fait que la sérénité prévaut sur le ressentiment. Le peuple subit mais oppose une forme de résistance passive faite de ruses multiples qui composent un véritable système D dans lequel le cynisme est généralisé : «À peu près personne "n'y croit". On fait semblant, on fait des révérences et les simagrées qu'il faut[41].» Les titres des parties du livre sont évocateurs de la seule arme possible contre l'absurdité bureaucratique, l'humour : 1. Le porc à mille dollars, 2. Un petit tas de boue et un gros tas de bouse, 8. Tuer les poulets pour effrayer les singes, 10. Celui qui raffolait de la viande de chien...

Le filon Castaneda

Carlos Castaneda a donné lieu à sept publications dans la collection «Témoins». Véritable gourou des années 1970, cet anthropologue de l'université de Californie à Los Angeles (UCLA) doit son pouvoir de séduction à un savant mélange entre une culture savante anthropologique, des expériences mystiques à partir d'une ethnologie participante, un enseignement chamanique, une apologie de la fumette de cannabis et un mystère total savamment conservé sur lui-même. Son adresse est toujours restée secrète, ses photos interdites et les quelques entretiens qu'il aurait donnés sont contestés dans leur authenticité.

Ce Péruvien d'origine prétend avoir fait la rencontre en 1960 au Mexique d'un certain don Juan Marus qui s'est présenté comme un Yaqui, et dont il est devenu le disciple. Tous ses livres, une douzaine, rassemblent les récits de son expérience initiatique de sorcellerie indienne. Le mélange de fascination exercée dans ces années 1970 pour la figure de l'autre, conjuguée à un goût prononcé du public pour l'exotisme, lié à un besoin spirituel, tous ces ingrédients font de Castaneda un auteur à succès, et les éditeurs se l'arrachent dans le monde entier, chacun de ses livres devenant instantanément un best-seller.

Tous les éditeurs sont à l'affût de ce mystérieux auteur. C'est par Romain Gary, de retour des États-Unis, que Pierre Nora entend parler du phénomène Castaneda. Pierre Nora avait fait la connaissance de Romain Gary dans des conditions rocambolesques au tout début des années 1950. Alors qu'il venait d'échouer à l'entrée à l'École normale supérieure, il avait décidé d'aller voir une amie en Italie et avait emprunté la petite voiture de son père. Quelque peu fatigué par les épreuves du concours, son attention se relâche et il heurte un mur avec sa voiture, non loin de Berne : «Je n'avais pas un sou et me dirige vers le consulat. Je tombe sur Romain Gary dont j'ignorais totalement la présence à Berne comme ambassadeur[42].» Par contre, Pierre Nora avait lu dans l'immédiat après-guerre son livre *Éducation européenne*[43]. Romain Gary est stupéfait et enchanté de rencontrer ce jeune homme de vingt ans ayant lu et apprécié son livre et l'invite à rester quelques jours à Berne. Il le réconforte en lui disant de ne pas s'inquiéter pour le véhicule qui sera pris en charge par l'ambassade. Ils resteront liés d'amitié, d'autant que celle qui deviendra la compagne de Pierre Nora, Gabrielle Van Zuylen, était très amie avec le couple Romain Gary et Jean Seberg : «Étrange type avec son côté faux Hemingway qui se baladait en bottes et en habits texans dans les rues de Paris, attachant, insaisissable. C'est lui qui m'a dit de regarder ce bouquin dont on parle aux États-Unis, le voyant comme un livre d'ethnologie pour moi puisque je m'occupais des sciences humaines[44].»

Sur le moment, Pierre Nora regrette même d'être passé à côté de sa première publication qui a connu un retentissant succès, *L'Herbe du diable et la Petite Fumée* : «C'est le titre du premier ouvrage de Castaneda que j'ai bêtement manqué pour une question de délai dans la correspondance[45].» Dès signature du premier contrat avec sa collection «Témoins» chez Gallimard, il enverra un courrier à Castaneda en février 1972 pour bénéficier d'une option prioritaire sur ses prochaines publications. Ce qui fait le charme de ces récits, c'est la tension constante, vécue comme déchirement intérieur, entre la rationalité occidentale du savant et sa plongée dans le monde symbolique indien pour en pénétrer de l'intérieur les pouvoirs occultes.

Les premiers rapports de lecture de Pierre Nora sont enthousiastes : «Jamais à ma connaissance un Occidental n'est allé aussi loin dans la compréhension du mode de connaissance des Indiens et jamais personne n'est venu à cette connaissance avec une volonté aussi obstinée de la réduire à ce qu'elle n'était pas[46].» Dès la seconde publication dans sa collection, on sent Pierre Nora revenu de son enthousiasme de départ, mais le succès phénoménal déjà obtenu par le livre aux États-Unis, et l'écho rencontré dans le grand public français l'incitent à poursuivre l'édition de Castaneda. Pourtant Pierre Nora se lasse de ces expériences répétitives, des crédulités suspectes de cet auteur, tout en étant malgré tout pris par le charme de ses récits. Le succès de ses livres, son important lectorat sont les arbitres qui emportent la décision d'éditer[47].

À la fin de l'année 1980, Pierre Nora doit de nouveau évaluer le dernier Castaneda qui a pris l'habitude de tenir un rythme presque annuel comme le beaujolais nouveau. Il ne cache plus son exaspération et en même temps il se propose de poursuivre une aventure qui reste fructueuse : « J'ai ouvert le cinquième livre de Castaneda avec un préjugé franchement négatif. Assez ! Il y a maintenant toute une littérature autour de Castaneda, pour expliquer qu'il s'agit d'un faussaire, et l'on se méfie de plus en plus. Et puis, j'ai lu. Et je dois avouer que même un lecteur aussi mal intentionné que moi se "fait avoir"[48]. » La série continue donc, malgré les réticences de son éditeur qui ne cesse d'en louer les qualités sans être aucunement dupe de la supercherie de l'argument de son auteur. Il le prend désormais comme un produit à la fois commercial qui fonctionne bien et une création imaginative qui finit par emporter son lecteur dans son monde : « Infatigable Castaneda ! Le voici qui continue le même rythme endiablé et avec un incroyable sens du rebondissement[49]. »

En définitive, Castaneda ne pourra emporter la conviction jusqu'au bout de Pierre Nora qui craque à la lecture en 1993 de *L'Art de rêver* : « Le sujet est toujours le même, celui d'un parcours initiatique autour du sorcier don Juan. L'ouvrage n'a plus le moindre rapport avec la collection "Témoins" où je l'avais mis au début[50] », et finalement le manuscrit sera publié aux éditions du Rocher, car Castaneda continue à être un bon filon financier, faute d'être un chercheur fiable. Castaneda a poursuivi à un bon rythme ses publications mais il était plus à sa place sur le rocher de Monaco.

La dernière catastrophe en date

La collection « Témoins » ne pouvait pas ne pas accorder une place de choix à cette période traumatique que fut la Seconde Guerre mondiale. Pierre Nora y consacre plusieurs publications. Sur les effets du trauma de la Shoah, il édite dans sa collection l'analyse d'une jeune psychiatre, Claudine Vegh, qui a travaillé sur des entretiens avec des hommes et des femmes dont l'enfance a été «déchirée» par le souvenir de la déportation de leurs parents[51]. Cet ouvrage a lui aussi un statut particulier, et Pierre Nora s'adresse à Simone Veil pour qu'elle en écrive une préface : «Le résultat m'a bouleversé. Je l'ai encouragée à en faire un petit livre, et nous ne pourrions pas imaginer ni elle ni moi meilleure introduction publique qu'une préface de vous[52].» Ce ne sera pas Simone Veil qui se chargera de préfacer l'ouvrage, mais Bruno Bettelheim, sollicité par Nora, en écrira une postface. Dans son rapport interne chez Gallimard, Pierre Nora insiste sur l'intensité de ce manuscrit : «Le résultat est bouleversant et le traumatisme parle de manière éloquente. On ne peut lire ces interviews sans être pris à la gorge. Il y a là certainement un angle nouveau de la déportation qui n'avait pas été exploré[53].»

Autre témoignage bouleversant, celui de Peter Schwiefert, issu d'une famille de bonne bourgeoisie allemande, juif par sa mère, qui décide à vingt-sept ans de quitter l'Allemagne infestée par le nazisme en 1938. Réfugié un temps au Portugal, il commence une correspondance avec sa mère le 6 décembre 1938 pour lui dire qu'il entend aller jusqu'au bout pour assumer son identité de Juif. Il se rend pour ce faire au consulat allemand de Lisbonne pour s'y déclarer juif, manière pour lui de s'interdire tout remords, tout retour en arrière sur le territoire allemand. De lettre en lettre et dans un langage codé, il continue à dialoguer avec sa mère, aimée avec passion, pour l'engager à ne plus composer, à se montrer à la hauteur de l'événement et à assumer pleinement son identité juive, et donc à rompre de la manière la plus radicale avec l'environnement de l'Allemagne, l'exhortant à rester fidèle au judaïsme de ses pères.

Ce fils s'engage dans les Forces françaises libres et participe aux combats de la libération de la France. Il est abattu au cours de la dernière contre-offensive allemande dans les Ardennes, le 5 janvier 1945, et ne pourra donc tenir sa promesse de rentrer dans un Berlin libéré. Pierre Nora demande à Claude Lanzmann qui lui a apporté ces lettres d'en écrire la préface. Elles lui avaient été confiées par la demi-sœur de Peter, l'écrivain israélienne Angelika Schrobsdorff. Il était allé avec elle sur la tombe de Peter Schwiefert au cimetière militaire de Strasbourg-Cronenbourg et avait été choqué de constater que sa tombe était surmontée d'une croix : «Il fallait réparer cela. Je l'ai fait. Sous le titre *L'oiseau n'a plus d'ailes*, les lettres de Peter ont été publiées en 1974 aux éditions Gallimard, dans la belle collection

"Témoins" dirigée par mon ami Pierre Nora. Je les ai préfacées, j'ai établi les textes de liaison, j'en ai corrigé ou réécrit la traduction[54]. »

Dans le même domaine d'intervention, la collection « Témoins » a apporté une réponse aux thèses négationnistes avec la publication en 1981 de l'ouvrage de Georges Wellers[55]. Déporté à Auschwitz et à Buchenwald, l'auteur a consacré toute sa vie à l'étude des documents qui ont survécu à la destruction des traces du génocide. Membre du comité directeur du Centre de documentation juive contemporaine, il était particulièrement bien préparé à remettre à leur place, celle de dangereux faussaires, les Rassinier et autres Faurisson qui osaient déclarer, contre toutes les évidences, qu'en Europe les nazis n'auraient pas conduit une politique d'extermination. La dénégation du réel reçoit là un sérieux démenti à l'épreuve de la vérité historique. L'imposture est savamment dévoilée au prix d'un travail méticuleux de décryptage, de reconstitution de ce qu'a été l'horreur la plus inimaginable dans la mesure où l'entreprise génocidaire s'est avancée masquée, cryptée, puis s'est employée à effacer toutes les traces : « Je parle ici aux hommes et aux femmes de bonne foi, ignorants des faits réels », dit modestement Georges Wellers[56].

À l'occasion du 60e anniversaire de la libération des camps, en 2005, Pierre Daix apporte son témoignage de déporté à l'âge de vingt ans à Mauthausen. Cette publication offre un prolongement, à plus de trente-cinq ans de distance, au témoignage publié par d'anciens déportés espagnols internés au sortir de la guerre contre le franquisme, dans des camps français, avant d'être déportés à Mauthausen[57]. Ils ont trouvé dans le pays d'accueil, la France, démocratie et terre d'élection des droits de l'homme, les baraquements des camps de Barcarès ou d'Argelès où ils vécurent dans des conditions matérielles analogues à celles des camps de concentration allemands, confrontés tout de suite à une politique de déshumanisation : « L'introduction de ce livre qui comprend les témoignages des auteurs sur leur vie entre leur arrivée en France et leur déportation a été écrite à la demande de Pierre Nora, qui a estimé, à juste titre, qu'il était indispensable que le public français connût ce qui s'était passé alors[58]. » Ces républicains espagnols ont constitué ensuite l'ossature de la résistance communiste dans le camp, rejointe par Pierre Daix. Au moment où il écrit son témoignage, Pierre Daix a rompu depuis longtemps et radicalement avec son engagement communiste, et il s'efforce de pratiquer sur cette tragédie une réflexion à la fois distanciée et comparative avec ce qu'a été le goulag. L'ouvrage, paru en 1969, en un moment où l'on ne voulait pas vraiment voir la part d'ombre de cette période, n'a pas eu de véritable écho, mais il a été réédité aux éditions du Félin en 2002 avec une nouvelle préface de Pierre Daix.

Pierre Nora publie aussi en 1981 l'ouvrage de Walter Laqueur, directeur de l'Institut d'histoire contemporaine à Londres, sur la « solution finale »[59]. L'auteur y fait l'histoire de ce qu'Hitler entendait garder secret, le génocide des Juifs, et montre qu'en fait le secret a filtré à partir de l'été 1942 auprès d'Allemands, puis des alliés de l'Allemagne, des neutres et enfin des Alliés. Walter Laqueur atteste qu'assez tôt les Alliés ont su l'existence des chambres à gaz, mais que l'incrédulité a prédominé, faisant ainsi la démonstration qu'entre le « savoir » et le « croire » le pas n'est pas immédiat ni évident.

Daniel Cordier, secrétaire de Jean Moulin, s'est spécialisé dans les sommes. Pour la collection « Témoins » il écrit ses mémoires, ce qui donne lieu à la restitution au jour le jour, sous forme de journal, de trois années décisives de la guerre entre le 17 juin 1940 et l'arrestation de Jean Moulin le 21 juin 1943[60]. Dans ce livre, Daniel Cordier retrace l'itinéraire tout à fait singulier qui a été le sien, celui d'un nationaliste qui refuse l'occupation allemande et rejoint Londres sur une base maurrassienne, royaliste et antisémite. À l'épreuve des faits, ses convictions vont se fissurer et s'effondrer, sauf bien sûr le désir de libération nationale. Lorsqu'il voit arriver à Paris, place de l'Étoile, un vieillard accompagné d'un enfant, tous deux portant l'étoile jaune, ce qu'il savait et acceptait le révulse soudain, et, à la fin de la guerre, il se dit même proche du PCF.

12

L'orchestrateur du triomphe de la nouvelle histoire

L'explosion de l'histoire nouvelle est spectaculaire, à partir du tournant de 1968-1969. Elle prend le relais des publications psychanalytiques et anthropologiques. En 1974, le nombre de volumes consacrés à l'histoire est six fois ce qu'il était en 1964 ; et les positions clés laissent apparaître une prépondérance absolue des *Annales*.

Cet engouement pour l'histoire dans les années 1970 s'inscrit dans une certaine continuité avec l'intérêt suscité par l'anthropologie dans les années 1960. Il s'agit toujours de découvrir la figure de l'Autre, non en des lieux lointains, mais à l'intérieur même de la civilisation occidentale, dans les profondeurs du passé. La sensibilité historique de cette période se porte vers l'étude des mentalités. Elle évacue l'irruption de l'événement pour la permanence, le calendrier répété de la geste quotidienne de l'humanité dont les pulsations sont réduites aux manifestations biologiques ou familiales de son existence : la naissance, le baptême, le mariage, la mort.

Les grands bénéficiaires de la vogue structuraliste des années 1960 furent, après 1968, les historiens des *Annales*. Ils ont pu ramasser la mise au moment où une réévaluation de l'événement, de la diachronie, devenait indispensable, et dans une conjoncture de reflux, d'éclatement, d'implosion du paradigme structural. L'aventure structuraliste se poursuit alors et se transforme, empruntant les chemins de l'histoire.

Le lancement de la « Bibliothèque des histoires »

De sa position d'éditeur, Pierre Nora accompagne et orchestre ce retour en faveur des historiens. Il décide de lancer en 1971 chez

Gallimard une collection spécifique, consacrée à l'histoire, qui sera la « Bibliothèque des histoires ». Les historiens, qui jusque-là ne s'étaient sentis concernés que négativement par l'effervescence structuraliste, vont désormais prendre le train en marche, avec l'avidité et le triomphalisme des retardataires. La connexion essentielle par laquelle le structuralisme va féconder le champ d'investigation des historiens passe alors par l'œuvre de Michel Foucault et par les rapports privilégiés qu'il entretient avec son ami et éditeur Pierre Nora, chez Gallimard. Le titre même de la collection que lance Pierre Nora, « Bibliothèque des histoires », souligne l'inflexion épistémologique réalisée. Foucault était ravi du titre trouvé pour la collection historique qui faisait pendant à la « Bibliothèque des sciences humaines » : « La banalité eût été de l'appeler : "Bibliothèque de l'Histoire". Je me suis dit que "Bibliothèque des histoires" correspondait tout à fait à ce que je voulais dire, à l'éclatement[1]. »

L'histoire s'écrit désormais au pluriel et sans majuscule ; elle renonce à réaliser un programme de synthèse pour mieux se redéployer vers les multiples objets qui s'offrent à son regard sans limites. Cette notion d'histoires, au pluriel, correspond tout à fait à la définition que donne Foucault de la pratique historienne dans l'introduction de *L'Archéologie du savoir*. Ce texte était d'autant mieux connu par Pierre Nora que Foucault le lui avait donné à lire : « Il m'avait fait relire ce premier chapitre en me demandant comment je réagissais en tant qu'historien, et en me disant que j'allais retrouver mes positions[2]. » Pierre Nora élabore un texte de présentation de la collection très marqué par la philosophie foucaldienne. Il reprend la notion de monument, et affirme : « Nous vivons l'éclatement de l'histoire. Des interrogations nouvelles, fécondées par les sciences voisines, l'élargissement au monde entier d'une conscience historique longtemps demeurée le privilège de l'Europe ont prodigieusement enrichi le questionnaire qu'adressent au passé les historiens. [...] L'histoire a changé ses méthodes, ses découpages et ses objets... » La multiplication de ces objets nouveaux, la dilatation du territoire de l'historien, semblent autant de signes d'un triomphe de l'histoire et en même temps de renoncement à l'idée d'un sens continu en voie d'accomplissement.

La première série de publications de la nouvelle « Bibliothèque » est très significative d'une continuité, d'un prolongement de l'engouement pour les horizons lointains, et pour le regard d'ordre anthropologique. Trois ouvrages sont en effet sur la ligne de départ, tous les trois significatifs de cette sensibilité d'époque. Pierre Nora reprend un titre qui avait été initialement prévu par Étiemble pour «L'Espèce humaine», celui de Robert Van Gulik, *La Vie sexuelle dans la Chine ancienne*[3], qui connaîtra un beau succès*.

Toujours dans le domaine chinois, Pierre Nora rassemble les essais du sinologue Henri Maspero en un ouvrage, *Le Taoïsme et les Religions chinoises*, dont l'édition lui est confié par le fils d'Henri, l'éditeur François Maspero. Il est d'abord question en 1968 d'éditer cet ouvrage dans la «Bibliothèque des sciences humaines», puisqu'il n'y a pas encore de collection d'histoire. François Maspero exprimera à Pierre Nora sa profonde reconnaissance : «Je viens de passer quelque temps à Cuba et ce n'est qu'à mon retour que je veux vous remercier, très sincèrement, très chaleureusement, pour la publication de *Taoïsme* qui comble tous mes vœux. Ma mère est également, je crois, très heureuse... Félicitations, aussi, de façon plus générale, pour les livres que vous publiez (que j'aurais pour la plupart – mais je ne sais si c'est un compliment... ! – bien voulu éditer)[4].»

Le troisième ouvrage de cette nouvelle collection est originellement une thèse de troisième cycle, soutenue par le jeune historien et anthropologue Nathan Wachtel, sous la direction de Ruggiero Romano qui conseille à son étudiant d'aller voir Pierre Nora qui est de son côté conforté sur la qualité de cette thèse par Jacques Revel, alors assistant à la Sorbonne, chargé de faire le cours sur l'Amérique latine**. Cette thèse étudie les mentalités indiennes en renversant la perspective habituelle qui était de faire l'histoire de la conquête du Nouveau Monde à partir des récits des vainqueurs. Nathan Wachtel étudie cette page d'histoire par la manière dont les Indiens du Pérou ont vécu ces événements traumatiques, d'où le titre *La Vision des vaincus* qui va entrer immédiatement en harmonie avec l'esprit du temps de ce début des années 1970 où les demandes d'histoire se multiplient du côté des oubliés, des parias, des sans-voix, des dominés, accompagnant en histoire le décentrement opéré par une anthropologie qui rompt avec l'européocentrisme.

Pierre Nora exprime à l'auteur son intérêt pour son travail, en juillet

---

* L'ouvrage est vendu à 11 000 exemplaires jusqu'à la fin 1985, passe en «Tel» en 1987, archives Gallimard.

** Dans le même domaine latino-américain, Jacques Revel apporte le manuscrit de Jacques Lafaye, *Quetzalcoalt et Guadalupe*, Gallimard, 1974, préfacé par Octavio Paz, dont le sujet est celui du rôle du religieux dans la conscience nationale mexicaine. L'auteur croise trois fils directeurs d'analyse : l'ethnologie indienne, le syncrétisme religieux et la formation de la nation moderne.

1968, soit immédiatement après sa soutenance. Il est alors question d'une publication dans la « Bibliothèque de sciences humaines », et Pierre Nora demande à Wachtel un véritable travail d'adaptation pour en faire un vrai livre, à la fois par des modifications de forme, « soit dans le style souvent scolaire des introductions, conclusions, titres, sous-titres, etc. », mais aussi de contenu : « Nous étions convenus d'une longue, très longue préface ou introduction au premier chapitre qui devrait aborder les problèmes d'acculturation par une mise au point très large qui dépasserait même de beaucoup votre cas particulier[5]. » Le contrat est signé en octobre 1969, mais la parution va être retardée parce que Pierre Nora veut prendre le temps d'une amélioration importante du manuscrit initial, mais aussi parce qu'il veut faire de cet ouvrage la première publication de sa nouvelle série de la « Bibliothèque des histoires ». Ce premier livre de Wachtel fera une belle carrière[6], de même que son auteur qui sera élu comme directeur d'études à l'EHESS la même année que son éditeur, puis au Collège de France.

Avoir réussi un tel coup d'éclat avec un premier livre représente pour son auteur un sérieux défi pour la suite. Le second ouvrage ne doit pas décevoir, et sa réalisation aura coûté quelque vingt ans à Nathan Wachtel. Il s'agit cette fois de sa thèse d'État. Il part pour Sucre en Bolivie y explorer des archives particulièrement riches dans cette ville qui a été la première capitale du pays. Le directeur des archives, Gunar Mendoza, qui a passé cinquante ans à classer ce trésor, l'accueille et l'oriente dans ses recherches avec la plus grande compétence et disponibilité. Il est sidéré de s'entendre répondre à la question de savoir combien de temps va durer ce travail : vingt ans ! « Il est resté impassible, mais n'a pas pu éviter de marquer une certaine stupéfaction[7]. » Nathan Wachtel pense à Pierre Nora pour éditer son nouveau livre, mais il a pris des dimensions dantesques, et ce n'est pas moins de trois énormes volumes qu'il dépose sur la table du bureau de son éditeur, après sa soutenance en mai 1989 : « Je suis vraiment très reconnaissant à Pierre Nora. Je lui apporte donc ces trois tomes. Réaction de Pierre ? Il lève les bras au ciel et, effaré, pousse un cri de désespoir : "Écoute, Nathan, que veux-tu que je te dise ? Tu m'apportais un manuscrit de trois cents pages, je te disais oui tout de suite. N'importe qui d'autre que toi m'apportant un manuscrit de sept cents pages, je lui dis non tout de suite, alors que veux-tu que je te dise[8] ? » Nathan Wachtel bat un peu en retraite, laissant entrevoir la possibilité de coupes ici et là, acceptant d'abréger l'appareil de notes. En définitive Pierre Nora lui demande de lui laisser un peu de temps pour lire ce gros manuscrit et promet de lui donner une réponse à la fin de l'été. En septembre, Nathan Wachtel commence à guetter son téléphone, mais il reste sans nouvelles. En octobre non plus, l'angoisse monte d'un cran et avec elle un certain défaitisme. Il est de plus en plus persuadé qu'il va tout droit au refus, et lorsque le téléphone finit par sonner, il s'attend, résigné, à avoir confirmation de ce qu'il pressent, conforté en cela par les premiers mots de Pierre Nora : « À mon grand regret, j'en suis désolé, je n'y puis rien changer, pas un mot, pas une virgule. Ton manuscrit, je le prends tel quel, il n'y a rien à changer[9]. » Un contrat est signé pour cette publication qui a d'abord pour titre *Momies vivantes* et devient finalement *Le Retour des ancêtres* qui paraît en 1990. L'ambition de ce livre est un autre renversement qu'indique son sous-titre, celui d'un « Essai d'histoire régressive : XXe-XVIe siècle ». Nathan Wachtel entend montrer comment une petite communauté indienne, les Chipayas, vivant sur les hauts plateaux boliviens, seuls survivants de la colonisation espagnole, ont réussi à préserver leur identité singulière à travers l'épreuve coloniale, et malgré tous les processus d'acculturation.

Faire de l'histoire

Pierre Nora a eu l'intention de faire précéder sa collection d'un livre-manifeste, d'un petit ouvrage synthétique qui aurait permis de condenser les positions théoriques défendues par une nouvelle histoire à promouvoir. Il en parle à Michel Foucault, François Furet et Emmanuel Le Roy Ladurie : « On essaye alors ensemble de réfléchir sur ce qu'était en train de devenir l'histoire. Mon idée était de pointer les problèmes qui étaient en train de se manifester[10]. »

Cette initiative va prendre une ampleur inattendue. Elle correspond à un moment où Jacques Le Goff, un des directeurs de la revue *Annales*, se rapprochait de Gallimard. Jacques Le Goff connaît Pierre Nora depuis la publication des *Français d'Algérie* : « Il me l'a offert en 1961 et l'on s'est donné rendez-vous à la terrasse du café L'Escholier, place de la Sorbonne. On a discuté et nous nous sommes tout de suite liés d'amitié[11]. » Jacques Le Goff apprécie particulièrement ce livre de Pierre Nora : « J'avais beaucoup aimé son livre, non seulement parce qu'il contenait des vues intéressantes et originales sur l'Algérie, suffisamment nuancées, mais en même temps parce que cela me semblait un de ces rares livres dont *L'Étrange Défaite* de Marc Bloch est le modèle inégalable comme exemple d'histoire immédiate[12].» De son côté, Pierre Nora est très séduit par le petit ouvrage que vient de publier Jacques Le Goff, *Intellectuels au Moyen Âge*[13], dont le titre lui évoque une forme de provocation créatrice par son anachronisme. Et au-delà de cette estime réciproque, il y a tout de suite eu cette passion commune et dévorante pour l'histoire qui les a rapprochés : «Ce qui m'a tout de suite séduit chez Le Goff, indépendamment de sa chaleur et, pour prononcer un mot qui peut paraître ridicule, de sa bonté – mais oui, sa bonté –, c'était son rapport à l'histoire. Un rapport viscéral, tonique, existentiel. Le Goff était naturellement historien, comme d'autres sont peintres ou musiciens[14].»

Pierre Nora, ayant besoin d'être épaulé dans son travail d'éditeur, demande à Jacques Le Goff de venir travailler chez Gallimard une partie de son temps, ce qu'il fait tous les mercredi, essentiellement pour repérer des auteurs pour la «Bibliothèque des histoires». Jacques Le Goff est impliqué dans le projet d'ouvrage théorique à venir, et Pierre Nora va même peu à peu lui déléguer ce projet. Jacques Le Goff s'engage alors avec un tel enthousiasme dans cette entreprise, sollicitant de si nombreux collègues de la VIe section de l'EPHE, qu'il a transformé l'idée d'un petit ouvrage-manifeste en trois gros volumes de la collection «Bibliothèque des histoires», *Faire de l'histoire*, dirigés conjointement par lui et Pierre Nora. L'ampleur prise par ce projet a fini par susciter quelque anxiété chez Pierre Nora : «Je ne pouvais plus faire un pas dans le quartier sans qu'un collègue m'annonce : "Le Goff m'a proposé..."[15].»

Pierre Nora devra terminer à peu près seul cette publication tentaculaire car, à compter du moment où Le Goff sera, en 1972, élu président de la VIe section de l'EPHE, prenant la succession de Fernand Braudel, il ne voudra plus avoir de rapports organiques avec les éditions Gallimard, abandonnant Pierre Nora «devant cette masse de papiers qu'[il aurait] eu bien du mal à ordonner sans le secours de Jacques Revel[16]». Le titre de cette trilogie collective, dans laquelle on retrouve trente-trois tenants principaux de l'innovation dans la discipline historique, a connu quelques fluctuations. Elle s'est d'abord intitulée en 1970 «Les problèmes de l'histoire d'aujourd'hui à demain», puis «L'histoire à faire», en 1973, titre sans doute jugé trop prescriptif, et finalement remplacé par *Faire de l'histoire*, titre repris à Michel de Certeau, avec son accord[17]. Le premier volume consacré aux «nouveaux problèmes» s'ouvre d'ailleurs sur une contribution de Michel de Certeau qui définit ce qu'il entend par l'«opération historique[18]».

Par cette place inaugurale, Michel de Certeau incarne, parmi les contributions rassemblées dans cette trilogie, l'entrée de la discipline dans un renouvellement radical de sa réflexion épistémologique. Il participe d'ailleurs à un débat public organisé dans le cadre des Semaines des intellectuels catholiques avec Pierre Nora et Raoul Girardet en 1970 sur le thème «Histoire et structure[19]». Certeau établit le lien nécessaire entre la réflexion sur l'histoire et la pratique historique qui participent d'une seule et même interrogation. Lorsque paraît *Faire de l'histoire*, Certeau est justement en train d'achever un livre de réflexion sur la pratique historienne pour Pierre Nora sous le titre provisoire : *La Production de l'histoire*. Pierre Nora fait entrer Certeau dans la «Bibliothèque des histoires», au prestige déjà établi. Ce livre devient immédiatement un livre phare quant à la réflexion sur ce qu'est l'opération historiographique, sous le titre remanié de *L'Écriture de l'histoire*[20].

C'est donc une énorme somme qui paraît en 1974, une véritable charte pour la nouvelle histoire, avec une très forte présence de l'école des *Annales*, et notamment de son comité de direction, puisque parmi les contributeurs on compte, outre Jacques Le Goff, le codirecteur de l'entreprise, d'autres directeurs de la revue : Emmanuel Le Roy Ladurie, Marc Ferro, Jacques Revel, André Burguière*. En même temps, Pierre Nora a résisté au désir de Jacques Le Goff d'adopter comme titre «La nouvelle histoire», car pour lui il ne s'agit pas vraiment d'un manifeste d'une école particulière, fût-elle brillante, comme l'est l'école des *Annales*. Sa propre contribution, qui réhabilite l'événement, est d'ailleurs un contrepoint significatif par rapport aux tendances dominantes d'une école qui privilégie les permanences de la très longue durée, mais il est aussi d'autres contributions comme celle de Jacques Julliard qui sont quelque peu en rupture avec le paradigme des *Annales* qui a largement refoulé cette dimension que fait revenir

* *Faire de l'histoire*, 3 tomes : tome 1 : «Nouveaux problèmes» : Michel de Certeau, François Furet, Paul Veyne, André Leroi-Gourhan, Henri Moniot, Nathan Wachtel, Georges Duby, Pierre Vilar, Pierre Nora; tome 2 : «Nouvelles approches» : Alain Schnapp, Jean Bouvier, Pierre Chaunu, André Burguière, Alphonse Dupront, Dominique Julia, Jean Starobinski, Henri Zerner, Michel Serres, Jacques Julliard; tome 3 : «Nouveaux objets» : Emmanuel Le Roy Ladurie, Alain Besançon, Marcel Detienne, Jacques Le Goff, Jean-Claude Chevalier, Roger Chartier, Daniel Roche, Pierre Vidal-Naquet, Jean-Pierre Peter, Jacques Revel, Jean-Paul Aron, Jacques Ozouf, Marc Ferro, Mona Ozouf, Gallimard, 1974.

Jacques Julliard, celle de «la politique». Cette publication ouvre à l'histoire de nouveaux objets encore peu coutumiers au regard de Clio comme le corps (Jean-Pierre Peter), la cuisine (Jean-Paul Aron) ou le cinéma avec la contribution de Marc Ferro qui inaugure un vaste chantier que mettront à profit les historiens sur les archives cinématographiques[21].

Pierre Nora a fortement contribué à donner à cet article de Marc Ferro toute son importance. Il prend connaissance de son essai sur le visible et le non-visible et sur la spécificité de l'image qui rend manifestes d'autres éléments que l'écrit : «Pierre me dit : bon, c'est une bonne introduction, il manque les travaux pratiques[22].» Et Marc Ferro ajoute alors des exemples concrets sur les films sans objectifs idéologiques, les films de propagande soviétique et antisoviétique, et l'analyse des documents d'actualités, ce qui fera de lui un historien pionnier dans un secteur majeur qu'il va animer avec Pierre Sorlin pendant longtemps, sensibilisant les historiens, puis l'ensemble des Français, grâce à la télévision et à sa fameuse émission «Histoire parallèle», au regard de type historien sur l'image.

L'écho est retentissant et cette publication impressionnante fait événement. Pierre Nora se voit unanimement consacré comme maître d'œuvre dans sa discipline, l'histoire. *Le Nouvel Observateur* publie un entretien des deux responsables de l'entreprise[23]. Jean-Marie Mayeur publie aussi en tête du *Monde des livres* un grand article sous le titre : «Où en est la science historique française[24] ?» Dans *Le Figaro*, Claude Jannoud fait le portrait de Pierre Nora sous forme d'entretien dans lequel il lui pose la question judicieuse de savoir comment cohabitent chez lui l'éditeur et l'auteur, et si l'éditeur ne fait pas tort à l'auteur. Ce à quoi Pierre Nora répond : «C'est un fait que l'édition, telle que je la pratique depuis près de dix ans, suppose une curiosité flottante, une disponibilité de temps et d'esprit difficilement compatible avec un travail personnel de longue haleine. Vaut-il mieux être l'homme de quelques ouvrages ou avoir le sentiment, sans doute illusoire, d'en écrire des centaines par procuration ? Cela dépend évidemment des livres... Mais si les auteurs avaient la délicate pensée de venir jeter sur ma tombe un exemplaire de leurs livres, avouez que cela ferait quand même un assez joli bouquet de fleurs pour me présenter au Paradis[25].»

C'est Georges Suffert qui prend la plume dans *Le Point*, et salue «un remarquable travail qui permet de mesurer le chemin parcouru en un demi-siècle. Le récit agonise, la recherche d'un sens global de l'histoire est reléguée au magasin des accessoires, la théorie des civilisations pulvérisée[26] », et en même temps, s'il y voit un progrès vers la vérité, il entrevoit un sérieux problème, car si l'histoire est partout, elle finira par n'être plus nulle part, et faute de pouvoir lier ensemble cette abondante moisson, elle va voir son objet se dissoudre. Dans *L'Express*, c'est Max Gallo qui, s'appuyant essentiellement sur les contributions de Pierre Nora et de Jacques Julliard, y voit le signe d'un « regain de la politique[27] ». Un véritable « dossier » sur ces trois volumes est publié dans *La Quinzaine littéraire*[28], et Régine Robin lui consacre une longue étude critique[29].

L'ouvrage trouve tout de suite son public, avide de réflexion sur la discipline historique et curieux de connaître les chantiers les plus porteurs d'avenir*. Jusqu'à Claude Lévi-Strauss qui salue la qualité de cette entreprise éditoriale dans une lettre à Pierre Nora : « *Faire de l'histoire*, que Jacques Le Goff et vous avez eu la gentillesse de m'envoyer, est une monumentale entreprise que vous avez réussie avec un plein succès[30]. »

C'est le moment de la contre-offensive, et les historiens, après avoir fait le gros dos durant la période où les jeunes pousses des nouvelles sciences humaines monopolisaient l'attention, ont désormais l'intention d'accaparer les orientations fécondes des francs-tireurs ; ils absorbent leurs méthodes, afin de parfaire la rénovation d'une histoire qui doit payer le prix du renoncement à son unité pour réaliser la plus grande dilatation possible de son champ d'expérimentation. Les historiens répondent ici à un défi qui leur est lancé par les sciences sociales en général et par le structuralisme de la seconde génération, le déconstructionnisme : « Le champ qu'elle occupait seule comme système d'explication des sociétés par le temps est envahi par d'autres sciences aux frontières mal définies qui risquent de l'aspirer et de la dissoudre[31]. » L'histoire doit se sauver, pour les auteurs de cette trilogie, en renonçant à sa vocation à la globalité, afin de promouvoir ce que Foucault appelle une histoire générale, celle d'un espace de dispersion.

Cette proximité avec les thèses de Foucault ne signifie pourtant pas des relations de confiance entre le philosophe et les historiens : « Foucault se passionnait pour l'histoire, et en même temps il considérait les historiens comme des imbéciles qui ne s'interrogent pas assez

* À la fin de l'année 1976 : tome 1 : tirage 9350, sorties 7790 ; tome 2 : tirage 8800, sorties 6861 ; tome 3 : tirage 8800, sorties 6668. Les trois volumes passeront en poche « Folio » en 1986.

sur ce qu'ils font[32].» Un incident va d'ailleurs éclater à propos de la contribution de Pierre Vilar à *Faire de l'histoire*, où il s'attaque avec violence à l'ouvrage de Foucault *Les Mots et les Choses* : «Foucault a généralisé dans de grands ouvrages une méthode qui laisse mieux voir ses vices et moins ses vertus. Au départ, des hypothèses autoritaires. Vient la démonstration, et, sur les points où l'on a quelques clartés, voici qu'on découvre les dates mêlées, les textes sollicités, les ignorances si grosses qu'il faut les croire voulues, les contresens historiques multipliés[33].» Pierre Vilar, évoquant les propos d'Althusser au sujet de Michelet et ses «délires», considère qu'à tout prendre, l'historien entre deux délires doit préférer celui de Michelet. La charge est sévère, et la réaction de Foucault ne se fait pas attendre : «Ne me doutant de rien, je décroche mon téléphone et j'entends la voix glaciale de Foucault à qui j'avais envoyé *Faire de l'histoire*. Il explose en me disant : "Je croyais qu'on était sur la même longueur d'ondes et la première chose que vous signez est une injure à ce que je fais, une déclaration de guerre. Je ne comprends pas dans ce cas pourquoi vous êtes mon éditeur..." J'ouvre alors le livre, les mains tremblantes, et je découvre cette page qui me laisse sans voix, et qui nous avait échappé à Le Goff et à moi[34].» Foucault exige que cette page disparaisse de la seconde édition, et menace en cas contraire de quitter Gallimard. Pierre Nora se rend alors chez Pierre Vilar : «Nora est venu me trouver. Il était complètement effondré. [...] Foucault est un grand écrivain, un homme de grand talent, mais je lui dénie tout sérieux au point de vue de la reconstitution historique[35].» L'affaire se compliquait encore car Pierre Vilar devait contribuer à faire entrer Pierre Nora aux Hautes Études, et au moment de l'édition suivante sa femme était mourante. Pierre Nora renonce à le déranger et l'affaire en reste là. La version initiale sera conservée, d'autant que le recul du temps aura calmé la colère de Foucault.

Cet accrochage révèle les rapports difficiles de Foucault avec la corporation historienne qui pourtant reprend largement ses thèses à son compte. Pierre Nora, présentant les trois volumes de *Faire de l'histoire* dans *Le Nouvel Observateur*, admet une discontinuité entre l'horizon de la discipline historique à l'époque de Bloch, Febvre, Braudel et celui des années 1970 : «C'est cette notion d'histoire totale qui me paraît faire problème aujourd'hui. [...] Nous vivons une histoire en miettes, éclectique, dilatée vers des curiosités auxquelles il ne faut pas se refuser[36].»

La construction de l'empire historien passe par la déconstruction de la pratique historienne. C'est le moment où l'on pense qu'avec l'ordinateur l'historien va pouvoir accéder à la scientificité. Il compte ainsi tous les objets possibles de l'histoire économique, sociale ou culturelle : des quantités de blé produites, le nombre de naissances, de mariages, de décès, le nombre d'invocations de la Vierge dans les testaments, le nombre de vols commis en tel lieu... Il trace des courbes, repère des limites, les points d'inflexion : «À la limite [...] il n'est d'histoire scientifique que quantifiable[37].»

En même temps, et à contretemps de la vogue pour l'histoire immobile, celle des profondeurs insondables des couches géologiques d'un Fernand Braudel ou de l'histoire d'une société française dite froide qui stagnerait au-dessous du seuil intangible de ses 20 millions d'habitants, Pierre Nora prend la mesure de la brèche ouverte par Mai 68. Il avait déjà annoncé en 1972 la surrection de «l'événement monstre», et il reprend à l'occasion de cet ouvrage collectif son premier article, remanié sous le titre : «Le retour de l'événement[38]», contribution que devait écrire Annie Kriegel. À l'origine de cette réflexion se trouve l'expérience elle-même que traverse Pierre Nora qui accueille un journaliste d'Europe 1 sur son balcon situé sur le boulevard Saint-Michel durant les nuits de barricades de Mai 68. En historien, Pierre Nora assiste à l'écho infini des explosions des grenades lacrymogènes à la fois en tant que témoin direct par sa propre vision de l'événement en train de se dérouler, mais il prend surtout conscience de l'extraordinaire capacité d'amplification que possède la radio pour faire vivre dans un rapport d'immédiateté l'événement dans tout l'Hexagone, en ses endroits les plus reculés. Il en déduit que l'on ne peut séparer artificiellement ce qu'est un événement de ses supports de production et de diffusion.

Loin de se tenir à l'extérieur, les médias participent pleinement à la nature même des événements qu'ils transmettent. C'est, et de plus en plus, par eux que l'événement existe. Pour être, l'événement doit être connu, et les médias sont de plus en plus les vecteurs de cette prise de connaissance : «C'est aux mass media que commençait à revenir le monopole de l'histoire. Il leur appartient désormais. Dans nos sociétés contemporaines, c'est par eux et par eux seuls que l'événement nous frappe, et ne peut pas nous éviter[39].»

Le best-seller : Montaillou, village occitan

Qui aurait imaginé que cette collection prestigieuse, mais austère, de la «Bibliothèque des histoires» allait donner naissance à un véritable best-seller ? C'est pourtant le cas avec l'ouvrage d'Emmanuel Le Roy Ladurie, *Montaillou, village occitan*, qui, paru en 1975, atteint le tirage cumulé peu habituel pour un historien universitaire de 300 000 exemplaires. Certes, Le Roy Ladurie exploite là un document exceptionnel, les registres de l'évêque de Pamiers qui permettent de restituer la vie ordinaire de ce petit lieu d'Ariège au début du XIVe siècle. Le récit est enlevé, talentueux, mais on s'explique mal un tel engouement pour une monographie si limitée. Un des éléments d'explication se situe dans ce contexte du milieu des années 1970 favorable non seulement à un retour en force des historiens, mais à une approche de l'histoire marquée par le regard ethnographique tourné vers les profondeurs de la société française, vers son passé le plus lointain, avec un goût exacerbé pour tout ce qui peut donner à voir une forme d'exotisme de l'intérieur, par-delà la coupure de ce monde que nous avons perdu. Avec ce succès, Pierre Nora porte au premier plan un des leaders de l'école des *Annales*, auteur d'une thèse sur *Les Paysans de Languedoc*, héritier de Fernand Braudel dont il prend la succession au Collège de France en 1973.

Alors que Pierre Nora avait signé avec Le Roy Ladurie deux contrats qui resteront sans lendemain, l'un en 1967 pour un livre sur « Les mœurs, la sexualité et la démographie en Occident du XIIe au XIXe siècle » pour la « Bibliothèque des sciences humaines », et un contrat d'option pour une « Histoire des paysans français » qui ne verra pas le jour non plus, il conçoit avec lui la publication d'un recueil d'articles qui restitue un panorama de ses recherches et qui sera publié en 1973 sous le titre *Le Territoire de l'historien*. Cette publication, concomitante de celle de *Faire de l'histoire*, accentue encore le caractère d'orchestrateur du triomphe du paradigme des *Annales* par les éditions Gallimard et donc par Pierre Nora.

Au contraire de la première génération des *Annales* qui ne concevait d'histoire qu'humaine et anthropologique, Le Roy Ladurie considère à partir d'une étude historique concrète, celle du climat depuis l'an 1000, que « c'est mutiler l'historien que d'en faire seulement un spécialiste en humanité[40] ». Ce décentrement est tout à fait essentiel, au-delà de cette étude ponctuelle, et Le Roy Ladurie le qualifie de véritable révolution copernicienne dans la science historique. L'historien juge alors la richesse de son point de vue à proportion de cet excentrement qui lui permet d'affirmer sa vocation scientifique.

Le premier effet de cette fécondation structurale du discours historien est un ralentissement de la temporalité, qui devient quasi stationnaire. On rejette l'événementiel, considéré comme relevant de l'épiphénomène ou du feuilleton, pour se pencher exclusivement sur ce qui se répète, ce qui se reproduit. L'approche de la temporalité va privilégier davantage les longues plages immobiles, et lorsque Emmanuel Le Roy Ladurie prend la succession de Braudel au Collège de France, il intitule sa leçon inaugurale : «L'histoire immobile[41] ». L'historien, selon Le Roy Ladurie, fait du structuralisme consciemment, ou sans le savoir, comme Monsieur Jourdain : «Depuis près d'un demi-siècle, de Marc Bloch à Pierre Goubert, les meilleurs historiens français, systématiquement systématiseurs, ont fait du structuralisme en connaissance de cause, ou quelquefois sans le savoir, mais trop souvent sans que ça se sache[42]. » Le Roy Ladurie affirme en cette occasion solennelle l'admiration qu'il éprouve pour les méthodes structuralistes appliquées aux règles de parenté et aux mythologies du Nouveau Monde par Lévi-Strauss. Mais s'il circonscrit l'efficacité de celles-ci à d'autres cieux, il retient surtout pour l'historien l'idée qu'il faut appréhender la réalité à partir d'un petit nombre de variables, en construisant des modèles d'analyse.

Un autre Moyen Âge

Pierre Nora a bien compris que le triomphe de l'école des *Annales* privilégie en ces années 1970 deux périodes : le Moyen Âge et l'époque moderne, aux dépens de l'Antiquité et surtout de la période contemporaine. Certes, il est davantage porté vers l'actualité, le temps présent, mais en tant qu'éditeur il prend acte que les innovations se situent ailleurs et il accorde, avec Jacques Le Goff à ses côtés jusqu'en 1972, une prévalence absolue dans sa «Bibliothèque» à ces deux périodes. En outre, comme Pierre Nora, Jacques Le Goff se situe à la confluence de l'histoire et de l'anthropologie, désirant dépayser le Moyen Âge à la faveur d'un regard d'anthropologie historique auquel il s'est déjà livré dans un ouvrage qui a tout de suite eu valeur de classique[43].

Chaque mercredi Jacques Le Goff vient travailler dans le bureau de Pierre Nora rue Sébastien-Bottin : «C'est Pierre qui fixait le programme, voulant parler de tel auteur, de tel sujet, me demandant de lire des manuscrits et on réfléchissait ensemble à des thèmes possibles. Je le sentais intéressé par ce que je disais, mais, et c'est un des traits importants du caractère de Pierre, il ne se laisse que très peu influencer[44]. »

L'apport de Le Goff à la «Bibliothèque des histoires» est d'abord celui de l'auteur prolixe et boulimique qu'il est. Il prévoit dès 1973 un ouvrage qui ne verra pas le jour sur «Le travail au Moyen Âge». Ne le voyant pas aboutir, Pierre Nora lui suggère de réunir ses articles parus entre 1964 et 1976 dans un recueil à publier dans la «Bibliothèque des histoires», sous le titre qu'il lui conseille et qu'il adopte, *Pour un autre Moyen Âge*[45]. Pierre Nora suit de près la réalisation de cet ouvrage qui lui tient à cœur. Il attend de Jacques Le Goff qu'il soigne une belle préface : «Je t'engageais à étoffer et à fignoler. Je maintiens ce jugement dans l'intérêt du livre et le tien, bien entendu[46].» L'ensemble se décompose en quatre parties consacrées successivement au temps et au travail, au système de valeurs, et à l'opposition entre cultures savantes et cultures populaires. Puis, ce sera la publication dans un des domaines de prédilection de Jacques Le Goff, l'histoire du religieux, de *La Naissance du purgatoire* en 1981[47]. De nouveau Pierre Nora réussira à convaincre Le Goff de réunir ses articles pour une nouvelle publication en 1985, *L'Imaginaire médiéval*, dans laquelle l'auteur plaide pour «un long Moyen Âge» et en scrute les signes à travers les rêves, les symboles, les images, le merveilleux et donc tout le vaste champ des représentations.

Outre toutes ces publications qui renouvellent totalement l'abord de cette période, Le Goff va publier lui aussi dans cette «Bibliothèque des histoires» un véritable best-seller avec son *Saint Louis*[48]. Cette grande réalisation biographique peut surprendre de la part de celui qui incarne une école ayant toujours eu pour le genre biographique le plus grand mépris. Le projet remonte pourtant à loin et ne concernait pas Gallimard, mais significativement une collection littéraire d'Hachette. Il est récupéré par Pierre Nora pour sa collection en 1984, et l'ouvrage est prévu pour 1987. Mais le travail réalisé par Le Goff est d'une telle ampleur que la somme qu'il écrit sur Saint Louis va lui prendre quinze ans de travail et ne paraîtra qu'en 1996 dans un premier tirage de 15 000 exemplaires, chiffre exceptionnel en cette période. Rappelons qu'au milieu des années 1990, le responsable de l'histoire chez Albin Michel, Dominique Bourel, me disait : «À 1 000 exemplaires vendus, on sort le champagne»! Jacques Le Goff exprime à Pierre Nora sa reconnaissance, d'autant que c'est son éditeur qui lui avait mis le pied à l'étrier en lui demandant quelques années plus tôt de préfacer pour la collection «Archives» *Les Propos de Saint Louis*[49] : «Je voulais essayer de te dire ma reconnaissance et ma joie mêlées. La pensée que Saint Louis était pour toi m'a soutenu et stimulé pendant cette longue conception et ce dur accouchement[50]. »

Non seulement ce livre trouve son public malgré son poids, signe aussi de l'engouement nouveau pour le genre biographique, mais il bénéficie d'un écho médiatique sidérant pour un ouvrage paru dans une collection savante. La réaction la plus étonnante vient d'une marquise de Vasselot de Régné qui écrit personnellement à Antoine Gallimard pour lui exprimer à la fois son enthousiasme et sa perplexité : « Monsieur le Directeur, on vient de m'offrir pour mes soixante-dix-sept ans l'excellent livre de M. Le Goff sur Saint Louis. Il est remarquable, mais je lui fais un reproche : il pèse 1 kilo 200 et, pour une "France vieillissante" qui lit encore, le maniement d'un tel poids est une épreuve ; dans un lit, c'est très vite fatigant ; l'emporter dans le train est impossible ; la valise deviendrait trop lourde. Ne serait-il pas possible de l'éditer en deux volumes, ou en cahiers qu'il serait facile de faire relier ultérieurement[51]... » Le Goff a voulu restituer le « vrai » Saint Louis qui ne peut se révéler qu'à travers ce qu'il incarne. Il convient donc de déconstruire le mythe ultérieur pour retrouver la figure du roi et la figure du saint, ce qui implique d'interroger ce que peuvent être ces deux fonctions de l'image royale au XIIIe siècle.

Jacques Le Goff consacre un peu plus tard une biographie à saint François d'Assise en regroupant la série d'articles qu'il lui a consacrés[52], confessant son intérêt tout particulier pour ce personnage depuis qu'il s'est spécialisé dans la période médiévale, en tant que nouveau modèle de sainteté, mais aussi en tant qu'homme par son authenticité à la fois proche et lointaine : « Dans l'attrait qu'exerce sur tout historien – et je n'y ai pas échappé – la tentation de raconter la vie d'un homme (ou d'une femme) du passé, d'écrire une biographie qui s'efforce d'atteindre sa vérité, François a été très tôt l'homme qui, plus que tout autre, m'a inspiré le désir d'en faire un objet d'histoire totale[53]. » Outre son œuvre personnelle, Jacques Le Goff a apporté à Pierre Nora chez Gallimard nombre d'auteurs pour la collection « Bibliothèque des histoires » : Jean-Claude Schmitt, Bronislaw Geremek, Carlo Ginzburg... qui auront contribué avec lui à renouveler le regard sur la période médiévale.

L'autre poids lourd médiéviste proche de Pierre Nora et auteur important de la « Bibliothèque des histoires » est Georges Duby. Lorsque Pierre Nora conçoit sa collection « Archives » chez Julliard, en 1963, il sollicite tout de suite Georges Duby qui avait soutenu et publié sa thèse faisant déjà autorité à l'époque[54]. Il y avait établi une relation entre le rythme des modifications de l'ordre politique et le caractère plus ou moins lâche des relations et contraintes familiales. C'est lui aussi qui avait été le premier historien à définir ce que l'on entendait par «l'histoire des mentalités» dès 1961[55]. Pierre Nora fait donc appel à Georges Duby pour «Archives» et lui laisse toute liberté sur le choix du sujet : «*La Vie noble au* XIIIe *siècle* et *Les Campagnes européennes au* XIIe *siècle* seraient d'excellents dossiers. Cependant, pour caractériser davantage la collection et retenir l'attention d'un public qu'il s'agit de gagner, je me demande si nous ne pourrions pas soit commencer par *L'An mil*, soit centrer les deux sujets sur le nom d'un château fort ou d'un village[56].» Pierre Nora y tient au point de passer voir Georges Duby à Aix-en-Provence et, lorsqu'il reçoit avec retard son manuscrit sur *L'An mil*, il lui exprime son enthousiasme : «Vous m'avez comblé, votre préface et vos transitions sont si précises et vigoureuses que je ne regrette même pas que vous vous soyez retranché derrière les textes, ce qui après tout est le principe de la collection. Vous dites tout en peu de mots et ce nouveau livre a l'élégance et la maîtrise de tout ce que vous signez[57].»

Paradoxalement Georges Duby est attendu chez Gallimard pour raconter la bataille de Bouvines du 27 juillet 1214[58]. Mais il va publier un très original travail de démythologisation et d'historicisation de cet événement repensé comme composante de la mémoire collective. Cet essai paraît dans une collection particulièrement traditionnelle, «Trente journées qui ont fait la France», fondée par Gérard Walter et dont Robert Gallimard avait hérité après le retrait de son créateur en 1960. Cette collection s'adresse au grand public, et c'est Pierre Nora qui, ayant juste fait son entrée chez Gallimard, se tourne vers Georges Duby pour lui faire écrire l'histoire de cette bataille. Il y avait du défi dans cette proposition quelque peu paradoxale de suggérer à un des historiens les plus novateurs d'écrire dans la collection la plus désuète au regard de l'histoire savante. Mais en même temps se présentait une occasion inespérée, celle de «planter le drapeau de l'histoire que l'on n'appelait pas encore nouvelle mais qui l'était déjà sur l'Annapurna de l'histoire la plus traditionnelle. De renouveler de fond en comble l'approche de l'événement, et quel événement ! L'événement type de cette histoire que pourfendait l'école des *Annales* : une bataille, et pas n'importe laquelle, une des dates clés de la mythologie nationale[59]».

Duby va sortir des strictes contraintes de cette collection par le haut, en innovant. Il consacre bien sa première partie à «l'événement», mais pour le relativiser doublement : cet événement fondateur de Bouvines en tant que bataille se réduit en effet à peu de choses, et surtout il le resitue dans une temporalité plus longue, celle des variations multiples de son souvenir. L'événement Bouvines est considéré par Georges Duby à la fois comme surgissement de l'inattendu et comme inscription, trace dans la durée. Les limites de Bouvines ne sont plus alors celles d'un illustre dimanche, mais la suite de ses métamorphoses, de ses fortunes et omissions dans la mémoire collective. L'objet historique devient désormais «le destin d'un souvenir au sein d'un ensemble mouvant de représentations mentales[60]». Il consacre ainsi toute une longue partie au «légendaire» de Bouvines dont le sens est fluctuant selon des usages variables en fonction d'événements ultérieurs.

À l'occasion de la réédition de l'ouvrage en 2005, Pierre Nora reconnaît sa dette vis-à-vis du déplacement opéré par Duby de l'événement vers ses traces. Il va même jusqu'à y voir les prolégomènes de ce que sera sa problématique dans *Les Lieux de mémoire* dont il lance les premières recherches en 1978 : «Le résultat est là : la combinaison spontanée des deux types d'approche sur un événement majeur de la tradition nationale a fait du *Dimanche de Bouvines* l'anticipation du "lieu de mémoire". C'est ainsi en tout cas que je l'ai lu – et qu'il m'a, en partie, inspiré[61].» Cette entrée précoce de l'événement-bataille dans le mémoriel revêt pour Nora une «valeur de modèle[62]».

La même année paraît chez Gallimard un ouvrage de Georges Duby qui correspond davantage à ses objets d'étude de prédilection, *Guerriers et paysans* VIIe-XIIe *siècle*. Cet ouvrage lui avait été originellement commandé par George Weidenfeld pour une collection d'histoire économique de l'Occident, mais cette publication tardant à venir, Georges Duby se trouve libre de publier son ouvrage en français. Pierre Nora saisit tout de suite cette aubaine, d'autant qu'à sa lecture il retrouve le même enthousiasme que pour ses autres lectures de Duby : «Je ne sais ce qu'il faut le plus admirer, l'art de la synthèse, la parfaite aisance de l'érudition ou la qualité des hypothèses sur la féodalité en particulier. Vous y êtes au mieux de votre force et sur votre terrain[63].» Il s'agit de l'analyse des fondements du premier essor économique de l'Europe jusqu'au véritable décollage qu'elle connaît au XIIe siècle[64].

Puis Pierre Nora se tourne vers Skira chez qui Georges Duby a publié dans sa collection «Art, Idées, Histoire» trois très beaux volumes, mais vendus surtout pour la splendeur de l'iconographie. Il demande de récupérer le texte de commentaire de Duby pour la «Bibliothèque des histoires», mais il se heurte d'abord à un refus avant de pouvoir publier *Le Temps des cathédrales* en 1976 qui se révèle être un beau succès (65 000 exemplaires vendus jusqu'à la fin 1984). Puis Georges Duby publie en 1978 un essai largement inspiré par le schéma trifonctionnel de Dumézil, mais historisé, *Les Trois Ordres ou l'Imaginaire du féodalisme*, qui reçoit le prix des Critiques en 1979. Pierre Nora lui envoie immédiatement un télégramme : «Le prix des Critiques n'a consacré que de belles œuvres. Il te revenait et fait la fierté de ton éditeur et ami[65].» Puis ce seront les *Dames du XIIe siècle* en 1996 qui sont une série de portraits d'Aliénor d'Aquitaine, Héloïse, Iseut et quelques autres.

Toujours dans le domaine de l'histoire médiévale, Pierre Nora s'attaque à un gros massif qui n'est pas sans poser de sérieux problèmes d'édition : l'œuvre d'Ernst Kantorowicz. Ce sont des ouvrages très épais et difficiles à traduire, anciens, devenus des classiques largement cités mais non disponibles en français. C'est en 1967 que Pierre Nora suggère de publier le *Frédéric II*. Il communique l'ouvrage à Maurice de Gandillac pour avoir une expertise des problèmes de traduction. Ce dernier ne cache pas les obstacles à surmonter pour un livre qui date de 1927, dont l'auteur a déjà refusé la réédition aux États-Unis. L'avis de Gandillac est plutôt négatif et débouche sur un impossible patronage universitaire. Cela ne dissuade pourtant pas le désir de Pierre Nora qui, même si les idées de Kantorowicz ont évolué, même si le livre est déjà vieux, y voit un classique, dont la traduction s'impose en France. Même si le genre biographique n'est pas son domaine de prédilection, il s'agit là d'une biographie tout à fait singulière, et d'ailleurs Jacques Le Goff dira plus tard, lors de la publication de son *Saint Louis*, que le *Frédéric II* de Kantorowicz aura été un de ses rares modèles. L'entreprise monumentale de Kantorowicz visait, par-delà le destin singulier de cet empereur du XIIIe siècle, à repérer l'émergence de l'État moderne autour d'une figure charismatique. L'ouvrage avait connu lors de sa parution un grand succès – 10 000 exemplaires vendus en quelques années –, malgré un accueil plutôt critique de ses pairs qui y ont vu l'œuvre d'un mythographe plutôt que celle d'un véritable historien.

Pierre Nora est décidé à le donner à lire au public français ; il reste à trouver un bon traducteur, et Pierre Nora le trouve en 1969 en la personne de Cornelius Heim. Mais le projet est dans un premier temps abandonné compte tenu de son coût exorbitant, aggravé par l'inflation galopante. Ce n'est que bien plus tard, en 1982, que Pierre Nora reprend le dossier en y adjoignant cette fois le projet de traduire aussi

Les Deux Corps du roi. Il s'emploie alors à rechercher des subventions*.

Au milieu des années 1980, la concurrence éditoriale est devenue âpre autour de Kantorowicz devenu une référence montante, un modèle notamment pour les études d'anthropologie politique, la pensée politique et sa symbolisation. Kantorowicz aboutit à une distinction entre les deux corps du roi en constatant que la dignité ne meurt pas avec son corps physique ; elle lui survit et revêt donc une dimension symbolique. Cette intuition permet de saisir l'essence du pouvoir d'État à l'époque médiévale, pouvoir à la fois incarné et vide, et cette analyse enrichit la réflexion sur le pouvoir politique comme l'attestent les travaux de l'historien Alain Boureau ou ceux de Marcel Gauchet : « Le pouvoir est intérieurement partagé et ne fonctionne que sur la base de représentations de son partage, entre visible et invisible, entre général et particulier, entre individualité et suprapersonnalité[66]. » Devenu à la mode, à la fois central dans la réflexion sur le politique et pourtant introuvable en langue française, cette fois les enchères ont tendance à monter. En 1986, Fayard tente de récupérer les droits d'acquisition des *Deux Corps du roi* en proposant de faire passer l'offre de Gallimard de 3 % de droits d'auteur à 6 %. C'est finalement Pierre Nora qui aura gain de cause sur la base de 4,5 %. Enfin, en 1987, *Frédéric II* voit le jour en France et, peu après, en 1989, *Les Deux Corps du roi*[67].

Contre le catéchisme révolutionnaire

La « Bibliothèque des histoires » de Pierre Nora va aussi fortement contribuer à déplacer les lignes en matière d'historiographie du communisme et de la Révolution française. Un ancien compagnonnage et une profonde amitié lient Pierre Nora à Annie Kriegel, et pas seulement parce qu'ils sont tous deux originaires du même petit village d'Hellimer. Annie Kriegel, dirigeante communiste dans les années 1950, avait retrouvé son camarade François Furet en 1954 lors de sa première nomination comme professeur de lycée. Elle venait d'être nommée au lycée de filles, et Furet au lycée de garçons de la même ville de

---

* Il obtient des aides du CNL auprès de Jean Gattégno, des Allemands d'Inter-Nationes et de la Maison des sciences de l'homme.

Compiègne. Puis, à l'automne 1955, ils sont tous deux détachés au CNRS.

À son retour d'Algérie en 1960, Pierre Nora rencontre souvent Annie Kriegel rue de Richelieu, à la Bibliothèque nationale. Ils se lient d'amitié : « Elle était moitié tigresse, moitié louve romaine, à la fois généreuse, possessive, adoptive et intelligente[68]. » C'est d'ailleurs à elle qu'il s'adressera pour concevoir le n° 0 de sa collection « Archives », et avec elle encore qu'il procédera à la réécriture des premiers volumes. Lorsqu'il prépare sa trilogie *Faire de l'histoire*, Pierre Nora, qui apprécie sa véhémence, fait de nouveau appel à Annie Kriegel sur l'historiographie du communisme. Elle décline l'offre, d'autant qu'elle ne porte pas l'école des *Annales* dans son cœur et préfère réserver ses réflexions pour un recueil d'essais que Pierre Nora lui demande pour la « Bibliothèque des histoires », lequel est publié la même année[69]. Auteur d'une thèse qui fait autorité sur la naissance du communisme, Annie Kriegel a radicalement rompu, comme Furet, avec le PCF depuis le milieu des années 1950. Par une série d'études des représentations, elle essaie de comprendre l'engouement pour le communisme et les errements staliniens. Ce sont ces essais que publie Pierre Nora sur Maurice Thorez comme chef charismatique, sur le PCF et le gaullisme, sur le judaïsme et le gauchisme.

Annie Kriegel, après avoir été une collaboratrice active de *France Observateur*, ne collabore plus au journal de la nouvelle équipe dirigée par Jean Daniel, *Le Nouvel Observateur*, et à partir de 1976 elle écrit régulièrement dans *Le Figaro*. Les relations avec Pierre Nora deviennent plus difficiles car les sujets de désaccords sont de plus en plus nombreux, mais leur relation reste très ambivalente, faite à la fois de désaccords grandissants et d'affection qui reste profonde. De caractère très entier, Annie Kriegel, qui a conservé de sa période stalinienne le sens de l'anathème, se montre aussi vindicative vis-à-vis de ses proches qu'elle est une polémiste virulente vis-à-vis de ses adversaires : « Mon cher Pierre, le “pontife académique du *Figaro*” – du moins, soyons modeste, l'un des pontifes – vous salue bien. Certes, comme vous me l'avez souvent répété, vous ne lisez pas *Le Figaro* et nul ne saurait vous en tenir grief : est-ce une raison pour oublier ce que vous devez à une amitié de vingt ans aussi parfaitement désintéressée que la mienne ? Vous était-il d'ailleurs vraiment intolérable ou plutôt était-il à ce point téméraire de me citer par exemple aux côtés de François et de Jacques Julliard parmi ceux, hommes de culture, qui savent écrire *avec clarté et le respect du public* ? Suis-je amère ? Peinée ? Non ; plutôt étonnée de la sauvagerie avec laquelle on veut faire courir à un homme tel que vous le risque de perdre ses étiquettes d'"homme de gauche" au cas où il se montrerait un esprit libre. Et un homme de fidélité... Je vous garde toute mon affection puisque je n'ai jamais cessé de veiller sur vous[70]. » Annie Kriegel écrit encore à son ami Pierre Nora ceci à propos d'un petit différend d'appréciation sur un ouvrage : « Mon cher Pierre, je reçois votre lettre, que vous dire ? Que, peu à peu, tout nous sépare : vous choisissez envers et contre tout de tenter de rester dans le vent, je choisis d'être dans la vérité[71]. » Comme le dirait le camarade Bourdieu, on change difficilement son *habitus*.

Il est un autre domaine quelque peu bousculé dans ses certitudes, thème majeur de l'historiographie en France, c'est celui des interprétations de la Révolution française. Dans ce domaine, c'est François Furet qui incarne une lecture nouvelle, différente de celle professée par la vénérable chaire d'histoire de la Révolution française occupée alors, dans les années 1970, par celui qui semble être le seul légitime pour transmettre cette période aux générations futures, l'historien communiste Albert Soboul qui professe alors une lecture marxiste de ce grand moment de l'histoire française, constitutif s'il en est de son identité nationale.

La première rencontre entre Pierre Nora et François Furet remonte à Noël 1955. François Furet a invité chez lui, rue Daubenton, le couple Ozouf, Mona et Jacques, pour passer avec eux ce moment festif. Avant d'arriver chez Furet, les Ozouf rejoignent un autre ami, lui aussi agrégatif d'histoire, communiste, un dénommé Patrice Hugues, grand ami de Pierre Nora, qui abandonnera l'histoire pour la peinture, et qui leur dit devoir téléphoner à Jacqueline Nora, la sœur de Pierre, car elle et son frère s'apprêtent à fêter Noël seuls et, dit-il, il est quand même scandaleux qu'ils soient seuls, eux, « jeunes et beaux un jour de fête, comme deux vieux croûtons sur une malle[72] ». Finalement invités chez Furet, tout le petit groupe s'y retrouve. C'est ainsi que Pierre Nora fait la connaissance de François Furet et ce dernier de sa sœur Jacqueline. Ils sont vite amenés à se revoir car François Furet va aider Pierre Nora dans sa préparation de l'agrégation d'histoire. Or, c'est un moment où Jacqueline Nora était revenue dans l'appartement familial de ses parents rue La Boétie avec ses deux enfants, après son divorce d'avec son premier mari avec lequel elle avait vécu au Maroc. Pierre Nora habitait alors la chambre de bonne au-dessus de l'appartement, y descendant souvent pour bavarder avec sa sœur et parfois y dormir en sa compagnie tant il était étreint par l'angoisse du concours. Après avoir fait connaissance avec Jacqueline Nora en cette soirée de Noël 1955, François Furet profite de ses passages rue La Boétie où il allait travailler avec Pierre Nora pour passer chez sa sœur : « Il passait dans mon appartement ensuite. Puis, je l'ai reçu avec sa femme. On était très attirés et François Furet a quitté son épouse[73]. » Après six années de vie commune, ils se marieront.

Une relation particulièrement amicale naît entre Pierre Nora et François Furet, presque fraternelle, avec de la part de Pierre Nora un petit complexe devant cet aîné qui ne cesse de mépriser tout ce qui l'entoure du haut d'un regard aristocratique : « Il y a entre eux une sorte de rivalité amoureuse[74]. » Ils sont à la fois très dissemblables et de plain-pied. Autant Pierre Nora est la courtoisie même, a besoin d'être conforté dans ses intuitions, sinon réconforté dans ses affections, autant François Furet est sûr de lui, va droit au but, fait montre d'arrogance, prêt à rompre toutes les règles du savoir-vivre s'il a l'impression de perdre son temps, capable par exemple de quitter un dîner où il s'ennuie avant même le dessert, pris par l'angoisse que le temps lui file entre les doigts. Autant Pierre Nora se montre fidèle dans ses choix, autant François Furet n'avance dans sa vie intellectuelle et affective qu'à coups de ruptures radicales, ne voulant plus entendre parler de ce qui hier encore faisait le sens de sa vie. Cette relation amicale a été vécue avec une telle intensité qu'elle a aussi donné lieu à des moments de friction. Il y eut bien sûr la période consécutive à la rupture du couple constitué par François Furet et Jacqueline Nora, d'autant plus délicate à vivre que l'un et l'autre accusaient alternativement Pierre Nora d'épouser la cause adverse. Cette situation a aiguisé la susceptibilité des uns et des autres, jusqu'à provoquer des querelles ridicules comme lorsque Pierre Nora met au point un grand entretien de Raymond Barre pour *Le Débat*[75]. Cet entretien est conjointement conduit par Pierre Nora et par François Furet. Or, pour avoir choisi une police de caractères trop petits pour le nom de François Furet, Pierre Nora se voit contraint par ce dernier de refaire la couverture de la revue sur ses propres deniers ! L'éloignement progressif entre eux a aussi été facilité par le départ de François Furet en 1985 aux États-Unis où il enseigne à Chicago. De son côté, Pierre Nora était de plus en plus agacé par son ami qui proclamait partout à qui voulait l'entendre qu'il faisait la pluie et le beau temps dans *Le Débat*, y jouant un rôle cardinal, alors qu'il n'aura été à peu près pour rien dans l'orientation de la revue, si ce n'est par ses propres contributions. D'autant que sur la nature de la revue, les deux amis sont en assez profond désaccord. Si Pierre Nora entend bien obtenir des contributions de tous bords en fonction du seul critère de la compétence, François Furet ne comprend pas qu'il sollicite des gens qui ne sont pas de son bord et ne cesse de le lui reprocher : « Il y a eu des engueulades du genre : "Tu ne vas pas faire écrire untel", et je lui expliquais sous toutes les formes que *Le Débat* n'est une revue ni de copains ni de militants. Il n'a jamais vraiment compris l'esprit du *Débat*[76]. »

Et pourtant ils restent pour finir inséparables. Ils ont en commun une passion pour l'actualité et son décryptage par tous les moyens, l'irruption du nouveau et ce qu'il représente comme défi pour l'intelligibilité. Pierre Nora, impressionné par le personnage de Furet, tient le plus grand compte de ses avis. En revanche, ses propres travaux n'inspirent qu'un regard quelque peu ironique et condescendant de la part de son ami. Sa collection « Archives » est qualifiée de « râteau à cons » ; il se gaussait de son intérêt pour Vincent Auriol : « Ah, ton héros politique ! » ; il pouffait de rire à propos de son intérêt pour Lavisse, et quand a été lancé le chantier des *Lieux de mémoire*, il n'en a pas vraiment compris l'intérêt : « François n'a jamais rien compris aux *Lieux de mémoire*, et disait : "Je ne sais pas ce que Pierre fricote." Il disait cela quand il ne comprenait pas[77]. » Pourtant Pierre Nora a longtemps vécu sous la férule de l'autorité et du charisme de François Furet qui faisait, selon le mot de son ami Jean-Denis Bredin, « beaucoup d'ombre autour de lui[78] ». Jean-Denis Bredin est aussi un familier et fidèle de François Furet, au point d'avoir acheté une maison près de la sienne dans le Lot : « Je me souviens de repas entiers au cours desquels Pierre Nora n'ouvrait pas la bouche, moi non plus. On écoutait François Furet[79]. » Il faut préciser que Jean-Denis Bredin avait intériorisé, ce qui n'est pas du tout le cas de Pierre Nora, sauvé par son sens de l'humour, une relation de maître à élève avec François Furet et quand ce dernier lui a demandé d'écrire un livre sur Sieyès, il s'est tout de suite exécuté : « Il m'a dit un jour : "Fais un Sieyès." Pourquoi Sieyès ? Il m'a répondu : "Je ne sais pas, mais tu dois t'y intéresser"[80]. »

François Furet a fait de l'histoire de la Révolution française sa spécialité et a à son actif un ouvrage écrit avec son ami et beau-frère Denis Richet en 1965[81] dans lequel il se démarque déjà radicalement de la lecture de Soboul en resituant la Révolution dans le temps long des *Annales*, et en adoptant la grille de lecture libérale des deux révolutions, celle émancipatrice de 1789 et le « dérapage » de la Révolution qui, du fait de la guerre, entraîne la France vers le destin funeste de la Terreur du Comité de salut public.

François Furet s'impatientait parfois en voyant que son ami Pierre Nora avait publié des recueils d'articles d'Emmanuel Le Roy Ladurie, de Michel de Certeau, de Jacques Le Goff, alors qu'il avait dans les années 1970 tant à apporter. Il réunit donc bon nombre de ses articles et Pierre Nora, en tant qu'ami proche, a pu se permettre de lui dire que parmi cette masse, seuls trois essais faisaient vraiment sens, ceux concernant la Révolution française, à condition d'écrire une préface substantielle pour les mettre en perspective. Le premier essai est d'ordre historiographique et s'attaque frontalement à l'historiographie marxiste de la Révolution française, de manière très polémique, un autre est consacré à Tocqueville, et un troisième à Augustin Cochin.

François Furet va suivre le conseil de Pierre Nora, et passer tout un été à la campagne pour ce qui ne devait être qu'une préface et qui devient les cent vingt premières pages du livre publié en 1978[82]. Il va très loin dans cette nouvelle interprétation de la Révolution puisqu'il y voit la matrice de tous les totalitarismes, non dans un dérapage des idéaux révolutionnaires, non comme simple parenthèse imputable aux circonstances, mais comme la résultante même de l'idée révolutionnaire. Ainsi, François Furet annonce d'entrée doublement que « La Révolution est terminée » et que c'est 1789 qui ouvre cette dérive de toute l'histoire de l'Humanité.

Pierre Nora est ravi de cette introduction qui donne à l'ouvrage sa cohérence : « Introduction d'une centaine de pages, éblouissante d'intelligence, de profondeur et d'actualité sur le phénomène révolutionnaire. Le tout devient un livre court, mais d'une étonnante densité, et, si mon amitié pour lui ne m'abuse pas, un grand texte de philosophie politique[83]. » Pierre Nora est convaincu que dans ce texte introductif qu'il lui a demandé François Furet a condensé plus de vingt années de recherches et de réflexions sur le sujet, et que cela fera date : « Il y aura un avant et un après. C'est la première analyse de la Révolution "post-révolutionnaire" : de tout premier ordre[84]. » L'ouvrage fait effectivement date, suscite un vif débat et reçoit le prix Louis Marin de l'Académie française en 1979.

Parallèlement à l'édition de François Furet, Pierre Nora entreprend la publication des travaux de Mona Ozouf sur le même sujet de la Révolution française. Dès 1973, il retient par contrat sa thèse qui sera publiée en 1976[85]. Pierre Nora pressent que cette thématique de la fête va devenir très en vogue à l'heure du triomphe de l'histoire des mentalités. Par ailleurs, il salue dans la thèse de Mona Ozouf des innovations majeures par rapport à la tradition historiographique de Aulard,

Mathiez, Soboul, par une recherche de sources nouvelles, mais surtout parce qu'elle applique à ce phénomène un regard proprement ethnologique, étudiant les permanences plus que les ruptures, examinant les rapports de la fête avec le temps, avec l'espace en insistant sur le transfert du sacré au politique par le biais de ce nouveau rituel festif qui s'essaie à un « commencement des temps ». Puis Pierre Nora publiera plusieurs recueils d'essais de Mona Ozouf dans la « Bibliothèque des histoires ». Le premier paraît en 1984 sous le titre *L'École de la France* et le second en 1989 sous le titre *L'Homme régénéré*. Mais surtout, Mona Ozouf sera, comme nous le verrons, la conseillère principale de la réalisation des *Lieux de mémoire*.

Prolégomènes d'un intérêt pour la mémoire

En ces années 1970, le thème de la mémoire n'était pas encore en vogue et il serait anachronique de voir dans quelques publications la marque d'une intuition précoce de l'éditeur Pierre Nora, qui ne pressent pas encore l'engouement que suscitera ce thème chez les historiens dans la décennie suivante. La trilogie *Faire de l'histoire* de 1974, qui reflète bien les champs d'investigation, les curiosités des historiens du moment, ne contient d'ailleurs aucune entrée à « mémoire ». Néanmoins, Pierre Nora se trouve être l'éditeur au milieu des années 1970 de deux ouvrages fondamentaux pour l'étude des rapports entre histoire et mémoire. Il fait savoir dès 1972 son intérêt pour l'ouvrage de Frances Yates, *L'Art de la mémoire*[86], et en acquiert effectivement les droits en 1975. Il signifie alors très clairement à l'éditeur anglo-saxon Routledge and Kegan Paul à quel point il y tient : « J'ai pour cet ouvrage que j'ai choisi la plus grande admiration et ne ménagerai pas mes efforts pour lui assurer au moins un succès de presse[87]. » Il deviendra le classique incontournable au moment mémoriel qui va correspondre à la période ultérieure, à partir du début des années 1980.

Le second ouvrage majeur est celui de Philippe Joutard qui fait figure d'historien français pionnier dans le champ des études mémorielles. Il a décroché l'agrégation d'histoire la même année que Pierre Nora. Ami de Robert Mandrou et de Jacques Revel, Philippe Joutard écrit à la demande de ce dernier un ouvrage sur les camisards pour la collection « Archives » paru en 1976[88]. Ce n'est cependant qu'une fine couche de sa volumineuse thèse sur la question. Il l'envoie à Pierre Nora qui lui répond être vraiment intéressé, mais à condition de la raccourcir pour la publication. Philippe Joutard est alors en contact au Seuil avec Michel Winock. Pierre Nora l'invite à revenir vers lui dans l'éventualité où Le Seuil ne donnerait pas suite, ce qui est le cas : «J'ai toujours eu infiniment de reconnaissance à Pierre d'avoir fait cela. Il a tout de suite compris le sens de ce que je faisais[89].» Il faut cependant dégraisser, ce qui sera fait sous la responsabilité de Jacques Revel, et surtout le propos est autre que dans le volume de la collection «Archives». Il ne s'agit plus de raconter l'événement ni d'en faire l'historiographie savante, mais d'étudier sur une temporalité longue de deux siècles et demi comment les mémoires plurielles d'un événement traumatique pour une région entière, les Cévennes, ont pu traverser le temps.

Pierre Nora pressent que cet ouvrage est «la première étude d'historiographie sur un événement qui s'y prête (un peu comme le Bouvines de Duby) et qu'elle sera commentée comme telle, surtout pour l'enquête orale finale[90]». On ne peut voir plus juste car ces deux ouvrages seront exemplaires, des modèles pour les décennies suivantes qui vont être marquées par l'étude de l'événement dans ses traces davantage que dans ses causes, et dans le cadre de ce qui devient l'horizon incontournable de l'histoire, celui d'une histoire sociale de la mémoire. Mais la période est alors celle du triomphe de l'histoire des mentalités, et Le Seuil occupe certainement dans ce domaine une position de *leadership* avec l'œuvre pionnière de Philippe Ariès.

Pierre Nora avait perçu tôt l'apport de Philippe Ariès, mais ce dernier ne faisait pas partie de son cercle de sociabilité. En 1964, Raoul Girardet lui avait fait rencontrer Philippe Ariès dont il appréciait toutes les publications jusqu'à les recommander chaleureusement à ses étudiants de Sciences-Po. À peine entré chez Gallimard, Pierre Nora va lui rendre visite pour devenir son éditeur : «Il m'a très gentiment dit qu'il avait déjà beaucoup de difficultés à conserver sa collection chez Plon et qu'il devait donc y publier ses propres livres[91].» C'est en définitive Michel Winock qui, ayant eu la bonne idée d'un livre d'entretiens avec Philipe Ariès, réussira à l'attirer au Seuil. Mais la «Bibliothèque des histoires» n'est pas en reste avec l'œuvre de Georges Duby qui a été le premier à thématiser cette «histoire des mentalités», et avec l'œuvre de Jacques Le Goff.

Là encore, Pierre Nora va relancer l'auteur d'un dossier de la collection «Archives», Michel Vovelle, pour obtenir un vaste ouvrage sur l'histoire de la mort en Occident de 1300 à nos jours[92]. Philippe Ariès venait de remporter un beau succès avec son histoire de la mort parue au Seuil qui avait été vendue à plus de 20000 exemplaires. Il a lancé le sujet après celui de l'enfant, pendant que d'autres s'occupaient de l'histoire de la sexualité, comme Jean-Louis Flandrin. Mais, selon Pierre Nora, Ariès, malgré son grand mérite, s'est arrêté en chemin en se limitant à un simple descriptif des attitudes morales devant la mort : « Tout autre est celui de Vovelle : il explore systématiquement le sujet, en ordonne les perspectives, en domine presque tous les aspects, en exploite les multiples directions[93]. » Charge à Jacques Revel de réduire l'énorme manuscrit, pour en extraire quelque 700 000 signes. Michel Vovelle a accepté facilement ces amputations, mais la concurrence était une fois encore âpre car Fayard était sur les rangs pour prendre l'ensemble, ainsi que Le Seuil et Hachette. Pierre Nora a dû argumenter de manière serrée pour obtenir le livre, arguant surtout de ses relations amicales avec Michel Vovelle et du fait que ce livre émanait du dossier de sa collection « Archives ».

Le cimetière des occasions manquées

Si Pierre Nora a accumulé les réussites éditoriales, il a aussi, et c'est humain, raté des occasions, lancé des projets qui n'ont pas abouti, passant parfois à côté de livres qui ont compté. Le cas le plus spectaculaire est celui de Robert Paxton dont l'ouvrage, qui a fait basculer la représentation de Vichy par rapport à la *doxa*, a été finalement publié en 1973 au Seuil dans la collection « L'Univers historique » dirigée conjointement par Michel Winock et Jacques Julliard, mais dont le manuscrit s'était retrouvé sans suite sur le bureau de Pierre Nora rue Sébastien-Bottin.

Lorsque Robert Paxton soumet aux éditeurs français son ouvrage publié aux États-Unis en 1972, *Vichy France. Old Guard and New Order*, il est parfaitement inconnu parmi les historiens français et, en ce début des années 1970, ce qui domine à propos du régime de Vichy est encore la vieille thèse de Robert Aron selon laquelle Pétain a fait ce qu'il a pu pour protéger les Français des exigences de plus en plus draconiennes des forces occupantes, avec une marge de manœuvre certes de plus en plus restreinte. Or, Robert Paxton, après une plongée dans les archives allemandes, dont certaines non encore exploitées, aboutit à une tout autre vision du régime de Vichy, montrant, preuves à l'appui, que depuis le début Pétain a cherché à collaborer avec les Allemands. L'image du bouclier, même percé, est un leurre de sa propagande vis-à-vis de l'opinion publique française qui masque la réalité d'un choix politique cohérent, celui de s'appuyer sur la défaite pour en revenir à une France qui aurait définitivement rompu avec son héritage des Lumières et de la Révolution. Il y avait déjà eu quelques publications qui avaient ébranlé la *doxa* sur Vichy, celles de Henri Michel notamment, d'Yves Durand et surtout la publication de l'Allemand Eberhard Jäckel dont la sortie en France en mai 1968 est passée totalement inaperçue, engloutie sous les pavés du Quartier latin. Le livre de Paxton est préfacé par le grand spécialiste de l'histoire française qu'est Stanley Hoffmann, professeur à Harvard. Ce manuscrit, dont tout donne à penser que la publication va constituer un véritable événement historiographique, est pourtant refusé par Gallimard, donc par Pierre Nora. La raison majeure de ce refus est l'absence de support éditorial pour accueillir ce livre en 1973. D'une part, Pierre Nora privilégiait sa nouvelle « Bibliothèque des histoires ». Or, « le livre de Robert Paxton ne convenait pas à cette collection. Quant à la collection "La suite des temps", elle n'était pas encore ce qu'elle est devenue[94] ». En effet, l'ouvrage de Paxton était au plan historiographique de l'histoire politique de facture assez classique, alors que la « Bibliothèque des histoires » visait à regrouper l'innovation permise par des tentatives de points de vue transdisciplinaires : « Par ailleurs, ce manuscrit de Paxton, communiqué par Stanley Hoffmann, était truffé d'erreurs, et témoignait d'une certaine méconnaissance du paysage politique français[95]. »

Pierre Nora demande donc à Robert Paxton de revoir sa copie. Mais entre-temps Paxton communique son manuscrit à Michel Winock au Seuil qui demande au spécialiste de la période qu'est Jean-Pierre Azéma de le lire. Il lui en fait une présentation très négative : « Cela sera rapide, me dit-il, ce manuscrit a été refusé par Pierre Nora chez Gallimard, donc il doit être assez nul, mais tu me fais une note, cela ne te prendra pas plus d'une soirée[96]. » Jean-Pierre Azéma se met au travail et repère immédiatement la qualité de ce manuscrit, l'importance de la thèse qu'il défend ; il en vérifie la qualité scientifique, son appareil critique et en déduit que c'est un grand livre. Il va voir Michel Winock pour lui dire qu'il faut absolument publier ce livre et que Pierre Nora a fait une sottise : « Ensuite, je vais voir Pierre pour lui demander pourquoi ce refus et lui apprendre qu'il avait donné son accord pour publication au Seuil. Il m'a dit : "Écoute, Jean-Pierre, j'attends une seule chose sur Vichy, le livre de Stanley Hoffmann, et je ne peux donc pas publier son élève."[97] »

L'ouvrage publié au Seuil sera bien en effet un événement qui va susciter une vive controverse entre ceux qui vont défendre jusqu'au bout la *doxa* sur Vichy comme Dominique Jamet dans *L'Aurore* qui dénoncera l'« incompétence » et la « mauvaise foi » de Paxton, ses « flagrantes contrevérités », ou Alain-Gérard Slama qui écrira que « le savant livre de Paxton... se lit comme un roman. Le malheur est que c'est un roman[98] ». Malgré ces résistances, la thèse défendue par Paxton s'est peu à peu imposée, et son livre va incarner la « caution scientifique du retour du refoulé », comme l'écrira Henry Rousso[99]. De plus, il aura été un succès commercial, vendu à 12 000 exemplaires dans la seule première année de sa publication, il passe en poche dès l'année suivante, en 1974. Pierre Nora reconnaît aujourd'hui une erreur manifeste.

Il en est une autre, avec un manuscrit que lui apporte Jacques Revel d'un important auteur qu'il finira par publier, mais en passant à côté de son ouvrage majeur qui à lui seul va représenter une véritable révolution historiographique, *Le Fromage et les Vers* de Carlo Ginzburg[100] : « Quand je le lui ai apporté, il m'a dit : “Quel intérêt ? C'est trop pointu...”, et pourtant il a publié à mon grand étonnement *La Politique de la langue*[101]. Il m'a appelé un jour en me disant qu'il aimerait le publier, alors que c'était une enquête scientifique qui n'était pas du tout faite pour cela, c'était de sa part pure générosité[102]. »

Pierre Nora s'est aussi impliqué au début des années 1970 dans de grands projets internationaux, notamment avec l'éditeur italien Einaudi. Très intéressé par la politique éditoriale de Pierre Nora, Giulio Einaudi s'est rapproché de lui pour devenir son partenaire italien privilégié, souhaitant relayer en Italie les publications de ses « Bibliothèques ». Invité à Turin en 1970, Pierre Nora y est accueilli avec ferveur par Einaudi qui l'introduit dans l'intimité de sa maison pour lui faire comprendre qu'il y est chez lui. Il l'invite même à un comité de lecture qui se déroule à son domicile. À la fin de son petit séjour, Giulio Einaudi affirme que l'heure est aux grands projets européens. Il propose à Pierre Nora de réaliser avec lui deux séries à l'échelle européenne : une grande histoire des marxismes et une grande histoire de la psychanalyse. Tous deux désireux de réaliser cela en commun, il restait à mettre des équipes en place et à lancer une véritable machinerie éditoriale pour mener à bien ces deux ambitieux projets.

Pour l'histoire collective des marxismes, Pierre Nora se tourne vers Jacques Le Goff, qui travaille alors à ses côtés chez Gallimard, pour l'aider à monter le projet. Les réunions se succèdent dans le début des années 1970 à Paris, Turin, Francfort, Londres, Versailles. Les diverses équipes sont très impliquées, et y travaillent beaucoup, même le dimanche : «J'avais voulu mettre Hobsbawm dans le coup. On est donc allés à deux reprises à Londres, reçus par Hobsbawm[103].» La seconde fois, alors que l'affaire était déjà relativement avancée après deux années de gestation, Pierre Nora et Jacques Le Goff sont sortis horrifiés de leur réunion londonienne par les propos de communistes ayant rompu avec le communisme, mais fonctionnant comme s'ils l'étaient encore au plan intellectuel : «Je me rappelle très bien, nous étions Pierre et moi dans le même hôtel à Londres et, après cette journée, nous étions effondrés. Pierre m'a proposé quelque chose qu'il ne faisait que très rarement, d'aller boire un whisky, ce que nous n'avons pas pu faire car il était plus de 23 heures, et à cette heure-là il n'y a plus d'alcool distribué en Angleterre[104].»

En définitive, Pierre Nora retirera Gallimard du projet qui sera finalement publié par Einaudi seul sous la direction d'Éric Hobsbawm. Ce qui a suscité la rupture définitive a été le souci de Pierre Nora d'éviter que cette histoire ne soit une apologie du marxisme officiel, ce qui l'a conduit à proposer comme participant à l'entreprise un auteur critique du marxisme qu'il venait d'éditer dans la «Bibliothèque des idées», Leszek Kolakowski[105], qui a été récusé par le groupe de direction, car considéré comme trop hétérodoxe. Pour ce qui est de l'autre projet, sur l'histoire internationale des mouvements psychanalytiques, il a été animé chez Gallimard par J.-B. Pontalis, mais il s'est perdu en route dans les sables mouvants de l'inconscient.

Un autre grand projet n'a pas abouti dans le domaine de la musique, alors que tout était pourtant prêt pour lancer une nouvelle collection. Pierre Boulez avait proposé d'éditer les publications de l'IRCAM, se heurtant à un refus catégorique de la part de Claude Gallimard qui ne portait pas Boulez dans son cœur et n'avait pas d'appétence particulière pour le domaine musical. C'est dans ce contexte que Michel Foucault organise en 1973 un repas chez lui où il invite à la fois Pierre Boulez et Pierre Nora, dans l'idée que ce dernier serait en mesure de faire des propositions à Boulez. Le déjeuner commence de manière très mondaine, sans que rien de sérieux soit évoqué, mais il va prendre une tout autre tournure avant sa fin : «Allant à la cuisine pour aider Foucault à apporter les plats, il me dit : "Vous êtes lamentable, je n'ai jamais vu un type aussi lamentable. Je vous invite avec Boulez et vous ne dites pas un mot. Cela ne va pas du tout", et, piqué au vif, je reviens avec le dessert et je me lance[106].»

Pierre Nora fait alors à Pierre Boulez une proposition éditoriale ambitieuse. Reprenant l'idée des publications de l'IRCAM, il affirme que l'idée est bonne, mais trop modeste; ce qu'il faut faire doit être d'un autre niveau. Il faudrait créer pour la musique une collection analogue à la «Bibliothèque des sciences humaines» qu'il dirige ou à la collection "Connaissance de l'inconscient" de Pontalis : «L'heure est venue de lancer une collection "Connaissance des musiques"», dit Pierre Nora, suscitant des exclamations de joie de la part de ses interlocuteurs. Foucault trouve l'idée formidable, et Boulez considère que c'est une grande idée. La suite du repas est toute différente et l'on gamberge entre convives sur l'idée de cette collection que l'on nourrit de noms d'auteurs et de titres d'ouvrages possibles.

Le lendemain, Pierre Nora parle de ce projet à Claude Gallimard qui semble intéressé. Pierre Nora reçoit alors l'assistante de Boulez, Brigitte Marger, et en discute avec elle. Une dizaine de jours après, Pierre Boulez invite Pierre Nora à venir passer son week-end à Baden-Baden où il vit et donne ses concerts : «On passe un moment épatant en élaborant la liste des publications possibles : la correspondance de Mozart, les cahiers de Stockhausen, les inédits de Stravinsky, les cahiers de Beethoven retraduits..., un programme superbe[107] !» Mais trop beau pour être vrai.

Rentré à Paris, Pierre Nora tient informé Claude Gallimard de l'avancement très rapide du projet de collection et sent bien l'inquiétude poindre dans les réactions de son interlocuteur. Les choses vont alors traîner en longueur et, chaque fois que Pierre Nora croise Pierre Boulez, ce dernier lui demande avec de plus en plus d'insistance où en est le projet. Pendant un an, Pierre Nora s'évertue à ce que cette collection se réalise, signant des contrats, faisant prendre les droits d'édition sur des ouvrages la concernant. De son côté, Pierre Boulez, élu au Collège de France, conservait sous le coude ses «Cahiers», alors qu'il avait une proposition d'édition de Christian Bourgois. La situation devenait de plus en plus intenable, et Pierre Nora est donc allé voir Claude Gallimard en le sommant de trancher au plus vite, dans la quinzaine de jours au plus tard : «Claude me répond : "Si on me prend à la gorge !", et je lui dis que s'il ne veut pas faire cette collection, il faut simplement le dire à Pierre Boulez. Cela a donc été un échec lamentable[108].»

Parmi les projets avortés, il en est un particulièrement ambitieux qui est resté en souffrance, alors que le processus de publication avait été pourtant bien lancé et financé, c'est le livre du médiéviste allemand

Percy Ernst Schramm, *Les Signes du pouvoir et la Symbolique de l'État*, paru en Allemagne entre 1954 et 1957. Il compte mille deux cent cinquante pages et couvre plus de mille années d'histoire de la symbolique de l'État. Avec cette somme, l'auteur est vite devenu un classique en Allemagne, mais il avait mauvaise réputation pour son rôle pendant le nazisme et son nom était proscrit, notamment en France où il n'a jamais été invité.

Pierre Nora, s'intéressant de plus en plus à la dimension symbolique, consacre à cet ouvrage non traduit un livre-montage présenté par Philippe Braunstein dans un des premiers numéros du *Débat*[109]. Il entend bien publier l'ouvrage dans la «Bibliothèque illustrée des histoires», mais la somme est telle qu'il est impératif de procéder à des coupes pour parvenir à un ouvrage de taille plus modeste. Il se tourne alors vers Bernard Guenée qui fait les choix nécessaires. Des fonds sont débloqués pour lancer le travail de traduction et le traducteur travaille trois années sur le manuscrit : «J'ai donné le premier chapitre à contrôler à Bernard Guenée qui devait écrire la préface et il me fait un rapport en me disant que c'est une catastrophe, que des références sont totalement dépassées[110].» Il aurait fallu refaire toute la traduction et de plus les nombreuses illustrations de l'édition originale tirées sur du mauvais papier, cela aurait exigé de retrouver les originaux. Le surcoût devenait dissuasif et ce vaste chantier est abandonné.

Un autre grand projet initialement prévu pour la «Bibliothèque des histoires» est allé échouer chez Fayard, celui de la correspondance des deux créateurs de la revue des *Annales*, Marc Bloch et Lucien Febvre. Au point de départ, le fils de Marc Bloch, Étienne Bloch, étant en relation avec Pierre Nora depuis que ce dernier avait récupéré les droits de *L'Étrange Défaite* et des *Rois thaumaturges*, parle de ce projet qui intéresse fortement Pierre Nora. Immédiatement il met son assistante Nicole Évrard à sa disposition et elle assure avec la secrétaire des *Annales* Yvette Trabut la transcription des textes manuscrits. On s'aperçoit chemin faisant qu'il s'agit d'une somme énorme : un volume, puis deux, puis trois. Pierre Nora aurait souhaité que son ami Jacques Revel supervise ce projet et en assure la préface, ce qu'il avait accepté, mais il se heurte au refus du fils de Lucien Febvre, Henri Febvre, qui avait un contentieux avec l'EHESS. C'est Bertrand Müller qui prend les choses en main, mais faute d'un accord précis sur un calendrier et un partage clair des responsabilités, l'affaire a traîné sans qu'aucun contrat soit signé. Quant à Claude Gallimard, il n'était pas très enthousiaste à l'idée de se lancer dans une entreprise d'une telle ampleur, au lectorat forcément restreint. Un incident va mettre fin à ce projet chez Gallimard. Henri Febvre, furieux d'un article paru sur le livre de son père écrit par une historienne de Princeton, Natalie Zemon Davis, demande à voir Pierre Nora et lui fait une scène d'antisémitisme dans son bureau, invoquant un complot juif contre son père, un complot qui, passant par les États-Unis, trouve son prolongement en France incluant Jacques Revel, Lucette Valensi et lui Pierre Nora pour mettre la main sur l'œuvre de son père : «Là, je lui dis, vous quittez mon bureau[111].» Le projet verra le jour à partir de 1994 chez Fayard sous la responsabilité de Bertrand Müller, en trois volumes.

Parmi les occasions manquées, il y a aussi le fameux livre de Hayden White, traduit dans toutes les langues et qui aurait eu sa place dans la «Bibliothèque des histoires», *Metahistory*, paru aux États-Unis en 1973 et donnant lieu à un immense débat sur la frontière entre fiction et histoire, engageant toute la corporation des historiens à l'échelle internationale, au point que l'on peut lire en France des critiques plus ou moins vives des thèses d'Hayden White, de la part de Paul Ricœur, de Roger Chartier, de Carlo Ginzburg et de bien d'autres, sans avoir accès au livre lui-même en langue française : «J'aurais dû en effet le traduire», reconnaît Pierre Nora[112] qui considère néanmoins que son ratage majeur est d'avoir laissé filer Philippe Ariès au Seuil.

13

1967 : le rappel de l'identité juive

La famille Nora est de celles qui ne se pensent que comme une famille française et le lien avec la tradition juive se réduit à bien peu de choses, quelques rituels qui ont pour avantage de rythmer chaque année et de donner l'occasion de réunir tous les membres de la famille. La traversée de la Seconde Guerre mondiale et la confrontation directe avec un gouvernement de Vichy menant une politique antisémite ont certes réveillé chez les Nora leur différence, mais les espérances de la Libération ont encore renforcé chez eux leur attachement à l'universel, aux valeurs portées par la Résistance, et c'est par la défense de ces valeurs que les Nora ont une fois encore manifesté leur double caractère de Français d'abord et en même temps de Juifs. Ce double attachement a d'ailleurs fortement contribué à la distance ressentie à Oran par Pierre Nora à la fin des années 1950 vis-à-vis de la communauté sépharade. Le rapport au monde qui caractérise à l'époque la plupart des Juifs laïcs ashkénazes est de se sentir en premier lieu en contact avec l'universel, alors que leurs amis sépharades se pensent d'abord dans leur proximité et leur distance avec le monde arabe. Par contre, ce que Pierre Nora a de très juif, c'est son humour dévastateur, un vrai regard de caricaturiste, ainsi qu'un fatalisme fatigué mais qui ne l'empêche pas de toujours rebondir, malgré la certitude profonde que tout est vain, que tout est inutile et ne marchera jamais comme il se doit. Mais chez lui, cela n'implique nullement une chute de vitalité, car il suffit d'une pointe d'innovation pour qu'il s'élance une fois de plus avec passion dans un nouveau projet. Outre ce trait de caractère, cette ironie décapante, il ne se sent vraiment juif que face à toutes les formes d'expression de l'antisémitisme, à la manière dont Sartre avait défini la condition juive[1].

Les choses commencent à changer à partir de 1961 pour la communauté ashkénaze, au moment du procès Eichmann qui ouvre une nouvelle époque qu'Annette Wieviorka qualifie d'«ère du témoin» au cours de laquelle le thème de la Shoah, du génocide des Juifs qui n'était pas vraiment absent jusque-là, mais traité sur un mode mineur par rapport à la grande thématique de la Résistance et de l'Occupation devient central[2] : «La Shoah a pris une part de plus en plus centrale, et même fondatrice, dans la constitution d'une identité juive. Là encore, il s'agit d'un mouvement mondial qui commence dans les années 1960. La Shoah devient le pilier d'un type nouveau de religion séculière. Trois mois avant la guerre des Six Jours a ainsi lieu à New York, à l'initiative de la revue *Judaism*, un important symposium où apparaissent le rabbin Fackenheim, George Steiner et surtout Élie Wiesel, qui y tient une place considérable. On s'interroge pour la première fois sur les "valeurs juives après l'Holocauste"[3].» C'est d'ailleurs en 1961 que l'on trouve la première occurrence d'une intervention journalistique de Pierre Nora sur la question juive à l'occasion de la publication du second volume de *L'Histoire de l'antisémitisme, De Mahomet aux Marranes*, de Léon Poliakov[4].

Il est une autre raison de la transformation en cours en ce début des années 1960 de la relation entre l'identité française et l'identité juive, c'est l'arrivée massive de la communauté juive d'Algérie après l'indépendance en 1962, qui change la donne : «L'arrivée des Juifs d'Afrique du Nord, beaucoup plus proches des pratiques et de la tradition, a même contribué à donner son véritable sens de "communauté" à une collectivité sans identité communautaire, rompant ainsi avec les habitudes du judaïsme consistorial, qui, lui, voulait qu'on fût juif à la synagogue et en famille, mais pas dans la rue ni dans la vie publique[5].» Mais cette évolution ne bouscule pas les convictions de Pierre Nora qui reste très distant vis-à-vis des pratiques de cette communauté. Il n'intervient encore que très peu sur la question juive, si ce n'est dans un article sur le livre de Georges Friedmann paru en 1965 chez Gallimard qui pose la question de la *Fin du peuple juif ?*, pris entre une diaspora de plus en plus assimilée et un État d'Israël qui se veut un État comme un autre[6].

La guerre des Six Jours : la piqûre de rappel

L'électrochoc pour Pierre Nora sera ce que l'on appelle la guerre des Six Jours. Elle se présentait en effet, avant qu'elle se déclenche, comme un possible raz-de-marée des pays arabes sur le frêle État israélien qui semblait bien isolé, encerclé dans cette région où tout semblait se liguer contre son existence. Israël allait-il connaître le sort des États latins d'Orient au Moyen Âge ? Beaucoup le craignaient. C'était le temps où le mouvement palestinien était emmené par un leader, le président de l'OLP Ahmed Choukeiri, qui promettait de « jeter les Juifs à la mer ». Quand il apprend le début des hostilités, Pierre Nora se trouve dans la résidence secondaire de François Furet à Senonches. Il rentre aussitôt à Paris et se retrouve au milieu d'une vaste foule à faire la queue le 6 juin 1967 à l'ambassade d'Israël pour aller prêter main-forte à l'armée israélienne. C'est dire que cet événement de 1967 a été vécu dramatiquement pour qu'il en arrive là, lui qui n'a jamais eu comme seule arme que son stylo et n'a jamais manifesté d'un attachement que pour la France : « J'étais épouvanté[7]. » Robert Gallimard se souvient de sa détermination et de son étonnement, lui rétorquant, devant sa ferme décision de partir : « Tu es fou, tu n'as rien d'un soldat, toi[8]. » Pierre Nora a revécu là, en un moment certes très court puisque la guerre n'a duré que six jours, ses angoisses d'enfant traqué par les nazis et la peur d'un second holocauste s'est réveillée en lui, avec la ferme décision de ne pas laisser faire.

Sur le moment, l'armée israélienne n'a pas besoin de renforts et Pierre Nora, comme les autres postulants, restera à quai. Mais il décide, malgré la victoire remportée facilement, de partir pour Israël au lendemain du conflit pour voir s'il ne pourrait pas être d'une quelconque utilité. Comme pour son tour du monde au début de la décennie, son ami François Furet décide de partir avec lui. Et c'est ainsi qu'ils partent à trois en Israël, avec Daniel Defert, l'ami de Michel Foucault, mandatés par *Le Nouvel Observateur*. C'est la première fois que Pierre Nora se rend en Israël, et il se retrouve dès le 12 juin 1967 à Tel-Aviv : « Une découverte très forte, très mélangée, mais très exaltée[9]. » Il est notamment stupéfait par le discours tenu par un colonel de l'armée israélienne à qui le petit groupe de Français avait demandé son avis sur la situation et qui leur avait répondu s'il devait s'exprimer en citoyen ou en militaire. Si la question est posée au citoyen, le colonel enlève alors son casque pour dire qu'il est urgent de quitter au plus tôt les territoires occupés car sinon Israël entre dans un engrenage dont il ne sortira jamais. Non seulement Pierre Nora est frappé par ce discours peu habituel provenant d'un militaire, mais surtout « parce qu'il était typique de ce qui [l']a bouleversé en Israël, c'est que personne ne se réduisait à sa fonction… Les chauffeurs de taxi vous conseillaient de ne pas rater tel concert et quand ils commençaient à vous raconter leur histoire personnelle, c'était des histoires qui transcendaient les clivages de classes[10] ». Le second objet d'enthousiasme que ressent Pierre Nora est de trouver en concentré tous les problèmes qui intéressent les historiens, sociologues, linguistes réunis dans un mouchoir de poche : le rapport au national, le rapport à la langue, le rapport à l'histoire, « on pouvait pousser n'importe quelle porte, et faire autant de thèses[11] ».

L'angoisse d'un second holocauste s'est vite dissipée, mais la vague d'émotion suscitée par cette guerre de 1967 n'en a pas pour autant reflué sans laisser sur la plage un vif désir de renouer avec une tradition jusque-là méconnue, tenue à distance. Beaucoup de Juifs de France se sont alors engagés dans la redécouverte de tout un continent culturel, religieux, historique resté dans l'ombre au seul profit de l'assimilation « à la française ». À la suite de cette guerre, les propos du général de Gaulle sur « le peuple sûr de lui et dominateur » sont particulièrement mal ressentis par Pierre Nora, comme d'ailleurs par Raymond Aron, au point qu'il est allé rendre visite au jeune Jean-Noël Jeanneney au domicile de ce dernier rue Notre-Dame-des-Champs juste après la conférence de presse du général de Gaulle pour essayer de comprendre ces propos provocateurs : « Pour lui, Juif français totalement intégré, ces propos ont été vécus comme un petit choc[12]. »

Comment rester fondamentalement français, porteur des valeurs républicaines, et articuler cette identité fondamentale avec cette redécouverte de racines plus lointaines qu'occasionne ce drame de 1967 ? Pierre Nora ne trouvera la réponse à cette question existentielle que beaucoup plus tard, lorsque, à la fin des années 1970, il conçoit la nouvelle manière d'écrire l'histoire dans ses liens avec sa dimension mémorielle avec *Les Lieux de mémoire*. En attendant cette manière de résoudre une tension qui ne cesse de le tarauder, il reste une sensibilité vive à tout ce qu'il se passe au Proche-Orient et au conflit israélo-palestinien. En ce début des années 1970, Pierre Nora, particulièrement impliqué par la question juive en général et celle de l'Etat d'Israël en particulier, fréquente souvent le Centre culturel Rachi qui vient de naître à Paris en 1973. Il s'implique fortement et fréquente assidûment les activités du Centre. Cette forte implication s'est défaite au fur et à mesure de l'évolution de la communauté juive en France.

Juste après la guerre du Kippour d'octobre 1973, Pierre Nora se rend de nouveau en Israël, retrouvant l'enthousiasme qu'il avait connu en 1967 : « Il y avait une telle tension, une telle effervescente immédiate que l'arrivée de quelqu'un d'extérieur suffisait à déclencher mille curiosités et discussions[13].» Il revient de ce voyage avec un article pour *Le Nouvel Observateur* qu'il écrit dans le cadre d'une tribune libre[14]. Il y dénonce les effets funestes de l'opprobre international frappant ce petit État qui a encore une fois ressenti le souffle d'un nouvel holocauste le temps fugitif de l'attaque surprise des armées syriennes et égyptiennes qui ont réussi en deux jours à bousculer l'armée israélienne et à avancer sur le territoire israélien. Certes très vite la supériorité de l'armée israélienne s'est manifestée et la guerre a été gagnée une nouvelle fois : «La guerre des Six Jours avait israélisé la Diaspora; celle du Kippour a rejudaïsé Israël. Pour le meilleur ou pour le pire[15]?» Pierre Nora est bien conscient des risques encourus d'un repli nationaliste, d'un retour aux valeurs traditionnelles du judaïsme, et c'est bien pour cette raison qu'il plaide pour une politique plus équilibrée vis-à-vis d'un État qui réagit aux réprobations par un repli sur sa spécificité de «petit ghetto de vainqueurs[16]».

Pierre Nora s'élève avec la plus grande fermeté en 1975 contre la résolution de l'ONU assimilant sionisme et racisme[17]. Il y voit «une des grandes dates funèbres du monde contemporain», «un formidable renversement des valeurs». On ne peut réduire le sionisme à un mouvement national comme un autre, selon Pierre Nora qui juge tout au contraire que son intérêt réside dans sa différence. La résolution de l'ONU, délaissant toute la complexité historique du problème, prêterait au mépris par sa simplicité enfantine, mais elle est lourde de danger, car ce tour de passe-passe «signifie en pratique pour l'Union soviétique et les pays arabes, en théorie pour le monde entier : un feu vert pour le pire[18]», réitère un Pierre Nora qui reste habité par l'angoisse d'une nouvelle tentative d'extermination, par la crainte de la répétition du pire. Il reçoit de nombreuses lettres pour le féliciter de sa prise de position, parmi lesquelles celle, le jour même de sa publication, de Léon Poliakov : «Félicitations pour le "feu vert" qu'est cet article de grande classe, du début jusqu'à la fin[19].»

La guerre d'Israël contre le Liban en juin 1982 avec le bombardement systématique de Beyrouth, puis les massacres des camps de Sabra et Chatila en septembre 1982 incitent le président François Mitterrand à réunir autour de lui un certain nombre d'intellectuels soucieux de la situation du Proche-Orient, et c'est ainsi que Pierre Nora se retrouvera invité à déjeuner à l'Élysée avec Simone de Beauvoir, Régis Debray, Maxime Rodinson, Hubert Védrine, Pierre Vidal-Naquet et quelques autres.

Pierre Nora n'en est pas pour autant prêt à avaliser n'importe quelle politique de l'État israélien et se fera très critique sur l'évolution de ce pays sourd aux évolutions en cours et prenant l'initiative de rompre à plusieurs reprises les espoirs de paix dans la région. C'est ainsi que lorsque Benyamin Netanyahou fait échouer le sommet de Washington en mai 1998, Pierre Nora est l'une des soixante personnalités signataires, lui qui ne signe que de très rares pétitions, d'un « Appel international » du Comité pour la sauvegarde des accords d'Oslo, invitant « la Diaspora à faire entendre sa voix et tous les amis d'Israël à se manifester afin que cesse la dérive actuelle et que soit rétabli le processus de paix conformément aux accords signés ». La politique du gouvernement israélien, faite « de mépris, de mensonges, de provocations, conduit à un isolement croissant d'Israël sur la scène internationale et menace gravement l'avenir du pays et la paix... Israël ne peut éternellement tourner le dos au monde extérieur », ni son gouvernement « continuer à infliger aux Palestiniens une occupation militaire, doublée d'une asphyxie économique et à bafouer leur aspiration nationale en réduisant leur territoire à une série de bantoustans... Le projet sioniste engagé il y a cent ans ne pourra maintenir sa légitimité qu'en s'engageant résolument dans la voie de la reconnaissance mutuelle et du partage de la terre entre les deux peuples... La défense inconditionnelle de la légitimité d'Israël n'implique pas la défense inconditionnelle de son gouvernement* ». Pierre Nora n'a donc pas basculé, comme beaucoup dans la communauté intellectuelle juive française, vers un soutien inconditionnel de la politique du gouvernement israélien qui est depuis la fin des années 1970 sur la ligne du Likoud, quelles que soient les majorités successives de la Knesset : « Je ne l'ai jamais entendu faire une critique sur la politique française au Proche-Orient, alors que toute une partie de la communauté juive combat depuis des années la politique étrangère française, souvent même qualifiée d'antisémite[20]. »

* Cet Appel est signé, entre autres, par François Jacob, Pierre-Gilles de Gennes, Paul Berg, Edmond H. Fisher, Frederick Sanger, Rita Levi-Montalcini, Claude Simon, Laurent Schwartz, Henri Cartan, Axel Kahn, Evry Schatzman, Maurice Agulhon, Pierre Bourdieu, Jean-Pierre Changeux, Jean-Pierre Vernant, Robert Badinter, Jacques Derrida, Peter Greenberg, Claude Lefort, Pierre Nora, Pierre Pachet, Pierre Vidal-Naquet, Israel Halperin, Alan Sokal, Paul Auster, Peter Brook, Yehudi Menuhin, Ariane Mnouchkine, Harold Pinter, Daniel Jacoby, Susan Sontag, Pierre Soulages.

Les deux Pierre : chemins parallèles

La guerre des Six Jours a été tout aussi traumatique pour Pierre Vidal-Naquet, même s'il était engagé dans un combat internationaliste anti-impérialiste qui était pour lui sa manière d'affirmer une judéité très hostile au sionisme : « J'étais fort mal préparé à vivre ce drame[21]. » Pourtant, en 1967, il ressent lui aussi la crainte du pire, considère que la fermeture du golfe d'Akaba par l'Égypte de Nasser n'est pas acceptable, et lorsque son ami Olivier Revault d'Allonnes lui soumet un texte signé par lui et par Robert Misrahi (un ami de Sartre), Pierre Vidal-Naquet le signe. Ce texte ne se voulait pas pour autant dénonciateur des pays arabes, mais jugeait que seul Israël risquait son existence dans cette crise. Le texte connut un énorme retentissement dans les milieux intellectuels et des milliers de signataires affluèrent : « Les déclarations fracassantes d'Ahmed Choukeiri, qui était alors le chef de l'OLP et qui annonçait très tranquillement que les Juifs polonais auraient à retourner en Pologne, les Juifs russes en Russie, et ainsi de suite, faisaient évidemment monter la tension et ajoutaient à l'angoisse[22]. » Puis, dès la victoire assurée et les angoisses dissipées, Pierre Vidal-Naquet se reprend et publie un article dans *Le Monde* sous le titre : « Après » qui considère que ce qui vient d'être vécu relève de journées folles, et qu'il convient désormais d'arrêter de se décharger de la mauvaise conscience européenne sur ce lointain pays. Il en appelle *in fine* à un accord général de toutes les parties prenantes du conflit sur l'existence d'un État palestinien et d'un État israélien voisins.

La réaction de Pierre Vidal-Naquet à ce nouveau trauma de 1967 qui vient rejouer le trauma initial et dramatique de la déportation et de la mort de ses deux parents, va l'engager dans la voie d'un travail de mémoire, au point qu'il aura pour ambition, lui l'historien dreyfusard, d'être un homme-mémoire comme l'a bien analysé François Hartog[23] : « Je crois toujours à la nécessité de la mémoire et j'essaie à ma façon d'être un homme-mémoire[24]. » Dans le courant de l'été 1967, il adhère à un cercle juif non sioniste lancé par Richard Marienstras dont l'idée est de démontrer que la chance du judaïsme réside dans la Diaspora. Mais il doit être clair, et sur ce plan il est en plein accord avec le cheminement de Pierre Nora : « J'étais un Français juif plutôt qu'un Juif français ou un Juif de France[25]. » Et c'est à ce titre qu'il a multiplié ses interventions sur le conflit israélo-palestinien en toutes occasions, qu'il se rend à six reprises en Israël entre 1970 et 1992, intervenant sur les questions de mémoire et les regroupant en trois volumes sous un titre générique qui exprime la centralité de la dimension mémorielle[26]. Son parcours le conduit de plus en plus de l'histoire à la mémoire, et ce chemin ira jusqu'au bout de sa logique lorsqu'il se consacrera à l'écriture de ses propres mémoires.

Très proche de Pierre Vidal-Naquet par sa volonté de ne céder en rien aux sirènes communautaristes, de rester fermement un Français juif, Pierre Nora adoptera une voie qui n'est pas contraire, mais parallèle, autre, celle de l'histoire critique de la mémoire, devenant lui, l'homme-histoire, avec *Les Lieux de mémoire* et les *Essais d'ego-histoire* par lesquels il considère que l'historien n'est « plus un homme-mémoire, mais en sa personne même un lieu de mémoire[27] ».

L'un et l'autre, Pierre Vidal-Naquet comme Pierre Nora, n'auront de cesse d'insister sur le « et » de conjonction entre la dimension historique et la dimension mémorielle, même si leurs champs de prospection diffèrent quelque peu. Pierre Vidal-Naquet reconsidère son identité d'historien au prisme de la mémoire et poursuit jusqu'au bout cette logique en écrivant ses mémoires à partir du trauma de la perte de ses parents, alors que de son côté Pierre Nora revient sur l'histoire nationale en interrogeant ses mythes passés au crible de l'histoire, trouvant là sa solution personnelle pour apaiser sinon résoudre cette tension qui le taraude entre son identité première de Français qui récuse le visage grimaçant d'une certaine France xénophobe, mais adhérant pleinement à la tradition universaliste de l'histoire française et trouvant ainsi tardivement sa voie dans une histoire au second degré, une histoire sociale de la mémoire.

Dans les deux cas, Pierre Vidal-Naquet et Pierre Nora parlent en historiens. Mais lorsque l'un, Pierre Vidal-Naquet, déclare à partir de 1981 vouloir être l'homme-mémoire, celui de toutes les affaires Dreyfus contemporaines, l'autre, Pierre Nora, s'attache aussi à la signification centrale de l'affaire Dreyfus, mais avec la distance historienne, Dreyfus comme lieu de mémoire. Il n'entend pas s'ériger en nouvelle figure dreyfusarde. Mais il consacre le début de son séminaire à l'EHESS au thème du complot et en tire une contribution pour les mélanges Léon Poliakov[28]. Il saisit avec l'éclatement de cette affaire le point de cristallisation des trois logiques qui se sont offertes aux Juifs occidentaux pour faire face à la thématique du complot et voit ainsi dans l'Affaire Dreyfus, non la dernière crise du XIXe siècle, mais peut-être une nouvelle assimilation par la communauté juive occidentale du thème du complot qui lui était opposé et par là même «une des matrices de notre modernité, l'identité juive a peut-être finalement épousé – ruse tragique de l'histoire – la figure du complot[29]».

Le fil discret d'une identité sans communautarisme

Vivre cette double identité a toujours signifié pour Pierre Nora la valorisation de son appartenance française et le refus de se replier au sein de la communauté juive, même en période de fortes tensions. Il n'a nullement choisi le cheminement de certains de sa génération comme Claude Lanzmann ou de la nouvelle génération comme Bernard-Henri Lévy ou Alain Finkielkraut : «Son rôle est extrêmement difficile. Il assume sa judéité, mais se refuse à ce que cela l'oblige à des solidarités contre lesquelles va sa raison. C'est là où il est tout à fait un intellectuel, et c'est même là où il l'est le plus[30].»

Cette posture lui a valu bien des moments difficiles avec certains, parfois proches. C'est le cas avec Claude Lanzmann qui est un de ses amis. En 1967, lorsqu'il est question de partir en voyage de reconnaissance en Israël, Pierre Nora invite Claude Lanzmann chez lui avec François Furet pour en débattre. Pierre Nora a beaucoup aimé son film *Pourquoi Israël ?*, sorti en 1972, et a même collaboré avec François Furet pour en rendre compte dans *Le Nouvel Observateur*. Ce film les rapproche et Lanzmann de dire à Pierre Nora qu'il a tout compris. Lorsque Claude Lanzmann se lance dans l'aventure de son film *Shoah*, il ne cesse d'en parler à Pierre Nora : «Tu étais le seul, à l'exception de Simone de Beauvoir, toujours disposé à m'entendre, le seul auquel j'avais le désir profond et vrai de raconter. Te retrouver, te parler au retour de mes incertains voyages était pour moi une façon de vérifier que je ne me trompais pas, de reprendre courage, de me ressourcer[31].» Mais la réaction de Lanzmann à la création de la revue *Le Débat* a été d'une telle violence qu'elle a provoqué entre eux une brouille de plusieurs années. Ils auront néanmoins des occasions de rencontres, comme lorsqu'ils se retrouveront invités à l'Élysée autour de François Mitterrand en pleine guerre israélo-libanaise, mais surtout la projection du film *Shoah* les rapprochera, même si les sentiments de Pierre Nora sont plus partagés que sur *Pourquoi Israël ?* : «J'ai trouvé cela trop écrasant, une manière trop inquisitoriale d'interroger, une trop grande complaisance à lui-même. Il y a bien sûr des moments extraordinaires, mais la manière est trop assommante au premier sens du terme[32].» Mais, sur le fond, il ne disconvient pas qu'il s'agit d'un monument et, après avoir revu l'ensemble projeté à la télévision en 1987, il écrit à Claude Lanzmann pour le lui dire et mettre un terme à leur brouille. Mais Pierre Nora ne partage pas pour autant le point de vue de Lanzmann vis-à-vis de la politique israélienne, son apologie de Tsahal. Il entend être un Français juif et non un Juif français, et c'est une différence entre eux que comprend très bien Claude Lanzmann : «Tes affections "plurielles" attestent que tu es bien plus français, donc plus subtil que moi. Je l'ai toujours su. Pardonne-moi de te dire sans nuances une amitié que rien ne détruira[33].»

Lorsque Pierre Nora est élu à l'Académie française en 2001, il entend au téléphone une voix d'outre-tombe et reconnaît celle de Claude Lanzmann. Inquiet, il lui demande s'il a un problème et s'entend répondre : «C'est foutu !» Étonnement de Pierre Nora. Qu'est-ce qui est foutu ? «Ils ont élu un Juif, ils n'en éliront pas deux, et ils n'ont pas élu le bon.» Cela n'empêchera pas Claude Lanzmann de participer à l'achat de la rapière nécessaire à l'habit du nouvel académicien. Lorsque Claude Lanzmann publiera ses mémoires en 2009[34], Pierre Nora sera un de ses nombreux admirateurs : «Je suis un inconditionnel admirateur de ses mémoires, converti au lanzmannisme. Je l'envie énormément[35].»

Ces rapports à la fois de grande proximité et quelque peu difficultueux sont assez significatifs de cette identité juive assumée, mais dans la plus grande discrétion, au point que nombre de proches ayant travaillé à ses côtés, comme Jacques Le Goff, pensent, à tort, que cela n'a aucune importance pour lui. C'est à la fois essentiel et doit en même temps rester confiné dans le jardin secret de la famille, de la sphère privée, avec toujours une certaine appréhension d'être maltraité en tant que Juif. Un jour en 1991, son amie Maryvonne de Saint Pulgent fête ses quarante ans au Jockey-Club et invite Pierre Nora au dîner. Il a ensuite beaucoup ironisé sur cette soirée au cours de laquelle il s'est senti décalé, en tant que Juif, persuadé que c'était sans doute bien une des rares fois que l'on invitait un Juif au Jockey-Club : «Il m'a dit qu'il avait été assis sur une chaise qui lui faisait mal, mais n'avait pas osé en parler parce qu'il était un petit Juif au Jockey et il a fallu que sa voisine en parle au maître d'hôtel pour qu'on lui change sa chaise, mais il m'a quand même laissé entendre qu'on avait fait exprès de lui donner cette chaise, c'était le prix à payer[36].» Il aurait d'ailleurs expliqué à Maryvonne de Saint Pulgent qu'en France les Juifs sont tolérés, mais pas vraiment acceptés. En ce sens, son attitude est typique d'une certaine génération de Juifs cherchant à passer de la tolérance à l'assimilation. D'où un sentiment de malaise dans la communauté juive qui se pense comme une entité en soi, en position d'extériorité par rapport à la société englobante. Dans cette communauté, Pierre Nora est souvent perçu comme ne prenant pas assez la défense des siens dans les multiples occasions où ils se sentent agressés, comme à propos de l'affaire Renaud Camus lorsque l'écrivain s'en est pris dans son journal de 1994 à une surreprésentation de la communauté juive dans une émission de France Culture, le « Panorama »[37]. Pierre Nora a refusé d'intervenir : « Il ne cède pas sur ce genre de choses, fidèle à ce qu'il pense être la bonne position. Il ne bouge pas, c'est un homme courageux[38]. »

Son ancien étudiant de Sciences-Po devenu directeur de la chaîne Arte, Jérôme Clément, publie en 2005 un bel ouvrage *Plus tard, tu comprendras*[39] sur sa mère juive qui lui a toujours caché, pour le protéger, la disparition de ses grands-parents maternels à Auschwitz. Ce livre donnera lieu à un film réalisé par Amos Gitaï dans lequel Jérôme Clément est incarné par Hippolyte Girardot et sa mère par Jeanne Moreau : « Pierre m'a écrit une très belle lettre. Cette histoire familiale l'a beaucoup touché[40]. » Alors qu'il n'en avait jamais été question, la question de la judéité devient objet de débat entre eux, le rapport complexe à la judéité cachée ou assumée en fonction de sa génération. Jérôme Clément découvre alors l'origine du nom de Pierre Nora ainsi que l'histoire de sa famille : « Cela a renforcé nos liens et, passant devant la commission sur les victimes de la spoliation, cela me préoccupait beaucoup et j'ai eu besoin de son avis[41]. » Ce rapport à sa judéité a toujours été d'une extraordinaire discrétion chez Pierre Nora, y compris avec ses proches, comme avec Philippe Joutard : « Ce n'est que très tardivement qu'il m'a évoqué son enfance. Le premier souvenir que j'ai de son rapport à la judéité date d'autour de 1990. Nous passions, Mona Ozouf, lui et moi devant un kiosque à journaux près du Palais-Royal. Il y avait là des brochures révisionnistes bien en vue de Rassinier et d'autres. Il a dit un "Hélas !" très discret, mais j'ai senti, sans connaître alors son passé, que cela l'affectait beaucoup[42]. »

Discrètement, Pierre Nora accomplit en tant qu'éditeur ce que l'on pourrait appeler dans son cas particulier à bon escient, car le terme a été galvaudé, un devoir de mémoire. Il accorde ainsi une place de choix à cette période traumatique que fut la Seconde Guerre mondiale dans sa collection « Témoins ». Il y consacre plusieurs publications et, parmi celles-ci, il est un témoignage qui renvoie à son propre passé d'enfant juif traqué par la Gestapo et sauvé grâce à la résistance silencieuse au nazisme. De nombreux enfants juifs échappèrent à la « solution finale », grâce à la Maison d'enfance d'Izieu, près de Lyon, qui est devenue un lieu emblématique d'opposition aux crimes contre l'humanité. Ce lieu créé par le couple Sabine et Miron Zlatin a accueilli entre mai 1943 et avril 1944 plus d'une centaine d'enfants juifs. Mais le 6 avril 1944, le responsable de la Gestapo de Lyon, Klaus Barbie, envoie ses troupes et décide de la déportation dans les camps de la mort des quarante-quatre enfants qu'il trouve à Izieu ainsi que des sept éducateurs présents.

La fondatrice de l'institution, Sabine Zlatin, se trouve miraculeusement absente et échappe à la rafle. Née à Varsovie qui était alors sous occupation russe en 1923, elle s'engage dans l'Union des ouvriers juifs de Pologne, le Bund, subit la répression du régime stalinien, et décide d'aller vivre en France qui incarne pour elle les valeurs universalistes des droits de l'homme. C'est en France que la Seconde Guerre mondiale la rattrape et elle s'engage comme infirmière militaire de la Croix-Rouge, portant secours dans les camps d'Agde et de Rivesaltes. C'est cette douloureuse expérience qui la conduit à rassembler les enfants juifs à Izieu pour les sauver du nazisme. Elle peut ainsi porter témoignage lors du procès Barbie en 1987 de ce que fut cet acte de résistance et la manière dont on y a mis fin. Sa déposition au procès fait sensation et elle crée une association pour la création d'un Musée-mémorial d'Izieu.

De 1990 à 1992 Sabine Zlatin travaille à l'écriture de ses mémoires qu'elle envoie à Pierre Nora le 24 février 1992 pour sa collection « Témoins ». La fondatrice de la Maison d'Izieu a alors quatre-vingt-cinq ans et Pierre Nora est tout de suite convaincu de la nécessité de l'éditer : « C'est une femme extraordinaire... Sa vie ne manque pas d'intérêt mais il se dégage surtout de son court texte un rayonnement personnel intense, un extraordinaire enracinement français chez cette Juive de Pologne, une affirmation d'intégration qui tranche aujourd'hui sur les braillements communautaires et qui mérite de se faire entendre[43]. » À aucun moment Pierre Nora ne met en avant dans son rapport qui doit emporter la décision d'édition chez Gallimard son propre passé d'enfant juif ou quelque affirmation identitaire juive, mais tout au contraire, comme pour s'en défendre, il insiste – ce qui renvoie à sa profonde identité – sur l'enracinement national, sur l'assimilation des valeurs universalistes de la République chez cette immigrée polonaise.

Cette publication consacrée aux enfants d'Izieu bénéficie d'un statut particulier dans la mesure où elle est préfacée par le président de la République, François Mitterrand, à la demande de Sabine Zlatin. C'est Bernard Latarjet, travaillant au secrétariat du président, qui a rédigé cette préface qu'il a fait signer par François Mitterrand et par laquelle le président de la République dit considérer que «le livre de Sabine Zlatin est d'abord une leçon de vie [...] ce livre est aussi une leçon de mémoire. Sa lecture nourrit notre conscience et notre devoir [...]. Le livre est enfin une leçon de dignité. La narration s'y développe avec une modestie de ton qui accroît l'émotion[44] ».

Par ailleurs, après le procès de Klaus Barbie en 1987, le président François Mitterrand, une fois réélu en 1988, fait figurer parmi son programme de grands travaux la construction d'un Musée-mémorial des enfants d'Izieu. Auprès du président à l'Élysée, c'est Bernard Latarjet qui est en charge de ce dossier de réhabilitation de cette Maison d'enfance d'Izieu. Il crée un comité scientifique chargé de décider des orientations et de la vocation de ce nouveau lieu de mémoire. Dans ce comité, on retrouve à la fois des représentants de la mémoire juive, des responsables locaux, des historiens, des personnalités diverses; Pierre Nora en fait partie. Une rude bataille se déroule au sein du comité entre certaines composantes de la communauté juive qui souhaitaient faire de ce lieu un lieu exclusivement juif, un lieu sacré, propre à la Shoah, et les tenants d'une autre conception qui était d'ouvrir le lieu comme exemplaire de crimes contre l'humanité, destiné à l'éducation des enfants en général, ouvert à tous à partir de cet exemple singulier des enfants juifs : «En termes un peu vulgaires l'alternative était soit d'en faire un lieu qui n'appartient qu'à la communauté juive, soit à la République. Vous pouvez vous imaginer de quel côté était Pierre[45]. » Avec Henry Rousso et quelques historiens, Pierre Nora a pu ainsi résister à la pression mémorielle au nom de l'histoire : «Cette affaire a été très conflictuelle et se sont exprimées à leur paroxysme les contradictions entre le discours historien au sens le plus banal de la vérité des faits sur Izieu et le discours mémoriel[46] »; «La communauté juive de Lyon voulait en faire un lieu de mémoire exclusivement juif. J'avais proposé, avec d'autres, que ce soit un lieu ouvert à tous les enfants du monde entier, en particulier les enfants indochinois et africains, mais il y eut de fermes oppositions, Serge Klarsfeld en particulier[47] ».

Les tensions étaient d'ailleurs restées vives dans la région et le procès Barbie les avait de nouveau fait affleurer ainsi que l'enquête menée par Antoine Spire pour son livre préfacé par Élie Wiesel consacré aux enfants de la Maison d'Izieu : « Izieu et son histoire symbolisent à jamais la vie et la mort juives sous l'occupation nazie[48]. » Antoine Spire livre les résultats de son enquête qui révèle qu'il y a bien eu nombre de Français qui se sont employés à protéger les Juifs des rafles nazies, mais il y eut aussi des collaborateurs actifs qui les ont dénoncés et ont agi de concert avec l'occupant, jouant un rôle majeur dans la dénonciation de ces enfants cachés d'Izieu, ceux qu'Antoine Spire qualifie de « délateurs français ».

La Maison est inaugurée avec faste par le président Mitterrand le 24 avril 1994. Lorsque, pour des raisons d'âge, le président de cette Maison des enfants d'Izieu, Pierre-Marcel Wiltzer, qui avait été un acteur important à l'époque à la préfecture de Belley, doit démissionner, il faut lui trouver un remplaçant. Sabine Zlatin demande à Bernard Latarjet d'en assumer la présidence, mais, ne se sentant pas la légitimité pour représenter cette institution nouvelle, celui-ci recommande à François Mitterrand de solliciter une grande personnalité juive, et la première personne à qui il fait appel est Pierre Nora : « C'est lui qui m'a convaincu d'accepter[49]. » Donner la présidence à un goy empêchait en effet le repli communautaire et Bernard Latarjet en est finalement resté trois ans président. Pierre Nora a souvent été à ses côtés pour le conseiller et soutenir ses positions.

Pierre Nora décide d'éditer l'ouvrage – paru aux États-Unis – d'Alice Kaplan, fille d'un des juges de Nuremberg, sur le procès de Brasillach[50], non seulement parce que le cas de cet intellectuel condamné à mort et fusillé le 6 février 1945 reste sensible, mais aussi parce qu'il est séduit par la démarche de l'auteur qui s'intéresse tour à tour à tous les protagonistes du procès, au plus près de leur intention et de leur expression. Il reste néanmoins à distance d'une approche plus littéraire qu'historique de la part d'Alice Kaplan, avec une manière très américaine de rentrer dans la psychologie des personnages. Cette réserve n'ébranle cependant pas sa volonté de publier l'ouvrage.

À propos de l'identité juive, Pierre Nora publie dans les années 1970 deux ouvrages d'un jeune Franco-Israélien originaire d'Algérie. Né à Blida, Shmuel Trigano est devenu assistant de sciences politiques à l'université de Jérusalem. Le sujet touchant de manière érudite la tradition juive, Pierre Nora se tourne vers Emmanuel Levinas pour avoir son avis sur son contenu : « Je m'autorise de la profonde admiration que j'ai pour votre œuvre pour vous demander si vous consentiriez à y jeter un coup d'œil[51]. » Emmanuel Levinas confirme à Pierre Nora la bonne connaissance biblique de son auteur. Dans son rapport interne,

Pierre Nora est conscient dès cette année 1975 de ce mouvement de retour au texte biblique, notamment dans la communauté juive, et entend donc y faire écho : « Il s'opère aujourd'hui, ou plutôt, il va de toute évidence s'opérer, dans les années qui viennent, une tentative historique, philosophique pour repenser le phénomène juif dans sa spécificité et sa positivité. Cela implique un retour aux sources bibliques dont les études renaissent çà et là. C'est dans cette perspective, me semble-t-il, qu'il faut juger le manuscrit[52]. »

À l'écart de toute tentation communautariste, Pierre Nora est dans la fascination lorsqu'il croise un intellectuel juif dont tout le parcours et l'œuvre visent l'universel. C'est le cas avec Emmanuel Berl qu'il qualifiera en hommage dans *Le Nouvel Observateur* de « grand rabbin Voltaire » au moment de sa disparition : « C'était un homme comme on n'en fait plus et qui emporte avec lui tout un monde. Avec sa gueule de Voltaire et son allure de rabbin tout droit sorti de Chagall, il était le dernier des vieux copains de "Gaston" (Gallimard), de "Pierre" (Drieu La Rochelle), d'"André" (Malraux). Le dernier à pouvoir montrer des copies de philo corrigées par son oncle "Henri" (Bergson) et des lettres de "Marcel" (Proust)[53]... » Dès le début des années 1960, Pierre Nora fait la connaissance d'Emmanuel Berl par Bernard de Fallois : « On est tout de suite tombés dans les bras l'un de l'autre[54]. » Leurs liens se resserrent lorsque Pierre Nora entre chez Gallimard, même si cela a été contre l'avis d'Emmanuel Berl qui a tenté de l'en dissuader, le mettant en garde, ainsi que d'autres, contre le danger de ne pas écrire soi-même. En même temps Emmanuel Berl n'était pas mécontent de compter un ami proche dans cette maison Gallimard dans laquelle il se sentait un peu chez lui du temps de Gaston : « Il m'appelait tous les deux jours, faisant partie des gens qui n'avaient rien à faire d'autre que de discuter[55]. »

Emmanuel Berl habitait alors au Palais-Royal, juste au-dessus d'un célèbre restaurant, le Grand Véfour, avec lequel il avait passé un accord au terme duquel il ne payait pas l'addition lorsqu'il était seul et ne réglait le coût des repas que s'il les partageait avec des amis, ce qui, disait-il, lui faisait obligation d'inviter des amis : « Du coup, il m'invitait très souvent, au moins une fois tous les dix jours et cela durait jusqu'à 16-17 heures. Il fallait quand même que je le quitte pour aller travailler et j'avais honte de couper les conversations avec lui, d'autant qu'on le sentait désespéré quand on l'abandonnait[56]. » Au Grand Véfour, Pierre Nora a ainsi entendu de nombreuses fois les souvenirs de cet inclassable, issu de la bonne bourgeoisie juive, apparenté par sa mère à Bergson et à Proust, fréquentant ce dernier à partir de l'âge de dix ans à l'occasion des «Bals blancs» organisés par la tante de Marcel Proust, Mme Weil, et à cette occasion Massenet se mettait au piano : «Cette bourgeoisie juive à laquelle j'appartenais était très assimilée. C'était le contraire du Ghetto[57].» En même temps, Emmanuel Berl, né en 1892, a connu des manifestations d'antisémitisme avant la guerre de 1914. Il a même été un jour reconduit du lycée Carnot jusque chez lui aux cris de «À bas les Juifs !». Peu après il vivait un grand amour pour une Sylvia contrarié par le père de cette jeune fille qui n'aurait voulu à aucun prix d'un Juif pour gendre. Autre trait commun avec Pierre Nora, Emmanuel Berl est inclassable, imprévisible, et n'a aucunement l'esprit partisan, au point qu'il a été l'auteur des premiers discours de Pétain en 1940 : «Je n'adhère pas très facilement, c'est vrai. Je n'ai jamais adhéré à un parti et je n'ai jamais adhéré à une doctrine... Je trouve que le devoir d'un intellectuel est de ne jamais s'engager[58].»

L'amitié avec Emmanuel Berl va rapprocher Pierre Nora de Patrick Modiano dont il a fait la connaissance alors que ce dernier préparait son baccalauréat. Ils avaient été invités en Savoie au mariage du résistant Jacques-Francis Rolland. Il y avait là beaucoup de monde dont François Furet, Jean Cau : «Je devais rentrer à Paris et Jean Cau m'a ramené ainsi que Patrick Modiano[59].» Ils se revoient chez Gallimard plus tard lorsque Patrick Modiano publie *La Place de l'Étoile*, puis au comité de lecture : «Il y souffrait le martyre. On sentait bien que lorsque le tour de table arrivait à lui, il était torturé de douleurs, une concentration de timidité, les gouttes tombant sur ses manuscrits. Il en a été dispensé au bout de trois mois[60].» Communiant tous deux en Berl, Pierre Nora charge Patrick Modiano de réaliser un livre d'entretiens dans lequel Berl raconte ses souvenirs pour sa collection «Témoins». Il y fait revivre ce passé étonnant.

Tant de choses rapprochait Pierre Nora d'Emmanuel Berl qu'ils sont devenus des inséparables, d'autant que le lien amical passait alors aussi très fortement par leurs femmes respectives, Françoise Cachin et Mireille, l'égérie du «Petit conservatoire» qu'elle crée en 1955 et qui a tant fait pour diffuser la chanson française. Elle avait épousé Emmanuel Berl en 1937. Outre les longs déjeuners au Grand Véfour, les Nora sont souvent invités chez Emmanuel Berl et Mireille dans leur maison de campagne à Cauvigny. Il y avait souvent comme convive Bertrand de Jouvenel qui habitait à six kilomètres de là, au château d'Anserville. Peu de temps avant la disparition d'Emmanuel Berl, en 1976, Mireille invite Pierre Nora à se joindre à elle, Théodore (car elle appelait Emmanuel ainsi) et Bertrand de Jouvenel pour un déjeuner : « Pierre resta muet pendant tout le repas. Je lui en fis la remarque. "Qui oserait ouvrir la bouche, assis entre Voltaire et Saint-Simon ?"[61] » N'ayant pu accélérer le processus de fabrication du livre, Pierre Nora a réalisé un livre blanc pour qu'il puisse l'avoir en main : « On allait le voir tous les jours avec Patrick. Je me souviens de le lui avoir porté à l'hôpital et il a fait un large sourire, faisant un geste qui m'a bouleversé en le portant contre son cœur[62]. »

Avec Robert Gallimard, Pierre Nora s'est ensuite occupé d'une association, « Les Amis d'Emmanuel Berl* », qui, n'ayant pas eu suffisamment de visibilité, décidera sa dissolution à l'automne 2005. Mais Pierre Nora a tenu à redonner vie à une ancienne publication de Berl – passée quelque peu inaperçue car publiée en mai 1968 et éditée dans la collection « Trente journées qui ont fait la France » – sur le 10 juillet 1940 qui consacre la mort de la IIIe République. Pierre Nora confie la réalisation de l'ouvrage à Bénédicte Vergez-Chaignon pour la collection « Témoins », et décide, pour donner davantage d'actualité à l'ouvrage, de le publier avec un appareil critique qui recontextualise l'événement et d'y adjoindre un dossier sur l'accueil réservé à cette parution en 1968, sollicitant par ailleurs Bernard de Fallois pour une préface[63].

Assumer un magistère aronien ou le retour du nom propre

Le lendemain de la disparition de Raymond Aron, le 17 octobre 1983, Jacques Julliard se rend avec son ami Pierre Nora pour une cérémonie à l'Opéra de Paris : « Je lui dis : "Pierre, Raymond Aron est mort. C'est une grande perte, surtout pour le positionnement des Juifs en France qu'il était le seul à pouvoir assumer. Il n'y a en France qu'une seule personne à pouvoir assumer ce rôle aujourd'hui, c'est toi."[64] » Pierre Nora est alors impressionné par l'idée d'un tel magistère, mais il est vrai qu'il se trouve en mesure d'incarner le grand intellectuel juif laïc et républicain, fils des Lumières et des idéaux de la Révolution française.

Ce moment tournant correspond fortuitement à la publication du

* On y retrouve, outre Pierre Nora et Robert Gallimard, Claude Gallimard, François Mitterrand, Mireille Berl, Bertrand de Jouvenel, Jean d'Ormesson et Patrick Modiano.

premier volume des *Lieux de mémoire* en 1984, entreprise éditoriale qui va déployer le mode d'échappatoire par l'histoire à la tension de cette double identité, en suggérant une approche nouvelle du matériau historique par son legs mémoriel. La nécessité d'un tel magistère s'impose d'autant plus que les occasions de crispations communautaristes se multiplient en cette fin de l'année 1983 avec la percée spectaculaire du Front national à Dreux où Jean-Pierre Stirbois réalise un score qui sort de la marginalité le parti de Jean-Marie Le Pen, et pour longtemps, avec 16,7 % des voix. Par ailleurs, une réaction massive à la montée de la xénophobie et du racisme en France se manifeste en décembre avec la marche des «Beurs» qui s'achève par un imposant cortège parisien de 60 000 personnes. En même temps, les effets de la guerre menée par Israël contre le Liban et les massacres perpétrés dans les camps de Sabra et Chatila aiguisent les critiques et condamnations vis-à-vis d'un État d'Israël dont la politique est l'objet d'un rejet de plus en plus radical au fil des années 1980, et deviendra particulièrement massif à partir de l'Intifada, la guerre des pierres, qui commence en 1987. Beaucoup dans la communauté juive française ressentent un malaise grandissant et vivent très mal les critiques contre Israël qu'ils prennent pour eux et qu'ils stigmatisent comme des manifestations insupportables d'un nouvel antisémitisme.

La mémoire juive subit de ce fait de profonds remaniements et la revue *Le Débat* fait le point en 1994 sur ces changements dans un large dossier sur les «Mémoires juives[65]». C'est dans cette situation troublée que sept intellectuels en vue écrivent une tribune dans *Le Monde* en décembre 2003 dans laquelle ils expriment ce malaise et dénoncent le fait que «la critique de la politique du gouvernement israélien tourne, consciemment ou non, à la réprobation de l'existence même de l'État juif[66]». Pierre Nora, conscient des risques de repli communautariste, écrit à Philippe de Lara, l'un des signataires, pour lui exprimer les désaccords qu'il ressent à la lecture de cette tribune, l'invitant lui, le grand spécialiste du philosophe Charles Taylor, à la sobriété et au nominalisme de l'historien qui doit se défier de raccourcis théologico-politiques.

Pour avoir osé dans un long article sur la complexité du conflit émettre une vive condamnation de la politique du gouvernement israélien dans une tribune publiée dans *Le Monde*[67] cosignée par Sami Naïr et Danielle Sallenave, Edgar Morin est attaqué en justice par l'association France-Israël pour «diffamation raciale et apologie des actes terroristes». Plus d'une centaine d'intellectuels français et étrangers prennent position pour défendre Edgar Morin en signant une « Déclaration pour Edgar Morin » par laquelle ils dénoncent l'accusation « doublement scandaleuse » dont il est victime. Parmi les signataires indignés par de telles poursuites figure Pierre Nora.

Celui-ci n'est pas du genre à jeter l'opprobre contre ceux qui ont fait leur le combat des Palestiniens pour voir reconnaître leur droit à vivre en paix dans un territoire national internationalement reconnu. C'est ainsi qu'il ne mettra pas au ban de l'humanité la famille Lindon qui continuera à bénéficier d'une amitié indéfectible de toute la famille Nora, même dans les moments de vive tension : « Quand mon mari a prêché pour les Palestiniens, c'est à peu près la seule famille qui ne nous a pas tourné le dos[68]. »

Ce magistère d'intellectuel français juif laïc, doublement vigilant contre toute forme d'antisémitisme et toute forme de crispation identitaire, Pierre Nora l'exerce en premier lieu comme éditeur et chacune de ses collections comporte sa part de souvenirs, de réflexions sur cette période du génocide. Parmi ces publications, il en est une à laquelle il tient particulièrement, c'est l'ouvrage de Peter Novick en 1999 qui historicise la construction de l'Holocauste comme matrice identitaire aux États-Unis[69]. Peter Novick montre en effet que l'omniprésence de la Shoah dans l'univers intellectuel américain est un phénomène récent. Jusqu'à la fin des années 1950, essentiellement pour des raisons de guerre froide, car l'on ne devait pas perturber l'allié ouest-allemand, on faisait peu référence à la « solution finale » aux États-Unis, puis à partir du procès Eichmann en 1961 et surtout à partir de la guerre de Six Jours en 1967, cette sinistre page de l'histoire acquiert une centralité que va encore accentuer la guerre du Kippour. Le thème de l'Holocauste devient alors l'argument majeur du soutien inconditionnel à la politique du gouvernement israélien. On comprend pourquoi Pierre Nora est enthousiaste à l'idée de donner à cette thèse sa diffusion de ce côté-ci de l'Atlantique, car elle crée une distance d'objectivation historienne par rapport à un processus de sacralisation. De plus, on a là une étude de cas exemplaire et matricielle d'un mode de devenir mémoriel et de son historicisation : « Ce livre est un peu aux États-Unis ce que *Le Syndrome de Vichy* d'Henry Rousso a été en France[70]. » En outre, Pierre Nora considère que la démonstration ne vaut pas que pour le continent américain où il a fait scandale dans la communauté juive dès sa parution : « Il traite l'aspect américain d'un des plus gros problèmes de la psychologie politique et de l'imaginaire qui prend en France avec Vichy, en Israël avec les "nouveaux" historiens et la jeune génération contestatrice en Allemagne avec l'affaire Goldhagen, une dimension mondiale[71]. »

Au début de l'année 2004, Pierre Nora publie dans *Le Débat* un entretien avec l'ambassadeur d'Israël Élie Barnavi qu'il apprécie particulièrement pour ses positions courageuses, critiques malgré ses fonctions officielles. Il lui donne l'occasion de les exprimer librement : « Les implantations en Cisjordanie, dans la bande de Gaza et sur le plateau du Golan... ont radicalement changé la donne... Cette colonisation peut et doit être critiquée pour des raisons morales et politiques[72]. » Pierre Nora avait tenu à sa présence lors de son intronisation à l'Académie française et il est en effet venu s'installer au banc des invités d'honneur de la cérémonie le 6 juin 2002.

À la suite de cet entretien, Élie Barnavi a voulu institutionnaliser un va-et-vient entre intellectuels israéliens et français pour dissiper les malentendus entre les deux pays. Il prend l'initiative d'organiser en mai 2004 un colloque avec Pierre Cohen-Tanugi à Tel-Aviv sur le thème : « Regards croisés – jugés et préjugés : perceptions mutuelles des Français et des Israéliens. » L'objet est d'aller au-delà des passions et de renouer un dialogue serein entre les deux pays. Il y invite Pierre Nora et un certain nombre d'intellectuels français. Le principe du colloque est de faire entendre sur chaque thème une voix française et une voix israélienne. Parmi la délégation française, on retrouve Olivier Mongin, Jean-Noël Jeanneney, Odon Vallet, Denis Olivennes, Brice Teinturier, Jean-Claude Casanova parmi d'autres, et le colloque s'achève par une table ronde autour de deux grands témoins en la personne de l'ancien ministre des Affaires étrangères de la France, Hubert Védrine, et de l'écrivain Abraham Yehoshua.

Élie Barnavi emmène Pierre Nora à Jérusalem en compagnie du grand spécialiste du conflit israélo-palestinien qu'est Charles Enderlin. Puis ils traversent la bande de Gaza jusqu'à un village frontalier qui venait d'être bombardé par l'aviation israélienne sous prétexte d'infiltrations souterraines en territoire israélien. C'est dans une atmosphère de particulière tension que Charles Enderlin leur fait rencontrer à Gaza des colons israéliens : « On a notamment discuté avec un colon, capitaine de l'armée, fort sympathique, dans une atmosphère de *Far West*, le militaire biblique classique dont le discours était : "On ne partira pas, on reste."[73] »

Dans son intervention lors du colloque, Pierre Nora délaisse ce qui masque l'épaisseur historique du problème, le sentiment de malaise ressenti par nombre de Juifs en France, pour approfondir la thématique d'une mémoire juive. Il reprendra ses arguments dans *Le Débat* où il publie un article sur cette question de la mémoire et de l'identité juives à l'automne 2004, de retour d'Israël[74]. Cet article revêt une importance majeure, car il permet à Pierre Nora d'exposer pudiquement au plan collectif la destinée de deux mémoires, la mémoire nationale française et la mémoire juive, ce qui le taraude en secret de l'intérieur, la tension créative qui l'anime.

Les difficultés du dialogue viennent selon lui de ce que la France est entrée dans un âge postnational, alors qu'Israël est dans sa phase nationalitaire. Et pour conclure, ce qu'affirme Pierre Nora à Tel-Aviv et ce qu'il redit avec force en France, c'est le rejet du repli particulariste : «Le repli du judaïsme sur lui-même est exactement ce que les antisémites attendent des Juifs.» Il faut au contraire résister contre cette tentation et «croire que l'on n'a jamais raison tout seul et qu'il existe, surtout pour les temps difficiles, une raison et une morale de l'universel dont les Juifs ont précisément autrefois apporté le message[75]».

Toujours davantage sollicité pour jouer ce rôle du grand intellectuel juif laïc, le directeur du Mémorial du martyr juif inconnu, Jacques Fredi, demande à Pierre Nora de bien vouloir prononcer l'une des premières conférences inaugurales du cycle de ce nouveau Centre de documentation juive à l'occasion de l'anniversaire de la libération du camp d'Auschwitz-Birkenau et de l'inauguration du nouveau Musée-mémorial de la Shoah le 8 février 2005 à Paris. En 2000, Pierre Nora remet le prix de la Mémoire de la Shoah à l'historienne Annette Wieviorka dont il a été l'éditeur[76]. «C'est la première fois que j'ai vu Pierre Nora porter la kippa à cette occasion[77].» Mais surtout, dans son discours de remise du prix, Pierre Nora signifie clairement qu'il se sent lié en tant qu'historien à l'œuvre d'Annette Wieviorka car de plus en plus persuadé que la dynamique de la mémoire juive a joué un rôle fondamental dans ce qu'est la mémoire nationale française contemporaine qui a toujours été pour lui le fil rouge de ses recherches. Pierre Nora considère que la mémoire du génocide comme événement traumatique est devenue matricielle dans la mémoire juive. À l'occasion de cette cérémonie, Pierre Nora exprime tout aussi clairement une atténuation de l'opposition radicale sur laquelle il était parti au début de son entreprise des *Lieux de mémoire* entre la dimension historique et la dimension mémorielle : «C'est à ce point d'articulation entre deux ordres de vérités, la vérité mémorielle et la vérité historienne, que se situe l'œuvre d'Annette Wieviorka. Ce qui en fait la valeur et l'originalité, c'est d'échapper à une opposition de la mémoire et de l'histoire[78].»

En cette occasion, Pierre Nora constate que l'historien est appelé, sans être le seul à y pourvoir, à une nouvelle mission, celle de dire ce que le passé autorise et ce qu'il ne permet pas : « Sa mission n'est plus seulement d'établir les faits et de rendre compte des événements, mais de les maintenir vivants et présents. Au sens le plus fort du mot, c'est lui qui est appelé à se faire *témoin*[79]. »

Soucieux d'œuvrer à son niveau à l'émergence d'un horizon de paix entre Israéliens et Palestiniens, Pierre Nora, sollicité par Élie Barnavi, signe en mai 2010 l'« Appel à la raison » (*JCall : European Jewish Call for Reason*) lancé par un certain nombre d'intellectuels juifs à l'échelle européenne pour affirmer leur mobilisation autour de principes intangibles : l'avenir d'Israël doit passer par l'acceptation d'un autre État, palestinien ; pour sa réalisation, il importe que l'Union européenne fasse pression sur les deux parties ; les Juifs de la diaspora entendent contribuer à ce que le peuple souverain d'Israël accepte cette perspective et doivent donc aider à faire entendre raison aux deux parties. Cet appel a immédiatement recueilli 5 000 signatures (plus de 7 000 fin juin 2010).

III

LES PALAIS MÉMORIELS

14

L'EHESS : le laboratoire des *Lieux de mémoire*

Enseignant comme maître-assistant à Sciences-Po, Pierre Nora se voit proposer en 1975 par un certain nombre de ses amis directeurs d'études de déposer sa candidature à l'École des hautes études en sciences sociales. Il n'est pas immédiatement convaincu, car il ne se déplaît pas à Sciences-Po. Il va voir le directeur, Jacques Chapsal, pour le tenir informé et lui signifier que, sans pour autant rien demander, si on lui proposait un poste équivalent à Sciences-Po, il y resterait volontiers et renoncerait à poser sa candidature pour l'EHESS : « Il ne croyait pas aux Hautes Études et m'a dit : "Qu'est-ce que vous iriez y faire ? Vous n'aurez pas d'élèves."[1] » Les circonstances sont très favorables pour une belle élection à l'École où règne l'école des *Annales*. Le président depuis 1972 en est Jacques Le Goff qui vient de publier avec Pierre Nora la fameuse trilogie *Faire de l'histoire* chez Gallimard. On est au sommet du triomphe du paradigme des *Annales*, de ce que l'on appelle de plus en plus la « nouvelle histoire », dont Pierre Nora orchestre et amplifie le succès au plan éditorial. Pierre Nora se trouve de nouveau à la croisée des chemins, en proie à un climat détérioré chez Gallimard, sollicité du côté de l'EHESS et pourtant attaché à Sciences-Po, attiré aussi par *Le Nouvel Observateur*, sans compter son désir rentré d'écriture littéraire. Son ami André Fermigier essaie de démêler l'écheveau complexe des hésitations dont lui a fait part Pierre Nora : « La situation telle que je la vois : 1. *Do it yourself*. 2. Les Hautes Études ? Très bien, puisque l'arrangement matériel est favorable, mais tu n'as pas grand goût, et comme je te comprends, dans la recherche et tu sais aussi bien que moi que les professeurs sont en général des imbéciles, des souffreteux intellectuels, au mieux de braves types déprimant... 3. Tu en as plus ou moins fini avec la rue Sébastien-Bottin. C'est en tout cas l'impression que tu donnes... quelle que soit ta diabolique habileté à faire passer pour percées les pensées les plus indigestes... il me semble que tu éprouves le besoin de t'orienter vers des activités plus utiles : tu as tout à dire, non seulement dans la critique, l'ironie, le dégonflage des outres, tout à dire que tu n'as pas dit ou que tu n'as pas fait dire[2]. » Dans cette missive, André Fermigier règle son compte au journal auquel il collabore, *Le Nouvel Observateur*, et à son directeur Jean Daniel, pour dissuader Pierre Nora de regarder de ce côté-là où il considère qu'il ne cumulerait que des déboires, tant est grande « la nullité de ce journal » et de ce « milieu » au point que tout ce qu'on y respire relève de combines, d'insincérités, d'impostures... Il le met surtout en garde vis-à-vis de Jean Daniel qui a besoin de lui et qui ne souhaite qu'une chose, l'avaler rue d'Aboukir, ce qui lui ferait amèrement regretter comme moments de quiétude ce qu'il vient de vivre auprès de Claude Gallimard dont il se plaint qu'il le « presse comme un citron », mais en lui laissant une liberté qu'il aurait aliénée au *Nouvel Observateur*. Ce tour d'horizon conforte en définitive Pierre Nora dans son idée de se présenter à l'EHESS.

L'élection dans un fauteuil

À partir de 1975, l'École, sous l'impulsion de son président Jacques Le Goff, change ses règles institutionnelles pour introduire davantage de démocratie interne. Les nominations ne sont plus alors le fait du prince, comme au temps de Fernand Braudel, mais elles passent par tout un dispositif électoral. Les candidatures sont examinées en conseil scientifique et l'assemblée générale se détermine ensuite. Avec ses nouveaux statuts, l'École peut délivrer des diplômes reconnus au plan national et disposer d'une réelle autonomie, devenant maître de son budget, contrairement à ce qu'il en était lorsqu'elle n'était que la VIe section de l'EPHE : « J'ai poussé Pierre Nora à se présenter, pensant qu'il y avait toute sa place. Je souhaitais que l'étude du monde contemporain ne soit pas laissée à la seule sociologie. Je voulais qu'il y ait aussi de vrais historiens dans ce domaine, et je savais que Pierre était un vrai historien du contemporain[3]. » En tant que président de l'École, c'est Jacques Le Goff qui va définir le profil de la chaire de direction d'études à occuper. Il l'intitule « Histoire du temps présent ». Le renouvellement de l'histoire contemporaine passe ainsi par une nouvelle dénomination plus suggestive, celle du temps présent. Ce glissement sémantique est donc dû à un médiéviste, Jacques Le Goff, qui sera aussi, en tant que membre du conseil d'administration du CNRS, à l'origine de la création d'un laboratoire au CNRS qui portera ce nom, transformant le Comité d'histoire de la Seconde Guerre mondiale en Institut d'histoire du temps présent (IHTP), créé en 1978 et dirigé par François Bédarida.

À l'École, Pierre Nora compte beaucoup d'amis, notamment son beau-frère François Furet ou Jacques Ozouf avec lequel il a publié le *Journal* de Vincent Auriol, mais il a aussi des adversaires. Ses relations sont compliquées avec Fernand Braudel et l'opposition est frontale avec Pierre Bourdieu et ses disciples. Quant à Raymond Aron, il a fait savoir qu'il était hostile à la candidature de Pierre Nora, ce qu'il est d'ailleurs allé lui expliquer personnellement en lui disant qu'il ne pouvait pas cumuler ses activités d'éditeur et de chercheur aux Hautes Études.

Pierre Nora définit comme il se doit un projet pour sa direction d'études sur l'histoire du temps présent. Son projet est d'autant plus novateur et en rupture avec le climat historiographique dominant que la nouvelle histoire qui domine alors en 1975 s'est pour l'essentiel consacrée à l'étude du Moyen Âge et de l'époque moderne, délaissant tout le secteur contemporain, laissé aux journalistes et aux sociologues : « Si les deux termes paraissent se contredire, "histoire" et "présent", c'est peut-être que toute la tradition historiographique dont nous avons hérité a précisément cherché, depuis la deuxième moitié du XIXe siècle, à fonder l'histoire scientifique sur une coupure nette entre le passé, qui relèverait de l'historien, et le présent, qu'auraient à connaître le sociologue, l'économiste, le politologue et le journaliste. De là vient que l'histoire "contemporaine" la plus récente est demeurée comme la parente pauvre des études historiques ; frappée d'infirmité dans son principe même pour ne pas disposer du stock d'archives indispensable, ni surtout du recul que permet la connaissance des suites... Or maintenant que cette révolution a largement remis en cause la pratique de l'histoire comme science du passé, il est logique que l'interrogation des historiens élargisse naturellement son horizon au temps présent : un présent dont l'épaisseur propre et la transparente opacité posent cependant à l'étude des problèmes de méthode tout particuliers. Ce sont les caractères originaux de cette nouvelle conscience historique qu'à défaut de moyens on aurait l'ambition d'éclairer... Je souhaiterais étudier le poids du passé sur le présent par l'inventaire relatif des différents héritages historiques, selon les types de sociétés contemporaines... Le vécu historique de masse contemporain est surtout analysé par les sociologues. Le regard de l'historien pourrait lui restituer une dimension supplémentaire, qu'il s'agisse d'enquêtes sur la production de l'événement par les mass media, ou d'études sur les phénomènes qui ont modelé le visage du quotidien démocratique... Pour ce type d'entreprise, les États-Unis semblent un terrain d'approche tout désigné[4]... »

À la commission électorale du 28 novembre 1975 a lieu un premier examen des vingt et un candidats pour les quatre postes à pourvoir. Pierre Nora figure parmi les candidats et Pierre Vidal-Naquet mentionne le soutien de Pierre Vilar, de Georges Duby et de René Rémond. La commission électorale se réunit le 22 avril 1976 pour l'examen des candidatures, lecture des rapports et discussion entre ses membres. À propos de la candidature de Pierre Nora, Pierre Vidal-Naquet lit son rapport et plusieurs membres de la commission interviennent, dont Jacques Ozouf, Marc Ferro, Isac Chiva et Maurice Godelier. Jacques Le Goff lit deux lettres de soutien : celle de Pierre Vilar et celle de René Rémond, et signale que pour lui, parmi les candidats de grande qualité – il y a en effet Claude Lefort, Nathan Wachtel, Luc Boltanski, Robert Castel, Françoise Raison –, le choix est difficile, mais il précise qu'« au tout premier rang, M. Pierre Nora pourrait apporter un renfort remarquable aux travaux de l'École en histoire contemporaine[5] ». Les résultats du vote de la commission placent Pierre Nora en tête devant Nathan Wachtel et Luc Boltanski (respectivement quinze voix, treize et dix), et le bureau décide de présenter à l'assemblée ces trois candidats.

Comme il est d'usage, deux rapports sont rédigés, l'un intérieur à l'institution, celui de Pierre Vidal-Naquet, l'autre extérieur, écrit par l'historien Pierre Vilar, important historien moderniste, spécialiste de la Catalogne. Dans son rapport Pierre Vilar soutient avec enthousiasme la candidature de Pierre Nora : « Je me permets de suggérer, pour couvrir le besoin ainsi défini, la candidature d'un jeune historien que ses travaux, son expérience, et plus encore sans doute son exceptionnelle intelligence, me semblent désigner naturellement : je veux parler de Pierre Nora. Pierre Nora m'a été révélé, en 1966, par l'article qu'il a publié dans les *Mélanges Renouvin* : "Le fardeau de l'histoire aux États-Unis." J'ai rarement rencontré, dans un domaine qui m'intéresse au premier chef – les relations entre historiographie, histoire et formation nationale – une brève étude aussi pleine, autant comme témoignage de connaissances concrètes que comme révélation d'une intelligence d'historien[6]. »

De son côté, dans son rapport, Pierre Vidal-Naquet rappelle l'itinéraire de Pierre Nora, insiste sur le fait qu'il a conduit l'histoire du contemporain dans deux directions novatrices, d'abord celle des études d'ordre historiographique : « Que l'historien soit dans l'histoire, c'est quelque chose que l'on savait. Ce que l'on savait moins bien c'est le rôle de l'historien dans la constitution d'une conscience collective à l'échelon national et c'est sur ce point que Pierre Nora me paraît apporter des lumières essentielles[7]. » Pierre Vidal-Naquet met aussi en relief la contribution de Pierre Nora aux *Mélanges Pierre Renouvin* qu'il a consacrée au « Fardeau de l'histoire ». Pour lui, comme pour René Rémond, Pierre Vilar et Georges Duby, il voit dans cet article « la "révélation" d'une intelligence d'historien ». La seconde direction de recherche que Pierre Vidal-Naquet juge particulièrement riche dans ce qu'a entrepris Pierre Nora est celle de la réflexion sur l'histoire contemporaine, comme l'atteste sa contribution à *Faire de l'histoire* consacrée à une analyse de ce que peut être l'événement dans la société moderne. Dans ce rapport, Pierre Vidal-Naquet, malgré la longue amitié qui le lie à Pierre Nora, évoque les doutes qu'a d'abord suscités sa candidature dans la mesure où ses activités d'éditeur chez Gallimard risquent de le détourner de la vraie recherche scientifique : « Mon premier réflexe a été de me demander si une telle activité était compatible avec une activité scientifique à plein temps à l'École des Hautes Études[8]. » Mais il dit être revenu de ses hésitations parce que Pierre Nora se serait engagé en cas d'élection à renoncer, pour l'essentiel, à ses activités d'éditeur ! « Après y avoir réfléchi, je suis parvenu à la conclusion que, comme éditeur, Pierre Nora a fait œuvre d'historien[9]. »

Le vote final a lieu en assemblée générale le 25 avril 1976 : successivement s'expriment pour la candidature de Pierre Nora : Roland Barthes, Pascale Gruson, Emmanuel Le Roy Ladurie, Georges Friedmann, Ignacy Sachs, Isac Chiva, Georges Condominas, Jacques Ozouf et Georges Haupt. Sont élus au premier tour de scrutin, Nathan Wachtel avec quarante-trois voix et Pierre Nora avec trente-six voix ; Claude Lefort, n'ayant obtenu que trente et une voix et la majorité absolue étant fixée à trente-cinq, ne sera élu qu'au troisième tour de scrutin.

Le nouvel élu commence son séminaire à la rentrée automnale de 1976. Pierre Nora subdivise en cette première année son séminaire en deux parties : un premier séminaire se tenant tous les mercredis à 17 heures, au 54, boulevard Raspail, est consacré à explorer le champ du contemporain, son statut, ses frontières et ses thèmes spécifiques, et un second, les deux derniers lundis de chaque mois, est consacré à l'exploration du rapport entretenu par les Américains avec leur passé. Ce dernier séminaire est conçu en alternance avec Alain Clément, qui est alors chargé de conférences. Devenu directeur d'études à l'EHESS, et contrairement à ce que laissait entendre très curieusement Pierre Vidal-Naquet, Pierre Nora n'en renoncera pas pour autant à son activité éditoriale qui reste la matrice même de son activité. Il en résultera un certain sentiment d'illégitimité de son statut de directeur d'études, car il reste tiraillé entre le pôle éditorial et le pôle de la recherche, réussissant à nourrir l'un par l'autre, mais s'exposant à quelques jalousies de la part de nombre de ses collègues dont certains lui reprochent d'avoir été élu grâce à ses liens personnels avec François Furet et Jacques Le Goff. De plus, cette double activité ne permet pas vraiment à Pierre Nora de s'investir pleinement dans la vie de l'École : « Il n'a jamais été un poids lourd à l'École. Il prenait peu la parole en assemblée, et ne venait que lorsqu'il y avait un vote important[10]. » Il n'en a pas moins joué un rôle important au plan des recherches, notamment dans le cadre de l'élaboration des projets de DEA préconisés par l'École. Il siégeait dans la commission aux côtés de Marc Ferro, Claude Lefort, Robert Paris et Jacques Julliard : « C'était toujours lui qui avait les bonnes idées. On n'est pourtant pas idiots, mais c'est comme cela. Les idées créatrices, c'est lui qui les avait[11]. »

L'Amérique et nous

Cet enseignement sur les États-Unis en alternance avec Alain Clément est un des prolongements du voyage accompli naguère grâce à la bourse de la fondation Polignac qui a fait naître en lui une vocation d'américaniste. En outre, 1976 est l'année du bicentenaire de la révolution américaine. Ce thème de recherche débouche sur une participation de Pierre Nora et d'Alain Clément à un colloque qui se tient en février 1978, avec une communication d'histoire comparée[12]. Dans cette étude, ils se posent la question de la dynamique endogène de la révolution américaine pour savoir jusqu'à quel point elle a été subversive au plan sociétal. Par ailleurs, ils se demandent si cette révolution a voulu s'étendre, s'exporter, et se transformer en esprit de croisade. Au moment même de la commémoration du bicentenaire, *Le Nouvel Observateur* fait appel à Pierre Nora qui s'interroge sur la force du phénomène commémoratif dans la société américaine en un long article qui est le document de la semaine[13].

Il écrit encore dans les mêmes années sur ce thème pour les *Mélanges en l'honneur de Charles Morazé*[14]. Partant dans cette étude de ce paradoxe d'une intelligentsia française qui connaît des fascinations successives pour l'Angleterre au XVIIIe siècle, pour l'Allemagne au XIXe siècle, pour l'URSS au XXe siècle, il souligne qu'elle n'a jamais éprouvé d'attirance pour le Nouveau Monde, seulement un réflexe compensatoire d'autodéfense face à ce qui est devenu la première puissance mondiale. En 1947, en pleine rupture des deux blocs, les États-Unis pour les intellectuels français « n'étaient pas un pays, mais un péché[15] ». C'est le moment où « la frontière atlantique est intellectuellement fermée[16] ». Mais l'hypothèque révolutionnaire à l'Est et l'explosion de Mai 68 modifient la perception d'une Amérique lorsque l'on découvre avec émerveillement les hippies, le zen, Jerry Rubin et les Blacks Panthers, la contestation américaine : « Toute la jeunesse d'après 1968 vécut l'Amérique comme une fascination qui l'aidait à se retrouver elle-même, au sortir de la camisole maoïste[17]. » Au total, l'opposition entre les pro et les antiaméricains est définie par Pierre Nora comme un phénomène second par rapport à deux entités aux composantes très différentes : entre l'opposition irréductible de ce côté-ci de l'Atlantique entre conservatisme et révolution, alors que de l'autre côté de l'Atlantique l'histoire est « indissolublement tissée de réalisme et de rêve[18] ».

Le laboratoire des Lieux de mémoire

L'autre séminaire de Pierre Nora est axé sur le contemporain, et s'inscrit assez largement en continuité des réflexions qu'il a impulsées sur ce qui spécifie l'événement contemporain. Il concentre son attention sur les relations entre les médias modernes et la surrection de l'événement, sa fabrication, sa part opaque et sa part révélée. Il s'interroge ainsi sur le rôle du secret dans les divers domaines de la vie quotidienne, dans le partage entre privé et public dans les systèmes démocratiques et totalitaires.

Ce qui caractérise l'histoire contemporaine selon Pierre Nora, qui en situe l'émergence entre la guerre de 1870 et l'affaire Dreyfus, est le fait qu'« aucune époque plus que la nôtre n'a vécu son présent avec le sentiment qu'il était déjà fortement chargé de sens[19] ». Après avoir accordé un grand rôle au caractère matriciel de l'affaire Dreyfus, Pierre Nora étudie de près la presse populaire française, son traitement de l'événement, l'imaginaire collectif qu'elle déploie, son audience. Puis il passe à l'étude de certaines visions de l'histoire fondées sur le complot et enracinées sur le phénomène de la rumeur, prenant parmi d'autres l'exemple des *Protocoles des sages de Sion*. Il montre comment le phénomène de la rumeur s'est répandu dans la modernité conjointement avec la théorie du complot. Le système de l'information est le nerf de la rumeur qui est aussi toujours histoire en tant que récit : « Toujours quelque chose peut être raconté[20]. » Pierre Nora prend quelques exemples, comme celui de la vision complotiste sous la Révolution française telle que l'analyse François Furet.

Au cours de cette première année de séminaire, Pascal Ory fait un exposé sur *L'Encyclopédie française* de 1932, dirigée par Lucien Febvre. Pascal Ory sera un des fidèles de ce séminaire, convaincu que c'est le lieu important de l'innovation historiographique : « Il y avait un bel équilibre entre ce qu'il suscitait en nous embauchant. Il nous rendait plus intelligents à chaque fois[21]. »

En cette première année 1976-1977, un assistant de marque suscite un certain émoi dans le public et une certaine angoisse chez Pierre Nora, c'est Michel Foucault. Il est en année sabbatique au Collège de France en 1977, et en profite pour venir assister à ce séminaire : « Il y avait là une trentaine de personnes et tout à coup tout le monde s'est tu car un homme chauve entre dans la salle, c'était Michel Foucault qui a suscité une certaine nervosité chez Pierre Nora[22]. »

Mais surtout le séminaire de Pierre Nora à l'EHESS aura été le laboratoire de ce qui deviendra son grand œuvre d'historien et d'éditeur, *Les Lieux de mémoire*. Le séminaire de l'année 1977-1978 porte déjà comme titre : « Les lieux de la mémoire collective. » Après la première année de réflexion, Pierre Nora ne définit plus le présent, dont son projet d'enseignement se propose de faire l'histoire, par une période chronologique, mais par une méthode, un point de vue qui oblige à réexaminer les relations entre histoire et mémoire. Il entend ainsi renverser la démarche traditionnelle qui va de l'histoire à la mémoire, en pratiquant l'inverse, en partant des lieux de cristallisation de la conscience nationale devenus des lieux mémoriaux : « Lieux matériels et topographiques, lieux monumentaux et architecturaux, lieux commémoratifs et symboliques, lieux conservatoires et transmissifs, lieux enfin généraux ou officiels et lieux particuliers à telle famille politique ou religieuse de la communauté nationale[23]. »

En 1977, Mona Ozouf, amie de Pierre Nora, suit très régulièrement son séminaire. Un grave accident de santé vient de frapper son époux, l'historien Jacques Ozouf. Chercheuse au CNRS, elle trouve dans les projets intellectuels ambitieux matière à combattre les menaces d'une possible dépression. Pierre Nora l'invite à suivre son séminaire pour se changer les idées, et elle assiste en cette année 1977-1978 à l'émergence du long chantier des *Lieux de mémoire*, à ses prolégomènes, ses premiers tâtonnements hésitants, car Pierre Nora ne sait pas trop encore où le conduit cette quête : « On était une vingtaine et Pierre était au tableau noir, en maître d'école de la République. Il faisait des colonnes pour expliquer la notion de lieu de mémoire et déclinait les lieux monumentaux, les lieux mémoriels, les lieux symboliques, les lieux privés, publics, pendant que l'assistance ne comprenait pas vraiment où cela menait[24]. »

Pierre Nora sollicite sans cesse son public pour qu'il lui donne des exemples, pour en discuter la validité, mais les premiers résultats ne sont guère probants et les résistances nombreuses dans une assistance pour laquelle la définition du lieu reste pour l'essentiel topographique et convient plutôt à la discipline sœur qu'est la géographie. Cet effort pour dépasser le sens convenu, pour le dé-naturaliser est, aux yeux de Mona Ozouf, emblématique de la grande œuvre à venir : « Elle en exprime l'aspect inventif, à la fois tâtonnant et soucieux de pertinence. Elle illustre aussi la volonté d'inventaire, l'ouverture et l'appel au travail collectif[25]. »

Véritable *Work in Progress*, cette élaboration a nécessité d'autant plus de temps que la notion de lieu de mémoire se présente sous la forme d'une double face, matérielle et idéelle. Pierre Nora fait plancher ses collègues et amis, soumettant à la discussion et testant la pertinence de ces lieux de mémoire qui seront parfois la matière essentielle des contributions publiées. Ainsi, en cette année 1977-1978, Mona Ozouf fait un exposé sur le Panthéon comme architecture de l'immortalité, Laurent Theis sur le rôle de la guerre des camisards dans la mémoire protestante, Gérard Namer sur la Bibliothèque nationale comme lieu de mémoire, Pascal Ory sur la commémoration du 150e anniversaire de la Révolution française. À ces exposés qui émanent de chercheurs participant régulièrement au séminaire, s'ajoutent ceux des invités extérieurs : Maurice Agulhon sur le Panthéon et les Invalides comme emblèmes nationaux, Krzysztof Pomian sur le musée des Monuments français, Annie Kriegel sur la mémoire communiste,

Raoul Girardet sur la notion de tradition politique, ou encore Nicholas Wahl sur les lieux de la mémoire gaulliste.

Les années 1978 à 1980 donnent une priorité à l'approche historiographique, partant du constat d'un déliement entre l'identité nationale et l'histoire. Se succèdent au séminaire pour y présenter des exposés, François Furet sur la naissance de l'histoire entre le XVIe et le XIXe siècle, Pierre Vaisse sur les relations entre l'histoire et la peinture sous la IIIe République, Claude Nicolet sur Rome pour la IIIe République, Jean-Philippe Genet sur la formation de l'État en France et en Angleterre au XIVe siècle, Philippe Joutard sur les relations entre histoire et tradition orale dans la France occitane, Bernard Grosperrin sur les histoires de France aux XVIIe et XVIIIe siècles, Jean Lecuir sur les manuels d'histoire et de géographie aux XVIe et XVIIe siècles et Jean-Marie Goulemot sur les rapports entre histoire littéraire et histoire nationale au XVIIIe siècle.

Au cours de l'année 1978-1979, Pierre Nora relie sa problématique des lieux à celle du présent : « En réfléchissant aux acquis et aux lacunes il m'a semblé que la *problématique des lieux* ne prenait son véritable sens que par rapport à une *problématique du présent*[26]. » Et d'avancer une innovation essentielle qui transgresse la fameuse partition entre les quatre vieilles périodes : Antiquité, Moyen Âge, moderne et contemporaine, en disant que pour lui le temps présent : « C'est seulement que tout en remontant très loin dans le temps, nous pouvons comprendre que nous ne quitterons pas le plus proche. Et que même en parlant de Moyen Âge, nous faisons de l'histoire contemporaine[27]. » La problématique des lieux de mémoire en gestation participe donc d'une problématique du présent qui plonge ses racines au plus loin dans le passé.

L'année 1979-1980 vise à démêler la triade mémoire, histoire, nation, et à définir leur point commun de cristallisation dans ce qu'entend Pierre Nora par lieu, ce qui est encore source de tâtonnements, d'hésitations. Par quoi peut-on définir ce lieu ? Telle est la question centrale qui est posée au cours de cette année fondamentale pour la cohérence du projet. Celui-ci renvoie d'une part à la crise de la conscience et de l'identité historique qui a pour effet cette dissociation progressive ressentie entre histoire et nation qui jusque-là recouvraient une même réalité. C'est au cours de cette année de séminaire que Pierre Nora ouvre vraiment le chantier de ce qu'il appelle désormais « Les lieux de mémoire ». Il définit ainsi le lieu des lieux de mémoire comme celui « où une société consigne ses souvenirs volontairement, partie intégrante de son identité[28] ». Il élabore ensuite toute une classification possible autour de binômes que sont les lieux matériels et topographiques, les lieux monumentaux et architecturaux, commémoratifs et symboliques, conservatoires et transmissifs, profanes et sacrés, publics et privés, spontanés et artificiels... qui renvoient tous à la même fonction qui est celle d'arrêter le temps, de lutter contre l'oubli, de pérenniser un ensemble de souvenirs en les délimitant : « Les lieux de la mémoire parlent d'abord par la mémoire des lieux[29]. »

Pour avancer sur la question du lieu des lieux de mémoires, il convient, selon Pierre Nora, d'envisager les rapports entre mémoire collective et mémoire historique. Ce lieu se trouve à l'endroit où une coutume vécue dans l'inconscient social devient une tradition vécue dans la conscience historique. Pierre Nora définit cet espace comme un entre-deux, car si la nature du lieu de mémoire est tout entière du côté de la coutume de par la cristallisation d'un sentiment d'appartenance, il n'y a pas besoin d'un lieu, et si elle n'est qu'un objet de curiosité intellectuelle ou un simple objet d'érudition, elle n'a pas besoin d'un lieu de mémoire non plus : « Une mémoire collective est une conscience *déjà* historique, mais *encore* vécue par les groupes[30]. » Elle a fondamentalement une fonction de passage, ce qui explique son caractère initiatique et sacré. À ce stade de la définition, Pierre Nora considère que le lieu de mémoire est situé sur une ligne frontière entre mémoire collective et mémoire historique. Il utilise déjà les travaux d'Halbwachs pour distinguer la dimension mémorielle et la dimension historique, mais il attache la plus grande importance, pour définir ce qu'est un lieu de mémoire, à l'intentionnalité, à la volonté mémorielle investie dans un lieu.

L'élaboration des *Lieux de mémoire* ne se limitait pourtant pas au séminaire de l'EHESS et empruntait d'autres voies, celle bien sûr des entretiens de Pierre Nora avec ses auteurs chez Gallimard, mais aussi des réunions de travail en petit comité avec Jacques Revel, Mona Ozouf, Marcel Gauchet et Krzysztof Pomian qui élaboraient le plan à suivre, puis défaisaient ce qui avait été fait pour le remettre de manière continue sur le chantier. Ces réunions restreintes de travail se déroulaient soit chez Gallimard, soit au domicile de Pierre Nora le samedi ou le dimanche après-midi : « Il y a chez Pierre un côté obsessionnel pour tout. Quand il pense à une chose, il ne pense qu'à cela et cela fait partie de ses qualités[31]. »

À partir de l'année 1982-1983, Pierre Nora infléchit un peu le thème de son séminaire au moment où le premier volume des *Lieux de mémoire*, consacré à la République, est en voie d'être achevé, presque prêt pour la publication. Il oriente sa réflexion sur un sujet qui le renvoie à son activité d'éditeur, l'étude des conditions propres à la production du livre, à sa diffusion, à sa consommation, et cet axe de réflexion le conduit à s'interroger sur le phénomène du *best-seller*, en se demandant s'il s'agit d'un phénomène nouveau, significatif de notre modernité. Il considère que l'on ne peut analyser le phénomène en se limitant à des données statistiques sur les chiffres des tirages. Il convient de s'interroger sur ce que Hans Robert Jauss appelle, dans son esthétique de la réception, l'« horizon d'attente » du lecteur, qui déjoue souvent les programmations éditoriales. Un tel champ d'investigation conduit Pierre Nora à diversifier ses exemples à partir d'études de cas pris aux XIXe et XXe siècles qui vont d'ouvrages clés comme *La Vie de Jésus* de Renan, *L'Assommoir* de Zola ou encore *La Peste* de Camus, à des types de sujets comme *Le Retour d'URSS* de Gide, *L'Archipel du Goulag* de Soljenitsyne, ou encore à des moments significatifs comme les années 1974-1975 qui ont vu le succès spectaculaire de livres comme *Louis XI* de Kendall, *Le Cheval d'orgueil* de Pierre Jakez Hélias ou, ce qui touche sa propre production d'éditeur chez Gallimard, *Montaillou, village occitan* d'Emmanuel Le Roy Ladurie, ou encore des genres d'auteurs différents, du journaliste à l'expert. Cette étude suggestive sera poursuivie en 1984-1985 en donnant lieu à de nouvelles études de cas.

Des doctorants

Le séminaire de Pierre Nora bénéficie d'un double affichage, celui de l'École bien sûr, mais aussi à Sciences-Po où les étudiants qui prennent l'option « histoire » peuvent s'y inscrire. Outre le fait d'être le laboratoire des *Lieux de mémoire*, il est aussi l'occasion pour Pierre Nora de faire bénéficier ses étudiants de son riche carnet d'adresses, de son très large réseau de relations, en invitant de nombreux spécialistes à exposer et soumettre à la discussion leurs analyses d'experts.

Au moment où Pierre Nora se donne pour objet d'étude les *best-sellers* en 1982, arrive de Tel-Aviv un étudiant de nationalité israélienne, Daniel Milo, qui va suivre son séminaire pendant sept années en y jouant un rôle très actif d'interlocuteur privilégié pour y apporter la contradiction : « C'était une sorte de partie de ping-pong entre nous deux[32]. » Une fascination réciproque explique ce long compagnonnage. D'un côté, Pierre Nora aime bien les non-conformistes et il est servi avec ce jeune étudiant qui se réclame de Nietzsche, se disant d'extrême gauche, ayant refusé de faire son service militaire comme réserviste, et déserteur pour ne pas avoir voulu faire la guerre du Liban en 1982, mais en même temps qui a été parachutiste en 1973 au moment de la guerre du Kippour. Ce jeune Israélien à la fois brillant et qui cultive son côté « sauvage », faisant fi de toutes les conventions, de tous les codes de bonne conduite, ne cherchant aucunement à s'assimiler dans le cadre institutionnel français et en même temps contestataire dans son pays d'origine, avait tout pour intriguer et intéresser Pierre Nora. Daniel Milo avait commencé par contacter Marc Ferro car il voulait au départ faire une thèse sur le cinéma et l'histoire. Il avait envoyé une lettre à Ferro qui en a jugé le contenu génial : « Braudel m'a dit un jour : "Tu as un grain de génie pour trouver des génies."[33] »

De son côté, ce jeune étudiant éprouve une réelle fascination, quasi esthétique, pour Pierre Nora : « Son atout principal pour moi, c'est que c'est l'homme le plus beau de l'École. C'est un aristocrate-né, formidable, cela m'a ébloui. Il avait alors cinquante ans et c'était une sorte de Paul Newman[34]. » C'est la classe de Pierre Nora qui motive Daniel Milo à suivre régulièrement et si longtemps ce séminaire : « C'est un duc au milieu de barons. Il a vraiment le sang bleu[35]. » L'autre objet de fascination pour Daniel Milo est la langue orale de Pierre Nora qui a dit une fois que Claude Lévi-Strauss parlait une langue du XVIIIe siècle, et qu'il était le seul à pouvoir être enregistré et transcrit tel quel à l'écrit. Or, il retrouve ces qualités chez Pierre Nora qui parle « une langue sans effet, sans préciosité, économe[36] ». En même temps, Daniel Milo, qui est à cheval entre deux nations, deux cultures, s'étonne du caractère très étroitement franco-français de Pierre Nora qui n'est à l'aise dans aucune langue étrangère.

Avec Daniel Milo, quelque peu emporté et provocateur, Pierre Nora, qui invitait souvent des responsables de marque dans divers domaines d'activité – aussi bien Alain Minc que Bertrand Poirot-Delpech, ou encore François de Closets venant parler de *Toujours plus* – pouvait être sûr d'avoir une sorte de psychodrame, une animation intense du séminaire car Daniel Milo réagissait violemment à ce qu'il estimait être « un défilé de mode, un défilé de monde, tous ceux qui comptaient à l'époque venaient raconter quelque chose[37] ». À chaque intervention, il n'hésitait pas à dégainer en tirant à vue sans sommation sur l'invité plutôt surpris par la vigueur de la charge. Pierre Nora se faisait alors l'avocat de son invité, et la joute se transformait en duel oratoire entre Pierre Nora et Daniel Milo qui sera mis à contribution pour *Les Lieux de mémoire*[38].

Un autre pilier du séminaire, Thierry Gasnier, d'un tempérament tout autre, participe à ce travail collectif à partir de l'automne 1986, soit à un moment au cours duquel Pierre Nora recentre son séminaire sur l'élaboration du dernier étage de la fusée des *Lieux de mémoire*, avec la préparation des trois volumes publiés en 1993, les *France*. Brillant élève de l'ENS et ancien de la fondation Thiers, il s'inscrit en DEA à l'EHESS sous la direction de Pierre Nora sur le thème de la fabrication des départements et des provinces au moment de la Révolution. Ayant fortement apprécié les premiers volumes des *Lieux*, il sollicite Pierre Nora dans une longue lettre de trois pages, mais il ne reçoit pas de réponse. Il se rend néanmoins à son séminaire et à la fin de la séance Pierre Nora demande s'il n'y aurait pas dans la salle un certain Thierry Gasnier et lui annonce tout de go qu'il le prend en thèse.

Il soutient son DEA en un an et le transforme en contribution pour *Les Lieux de mémoire*[39]. Il s'engage ensuite, en 1993, dans une thèse sur Jeanne Hachette du XVe siècle à nos jours, sujet qui s'inscrit tout naturellement dans le prolongement de la problématique des *Lieux de mémoire*. Pierre Nora soutient son étudiant pendant des années, le conseillant, examinant pas à pas ce qu'il lui donne à lire pendant une très longue durée qui excède tous les délais administratifs : « J'avais une manie perfectionniste et je lui donnais la quatrième, puis la cinquième version de tel ou tel chapitre. Avec sa gentillesse habituelle, il refaisait le travail avec un grand sens de ce qui n'allait pas dans mon texte[40]. »

En 1997, alors que Pierre Nora suit ce travail depuis déjà cinq années, il demande à son étudiant de lui communiquer l'ensemble et ils consacrent à le reprendre de nombreuses réunions soit à l'École après le séminaire, soit au domicile de Pierre Nora. À la fin de l'année 1998, Thierry Gasnier, toujours en proie à la procrastination, écrit à Pierre Nora pour lui dire qu'il abandonne ce qui est devenu un manuscrit monstrueux et ingérable et qui ne suscite plus chez lui d'enthousiasme car il s'investit avec passion dans sa nouvelle fonction de professeur au collège dans lequel il a été nommé. Pierre Nora ne laisse pas faire et veut sauver son étudiant : « Il m'a téléphoné pour m'engueuler, me disant que je ne pouvais pas faire cela, que c'était un suicide et qu'il me l'interdisait[41]. » En outre, Pierre Nora lui laisse entrevoir la possibilité d'un poste à l'École à la fin de sa thèse. Thierry Gasnier s'y remet, mais il traîne encore sans conclure, et cette fois c'est Pierre Nora qui jette l'éponge au soir de Noël 2000, prenant l'initiative de signifier à Thierry Gasnier, dont il encadre les recherches depuis douze années, que le temps est venu d'abandonner avec l'arrivée du troisième millénaire.

Lorsque Thierry Gasnier commence à fréquenter ce séminaire à l'automne 1986, il est sidéré par l'audace et la violence des propos de Daniel Milo : «Milo était capable de théâtraliser la moindre de ses émotions. Dès que quelqu'un énonçait quelque chose qui ne lui plaisait pas, il prenait la porte en disant qu'il ne mettrait plus les pieds ici et Pierre Nora le retenait[42].» La fin des années 1980 est un moment charnière dans l'élaboration des *Lieux de mémoire* entre les premiers volumes consacrés à la République et à la nation et les volumes à venir sur les France. Plus que jamais, le séminaire est alors un lieu dans lequel l'on teste des hypothèses, un lieu d'expérimentation, un atelier, et Daniel Milo comme Thierry Gasnier sont dans cette perspective les interlocuteurs privilégiés que Pierre Nora attend pour valider ou invalider ses hypothèses. La séance de séminaire pouvait parfois être consacrée à l'exposé de l'auteur d'une contribution qu'il devait écrire pour *Les Lieux*, ce qui a été le cas pour Jacques Revel venu exposer son article sur la Cour, ou pour Daniel Milo venu plancher sur «Les noms de rue», mais c'était plutôt rare. La fonction du séminaire était davantage axée sur l'élaboration intellectuelle de la problématique.

En général, le point de départ du séminaire était un texte qu'apportait Pierre Nora : un événement d'actualité pouvait aussi servir de prétexte pour démarrer : «Pierre Nora excellait dans ce genre d'improvisation[43].» Puis il s'arrêtait dans ses commentaires et demandait à son assistance ce qu'elle en pensait. Parmi les sujets récurrents, il y a eu les fameux écrits de Maurice Halbwachs sur la mémoire, ainsi que le livre de Yerushalmi[44]. La situation de proximité et de confiance entre Thierry Gasnier et Pierre Nora était telle que lorsque ce dernier sera un jour empêché de se rendre à son séminaire à cause d'une sciatique, il appellera tôt le matin son étudiant pour qu'il passe prendre ses notes de préparation et qu'il anime la séance. Même si Thierry Gasnier a dû renoncer à réaliser ce qu'espérait Pierre Nora, se plongeant avec passion dans l'enseignement secondaire pour lequel il réalisera d'ailleurs quelques manuels, il conserve un souvenir ému de cette période d'une extraordinaire richesse au cours de laquelle il a côtoyé son maître : «Je pense qu'il ne sera jamais non conformiste et en même temps jamais conformiste. C'est là qu'il cherche sa vérité. Je pense que le vrai Nora est là, dans la recherche de quelque chose d'authentique dans le rapport avec les gens avec lesquels il travaille. Et cette vérité qu'il m'a donnée de lui, c'est pour moi une reconnaissance éternelle, au-delà de ce qu'il m'a appris. J'en parle comme mon maître, mais c'est surtout un sacré bonhomme[45]. »

Parmi les doctorants ayant été encadrés par Pierre Nora, figurent aussi des étudiants étrangers comme cette étudiante chinoise Yanqing Liu venue de Pékin, de l'Institut de recherche sur l'Europe. Entre 1982 et 1986, elle est engagée à Pékin comme historienne spécialiste des relations internationales dans l'équipe de traduction des *Mémoires* de Raymond Aron en un moment où la Chine s'ouvre plus résolument sur l'Occident. Pierre Nora demande à Liu de lui soumettre un plan. Elle passe alors tout son temps à la bibliothèque de Beaubourg, de son ouverture à 10 heures du matin à sa fermeture à 22 heures, et dépose un projet à son secrétariat chez Gallimard. Il est à ce point sidéré par la qualité de ce premier travail qu'au rendez-vous qui suit, c'est lui qui descend pour l'accueillir, alors que jusque-là il était resté assez distant : « Il était vraiment ému. "C'est incroyable votre travail", m'a-t-il dit. Au début de l'entretien, il était en face de moi à son bureau, puis il est venu s'installer auprès de moi[46]. » En définitive, Pierre Nora va beaucoup s'impliquer dans l'encadrement de cette thèse consacrée aux *Mémoires* de Raymond Aron que son étudiante chinoise soutiendra à l'EHESS en 1992.

La soutenance elle-même a suscité beaucoup d'inquiétude chez Liu qui a failli s'effondrer en larmes et s'évanouir lorsqu'elle a entendu le feu roulant des questions, des critiques de son directeur de thèse. Peu coutumière du rituel français en la matière, ni de la manière de faire de Pierre Nora dans ces circonstances, elle pensait n'obtenir qu'une médiocre mention passable, alors que le jury lui attribue une mention très honorable avec ses félicitations unanimes. Elle aura pu se remettre de ses émotions avec le grand repas préparé pour le pot de thèse. Ayant un ami qui connaissait le cuisinier de l'ambassade de Chine, elle l'a fait venir avec ses deux collègues et ils ont préparé ce pot de thèse comme une grande festivité de l'ambassade : « M. Nora m'a dit : "Jamais je n'ai vu un repas de soutenance comme cela. Ce n'est pas un repas de doctorat, c'est un repas de mariage !"[47] »

Au terme d'un parcours atypique, Jamil Dakhlia se retrouve aussi en thèse avec Pierre Nora. Ancien élève de l'ENS Fontenay-Saint-Cloud, il entend entreprendre une recherche sur les médias et travailler sur la presse de programmes télévisuels. À l'ENS, il ne trouve personne pour encadrer une telle recherche, et sa sœur, Jocelyne, directrice d'études à l'EHESS, lui conseille de voir Pierre Nora. Il prend contact avec ce dernier et doit formuler davantage son projet avant qu'il n'accepte. Tout en n'étant pas spécialiste des médias, et moins encore de la presse de télévision, « il a fait preuve de beaucoup de bienveillance et de curiosité à l'égard de mon sujet[48] ». En tant que doctorant de Pierre Nora, il suit son séminaire pendant cinq à six années, et il est surpris par la sagacité de son regard d'éditeur sur les interventions qu'il sollicitait : « Une sorte de recul, de distance. Il ne réagissait pas en historien, mais en historiographe, d'une certaine façon, se demandant toujours ce que cela peut apporter à l'évolution de la science historique, dans une sorte de mise en perspective[49]. »

En ce début des années 1990, des contributeurs des *Lieux* sont venus plancher comme Michel Winock, Pascal Ory, Mona Ozouf, mais aussi un bon nombre d'étrangers, et Jamil Dakhlia retrouve un certain nombre de ses camarades de l'ENS qui, sans faire leur thèse avec Pierre Nora, participent à son séminaire : Stéphane Michonneau, Emmanuelle Loyer, Olivier Le Troquer : « Il avait toujours ce regard d'honnête homme sur les intervenants, cette culture pas vraiment encyclopédique, mais posant toujours des questions pertinentes qui pouvaient déstabiliser ceux qui commençaient à être pris dans leur routine[50]. » En 1998, Jamil Dakhlia soutient sa thèse à l'EHESS[51]. Il ne trouvera cependant pas à la publier, mais il aura l'occasion d'en énoncer le propos principal en 2006 dans un des deux numéros de la revue *Le Débat* consacrés aux médias[52].

Pierre Nora aura encore quelques autres doctorants, même si ce ne peut être évidemment le cœur de son activité. Yves Morel soutiendra sous sa direction en 1997 une thèse d'historiographie sur Seignobos qui sera publiée[53] ; Lichman Tai soutiendra une thèse sur la décolonisation en 2001[54], et Claudine Drame sur les représentations de la Shoah[55].

15

La fabrique des *Lieux de mémoire*

Les années 1970 sont marquées par la résurgence des mémoires oubliées, des mémoires refoulées par l'État français et par son « mythe national », comme le qualifie Suzanne Citron. Occitans et Bretons, mais aussi Basques et Corses, et bien d'autres encore revisitent leur mémoire régionale qui aspire à être dignifiée comme histoire. Dans le même temps, on déterre les cadavres enfouis sous le mythe résistancialiste, ceux des pages sombres de Vichy. En outre, cette remontée mémorielle est accompagnée par le retour en métropole des ethnologues qui ont dû quitter leur terrain initial, celui des continents lointains, pour porter leur regard décalé sur leur propre société. Or, celle-ci vient de vivre une véritable mutation, et songe parfois avec quelque mélancolie à ce qu'a été « ce monde que nous avons perdu », comme l'appelle l'historien anglais Peter Laslett[1]. Une véritable rupture historique que le sociologue Henri Mendras qualifie de « seconde révolution française » vient de sortir la France de sa torpeur rurale pour la faire entrer dans l'ère de la modernité urbaine et technologique. Les Français devenus tout à coup urbains témoignent alors d'un appétit pour tout ce qui peut leur rappeler le monde d'antan, celui de leurs racines, des lieux abandonnés pour venir peupler les villes nouvelles et les banlieues. On découvre l'altérité avec ce passé. Le désir d'ailleurs et d'origine, que l'on allait chercher dans les années 1950 du côté des Nambikwara et des Bororo de Claude Lévi-Strauss, est alors comblé dans ces années 1970 par ces bouffées mémorielles qui remontent des tréfonds de nos campagnes. Ce qui a été la matrice même du discours historien en France, le cadre national, devient objet de contestation, de démythologisation, d'éclatement, au nom de mémoires singulières et souvent meurtries, le plus souvent objet d'amnésie et d'indifférence. Ces revendications mémorielles viennent mettre en question le discours lavissien qui a été la *doxa* de la nation depuis la fin du XIXe siècle, et l'on commence à s'interroger pour savoir si les figures tutélaires de la nation – Vercingétorix, Jeanne d'Arc, Bayard ou Roland à Roncevaux – ont bien été ce que l'on nous en a transmis.

Au plan des publications d'histoire savante, l'ouvrage de Philippe Joutard que publie en 1977 Pierre Nora dans la « Bibliothèque des histoires » sur la transmission de la révolte des camisards est très significatif des avancées possibles d'une meilleure intelligibilité historique lorsque la discipline prend en considération le legs mémoriel dans ses discontinuités temporelles, dans la diversité de ses groupes-supports et dans les métamorphoses de sens en fonction du moment[2]. Cet ouvrage que Pierre Nora fait paraître au moment même où, en 1977, il transforme son séminaire en laboratoire de ce qui va devenir *Les Lieux de mémoire*, va jouer un grand rôle : « Il y a là plus que des coïncidences : un coude à coude de la recherche, un déploiement identique du compas, un parallélisme de parcours... Une même sensibilité générationnelle nous a réunis dans le pressentiment de la mutation nationale et même mondiale des années 1970... avec l'idée qu'un événement n'était rien d'autre que la trace qu'il avait laissée dans la vie et le souvenir des hommes. Histoire, mémoire et historiographie, c'était tout un[3]. »

La première publication de Pierre Nora sur ce thème est contemporaine des débuts de son séminaire, c'est un entretien avec son ami psychanalyste J.-B. Pontalis[4] qui s'interroge sur la rupture qu'il constate entre histoire et mémoire, entre la pratique historienne et la démultiplication des vécus historiques des groupes porteurs de leur mémoire singulière. Selon le psychanalyste, l'histoire-problème de l'école des *Annales* qui proclame sa rupture avec le récit tourne le dos à ces demandes de récits des origines. Pierre Nora lui répond que ces revendications mémorielles ont justement pour effet de transformer la pratique historienne en consacrant un véritable tournant historiographique de la discipline. Pontalis met en avant un concept freudien qui peut être de la plus grande utilité pour l'ouverture d'un nouveau champ d'investigation de l'historien, le phénomène de l'après-coup, qui de plus ne peut être ressaisi qu'à partir d'un présent. Or, c'est justement le thème de la chaire d'enseignement de Pierre Nora à l'EHESS : « Il y a une quantité de mémoires qui opèrent à tout instant en chacun de nous. Mais ce que les historiens ont, plus que tout autre, c'est la connaissance des effets d'après-coup, qui modifient sans cesse, à partir du présent, la mise en perspective du passé[5]. » L'historien, selon Pierre Nora, doit débusquer les inerties mémorielles et dissiper les illusions que les sociétés entretiennent sur elles-mêmes pour retrouver les voies d'un projet libérateur.

Cet entretien pose une première pierre d'attente pour des conceptualisations futures, mais il n'en aura pas moins des effets majeurs : « Avant *Les lieux de mémoire*, l'entretien de Pierre Nora avec Pontalis m'a passionnée, je l'ai relu cinquante fois lorsque j'ai commencé à travailler ma thèse. On n'avait pas grand-chose à l'époque, si ce n'est Halbwachs[6]. »

Maurice Halbwachs est en effet le point de départ de cette césure entre histoire et mémoire. On le retrouve utilisé dans la seconde intervention de Pierre Nora sur la mémoire qui date de sa contribution à l'encyclopédie dirigée par Jacques Le Goff sur *La Nouvelle Histoire*, parue en 1978[7]. En cette occasion, Pierre Nora s'étonne que la mémoire soit devenue la préoccupation des philosophes (Bergson), des psychanalystes (Freud), des écrivains (Proust), des sociologues (Halbwachs), mais pas encore des historiens. En 1978, Pierre Nora distingue ce qu'il qualifie de mémoire historique de la mémoire collective en reprenant pour l'essentiel l'opposition systématisée par Halbwachs. Il préconise, à la différence du sociologue, de faire de cette mémoire collective le miel de la pratique historienne pour en assurer le renouveau. Certes, il reconnaît le caractère vague, labile de la notion, mais c'est justement cette imprécision, sa capacité à habiller large qui est susceptible de lui donner une vocation stratégique, à la manière du rôle qu'a joué la notion de mentalité dans les années 1970.

Dès 1978, il préconise un observatoire de cette notion, celui des lieux, et un moment, celui de l'histoire contemporaine : « Il s'agirait de partir des lieux, au sens précis du terme, où une société quelle qu'elle soit, nation, famille, ethnie, parti, consigne volontairement ses souvenirs ou les retrouve comme une partie nécessaire de sa personnalité[8]. » Ce qui compte surtout en cette année 1978, c'est le fait que Pierre Nora donne droit de cité à la mémoire collective sur le territoire de l'historien dans un climat d'effervescence mémorielle et d'émergence de l'histoire orale.

Pierre Nora revient peu après, en 1979, à cette question de la mémoire dans l'éphémère revue *H-Histoire*, créée et dirigée par Laurent Theis[9]. Confrontant les mémoires gaulliste et communiste, il en déduit que la frontière ne passe pas tant en France entre des mémoires politiques qu'entre deux types de mémoires : les mémoires idéologiques et les mémoires sociales, ces secondes étant plus difficiles à appréhender car elles fonctionnent jusqu'au tréfonds du social et ne

La famille Nora, en août 1942, à La Clusaz : *devant*, Pierre et Jacqueline ; *derrière eux, assis*, Gaston et Julie, les parents ; *derrière*, Jean et Simon.

Gaston Nora et son fils Pierre à La Clusaz, août 1942.

Pierre et Simon Nora, en 1941, à Grenoble, sur le toit de la rue de Belgrade.

Les mêmes, cinquante ans plus tard.

Classe de khâgne de Pierre Nora (3), 1951-1952. On peut reconnaître : 1. Jacques Derrida, 2. Le professeur Roger Pons, 4. Gilbert Dagron, futur administrateur du Collège de France et membre de l'Institut.

Classe d'hypokhâgne à Oran, en 1959. Pierre Nora est debout, *à droite*.

Avec Jean Daniel, en 1966.

Pierre Nora, en 1961, date de la publication de son livre *Les Français d'Algérie*.

Les amis,
Jacques Julliard…

… et Christian Bourgois.

Photomontage
du bureau de Pierre
Nora chez Gallimard.

Avec Gabrielle Van Zuylen...

Marcel Gauchet (*Le Débat*)...

Jacques Le Goff...

... et Mona Ozouf.

Jean-Marie Le Clézio,
Philippe Sollers,
Bernard Pivot
et Pierre Nora.

Avec Michel Rocard...

Claude Lanzmann...

... et Robert Badinter, à Belle-Isle.

Avec Milan Kundera.

Dans le Lot,
chez François Furet
(*au premier plan*)
avec Olivier Nora.

L'académicien,
juin 2002.

Avec son fils Elphège lors de la cérémonie de la remise de l'épée d'académicien.

peuvent être restituées que dans leur épaisseur temporelle et sociale : « Et c'est précisément la coexistence, les tensions et les entrelacs de ces deux types de mémoire qui donnent à la vie politique et nationale française son style si particulier[10]. »

La problématique des Lieux

Lorsque Pierre Nora présente la publication du premier ouvrage de son édifice consacré à la République en 1984, il part d'un constat, celui de la disparition d'un certain rapport à la mémoire nationale qui a dominé durant toute la IIIe République et qui prenait la forme d'une identification passionnelle. En tant qu'historien, il s'assigne un double objectif quelque peu en tension, celui d'exprimer cette perte, et celui d'échapper à la mélancolie en trouvant des solutions inventives. Il serait alors question de faire l'inventaire des lieux de cette perte : « On ne parle tant de mémoire que parce qu'il n'y en a plus[11]. » La fonction de l'historien serait alors de construire un tombeau pour le mort, comme l'appelle Michel de Certeau, manière d'honorer le passé et les dettes contractées envers lui en lui assignant une place qui permet de ne pas le voir hanter le présent à l'insu des enjeux de l'actualité. Le projet se présente comme ayant une dimension d'esthétisation de ce qui n'est plus, et se trouve cristallisé à la manière des sentiments amoureux chez Stendhal, une forme de beauté du mort célébrée par l'historien dans une « poétique de la mémoire[12] ».

Pour construire un tel monument, encore fallait-il penser la distinction entre histoire et mémoire, dissocier ces deux ensembles que l'on avait eu tendance à assimiler jusque-là. Pierre Nora s'appuie sur une réflexion déjà avancée du côté de la sociologie durkheimienne à propos de la mémoire, celle de Maurice Halbwachs[13]. Pour des raisons tout autant stratégique, le sociologue avait consacré la coupure entre histoire et mémoire pour que la sociologie puisse s'approprier la part vécue, mémorielle, comme champ spécifique d'investigation. Mais par-delà les conflits d'influence entre disciplines, cette coupure a eu un effet heuristique décisif dans la prise de conscience qu'il y avait bien une distinction à faire entre les deux domaines. Pierre Nora part donc de là pour définir sa problématique des lieux en opposant terme à terme ces deux dimensions : « Mémoire, histoire : loin d'être synonymes, nous prenons conscience que tout les oppose[14]. » À la mémoire ancrée dans la vie des gens, à la fois multiple et sacralisée, affective et magique, échappant à la rationalisation, s'opposerait terme à terme l'histoire comme manifestation de l'abstraction, de l'effort de laïcisation, de mise à distance, d'objectivation et de conceptualisation. Dans cette acception durkheimienne, l'histoire serait assimilable à une physique sociale dégagée de la sphère du vécu, et à la limite l'on pourrait dire que l'histoire ne pourrait commencer qu'au point où s'achève la tradition mémorielle, laissant l'étude de celle-ci à la perspicacité du seul sociologue. De plus, Halbwachs, par le caractère tranché de sa dichotomie, entend démontrer le primat de la mémoire collective sur la mémoire individuelle, fidèle en cela au paradigme durkheimien, ce qui constitue une limite de son avancée conceptuelle vers l'étude des phénomènes mémoriels, comme le soulignera plus tard le sociologue Roger Bastide : « Halbwachs est resté attaché au courant durkheimien d'opposition radicale entre l'individu et le groupe... Cette fausse dichotomie l'a empêché de saisir, croyons-nous, la nature exacte de la mémoire collective[15]. »

La construction d'un tombeau par Pierre Nora ne relève d'aucune pulsion mortifère, d'aucune obsession morbide, car l'historien vise avec un tel projet à rouvrir les portes de possibles non avérés et à offrir une réponse à la crise de l'avenir. Contrairement à ce que certains y ont vu, il ne s'agit pas de dresser un inventaire après décès, sinon Pierre Nora ne serait pas historien, mais antiquaire ou liquidateur de biens. Ce à quoi il s'emploie est un travail systématique de démythologisation des croyances mémorielles en faisant fonctionner la capacité critique de la discipline historique. Constatant la fin de l'adéquation entre l'histoire et la mémoire dont l'efficacité tenait d'une évidence jamais interrogée, partant du fait que la société contemporaine n'habite plus sa mémoire, ne s'identifie plus à elle, Pierre Nora voit dans l'émergence d'une conscience historiographique le symptôme de cet arrachement progressif de l'histoire vis-à-vis de la mémoire. L'opération historiographique resituée comme pratique singulière et tributaire d'un lieu fait éclater l'évidence selon laquelle l'on croyait jusque-là que par la voix de l'historien c'était le réel de l'histoire qui s'exprimait, alors qu'il ne fait qu'énoncer une mémoire particulière : « Aucun des grands historiens, depuis Froissart, n'avait sans doute le sentiment de ne représenter qu'une mémoire particulière[16]. »

La crise que traverse l'identification à une tradition mémorielle unitaire offre ainsi l'opportunité de déployer la fonction critique de la discipline historique, et c'est bien à cette fonction subversive, et non pas d'enfouissement des tensions, que Pierre Nora invite lorsqu'il définit sa problématique des lieux de mémoire : « La naissance d'un souci historiographique, c'est l'histoire qui se met en devoir de traquer en elle ce qui n'est pas elle, se découvrant victime de la mémoire et faisant effort pour s'en délivrer[17]. » Par là, l'histoire ne fait qu'accomplir sa vocation d'objectivation, de distanciation, et déployer ce que Gabriel Monod, Langlois et Seignobos appelaient à la fin du XIXe siècle la critique interne et externe des sources, mais elle l'applique cette fois à son propre discours qui devient objet de son soupçon et de son discernement.

Le discours historien s'est particulièrement identifié en France à la construction de l'État-nation qui lui a servi de matrice, notamment pour recoudre les fils distendus du corps social aux lendemains de la Révolution. L'histoire a joué alors, en son âge romantique et libéral, le rôle de réunificateur du long héritage de l'ancienne France et de la France moderne issue des transformations révolutionnaires. Le caractère matriciel de l'État-nation s'est encore exacerbé lorsqu'il a été question de prendre une revanche contre les Allemands après la défaite de 1870. Mais les effets des grandes tragédies du XXe siècle comme les mutations de la société, l'accélération de la communication, le processus de mondialisation, tous ces éléments ont sérieusement ébranlé cet édifice. La nation a perdu de sa capacité structurante et sa fonction matricielle s'est trouvée au cœur de remises en question radicales. Il en est résulté un basculement d'une relation quasi totémique au passé et le passage à ce que Pierre Nora qualifie d'histoire au second degré, qu'illustre sa problématique des lieux.

Pierre Nora relie aussi ce nouveau rapport au passé qu'initie sa problématique avec le basculement du futur dans l'opacité. Le véritable culte du passé tient ici au fait que l'on ne sait plus ce dont demain sera fait. Les trois projections dans le futur sont toutes en crise à la fin des années 1970 : que ce soit les nostalgiques du passé qui placent le futur sous le signe de la restauration de l'ancienne France, que ce soit le courant révolutionnaire qui attend le grand soir pour en découdre et instaurer une société meilleure, ou encore ceux qui discernent dans l'histoire humaine un progrès continu, tous voient disparaître l'horizon évolutionniste et téléologique qui était le leur. Mais si l'on ne sait plus ce que nous réserve le futur, l'effet en retour est une indistinction de ce qu'il importe de retenir dans le passé. Il en résulte un véritable culte de l'archive, car on ne sait plus quoi archiver. Tout pouvant être dignifié par l'histoire, le domaine de ce qui est mémorable devient indéfini et débouche sur un trop-plein archivistique : « Aucune époque n'a été aussi volontairement productrice d'archives que la nôtre[18].» Cette indistinction est en même temps source de problèmes identitaires. Si l'on ne peut plus s'identifier à un cadre unitaire ancré dans le passé et porteur d'avenir, l'on va à la fois errer à l'intérieur d'un présent dilaté, indéfini et se replier sur la quête de son identité singulière. L'on assiste donc à une individualisation du rapport à la mémoire, à une démultiplication des mémoires jusqu'à l'infime qui s'exprime entre autres par l'engouement spectaculaire pour les recherches généalogiques. Chacun se fait l'historien de soi et «inaugure un nouveau régime de mémoire, affaire désormais privée[19]».

À partir de ce diagnostic, Pierre Nora définit ce qu'il entend par lieux de mémoire qui doivent pour lui initier une autre histoire. Il insiste sur leur caractère pluridimensionnel : ils sont à la fois matériels, symboliques et fonctionnels et ces trois aspects sont coextensifs les uns par rapport aux autres. Pour définir un lieu de mémoire, il ne suffit pas d'en repérer une trace matérielle, encore faut-il qu'il soit investi de deux autres dimensions, l'imaginaire et le symbolique. Il est fondamentalement pris dans l'interaction avec ce qu'en font les individus : «Au départ, il faut qu'il y ait volonté de mémoire. Si l'on abandonnait le principe de cette priorité, on dériverait vite d'une définition étroite, la plus riche de potentialités, vers une définition possible, mais molle, susceptible d'admettre dans la catégorie tout objet virtuellement digne d'un souvenir[20].» On constate ici que Pierre Nora a resserré la définition de sa notion, alors qu'en 1978 il la voyait comme habillée au plus large en fonction de visées stratégiques. En 1984, il s'agit de la rendre opératoire pour préconiser une autre forme d'histoire, et la notion de lieu de mémoire est alors habitée par la volonté humaine, et donc par une dynamique sociale et historique. À la manière des anneaux de Moebius enroulés sur eux-mêmes, si utilisés comme modèle dans les années 1960 par Lacan, les lieux de mémoire appartiennent à deux registres temporels, celui qui les a vus naître et le présent dans lequel ils signifient encore. L'historien se donne pour objet de ressaisir leurs métamorphoses significatives à l'intérieur de l'épaisseur temporelle qui les sépare de l'aujourd'hui selon un répertoire de sens qui ne cesse de s'amplifier. Tout peut devenir lieu de mémoire, tout événement grand ou petit, tout objet matériel ou symbolique, mais à condition d'être l'objet d'une projection de sens. Le lieu de mémoire ne se définit donc pas au préalable; seul l'historien ou celui qui porte son attention sur le travail du temps peut apprécier ce qui relève d'un lieu de mémoire. Cette définition étant exposée aux métamorphoses du souvenir et de l'oubli ne peut jamais se stabiliser. Inventaire à la Prévert ? Art du détournement de la fonctionnalité des objets à la Francis Ponge ? Voire. Il peut sembler incongru de faire se succéder dans une table des matières les monuments aux morts et le Grand Dictionnaire Larousse, Lavisse... et pourtant tous ces lieux ont un référent commun qui n'est pas tant à rechercher dans les *realia* qu'en eux-mêmes en tant que signes dont le propre est justement de s'être trouvés coupés de leur référent, et de continuer néanmoins à porter du sens par-delà le moment de leur apparition.

Lorsque paraît le premier volume en 1984, il est tout de suite évident qu'il s'agit d'une immense entreprise éditoriale, pas moins de quatre volumes sont annoncés et l'ampleur du chantier sera tel, malgré une exhaustivité impossible, qu'au bout du compte, après une gestation qui va prendre près de dix années, on aboutira en 1993 à la publication de sept volumes. La trilogie – République, Nation et les France – est néanmoins déjà annoncée comme une montée vers des degrés supérieurs en complexité. Pierre Nora met bien en garde dès sa présentation sur le caractère à la fois proche et en même temps distinct de la notion de lieux de mémoire et de celle de lieux d'identité. Les regards sur la République vont conduire à privilégier un moment matriciel, celui de la IIIe République, qui a le plus clairement déployé une stratégie mémorielle pour asseoir un consensus national qui n'a pas été, loin de là, spontané au fil du XIXe siècle. À propos de la nation, il rappelle qu'il s'agit d'un construit et non d'un donné et qu'en conséquence la mémoire y est au travail. Pierre Nora perçoit un risque qui serait celui de privilégier les expressions mémorielles marginales et minoritaires au sein de la nation et choisit délibérément, pour éviter cet écueil, de « sur-représenter, autant que la place le permettait, le nombre des lieux de mémoire majoritaires[21] ». En tension entre les deux pôles que sont la mémoire d'un côté et l'histoire de l'autre, l'historien des lieux de mémoire privilégie une forme nouvelle de vérité qui est d'ordre symbolique. Cela signifie-t-il pour autant que Pierre Nora rompt avec le fameux contrat de vérité, point originel de la discipline historique depuis Thucydide, pour mieux participer à la déconstruction postmoderne qui déboucherait sur une forme de relativisme historique ? Nullement, et Pierre Nora est très clair sur ce point en précisant que cette originalité, la prévalence accordée à la vérité symbolique, « ne rend que plus impérative la fidélité absolue au principe de réalité, la volonté confirmée de savoir, selon la célèbre formule de Ranke, "ce qui s'est réellement passé"[22] ». S'il y a un danger, il est ailleurs, et

Pierre Nora en est conscient. Il le désigne clairement comme le risque d'un repli identitaire qui est l'inverse même du sens de son entreprise d'historien : « Cette complaisance à nos imaginaires de prédilection comporte, indéniablement, un risque de régression intellectuelle et de retour au gallocentrisme que toute l'historiographie contemporaine a fait l'heureux effort de dépasser. Il faut le savoir, il faut y prendre garde[23]. »

Le danger de la banalisation guette davantage encore lorsqu'il est question de prendre pour objet les France. Pour se garder de cet écueil, Pierre Nora invente le néologisme peu euphonique consistant à distinguer des lieux de mémoire que l'historien pourrait « lieu-de-mémoriser », c'est-à-dire les constituer en quelque chose de singulier grâce à cette opération. Si l'on parvient ainsi à démontrer que l'on peut tirer des enseignements nouveaux à partir d'objets usuels du parcours historiographique dès lors qu'on les appréhende comme lieux de mémoire, la notion aura subi l'« épreuve du feu » et démontré sa validité. Pierre Nora reconnaît une contradiction de fond dans son entreprise entre la méthode et le projet des *Lieux*. L'objectif était de sortir d'une entreprise d'explication de la nation endogène à elle-même comme on la trouve dans toutes les entreprises historiographiques antérieures, d'échapper à la tautologie qui fait expliquer la France par la France, de se situer en position d'extériorité en tirant pleinement les leçons de l'anthropologie pour sortir d'un enfermement explicatif.

Selon Pierre Nora, le lieu de mémoire, et c'est un axe de réflexion sur lequel il n'a pas transigé ni fluctué, appartient toujours à deux ordres de réalité, tangible et symbolique. À partir de là, la tâche de l'historien, « ce qui compte pour lui, n'est pas l'identification du lieu, mais le dépli de ce dont ce lieu est la mémoire[24] ». On reconnaît là une inspiration qui vient sans doute d'Alphonse Dupront et l'on comprend mieux l'acharnement dont a fait montre Pierre Nora pour éditer la thèse sur *Le Mythe de croisade* de celui qui s'était donné pour objet le phénomène de la croyance à travers le temps et qui voyait l'histoire comme une thérapie qui aurait pour fonction de « déplier ce que le temps a durci[25] ».

Le même principe qui est à l'œuvre depuis le début de l'entreprise est celui de la déconstruction du donné, de sa pluralisation, et il est encore là comme il était au principe en 1971 de la « Bibliothèque des histoires » au pluriel ; il s'agit ici des France et non de la France. Et Pierre Nora de préconiser une autre manière d'écrire l'histoire de France qui se situe en rupture avec les paradigmes antérieurs, tant l'histoire selon Michelet, selon Lavisse ou encore selon les *Annales* : « La voie est ouverte à une tout autre histoire : non plus les déterminants, mais leurs effets ; non plus les actions mémorisées ni même commémorées, mais la trace de ces actions et le jeu de ces commémorations ; pas les événements pour eux-mêmes, mais leur construction dans le temps, l'effacement et la résurgence de leurs significations ; non le passé tel qu'il s'est passé, mais ses réemplois permanents, ses usages et ses mésusages, sa prégnance sur les présents successifs ; pas la tradition, mais la manière dont elle s'est constituée et transmise[26]. » Au-delà même de l'histoire de France, Pierre Nora définit là un horizon d'investigation pour une tout autre histoire, quel qu'en soit le cadre national, une histoire par la trace, par l'indice et qui déplace radicalement la position de l'historien en le sortant de son confort qui consistait jusque-là à prédire ce qui allait advenir dans le passé en privilégiant toute une batterie de causalités.

Ce déplacement réalisé par Pierre Nora invite l'historien à retrouver la part d'indétermination du présent qui a traversé les sociétés passées et à suivre les linéaments de sens, leurs métamorphoses entre le sens émergeant et le sens présent. C'est à un véritable basculement de l'amont vers l'aval de l'événement que se trouve convié l'historien. Il rejoint ainsi toute la filiation herméneutique selon laquelle la distance temporelle n'est pas considérée comme un handicap ni comme une séquence temporelle morte, mais au contraire tissée d'un sens qui ne cesse de se transformer jusqu'au temps présent. Pierre Nora brise le cadre unitaire de la nation en montrant que l'on peut y cheminer en fonction d'un apprentissage de soi selon des chemins non tracés et en même temps porteurs d'un sens à la fois intérieur et extérieur à soi. Il ouvre ainsi non seulement à une manière inédite d'écrire l'histoire, mais à un nouveau régime d'historicité qui réintègre dans sa manière de vivre l'histoire la part collective et vécue d'habiter le temps.

Entre le peuple-mémoire juif et le trop-plein d'histoire de France

On pourrait se poser la question de savoir comment Yukong déplaça les montagnes, comment un homme, certes appuyé par toute une cohorte d'historiens, pas moins de cent trois, est parvenu à élaborer un nouveau paradigme, une nouvelle manière d'écrire l'histoire. On en est réduit à des conjectures, mais il me semble que ce qui a rendu possible cette ouverture trouve son fondement dans la singularité de l'itinéraire même de Pierre Nora, dans ce qu'il a traversé en tant que Français juif assimilé, avec une intensité propre à un parcours fragilisé par son identité juive, ayant échappé de peu à la mort, ayant traversé très tôt la barbarie, et ayant expérimenté dès l'enfance l'ambivalence d'une nation française tiraillée entre son visage souriant d'incarnation des Lumières et le visage grimaçant du repli identitaire gallocentré et raciste.

Le tout jeune Pierre Nora a été confronté à cette figure de Janus et l'intellectuel qu'il est devenu n'a cessé de remettre sur l'établi cette question de l'identité nationale qu'il retrouvera au plan de sa réalité coloniale à propos de l'Algérie. C'est dans ce questionnement de l'intérieur de sa passion pour la France et de ses valeurs universelles et en même temps du deuil d'un certain nombre de naïvetés après ce qu'il a vécu, donc d'un écart, d'un pas de côté en tant que Juif, que Pierre Nora a pu à la fois exprimer son amour de la France et son exigence de démythologisation. Cela a été, me semble-t-il, sa manière d'être un Français juif, fondamentalement attaché aux valeurs républicaines de son pays et en même temps non dupe, cultivant le second degré, le regard critique. De sa judéité, il ne retire aucun sentiment communautaire, mais le fait que les Juifs se pensent comme peuple-mémoire, et c'est cet apport qu'il réussit, avec la fortune que l'on sait, à articuler avec les règles de la discipline historienne. Pierre Nora, qui n'a jamais mis en avant la part juive de son identité, n'aurait certainement pas mis en relation lui-même sa rupture historiographique avec cette tension interne qu'il a traversée, mais il a fait part de sa relation existentielle à l'histoire et admis que ce rapport très personnel avec la fonction historienne pouvait être lié à son histoire propre pendant la guerre[27].

Son innovation tient à l'expression de cette tension constante chez lui entre son attachement à ce peuple-mémoire qu'est le peuple juif, ce peuple « dont le vrai lieu de mémoire n'est autre que la mémoire elle-même[28] », et son amour de la France qui s'apparente à ce que pouvait ressentir un Jules Michelet vis-à-vis d'une nation qu'il a célébrée par l'histoire. Lorsque Pierre Nora place toute son entreprise des *Lieux* sous le signe de l'entre-deux, entre mémoire et histoire, ce n'est donc pas une simple clause stylistique, c'est une manière d'exprimer sa singularité, son moi clivé entre ces deux pôles, son refus de tomber dans les deux écueils que serait le communautarisme juif d'un côté et le nationalisme français de l'autre.

L'explosion mémorielle des années 1970 prend d'ailleurs, selon lui, pour matrice le devoir de mémoire que ressent une communauté juive assez profondément déjudaïsée et qui tend à réactiver son identité singulière à partir de sa mémoire : « C'est que dans cette tradition qui n'a d'autre histoire que sa propre mémoire, être juif, c'est se souvenir de l'être[29]. » C'est ce mariage au plus profond de lui-même entre le feu et l'eau, entre ce peuple-mémoire qu'est le peuple juif et ce peuple si fortement enraciné, territorialisé qu'est le peuple de France qui a sacralisé son histoire au point de la célébrer à la manière d'un office religieux comme l'a fait un Michelet, que va réaliser Pierre Nora. S'il limite son ambition première à une écriture nouvelle de l'histoire de France, ce qui n'est déjà pas si mal, il accède en fait, grâce à la connexion entre ces deux flux, à l'universel, car toute l'histoire prend alors un tour réflexif et s'écrit au second degré par son ouverture historiographique.

On peut dire de Pierre Nora ce que Paul Ricœur dit de Yosef Yerushalmi à propos de son ouvrage *Zakhor*[30] : « Le livre de Yerushalmi a la vertu, dont témoignent bien des œuvres issues de penseurs juifs, de donner accès à un problème universel à la faveur de l'exception que constitue la singularité de l'existence juive. C'est le cas avec la tension qui traverse le siècle entre la mémoire juive et l'écriture de l'histoire, l'historiographie[31]. » La singularité de l'expérience juive est d'avoir été privée pendant très longtemps de toute forme de territorialisation et d'avoir été ainsi un peuple-mémoire indifférent à la culture historique et à tout regard d'ordre historiographique.

L'apport majeur de Yerushalmi aura été de comprendre de l'intérieur ce malaise historiographique propre à l'« historien juif professionnel[32] ». Il est significatif de noter, sans que les deux publications aient eu le moindre rapport, que l'ouvrage de Yerushalmi paraît en France la même année que les premiers volumes des *Lieux de mémoire*. Le propos est très proche, même si l'objet est tout autre. Yerushalmi réagit contre le trop-plein de mémoire, le fardeau qui pèse sur le présent dénoncé par Nietzsche, contre la maladie qui consiste à ne rien oublier, comme l'a traduit au plan littéraire un Borges avec son *Funes el memorioso*. L'historiographie qu'il préconise ne vise pas à simplement perpétuer le poids du passé mémoriel, mais entend faire advenir quelque chose de nouveau, relevant d'un entre-deux. L'historiographie, selon lui, « n'est pas une tentative pour restaurer la mémoire, mais représente un genre réellement nouveau de mémoire[33] ».

Leurs projets respectifs se rejoignent manifestement, même si l'un, l'historien juif américain, part d'un ancrage plus profond dans la culture juive puisque ses parents parlaient yiddish et l'ont placé dès l'âge de huit ans dans une yeshiva, non par orthodoxie, mais pour qu'il apprenne l'hébreu, alors que Pierre Nora vient d'une famille totalement assimilée à l'histoire française. Le problème de l'un est d'insuffler la distance nécessaire au sein de la mémoire du peuple juif grâce aux apports de l'historiographie, alors que le souci de l'autre est de penser la nation sans nationalisme grâce à un travail de démythologisation.

C'est à la croisée de ces deux mouvements qu'a lieu leur rencontre. Ils ressentent la même tension et ils se retrouvent réunis les 3 et 4 juin 1987 à Royaumont pour un colloque sur «Les usages de l'oubli» où Yerushalmi affirme sa proximité avec Pierre Nora : «Quand nous disons qu'un peuple "se souvient", disons-nous en réalité d'abord qu'un passé a été activement transmis aux générations contemporaines à travers ce que j'ai appelé ailleurs "les canaux et les réceptacles de la mémoire" et ce que Pierre Nora appelle avec bonheur "les lieux de mémoire"[34].» Ils prennent alors la mesure de leur cheminement commun : «Nous nous sommes un peu découverts comme des "frères" et j'aurais voulu vous voir davantage et approfondir un peu tout ce que nous nous sommes découverts en commun[35].» De son côté, Yerushalmi se dit étonné d'une telle proximité sans aucune concertation dans un entretien paru dans *Le Nouvel Observateur* : «Je ne savais rien du projet de Pierre Nora, de son travail sur les lieux de mémoire. Ce n'est que depuis que je suis arrivé à Paris que j'ai lu l'introduction de Pierre Nora dans le premier volume des *Lieux de mémoire*. Et c'était pour moi un choc de voir que ce premier volume était publié la même année que la traduction de *Zakhor* ici à Paris. J'ai compris soudainement que moi à New York, et Pierre Nora et d'autres à Paris, nous avions travaillé la même question... Dans une communauté, nous avons suivi des parallèles, dans les lois de la pensée, dans cette contradiction ou opposition fondamentale entre la tradition et l'histoire, sans que l'un sache rien de l'autre. Et cela reste toujours pour moi un paradoxe, sinon un mystère[36].»

Lorsque Pierre Nora sera élu à l'Académie française, Yosef Yerushalmi lui donnera sa bénédiction avec une particulière chaleur affective : «J'ai lu ton discours et ton allocution à l'Académie française et je suis profondément ému. Non seulement par l'élégance et la poésie de tes paroles (cela ne me surprend pas), mais par l'inattendu – la petite étoile de David gravée sur la garde de l'épée ! Ton explication était noble, courageuse, honnête, et moi, en lisant, j'en avais des larmes aux yeux... Tu as complètement mérité cette espèce d'immortalité[37].»

Certes, *Les Lieux de mémoire* sont un ouvrage collectif et si Pierre

Nora en a été un maître d'œuvre des plus attentifs, la richesse de cette publication tient à la somme des apports de chacun de ses auteurs. Mais à la différence des ouvrages collectifs, celui-ci n'est pas tant la juxtaposition de partitions singulières, mais porte en tous points la marque de celui qui aura été bien davantage qu'un chef d'orchestre, se faisant au travers de ses auteurs le véritable compositeur de cette grande polyphonie, faisant participer toute une génération d'auteurs à l'exécution d'une partition sans cesse remaniée selon une construction en gestation constante pendant une quinzaine d'années.

Véritable compositeur de cette œuvre, passant commande, réécrivant si nécessaire des contributions ne correspondant pas à l'esprit des *Lieux*, Pierre Nora aura trouvé avec cette entreprise une manière d'exprimer cette tension entre son identité française et son identité juive, un mode d'articulation de ses deux identités en privilégiant un entrelacs entre histoire et mémoire. Le privilège accordé à cet entre-deux lui fait d'une part prendre progressivement ses distances par rapport à l'absolutisation de la coupure entre histoire et mémoire avec laquelle il avait commencé son aventure. D'autre part, cela lui permet de rompre avec toutes les formes de téléologie de l'histoire et avec toutes les formes de causalisme simple en usage chez les historiens, toujours prompts à rendre compte du passé à partir de telle ou telle variable extraite d'une grille préalable d'explication. C'est cette tension ressentie au plus profond de lui-même qui va engendrer cette innovation qui déplace les lignes et débouche sur une tout autre histoire, une histoire au second degré. C'est donc par l'histoire que Pierre Nora aura réussi à dénouer ce qui le taraudait jusqu'à s'exprimer par une hypocondrie que l'on retrouve tout au long de son parcours pourtant balisé de multiples succès. Il reconnaît qu'il y a là une relation existentielle qu'il entretient avec l'histoire et qui touche au plus intime de son identité double : « Est-ce que le fait d'être juif n'est pas pour quelque chose dans ce rapport à la mémoire et dans le fait de se mettre à jour avec la France, c'est bien possible[38]. »

Le rêve unitaire de la République

La construction de l'édifice aura été le produit d'un long labeur sans cesse remis sur le métier, défait et refait, mais la composition triadique s'est tout de suite imposée comme moyen de déconstruire le modèle lavissien d'une France éternelle donnant lieu presque de soi à une nation aux frontières naturelles et incarnée dans un régime stabilisé, la République. Comme toute cette histoire construite à la fin du XIXe siècle a été lue sous le regard républicain, le premier volume consacré à la République tend à montrer qu'il s'agit en fait d'une construction mémorielle. Dès ce premier volume, une place majeure revient aux objets symboliques, idéels. L'ouvrage débute par la levée des trois couleurs écrite par Raoul Girardet et s'achève par un monument qui exprime une des heures sombres de la République, celle de la répression de la Commune de Paris, avec le mur des Fédérés écrit par Madeleine Rebérioux. Entre ces deux temps forts, une place majeure est faite à la composante pédagogique car la IIIe République s'est identifiée à cette volonté de transmission, se faisant institutrice, voulant habiter le corps et l'esprit de chaque Français. De manière significative, ce premier volume place les commémorations comme des observatoires privilégiés de ces jeux et rejeux entre histoire et mémoire : ici le 14 Juillet, les centenaires de Voltaire, de Rousseau, de la Révolution française...

Pierre Nora réussit à réunir dans un même ensemble, celui des *Lieux de mémoire*, des historiens de toutes les générations, de tous les courants historiographiques et de toutes les opinions politiques. En effet, quoi de commun au plan de leurs engagements entre un Raoul Girardet, ancien proche de l'OAS, historien politiste de Sciences-Po, et Michel Vovelle, adhérent au PCF et figure de proue de la nouvelle histoire des *Annales* ?

Le titre de cette vaste entreprise éditoriale a évolué au cours de son élaboration et le renversement dans l'ordre des mots qui donnera l'option définitive est dû à une suggestion de Claude Gallimard : « En regardant le plan général de l'ouvrage collectif *La Mémoire et ses lieux*, j'ai pensé vous faire la suggestion suivante, de changer le titre générique, un peu poétique peut-être pour un ouvrage aussi sérieux, pour celui-ci *Les Lieux et leur(s) Mémoire(s)*. J'ai l'impression que l'idée centrale du livre deviendrait alors plus évidente[39]. » Le contexte qui préside à cette publication est très porteur puisque la réforme Haby qui diluait l'enseignement de l'histoire a été vivement contestée et finalement abandonnée. Le président de la République François Mitterrand a été jusqu'à faire état de son « angoisse » et de son « anxiété » lorsqu'il a découvert, grâce au rapport Girault, l'état de l'enseignement de l'histoire. Il est alors vivement question de revisiter, autrement, le cadre de l'histoire nationale de la France. Si cette situation n'était pas au point de départ de l'entreprise, elle influe incontestablement sur la mise au point du premier volume en 1984 porté par un horizon d'attente favorable : « Le CNL m'a promis son concours, car ce sujet tombe au moment de la réforme de l'enseignement de l'histoire nationale et fait écho aux alarmes de Mitterrand sur la crise de la mémoire nationale. C'est d'ailleurs ce qui m'a poussé à commencer par la partie sur *La République* qui ferait un volume[40]... »

Entre les contributions, il n'y a pas de lien logique direct et le lecteur peut déambuler à sa guise en fonction de l'intensité variable que lui évoque tel ou tel lieu de mémoire, mais rien n'est laissé au hasard dans les choix des contributions en fonction des divers volumes. Le compositeur Pierre Nora veille à ce que l'ensemble qui postule la déconstruction relève néanmoins de choix cohérents. Pour certains lieux, leur ambivalence fait hésiter. Il en est ainsi pour la contribution sur les monuments aux morts confiée à Antoine Prost qui sera finalement située dans le volume sur la *République*, après l'évocation du Panthéon par Mona Ozouf et de la mairie par Maurice Agulhon : « Je suis très soucieux de l'unité du volume, c'est pourquoi le problème que je voulais préciser avec toi est le suivant : il y a des lieux dont on peut évidemment se demander s'ils sont plus républicains ou plus nationaux... Il me semble que le phénomène des monuments aux morts est un phénomène national, mais que le *rituel* tel que tu l'as montré peut paraître, lui, proprement républicain[41]. »

Pierre Nora se montre à chaque fois capable de tirer de chaque historien qu'il sollicite ce qu'il peut donner de meilleur : « Mes deux contributions dans *Les Lieux* sont parmi mes meilleurs articles[42]. » Ce résultat est atteint en plaçant l'exigence au plus haut, même si Pierre Nora doit faire beaucoup de maïeutique pour convaincre ses auteurs de se surpasser. On peut en juger dans cet échange épistolaire avec Madeleine Rebérioux à propos de sa contribution sur le mur des Fédérés comme exemplification d'une contre-mémoire de gauche dans l'histoire de la République, faisant pendant à la contre-mémoire de droite autour de la Vendée, contribution écrite par Jean-Clément Martin : « L'optique et le ton sont excellents. Ne vous méprenez pas sur notre coup de téléphone. La relecture vous en convaincra vous-même. Jusqu'à la page 24 votre Mur est en béton armé. C'est l'assiette de la dernière partie qui me paraît plus flottante. Cette impression vient sans doute de ce que, si vous gardez le style chronologique, l'impression paraît trop floue et l'arrêt à la guerre n'est pas vraiment justifié. Il me semblerait plus opératoire non pas de faire de cette partie une conclusion... un souvenir m'est revenu qui peut éventuellement vous servir : la visite de Pompidou en 1971 au mur des Fédérés. Est-ce que ce n'est pas le signe d'une reconnaissance officielle, d'une entrée de la Commune dans la mémoire collective et est-ce que ce n'est pas significatif que la Commune y soit entrée par le Mur alors que, vous le montrez très bien, ce souvenir de la Commune a été long à se fixer sur le Mur[43]. »

Pierre Nora attache la plus grande importance dans ce premier volume à l'hymne national, à *La Marseillaise.* Il confie la contribution à Michel Vovelle, en même temps qu'il lui communique le projet d'un ouvrage en trois volumes sur *La Marseillaise* émanant de la thèse de troisième cycle d'un musicologue qui n'a aucune chance d'être publiée. En outre, il va chercher à la Sorbonne et envoie à Michel Vovelle les ouvrages d'historiens sur la question comme ceux de Louis Fiaux et de Julien Tiersot, car Michel Vovelle habitant Aix-en-Provence ne les a pas à disposition, et il se dit tout disposé à aider Vovelle en cas de besoin : « Dans toute la mesure où je peux t'aider, j'y suis prêt. N'hésite donc pas à me mettre à contribution[44]. » Pierre Nora, outre l'exposé de la problématique générale sous le titre « Entre mémoire et histoire », écrit deux autres contributions dans ce premier volume : l'une sur « Lavisse, instituteur national[45] » et l'autre sur le « Dictionnaire de pédagogie » de Ferdinand Buisson[46].

Pierre Nora, concluant ce premier volume, s'emploie à caractériser les traits spécifiques de cette République française qui a investi avec une particulière intensité la dimension mémorielle. Il la considère comme autoritaire dans la mesure où elle est doublement contestée sur sa droite par l'aile monarchiste et sur sa gauche par son aile socialiste. Elle cherche donc à dépasser cette contestation par la réalisation d'un consensus autour d'un jacobinisme centralisateur. Sa deuxième caractéristique est son caractère unitaire par lequel la diversité est chassée au seul bénéfice de l'homogène, du lisse, du plus petit dénominateur commun. En troisième lieu, elle est exclusiviste car elle ne parvient à incarner l'unité qu'en période de crises au cours desquelles l'adversaire est assignable. Elle a donc besoin d'ennemis pour prospérer au nom de la volonté générale. Elle n'en est pas moins universaliste, car elle s'appuie sur l'héritage de 1789, les droits de l'homme et parle au nom de l'humanité. Enfin, derrière le fait de se penser comme projet, la République est paradoxalement et intensément passéiste; elle est tout entière dans sa tradition : « La force consensuelle de la République a reposé sur sa mémoire, et sa mémoire sur la commémoration[47]. »

L'ouvrage est mis en vente en novembre 1984, tiré à 11500 exemplaires, il en est vendu 9299 en moins de quatre ans, au 31 mai 1988, ce qui représente un beau succès éditorial, heureux présage pour la suite d'un livre innovant et plutôt onéreux.

Vers la nation patrimoine

Le passage de *La République* à *La Nation* s'est négocié au prix d'une sérieuse inflation, et la nouvelle publication va se diviser en trois tomes. Si la politique ne fait pas l'objet d'une subdivision particulière, cela tient au fait qu'elle est partout et donne même un caractère unitaire à ce qui apparaît à première lecture comme un univers totalement éclaté et sans lien. C'est par l'appartenance symbolique que s'affirme et que se tient la nation et c'est par cette dimension que l'histoire, selon Pierre Nora, doit retrouver les voies d'un nouveau dynamisme. Alors que l'école des *Annales* avait fait de l'histoire politique son angle mort au nom même de la réalisation d'une histoire totale, Pierre Nora note non sans ironie que « le politique resurgit comme l'instrument d'une histoire plus englobante encore[48] ».

Pour ce deuxième volet consacré à la nation, Pierre Nora a l'idée de demander au grand écrivain français, qui n'en est pas moins géographe de formation et professeur d'histoire-géographie en lycée, Julien Gracq, de se charger d'une contribution sur le « Tableau géographique de la France » de Vidal de La Blache. Compter l'auteur du *Rivage des Syrtes* et du *Château d'Argol* parmi les contributeurs aurait constitué un apport certain : « Accepteriez vous de vous charger du Tableau géographique ? Je crois savoir que c'est un livre que vous aimez, et rien ne pourrait relever davantage la distribution de l'ouvrage qu'une contribution de vous sur le sujet[49]. » Ce défi ne sera pas relevé par l'écrivain, particulièrement soucieux de préserver son isolement et sa quiétude.

L'inflation du nombre de volumes engendre des problèmes de financement. Pierre Nora ne peut compter sur les seules ressources de Gallimard et doit entreprendre des démarches pour décrocher des aides et des prêts*. Une part importante est faite à l'historiographie.

* Il obtient des subventions importantes pour les volumes sur *La Nation*, provenant des fonds propres de la Fondation de France et de la fondation Michelet. Il obtient par ailleurs une aide du CNL provenant de Jean Gattegno. L'importance de l'aide de l'État en cette occasion vient en partie des inquiétudes exprimées par Pierre Nora à Régis Debray qui les a immédiatement répercutées auprès de François Mitterrand, lequel a souhaité soutenir le projet de manière significative.

Dans ce domaine, les racines remontent à la période médiévale. Pierre Nora sollicite en Bernard Guenée un médiéviste spécialiste des questions historiographiques. Il écrit une contribution sur les *Grandes Chroniques de France* entre le XIIIe et le début du XVIe siècle. Puis Corrado Vivanti prend le relais pour le XVIe siècle avec Étienne Pasquier; Marcel Gauchet s'attache au moment libéral avec Augustin Thierry; Pierre Nora lui-même revient sur Ernest Lavisse, et enfin Krzysztof Pomian sur l'école des *Annales*. Malgré l'inspiration qu'il trouve chez Georges Duby avec son *Dimanche de Bouvines*, Pierre Nora reste encore trop à distance des grandes dates et du récit des événements pour en faire des entrées de ses volumes sur *La Nation*, à l'exception de la bataille de Verdun conçue comme moment de gloire. Il fait de nouveau appel, pour écrire cette page héroïque, à Antoine Prost, non sans humour : «Je serais ravi qu'on puisse dire, quand on sera vieux, qu'on aura fait ensemble "Verdun"[50].»

Pierre Nora reste soucieux que chacune des contributions corresponde bien à sa problématique des lieux de mémoire et n'hésite pas à recadrer ses instrumentistes, ainsi à propos de la contribution de Jean-Marie Mayeur sur «une mémoire-frontière : l'Alsace» : «Même si la IIIe République est un temps fort, je ne crois pas qu'il soit possible de s'y limiter, sans quoi l'article aurait dû prendre place dans le premier volume. Il s'agit là d'un cas particulièrement probant d'une mémoire spécifique à une région-frontière. C'est dans ce cadre-là que l'article prendra sa place. Il serait bon sinon de complètement traiter, au moins de donner une perspective avant l'annexion et depuis la Seconde Guerre mondiale[51].» Le choix des thèmes des contributions dans ces volumes consacrés à *La Nation* est très significatif du tournant culturel en cours dans la discipline historique, amplifié par la problématique des *Lieux*. Ainsi, l'étude des paysages commence avec «Le paysage du peintre» écrit par l'ex-épouse de Pierre Nora, Françoise Cachin, et un vaste ensemble est consacré au patrimoine avec les contributions d'historiens de l'art comme André Chastel, Édouard Pommier ou encore le grand ami de Pierre Nora, André Fermigier. Quant à Pierre Nora lui-même, outre sa contribution sur Lavisse, il clôt le chapitre sur l'État par une étude sur «Les mémoires d'État[52]».

De cette trilogie sur la nation, Pierre Nora perçoit la succession chronologique de quatre types de mémoire nationale, et fait le diagnostic de l'émergence d'un nouveau rapport à la nation qui s'est détaché de la simple identification nationale qui caractérisait les périodes précédentes et qui serait un cinquième moment, celui de la mémoirepatrimoine comme forme d'appartenance à une nation débarrassée de toute forme de nationalisme, une façon de se déprendre d'une nation guerrière, impérialiste et messianique. Le sentiment d'appartenance à la nation n'est nullement moribond; bien au contraire il témoigne d'une sensibilité renouvelée à la singularité nationale et explique même cette remontée « du refoulé national et le retour libéré sur les épisodes les plus douloureux à la conscience collective, depuis la guerre des Albigeois jusqu'à la collaboration en passant par la Saint-Barthélemy et la guerre de Vendée[53] ». Peu à peu, au fil des mutations contemporaines, la France stato-centrée, très volontariste, unitaire et même autoritaire quant à l'imposition d'un modèle national de mémoire, est devenue avec le moment patrimonial une nation-mémoire n'accédant à sa continuité spécifique, à son identité même que par le biais de la mémoire : « La France est sa mémoire, ou n'est pas[54]. »

C'est en ce point nodal que Pierre Nora, compositeur de cet ensemble, retrouve sa tension entre son identité française et son identité juive et la résout par un rapprochement entre le peuple-mémoire qu'a été le peuple juif dans une tradition de peuple sans État, sans territoire, et cette nation française tout au contraire fortement territorialisée et étatisée, mais se transformant en nation-mémoire et se rapprochant ainsi de la tradition juive. Ce nouveau rapport au passé, l'historien Pierre Nora peut le ressentir et l'exprimer de manière existentielle.

La France de chacun

Si la nation a donné lieu à trois volumes, la France ne pouvait donner lieu à moins, ce sera donc aussi trois volumes, ce qui porte l'ensemble à sept ! Là encore, le démarquage par rapport à Lavisse est clair d'emblée. Il ne s'agit pas de l'histoire de la France, mais des lieux de mémoires des France. Pierre Nora retrouve sa distinction initiale selon laquelle l'histoire est un discours unificateur, homogénéisant, alors que la mémoire divise. Certes, l'ensemble de son entreprise a montré que tout se joue en fait dans une dialectique entre ces deux pôles, dans un entre-deux plus complexe qu'une telle opposition pourrait le laisser penser, mais il retient cette spécificité de l'histoire nationale française qui s'est construite de manière très volontaire autour d'une synthèse étatique que d'aucuns qualifient de mythe national. De la France organique à la Michelet jusqu'à la France naturelle à la

Lavisse, on s'est efforcé de réduire tout ce qui pouvait ressembler à des forces centripètes. Or, la mise en crise de cette identité nationale lentement conquise fait resurgir les fractures, la diversité et les divisions qu'elle recouvrait.

Cette identité française s'est forgée elle-même à partir de ces divisions internes de part et d'autre de clivages le plus souvent binaires. Le premier volume est donc organisé autour de ces conflits, de ces lignes de partage des eaux entre Francs et Gaulois, entre ceux qui croient au Ciel et ceux qui n'y croient pas, entre les rouges et les blancs, entre gaullistes et communistes, mais aussi autour des contrastes de l'espace-temps de la France : entre le front de mer et l'arrière-pays, entre Paris et la province, pour se terminer par ce qui sépare les générations. L'unité a fonctionné à plein régime avec ce moteur à explosion dont le carburant est le conflit.

Quant au deuxième volume, il est consacré aux traditions en tant que celles-ci ont un pouvoir d'irradiation qui dépasse leur lieu d'origine pour s'inscrire dans la durée, au point de servir de modèles singuliers d'enracinement, ce qui donnera la structure de ce deuxième volume découplé en modèles comme la terre, le clocher, la Cour, le métier, en enracinements comme le Barzaz Breiz ou le Félibrige et enfin en singularités comme la galanterie, la vigne, le Tour de France ou la gastronomie, pour s'achever sur celui-là même qui incarne cette quête mémorielle, Marcel Proust avec sa *Recherche du temps perdu*.

Enfin, le dernier volume fait état du parcours de l'archive à l'emblème en déclinant successivement les modes d'enregistrement, puis les hauts lieux comme la tour Eiffel, le Sacré-Cœur, Vézelay ou Lascaux, ainsi que les identifications comme le coq gaulois, la devise Liberté-Égalité-Fraternité ou Descartes, pour se clore par une étude de Pierre Nora sur le phénomène commémoratif lui-même. Ce travail de décryptage « passe par deux types d'opérations différentes et même opposées : tantôt la construction de l'objet en symbole, tantôt sa déconstruction. Dans le premier cas, il s'agit de faire parler ce qui est muet, de donner sens et vie à ce qui, en soi, n'a ni sens ni vie. Dans le second, il s'agit au contraire de dissiper la familiarité d'une évidence trop parlante et de rendre son étrangeté d'origine à ce que le temps nous a légué comme un héritage tout constitué[55] ».

Une nouvelle fois, l'investissement nécessaire est énorme, d'autant que chacun des volumes depuis le début comporte une centaine d'illustrations*. Du début à la fin de l'entreprise, Mona Ozouf a joué un rôle majeur auprès de Pierre Nora, comme conseillère avisée. On ne peut le déduire par le nombre de ses contributions, somme toute modeste, trois articles pour les sept volumes, mais ce n'est pas faute d'avoir été bien davantage sollicitée par Pierre Nora : « J'aurais besoin cette fois de te consulter sérieusement pour arrêter définitivement le plan et les commandes des *Lieux de mémoire* avant les départs en vacances, car toute une série de puzzle dépendrait de tes possibilités d'engagement, dont j'aurais le plus grand besoin, mais dont je ne veux absolument pas abuser[56]. » En effet, Pierre Nora lui propose d'écrire plusieurs contributions : « Rouge et noir » pour le premier volume, « Barzaz Breiz » et « Van Gennep » pour le second, et « Liberté, égalité, fraternité » pour le troisième. Il lui suggérera d'ailleurs plus tard une autre contribution, ultime, par laquelle elle devait clore avec lui l'entreprise et qui aurait fait pendant à son propre article sur « Les commémorations », une contribution sur la mémoire des dates : « Les dates de l'histoire de France », qu'elle n'écrira pas. Mais elle restera tout au long de l'aventure sa plus proche conseillère.

Parmi les thèmes des contributions auxquelles tient particulièrement Pierre Nora, et l'on comprend pourquoi car il doit exprimer la tension de sa double identité, il y a l'article sur la France et les Juifs qu'il a intitulé « Dreyfus et Drancy ». Il a confié cet article stratégique à Pierre Vidal-Naquet et s'est fait particulièrement insistant pour qu'il le réalise : « Je compte sur toi pour "Dreyfus et Drancy". D'accord pour que tu ne signes le contrat que ton texte une fois fait, mais je compte *absolument* sur toi. Pour Pâques 88 au plus tard. Tu me l'as promis, ta défaillance se révélerait dramatique. Tu t'es débrouillé pour me faire trembler jusqu'à la dernière minute, animal[57] ! » Pierre Vidal-Naquet ne réalisera pas cet article qu'il s'était pourtant engagé à faire, faute de bien savoir ce que Pierre Nora attendait de lui avec cette entreprise des *Lieux de mémoire* dont il ne comprenait pas vraiment le sens, trop attaché qu'il était à une conception "positiviste" de l'histoire qui privilégie l'administration de la preuve. En définitive, Pierre Nora se tournera vers l'historien et politiste Pierre Birnbaum[58].

Une autre contribution à laquelle tient particulièrement Pierre Nora

* Pierre Nora va de nouveau faire appel aux subventions car chacun des volumes représentera pour 6 000 exemplaires publiés une somme d'environ 1 800 000 francs sur laquelle Pierre Nora espère obtenir de 750 000 à 1 000 000 de francs de subventions, si possible non remboursables.

est celle consacrée à Marcel Proust et à sa *Recherche du temps perdu*, au point qu'il a commencé à l'écrire lui-même, mais a dû abandonner faute de temps pour en confier la responsabilité à Antoine Compagnon qui clôt ainsi le volume 2 des *France*[59]. Antoine Compagnon préparait l'édition de Proust dans La Pléiade pour Gallimard, et Pierre Nora le sollicite souvent pour parler de Proust : « On a eu de nombreuses conversations sur ce que devrait être cette contribution lorsqu'un jour, un peu au dernier moment, il me dit : "Faites-le[60] !" » Pierre Nora raconte à Antoine Compagnon dans quelles conditions il a découvert Proust que lui a fait lire, alors qu'il était encore adolescent, son ami André Fermigier dans l'immédiat après-guerre : « C'est une idée que j'ai reprise dans ma contribution, qu'il était d'une génération où l'on se transmettait Proust, alors que moi j'ai lu Proust parce qu'il était en poche, ce qui est une expérience très différente[61]. » Mais surtout, pour Pierre Nora, Proust cristallise et incarne la littérature française et il n'entretient pas seulement un rapport d'admiration littéraire avec son œuvre, mais un rapport existentiel qui renvoie à la question juive, à la culture française, à l'affaire Dreyfus, et bien évidemment à l'écriture littéraire et à la mémoire. L'intensité de cette relation est significative dans le fait que l'article sur Proust dans *Les Lieux de mémoire* soit le seul proprement littéraire des sept volumes.

Outre la mise en perspective historique d'un Proust qui n'a pas tout de suite été perçu comme le génie de la littérature française et dont la gloire ne sera finalement que tardive, contemporaine de la Ve République, et trouvant son moment d'apothéose avec le livre de poche en 1965, Antoine Compagnon montre que ce qui fascine est non seulement le thème de la mémoire, au point que son œuvre en soit devenu le lieu, mais surtout le fait que le vrai sujet de Proust est l'écriture elle-même, le désir d'écrire : « Toute lecture de la *Recherche* ne se raconte-t-elle pas comme le récit d'un désir d'écrire[62] ? »

On touche là, en effet, l'essentiel pour l'orchestrateur des *Lieux* dont l'œuvre collective est à la fois sa manière de résoudre la tension de son identité double et aussi une échappatoire par rapport à la promesse depuis son enfance d'une œuvre littéraire à venir et toujours reportée à plus tard. Ce jardin secret s'exprime discrètement dans un mi-dire à son auteur à propos de cette contribution sur Proust : « J'attache, vous le savez, une importance particulière à cette contribution sur laquelle s'achèvera le second volume[63]. » Cette exceptionnalité du statut de l'article sur Proust, attestée par cette lettre, permet de faire l'hypothèse que l'entreprise des *Lieux* est à sa manière la

Recherche du temps perdu selon la sensibilité historienne de Pierre Nora, d'où l'attachement si fort qu'il a pour cette vaste somme. On peut d'ailleurs considérer cette entreprise comme une entreprise proustienne jusque dans la définition même de la mémoire telle que la conçoit Pierre Nora avec ses lieux qui s'ouvrent à la manière des fleurs japonaises lorsqu'on les visite : « Cela n'est pas sans me faire penser à ce que dit Proust dans *La Recherche* sur les croyances celtiques sur les âmes des morts qui sont à l'intérieur des objets, une sorte de culte des morts à travers les pierres[64]. » On peut le dire aussi de l'extension d'un projet qui dans les deux cas se limitait à trois volumes et dans les deux cas s'achève avec la publication de sept volumes, tant les deux entreprises prennent de l'ampleur, sans vraiment que le plan d'ensemble en soit fondamentalement affecté.

Il est une autre personnalité qui est un peu l'âme de toute cette entreprise, son inspirateur, sa figure tutélaire, celui que Charles Péguy a qualifié de « génie de l'histoire », c'est Jules Michelet. Il est aux yeux de Pierre Nora l'initiateur, ayant valeur prophétique par sa manière audacieuse de penser ensemble le passé et le présent sous le nom d'histoire. C'est aussi le cas chez un Chateaubriand ou un Proust, mais dans l'ordre de l'expression littéraire : « Michelet, lui, aura tout embrassé avec une audace folle : le procès de Damiens sous Louis XV, les procès de sorcellerie, des choses que l'on pensait marginales[65]. » Outre l'imbrication passé/présent, et le souci de totalisation, Michelet aura aussi été initiateur dans le sentiment profond que les contours, les limites sont plus significatifs que le centre. Pour lui, rien n'est secondaire et tout ce qui bouge requiert sa curiosité sans souci de hiérarchisation. Compte tenu de cette importance accordée à l'œuvre de Michelet, on pourrait s'étonner de l'absence de contribution consacrée à celui dont ne cesse de se réclamer le compositeur de cette aventure. Il ne figure pas dans la table des matières, car, précise plus tard Pierre Nora : « Il n'a pas sa place quelque part, parce qu'il est partout. Sans lui, pas de *Lieux de mémoire*. Son souvenir et son esprit habitent l'entreprise tout entière[66]. »

En fait, Pierre Nora avait bien l'intention de faire une place à part à Michelet et avait même commencé à écrire lui-même la contribution, mais là encore, surchargé de travail, il n'a pas trouvé le temps nécessaire pour l'écrire et il en a confié la responsabilité au spécialiste de Michelet qu'est Paul Viallaneix qui lui remet un texte très informé et très érudit, mais qui se cantonnait à une approche historiographique savante, alors que l'esprit des *Lieux* nécessitait de faire une large part aux modes d'appropriation de l'œuvre de Michelet. Pierre Nora décide de récupérer cette contribution pour la publication à venir des cours de Michelet au Collège de France, renonçant à publier une contribution sur Michelet. Il n'en est pas moins omniprésent, invoqué nominalement ou de manière voilée dans des moments essentiels de l'écriture des *Lieux* comme lorsque Pierre Nora achève sa présentation de « Comment écrire l'histoire de France ? » par l'idée d'une mission de l'historien qui serait toujours celle du passeur.

Outre ses proches qu'il met à contribution comme Krzysztof Pomian, Jacques Revel, Marcel Gauchet, Maurice Agulhon, Jacques Julliard, Alain Corbin, Philippe Joutard, René Rémond et bien d'autres, Pierre Nora fait aussi bon usage de son réseau d'informateurs et d'amis pour lui donner les conseils nécessaires qui lui permettent de solliciter les bons spécialistes pour les sujets qu'il entend voir traiter dans *Les Lieux*.

En outre, il guette les publications qui peuvent inspirer des articles pertinents dans le cadre de sa problématique. Ainsi, lorsque Andrée Corvol publie en 1987 un ouvrage sur les relations de l'homme aux bois entre le XVIIe et le XXe siècle[67], elle reçoit dès publication une lettre de Pierre Nora : « Au moment où je réfléchissais pour le dernier volet en préparation sur *Les France* à la possibilité d'inclure une contribution sur la "mémoire-frontière", *L'Homme aux bois* a paru. Je l'ai lu avec le plus grand intérêt. C'est pourquoi j'aimerais vous parler du sujet qui me préoccupe avec l'espoir que vous accepterez de vous charger de cette contribution[68]. » De la même manière, lorsque Jean-Paul Poisson, cofondateur et administrateur de l'Institut international de l'histoire du notariat, publie en 1987 l'ouvrage *Notaires et sociétés*, Pierre Nora le sollicite pour qu'il écrive une contribution sur « L'étude du notaire[69] ».

Aux aguets, Pierre Nora l'est aussi dans ses déplacements, et se tient à l'écoute, ouvert à de nouvelles orientations pour nourrir ses *Lieux*. Lorsqu'il se rend à Royaumont dans un colloque en juin 1987 organisé par les éditions du Seuil où il fait la rencontre, comme nous l'avons évoqué, de Yosef Yerushalmi, il y entend une communication d'Henry Rousso invité par Michel Winock à venir parler du manuscrit sur Vichy sur lequel il était en train de travailler aux États-Unis et dont la parution au Seuil était imminente[70]. Sitôt l'intervention d'Henry Rousso terminée, à la pause Pierre Nora entreprend l'orateur et l'entraîne à faire le tour du jardin de Royaumont : « Première partie du parcours : il me faut votre texte. Je lui réponds que c'est un livre.

Deuxième partie du parcours : comment se fait-il que je ne sois pas au courant ? Il essaie alors de me convaincre de publier une contribution dans *Les Lieux*[71]. » On comprend bien que Pierre Nora ait pu lui faire une telle proposition puisque l'objet de la thèse d'Henry Rousso est justement de faire une histoire de la mémoire de Vichy entre la fin de ce régime et le temps présent, en périodisant des moments de travail de deuil effectif, d'évacuation, de refoulement, suivis de temps de retour du refoulé au point que le passé ne passe plus. Scrutant de plus une page sombre de l'histoire de France, il offrait un beau contrepoint aux pages de gloire qui avaient été privilégiées. Mais Henry Rousso reste inflexible et refuse de doubler son livre d'une contribution. Pierre Nora se tourne alors vers Philippe Burrin qui ne peut évidemment pas écrire la mémoire de Vichy, trop proche de l'ouvrage de Rousso. Il concentre sa contribution sur ce dont Vichy est la mémoire[72]. Travaillant sur les questions de mémoire, l'entreprise des *Lieux* a passionné Henry Rousso, mais il distingue deux filiations : celle qu'il juge positive et féconde initiée par Pierre Nora, et qui installe une histoire au second degré, et une autre tendance, distincte, s'attachant aux traumatismes de la mémoire collective qui va connaître une explosion internationale dans les années 1990, et dont l'étude écrite sur le sort réservé au passé vichyssois a été la première du genre.

Le compositeur Pierre Nora aura surtout dû poursuivre jusqu'au bout son art de la maïeutique pour bien faire comprendre à ses auteurs ce qu'il voulait, ce qu'est la problématique des *Lieux*. L'incompréhension est parfois totale comme lorsque Pierre Nora sollicite l'historien italien Franco Venturi, dont il a publié en 1972 une énorme somme sur le populisme russe, pour lui demander un article sur "La patrie des droits de l'homme". La réponse de Venturi est édifiante : «Je crains de n'être pas d'accord sur "La patrie des droits de l'homme". La France ? Mais la France n'est pas la patrie des droits de l'homme. Ni dans le sens qu'elle les a inventés (c'est certainement à l'Angleterre et à l'Amérique qu'il faut penser) ni dans le sens qu'elle a été un modèle de nation fondée sur les droits de l'homme[73]. » Franco Venturi n'a manifestement pas compris qu'il s'agissait de porter un regard au second degré et non pas de partir d'une réalité objective selon laquelle la France serait l'incarnation des droits de l'homme.

D'autres dialogues seront plus heureux et aboutiront à des contributions publiées comme celle de Michelle Perrot à qui Pierre Nora a commandé un article sur «Les vies ouvrières» et lui a suggéré de commencer par la fin, c'est-à-dire Maurice Thorez comme archétype de ce que doit être une vie ouvrière exemplaire, et de remonter ensuite aux sources. Cette démarche récurrente qui avait été définie en son temps par Marc Bloch comme la meilleure méthode, consistant à partir du moins mal connu et de remonter à des zones plus opaques plutôt que de partir des origines supposées, est en général le conseil qu'il donne à ses auteurs, partant du principe que le présent a une valeur heuristique. C'est par exemple le cas lorsqu'il confie à Philippe Boutry le soin d'écrire une contribution sur «Le clocher» : «Sur le fond, je suis très content de voir que vous ne vous orientez pas vers l'histoire de la paroisse des origines à nos jours, ce qui ne serait pas du tout l'optique du sujet. Il faut partir au contraire du plus près, de ce qui reste, de ce qu'on perçoit, de ce qu'on voit, de ce qu'on sait pour remonter progressivement et dégager la profondeur de l'enracinement[74]. » Parfois, c'est la problématique des *Lieux* qu'il faut insuffler à des contributions qui n'en ont pas assez tenu compte comme à propos de l'article sur «Le Sacré-Cœur» : «L'axe de votre article était l'histoire de l'art. Je crois qu'il serait indispensable et pour vous facile de rectifier un peu le tir pour ne pas oublier les aspects proprement historiques : la souscription, le type de religiosité qu'incarne et mobilise le bâtiment, les moments (éventuels) de réactivation du culte (Pétain, par exemple...) Votre article... serait donc destiné à illustrer un type de mémoire religieuse[75]. »

Ce long parcours s'achève sur les rives du moment où il a été écrit, caractérisé comme «L'ère de la commémoration», article final qu'écrit Pierre Nora[76]. En ce moment terminal, Pierre Nora constate que son idée, sa dénomination lui a échappé comme il est d'usage en cas de succès. Il a établi un diagnostic à ce point juste que sa notion de *lieu de mémoire* a été emportée loin de son lieu d'énonciation et de définition.

Cette explosion n'a pas grand-chose à voir avec l'intention initiale, mais cette récupération et déformation de sa notion n'en est pas moins significative d'un moment que cette ultime contribution cherche à comprendre, ce moment du tout commémoratif. Charles Péguy avait déjà perçu le 14 Juillet comme sa propre commémoration, mais la médiatisation et la mondialisation ont accentué le phénomène selon lequel un événement se renvoie à lui-même par sa capacité à porter un devenir commémoratif, et Pierre Nora de prendre deux exemples de commémoration avec 1789 et 1968 dont il fait deux modèles. Le basculement date là encore des années 1970, au moment où l'on passe d'une conscience nationale à une conscience patrimoniale et à la fin de l'exceptionnalité française. Une véritable ruée vers le passé a fait le succès de toutes les initiatives patrimoniales et l'on est passé de l'historique au remémoratif «et du remémoratif au commémoratif[77]». Un nouveau rapport existentiel à l'historicité en résulte qui caractérise le moment mémoriel dans lequel Pierre Nora écrit et qui substitue à une solidarité entre passé et avenir une solidarité entre présent et mémoire, «mais un présent que cloue à l'obligation du souvenir le regard anticipateur auquel nous sommes condamnés[78]». L'avalanche mémorielle une fois déclenchée, rien ne semble l'arrêter; il reste à en comprendre le sens et à ressourcer notre présent d'un passé revisité et réinventé pour nourrir de nouveaux linéaments d'un devenir. Et Pierre Nora de conclure en caractérisant cette centralité mémorielle de «tyrannie de la mémoire» qui peut-être n'aura qu'un temps, à ceci près que ce temps aura été «le nôtre»[79].

Peut-on discerner une évolution du projet au cours de ses quinze années de gestation? Certains considèrent que Pierre Nora s'est laissé piéger par son sujet et a délaissé la part critique de son intention initiale pour devenir le contempteur du vaste mouvement de patrimonialisation accompagnant la mise au tombeau de la France sous son linceul mémoriel en l'arrachant à toute histoire possible. Ce ne sera pas le constat que nous ferons car s'il semble bien y avoir une évolution perceptible, elle est plutôt inverse, partant d'une volonté initiale de pratiquer une sorte d'inventaire du temps perdu, même s'il se faisait au nom de l'arme critique du regard historien. Pierre Nora pense alors pouvoir objectiver la mémoire sous le crible d'une nécessaire démythologisation : «Pierre Nora pensait travailler sur de la matière morte, ne faisant plus vibrer personne, pensant que la distance allait pouvoir permettre un travail critique, mais l'on s'est aperçu en cours de route que les morts bougeaient encore[80].» Puis l'orientation semble plus positive, ne se dessinant vraiment explicitement qu'avec les derniers volumes sur *Les France*, en préconisant une nouvelle manière d'écrire l'histoire en général et pas seulement l'histoire de France, une manière réflexive, au second degré, nourrie de toute une épaisseur historiographique, incluant une histoire sociale de la mémoire et des représentations collectives. En ce sens, Pierre Nora est fidèle à lui-même, en tant qu'il a toujours cherché l'innovation, le devenir. Considérer son entreprise comme passéiste ou nostalgique et même mélancolique relève donc du contresens. Pierre Nora a réussi à faire basculer ce qui pouvait être objet de mélancolie en innovation dans sa discipline, l'histoire, ouvrant sur une toute nouvelle manière de l'écrire. Il a clairement énoncé cette ouverture déterminée sur l'avenir à l'occasion d'un débat sur la fin de l'État-nation qui a eu lieu en 1989 avec celui qui a été son étudiant à Sciences-Po avant de devenir un leader politique, président du Parti républicain, député du Var et ministre, François Léotard : « Nous sommes passés d'un système qui s'est formé sous le signe de la puissance à un modèle qui se développe sous le signe de la mémoire, ce qui est beaucoup plus riche. Car mémoire ne signifie pas souvenir, passéisme et nostalgie mais ressaisie dynamique, réactivation de la durée, réappropriation de la richesse des temps, réanimation et renforcement de toutes les virtualités, en vue de l'avenir[81]. »

16

La réception française des *Lieux de mémoire* : le moment mémoriel

Tout concourt à faire de la parution du premier volume de cette longue série des *Lieux de mémoire* un grand succès : son compositeur, le prestige de sa collection, la maison d'édition, les collaborateurs de l'entreprise, et surtout un contexte de retour sur la maison France avec la multiplication des ouvrages sur ce thème. Les débuts de la gauche au pouvoir suscitent aussi une vague de nostalgie républicaine, et l'on revisite cette période d'optimisme, de laïcisme des débuts de la IIIe République, que l'on soit d'une droite gaullienne en voie de décomposition qui s'exaspère d'être mise à l'écart du pouvoir, ou d'une gauche à la Chevènement qui troque son marxisme pour un républicanisme moderne.

L'écho est spectaculaire dans la presse où l'on a bien conscience de la naissance d'une grande entreprise qui va bien au-delà des centres d'intérêt de la seule corporation des historiens. Entre 1984 et 1993, se succèdent les différents volumes : le premier en 1984, trois autres en 1986 et les trois derniers en 1993. L'écho est à ce point important qu'il est décidé chez Gallimard de regrouper l'ensemble en « Quarto », et le tout reparaît ainsi en trois volumes en 1997*.

La rampe de lancement d'une histoire renouvelée

Toute la presse salue l'événement historiographique que constitue sur plusieurs années, presque dix ans, la publication des sept volumes

* En mars 2001, le tirage cumulé confondu de tous les volumes dans les deux éditions successives donne un tirage total de plus de 100 000 exemplaires sur lequel l'on compte 81 260 exemplaires vendus.

des *Lieux de mémoire*. Le point d'orgue se situe au moment où s'achève la publication de l'ensemble, en 1993. Ce monument historiographique, au-delà de son succès public, croise des projets proches de réflexion sur le temps. L'historien François Hartog a déjà confronté des temporalités différentes dans son essai sur Hérodote[1] et travaille avec l'anthropologue Gérard Lenclud à ce qu'ils appelleront en 1993 des « régimes d'historicité », à partir d'une double réflexion sur Marshall Sahlins et Reinhart Koselleck, mais aussi à partir d'une montée en France des réflexions sur le temps depuis 1984, date de la publication du premier volume des *Lieux de mémoire*. François Hartog consacre une longue étude à l'entreprise des *Lieux* dans la revue *Annales*[2]. Il relie cette nouvelle relation entre histoire et mémoire mise en évidence par Pierre Nora avec son propre diagnostic d'un nouveau régime émergent d'historicité qu'il qualifie de présentisme. À cet égard, il considère la publication des *Lieux* comme symptôme d'un nouveau rapport au présent qui ne cesse de s'historiciser lui-même, de la même manière que l'on attend de l'historien qu'il explicite ses présuppositions de travail ancrées dans un lieu précis. Ce que Pomian qualifie de « crise de l'avenir » a renforcé ce que Pierre Nora a appelé « présent étale ». Celui-ci correspond assez bien à la catégorie métahistorique définie par Koselleck comme celle de l'« espace d'expérience » conçu comme tout ce qui est le passé de notre présent, mais coupé de tout horizon d'attente, l'autre pôle de notre condition historique.

L'entreprise de Pierre Nora et son succès n'étaient possibles, selon François Hartog, qu'à partir d'une double condition : l'entrée de l'histoire dans son âge historiographique et un changement dans notre régime mémoriel : « Restait à relier les deux phénomènes : le lieu de mémoire fait le lien[3]. » Toute l'entreprise des *Lieux* devient alors cardinale pour que François Hartog puisse déployer sa notion de nouveau régime d'historicité car « s'il y a un moment des *Lieux*, les *Lieux* sont donc aussi les *lieux* de ce moment[4] ». Sa lecture des *Lieux* a fortement contribué à prendre conscience de l'importance de cette question du temps et l'a aidé à formuler son hypothèse du présentisme.

La publication des *Lieux* croise aussi, différemment, le travail sur l'historisation de la mémoire du régime de Vichy qu'a entrepris Henry Rousso qui écrit une recension des trois volumes sur *La Nation* parus en 1986. Il envisage trois lectures possibles de cette publication. D'abord une lecture ludique, se laissant porter par la curiosité : « Il suffit de se laisser entraîner dans ce jeu de l'oie de l'identité française[5]. » La seconde lecture s'attache à repérer quels sont les éléments de la mémoire collective des Français et à se poser la question d'une possible historisation de la mémoire. Sur ce plan, Henry Rousso se montre quelque peu critique et situe en creux son projet comme différent de celui de Pierre Nora dans la mesure où ce dernier ne fait pas assez place aux événements traumatiques et à leurs effets. Il considère que les oublis et refoulements de la mémoire collective sont singulièrement absents d'une entreprise qui a valorisé les moments et monuments glorieux, et Henry Rousso de poser la question : « En quoi la Coupole, le Collège de France ou la visite du grand écrivain sont-ils plus des lieux de mémoire que le mont Valérien, la commémoration du 8 Mai ou la station de métro Charonne[6] ? » Enfin, il voit une troisième lecture possible, celle d'une tentative d'écriture d'une histoire totale de la France qui aurait réussi à réconcilier l'histoire traditionnelle politiste et patriotique avec les thématiques de la nouvelle histoire.

Les deux perspectives ne sont pas antinomiques, ce qu'atteste d'ailleurs l'insistance de Pierre Nora auprès d'Henry Rousso pour qu'il lui écrive une contribution pour *Les Lieux*, ainsi que son article sur l'ouvrage d'Henry Rousso paru en 1995 aux États-Unis[7]. Pierre Nora y salue *Le Syndrome de Vichy* comme se situant au croisement de deux phénomènes qu'ont été l'avènement à l'historiographie du thème de la mémoire, et l'emballement du souvenir de cette page sombre de Vichy. Faisant l'histoire de cette mémoire, Henry Rousso se retrouve un peu dans la situation qu'a connue Pierre Nora, celle d'être victime du succès de sa démarche : « Il est arrivé à Rousso le même genre d'aventure qu'à moi-même : une étrange aventure d'histoire-boomerang[8]. » Henry Rousso s'est trouvé emporté par la pathologie mémorielle qu'il décrivait, mais qui était passé de la période du refoulement à la période de la névrose obsessionnelle, au point qu'il écrit avec Éric Conan *Vichy, un passé qui ne passe pas*[9].

La publication de Pierre Nora rencontre aussi les centres d'intérêt de la sociologue et politiste Marie-Claire Lavabre qui travaille sur les questions mémorielles et publie en 1994 un ouvrage sur le mode de fonctionnement de la mémoire communiste[10]. Elle rencontre Pierre Nora pour la première fois en 1987 à la demande de ce dernier qui la sollicite après avoir entendu parler de ses communications sur la mémoire. Marie-Claire Lavabre était en effet intervenue dans le cadre d'un colloque organisé en 1981 par Annick Percheron sur le thème de la Génération et au cours duquel elle avait fait une communication sur « Génération et mémoire ». Pierre Nora est aussi intéressé par une autre de ses interventions faite à l'occasion d'un colloque organisé en 1986 par l'Institut Charles de Gaulle, «Les communistes et de Gaulle», d'autant qu'il est alors en train d'écrire pour *Les Lieux* une contribution sur la notion de «Génération» et une autre sur le thème «Gaullistes et communistes».

En 1994, Marie-Claire Lavabre considère que Pierre Nora, tout en s'en défendant, n'échappe pas dès les débuts de son projet à un regard nostalgique sur l'identité nationale telle qu'elle fonctionnait sous la IIIe République, mais reconnaît qu'au terme de son entreprise il «n'esquive aucune des interrogations suscitées par les premiers volumes[11]», et elle estime le pari de l'expérimentation quant à la possibilité de «lieux-de-mémoriser» incontestablement gagné : «La vertu du "lieu", tel que le définit Pierre Nora, ce sont ses variations sur fond de permanence[12].» En même temps, et c'est la note discordante de la sociologue, il reste la question de la transmission du souvenir à différencier de celle des usages politiques du passé, domaine privilégié d'étude de la sociologie qui devrait, selon Marie-Claire Lavabre, dépasser un usage purement métaphorique.

L'entreprise de Pierre Nora reçoit un bon accueil aussi du côté de la revue *Esprit.* Olivier Mongin présente cette publication comme analogue à ce qu'en 1970 Michel de Certeau, Dominique Julia et Jacques Revel avaient appelé, à propos de la culture populaire, «la beauté du mort», soit la célébration de ce qui n'est plus : «On n'a peut-être pas encore suffisamment compris que notre "passion pour l'histoire des historiens" coïncide avec l'évanouissement du sentiment historique[13].» Il pourrait ainsi laisser à penser qu'il perçoit cette entreprise comme purement muséographique, mais il n'en est rien, Olivier Mongin y voit justement la prise en compte d'un nouveau rapport au temps qui est en train de s'instituer et qui traduit l'effondrement contemporain de l'expérience historique. Il situe cette perte du sentiment historique dans les multiples surchauffes du présent : «Si la temporalité traditionnelle est désormais déstructurée, le futur de plus en plus désorbité du présent et du passé et ce dernier plus proche que jamais d'un présent en passe de se confondre avec l'actualité, n'avons-nous alors d'autre choix qu'entre la dérive postmoderne, si mal vécue soit-elle, et les retours rigides de la mémoire qui entreprennent de fonder dogmatiquement le futur[14] ?» se demande Olivier Mongin qui salue le mérite des historiens, et notamment de Pierre Nora, d'essayer d'échapper à cette double aporie en permettant de comprendre que notre relation au temps est en train de «se métamorphoser».

Lorsque Paul Ricœur publiera en 2000 son maître livre sur cette question[15], il assignera un rôle éminent à l'entreprise de Pierre Nora dans une partie sur «l'inquiétante étrangeté de l'histoire» dans laquelle il prend trois figures exemplaires pour exprimer cette dimension : Maurice Halbwachs, Yosef Yerushalmi et Pierre Nora. Paul Ricœur aura bien compris dans ses commentaires de l'entreprise de Pierre Nora qu'il résiste à l'usage purement patrimonial et commémoratif de sa notion de «lieu de mémoire», et reconnaît une réelle proximité avec l'herméneutique : «Tout compte fait, l'histoire de la mémoire actuelle, entreprise par Nora, relève, aux yeux du philosophe, de cette herméneutique des figures culturelles dans lesquelles les potentialités mnémoniques relevant de la phénoménologie recevraient une effectuation historique déterminée[16].»

Un événement historiographique qui suscite quelques regards critiques

Si *Les Lieux de mémoire* sont salués un peu partout comme un événement historiographique positif qui renouvelle l'écriture de l'histoire, leur parution suscite aussi quelques critiques, parfois acerbes. Parmi celles-ci, la salve la plus violente est incontestablement tirée par l'historien américain Steven Englund qui paraît à la fois dans la revue *Politix* et dans *Le Monde diplomatique*[17]. Pierre Nora y est présenté comme «le plus intrépide défenseur de l'idée de nation», une sorte de Lavisse ressuscité et ramenant avec lui une histoire particulièrement poussiéreuse et idéologiquement douteuse : «Il s'agit là d'une histoire de bien vieille facture[18].» Il lui reproche de faire de la nation un donné sacralisé, éternel, une réalité suprême, à la manière de ses deux figures tutélaires : Lavisse et Michelet.

La charge est aussi sévère chez Lucette Valensi, membre du comité de direction des *Annales*[19]. Elle-même très sensible aux liens entre histoire et mémoire et auteur d'une excellente étude sur ce thème[20], elle considère que l'entreprise de Pierre Nora, partie pourtant avec de bonnes intentions déconstructrices, ne tient pas ses promesses et aboutit au renforcement de l'unité symbolique de la France : «N'est-on pas ainsi ramené insensiblement à une histoire nationale de la France, à un monument néo-lavissien à la gloire de l'identité française[21] ?» Le reproche majeur est donc, selon Lucette Valensi, de bâtir cela même qui aurait dû être démythologisé, d'édifier un nouveau mythe. Elle réduit toute l'entreprise de Pierre Nora à une simple OPA de l'histoire politique et contemporaine qui aurait certes réussi à s'agréger des spécialistes d'autres périodes et d'autres disciplines comme la préhistoire avec Jean-Paul Demoule, le Moyen Âge avec Jacques Le Goff et Bernard Guenée, le folklore avec Daniel Fabre, la philosophie avec François Azouvi et l'analyse du discours avec Marc Fumaroli. Certes, elle reconnaît l'ampleur de cette expérience collective, le fait qu'elle a été « magistralement conduite », mais perfidement elle achève son article par cette question : « En tout cas, m'adressant à Pierre Nora, je suis tentée de lui demander : quelle est votre prochaine enquête[22] ? », saluant *in fine* la splendeur, mais la fin d'une entreprise sans lendemain pour son maître d'œuvre.

L'analyse est moins critique, plus descriptive chez Fred F. Schrader qui néanmoins souligne lui aussi un glissement de l'entreprise d'une perspective d'histoire critique vers la consolidation de l'identité nationale : « Le projet est devenu histoire nationale, il est entré au service d'une nation en crise, il devient instrument et technique d'une identité nouvelle qui vise l'avenir[23]. » Jean-Paul Willaime considère de son côté que l'entreprise de Pierre Nora se donne pour finalité de resacraliser la nation : « L'entreprise rédactionnelle des *Lieux de mémoire* s'inscrirait donc dans ce rôle social dévolu aux historiens : rendre une mémoire à une société qui n'en a plus le sens et contribuer ainsi, même si c'est par le biais de la mémoire-objet, à réenchanter un monde désenchanté[24]. » Ainsi, l'historien deviendrait un des grands prêtres de l'imaginaire social. Jean-Paul Willaime ne considère l'entreprise que sur un de ses deux pôles, celui du remembrement de sens, mais il délaisse la visée déconstructrice et critique pour n'y percevoir qu'un souci d'enracinement et de patrimonialisation.

De manière feutrée, Bernard Lepetit, initiateur du tournant critique des *Annales* en 1988-1989 et cherchant à défendre une conception de l'histoire comme essentiellement sociale, a tendance à réduire l'entreprise de Pierre Nora à une forme de muséographie. Il désigne l'entreprise des *Lieux* comme « la plus résignée » qui, après avoir pris acte de la rupture du présent par rapport au passé, ne suggère plus qu'une forme de « récapitulation célébrative »[25]. Patrick Garcia n'est pas loin de cette position dans son article paru en 2000. Après avoir salué avec enthousiasme l'ampleur de cet événement historiographique et sa qualité, il se fait critique au nom des risques d'accompagnement d'un vaste mouvement de patrimonialisation et d'une déréalisation de l'histoire par le symbolique qui se donnerait comme le niveau englobant du nouveau discours historien, aux dépens des pratiques : « Les analyses de Pierre Nora n'accordent pas la place qui leur revient aux pratiques sociales[26]. »

Un succès qui donne des envies d'adaptation à l'écran

Roger Stéphane avait réalisé pour la télévision une magnifique adaptation du *Temps des cathédrales* avec force moyens et la collaboration active de Georges Duby. La publication des volumes des *Lieux de mémoire* a suscité des projets multiples. Il se trouve que Pierre Nora est proche de la chaîne culturelle, la Sept, non seulement parce que Georges Duby en est le président, mais parce que son responsable est son ancien étudiant, Jérôme Clément. Alors que la publication des *Lieux* est encore loin d'être terminée, en 1985-1986, l'assistante de Jérôme Clément, Sylvie Jézéquel, s'est prise d'une vive sympathie pour Pierre Nora, et ils ont eu de nombreuses réunions pour envisager la possibilité d'une telle adaptation télévisuelle. Malgré une certaine avancée du projet, il semble que Georges Duby ne se soit pas montré enthousiaste, considérant qu'il fallait d'abord que Pierre Nora achève son entreprise : « Je l'ai senti très réticent. Mais il n'avait pas tort de me dire de terminer d'abord. Il me disait que soit je m'occupais de son adaptation, soit je m'engageais dans un travail énorme. Ou alors je vendais les droits et je ne m'en occupais en rien, ce qui était la meilleure solution[27]. »

Parmi les autres pistes, il y a eu le projet proposé par Pierre Dumayet qui était très enthousiaste à l'idée de réaliser une série télévisuelle, mais il n'a pas convaincu Pierre Nora. Il s'agissait pour l'essentiel de commenter devant la caméra chacun des lieux de mémoire présenté aux téléspectateurs, avec une volonté de faire passer le savoir historique grâce à un commentaire fortement personnalisé.

Il y eut encore d'autres projets, et parmi ceux-ci l'un a donné lieu à une scène cocasse, celui d'un réalisateur qui s'est spécialisé dans les films historiques de reconstitution de batailles, ayant à son actif un certain nombre de réalisations avec les anciens combattants, Olivier Descamps. Un déjeuner est prévu début 1986 rue de Bellechasse au ministère des Anciens Combattants avec le secrétaire d'État Jean Laurain, le réalisateur et Pierre Nora. Ce dernier sort pensif de son séminaire à l'EHESS, au 54, boulevard Raspail, et se dirige vers le ministère de l'Éducation nationale en croyant se rendre au ministère des Anciens Combattants. Il sonne à la porte d'entrée, on lui ouvre. Il décline son identité et indique être invité à déjeuner par le ministre. On fait entrer Pierre Nora dans un salon où se trouve déjà installé le directeur de *Libération*, Serge July, qui, surpris, lui demande ce qu'il vient faire. Pendant leur court échange, Pierre Nora se rappelle que July a travaillé au scénario d'adaptation de la bataille de Bouvines de Georges Duby. Il n'est donc qu'à moitié étonné de sa présence à ce déjeuner. La porte s'ouvre et l'on fait entrer le ministre de l'Éducation nationale, Jean-Pierre Chevènement : «Je ne le connaissais pas, mais j'avais lu ses propos assez virulents sur la gauche américaine dirigés contre François Furet et moi[28].» Tous trois prennent place autour de la table pour déjeuner. Pierre Nora constate avec quelque étonnement que Serge July fait grise mine. Comme personne ne prend la parole, il se lance : «C'est d'autant plus aimable, Monsieur le Ministre, que je n'ignore pas ce que vous avez écrit... Je suis d'autant plus heureux de voir que *Les Lieux de mémoire* vous ont fait changer d'avis...» Silence plombé. Pierre Nora poursuit dans ce qui tourne au monologue : «Mais cela ne m'étonne pas que cela ait plu à un homme qui, comme vous, a fait son diplôme d'études supérieures sur la Commune de Paris...» Le silence s'épaissit, et Pierre Nora se voit contraint au soliloque, exposant la problématique des lieux pendant que l'intendance du ministère passe les plats : «À peine le fromage passé, Serge July se lève et me dit au revoir. Je me dis qu'il n'est pas très poli celui-là[29].» Le tête-à-tête avec le ministre se poursuit et Pierre Nora de lui demander s'il envisage une vraie série télévisée, lorsqu'on vient chercher le ministre. Pierre Nora rejoint alors son bureau chez Gallimard et trouve sa secrétaire, Nicole Évrard, affolée sur le pas de la porte, qui lui dit : «Mais on vous cherche partout ! Que vous est-il arrivé ? Le ministre des Anciens Combattants n'a cessé de nous appeler. J'ai appelé l'École. Où étiez-vous ?» Pierre Nora comprend alors qu'il y a eu méprise et qu'il est allé s'inviter chez Chevènement par erreur, se trompant de ministère ! Il passe par toutes les couleurs de l'arc-en-ciel et s'emploie d'urgence à réparer son impair. Il commence par Chevènement à qui il téléphone. On lui répond qu'il est en rendez-vous, mais il insiste en dramatisant, évoquant une question de vie ou de mort. Il finit par le joindre et murmure des excuses en l'informant qu'il ne va sans doute pas le croire, mais qu'il s'est trompé de ministère. Il s'entend répondre par Chevènement que ce dernier le prenait pour un ambitieux déterminé, mais qu'en fait non, il ne l'est pas du tout, qu'il est simplement un peu confus, et le ministre de lui exprimer la sympathie qu'il éprouve pour lui et l'invitant à ne pas hésiter à pousser la porte le jour où il repassera devant le ministère. Pierre Nora appelle ensuite Serge July qui avait attendu deux mois avant d'obtenir ce déjeuner pour son journal *Libération* et qui a du mal à croire à cette histoire. En prenant congé il commente : « Tu es complètement fou ! » Cette erreur d'aiguillage aura en tout cas bel et bien enterré le projet conçu par Olivier Descamps avec les anciens combattants.

Vingt ans après : quel bilan ?

La question mémorielle ne cessant de faire actualité dans un déferlement de « trop-plein » de mémoire, au point de délégitimer un discours historien autonome, l'équilibre de l'entre-deux défendu par Pierre Nora, toujours instable par définition, est difficile à maintenir pour éviter de tomber dans un des deux écueils. Soit on sacralise la posture historienne au nom de sa scientificité pour tourner le dos aux revendications mémorielles, ce qui revient à nier tout l'apport des *Lieux de mémoire*, soit on accède à toutes les exigences des porteurs de mémoire, et l'on fait l'impasse sur l'apport de l'épistémologie historienne, acceptant alors que l'histoire soit totalement recouverte par la vague mémorielle et disparaisse ensevelie, assurant ainsi le triomphe d'une mémoire sans histoire.

Il était donc impérieux de poursuivre la réflexion sur cette tension qu'il fallait maintenir à tout prix, ce qui n'a pas été facile compte tenu de l'âpreté des débats, des enjeux qui ont souvent tourné aux conflits frontaux. Pierre Nora a été très sollicité pour s'expliquer, pour préciser son point de vue, et le 20e anniversaire de la publication des *Lieux* en a été une occasion. Lucette Valensi, qui a été particulièrement critique, engage alors un dialogue direct avec Pierre Nora. Elle réitère pour l'essentiel ses réserves qui sont au nombre de deux : d'une part des absences injustifiables comme l'histoire coloniale, l'Empire français, les traces de la guerre d'Algérie, la seconde génération d'immigrants d'Afrique du Nord, et en second lieu ce centrage sur l'histoire de France transformée en monument national qui fait de Pierre Nora un nouveau Lavisse dont la publication voisine avec ce dernier dans la bibliothèque de l'université de Princeton aux États-Unis. Par contre, elle admet n'avoir pas perçu dans sa note critique un aspect qui lui fait jeter un regard un peu nouveau sur l'ensemble, le fait que « c'est une œuvre d'auteur, quand bien même celui-ci aura fait travailler d'autres historiens[30] ».

À cette occasion, Pierre Nora considère qu'on lui a fait des reproches qui sont contradictoires : on l'accuse d'un côté d'enterrer la France, de lui construire un musée, un mémorial, se faisant fossoyeur, et de l'autre d'exalter les valeurs de la francité et d'avoir bâti un monument lavissien pour servir les intérêts patriotiques. Il faut choisir. En fait son entreprise ne relève ni de l'un ni de l'autre, mais d'un entre-deux à partir duquel peut s'exercer un regard critique par rapport à quelque chose qui existe encore. À propos des manques, il rappelle qu'alors on était plutôt dans une période de négation de l'époque coloniale. Il avait cependant songé à se donner à lui-même le dossier algérien et à Philippe Joutard la ville de Marseille comme plus vieille ville de France et lieu d'accueil des pieds-noirs, comme ville coloniale, mais il a dû y renoncer car, outre la gestion de l'ensemble, chacun des articles lui demandait un énorme travail et qu'il n'a pas trouvé le temps nécessaire. Mais on ne peut sérieusement lui faire le reproche d'une intention délibérée d'occultation de la page coloniale écrite par la France, comme l'atteste la publication dans sa « Bibliothèque des histoires » en 1981 d'un bel ouvrage d'un historien américain de l'université d'Indiana, William B. Cohen, qui historicise les représentations qu'ont eues les Français des populations noires depuis le XVIe siècle[31].

Là où en revanche l'on peut avancer que Pierre Nora n'avait pas encore totalement pris la mesure de la révolution historiographique qu'il inaugurait, c'est qu'il a fait preuve d'une trop grande timidité par rapport à la trame événementielle, pour l'essentiel absente des *Lieux* : rien sur la bataille de Poitiers, sur Austerlitz, sur la Saint-Barthélemy, rien sur l'affaire Dreyfus, et cela tient à l'idée que la mémoire restait à distance de l'événement, alors que Pierre Nora, qui avait réussi en 1973 à convaincre Georges Duby d'écrire sa bataille de Bouvines, était en même temps très conscient que la problématique des *Lieux* permettait d'envisager l'événement dans la métamorphose de ses traces. Mais on peut aussi considérer qu'en se tenant à distance des événements, Pierre Nora était conscient de la nécessité d'éviter un écueil possible de son entreprise, celui d'une réification, car la notion même de lieu est toujours passible d'un double réduction spatiale ou temporelle, comme le note avec justesse le philosophe Alain Roger en affirmant que la notion s'inscrit dans un système épistémologique à double référence, « l'une spatiale, et l'autre temporelle[32] », nécessitant pour son auteur de rester dans un entre-deux.

Quant à l'accusation de nationalisme, Pierre Nora y a répondu à de multiples occasions. Lorsque nous avons consacré un triple numéro de la revue *EspacesTemps* à la discipline historique en 1995, il nous avait déjà dit explicitement : « La nation sans nationalisme[33] », et il précisera son point de vue plus tard, en 2007, en considérant que « le nationalisme nous a caché la nation[34] ».

Dans le débat l'opposant à Alain Finkielkraut, qui voit dans son entreprise un abandon de ce rapport à la nation tel que le défendait Renan et déplore son remplacement par une relation purement touristique au patrimoine national, Pierre Nora réagit cette fois à l'accusation d'enterrement de première classe ou de liquidation proférée par Finkielkraut toujours prompt à voir dans tout changement un syndrome de la décadence et un triomphe de l'affairisme. Il affirme qu'il n'est plus possible aujourd'hui de transmettre le récit mythologique d'une France tout entière née dans l'unité avec Vercingétorix en faisant semblant d'énoncer la réalité factuelle. Par ailleurs, il a recours, et c'est rare chez lui, à la psychanalyse pour rappeler à son interlocuteur que la mémoire n'est pas vraiment conçue par les psychanalystes comme un simple conservatoire du souvenir, ce qui lui permet d'affirmer avec force le sens que nous avons déjà perçu plus haut de toute son entreprise, d'être tournée vers l'avenir : « C'est en revanche la privation de mémoire qui vous empêche d'affronter l'avenir. Le seul moyen de maîtriser l'avenir est de ré-habiter le passé[35]. » C'est donc pour affronter dans les meilleures conditions une ouverture à l'universel que Pierre Nora a tenu à revisiter en historien la nation comme moyen d'éviter une relation purement abstraite aux valeurs de l'universalité qui engendre en réaction des crispations identitaires et communautaristes : « C'est pour cela que je me méfierais et que je reste attaché à ce concept national qui reste le seul cadre aujourd'hui pensable et possible pour l'accès à l'universel[36]. »

Pour ceux qui réfléchissent à la destinée des Français, *Les Lieux de mémoire* sont devenus un instrument indispensable, au point que certains ont ressenti la nécessité de posséder l'ensemble des sept volumes en plusieurs exemplaires pour être sûrs de les avoir toujours sous la main en cas de besoin : « C'est un des rares livres que j'ai à la fois intégralement à Paris, dans les Cévennes et à l'île d'Yeu[37]. »

17

L'ère du patrimoine

En 1980, alors que Pierre Nora n'en est qu'aux prolégomènes du projet qui donnera lieu à la publication en 1984 du premier volume de ses *Lieux de mémoire*, le président de la République Valéry Giscard d'Estaing lance l'année du Patrimoine pour répondre aux sollicitations devenues pressantes de milliers d'associations privées qui dans les régions étaient porteuses de projets. À l'époque, cela correspond aussi à la volonté du ministre de la Culture, Jean-Philippe Lecat, de récupérer la direction du Patrimoine qui était sous la tutelle du ministère de l'Équipement. Le succès de l'année du Patrimoine est spectaculaire, donnant une visibilité aux quelque 6000 associations qui militaient dans ce domaine. L'arrivée de la gauche au pouvoir en 1981 accélère encore cet engouement patrimonial avec la loi de décentralisation de 1983. Dans les années 1970, deux expressions, celle de «beaux-arts» et celle de «monuments historiques» se sont peu à peu effacées au profit d'un troisième terme désignant l'héritage qui doit être préservé et transmis à la postérité, la notion de «patrimoine». Comme le constate Jean-Michel Leniaud, l'État est «surpris par l'explosion patrimoniale et dépourvu de tout moyen d'intervention, tant pour la juguler que pour en orienter le dynamisme[1]».

C'est dans ce contexte de patrimonialisation accélérée et d'une France de plus en plus l'objet d'une politique de protection d'un nombre grandissant de bâtiments que la notion de «lieu de mémoire» devient le concept qui semble le mieux à même de répondre à une demande sociale croissante. Les tensions de plus en plus fortes entre l'attachement de l'opinion à certains monuments et les impératifs de la modernisation ont déjà suscité quelques vives polémiques comme celle qui a accompagné le déménagement des halles de Baltard en 1970. Cela a conduit à élargir la notion de patrimoine aux monuments et objets du XIXe siècle, débouchant même sur la création du musée du XIXe siècle dans l'ancienne gare d'Orsay de la même époque, alors qu'il était prévu initialement de la détruire.

L'explosion patrimoniale

Dans ces années 1980, ce n'est pas seulement l'accession des grandes réalisations du siècle précédent à la dignité de patrimoine à laquelle on assiste, mais bien une inflation qui permet de désigner n'importe quel objet ou monument comme relevant du patrimoine national, et demandant à l'État d'être classé comme tel pour éviter toute démolition. La notion de « lieu de mémoire » est devenue, à point nommé, l'appellation contrôlée à partir de laquelle cette revendication de classement s'est exprimée. Il en a été ainsi partout, aussi bien dans le monde rural que dans le monde urbain. Le cas le plus connu a été l'affaire du Fouquet's qui a débouché sur un arrêté préfectoral le 16 décembre 1988 pour inscrire sur l'inventaire supplémentaire tout l'immeuble dans lequel se trouvait le fameux restaurant ayant fait la gloire de l'avenue des Champs-Élysées.

Pierre Nora allait-il se convertir en embaumeur, présent sur tous les terrains pour donner sa bénédiction à des lieux dits "lieux de mémoire" ? Ce ne sont pas les sollicitations qui ont manqué. Le succès de sa notion est tel qu'il est appelé sur tous les fronts pour sauver de la destruction les lieux les plus divers. Parmi bien d'autres requêtes, celle de Bernadette M. Gradis, secrétaire générale de Jeunesse et patrimoine, est significative du statut nouveau conféré à Pierre Nora. Elle décide en 1993 de donner pour thème au 12e concours de dessins d'enfants organisé depuis 1974 « Patrimoine et lieux de mémoire » : « Je pense qu'il n'y a pas lieu que je vous fasse un dessin... Accepteriez-vous de nous livrer quinze à vingt lignes que nous utiliserions comme présentation pour ce concours dans une lettre à en-tête de la Caisse nationale des monuments historiques et des sites[2] ? » Malgré ses relations amicales avec celle qui le sollicite, Pierre Nora se récuse et s'en explique : « C'est avec plaisir que j'aurais accédé à votre sympathique demande, si je n'avais pas deux raisons de principe pour m'y refuser. La première, c'est que croulant sous les demandes de toute nature, officielles et privées, de "patronner" des initiatives autour de lieux de mémoire, je les refuse toutes par horreur à l'idée de devenir "Monsieur lieu de mémoire", un rentier de la chose. Mais il y a plus sérieux.

L'expression a connu sa fortune publique au prix d'un contresens, ce qui est souvent le cas[3].» Et de rappeler que, dans son esprit, ce qui définit le lieu de mémoire n'est pas tant sa matérialité que sa valeur symbolique, ce qui fait de l'exercice même de dessiner un lieu de mémoire un non-sens par rapport à sa définition.

Quant à la manière dont on définit le patrimoine, Pierre Nora souligne à quel point c'est un phénomène récent qui n'a plus grand-chose à voir avec la façon dont les dictionnaires définissaient la notion avant qu'elle ne prenne une acception nouvelle dans le Robert en 1979. Le patrimoine n'était en effet jusque-là que l'ensemble des biens à caractère pécuniaire d'une personne, le bien transmis par les parents à leurs enfants. Puis, dans la conscience publique, la notion a pris une dimension plus collective et culturelle, mais limitée aux beaux monuments, aux châteaux et églises des temps anciens. Le patrimoine est devenu depuis peu l'ensemble des traces du passé : «Alors que traditionnellement ne faisait partie des archives, des musées, du patrimoine que ce qui était précisément un rebut, c'est-à-dire hors d'usage, hors du système marchand. C'est un autre système marchand qui va se mettre en place sur les éléments et les matériaux du patrimoine, y compris tous les éléments de la nature, alors que par définition le patrimoine ne concernait que ce qui relevait de la culture[4].» On est passé ainsi d'un patrimoine hérité à un patrimoine revendiqué, et d'une définition limitative à une définition extensive, sans limites.

Lorsque Jack Lang revient au ministère de la Culture à la faveur du second mandat de François Mitterrand en 1988, il accorde à la question du patrimoine une nouvelle importance. Il sollicite même Pierre Nora pour prendre en charge une mission destinée à mettre en adéquation la notion de «lieu de mémoire» avec une possible liste de sites et monuments à préserver, et étudier la possibilité d'une modification des dispositions de la loi de 1913 sur les monuments historiques car celle-ci ne permet pas de protéger ce que Jack Lang qualifie de patrimoine de «troisième type», soit les maisons d'artistes, les cafés, les magasins et autres sites dont le classement ne relève pas de critères esthétiques ni historiques.

En 1990, le directeur du Patrimoine, Jean-Pierre Bady, sollicite donc Pierre Nora au nom de Jack Lang pour présider un groupe de travail, et Pierre Nora en accepte le principe malgré ses réticences à s'intégrer dans quelque affaire de l'État que ce soit, ce dont Jack Lang le remercie : «J'ai souhaité, ainsi que vous le savez, lancer une campagne de protection d'un certain nombre de lieux de mémoire, témoins de l'évolution des XIXe et XXe siècles du point de vue politique, scientifique, technique et philosophique...Vous savez combien je suis attaché à ce projet et je vous suis très reconnaissant d'apporter votre précieux concours dans un domaine dont vous avez été l'un des grands initiateurs[5]. » On parlait alors beaucoup du Fouquet's et de la piscine Molitor à préserver comme lieux de mémoire. Pour la mise en place de cette commission, Jack Lang demande à Pierre Nora de bien vouloir accueillir comme membre le beau-frère du président, Roger Gouze, qui a un bureau à l'Élysée et qui est déjà chargé par François Mitterrand de la mémoire des lieux. Lorsque la commission se met en place, Pierre Nora fait donc la connaissance de Roger Gouze et lui demande quelle est la fonction de son bureau et de la commission qu'il anime. Ce dernier lui répond qu'il a eu la même idée que lui, au même moment, et qu'elle se traduit par la pose de plaques commémoratives sur un certain nombre de sites. Cela a commencé par Auvers-sur-Oise pour honorer Van Gogh, puis à Sète au cimetière marin pour honorer Paul Valéry. Il ajoute qu'il est question de passer à des sites parisiens. Pierre Nora lui demande où et, stupéfait, il s'entend répondre : au 31, rue de Bellechasse dans le 7e arrondissement de Paris. « C'est là où habite ma compagne, Gabrielle ! Françoise était là, on se regarde ahuris ! Il nous dit que c'est en effet là que Marcel Proust fréquentait Daudet, que Jacques Bainville y a habité*[6]. » Comme le fait remarquer Françoise Cachin à Pierre Nora, il pourra ajouter plus tard : « C'est au 31 que l'inventeur des *Lieux de mémoire...* »

Établie au printemps, la commission doit rendre ses premières conclusions à la fin juin 1990 : « Cela a été une opération prise très au sérieux par Pierre[7] », se souvient Philippe Joutard, membre de la commission. Il est décidé dans un premier temps d'établir une liste de cent lieux de mémoire, mais au fil des discussions on s'aperçoit vite que cette liste n'a aucun sens, sinon celui, poétique, d'un catalogue à la Prévert. Le groupe de travail aboutit par ailleurs à la conclusion que passer d'une simple protection de lieux considérés comme historiques à la production d'une mémoire effacée ou en voie d'effacement

* La plaque qui figure en effet au 31, rue de Bellechasse est placée sous la mention : « La mémoire des lieux » et il y est inscrit : « Édifié à l'emplacement d'une maison où mourut Gaspard Monge. Cet immeuble fut habité, de 1885 à 1897, par Alphonse Daudet et son épouse Vence, elle y tint salon et y reçut Marcel Proust. Il écrit, parlant des demeures qu'il aima : "Je n'en sais pas d'aussi pleine de passé, de pensée, d'aussi pieusement consacrée par le souvenir que le 31, rue de Bellechasse." Dans cette maison est mort, en 1936, l'historien Jacques Bainville. »

« relèverait d'une commission permanente[8] ». On affirme la volonté de ne pas figer les choses et l'on définit un champ d'investigation si vaste pour enquêter, hiérarchiser, inciter et initier, présupposant la mise en place d'un dispositif si lourd, que le travail du groupe se perd dans les sables mouvants de l'indétermination de la notion sur laquelle reposait sa démarche. La commission décide alors qu'il n'est pas nécessaire d'ajouter cette nouvelle notion de « lieu de mémoire » au dispositif juridique existant, et qu'il convient de s'en tenir au seul critère historique, sinon on risque de s'enliser dans la confusion générale. Du côté des pouvoirs publics, on s'était progressivement aperçu que l'on avait ouvert une boîte de Pandore qui risquait de coûter une fortune : « On voyait là l'incompatibilité complète entre une définition juridique, administrative et la définition d'un concept, très riche au plan de l'ouverture, mais que l'on ne peut réduire[9]. »

C'est au cours de ce moment du second ministère Jack Lang que Pierre Nora fait la connaissance de Maryvonne de Saint Pulgent qui était alors journaliste au *Point*. C'est une brillante intellectuelle, entrée à l'ENA à l'âge de vingt-deux ans, qui sollicite Pierre Nora pour un entretien afin de commenter une enquête statistique sur les pratiques culturelles des Français dont il ressort que la lecture est en baisse dans toutes les catégories de la population. Frappant à la porte du bureau de Pierre Nora chez Gallimard, Maryvonne de Saint Pulgent s'attend à un discours de déploration sur le niveau qui baisse. Or, « contre toute attente je ne pus obtenir de vous la réaction d'inquiétude et d'indignation que j'espérai pour contrebalancer la modération de votre commentaire, qui n'allait pas dans le sens de mes convictions personnelles, je sollicitai Marc Fumaroli qui fulmina obligeamment l'imprécation qui me manquait[10] ». Un peu désarçonnée par ce premier contact, Maryvonne de Saint Pulgent considère son interlocuteur comme un incorrigible optimiste, mais elle reviendra vite sur ce jugement quelque peu hâtif en le connaissant mieux. Elle en aura l'occasion en 1993 au terme de la publication des sept volumes des *Lieux*. Elle décide alors de faire un grand entretien avec lui, toujours pour *Le Point*, car Pierre Nora avait accordé à ce thème du patrimoine toute son importance dans *Les Lieux de mémoire*[11].

Maryvonne de Saint Pulgent est nommée peu après, en 1993, à la direction du Patrimoine et sa relation avec Pierre Nora devient alors amicale. Elle le sollicite pour présider au premier des entretiens du Patrimoine selon une nouvelle formule qui vise à dépasser leur caractère technique pour devenir le lieu de confrontation de plusieurs disciplines : «J'ai souhaité que le monde intellectuel s'intéresse aux questions du patrimoine[12].» Mission est donc donnée à Pierre Nora d'inventer un nouveau modèle éditorial pour ces entretiens et de les inaugurer : «Il a fait cela admirablement, de main de maître, se passionnant pour le sujet et mettant au point un modèle qui a permis de faire la même chose ensuite avec Jacques Le Goff, François Furet, Henry Rousso, Régis Debray, cela a été fondateur[13].» Si la réalisation des *Lieux* prédisposait Pierre Nora à jouer un rôle dans la réflexion sur la politique patrimoniale, il était pourtant resté jusque-là très étranger au monde des professionnels du patrimoine. L'organisation de ces entretiens lui a permis de connaître cette fois de l'intérieur tout ce milieu de professionnels, des gens comme Jean-Marie Pérouse de Montclos, Gérard Ermisse ou Isabelle Balsamo.

Ces entretiens présidés par Pierre Nora seront publiés en 1997[14]. La rencontre est placée sous le signe d'un bilan de trente années de travail de l'Inventaire général mis en place sous Malraux par André Chastel en 1964 et d'une volonté de confronter idées et méthodes pour définir une nouvelle politique du patrimoine. Pierre Nora souligne dans son introduction le prodigieux essor du patrimoine, «venu rejoindre dans la même constellation passionnelle les mots "mémoire", "identité", dont il est devenu presque synonyme[15]». Mais ce constat ne doit pas masquer les écueils qu'il porte, ceux résultant d'une «patrimonarchie» qui impose la nécessité d'une clarification, d'un meilleur discernement, de choix stratégiques difficiles. Dans sa conclusion, après trois journées de débats, Pierre Nora juge que l'on est passé d'un âge historique du patrimoine à un âge mémoriel. Le patrimoine s'appuie désormais sur un nouveau rapport au passé, non plus un passé considéré comme objet passif, mais un passé construit, actif dans le présent, un passé dilaté dans ses dimensions, et en même temps plus contraignant, ce qui se manifeste notamment avec l'injonction du devoir de mémoire. Le patrimoine s'est aussi chargé d'une dimension sacrée dans un monde profane. Pierre Nora considère que la notion de patrimoine, sans avoir vocation à fédérer les sciences humaines, les a toutes largement transformées, remodelées. Si sa positivité consiste à donner un sens à nombre d'objets matériels ou immatériels qui n'en avaient plus, il convient cependant de se défier d'un autre versant, négatif celui-là, qui tend à renforcer «complaisance communautaire, réactions de frilosité, repli identitaire, rejet de toute modernité, nostalgie passéiste[16]». C'est à l'occasion de ces entretiens du Patrimoine de 1994 que Pierre Nora rencontre parmi les professionnels du patrimoine

Marie-Anne Sire, conservateur en chef des monuments historiques, chargée de la région Aquitaine. Elle découvre, au contact de Pierre Nora, que son milieu a une vision trop restrictive du patrimoine, limitée à la protection des monuments historiques, alors que si l'on tient compte des apports des géographes, des sociologues, des ethnologues, on ne considère plus le monument en soi, mais enraciné dans un environnement spécifique.

Pierre Nora est sollicité aussi pour être membre du Haut Comité des célébrations nationales qui est chargé de conseiller le ministère de la Culture dans l'organisation des nombreuses commémorations depuis 1998. Placé sous la tutelle de la direction des Archives nationales, il comporte des personnalités diverses, mais il est composé pour une bonne part d'historiens*. À partir de certains principes, il est établi chaque année une liste des événements susceptibles de donner lieu à une célébration nationale. Le Haut Comité se donne pour mission de fédérer toutes les initiatives conçues autour des choix qui sont collectivement décidés. Il discute de la manière dont doivent se dérouler ces commémorations. Une brochure annuelle faisant état des célébrations de l'année[17] est publiée et diffusée à près de 15000 exemplaires : «J'aimais beaucoup la secrétaire du comité aujourd'hui à la retraite, Danièle Neirinck, une Madame je-sais-tout et qui effectivement savait tout. On faisait ensemble les listes des notices à écrire et l'on discutait pour savoir à qui demander de les réaliser[18].» Lorsque Jean Leclant s'est retiré, il a demandé, ainsi que Martine de Boisdeffre, à Pierre Nora de prendre sa succession à la tête du Haut Comité. Pierre Nora s'y est refusé, jugeant cette fonction incompatible avec celle de président de Liberté pour l'histoire. Une seconde raison a motivé son refus, c'est son exaspération croissante devant le fait que le Haut Comité était chaque fois dépossédé de sa mission lorsqu'il s'agissait de grandes commémorations d'enjeu national comme Victor Hugo, George Sand, René Char, Albert Camus... depuis la commémoration de Clovis.

À l'occasion des *Mélanges en hommage à Françoise Cachin* parus en 2004, Pierre Nora écrit une contribution sur le musée historique de Versailles, faisant une analogie entre la période qui a conduit à ce

---

* En 2004, le Haut Comité des célébrations nationales compte parmi ses membres historiens, outre Pierre Nora et son président Jean Leclant, Maurice Agulhon, Jean Delumeau, Jean Favier, Marc Fumaroli, Jean-Noël Jeanneney, Pascal Ory, Emmanuel Poulle, Jacques Thuillier.

musée sous la monarchie de Juillet et notre époque contemporaine. Simplement, l'effet en est tout autre, car si les années 1830 ont consacré l'histoire, les années 2000 sont celles du sacre de la mémoire. Le projet de Louis-Philippe était particulièrement ambitieux dans ce haut lieu symbolisant le règne fastueux de Louis XIV. Il entendait le transformer en lui conférant une vocation à la fois muséographique, pédagogique et commémorative avec l'idée de réconcilier la France d'Ancien Régime et ceux qui portaient l'héritage de la Révolution française[19].

En 2008, paraît le rapport d'Hervé Lemoine relatif au projet d'un musée de l'Histoire de France. Ce rapport n'est pas dénué de réflexion historiographique, mais il est largement tributaire d'une demande politique au plus haut niveau puisque le président Nicolas Sarkozy estime qu'il faut combler un manque pour « célébrer la cohérence de l'histoire de France ». Il est donc question d'y réunir les gloires nationales, de refonder un socle de culture commune à tous les Français. L'objectif exprimé dans le rapport Lemoine est de rendre plus visible ce qui est qualifié comme étant l'âme de la France qui serait la matrice de ce musée. Cette nouvelle « maison de l'histoire » donnée à la France devrait donc permettre de mieux savoir ce qu'est la France, ce qui la constitue dans l'épaisseur de son histoire revisitée grâce à de grandes galeries chronologiques.

Il est fait appel, entre autres, à Pierre Nora pour présider à son élaboration et à sa mise en place. La ministre de la Culture Christine Albanel confie même à Pierre Nora : « C'est pour vous. » Mais il se récuse et explicite son rejet en juin 2009 à l'occasion des entretiens du Patrimoine portant sur « Lieux de mémoire, musées d'histoire ». Lorsqu'il intervient à cette occasion, ouvrant la session des travaux, personne ne sait quelle va être sa position à propos de ce projet de musée : « Son intervention a été fracassante, considérant qu'il était aberrant que cette idée ait même pu naître, alors qu'elle allait à l'encontre de tous les travaux des historiens depuis cinquante ans qui ont tout fait pour montrer que rien n'est linéaire[20]. »

Cette intervention confirme le contresens de ceux qui ont vu en lui un nouvel Ernest Lavisse. Si la question nationale n'a cessé de le mobiliser, cela a toujours été pour la penser autrement et pour éviter justement les errements nationalistes qui ont répandu l'idée d'une France éternelle, toujours une et linéaire. Toute la problématique des *Lieux* fondée sur une métamorphose constante du sens des traces du passé, ainsi que sur une approche réflexive, au second degré, va à l'encontre de cette vitrification d'un passé édifiant.

Pierre Nora suggère d'ailleurs au ministre de la Culture Frédéric Mitterrand à l'automne 2009 de concevoir plutôt un musée purement virtuel de l'histoire de France qui aurait l'avantage de permettre au visiteur de faire lui-même son propre parcours, sans itinéraire imposé. Un tel musée, de facture totalement nouvelle, en rupture avec toute la tradition des musées, aurait pu être «un grand musée au-delà des lieux, portant une histoire au-delà des lieux. On aurait ainsi pu adapter une idée très moderne à une tradition très ancienne, celle d'un musée que l'on subvertissait[21] ». Mais si l'idée a intéressé le ministre, elle ne pouvait retenir l'attention d'un président dont l'intérêt majeur était de pouvoir inaugurer un tel musée et d'en tirer le profit politique.

Parmi les grandes commémorations nationales, Pierre Nora est intervenu en séance solennelle de l'Académie des sciences morales et politiques le 14 février 2005 pour célébrer le centenaire de la loi de séparation des Églises et de l'État de 1905. En cette occasion, il insiste sur le transfert de sacralité que l'on retrouve dans la mémoire de la nation républicaine qui a incorporé nombre de traits de la tradition chrétienne jusqu'au «mourir pour la patrie» qui prolonge le «mourir pour la foi». Or, la construction de ce sacré a puisé dans les ressources historiennes. C'est ce qui fonde, à ses yeux, l'essentiel de l'exceptionnalité française qui se condense en quatre idées-forces : «Unité, universel, mystique et commémoration[22].» Ce sont ces quatre piliers qui sont atteints par la modernité, la mondialisation, la construction de l'Union européenne mettant en question l'exceptionnalité française.

Sauver l'archive

Pierre Nora est particulièrement sensible à la question de la préservation et de la consultation des archives. On le retrouve de tous les combats dans ce domaine. Ainsi, en 1995, lorsque Jean Favier propose de démanteler la bibliothèque de l'Arsenal, considérant qu'elle n'est qu'un département spécialisé de la BNF et que ses collections n'ont pas vraiment d'unité et peuvent donc rejoindre celles de Tolbiac ou de Richelieu, d'autant que la place de lecteur (il y en a quarante-huit) serait «la plus chère au monde», il se heurte à une pétition qui recueille très vite plus de cinq cents signatures dont celle de Pierre

Nora*. Installée à Paris depuis 1756 dans l'ancien hôtel des grands maîtres de l'Artillerie, rue de Sully dans le 4e arrondissement, la bibliothèque de l'Arsenal est alors menacée de voir le dépôt légal dont elle disposait lui être en partie supprimé, et avec lui son identité de bibliothèque de recherche de petite dimension, particulièrement appréciée par la communauté des chercheurs.

Un peu plus tard, le 17 janvier 2001, se constitue l'association « Une cité pour les archives » dans la prestigieuse salle Louis Liard de la Sorbonne en présence de cent cinquante personnes « venues entendre les interventions d'historiens (Georgette Elgey, René Rémond et Annette Wieviorka) ou d'archivistes (Françoise Mosser et Isabelle Neuschwander)[23] ». Le manifeste reçoit d'emblée un millier de signatures parmi lesquelles celle de Pierre Nora : « Cela a été pour moi une découverte de le voir à ce point investi et militer[24]. »

La mobilisation engagée par la nouvelle association entend protester contre le peu de moyens accordés à ce qui est le siège même de la mémoire nationale, les Archives de France. Des projets d'extension conseillés par les rapports établis en 1996 puis en 1999 ont été abandonnés. D'où la création de cette association présidée par Annette Wieviorka qui entend sensibiliser l'opinion publique et les décideurs politiques à la question de la préservation d'archives de plus en plus pléthoriques et toujours plus consultées. L'association demande donc que l'on consacre aux archives un nouveau bâtiment, à Paris ou dans la région parisienne : « Certains fonds sont menacés physiquement du fait de leur trop grande fréquentation », selon Annette Wieviorka.

La référence aux archives est très présente en ce début des années 2000 dans le discours politique qui invoque de plus en plus un devoir de mémoire : « Les bâtiments des Archives nationales sont saturés, l'état de conservation des documents est médiocre, les conditions de travail à l'intérieur des établissements sont mauvaises[25]. » Cette association coprésidée par René Rémond finit par remporter un beau succès au printemps 2004 avec la décision de construire une nouvelle cité des archives en Seine Saint-Denis. Le site précis est arrêté en 2007, ce sera Pierrefitte-sur-Seine. En 2007, au lendemain de l'élection présidentielle qui porte Nicolas Sarkozy à l'Élysée, il reste à convaincre ce

---

* Outre Pierre Nora, on relève dans cette pétition, entre autres : Fernando Arrabal, Yves Bonnefoy, Michel Butor, Pierre Chaunu, Claude Cherki, Alain Corbin, Robert Darnton, Georges Duby, Christian Dupavillon, Arlette Farge, Marc Fumaroli, Paul Otchakovsky-Laurens, Bernard Pingaud, Krzysztof Pomian, Pascal Quignard, Jacques Rancière, Jacques Revel, Jacques Roubaud...

dernier de l'urgence de la réalisation de ce projet. Un colloque, qui aurait dû être présidé par René Rémond, mais ce dernier disparaît le 14 avril, est organisé à cet effet en juin 2007 sur le thème «Archives, identité et République» : «On appelle Pierre Nora pour assurer la présidence du colloque. Il n'hésite pas un seul instant. Chaque fois que l'on a fait appel à lui, il a été très actif et avec énormément de gentillesse[26].»

Pierre Nora attache en effet depuis déjà longtemps une importance cardinale aux archives. Rappelons simplement le nom de la collection qui l'a fait connaître comme un éditeur original et talentueux, «Archives», dont l'objectif était déjà de mettre à disposition du plus grand nombre les trésors que recèlent les institutions archivistiques. Puis il accordera aux archives dans ses *Lieux de mémoire* une importante contribution écrite par son bras droit à la revue *Le Débat*, Krzysztof Pomian[27].

L'accélération ressentie du temps suscite une angoisse montante de la perte et un désir de tout conserver, d'autant que l'on ne sait ce dont le futur aura besoin en un moment marqué par la crise de l'avenir : «Nous avons fait de l'archive le dépositaire de notre *identité*. D'où sa charge affective et émotionnelle[28].» L'archive contemporaine devenant de plus en plus audiovisuelle, Pierre Nora a aussi intégré cette évolution dans ses réflexions. Lorsqu'on lui demande ce que cela change pour un historien, il répond : «Cela change tout. Tout d'abord, l'idée même qu'elles existent... La dimension de présence physique est ressuscitée à travers les images[29].» C'est ainsi qu'il commente pour les spécialistes de l'histoire des médias que sont Christian Delporte et Isabelle Veyrat-Masson la couverture médiatique du 60e anniversaire de la libération des camps : «Pour moi le plus frappant concerne les images de télévision. Durant quelques jours, en effet, nous avons été collectivement confrontés à un déluge d'images insoutenables... À aucun moment les images d'horreur déversées sur l'écran n'ont été mises en contexte, historisées, expliquées[30].» On retrouve ici la même posture que celle adoptée par rapport au traitement par le média radio de l'événement en Mai 1968 : à la fois l'adoption de la modernité, ici télévisuelle comme forme privilégiée de diffusion de l'information, et en même temps la nécessité d'un second degré, d'une attention au mode de fabrication de l'information, à sa contextualisation nécessaire pour y trouver un gain d'intelligibilité.

18

Le soleil ne se couche plus sur *Les Lieux de mémoire*

Pierre Nora a tant valorisé les facteurs nationaux du phénomène qu'il a considéré pendant longtemps que l'entreprise des *Lieux de mémoire* exprimait au plus près une singularité, une exceptionnalité française et n'était pas reproductible hors de l'Hexagone. Il pensait avoir conduit à bon port une aventure qui ne pouvait être que spécifiquement française. Il a été largement démenti par une vogue mémorielle qui s'est révélée de dimension mondiale. Sa problématique a connu un large retentissement en inspirant de multiples initiatives dans d'autres pays, sur le modèle qu'il a mis au point. Consacrant aux « Mémoires comparées » un numéro du *Débat* au terme de l'entreprise française, début 1994, Pierre Nora convient du caractère mondialisé du phénomène mémoriel : « Une première conclusion s'impose : celle, au-delà de la variété des situations nationales, d'une même vague mémorielle de fond... L'impression prévaut d'une solidarité profonde des pays, des thèmes et même des dates[1]. »

À la faveur de l'écho mondial suscité par *Les Lieux*, Pierre Nora va faire la connaissance d'un historien étonnant, véritable globe-trotter de la réflexion sur la discipline historique aussi bien au Québec, en Afrique noire qu'en Europe centrale et occidentale, Bogumil Jewsiewicki. Né à Wilno en Pologne (aujourd'hui Vilnius en Lituanie) pendant la Seconde Guerre mondiale, il répond à une demande d'aide contre le carcan colonial du chef d'État du Congo Mobutu auprès des pays du bloc socialiste. Il fait alors partie de son assistance technique pour développer les moyens éducatifs du pays, et il est engagé pour enseigner l'histoire européenne, avec des manuels belges. Puis il s'installe au Québec où il devient titulaire de la chaire en histoire comparée de la mémoire à l'université Laval.

Il découvre avec passion les volumes des *Lieux de mémoire* au fur et à mesure de leur publication et, à la fin des années 1990, ses collègues de l'université Laval le sollicitent pour organiser un séminaire sur ce thème, avec l'idée d'envisager l'élaboration de lieux de mémoire communs à la France et au Québec : « C'est comme cela que s'est tissée une véritable amitié. Je l'ai invité. Il y avait Philippe Joutard, François Hartog, Jacques Revel et le séminaire s'est achevé sur une conclusion très décevante pour les historiens québécois, car il était impossible de trouver des lieux de mémoire communs à la France et au Québec[2]. »

L'arrivée de Pierre Nora au Québec dans un climat d'agitation nationale, sinon nationaliste, suscite des échos dans la presse de la belle province. Il déclare au quotidien *Le Devoir* qu'en terre québécoise la mémoire est plus politique, que l'on n'aborde pas la mémoire de la même façon dans un pays comme la France dont l'identité nationale est traditionnelle depuis des siècles et au Québec : « Nous, c'est pour déconstruire notre identité affirmée ou affirmative, et vous, c'est pour la rechercher[3]. » Il ira jusqu'à faire une analogie entre les Québécois et les Israéliens : « Les Québécois sont les Israéliens d'Amérique ! Ayant conscience d'être à la fois une majorité et une minorité, le Québec a développé un sentiment exacerbé de fierté, mais aussi un profond complexe de victime... exactement comme en Israël ! La ressemblance est frappante[4] ! »

C'est lors de ce voyage au Québec, au contact de Bogumil Jewsiewicki qui se trouve à la croisée entre les trois mondes que sont l'Afrique, l'Amérique et l'Europe, que Pierre Nora prend la mesure du caractère mondial de la problématique mémorielle. Alors qu'il n'apprécie pas vraiment les voyages au long cours, Pierre Nora accepte une invitation de Bogumil Jewsiewicki à revenir au Québec l'année suivante, en juin 1999, pour un nouveau colloque où il est non seulement présent comme participant, mais aussi pour y recevoir un doctorat *honoris causa* de l'université Laval. Cette rencontre avec le Québec a été importante pour lui : « Pays que je découvrais avec stupeur. Non seulement à cause de ce mélange séduisant de familiarité et d'étrangeté que tout Français éprouve en débarquant à Québec. Mais parce qu'un historien de la mémoire retrouve dans cette province toute la panoplie des déterminants qui condamnent au dur désir de durer une communauté menacée[5]. » Ces deux colloques ont compté pour Pierre Nora : « Ils ont fait de moi un Québécois d'adoption[6]. »

Ces échanges se poursuivent à l'occasion de nombreux colloques dans le monde, et vont même trouver une base institutionnelle avec la mise en place d'un séminaire commun à la chaire de recherche du Canada en histoire comparée de la mémoire, à l'EHESS et au Centre d'études européennes de Sciences-Po, ayant pour animateurs Bogumil Jewsiewicki, l'historien Philippe Joutard et la sociologue politiste Marie-Claire Lavabre. L'idée de ce séminaire consiste à prolonger la problématique des *Lieux de mémoire* de Pierre Nora et à la mettre à l'épreuve des diverses configurations nationales. Bogumil Jewsiewicki a pu ainsi financer nombre de rencontres internationales et inviter beaucoup d'étrangers à Paris, favorisant l'internationalisation de la problématique. Quant à Pierre Nora, il a souvent participé à ces rencontres à Paris et ailleurs : « Il considérait un peu ce séminaire comme le prolongement du sien[7]. »

Pierre Nora est ainsi entraîné dans les pérégrinations de son collègue québécois. Il participe à un grand colloque organisé en l'été 2000 en Afrique du Sud, au Cap, sur « Le souvenir, l'oubli, le pardon », où l'on retrouve toujours le même petit groupe d'historiens français : Marie-Claire Lavabre, Jacques Revel, François Hartog et en cette occasion Maurice Kriegel. On est alors en pleine enquête de la commission « Vérité et réconciliation » qui constitue ses archives. À la suite du colloque, tout le groupe a sillonné le pays pendant une dizaine de jours, s'embarquant pour une équipée qui le conduit à travers le Kruger Park jusqu'aux frontières du Zimbabwe. À Soweto, il visite la maison de Winnie Mandela, « à quelques mètres de celle du cardinal Desmond Tutu ; par les récits de certains membres de la commission, comme Mary Burton, cette belle et forte personnalité, toute l'affaire prenait une épaisseur de vie et une richesse de signification qui ne m'ont pas quitté[8] ».

À la conquête de l'Amérique

La publication des *Lieux de mémoire* connaît un vif retentissement aux États-Unis. Il ne va cesser de croître, et bien au-delà des espérances les plus optimistes de son maître d'œuvre. Au départ, les presses universitaires de Harvard souhaitent les publier sous la forme réduite d'un seul volume, et l'éditrice Margaretta Fulton exprime ce souhait à Pierre Nora en mars 1990. Mais de son côté l'historien américain Lawrence Kritzman*, professeur au Dartmouth College, spécialiste de la pensée française, est enthousiasmé par l'ouvrage dès 1984 et se trouve chargé à partir de l'été 1989 de fonder une collection pour les presses universitaires de Columbia qui va s'appeler «*European Perspectives*». Lorsque le directeur des presses universitaires de Columbia se rend en octobre 1989 à la foire du livre de Francfort, il décide au retour de passer par Paris où se trouve Lawrence Kritzman pour aller voir avec lui Pierre Nora chez Gallimard : «Je lui ai demandé où il en était avec *Les Lieux de mémoire* et il m'a répondu que la responsable des éditions de Harvard était intéressée. Je lui ai dit : "Cher ami, pourquoi être publié à Harvard dans le Massachusetts ? Est-ce que vous préféreriez être publié à Limoges ou à Paris[9] ?"» La passion exprimée par Lawrence Kritzman pour ce livre et son argument d'une publication à New York réussissent à convaincre Pierre Nora qui va privilégier les presses universitaires de Columbia, d'autant que celles-ci sont décidées à publier non pas un, mais trois volumes. Le contrat est signé avec Columbia le 23 juillet 1992.

Lawrence Kritzman a beaucoup discuté avec Pierre Nora pour établir un ensemble cohérent. Il a été décidé de conserver les articles un peu folkloriques par lesquels les Américains reconnaissent la singularité française comme le coq gaulois ou le Tour de France cycliste, mais aussi des contributions théoriques. Ils ont aussi beaucoup discuté du titre à donner en anglais[10]. La matrice qui a servi pour l'essentiel à l'architecture de l'édition américaine a été constituée par les trois volumes consacrés aux France qui ont été expurgés d'un certain nombre de contributions pour faire place à des articles provenant des volumes antérieurs sur la République et la Nation. Arthur Goldhammer a reçu le prix de la Traduction pour la qualité de sa traduction des *Lieux*, et cette trilogie américaine a connu un succès certain avec de nombreuses recensions[11]. Pierre Nora, qui restait très sceptique sur la destinée de son ouvrage outre-Atlantique, en est le premier étonné : «J'ai toujours pensé que l'entreprise n'aurait pas de succès aux États-Unis. Elle leur paraît "trop française[12]".»

Tout en remerciant chaleureusement David Bell, professeur à Johns Hopkins University, pour son article, on sent bien la différence d'approche entre l'universitaire américain et Pierre Nora. Bell fait figurer

* Lawrence Kritzman a publié, entre autres, une très importante encyclopédie de la pensée française contemporaine : *The Columbia History of Twentieth-Century French Thought*, edited by Lawrence D. Kritzman, Columbia University Press, 2005.

son entreprise comme une des réalisations des grands travaux de l'époque de François Mitterrand. Pierre Nora lui répond qu'il n'y aurait même pas songé, et quand on sait la virulence de ce dernier contre cette politique des grands travaux, on ne peut que sourire. Pour Bell, le vrai sujet est le déclin de la France, et le regard pessimiste et nostalgique de l'ouvrage le frappe. « Si c'est le cas, je dois bien m'incliner. Beaucoup de lecteurs français ont interprété les *Lieux de mémoire*, jusque dans leur titre, comme l'expression d'un regret d'un âge d'or perdu de la République. Personnellement, je n'ai pas du tout éprouvé ce sentiment de nostalgie. Au contraire, j'ai plutôt vécu dans la joyeuse ivresse[13]... » Et Pierre Nora de poursuivre en s'étonnant que Bell ne se soit à aucun moment interrogé sur la notion de « lieu de mémoire », sur sa nouveauté théorique, « c'est pourtant le vrai sujet du livre ! »[14].

Pierre Nora exprime aussi à Tony Judt sa satisfaction en même temps que ses remerciements pour la publication d'une longue et sérieuse recension dans la publication la plus prestigieuse des États-Unis en matière d'actualité du livre. En même temps, il lui signifie à quel point il se sent étranger à sa lecture et à la perception qu'il transmet de l'ouvrage. Il ne partage pas en effet le point de vue de Judt pour lequel il aurait développé une vision essentiellement touristique, avec un jeu d'étoiles comme dans tout bon guide du type : « Vaut le détour » ; « Mérite le regard ». « Il est possible que cette technique d'objet atomisé prête le flanc à cette perception. Pour être très franc, elle me crève le cœur. Cette focalisation de l'analyse sur des objets éclatés relève, pour moi, d'une tout autre perception[15]. »

Pierre Nora aura été d'étonnement en étonnement. Il lui semblait déjà qu'il avait dépassé ce qu'il croyait possible lorsque l'éditeur des presses universitaires de Chicago, Morris Philipson, qui vient le voir régulièrement à Paris s'étonne, après avoir lu un excellent article de Francis Haskell dans le *New York Review of Books* sur *Les Lieux*, et se dit même fâché que Pierre Nora ne lui ait pas proposé de publier ces *Lieux de mémoire* : « Je lui rétorque sur le mode humoristique qu'il y en a encore à revendre. Il me dit de lui faire une proposition, ce que je fais, persuadé que cela ne marchera pas ; cela consistait à éditer en quatre volumes les contributions qui n'avaient pas été publiées par Columbia[16]. » Malgré les dimensions démesurées du projet, les coûts de traduction, Morris Philipson accepte immédiatement, et David Jordan en est nommé l'*Editor*. Le premier volume est paru assez vite, mais le départ à la retraite de Philipson a sérieusement retardé une publication désormais réalisée en 2010[17].

À l'heure allemande

Les Lieux de mémoire ont trouvé une autre terre d'élection avec l'Allemagne. Tout d'abord avec la traduction d'une partie de l'édition française*, mais surtout avec l'édition sur le modèle français de *Mémoires allemandes*. Devant le succès de la problématique, deux historiens, Étienne François, français germaniste enseignant à Berlin, et Hagen Schulze animent un séminaire à l'université libre de Berlin entre 1995 et 1998 sur ce que pourrait être un ouvrage similaire pour l'Allemagne. Ce séminaire permet de bâtir l'architecture de ce que sera la publication d'une nouvelle trilogie, celle des *Lieux de mémoire allemands* qui paraît en 2001 aux éditions Beck à Munich.

C'est aussi une entreprise éditoriale de grande dimension comportant cent vingt-cinq contributions qu'entreprennent Étienne François et Hagen Schulze. Cette publication rend d'une part évidente l'exportabilité de la notion et sa possible appropriation par-delà les frontières françaises, elle fait aussi ressortir des spécificités nationales, un rapport singulier des Allemands avec leur passé, sensiblement différent de celui entretenu en France. C'est ce que souligne Pierre Nora dans la postface qu'il rédige pour l'édition allemande. Il perçoit des différences historiques et culturelles concernant «l'identité nationale, la tradition historiographique et la structure mémorielle[18]». Ce qui distingue surtout la France de l'Allemagne est le poids en France de l'État central dans la construction de la nation et l'importance corollaire de la nation-mémoire et de son historiographie enracinée au-delà même de la fameuse formule «Nos ancêtres les Gaulois», car nombre de Français considèrent que la France, fille aînée de l'Église, est quasi éternelle. L'unité allemande est au contraire un phénomène récent et la confédération germanique s'est imposée à partir d'un tissu urbain décentralisé. Par contre, on trouve dans l'histoire allemande le trauma de la période nazie et de la coupure des deux Allemagnes qui en résulte jusqu'en 1989 comme un nœud majeur de toute la mémoire

* La publication française est traduite en partie avec un premier ouvrage composé à partir d'une sélection des contributions de l'édition originale des quatre premiers volumes qui paraît en 1990 (*Zwischen Geschichte Gedächtnis*, éd. Wagenbach, 1990; rééd. en poche, Fischer), et un autre ouvrage composé cette fois à partir de l'ensemble et comportant seize contributions, paraissant en 2005 (*Erinnerungsorte Frankreichs*, éd. Beck, 2005).

du peuple allemand. Il est à cet égard significatif que la part historiographique, si importante dans la publication française, soit infime dans l'édition allemande. Par ailleurs, cette dernière est beaucoup moins nationalo-centrée. Comme le fait remarquer Bénédicte Vergez-Chaignon, qui sera responsable de l'édition en France d'une sélection de ces contributions allemandes, beaucoup des *Lieux de mémoire allemands* ne sont pas vraiment allemands : « C'est le cas de personnages comme Napoléon ou Charlemagne, de villes comme Rome, Vienne, Canossa, Stalingrad, Versailles, Tannenberg, Auschwitz, Languemarck, Rapallo, la cathédrale de Strasbourg, Varsovie, et pourtant à chacun de ces lieux s'accroche une part de la mémoire allemande[19]. »

On note aussi des différences qui tiennent aux orientations de la nouvelle histoire en France qui s'est longtemps défiée des personnages et du genre biographique, alors que la majorité des entrées dans l'ouvrage allemand est consacrée à des personnes (une trentaine d'entrées). On y trouve pêle-mêle des responsables politiques, des philosophes, des compositeurs, des écrivains, des actrices, entre autres Johann Sebastian Bach, Marlene Dietrich, Einstein, Marx, Charlemagne, Napoléon, Nietzsche, Karl May, Gaspar David Friedrich...

L'ouvrage fait événement en Allemagne où il est un réel succès. Il trouve vite son public puisque chaque volume est vendu à plus de 10 000 exemplaires. Pierre Nora et sa compagne Gabrielle Van Zuylen accompagneront les premiers pas du bébé allemand et feront le voyage en Allemagne en décembre 2001. L'aventure ne s'arrête pourtant pas là et se met en place un petit groupe de travail autour de l'axe amical qui relie Pierre Nora et Étienne François pour éditer au même moment un volume constitué d'une sélection des *Lieux de mémoire* français en langue allemande et un volume issu d'une sélection des *Lieux de mémoire allemands* en langue française, publiés respectivement par Gallimard et par Beck. Pour la publication de *Mémoires allemandes*[20], « c'est essentiellement Pierre Nora qui a choisi les contributions pour l'édition française[21] », ce qui a accentué encore le tropisme de la période nazie. Pierre Nora ne se reconnaît pourtant pas totalement dans ces lieux allemands. Il considère que, globalement, ils ne correspondent pas tout à fait à sa problématique de ce qu'est un lieu de mémoire, et en même temps il convient de leur valeur jusqu'à les accueillir dans sa « Bibliothèque illustrée des histoires » sous une présentation qui rappelle clairement la publication française antérieure.

Un modèle pour les pays de l'Europe

Si l'axe franco-allemand a été particulièrement fécond, *Les Lieux de mémoire* se sont aussi plus largement diffusés dans toute l'Europe comme modèle, avec des fortunes diverses. Aux frontières de la France, en Belgique, cette publication et son rayonnement valent à Pierre Nora d'être reçu somptueusement à l'université catholique de Louvain-la-Neuve en novembre 2005 pour y recevoir le titre de docteur *honoris causa* remis par son collègue historien Jean Pirotte qui a repris la notion de «lieu de mémoire» pour lui donner un socle anthropologique et même biologique.

La diffusion en Hollande passe par un historien, Pim Den Boer, qui a assisté aux premiers séminaires de Pierre Nora à l'EHESS alors qu'il se spécialisait en historiographie, interrogeant le métier d'historien se professionnalisant au XIXe siècle à l'époque de Lavisse[22]. Pim Den Boer et Willem Frijhoff organisent un colloque franco-hollandais à l'Institut néerlandais de Paris du 11 au 13 mai 1992 sur le rapport entre lieux de mémoire et identités nationales, croisant les approches après la conférence inaugurale de Pierre Nora posant la question de savoir si la notion de lieu de mémoire est exportable[23]. Un décalage certain dans l'appréhension de la notion oppose les deux pays, car en Hollande le lieu de mémoire est conçu comme un lieu visitable; c'est comme cela qu'il est défini par Henri Wesseling.

Les Lieux de mémoire n'ont pas été traduits en italien, et pour cause, car Pierre Nora a été là encore victime de son succès qui a donné l'idée à Giuseppe Laterza d'éditer sous le même titre (*Luoghi della memoria*), sous la direction de l'historien Mario Isnenghi, trois volumes paraissant en 1996. Cette décision relève d'une appropriation quelque peu sauvage, sans que Pierre Nora ait été mis au courant de l'emprunt de son titre, ce qui a le fâcheux effet d'hypothéquer la diffusion en Italie de ses sept volumes français. Ce rapt du titre se double de la captation de la notion de lieu de mémoire instrumentalisée à contresens de ce qu'a voulu Pierre Nora. Les Italiens ont ajouté à un préjudice éditorial un préjudice intellectuel : «Ce très médiocre ouvrage, qui reprend beaucoup de titres, de sujets des *Lieux de mémoire*, est une véritable caricature de ce que peut donner la notion quand elle est maniée par des mains incompétentes[24].»

Cette trilogie italienne fera l'objet de la traduction en français d'une sélection de contributions qui paraîtra en 2006 à l'initiative de Gilles

Pécout, préfacier de l'ouvrage[25]. Par-delà le litige, l'essentiel est que la greffe a pris et le maître d'œuvre de l'entreprise italienne reconnaît dans sa conclusion la paternité de Pierre Nora, évoquant le « grand projet porté à son terme par Pierre Nora et ses collaborateurs[26] ». Mais la problématique italienne est assez éloignée de l'approche de Pierre Nora, ce que ne cache pas Gilles Pécout dans sa présentation aux lecteurs français. Il ne s'agit pas en effet en Italie de déconstruire un État ou une nation qui ont du mal à émerger, mais au contraire d'exalter un modèle d'histoire patrimoniale. Le cheminement est même inverse puisqu'en France on passe de l'unité imposée à la pluralité revendiquée, alors qu'en Italie on part de la pluralité déplorée pour aller vers l'unité souhaitée : « Dans ce contexte de redécouverte positive de la nation et de la patrie, les *Luoghi della memoria* seraient l'une des seules façons de concilier l'étude des fameux "caractères originaux" de l'Italie et des Italiens et celle de l'histoire politique récente, qui part du XIXe siècle, mais privilégie le XXe siècle[27]. » C'est cette opposition frontale que fait ressortir le médiéviste italien Girolamo Arnaldi dans la confrontation mémorielle publiée par la revue *Le Débat* en 1994[28].

En Espagne, la problématique des lieux est plus proche de celle de Pierre Nora. L'historienne Josefina Cuesta, qui enseigne à l'université de Salamanque, a suivi la première année de son séminaire : « Pierre Nora arrivait tout le temps avec des nouveautés. Il était surprenant. Il ouvrait portes et fenêtres[29]. » Elle rentre à Salamanque en 1978 et devient maître de conférences. C'est dans ce cadre qu'elle fait inviter Pierre Nora par le département d'histoire, et se noue ainsi une relation autour de la problématique des *Lieux*, dont la diffusion en Espagne est pourtant tardive et reste très marginale dans les années 1980, car le coup de torchon très radical de l'après-franquisme vise surtout à tourner le dos au passé, à oublier le moment douloureux de la dictature et de ses méfaits. Il faut attendre le milieu des années 1990 pour voir se démultiplier les associations se donnant pour objectif de récupérer cette mémoire perdue sous le franquisme. Cette exigence s'est souvent heurtée au gouvernement Aznar accusé de vouloir étouffer le passé douloureux de l'Espagne pour asseoir un consensus politique autour de lui. Cela a attisé la mobilisation mémorielle pour demander des réparations, pour récupérer les cadavres des victimes de la dictature, pour accéder à la nationalité espagnole après en avoir été banni. Pour les Espagnols, 1998 fut une année de grandes commémorations historiques, et c'est de cette année que l'on peut dater le décollage réel des thèses de Pierre Nora : « Remarquable est alors la présence de Pierre

Nora dans la presse espagnole. Fréquemment cité, il figure comme référence incontournable à laquelle s'amarre cette Espagne reconstruite qui questionne l'attitude à prendre vis-à-vis du passé franquiste et s'interroge sur le problème de ses propres lieux de mémoire[30]. » C'est ainsi que dix ans plus tard, en 2008, la grande synthèse historiographique sur la mémoire écrite par Josefina Cuesta paraît[31], ainsi que la thèse d'une sociologue, Paloma Aguilar Fernandez, qui applique les concepts sociologiques aux questions mémorielles[32].

Le gouvernement socialiste dirigé par Zapatero a promis en 2006 de donner suite aux revendications mémorielles, et a mis en place une commission à cet effet qui a pris un certain nombre de décisions comme l'inventaire des archives sur la guerre d'Espagne, un recensement des victimes, entamant une politique de réparation.

La conjoncture historique, celle de l'effondrement du mur de Berlin et du bloc soviétique, a suscité dans les pays d'Europe centrale une véritable fièvre mémorielle. L'histoire officielle est tombée dans l'opprobre, dans le discrédit le plus total et les citoyens du bloc de l'Est se sont alors tournés vers les archives peu à peu ouvertes pour comprendre le régime de terreur qu'ils avaient dû subir et le degré de surveillance dont ils avaient été l'objet. Tout un collectif d'historiens et de journalistes a fait le point en 1990 sur cette ruée mémorielle dans les pays de l'Est : « Dans ce paysage en proie aux convulsions les moins attendues et à un formidable mouvement d'accélération de l'histoire, tout devient terreau pour la mobilisation du passé – proche ou lointain –, devient champ de bataille, le "murmure mémoriel" qu'évoque Pierre Nora devient vacarme ; la mémoire collective, faisant flèche de tous bois, se cristallise en tous lieux[33]. »

Le modèle est donc bien celui des lieux, et en même temps il est symétriquement inverse du rapport entretenu à l'Ouest, car ici l'histoire est à ce point discréditée que le mémorial s'érige instantanément en histoire, non pas dans un rapport au second degré, mais comme réappropriation avide de ce qui redonne une identité et une vérité. Le rapport à la mémoire à l'Est n'est donc pas critique comme à l'Ouest ; il ne s'agit pas de démythologiser le legs mémoriel mais de s'identifier à lui : « Il est clair qu'en général, ici, c'est la mémoire qui aliène et l'histoire qui libère. Mais il est non moins clair qu'en Union soviétique, il faut dire l'inverse. Contre une histoire qui s'est transformée en pratique du mensonge au nom d'une prétendue scientificité, le retour à la mémoire n'est peut-être pas l'accès immédiat à la vérité historique ;

mais il est, à coup sûr, le symbole de la liberté et l'alternative à la tyrannie[34]. »

Des échos jusqu'en Asie

Comme nous l'avons déjà vu, Pierre Nora a dirigé la thèse d'une doctorante chinoise, Yanqing Liu, qui reçoit en 1995 un coup de téléphone de Pierre Nora pour lui demander de venir se joindre, si elle le désire, à un groupe d'amis chinois arrivés à Paris. Il s'agissait d'une délégation de l'université de Xian venue en France pour traduire *Les Lieux de mémoire*. Liu passe une semaine avec la délégation, lui faisant visiter Paris, mais surtout elle prend connaissance de ce qui a déjà été traduit des *Lieux*. L'affaire semble rondement menée. Les Chinois ont décidé de tout traduire, se divisant le travail en trois équipes de traducteurs. L'équipe de Xian qui s'est déplacée à Paris est la plus avancée dans la traduction. Une seconde équipe est constituée de traducteurs de l'université de la province de Zhejiang, au sud de Shanghai, et une troisième équipe se trouve à l'université de Pékin. Liu a dû rentrer en Chine entre 1998 et 2001 pour rejoindre sa mère atteinte d'un cancer en phase terminale, et à son retour Pierre Nora l'informe qu'il est invité en Chine pour superviser les équipes de traducteurs. Il invite Liu à l'accompagner pour ce voyage, mais alors que tout est prêt pour un voyage à trois avec Angremy, la Chine connaît un gros problème viral qui l'oblige à fermer ses frontières.

Peu après ce projet avorté, Pierre Nora informe Liu que les Chinois, faute d'avoir obtenu les subventions nécessaires, renoncent à la publication des *Lieux*. En définitive, cet immense projet s'est perdu dans l'immensité du continent chinois, et Liu se dit très choquée par ce renoncement devenu définitif à la suite d'un changement de direction dans la maison d'édition chinoise (Les presses commerciales de Chine), mais cela n'aura pas vraiment étonné Pierre Nora : « J'ai toujours pensé que c'était une folie de traduire le tout[35]. » Finalement, l'aventure chinoise connaîtra en 2008 un petit rebondissement avec la signature d'un contrat avec un éditeur de Taipei qui s'est engagé à publier neuf contributions des *Lieux* pour fin 2009.

Le premier en Asie à publier une large sélection en trois volumes parus en 2002 et 2003 est le Japon avec l'éditeur Iwanami Shoten. Pierre Nora fait le voyage en novembre 2003 pour la parution de l'édition japonaise. Il en profite pour en faire un voyage familial en même temps que professionnel, partant avec sa mère, Julie Nora, et sa compagne Gabrielle : « Ma compagne, qui est paysagiste et amoureuse du Japon où elle est allée plusieurs fois, serait ravie de voir avec moi les feuillages des érables et des gingkos. Nous avons su que les cerisiers cette année étaient exceptionnels[36]. » Ce voyage dure une petite semaine entre le 16 et le 22 novembre 2003.

IV

LE «RETOUR» DU SUJET

19

Le tournant interprétatif

Les Français «se ruent sur l'histoire» affirme *Le Point* en janvier 1979. En même temps, l'âge d'or est révolu, et les temps à venir sont incertains car les modèles qui ont fait la fortune des historiens dans les années 1970 sont de moins en moins probants, et notamment une certaine forme de structuralisme historicisé. Au fil des années 1980, on assiste peu à peu à ce que Marcel Gauchet qualifie en 1988 de «changement de paradigme en sciences sociales[1]». Le modèle d'analyse qui a dominé sans partage dans les années 1950-1975 a été le structuralisme[2], soit une démarche critique inspirée par les pensées du soupçon, les stratégies de dévoilement, avec l'idée que la vérité scientifique est accessible mais cachée, voilée. Ce qui caractérisait le structuralisme était de déployer une pensée du décentrement. Les sciences humaines exaltées durant cette période étaient celles qui avaient la plus grande capacité à exproprier la présence, l'attestation de soi, et en premier lieu tout ce qui relevait de l'action, de l'acte de langage, toutes occasions de conduire des opérations signifiantes. Le structuralisme permettait dans ce cadre de conjuguer les effets du dessein théorique de destitution du sujet et l'ambition d'une saisie objectivante de caractère scientifique.

Autour des années 1980, les sciences humaines basculent manifestement dans une tout autre organisation intellectuelle dans laquelle le thème de l'historicité se substitue à celui de la structure. Cette nouvelle période est surtout marquée par «la réhabilitation de la part explicite et réfléchie de l'action[3]». Il ne s'agit pas pour autant d'un simple retour du sujet tel qu'il était envisagé autrefois dans la plénitude de sa souveraineté postulée, et d'une transparence possible. Il est question d'un déplacement de la recherche vers l'étude de la conscience, mais d'une conscience problématisée grâce à toute une série de travaux comme ceux de la pragmatique, du cognitivisme ou encore ceux des modèles du choix rationnel. Ce programme de recherche est avant tout non réductionniste. L'identité historique revient au centre des interrogations dans le cadre d'un triple objet privilégié pour l'historien : une histoire politique, conceptuelle et symbolique renouvelée.

Les années 1980 deviennent pour les historiens le « temps des incertitudes », celui de la « crise de l'intelligibilité historienne »[4]. Georges Duby évoque un sentiment d'essoufflement à propos du programme des *Annales* ; de son côté Pierre Chaunu invoque l'idée des rendements décroissants. On ressent alors comme un parfum d'éclatement de cette école, de sa position hégémonique, de remise en cause des certitudes d'hier. Pierre Nora a très tôt pris la mesure de ce tournant et, dès 1980, il crée la revue *Le Débat* qui réhabilite le contemporain et le politique. De son côté, François Furet donne sa démission avant terme de la présidence de l'EHESS en 1985 pour diriger, sur une tout autre base, le Centre Raymond Aron.

Comment dans ce contexte réagit Pierre Nora qui a bénéficié de la vague précédente en orchestrant ses orientations ? Avec *Le Débat*, il sort du cadre trop étroit de l'Hexagone en donnant dès les premiers numéros de la revue la parole à des représentants d'autres courants historiographiques : Lawrence Stone, Carlo Ginzburg, Edward Palmer Thomson..., mais qu'advient-il de la « Bibliothèque des histoires » qui était la collection éponyme de l'âge d'or des années 1970 ? Elle reste fidèle à sa définition première qui est d'être avant tout ouverte à la transversalité, à la pratique interdisciplinaire, mais le contexte est tout autre, et il convient de s'y adapter, d'autant que l'évolution en cours est défavorable aux sciences humaines en général. Les chiffres de vente sont à la baisse, de plus en plus préoccupants, ce qui a des incidences en amont où l'on calcule de très près le seuil de rentabilité des livres.

Le tournant historiographique

Pierre Nora n'a pas attendu ce tournant des années 1980 pour donner à la dimension historiographique toute sa place. Ayant toujours privilégié cette dimension réflexive, ainsi que les innovations dans ce domaine, il accentue encore cette tendance dans les publications de sa « Bibliothèque ». Il est dans ce domaine en continuité avec ce qu'il fait depuis 1971, simplement avec le souci d'ouvrir, de pluraliser, de se rendre plus attentif aux écoles historiques étrangères.

La nouvelle période commence avec la publication d'un maître ouvrage d'un disciple de l'école Vernant et Vidal-Naquet, qui est la thèse soutenue en 1979 à Besançon par François Hartog sous la direction de Pierre Lévêque, avec la présence au jury de Michel de Certeau[5] qui n'avait pas été avare en compliments dans son rapport de thèse : « Thèse remarquable pour la netteté de son objectif, la rigueur soutenue de son développement, l'originalité des questions, et l'élégante précision de son style[6]. » François Hartog montre comment Hérodote s'emploie à une véritable rhétorique de l'altérité, et c'est par là que naît l'histoire comme genre avec celui qui est présenté comme le père de cette discipline.

En 1979, toujours dans le souci d'ouverture à d'autres historiographies, Pierre Nora s'adresse à Arnaldo Momigliano qui fait autorité dans le domaine de la réflexion sur l'histoire à l'échelle mondiale, tout en étant alors totalement inconnu en France : « Voilà longtemps que j'ai le désir d'inclure dans la "Bibliothèque des histoires" que je dirige chez Gallimard un recueil de vos articles historiographiques[7]. » Aidé par Claude Nicolet, il lui suggère un choix d'articles. Dans l'argumentaire rédigé pour emporter la décision de publication de ce recueil, Pierre Nora est très clair sur les intentions historiographiques et pluralistes qui président à cette publication : « Sa spécialité est l'historiographie, c'est-à-dire l'histoire de l'histoire, et qui plus est, historiographie de l'Antiquité ; voilà qui est longtemps resté étranger à l'école historique française, laquelle, d'ailleurs, dans son expansion propre depuis vingt ans, n'a pas beaucoup cherché à faire connaître les historiens étrangers susceptibles de concurrencer les Braudel et Co., qui ne voulaient connaître que l'histoire économique, sociale, du Moyen Âge et de l'époque moderne... Le sens de cette opération est clair dans mon esprit : renouveler – il est temps ! – ce que l'on a appelé "la nouvelle histoire" par des auteurs dont l'esprit lui est étranger : remettre en honneur l'histoire culturelle, trop négligée. En commençant par des auteurs de réputation internationale non contestable : Momigliano en est un[8]. »

L'ouvrage, très savant, peu public, paraît en 1983 [9], après avoir posé de gros problèmes de traduction. L'assistant de Pierre Nora, Louis Évrard, s'adresse à une jeune chercheuse qui vit alors entre Pise et Paris et qui était en thèse sous la direction de Pierre Vidal-Naquet, Hélène Monsacré, qui s'aperçoit avec stupeur que la traduction réalisée est truffée d'erreurs. Elle fait constater à Vidal-Naquet ces incorrections et ce dernier téléphone à Pierre Nora pour lui dire qu'il a une élève prête à retravailler à cette traduction. Hélène Monsacré deviendra ainsi pour quelques années, à partir de 1980, une collaboratrice extérieure du service Nora dans la maison Gallimard où ses compétences d'antiquisante seront mises à contribution pour de gros et compliqués projets de publication comme ceux de Dumézil, Bottéro... Pierre Nora publiera aussi son ami Jean-Pierre Vernant qui projetait d'écrire un grand ouvrage de synthèse sur la mort dans l'Antiquité grecque et qui, à soixante-douze ans, en 1988, se résout à réunir l'ensemble de ses essais sur les mentalités dans un ouvrage destiné à la « Bibliothèque des histoires »[10].

Un autre spécialiste de l'Antiquité romaine, Peter Brown, innove à propos de la coupure entre l'Antiquité et le Moyen Âge, mais surtout il rompt avec les analyses d'ordre économique et social pour voir dans le passage entre Marc Aurèle et Constantin un nouveau rapport au sacré dont l'évêque puis le saint vont devenir les incarnations. Il offre ainsi un tout nouveau regard, bien différent des considérations lancinantes sur une longue décadence des mœurs. Pour faire connaître l'ouvrage au-delà du cercle des spécialistes, Pierre Nora, pour en faire la préface, s'adresse d'abord à Louis Dumont puis à Paul Veyne qui va l'écrire. Le livre paraît lui aussi en 1983, répondant au souhait de Pierre Nora d'un déplacement des outils d'analyse de l'économique au culturel, ainsi que de la mise en visibilité en France de grands historiens étrangers[11], ce qui est le cas de Peter Brown, historien déjà très réputé qui a quitté Oxford pour Princeton. Il publiera en 1995, dans la même « Bibliothèque », un second ouvrage qui fait écho au sujet travaillé par Michel Foucault – mais interrompu par sa mort –, celui de la formation de la morale sexuelle aux premiers temps du christianisme[12].

En ce tournant de la fin des années 1970, Pierre Nora réussit à récupérer les droits de publication de l'ouvrage de réflexion sur le temps présent de Marc Bloch, *L'Étrange Défaite*, publié en 1940, et il le réédite dans sa collection « Témoins ». Dans cet essai devenu un « classique » du témoignage et de l'écriture du temps présent, le médiéviste s'interroge en historien et en citoyen sur le pourquoi de l'effondrement de la France en si peu de temps face à l'armée allemande. Puis, dans la foulée, il récupère les droits du chef-d'œuvre de Marc Bloch, *Les Rois thaumaturges*. Publié en 1924, l'ouvrage a déjà été réédité par Armand Colin en 1961, mais il était épuisé depuis un moment lorsque Pierre Nora fait connaissance en 1979 du fils de Marc Bloch,

Étienne Bloch. Il juge que le retour en faveur que connaît l'histoire politique, notamment dans sa dimension anthropologique, peut favoriser une seconde carrière de cet ouvrage fondamental. Il en demande la préface à Jacques Le Goff et le livre paraît en 1983[13].

Pierre Nora attire aussi chez Gallimard un spécialiste de l'historiographie médiévale, Bernard Guenée, déjà bien connu pour ses travaux sur l'histoire de l'histoire au Moyen Âge[14]. Il a notamment beaucoup contribué à la connaissance des relations entre les historiographes et le pouvoir royal. Là encore, Pierre Nora y voit une orientation porteuse, avec cette réévaluation de l'histoire politique. Ce sont Le Goff et Duby qui ont alerté Pierre Nora sur l'œuvre de Bernard Guenée, mais il ne déplaisait pas à ce dernier de rester confiné dans un cercle restreint de lecteurs. Il sent en ce début des années 1980 le vent tourner et être plus favorable aux travaux d'histoire politique. Il répond donc favorablement à l'offre de Pierre Nora qui attend de lui, outre cet essai, un autre ouvrage plus fondamental : «De lui, je suis sûr qu'on peut attendre plus tard *le* livre important sur l'État et la Nation, en France, à la fin du Moyen Âge[15].» Pierre Nora, qui apprécie fortement les trois contributions données par Bernard Guenée aux *Lieux de mémoire*, porte une attention particulière à la carrière de son auteur, à ce qu'il puisse gagner un nouveau public qui le sorte des cénacles confidentiels : «Je voudrais profondément que ton entrée dans la "Bibliothèque des histoires" soit un succès. Qu'elle t'apporte quelque chose que tu n'as pas encore eu, qu'elle soit pour toi un vrai tournant et pas seulement un succès d'estime dont tu n'as pas besoin[16].»

La séduction de Pierre Nora et ses conseils d'éditeur jouent à plein sur son auteur qui en redemande : «Mon cher Pierre, sais-tu que ta lecture attentive de tout ce que j'écris, et ton jugement, deviennent pour moi un élément fondamental? J'attends tes lettres comme un drogué sa drogue, et, comme elles sont en général très gentilles, elles me rassurent pour quelques mois... Remarque que tu n'y perds pas. Car tu me forces à m'efforcer de me surpasser. Et tu me mets dans un tel état de grâce que j'ai même l'impression d'y arriver[17].» Bernard Guenée publiera un autre ouvrage dans la «Bibliothèque des histoires», lui aussi surprenant pour cette collection puisqu'il s'agit de l'histoire d'un événement, celui de l'assassinat de Louis d'Orléans le 23 novembre 1407, essai dont la parution a d'abord été envisagée pour la collection «Trente journées qui ont fait la France», pour finalement rejoindre la «Bibliothèque des histoires»[18].

Dans le domaine de l'historiographie, Pierre Nora possède avec

Krzysztof Pomian un collaborateur quotidien à la revue *Le Débat* sur lequel il peut compter. Alors que Michel de Certeau avait considéré la question du temps comme l'essentiel de la démarche proprement historienne, question disait-il encore trop impensée, Pomian se livre à une mise en perspective historiographique de la pensée du temps depuis l'Antiquité dans la tradition occidentale[19]. Rappelant qu'il existe certes une abondante littérature sur le sujet, Pierre Nora constate qu'elle est pour l'essentiel d'ordre philosophique : « Le mérite des essais de Pomian, à mon sens, est d'éviter le caractère an-historique de la réflexion sur le temps et d'aborder toujours la question par la manière dont le temps a été pensé *dans* le temps[20]. »

Autre innovateur au plan historiographique, Jean Bottéro va devenir un auteur fidèle de la « Bibliothèque des histoires ». Spécialiste de Sumer, il n'a alors publié que dans des revues strictement confidentielles pour érudits. Le contact avec Pierre Nora date de 1979 et passe par Jean-Pierre Vernant qui lui communique un projet de Jean Bottéro et Samuel N. Kramer sur la mythologie suméro-acadienne pour une éventuelle parution dans la collection « Archives ». À la lecture du projet, Pierre Nora juge le manuscrit passionnant, mais ne convenant pas pour « Archives ». La mise au point du texte sera longue puisque l'ouvrage ne paraîtra qu'en 1989[21]. Il est considéré comme majeur par Pierre Nora à l'heure où l'on ne parle que de mythologie, sans se référer à la plus vieille d'entre elles, la mythologie sumérienne sur laquelle Kramer avait publié un best-seller en 1957[22]. L'ouvrage donne à lire une cinquantaine de mythes de la civilisation mésopotamienne sauvés de la disparition, traduits et expliqués. Pour Pierre Nora, Jean Bottéro a le mérite de réussir à désensabler des cultures mortes pour les réinsérer dans l'histoire générale, grâce à son savoir érudit d'assyriologue porté par une belle écriture.

Marcel Gauchet travaillant sur la question du religieux se plonge dans la lecture des articles de Jean Bottéro et fait connaître à Pierre Nora un de ses textes remarquables sur « Le message universel de la Bible », tentative de présentation proprement historique du texte biblique, replaçant l'Ancien Testament dans son contexte culturel. Pierre Nora suggère la publication de ce texte qui va être développé, augmenté de nouvelles études, d'autres fragments de la Bible pour faire de ce qui n'était qu'une petite introduction un vrai livre qui paraît sous le beau titre de *Naissance de Dieu*[23], vite devenu un classique indispensable pour un abord d'historien du grand texte biblique.

Pierre Nora attend surtout de Jean Bottéro un grand ouvrage sur le sujet dont il est le vrai spécialiste, la civilisation mésopotamienne. Cet ouvrage de synthèse du travail de toute une vie paraît en 1987[24]. À partir de fragments épars et d'articles pour l'essentiel réécrits pour des non-spécialistes, Jean Bottéro explore les mentalités de cette civilisation, ses relations à l'amour, au rêve, à la cuisine, ainsi que le fonctionnement du système religieux, et notamment cette notion du mal que les Mésopotamiens ont transmise au peuple juif.

De cette relation entre l'éditeur Pierre Nora et l'auteur Jean Bottéro va naître une réelle amitié et une reconnaissance très profonde de la part de Jean Bottéro : «Bien cher Pierre, il doit circuler entre nous quelques ondes secrètes et mystérieuses de communication, puisque le propre jour où je voulais, enfin, vous donner un petit signe de vie et surtout d'amitié, j'apprends par *Le Monde* que vous avez reçu le grand prix national d'Histoire. Vous auriez dû l'avoir bien auparavant... mais fidèle à votre attitude profonde, vous avez préféré mettre en valeur les autres. À mon tour de vous exprimer le plaisir que j'éprouve de vous voir ainsi, même plus tard qu'il n'eût fallu, reconnaître votre qualité de grand maître de l'Histoire, pas seulement pour votre flair infaillible et les nombreux auteurs historiens que vous avez révélés, mais pour votre œuvre et votre pensée[25].»

Parmi les ouvertures pratiquées par Pierre Nora dans sa «Bibliothèque des histoires», il aura fait connaître au public français un courant particulièrement novateur qui va renouveler en profondeur l'écriture historienne, l'école italienne de la *micro-storia*. Il est en cela aidé par Jacques Revel qui est italianisant et ami d'un bon nombre de ces historiens italiens, et notamment de Giovanni Levi.

Pierre Nora rattrape le fait d'avoir manqué *Le Fromage et les Vers* de Carlo Ginzburg et saisit l'occasion de publier en 1992 *Le Sabbat des sorcières*. L'affaire est pourtant compliquée, et l'attitude de Pierre Nora atteste une nouvelle fois sa probité d'éditeur. Carlo Ginzburg lui fait savoir en avril 1989 que son contrat initialement signé avec Flammarion venait d'être annulé, et qu'en conséquence l'intérêt qu'il avait exprimé pour sa recherche sur le sabbat pouvait, s'il le souhaitait, déboucher sur une publication Gallimard. Cette nouvelle situation comble les vœux de Pierre Nora qui souhaitait bien publier Carlo Ginzburg, mais il ne veut en aucun cas froisser Louis Audibert qui dirige la maison concurrente. Il décide donc, avant toute chose, de l'appeler et de passer par son accord : «J'ai été très touché – et un peu rasséréné – de votre coup de téléphone et d'une si grande et rare courtoisie. C'est une preuve de véritable amitié. J'y suis très sensible[26].»

Pierre Nora peut alors publier cet ouvrage majeur que Carlo Ginzburg a porté pendant une vingtaine d'années depuis la publication en 1965 de ses *Benandanti*, le thème de la signification du sabbat, sujet majeur dans les accusations de sorcellerie du XIVe au XVIe siècle. Carlo Ginzburg publiera plus tard un recueil de ses essais d'ordre épistémologique, traitant du procédé heuristique de l'« estrangement », de la notion du mythe, de l'étude de l'iconographie, des métaphores de la distance et de la perspective, des implications morales de la distance[27]... S'ajoute à la connaissance de la *micro-storia* la publication dans la « Bibliothèque des histoires » en 1989 de l'ouvrage de Giovanni Levi, *Le Pouvoir au village*, apporté par Jacques Revel qui expose dans une longue introduction en quoi ce courant historique révolutionne le regard et l'écriture de l'historien[28].

Un des grands apports historiographiques de la « Bibliothèque des histoires » aura été aussi de donner davantage de visibilité à Jules Michelet. Il se trouve que la maison Gallimard avait déjà publié dans la collection « Blanche » le *Journal* de Michelet, longtemps tenu secret par sa veuve et qui avait tant inspiré le livre que Roland Barthes lui a consacré. Le maître d'œuvre en matière michelétienne est ce normalien que connaît Pierre Nora depuis le début des années 1950, Paul Viallaneix, qui a séjourné avant lui à la fondation Thiers et qui, déjà passionné par Michelet à l'époque, avait déposé sa candidature à l'Académie des sciences morales et politiques pour s'occuper de la publication de ce fameux *Journal* inédit de Michelet : « Je suis passé devant une commission composée de Lucien Febvre, Daniel Halévy et Charles Rist[29]. » Dans le même temps, Brice Parain avait été chargé par les éditions Gallimard de suivre cette affaire qui aboutit à la publication du premier volume du *Journal* chez Gallimard en 1959. La même année, Paul Viallaneix soutient sa thèse sur l'idée de peuple chez Michelet[30]. Mais l'aventure se poursuit car le *Journal* est d'une telle immensité océanique qu'il nécessite quatre volumes de 700 à 800 pages dont la publication s'échelonnera de 1959 à 1975.

Entre-temps, Pierre Nora est entré chez Gallimard et lorsque Paul Viallaneix passe rue Sébastien-Bottin, il pousse la porte de son bureau. Paul Viallaneix travaille aussi pour Henri Flammarion qui lui fait valoir que sa maison a été la première à la fin du XIXe siècle à publier les œuvres complètes de Michelet et qu'il faut recommencer. Il s'embarque dans cette nouvelle aventure aux dimensions titanesques, car cela représente vingt-deux volumes avec leur appareil critique. Il a fallu réunir une équipe internationale de vingt-cinq personnes et

Flammarion était décidé à publier les volumes dès qu'ils étaient prêts : « On a publié quatorze volumes. Henri Flammarion est mort et sa maison a lâché l'affaire en 1985[31]. » Pierre Nora, alerté par Paul Viallaneix, trouve cet abandon absurde et s'efforce de convaincre de l'importance de cette affaire jusqu'au ministère, essayant même de récupérer le volume qui était prêt sur la Révolution française dans La Pléiade, mais cela n'a pas été possible. N'ayant pu obtenir cette édition, Pierre Nora commande à Paul Viallaneix l'édition des cours de Michelet au Collège de France. Ces cours sont alors encore inédits, à deux exceptions près, *Les Jésuites* (1843) et *L'Étudiant* (1848), et couvrent toute la période d'enseignement de Michelet, de sa nomination en 1838 à sa suspension en 1851. Pierre Nora réalise en 1995 cette grosse opération éditoriale de publication en deux volumes de ces cours, présentés par Paul Viallaneix[32].

Peu après cette publication, la France s'apprête à fêter le bicentenaire de la naissance de Jules Michelet, né en 1798. Pierre Nora veut participer à l'événement commémoratif en publiant une biographie. Il engage fermement Paul Viallaneix à l'écrire et, pour vaincre ses réticences, il lui dit : « C'est très simple. Tu fous le camp en Corrèze dans ta propriété. Je ne te demande pas de choses savantes, tu en sais assez et tu l'écris en un seul séjour[33]. » Suivant ces instructions, Paul Viallaneix l'écrit en trois mois, et Pierre Nora peut la publier à temps pour le bicentenaire[34]. Cette biographie écrite par le spécialiste qu'est Viallaneix devient d'emblée l'événement même de ce bicentenaire et est unanimement saluée comme tel dans la presse[35]. *Le Figaro* consacre à l'événement un gros dossier et demande à six historiens ce qu'ils doivent à Michelet. Le questionnaire est adressé à Jean Favier, Alain Decaux, Jean Tulard, Michel Winock, Pierre Chaunu, et bien sûr à Pierre Nora qui reconnaît une énorme dette vis-à-vis de Michelet : « Croyez-vous que je me serais démené pour publier de Paul Viallaneix dans la "Bibliothèque des histoires" deux volumes des *Cours* de Michelet au Collège de France, et obtenir de lui cette indispensable biographie qui vient de paraître, si je ne portais un culte à Michelet ? Un culte légèrement horrifié par son hypernationalisme, mais un culte quand même. Il n'y a pas un historien de la France qui puisse ne pas se référer à Michelet, de façon positive ou négative. En ce qui me concerne, je n'aurais sans doute pas eu l'idée des *Lieux de mémoire* sans lui. C'est Michelet qui habite l'esprit de l'entreprise. Tout en mesurant en permanence toute la distance qui sépare le type de rapports que Michelet entretenait avec la France... et celui qu'entretient avec elle un historien d'aujourd'hui : Michelet, c'est l'amour, la fusion créatrice dans laquelle tous les Français peuvent se retrouver, de droite comme de gauche[36]. »

Cette importance accordée à Michelet par Pierre Nora sera une fois encore attestée en 2008 lorsqu'il acceptera la proposition d'Olivier Frébourg, des éditions des Équateurs, d'écrire une postface à la nouvelle édition de l'*Histoire de France* de Michelet préparée par Paul Viallaneix et par son ancienne étudiante devenue elle aussi une spécialiste de Michelet, Paule Petitier, qui réaliseront l'exploit de faire paraître les dix-sept volumes de l'*Histoire de France* en un an et demi. Paul Viallaneix remercie Pierre Nora pour son bel article sur Michelet paru dans *Le Figaro* ainsi que pour sa postface. Il reçoit cette réponse qui atteste la force de ce lien michelétien entre eux : « C'est à moi de te remercier de ta générosité. Tous les mots que tu emploies expriment cette générosité : "confiance", "complicité", "gratitude", ce sont ceux que j'aurais voulu trouver à ton adresse... Je conserve ta lettre parmi les plus précieuses, elle me fait plus d'honneur que tu ne peux le croire. Ton vieil ami[37]. »

Pierre Nora a été aussi au plan historiographique l'accoucheur du Guizot écrit par Laurent Theis[38] dans la mesure où cette biographie d'un historien est très inspirée par le tournant historiographique et mémoriel qu'il a inauguré. Cette biographie est d'ailleurs dédiée par Laurent Theis à Pierre Nora qui l'a fortement poussé à publier ce qui était la recherche d'une vie. Laurent Theis était plongé depuis le début de sa carrière de chercheur dans un compagnonnage avec Guizot, mais il ne s'en sortait pas, déterrant chaque fois de nouvelles mines archivistiques. Pierre Nora lui a conseillé de sortir de son ascèse, de se laisser aller, de se faire plaisir : « J'avais l'impression de porter un sujet trop grand pour moi, et il m'a complètement délivré. Je me suis mis à rédiger. Cela a été un immense service[39]. » Par contre, Pierre Nora n'en aura pas été l'éditeur car Laurent Theis avait signé depuis longtemps un contrat avec Claude Durand chez Fayard dans la fameuse collection de biographies de Denis Maraval. Il n'y avait pas à l'époque de salut pour une biographie chez Gallimard. Mais la situation est différente au moment où Laurent Theis boucle son manuscrit, et Pierre Nora lui enjoint de négocier avec Claude Durand son transfert chez Gallimard : « Claude Durand m'a donc reçu la semaine dernière : cordial et granitique comme vous le connaissez ; inébranlable dans sa volonté de garder Guizot, et moi, chez lui ; navré, assez sincèrement je crois, de ne pas nous être agréable, à vous et à moi, assez content de ne rien concéder à Gallimard. Je ne pense pas avoir trop mal plaidé : toute argumentation était pour lui inaudible. Grosse contrariété donc. Sachez, cher Pierre, que c'est en pensant à vous que j'ai écrit ce livre, et que j'y mets la dernière main. Vous êtes le seul à en avoir lu des pages, et je souhaite que, avant qui que ce soit, vous acceptiez de le lire tout entier[40]. »

Le retour de la maison France

Alain Decaux met le feu aux poudres le 20 octobre 1979 dans *Le Figaro Magazine* en lançant : « On n'apprend plus l'histoire à vos enfants ! » Ce cri d'alarme vise à la fois la relégation de l'histoire dans le primaire comme une des options possibles d'un bouquet de disciplines dites d'éveil et le contenu des programmes d'histoire de la réforme Haby de 1977 qui avait radicalement rompu avec le « roman national » pour lui substituer une histoire éclatée, une histoire lente et sérielle : « Le directeur du *Figaro Magazine* m'a ouvert son journal, car cet homme de droite avait commencé sa carrière comme instituteur. J'ai fait beaucoup d'articles dans ma vie, mais dans ce cas particulier, j'ai eu toute la presse, la radio, la télévision. J'ai passé un temps fou à cela[41]. » Alain Decaux est relayé à gauche par un parti socialiste qui est alors dans l'opposition au giscardisme et s'inquiète d'une entreprise qui vise à priver les Français de leur passé, mais aussi à droite par l'ancien Premier ministre du général de Gaulle, Michel Debré, qui s'en prend à un « quarteron de faux sages... coupables d'avoir fait disparaître de l'esprit de nos enfants la conscience des grandeurs et des douleurs des générations qui ont fait la France ». L'Association des professeurs d'histoire et de géographie s'émeut aussi, et leurs leaders, Daniel-Jean Jay et Hubert Tison, dénoncent « le scandale de l'enseignement de l'histoire » à l'occasion d'un colloque présidé par Jean-Baptiste Duroselle.

Lorsqu'en mai 1981 la France change de couleur politique et que François Mitterrand entre en fonction à l'Élysée, il prend en charge le dossier. L'historien contemporanéiste René Girault est chargé d'une mission sur l'état de l'enseignement de l'histoire en France dont il remet le rapport en juillet 1982. À l'issue du Conseil des ministres du 31 août 1983, le porte-parole du gouvernement, l'historien Max Gallo, déclare sur le perron de l'Élysée que le président s'est montré « scandalisé et angoissé » devant « les carences de l'enseignement de l'histoire » qui conduisent à « la perte de la mémoire collective des nouvelles générations ». Le chantier d'une vaste réforme de l'enseignement de l'histoire est lancé et un des points forts est de retrouver les bases d'une culture partagée autour de l'histoire nationale, comme l'affirme le ministre de l'Éducation nationale, Alain Savary, au colloque de Montpellier de 1984 : « Resituer la place de notre histoire nationale... Il est raisonnable de commencer par elle, car c'est elle qui permet à l'enfant de faire le plus simplement connaissance avec le cadre chronologique indispensable à toute intelligence historique. »

En ce début des années 1980, les historiens savants recentrent leur discours sur la nation. On voit même Fernand Braudel, spécialiste des grands espaces, des économies-mondes, choisir le cadre national comme dernier et inachevé objet d'investigation. En 1986, il publie *L'Identité de la France* qui commence par une profession de foi dans laquelle il retrouve des accents lorrains : « Je le dis une fois pour toutes : j'aime la France avec la même passion, exigeante et compliquée, que Jules Michelet[42]. » Deux membres du comité de direction de la revue *Annales*, qui elle aussi avait construit toute son originalité sur le dépassement du cadre national, Jacques Revel et André Burguière, prennent en charge au Seuil une imposante *Histoire de France* collective en quatre volumes dont la publication prendra dix ans[43]. Hachette avait pris les devants en mobilisant aussi les vedettes de la nouvelle histoire dans une *Histoire de France* dont la parution commence en 1987 sous la forme de beaux volumes illustrés respectivement écrits par Georges Duby, Emmanuel Le Roy Ladurie, François Furet et Maurice Agulhon. Les éditions Fayard consacrent sept volumes à une histoire de la France sous la direction de Jean Favier dont la publication commence en 1984. À ces grandes entreprises, il faut encore ajouter l'ouvrage de Pierre Chaunu publié en 1982[44] ou encore celui de Pierre Goubert[45].

Cette réinflexion sur le national, Pierre Nora y participe pleinement avec sa propre entreprise, celle des *Lieux de mémoire* dont les trois derniers volumes sont consacrés aux *France*. Mais il dispose aussi d'un autre instrument pour éclairer d'un jour nouveau l'histoire de France, c'est sa « Bibliothèque des histoires » qui va de même connaître un infléchissement vers le thème national. Pour Pierre Nora, il n'est pas question d'un retour en arrière, mais d'approches nouvelles du national. Il trouve ainsi dans le travail de recherche du spécialiste du XIXe siècle qu'est Maurice Agulhon matière à ce renouvellement. Maurice Agulhon a en effet soutenu une thèse innovante sous la direction d'Ernest

Labrousse publiée en 1968[46]. Au lieu d'écrire une simple monographie régionale sur le Var en s'efforçant de combiner les courbes des ressources et celles des prix, comme le lui demandait Labrousse, il s'attache à une notion qu'il considère comme centrale pour comprendre le républicanisme de cette population pourtant rurale de Provence, celle de «sociabilité» qui va beaucoup compter dans la renaissance de l'histoire politique.

Maurice Agulhon est un historien doublement enraciné, dans le Midi et à gauche, adhérent du PCF entre 1946 et 1960. Il écrit en 1976 un ouvrage pour la collection «Archives» consacré à 1848[47], poussé par Pierre Nora qui le voit en février 1973 à Paris, peu après sa nomination en 1972 à la Sorbonne, et le relance ensuite : «Après avoir lu votre remarquable *Seconde République* du Seuil, je me suis définitivement convaincu qu'il faut vous décider pour 1848[48].» Maurice Agulhon lui en est particulièrement reconnaissant : «C'est Pierre Nora qui m'a ouvert Gallimard et qui m'a fait un peu un auteur Gallimard avec *Histoire vagabonde*[49].» Le contrat est signé très tôt, au tout début de cette période qui va faire prévaloir le cadre national, en décembre 1981. Il concerne au départ la parution de deux volumes de Maurice Agulhon avec le titre provisoire «Un autre XIXe siècle» qui n'est pas sans faire penser à ce qu'a fait pour le Moyen Âge Jacques Le Goff, dans la mesure où il a contribué à substituer à l'histoire politique traditionnelle de ce siècle une histoire des sociabilités et des symboles sociaux. De ces *Histoires vagabondes*, il paraîtra trois volumes entre 1988 et 1996. Maurice Agulhon sera aussi mis à contribution à trois reprises pour l'entreprise des *Lieux de mémoire*. De plus, grâce à Pierre Nora, Maurice Agulhon a réalisé une *Marianne* pour la collection «Découvertes» de Gallimard.

Ce retour réflexif sur l'identité nationale suscite l'intérêt de Pierre Nora, conseillé par Bernard Guenée, pour la thèse soutenue par l'historienne médiéviste Colette Beaune qui s'interroge sur la cristallisation de l'idée même de France entre le XIVe et le XVIe siècle. De ce monument d'érudition pour spécialistes, Pierre Nora conduit son auteur à faire un essai à taille raisonnable qui puisse mieux mettre en valeur son originalité, le déplacement du récit linéaire de la réalité nationale vers sa dimension historiographique, vers l'étude des diverses représentations de l'entité nationale à travers ses signes et symboles. En outre, Colette Beaune innove dans l'analyse des relations entre le roi et le divin, montrant par quels moyens la France est considérée comme la patrie «élue» par Dieu[50].

L'inspiration historiographique et les conseils dans ce domaine de Bernard Guenée vont conduire Pierre Nora à publier un ouvrage de Jacques Krynen, professeur d'histoire du droit à Bordeaux, qui se présente un peu comme le complément de celui de Colette Beaune, sur l'évolution des croyances politiques en France en une période un peu antérieure, celle du XIIIe-XVe siècle. L'auteur reçoit pour son ouvrage le prix Guizot en 1994[51].

Avec le retour de la maison France, c'est aussi le retour d'une certaine idée de la République qui donne d'ailleurs matière au premier volume des *Lieux de mémoire*. Dans ce domaine, Pierre Nora sollicite un spécialiste, l'historien Claude Nicolet, qui lui avait déjà écrit un volume de la collection « Archives » sur les Gracques et qui, comme Pierre Vidal-Naquet, a une double compétence ; il est spécialiste de la Rome antique et contemporanéiste, spécialiste du radicalisme. Ami de Pierre Mendès France, il a dirigé du temps de ce dernier *Les Cahiers de la République*.

En ce début des années 1980, Pierre Nora saisit bien que cette thématique de l'idée républicaine telle qu'elle a été pensée tout au long du XIXe siècle va revenir en force : « C'est tout l'intérêt du sujet qui me décide en sa faveur. Un sujet complètement neuf, qui va être, aujourd'hui et pendant quelques années, au centre de toute une réflexion politique, d'autant que la thèse sous-jacente est, évidemment, que cette pensée républicaine a, au moins pour la France, été le roc sur lequel a buté la pénétration marxiste*[52]. » Toujours dans cette perspective républicaine, profitant de ce regain d'intérêt, de ce retour à la République, Pierre Nora publie la thèse d'Olivier Ihl, *La Fête républicaine*, et demande à Mona Ozouf, auteur de *La Fête révolutionnaire* et qui lui a fait connaître l'auteur, d'en rédiger la préface.

Pierre Rosanvallon, ami et protégé de François Furet, contribue lui aussi au retour en force d'une histoire politique fortement ancrée autour de l'identité nationale. En premier lieu avec un ouvrage historiographique paru dans la « Bibliothèque des sciences humaines », *Le Moment Guizot*, qui étudie à travers son parcours les grandes thématiques de la philosophie politique libérale de la première moitié du XIXe siècle[53]. Pierre Nora saisit bien là encore en quoi ce moment libéral, qui a fait l'objet jusque-là d'un évitement, va devenir une ressource

* L'ouvrage, *L'Idée républicaine en France*, paru en 1982, sera vendu à plus de 5 000 exemplaires. Il reçoit en 1984 le prix du Cercle républicain, et passera en poche, collection « Tel » en 1994.

majeure de la pensée politique : «Guizot, comme toute la pensée libérale de la Restauration et de la monarchie de Juillet, a longtemps été négligé, ou considéré comme étant une transition, entre la pensée rousseauiste et révolutionnaire d'une part, le marxisme et le socialisme d'autre part. La réapparition de ce type de pensée a commencé avec Tocqueville, elle se poursuit avec Benjamin Constant et ce Guizot va certainement en marquer l'affirmation. Phénomène normal après la crise du marxisme et celle de toute la pensée révolutionnaire[54].» Pierre Rosanvallon passera de la «Bibliothèque des sciences humaines» à celle de l'histoire avec trois publications entre 1992 et 2000[55].

Pierre Nora aura ainsi beaucoup contribué à la carrière de Pierre Rosanvallon par l'autorité que vont lui valoir toutes ces publications, mais il va aussi jouer indirectement un rôle dans son élection au Collège de France. Lorsque Marc Fumaroli et Pierre Bourdieu quitteront le Collège pour prendre leur retraite, il faudra trouver un seul successeur, alors que leurs orientations intellectuelles sont particulièrement opposées. Pierre Bourdieu pousse son candidat en la personne de Christophe Charle, et Marc Fumaroli n'a pas de disciple à présenter. Pierre Nora lui conseille vivement Mona Ozouf que Fumaroli essaie de convaincre sans succès. Il lui suggère alors Pomian, mais ce dernier, déjà en retraite du CNRS, ne peut pas institutionnellement se présenter : «Marc Fumaroli me demande alors ce que je pense de Rosanvallon et je l'ai plutôt encouragé[56]», contribuant ainsi à faire de lui l'heureux élu.

Mais leurs relations se sont dégradées à l'occasion de la publication du livre de Daniel Lindenberg[57] mettant radicalement en cause *Le Débat*, et notamment Marcel Gauchet, comme les chantres d'une offensive réactionnaire. Derrière cette charge polémique se trouve son éditeur, Pierre Rosanvallon. Pierre Nora l'appelle pour lui exprimer son indignation : «Non, pas ça et pas toi[58] !», et dans un entretien pour *Le Monde*, Pierre Nora dit clairement ce qu'il pense de ces thèses, ce qui a mis fin à ses relations avec Rosanvallon qui ne lui a pas pardonné la rudesse de la charge : «Le livre lui-même me choque profondément, parce que, au prétexte de cerner une nébuleuse en formation, il se contente d'un amalgame confus qui mélange tout, en faisant croire que c'est justement ce mélange qui est significatif. En multipliant en plus les erreurs, les fausses interprétations, les à-peu-près douteux. Bref, de la bouillie pour les chats, du mauvais travail intellectuel, où la nomination dénonciatrice compte davantage que l'analyse des idées, et qui détonne dans une collection qui se veut clarificatrice[59]. »

La République, c'est aussi ses pages d'ombre, ses pages sombres, l'envers des valeurs émancipatrices, comme dans le travail d'anthropologie historique entrepris par Alain Dewerpe à propos de la figure de l'espion, homme du secret, du renseignement, zone opaque et occulte des démocraties modernes. C'est aussi l'occasion d'une analyse aux multiples dimensions : « Un très beau sujet au carrefour de l'histoire diplomatique, militaire, bureaucratique et psychologique[60]. » Avec cette publication[61], c'est tout un pan de l'histoire secrète de l'État républicain qui est dévoilé au public avec ses nombreuses grandes affaires d'espionnage qui n'avaient jusque-là droit de cité que dans la littérature noire des policiers et de la cinématographie du même genre.

Pierre Nora fait beaucoup retravailler son auteur, ce dont Alain Dewerpe lui sait gré : « C'est aussi un grand plaisir de pouvoir vous remercier de la part majeure que vous avez prise dans la mise en œuvre, de la bienveillance dont vous avez fait preuve à mon égard..., et de la qualité de votre accueil et de vos conseils[62]. »

L'affaire Hobsbawm

En 1999 un scandale éclate. Comment un des plus grands historiens britanniques, Éric Hobsbawm, a-t-il pu être l'objet de censure de la part des éditeurs français, et notamment de son éditeur Pierre Nora, pour sa somme sur l'histoire du XXe siècle qui trouvera finalement un éditeur en terre belge avec les éditions Complexe dirigées par André Versaille[63] ? La presse s'émeut, la rumeur court dans le tout-Paris : Pierre Nora aurait voulu protéger son grand ami François Furet en faisant en sorte qu'il n'y ait qu'une seule vision disponible sur le XXe siècle, celle proposée dans *Le Passé d'une illusion*. Pour assurer le triomphe de l'approche libérale de François Furet, on aurait voulu bâillonner la lecture marxiste du siècle préconisée par Hobsbawm qui a le tort d'être resté communiste, en lui interdisant le public français.

L'affaire se répand comme une traînée de poudre : comment peut-on, en plein Paris, encore souffrir d'un acte de censure, d'un livre proscrit, interdit ? et par qui ? Gallimard, Pierre Nora ! Jusqu'à *L'Express* qui, sous le titre sur « Le livre interdit », s'émeut : « Boycotté par les éditeurs français, l'ouvrage d'Éric Hobsbawm, l'un des plus grands historiens contemporains, vient d'être publié en Belgique[64]. »

L'ouvrage a été traduit en dix-neuf langues un an après sa parution en Angleterre en 1994. On peut donc légitimement s'interroger sur les difficultés qu'il a rencontrées pour être traduit en France. La chose étonne et même intrigue puisqu'il se trouve, et beaucoup de commentateurs l'ignorent, que Pierre Nora est depuis longtemps un ami personnel d'Éric Hobsbawm, et il est rare que ce dernier ne déjeune pas avec Pierre Nora à chacun de ses passages à Paris. Par ailleurs, Pierre Nora a déjà publié dans sa « Bibliothèque des histoires » un ouvrage d'Hobsbawm[65], et dans la note interne à la maison Gallimard en 1990 il se réjouit d'avoir cet auteur dans sa collection. En outre, la correspondance entre l'auteur et l'éditeur ne présage pas un refus de la part de Pierre Nora qui écrit à son ami britannique en 1995 : « Une excellente nouvelle : nous allons réimprimer *Nations et nationalisme*, tiré au départ à 4000 exemplaires ! [...] Je pense pouvoir te donner à la rentrée des nouvelles de *L'Histoire au XXe siècle*, que je suis en train de lire avec beaucoup d'intérêt et d'admiration. La traduction ne serait pas une petite affaire et il y aurait peut-être, à mon avis, des aménagements à apporter pour la traduction française, mais l'ensemble est très impressionnant et, me semble-t-il, sans équivalent sur le marché français[66]. »

Alors, où se situe le problème ? D'où vient cette véritable anomalie ? Au moment où Pierre Nora se trouve confronté avec l'hypothèse de la publication de cette énorme somme, il faut savoir que cet *Age of Extremes* avait été refusé par les éditions Fayard qui auraient dû logiquement le publier puisqu'il clôt la publication de plusieurs volumes sur le même thème[67]. Mais ni Denis Maraval, éditeur chez Fayard, ni Olivier Bétourné, vice-président de la maison (peu suspect de complaisance envers les options intellectuelles de Furet[68]), n'ont accepté le projet. Et Fayard n'est pas le seul grand éditeur à s'être récusé, c'est le cas aussi du Seuil, de Hachette, de Flammarion, d'Albin Michel et de quelques autres. François Furet, à qui l'on attribue l'interdit de publication, essaie même plaisamment de lever les hésitations de Pierre Nora : « Mais traduis-le bon sang ! Ce n'est pas le premier mauvais livre que tu publieras. Et je te promets même de faire le compte rendu dans *L'Observateur*[69]. »

Si Pierre Nora décide en effet de ne pas publier, il est très conscient qu'il ne peut laisser un ouvrage de cette importance dans le silence. Il décide de réaliser un gros dossier sur le livre d'Hobsbawm dans *Le Débat* en 1997[70]. On conviendra que consacrer quatre-vingts pages de sa revue à un livre que l'on voudrait bâillonner serait quelque peu absurde. Le livre certes fait débat, et il est vif dans la revue; Pomian notamment ne cache pas un certain nombre de failles très graves pour un ouvrage qui se veut être une synthèse globale sur le XXe siècle restitué dans tous ses enjeux et tous ses recoins. Comment en effet ne pas évoquer Auschwitz ? Certes, le génocide des Juifs est bien mentionné, « mais le nom même d'Auschwitz est absent du livre[71] ». Comment parler d'âge d'or à propos des années 1947-1973, alors que ces années ont été des années de plomb pour les pays sous le joug du totalitarisme et des années de misère, de paupérisation en Afrique, d'affres très meurtrières en Chine ? Hobsbawm fait montre manifestement d'un europé-ocentrisme étroit qui s'arrête au rideau de fer pour n'envisager la couleur d'une période que du côté occidental. Comment faire croire que l'URSS incarne les Lumières et que le régime soviétique ne relève pas du totalitarisme ? Selon le principe mis en avant par la revue, l'auteur objet de critiques reçoit les lectures qui sont faites de son ouvrage et répond, ce que fait Hobsbawm qui commence par exprimer sa reconnaissance à la revue *Le Débat* pour avoir porté à la connaissance des lecteurs français une partie des discussions suscitées par la parution de son livre. Il termine ses commentaires en rappelant cette énigme irrésolue : « Pourquoi n'y a-t-il pas de projets de traduction en français ? Je n'en ai aucune idée[72]. »

Pierre Nora essaie de donner des réponses à cette énigme dans le même numéro du *Débat*. Il perçoit deux raisons au blocage que rencontre l'ouvrage en France. La première est de nature économique : selon lui un tel ouvrage de 750 pages tiré à 4 000 exemplaires devrait normalement atteindre le prix de vente totalement dissuasif de 400 francs, à moins de bénéficier d'un certain nombre de conditions toutes aléatoires pour parvenir au seuil considéré comme maximal de 250 francs. Le coût cumulé de la traduction et de la fabrication est déjà un premier obstacle qui a beaucoup pesé, d'autant que les faibles scores atteints par les trois volets du triptyque sur le long XIXe siècle (le mieux reçu, *L'Ère des révolutions*, n'a pas dépassé les 3 700 exemplaires vendus) a pesé lourd dans la décision de ne pas entreprendre une publication à risques.

La seconde raison, plus fondamentale, est d'un autre ordre. Elle tient au moment intellectuel que traverse la France en cette fin des années 1990, à une conjoncture intellectuelle peu favorable à la réception d'un tel ouvrage : « Pourquoi ce succès ailleurs et cette réticence ici ? Parce que la France ayant été le pays le plus longtemps et le plus profondément stalinisé, la décompression, du même coup, a accentué l'hostilité à tout ce qui, de près ou de loin, peut rappeler cet âge du philosoviétisme ou procommunisme de naguère, y compris le marxisme le plus ouvert[73].» L'argument de Pierre Nora est d'autant plus pertinent que l'on peut ajouter que depuis les années 1960 s'est développée en France toute une réflexion sur le totalitarisme autour de la revue *Socialisme ou barbarie*, avec Claude Lefort, Cornelius Castoriadis, et bien d'autres, qui est restée totalement ignorée par Hobsbawm, lequel, de ce fait, propose un livre déjà dépassé par plusieurs décennies d'intense réflexion.

L'ami de Pierre Nora, Pierre Vidal-Naquet, est loin d'être convaincu par ces arguments : «Le livre de Hobsbawm est un des plus beaux livres que j'aie jamais lu... Tu as fait traduire de plus gros livres que celui-là et des moins vendables. Ta réaction fait scandale en Italie et on ne peut guère l'apparenter qu'à une censure politique totalement injustifiée. Pardonne à ma franchise et crois en mon amitié[74].» Certains ironiseront plus tard sur les raisons invoquées par Pierre Nora quant à l'inexistence d'un lectorat pour ces thèses marxisantes en se réjouissant de voir que cette publication chez un modeste éditeur a atteint des chiffres inespérés, avec plus de 50000 exemplaires vendus.

Mais ce qu'il faut préciser pour comprendre le succès imprévisible de *L'Âge des extrêmes* est qu'il a bien évidemment bénéficié de l'atmosphère sulfureuse qui l'entourait, et chacun d'aller se procurer un livre qui avait failli être censuré, proscrit, banni, assurant ainsi son succès éditorial. On peut soutenir, sans tenir un propos paradoxal, que si Hobsbawm a été publié en langue française, c'est grâce à Pierre Nora qui, en lui ouvrant quatre-vingts pages du *Débat* en 1997, a suscité l'appétit d'éditeurs prompts à diffuser un livre dont on parle, qui fait débat et précédé par une telle publicité qu'ils pouvaient sans risque se lancer dans l'aventure.

L'affaire Bernard Lewis

Bernard Lewis est un orientaliste de réputation mondiale, spécialiste du Moyen-Orient classique et moderne, professeur à l'Institute of Advanced Study de Princeton. Né en 1916, Anglais juif, il a d'abord été de nationalité britannique, puis à la fois américaine et israélienne. Il a été conseiller des services secrets britanniques pendant la Seconde Guerre mondiale, puis consultant du Conseil de sécurité nationale des États-Unis et conseiller de Benyamin Netanyahou lorsque ce dernier était ambassadeur d'Israël à l'ONU entre 1984 et 1988. Il est mal considéré tant dans les pays arabes qu'en France par les arabisants comme Jacques Berque ou Maxime Rodinson pour ses positions jugées trop favorables à Israël et par trop critiques sur l'histoire musulmane.

En 1980 Pierre Nora demande à ce spécialiste de lui communiquer ses publications déjà nombreuses[75], et il lui commande un article pour les débuts du *Débat*, le publiant dès 1981[76]. Ce n'est qu'un premier petit pas vers la «Bibliothèque des histoires» où Pierre Nora espère bien le mener. Profitant de son passage à Paris en 1983 à l'occasion d'une invitation de l'EHESS, Pierre Nora s'entend avec lui sur un projet plus original et plus grand public que la simple traduction d'une de ses œuvres, la publication d'un recueil d'articles centré sur la compréhension historique de l'Islam actuel, la révolution nationaliste et le conflit israélo-arabe[77].

Pierre Nora considère son auteur comme particulièrement précieux sur cette question complexe des relations entre Orient et Occident, entre Arabes et Israéliens, au point de le présenter en 1986 comme «notre conseiller suprême[78]» du *Débat* pour toutes ces questions. La partie n'est pourtant pas totalement gagnée, et lorsqu'il est question de traduire et de publier en France *The Political Langage of Islam*, l'éditeur américain, les Presses universitaires de Chicago, fait monter les enchères. La situation est à ce point incertaine que Pierre Nora se voit obligé d'intervenir auprès de Bernard Lewis pour lui dire à quel point il tient à publier son ouvrage chez Gallimard : «J'apprends avec joie par Mme Pamela Graunke que vous êtes en train de mettre la dernière main à une série de conférences sur le langage politique de l'Islam... Mme Pamela Graunke m'indique que plusieurs éditeurs parisiens s'intéressent déjà à votre manuscrit et qu'elle ne veut donc pas pour le moment céder d'option ferme... Permettez-moi quand même de vous dire combien je souhaiterais publier ce nouveau manuscrit chez Gallimard. Je ne sais quel est votre état d'esprit personnel. Mais vous savez mon attachement à votre œuvre et mon amitié personnelle pour vous[79]...» Bernard Lewis écrira en effet à son éditeur américain pour lui signifier doublement l'importance de Gallimard dans le paysage éditorial français et l'informer de la valeur des liens entretenus avec Pierre Nora qui aura gain de cause et pourra publier l'ouvrage en 1988 dans la «Bibliothèque des sciences humaines»[80], ouvrage dont Pierre Nora pense qu'il devrait être le bréviaire des hommes politiques et surtout l'introduction obligée à toute compréhension des mouvements politiques arabes contemporains. Il publiera encore plusieurs ouvrages de Bernard Lewis au début des années 1990, d'abord pour la collection «Le Débat»[81], puis il reprend son titre, qui avait été publié chez Payot dix années auparavant, refondu et doublé de volume, dans la «Bibliothèque des histoires»[82].

Ces deux dernières publications sont par contre des échecs commerciaux, mais les circonstances de leur publication n'ont pas été favorables pour la première d'entre elles qui paraît juste après la guerre du Golfe tandis que la seconde a déjà fait sa carrière commerciale chez Payot. La période de crise que va traverser la relation amicale entre Pierre Nora et Bernard Lewis n'est pas due à ces déboires économiques, mais à un malentendu qui va sérieusement refroidir, temporairement, leurs relations.

Cette période délicate tient à ce que l'on peut appeler l'affaire Bernard Lewis qui éclate en France en 1993-1994 à propos de ses positions sur le génocide arménien. Dans un article publié par *Le Monde* le 16 novembre 1993, Bernard Lewis remet en cause le qualificatif de génocidaire pour les massacres d'Arméniens perpétrés par l'Empire ottoman durant la Première Guerre mondiale : «Il n'existe aucune preuve d'une décision de massacre. Au contraire, il existe des preuves importantes de tentatives pour l'empêcher, qui n'étaient pas très réussies. Oui, il y a eu des massacres importants; les chiffres sont très incertains mais un million semble très possible.» Ces propos ont suscité en France de très vives réactions. Trente intellectuels lui répondent dans le «Courrier» du *Monde* du 27 novembre en considérant que rien ne justifie qu'un savant de son autorité cautionne «le mensonge des criminels d'hier» en accréditant la thèse de la déportation. Bernard Lewis confirme sa position dans le même journal en janvier 1994 : «Il n'existe aucune preuve sérieuse d'une décision ou d'un plan du gouvernement ottoman visant à exterminer la nation arménienne», et à la question qui lui est posée de savoir pourquoi les Turcs refusent toujours de reconnaître le génocide arménien, il répond : «Vous voulez dire : la version arménienne de cette histoire[83].»

C'est aussitôt la curée des porteurs de mémoire de la tragédie arménienne qui se portent partie civile avec la Licra* devant les tribunaux pour négationnisme. Ce sera un des premiers grands chocs entre histoire et mémoire, et il est significatif des temps nouveaux de le voir traité par les tribunaux pour trancher, déplacement particulièrement dangereux quant à la liberté de l'histoire, d'autant que le tribunal de

---

* Licra : Ligue internationale contre le racisme et l'antisémitisme.

grande instance de Paris condamne le 21 juin 1995 Bernard Lewis pour avoir commis une faute en sa qualité d'historien, manqué à ses devoirs d'objectivité et ne pas avoir assumé ses responsabilités.

Le tribunal relève que c'est en «occultant les éléments contraires à sa thèse, que le défendeur a pu affirmer qu'il n'y avait pas de "preuves sérieuses" du génocide arménien; qu'il a ainsi manqué à ses devoirs d'objectivité et de prudence, en s'exprimant sans nuance sur un sujet aussi sensible; que ses propos, susceptibles de raviver la douleur d'une communauté arménienne sont fautifs». De plus, après cette condamnation, Bernard Lewis n'est plus publié ni invité en France où il fait figure de proscrit. Il s'est senti très seul face à ce déchaînement de critiques, de condamnations, et peu de voix se sont élevées pour défendre sa prise de position, à l'exception notable de Madeleine Rebérioux[84].

Surtout, Bernard Lewis a très mal vécu le silence de son éditeur et ami Pierre Nora, suscitant une brouille temporaire. Se croisant à Vienne où ils se trouvaient être dans le même hôtel, Bernard Lewis passe devant Pierre Nora et sa compagne Gabrielle sans leur dire bonjour, les ignorant délibérément, sans que Pierre Nora comprenne pourquoi. Mais au début des années 2000, ce dernier reçoit chez Gallimard, par l'intermédiaire de l'agent de Bernard Lewis, l'ouvrage en anglais qu'il publiera dans la collection «Le Débat» en 2002[85]. «Pierre écrit, puis téléphone à son auteur qui lui raconte à quel point cela a été un calvaire d'avoir été accusé ainsi, mis au ban de la société française et que personne ne se soit vraiment mobilisé pour lui à l'époque. Pierre ne savait pas et ils en discutent, reprenant contact[86].»

Le malentendu se dissipe alors assez vite, d'autant qu'une des raisons qui expliquent pourquoi Pierre Nora est passé à côté de cette affaire tient à des soucis de santé qui l'ont obligé durant cette période à s'absenter de l'actualité intellectuelle française. Il signifie alors avec insistance l'importance qu'il accorde à son lien d'amitié avec Bernard Lewis et son soutien : «Je saisis cette occasion pour vous dire combien je souhaiterais que nous retrouvions notre lien amical. Je m'en veux profondément de n'avoir pas su vous exprimer cette amitié et affirmer personnellement et publiquement une solidarité à un moment où vous en aviez certainement le plus grand besoin. La vérité, comme je vous l'ai dit maladroitement à Vienne, est que j'ai été à ce moment-là gravement souffrant, hospitalisé, opéré et en dehors de Gallimard pendant quelque temps. Franchement, je ne me suis pas rendu compte de ce qu'il se passait. Quand je l'ai su accidentellement et bien plus tard, je n'ai pas réalisé vraiment la gravité que pouvait avoir pour vous l'absurde querelle qui vous était faite et le procès grotesque où vous aviez été entraîné[87].» Bernard Lewis est évidemment ravi de recevoir cette lettre et lui répond : «Après réception de votre lettre, je suis plus qu'heureux[88].»

Pierre Nora, en poursuivant l'édition de son œuvre, contribue à sortir Bernard Lewis du purgatoire dans lequel il était confiné, et en effet il retrouve assez vite le statut de grand spécialiste international du monde arabe bénéficiant d'une presse abondante et très laudative, comme le prouve l'accueil réservé à *Que s'est-il passé?* qui fait la une du *Monde des livres* du 4 octobre 2002[89]. Philippe Simonnot à *L'Express*, enthousiasmé par l'ouvrage, publie un gros dossier sur l'Islam. Et pour mettre un terme à toute équivoque, Pierre Nora déclarera dans un entretien publié dans *Le Figaro* : «La tempête déclenchée, il y a quelques années en France, autour de Bernard Lewis relève du terrorisme intellectuel[90].»

L'affaire Pétré-Grenouilleau

Rien ne laissait augurer une affaire nationale qui ferait tant de bruit. Au départ, une publication savante et qui n'a rien de tonitruant, un historien provincial d'une petite quarantaine d'années, Olivier Pétré-Grenouilleau, au profil de consciencieux travailleur, d'origine modeste, fils d'un père facteur et d'une mère ouvrière dans une biscuiterie de la ville de Nantes dans la banlieue de laquelle il vit. Il n'a rien d'un militant et sa seule conviction est la force que donne le travail bien fait. Bon représentant de la France méritocratique, il a gravi lentement mais sûrement les échelons d'une carrière classique : dix années de lycée, puis il soutient sa thèse en 1994 qui lui permet de devenir universitaire à Lorient. Il vit à Nantes, jadis capitale de la traite négrière en France. L'intérêt pour cette page sombre de l'histoire va croissant dans les années 1990. L'exposition organisée à Nantes entre décembre 1992 et février 1994 sur les «anneaux de la mémoire» reçoit plus de 300000 visiteurs. En 1998, ce sont 40000 personnes qui défilent à Paris à l'appel d'associations d'outre-mer pour célébrer le 150e anniversaire de la seconde abolition de l'esclavage, sous la bannière «L'esclavage : Crime contre l'humanité». Si l'historiographie anglo-saxonne n'a pas manqué de travaux renouvelant la connaissance de la traite des Noirs, accompagnant le combat abolitionniste, les historiens français n'ont pas vraiment accordé à cette question l'importance qu'elle a revêtue au plan planétaire. C'est d'ailleurs à l'origine un éditeur anglo-saxon qui a demandé à Olivier Pétré-Grenouilleau un ouvrage d'histoire globale sur toutes les formes de traites, en inscrivant le phénomène dans la longue durée du XVe au XIXe siècle.

C'est ce manuscrit qui arrive sur le bureau de Pierre Nora en 2003. Il y voit l'intérêt de combler un manque dans l'historiographie française, et il est séduit par l'approche globale qui articule les éléments économiques, sociaux et culturels. Par ailleurs, il note bien qu'un des aspects novateurs de l'ouvrage est de saisir le phénomène de la traite dans sa globalité géographique, alors que jusque-là on avait pour habitude de se cantonner à la traite transatlantique, sans bien voir qu'il y a eu aussi les traites intra-africaines qui sont à l'origine de nombre de conflits contemporains dans l'Afrique d'aujourd'hui. L'ouvrage paraît donc dans la « Bibliothèque des histoires » en 2004[91].

Il est particulièrement bien accueilli. La qualité et le sérieux de ce travail lui valent d'être couronné par le prix du livre d'histoire du Sénat et par le prix Augustin-Thierry des Rendez-vous de l'histoire de Blois. Son auteur sort alors de l'anonymat et se trouve très sollicité par les médias pour de nombreux entretiens. Au cours de l'un d'eux, le 12 juin 2005, dans *Le Journal du Dimanche*, Olivier Pétré-Grenouilleau déclare que si la traite est bien un crime contre l'humanité, elle ne peut être assimilée au génocide des Juifs, car elle n'a pas pour objectif de tuer les esclaves, mais au contraire de préserver une main-d'œuvre que l'on veut utiliser, et qui a donc une valeur marchande.

C'est aussitôt la curée ! Comme le dit avec humour l'historien Antoine de Baecque, voilà notre historien qui « se fait traiter[92] ». Mais sur le coup, le rire est plutôt jaune. L'historien tranquille devient malgré lui le martyr d'une cause planétaire. C'est le déchaînement : il est traîné dans la boue, insulté, menacé de mort. Le Collectifdom des Antillais, Guyanais et Réunionnais organise une conférence de presse à l'Assemblée nationale le 16 juin 2005. À la tribune, son président, Patrick Karam, fulmine, entouré par l'avocat Gilbert Collard, Éric Jalton, député de la Guadeloupe, de la sénatrice de la Réunion Anne-Marie Payet et de l'écrivain-historien Claude Ribbe. Tous réclament une sanction exemplaire pour Pétré-Grenouilleau. Ils décident d'une démarche auprès du président du Sénat pour lui retirer son prix, et d'une action auprès des autorités ministérielles pour demander la suspension de l'enseignement de cet individu révisionniste. Pétré-Grenouilleau aurait réécrit l'histoire, bafouant la mémoire de tous les descendants d'esclaves.

En définitive, peu après, en septembre 2005, le Collectifdom des Antillais, Guyanais et Réunionnais dépose une plainte en justice contre l'historien pour avoir nié « le caractère de crime contre l'humanité qui a été reconnu à la traite négrière par la loi du 23 mai 2001 ». Durant toute cette période, la violence des attaques verbales et des menaces sur les blogs du Collectifdom et sur celui du CRAN* est sidérante et inquiétante. La secrétaire de Pierre Nora, Christel Chassagnol, suit de près les échanges sur ces sites et son inquiétude grandit devant la virulence des propos : « J'ai pu lire sur ces blogs : "Cet homme habite Nantes, il a deux enfants..." ; "Ses enfants vont à telle école." C'est allé très loin, c'étaient des menaces de mort. J'ai eu plusieurs fois Olivier au téléphone qui recevait des lettres de menace[93]. » Ce que révélait aussi le suivi de ces conversations sur les sites du Net est que la plupart de ces indignations provenaient de gens n'ayant pas lu, et ne voulant pas lire le livre.

Ce qui a suscité ce tollé, outre la dissociation avec le génocide juif et donc la concurrence victimaire, c'est surtout une révélation peu connue en France, le fait que la traite ne se réduise pas à un phénomène occidental et transtlantique, qui a certes touché quelque onze millions de Noirs envoyés vers les Amériques, mais que les Noirs ont esclavagisé massivement d'autres Noirs, et qu'il faut ajouter à la traite transatlantique celle qui, à l'intérieur de l'Afrique, a concerné environ quatorze millions d'individus, ainsi que la traite que Pétré-Grenouilleau qualifie d'orientale, qui est dirigée vers les pays musulmans, et estimée, elle, à dix-sept millions d'esclaves. Tout à coup, et cela leur a été insupportable, nombre de Noirs se trouvaient confrontés à une histoire où d'esclavagisés ils pouvaient devenir esclavagistes.

Ce déchaînement de violence a été accompagné de délires historiographiques comme lorsque Claude Ribbe, un des pourfendeurs de Pétré-Grenouilleau, le Fouquier-Tinville du moment, réclame des sanctions exemplaires contre cet ennemi du peuple noir, et publie *Le Crime de Napoléon* présentant l'empereur comme « le premier dictateur raciste de l'histoire ». À une question posée sur ce qu'il pensait de cette thèse, Pierre Nora, ulcéré par ce climat qui visait un de ses auteurs, a répondu dans *Le Monde* qu'il s'agissait de propos d'un « quidam ». Il reçoit une lettre de Claude Ribbe qui réagit au soufflet reçu par une provocation en duel, et nomme à cet effet deux témoins. Et voilà Pierre Nora sommé de se battre ! Claude Ribbe dans sa mis-

* CRAN : Conseil représentatif des associations noires.

sive s'en prend au plumage de l'éditeur qualifié de volatile, obsédé par sa personne, et qui s'est laissé aller à tenir publiquement des propos extrêmement désobligeants à son égard. Il l'invite instamment à désigner, selon l'usage, deux témoins qui se mettront en accord avec les siens afin d'expédier cette affaire au plus tôt. Il lui dit espérer que sa lâcheté ne sera pas à la mesure de sa vulgarité. Les deux témoins en question de cette mascarade d'un autre temps sont l'éditeur Guy Birenbaum et l'adjoint au maire de Paris Christophe Girard. Évidemment, Pierre Nora n'a choisi ni l'heure, ni le lieu, ni l'arme de cette charmante invitation au duel. La stratégie choisie par l'avocat de la maison Gallimard, en concertation avec lui, aura été de systématiquement désamorcer les provocations en les laissant choir.

Il restait quand même l'assignation en justice, et sur ce plan Pierre Nora a bien défendu son auteur. Il s'ouvre de cette affaire à Lionel Jospin dont il édite un livre en cette année 2005 dans la collection « Le Débat »[94], et ce dernier en informe Jean-Marc Ayrault qui rencontre Pierre Nora. Jean-Marc Ayrault convoque le président PS du conseil régional de la Guadeloupe, Victorin Lurel, et lui demande d'assumer la tâche de médiateur. D'abord sceptique, cet élu est vite convaincu en lisant l'ouvrage de Pétré-Grenouilleau de l'inanité des accusations portées contre lui et il réussit, après de nombreuses démarches, à faire retirer la plainte déposée devant la justice en mai 2006. Fin de l'affaire, mais début d'une nouvelle histoire, car ce qui peut apparaître comme une querelle picrocholine va être, nous le verrons, à la base d'une vive réaction des historiens et de la pétition « Liberté pour l'histoire ».

20

L'écriture de soi : les *Essais d'ego-histoire*

L'ego des historiens a longtemps été la part occulte, sinon maudite, de l'écriture historienne. Les historiens de la fin du XIXe siècle, au moment de la professionnalisation de leur métier, récusaient le « Je » de l'historien au profit du seul « nous » de la communauté savante d'appartenance. La part subjective, le pathos étaient laissés à la littérature, et l'historien devait au contraire s'en défier pour bâtir une discipline scientifique au seul service de la vérité, et au nom d'une communauté anonyme. L'aspect incontournable de cette part subjective a été fortement souligné par les créateurs des *Annales*, et notamment par Lucien Febvre qui, entrant au Collège de France, déclara que l'histoire n'était pas du donné, mais du créé. Puis, tour à tour, Paul Ricœur et Henri-Irénée Marrou ont insisté sur cette dimension en un moment où le paradigme structural avait tendance à rendre insignifiant un sujet partout refoulé dans les marges.

Pressentant le retour du sujet dans le début des années 1980, Pierre Nora est à l'initiative d'un genre nouveau qu'il définit comme « auto-histoire » et qui prendra finalement le nom d'« ego-histoire ». Outre la publication collective qui va en résulter et l'écho manifeste de celle-ci qui révèle une nouvelle sensibilité d'époque, c'est à un nouveau rituel qu'il va donner involontairement naissance, celui qui a remplacé la vieille thèse d'État par l'HDR (Habilitation à diriger des recherches) qui est en fait une thèse sur travaux. Ce nouveau rituel doit en effet donner lieu à une restitution réflexive et personnelle du parcours singulier du chercheur.

Certains historiens avaient déjà ressenti le besoin de se situer auprès de leur public, et Pierre Nora avait déjà accueilli dans sa collection « Témoins » le parcours d'Emmanuel Le Roy Ladurie qui y racontait son passage épique au PCF dans les années staliniennes et sa sortie du moule[1]. Il y avait eu aussi en 1980 le livre d'entretiens avec Michel Winock du franc-tireur en histoire des mentalités qu'a été Philippe Ariès[2]. Cette reconnaissance d'une écriture de l'histoire comme écriture de soi n'en restait pas moins à la fois récente et encore fragile, car jusqu'alors il était de bon ton de considérer que l'historien devait s'effacer derrière les faits relatés, malgré les démonstrations de Michel de Certeau ou de Louis Marin selon lesquels il était impératif de prendre en considération le lieu d'inscription de l'écriture historienne. Pierre Nora a favorisé la cristallisation de cet impératif en définissant ce genre nouveau qui va devoir, pour s'imposer, traverser un certain nombre d'obstacles, de réticences, de refus.

Défini dès 1982, le genre dénommé alors « auto-histoire » ne verra le jour qu'en 1987, après cinq années d'une laborieuse gestation. Dans son projet initial, Pierre Nora part de l'idée d'un moment « post-*Annales* » marqué par le retour en force de la subjectivité dans la discipline historique chez des historiens pourtant formés à s'effacer devant leur travail, à se barricader derrière leurs fiches : « Dressé à cet oubli de soi, l'historien aujourd'hui serait prêt, au contraire et à la différence de ses prédécesseurs, à avouer un lien étroit, intime et tout personnel qu'il entretient avec son travail. Mieux : à proclamer cet investissement existentiel, pour en faire, non plus un obstacle, mais l'instrument et le levier de sa compréhension[3]. »

Pierre Nora est bien conscient des écueils possibles d'une telle entreprise, du caractère nécessairement bâtard de sa réalisation qui doit naviguer dans un entre-deux. Il précise bien qu'il ne peut s'agir d'une simple autobiographie. Ni d'une confession intime ; elle ne peut être non plus une profession de foi abstraite, encore moins une forme de psychanalyse sauvage appliquée à soi-même. Il est demandé à ceux qui vont se livrer à cet exercice d'ego-histoire de « réfléchir à eux-mêmes en *historiens*. D'essayer de faire leur propre histoire comme ils feraient l'histoire d'un autre sur la base d'une documentation qu'ils sont pourtant les seuls à posséder[4] ». L'ego-histoire nécessite un effort d'objectivation du parcours de l'historien qui doit, pour y parvenir, se décentrer, tout en préservant la part vécue impliquée dans son objet de recherche. Il ne s'agit pas, selon Pierre Nora, de laisser ainsi libre cours à un épanchement intime ni à quelque pathos, mais de faire surgir une forme de subjectivité historienne spécifique et éclairante quant au lien entre l'histoire que fait l'historien et l'histoire qui l'a fait, ce que l'on retrouve parfois, mais pas systématiquement, dans des préfaces ou entretiens, considérés jusque-là comme marginaux.

Pierre Nora a d'abord l'intention de publier ces essais d'ego-histoire dans sa collection « Témoins », dans la filiation du livre d'Emmanuel Le Roy Ladurie, mais ce sera finalement pour la « Bibliothèque des histoires », support qui consacre davantage la naissance d'un nouveau genre historiographique. Le nombre de refus qu'enregistre Pierre Nora est significatif des fortes réticences du milieu historien à dévoiler sa subjectivité en ce début des années 1980. Cette pudeur sera peu après dépassée, au point que beaucoup parmi les historiens sollicités commenceront par un refus pour ensuite se livrer à la publication de mémoires souvent pléthoriques.

C'est ainsi que, dès la formulation du projet, Pierre Nora s'adresse tout naturellement à son ami Pierre Vidal-Naquet en insistant vivement auprès de lui sur l'importance de son témoignage dans le va-et-vient constant entre son engagement dans le siècle et le choix de ses objets d'étude. Il lui écrit en pleine période estivale dans sa résidence secondaire de Fayence : « Je te poursuis jusque dans tes vacances parce que tu me poursuis dans ce qui devrait être les miennes. J'ai vraiment regretté que tu refuses de t'embarquer dans le projet d'auto-histoire. Je t'ai senti tenté, je ne t'avais pas demandé la chose au hasard, par amitié seulement, mais parce que ta partition serait essentielle et irremplaçable. Un vague espoir me prend, celui que tu m'aies refusé à la veille des vacances par fatigue et inquiétude devant le programme de l'été. C'est pourquoi je m'enhardis à revenir te solliciter[5]. » Pierre Vidal-Naquet restera sourd à cet appel, mais il publiera en revanche en 1995 et 1998 deux gros volumes de ses *Mémoires*[6], ayant ainsi surmonté ses réticences universitaires quant à l'expression de sa subjectivité : « J'ai longtemps résisté à ceux qui me pressaient d'écrire un tel livre, l'"ego-histoire" d'un historien[7]. »

Autre refus transformé par la suite en vaste autobiographie, celui de son amie Annie Kriegel à l'itinéraire passionnant pour cet exercice car engagée au PCF, rompant radicalement avec cette appartenance et se donnant pour objet de spécialisation le monde communiste ainsi qu'un autre engagement, celui du soutien de la cause israélienne. Pierre Nora la sollicite aussi dès la formulation de son projet. Il se fait insistant, lui suggérant même tout un axe problématique sur sa personnalité : « Il y a dans votre vie (intellectuelle et politique) deux épisodes saillants : le communisme et le sionisme, que je mettrais volontiers entre guillemets, car le mot est problématique. Entre les deux, la rupture n'est qu'apparente... Je vous aime et vous admire assez pour dire les choses au fond. Il y a dans les deux cas une sorte de radicalité dans l'engagement qui, probablement, vous fait voir des hommes comme moi comme des mous, presque des hypocrites, en tous les cas, des gens qui n'osent pas aller jusqu'au bout d'eux-mêmes. Pour moi, c'est au contraire cette radicalité, qui est à la fois un trait historique de génération et un trait de caractère, qui me paraît à analyser[8].» L'argument porte et il n'est pas sans ébranler les convictions d'Annie Kriegel qui hésite, comme elle le reconnaîtra, mais en définitive renonce.

Ce n'est qu'une dizaine d'années plus tard, en 1991, qu'elle publiera, elle aussi, ses mémoires présentés comme une réponse tardive à la sollicitation de Pierre Nora. Ses premiers mots évoquent ce projet de se faire historienne de soi-même : «Pierre à qui me liait un très ancien compagnonnage m'avait proposé d'en être. Ma contribution, la voici. Avec des années de retard et quelques centaines de pages en trop. C'est que j'avais hésité jusqu'à la dernière minute... et même après. Une chose est de penser au singulier, une autre que l'univers du "je" envahisse le champ de l'écriture. J'avais jusque-là, dans mes articles, mes études, mes livres, scrupuleusement banni tout ce qui pouvait apparaître comme relevant de l'opinion individuelle, du jugement subjectif, du témoignage personnel[9].» L'explicitation de ses réticences est très significative de l'*ethos* de l'historien tel qu'on le pensait encore majoritairement en ce début des années 1980, et par contraste l'initiative de Pierre Nora apparaît, non pas comme le simple reflet d'un moment, mais comme une anticipation sur une mutation en profondeur dans la prise en compte de la réflexivité propre à l'historien, de la part singulière qui fait de lui un historien dans l'analyse de ce qu'est l'écriture historienne.

Pierre Nora sollicite aussi cet historien étonnant, ce passeur de frontières qui de plus est un des auteurs de sa «Bibliothèque», Michel de Certeau, jésuite, historien spécialiste de la mystique du XVIIe siècle, anthropologue, sémiologue et cofondateur de l'école lacanienne de psychanalyse[10]. Sans contester tout l'intérêt qu'il porte au projet, Certeau décline pourtant l'invitation : «J'ai été tenté par le projet, dans la mesure où il permettait – ou il m'aurait permis – d'articuler sur un travail historique les dettes qui l'ont soutenu et orienté : rencontres, expériences en Pologne, au Maroc, en Amérique latine, combats communs, etc. Mais dans cette scansion d'éveils et de solidarités, il ne pouvait s'agir d'autobiographie : ce n'est pas mon style. Ça fait plus de dix ans qu'on me demande une autobiographie et j'ai chaque fois refusé; je ne me sentirais pas à l'aise dans cette écriture-là, bien que je l'aie beaucoup étudiée et qu'elle soit fascinante. Donc, après avoir été partagé entre l'intérêt par la reconnaissance de dettes et le refus (entêté ?) d'une chronique du "moi", je pense que je ne peux pas répondre à ton amicale demande[11]. »

Cet exercice pose en outre le délicat problème que l'on retrouve autant dans le genre biographique qu'autobiographique : où placer la frontière entre la sphère de l'intime, du jardin secret, et la sphère publique, séparation qui n'est jamais vécue comme telle par personne tant l'imbrication est grande entre ces deux domaines ? Mais jusqu'où peut-on aller dans le dire ; peut-on se contenter dans cet exercice d'un mi-dire ?

C'est tout le problème que se pose un autre historien, sollicité lui aussi par Pierre Nora, tenté et qui va lui aussi renoncer, Paul Veyne : « Oui, ton projet d'auto-histoire m'intéresse considérablement, mais... je ne sais si ce que je ferais répondrait à la règle du jeu[12]. » Il porte en effet un héritage familial plutôt lourd avec lequel il a pris une distance maximale en s'engageant fermement dans le monde de la culture et de la gauche : « Mon père, homme égoïste, inculte, séduisant, gagneur, ayant le geste large, ambitieux et intelligent, a réussi dans le négoce (à trente ans, je roulais en Mercedes)[13]. » Sa famille véhiculait un racisme populaire incurable et son hostilité générale contre tous les étrangers se cristallisait dans un antisémitisme exacerbé qui, pendant la guerre, a conduit à la collaboration. En dépit de ses réticences à dévoiler sa part d'ombre, Paul Veyne va pourtant tenter l'exercice de cette écriture du moi historien, y consacrant une bonne dizaine de jours, pour finalement renoncer avec regret : « Je ne peux pas ; et ce n'est pas faute d'avoir essayé[14]. »

Pierre Nora sollicite un historien du quantitatif et de la négation de la subjectivité avec Pierre Goubert dont la thèse sur le Beauvaisis fait autorité[15]. Il est celui qui a poussé au plus loin le décentrement de la cour de Versailles, du personnage du roi Louis XIV, pour porter son regard sur l'évolution démographique de la population française au XVIIe siècle. Séduit par le voisinage « de bon aloi », Pierre Goubert, qui avait écarté un projet plus personnel et plus long précédemment, « par pudeur », accepte la proposition de Pierre Nora, mais il y met trois conditions, dont le fait de parler de lui à la troisième personne pour mieux répondre au souci d'une forme de distanciation. Après avoir donné son accord, il se met au travail et finit par se désister : « Après avoir tenté depuis bien des jours de mettre sur le papier le projet d'auto-histoire que vous avez conçu, je m'aperçois que j'en suis tout à fait incapable. Apparemment facile, ce genre d'exercice produit chez moi un blocage que je ne puis dépasser. Je suis historien, et même historien du XVIIe siècle, uniquement par hasard, et je ne vois pas en quoi cela peut intéresser d'autres personnes que mes proches, familiaux et amicaux, qui d'ailleurs savent à quoi s'en tenir. Alors, vous me pardonnerez de me retirer franchement d'une entreprise dont l'intérêt me semble d'ailleurs beaucoup moins vif maintenant qu'il y a un mois[16]. » Il faudra encore pas mal de temps à Pierre Goubert pour surmonter ses réticences, mais il finira bien par écrire une histoire de l'historien qu'il est, après beaucoup de réflexion, en 1996[17].

Ce sont de tout autres raisons qui vont conduire l'ami de Pierre Nora, Jacques Julliard, à refuser l'exercice de l'écriture de soi : «J'ai décliné son offre. Je lui ai dit : non, franchement, Pierre, je ne suis pas du niveau des historiens qui devaient figurer dans ces essais[18]. » Pierre Nora insiste en trouvant Jacques Julliard trop modeste et sa trajectoire particulièrement originale et intéressante : «Je reformule ma demande cette fois officiellement... On connaît ta réticence de fond à te joindre à des historiens dont tu estimes que l'œuvre est supérieure par son poids et son importance à la tienne. Honnêtement, je crois que le problème n'est pas là et que l'essentiel est le talent pour ce type de texte... J'irai plus loin. Je crois qu'il est important d'insister sur l'histoire contemporaine, de montrer que l'historien du contemporain n'est pas seulement un spécialiste et que dans ton cas la militance CFDT, la réflexion politique, l'expression journalistique elle-même sont des matières à réflexion...[19]. »

Parmi les auteurs sollicités pour écrire sur eux-mêmes cette cinquantaine de pages, il y aura aussi un très proche de Pierre Nora, François Furet, qui déclinera l'offre et écrira pourtant plus tard ce qui fera figure de vaste autobiographie intellectuelle confrontée aux enjeux de son siècle[20]. Ce projet d'ego-histoire enregistre aussi la défection d'Emmanuel Le Roy Ladurie, mais il faut se rappeler qu'il venait de publier son *Paris-Montpellier.*

Heureusement, Pierre Nora a, malgré toutes ces difficultés, réussit à convaincre de l'importance de son entreprise un nombre appréciable d'historiens de grande qualité. Son projet n'aura donc été que retardé puisqu'il faut attendre 1987 pour qu'il paraisse[21]. Mais il lui aura fallu faire preuve de beaucoup de maïeutique pour vaincre les dernières réticences de bon nombre de ses auteurs – pas tous néanmoins, Pierre Chaunu acceptant avec enthousiasme. À partir de la lecture d'un entretien que donne Pierre Chaunu à la revue *L'Histoire*, Pierre Nora le sollicite pour l'embarquer dans son projet. À propos d'investissement subjectif, d'engagement personnel dans son acte d'écrire l'histoire, Pierre Nora ne pouvait pas mieux tomber avec Pierre Chaunu qui répond immédiatement avec plein de gratitude : «Bien sûr, c'est OUI. Ce sera une joie et un honneur[22].» Il écrira pour ces essais un de ses plus beaux textes[23] dont la force existentielle a été telle qu'elle m'a fait accepter une proposition de livre d'entretiens avec lui, que j'ai prise au départ pour une plaisanterie tant nos vues étaient éloignées[24].

Certains ont accepté tout en traversant des états d'âme avant d'aboutir, c'est le cas de Michelle Perrot. Elle commence par refuser, mais Pierre Nora n'en reste pas là et l'invite à déjeuner. Il entend bien la convaincre et va jusqu'à la culpabiliser en lui rappelant qu'elle fait bien l'histoire des autres. En se récusant, elle se met hors champ et refuse la règle du jeu. Il précise qu'il ne s'agit pas d'une autobiographie, mais de se traiter soi-même comme un autre, et d'expliquer pourquoi on a fait l'histoire que l'on a publiée. En définitive, Michelle Perrot se laisse convaincre et se lance dans l'aventure avec le sentiment libérateur de n'avoir plus besoin d'une lourde documentation pour écrire, et en même temps ressentant comme une épreuve le fait de s'exposer à cet exercice dangereux sans le rempart protecteur de l'histoire des autres qui constitue une forme de sécurité, travaillant sans filet pour quelque chose qui lui apparaît tout autant «vertigineux et douloureux, car on n'a pas vraiment envie de la faire cette histoire de soi[25]».

Après un été de travail, Michelle Perrot envoie la moitié de sa contribution à Pierre Nora, fin août 1983, en lui disant le plaisir que lui a finalement procuré cet exercice et en même temps le fait qu'il touche à l'essentiel, la dimension existentielle. Puis, lorsqu'elle en a terminé fin septembre, elle attend un mois avant de lui envoyer sa contribution complète, et finalement elle la lui communique en lui demandant... de ne pas la publier : «Terminée depuis presque un mois, la fin de mon essai d'auto-histoire est sur ma table, sans que je me décide à vous le remettre. Je le fais aujourd'hui, car tout de même je vous dois bien la “fin” de l'histoire, puisque vous avez le début. Mais voilà, et je sais que cela va vous poser problème, je ne souhaite finalement pas le publier. Pas maintenant. Je suis, bien sûr, prête à en parler avec vous de vive voix. D'une part vous-même ne serez peut-être pas emballé, ce qui, en un sens, réglerait la question. D'autre part, quelques-uns de mes “proches” pensent que j'ai mis un peu trop de moi dans ce texte, dépassant sans doute les limites du genre et m'exposant peut-être ainsi inutilement au regard d'autrui, dans ce cadre qui reste tout de même assez universitaire. L'objection vaut ce qu'elle vaut[26].»

Avec Maurice Agulhon aussi, l'aventure sera semée d'embûches, même si au bout du compte il finira par accepter la parution de son essai. Mais en 1985, alors que son texte est rédigé et communiqué à Pierre Nora, il en refuse la publication. «Je suis désolé de ne pas pouvoir publier votre auto-histoire, mais je m'incline évidemment devant les raisons toutes personnelles sur lesquelles vous êtes seul juge[27].»

Le livre paraît enfin en 1987 avec sept essais, lançant un nouveau genre qui va faire école, mais dont on a vu que la gestation aura été particulièrement laborieuse. Pierre Nora, satisfait du résultat, n'en affirme qu'avec davantage d'assurance encore la singularité, et le passage en «Bibliothèque des histoires» de ces essais initialement prévus pour «Témoins» atteste leur portée historiographique. Comme il l'écrit sur la quatrième de couverture de l'ouvrage : «Un genre nouveau, pour un nouvel âge de la conscience historique.» En effet, le fait d'avoir rompu avec un *habitus* de réserve si ancré dans le monde universitaire est en soi un événement. La juxtaposition de ces essais témoigne de l'existence d'une véritable communauté d'historiens, sorte de «*koinè*[28]» générationnelle participant du rayonnement de l'école des *Annales*, qui a exercé un vrai pouvoir d'attraction chez des historiens qui en étaient éloignés, comme Raoul Girardet qui regrette d'être resté aveugle dans sa caverne, insensible à ce «tremblement de terre», ou René Rémond confessant sa dette et se disant «disciple de la première génération des *Annales*».

Avec justesse, l'historien américain Jeremy Popkin considérera plus tard, en 2005, l'entreprise de l'ego-histoire comme complémentaire de celle des *Lieux de mémoire*, participant toutes deux à un tournant historiographique général[29]. La publication de ces essais d'ego-histoire a été, en outre, le point de départ de la réflexion de cet historien américain sur le rapport entre histoire et autobiographie, considérant que l'écriture de soi permet de beaucoup renseigner sur le passé : «C'est effectivement le volume des *Essais d'ego-histoire* qui m'a inspiré ce projet[30].»

21

Le tournant vers une histoire culturelle

L'abandon d'une certaine forme d'économisme qui avait présidé au modèle labrousso-braudélien dans les années 1960 favorise l'essor d'une histoire devenue avant tout culturelle. Ce foisonnement est général[1] et la «Bibliothèque des histoires» y participe, cherchant à renouveler les approches d'objets traditionnels à la faveur d'un nouveau regard qui privilégie les dimensions symboliques. En ce début des années 1980, la notion de «mentalités», considérée comme trop holiste, trop tributaire des catégories socioprofessionnelles, ne faisant pas assez leur part aux phénomènes d'individuation, est largement abandonnée au profit de la notion de «représentations». Ainsi, lorsque Pierre Nora publie au début des années 1980 l'ouvrage de l'historien russe Aaron J. Gourevitch, conseillé par Jacques Le Goff et Georges Duby, il rejette le titre proposé par l'auteur qui mettait en avant la notion de mentalité et s'ouvre du problème à Georges Duby dont il a obtenu qu'il préface l'ouvrage : «J'ai demandé à Gourevitch un autre titre. Le seul qu'il me suggère : *Essais sur les mentalités médiévales*. Ce mot "mentalité" ne m'emballe pas. Peut-être en trouveras-tu un meilleur ? Merci d'y songer[2].» Ce sera finalement un titre plus en phase avec la période historiographique à venir[3].

Ce primat de l'histoire culturelle permet une large ouverture vers les autres historiographies. Beaucoup de ces travaux émanent d'historiens étrangers. C'est le cas, entre autres, de la publication de Pietro Redondi en 1985[4] qui renouvelle l'affaire du procès Galilée. Cet historien milanais montre que la véritable hérésie de Galilée n'est pas là où on la croyait.

Cette histoire culturelle, c'est aussi la découverte de civilisations autres que la civilisation occidentale. C'est dans cette perspective, celle de la volonté de mieux faire connaître la civilisation chinoise, que

Pierre Nora signe un contrat en 1981 avec le meilleur connaisseur français de l'histoire intellectuelle de la Chine classique qu'est Jacques Gernet, qui a succédé à Demiéville au Collège de France. L'ouvrage porte sur les phénomènes d'acculturation chrétienne en Chine[5]. L'étude de Jacques Gernet vaut par son comparatisme, par le croisement en actes de ces deux religions mises en contact et qui agissent l'une sur l'autre par effets de dénivellation, comme sur la question majeure dans le bouddhisme de la sagesse confrontée à la nature transcendantale du christianisme, ou encore la critique bouddhiste des dogmes de la création et de l'incarnation, inintelligibles dans le langage chinois. Jacques Gernet montre ainsi en creux, par cette confrontation, le caractère profondément historique de la religion chrétienne, malgré sa vocation universelle. Pierre Nora publiera ensuite un recueil d'articles de Jacques Gernet faisant le tour des problèmes de la Chine ancienne[6].

L'histoire culturelle peut permettre aussi un nouveau regard sur le politique, et Pierre Nora considère que c'est le cas avec l'œuvre de l'historien polonais Bronislaw Geremek, grand ami de Jacques Le Goff et proche conseiller de Lech Walesa, militant de Solidarność, déjà auteur d'un volume de la collection «Archives»[7]. Ayant pour objet l'histoire sociale de la misère et de la charité du Moyen Âge à l'époque contemporaine, Geremek en donne une lecture qui analyse ce que peut être la pauvreté dans l'échelle des valeurs spirituelles, la signification complexe de l'aumône, le contraste entre la misère vécue dans le monde urbain et dans le monde rural. D'un phénomène qui était réduit à ses seules dimensions économiques aux conséquences sociales désastreuses, il fait un phénomène d'histoire totale impliquant ses composantes doctrinales, idéologiques, juridiques et culturelles. Ce livre paraît en 1987 sous le beau titre *La Potence ou la Pitié*.

Par Jacques Revel, Pierre Nora prend connaissance de l'ouvrage de l'historien américain Jerrold Seigel, professeur à Princeton, *Bohemian Paris* : «*Bohemian Paris* est un excellent modèle d'histoire culturelle dont je serais ravi d'être l'éditeur en France[8].» L'auteur s'attache à définir ce qu'est le groupe «artiste», de la monarchie de Juillet jusqu'à l'entre-deux-guerres, perçu comme sécrété par la société bourgeoise en tant qu'«anticorps» permettant de la mieux comprendre. L'auteur se promène donc à travers Montmartre, le Quartier latin, croise Baudelaire et Verlaine, l'art moderne, les ateliers d'artistes peintres et les cabarets en y scrutant l'émergence d'une culture de la révolte qui se trouve canalisée au plan politique après l'aurore de 1917 dans l'espérance révolutionnaire[9].

Dans le domaine de l'histoire culturelle du Moyen Âge, Pierre Nora trouve un auteur talentueux en la personne de Jean-Claude Schmitt, déjà repéré par les éditions Flammarion en 1979, ami et disciple de Jacques Le Goff. Directeur d'études à l'EHESS, ils ont plusieurs occasions de se rencontrer et Jean-Claude Schmitt propose à Pierre Nora d'éditer un recueil de ses articles : « Il m'a dit : non. Faites-moi un livre, je publierai votre recueil après, c'est trop tôt, et il avait parfaitement raison[10]. » Du coup, Jean-Claude Schmitt lui suggère un ouvrage sur la raison de la gestuelle propre au Moyen Âge, sa rationalité spécifique qui est considérée comme très différente et même opposée à la rationalité de la raison. Là encore, Pierre Nora tient un sujet culturel neuf, surtout à propos de l'époque médiévale. Dans cette société où le verbe est rare, à proportion de l'analphabétisme généralisé, l'expression se fait pour beaucoup par gestes. L'intérêt de cette étude d'anthropologie historique réside aussi dans sa capacité à mobiliser toute une série de savoirs pour éclairer son objet, de l'histoire du religieux, bien sûr, à l'histoire de l'art en passant par l'histoire des techniques, des métiers ou des idées philosophiques[11].

Peu après, Jean-Claude Schmitt publie une autre étude, celle-là consacrée aux rapports entre les vivants et les morts de la fin de l'Antiquité jusqu'à la Réforme[12], que Pierre Nora situe à un haut niveau de qualité : « Somme toute un type de livre qui rappelle d'un côté *Le Sabbat des sorcières* de Ginzburg et *Le Purgatoire* de Jacques Le Goff[13]. » Comme promis, après ces deux ouvrages Pierre Nora publie un recueil d'articles de Jean-Claude Schmitt en 2001[14] qui fait un tour d'horizon des renouvellements récents de l'histoire culturelle médiévale. Dans sa présentation interne de cet essai, Pierre Nora présente l'auteur comme un des meilleurs et des plus solides historiens de sa génération.

Nouvelle lecture de la Grande Guerre

S'il est un domaine dans lequel cette histoire culturelle a fait bouger les lignes, c'est en histoire contemporaine dans la relecture d'une période que l'on croyait à tort délaissée par l'intérêt public, la guerre de 1914-1918, qui a été renouvelée autour de la notion de « culture de guerre » portée notamment par Stéphane Audoin-Rouzeau et Annette

Becker. Pierre Nora publie en 1992 l'ouvrage d'un Italien, Franco Cardini, sur cette thématique. L'ouvrage porte alors sur la guerre entre le Xe et le XVIIIe siècle[15]. Ce qui intéresse cet historien italien est la place de la guerre au sein de la société globale dans toutes ses facettes : technique, économique, intellectuelle, juridique, politique, éthique, artistique et littéraire. Pierre Nora y voit un grand sujet, d'ailleurs salué dans le fameux *New York Review of Books*. Ce renouvellement de l'histoire militaire qui provient de l'étranger se traduit aussi par la publication, en 1993, de l'ouvrage de Geoffrey Parker[16], historien anglais du fait militaire qui s'est attaché surtout à l'évolution de l'armement comme levier de domination, aux techniques militaires par lesquelles l'Occident est passée, selon l'auteur, d'une situation d'infériorité à l'époque médiévale à un état de domination des deux tiers du monde.

Pierre Nora perçoit par ailleurs du côté français un regain d'intérêt du public pour la Grande Guerre, qui se cristallise autour de la commémoration des quatre-vingts ans de la fin de la guerre en 1998. Le plus spectaculaire symptôme aura été le best-seller *Paroles de Poilus*, tiré à 300 000 exemplaires[17], issu d'un simple appel à témoins lancé par Radio-France auquel 8 000 personnes ont répondu. Il y avait eu antérieurement, en 1990, le succès public du roman de Jean Rouaud, *Les Champs d'honneur*, amplifié encore par l'attribution du prix Goncourt. Or, ce livre, qui dès les premiers mois est vendu à un demi-million d'exemplaires, évoque les traces de la Grande Guerre dans une famille de province française dans les années 1960.

Ces succès de librairie se doublent d'une organisation de la recherche avec la création de l'Historial de la Grande Guerre de Péronne dirigé par Stéphane Audoin-Rouzeau. Ce dernier apprenant par son ami Gerd Krumeich que Pierre Nora lui avait demandé s'il connaissait ce jeune historien dont on parle beaucoup comme bon spécialiste de la période, il envoie à Pierre Nora son dernier ouvrage sur la question paru chez Aubier en 1995, *L'Enfant de l'ennemi 1914-1918*. Il reçoit une lettre de celui-ci qui lui dit avoir beaucoup apprécié son étude historienne et l'invite à venir le voir à son séminaire, à l'EHESS.

Stéphane Audoin-Rouzeau est alors professeur à l'université d'Amiens et quelque peu fatigué de faire la navette avec Paris. Il se rend bien sûr à l'invitation de Pierre Nora qui lui demande d'intervenir sur le regain de faveur que connaît alors, en 1996, la Grande Guerre. Le jour de son exposé, Stéphane Audoin-Rouzeau est particulièrement anxieux car il a vu le maître Pierre Nora dégommer en flèche un jeune chercheur et, n'ayant pas un goût prononcé pour ce genre d'épreuve, il arrive quelque peu fébrile de sa province. Mais à la question de savoir si l'exposé a correspondu à l'attente, Pierre Nora le rassure en lui disant que c'était épatant : «Il m'invite à prendre un thé au Lutétia et c'est là que je réalise ce que peut être sa maîtrise éditoriale. C'est le plus grand exemple que j'aie vécu de ce que peut être un grand éditeur[18].» À peine installés devant leur tasse de thé, Pierre Nora entreprend Stéphane Audoin-Rouzeau en lui disant qu'il voit déjà très bien quel beau livre il est en mesure de lui écrire, et alors que ce dernier lui répond qu'il ne s'agit que d'un modeste exposé, Pierre Nora poursuit en lui exposant le plan du livre tel qu'il pourrait être et tel qu'il sera en effet : «Il me dit : "Un chapitre sur la violence, un chapitre sur le deuil et il faudrait un chapitre entre les deux." Je lui dis : "La croisade?" Il me répond : "Oui, tout à fait." Ce sera le plan du livre qu'il avait senti avant moi[19].» En sortant du Lutétia, Pierre Nora compte bien sur la réalisation de ce livre, mais Stéphane Audoin-Rouzeau n'est pas encore totalement convaincu et se défend de pouvoir le faire, arguant de ses multiples obligations de professeur dans une université de province.

Entre-temps, Pierre Nora lui passe commande d'un article pour *Le Débat* afin d'expliquer ce regain d'intérêt pour les souvenirs de la guerre de 14-18 dans la mémoire nationale[20]. Mais il tient surtout à ce qu'il entreprenne la rédaction d'un ouvrage pour la «Bibliothèque des histoires» qu'il intitule provisoirement *La Guerre de 14 autrement* : «Je suis persuadé qu'il y a là un livre qui pourrait être central, à la fois pour le sujet, pour l'historien du XXe siècle et pour un public beaucoup plus large[21].» Tel un espadon qui résiste après avoir été ferré, l'auteur potentiel se défend encore et oblige l'éditeur à mouliner davantage pour le ramener au bateau : «Le projet d'ouvrage dont nous avons déjà longuement parlé continue d'alimenter chez moi une intense réflexion. Mais, pour être franc, celle-ci n'est pas achevée... Outre les problèmes de disponibilité dont je vous ai parlé, et qui restent un grave obstacle, je reste embarrassé par le fait qu'une grosse partie de la matière d'un tel ouvrage "capturera" un travail de groupe mené en commun depuis près de dix ans[22].» Stéphane Audoin-Rouzeau pense ainsi que le pêcheur va abandonner l'hameçon et laisser filer l'espadon, mais c'est sans compter avec la détermination de Pierre Nora qui le cueille en septembre en le croisant fortuitement, l'invite cette fois à déjeuner et mouline finement pour ramener à lui le poisson rétif. Sur la défensive, Stéphane Audoin-Rouzeau suggère une solution de compromis en avançant le nom d'Annette Becker pour réaliser avec lui le projet : « Mais là je m'embarquais dans le bateau[23]. »

En 1998, Stéphane Audoin-Rouzeau écrit avec Annette Becker un petit ouvrage sur la Grande Guerre pour la collection grand public « Découvertes » de Gallimard. Cette publication conforte la conviction de Pierre Nora qu'il y a bien là l'occasion d'un événement historiographique, et il regrette avec humour de ne pouvoir participer au lancement de l'ouvrage prévu au Mémorial de Péronne : « Je suis vraiment désolé de ne pouvoir, à cause d'un départ personnel, accompagner le lancement de votre "*Découvertes*" par une visite à Péronne qui devient décidément pour moi ce que fut Rome pour Hannibal. Il faudra réussir à lever ce tabou[24] ! »

L'ouvrage attendu qui paraîtra en 2000 sera donc l'œuvre commune de Stéphane Audoin-Rouzeau et d'Annette Becker[25]. Il aura été écrit d'autant plus facilement que les deux auteurs étaient mûrs, comme l'avait pressenti Pierre Nora, pour se lancer dans cet ouvrage de synthèse. En septembre 1999, ils s'installent à Péronne pour deux jours et interviennent chacun dans la partie de l'autre. Le manuscrit est rendu au début de l'automne, et Pierre Nora se dit surpris que ses auteurs aient aussi peu parlé du patriotisme et leur demande de mieux affirmer dans l'introduction leur génération d'appartenance, une génération qui n'a pas connu la guerre.

L'intérêt d'Annette Becker pour cette période peut sembler a priori naturel puisqu'elle est la fille de Jean-Jacques Becker, spécialiste de la Première Guerre mondiale. Pourtant, ce n'est pas le cas. En effet, Annette Becker est d'abord une moderniste, auteur d'une thèse soutenue à Yale sur le réveil religieux aux États-Unis au XVIIIe siècle. Elle avait suivi dans la fin des années 1970 le séminaire sur les États-Unis qu'animait Pierre Nora nouvellement élu à l'EHESS. Puis, elle repart aux États-Unis et ce n'est qu'à son retour en France en 1986 qu'on lui commande un livre sur les monuments aux morts. C'est alors qu'en lisant sur cette question *Les Lieux de mémoire*, elle se convertit à l'histoire contemporaine et fait de la Grande Guerre sa spécialité d'historienne : « J'ai travaillé la question, pris des photos, vu le lien avec le sentiment national. Qu'est-ce que j'avais pour travailler là-dessus ? *Les Lieux de mémoire* ont été le premier livre important dans ma reconversion. Je suis tombé dessus. J'ai été enthousiaste d'un bout à l'autre. Un coup de génie extraordinaire. Les introductions et conclusions sont du grand art et c'est une vraie œuvre. Pour moi, cela a été le tournant décisif[26]. »

Le déplacement du regard sur la guerre est évident. Il ne s'agit plus de répondre aux sempiternelles questions sur les causes de la guerre ou encore de savoir qui est le vrai responsable de la catastrophe, question qui a été centrale dans toute l'historiographie franco-allemande, ni de revenir sur la succession chronologique de la guerre, mais d'explorer de manière quasi ethnologique la culture de guerre, le déclenchement de la violence et de ses effets sur les corps et les psychismes. À cette lecture d'ordre anthropologique, s'ajoute un autre déplacement lié à la problématique des *Lieux de mémoire* qui revient à s'interroger, davantage que sur les causes de l'événement, sur ses multiples traces, ce qui conduit à relire tout le XXe siècle au regard de ce que fut le traumatisme de 1914-18. Il apparaît en effet de plus en plus qu'une date en a caché une autre et que ce que l'on prenait pour une date inaugurale, 1917, a occulté la vraie rupture qui remonte à 1914. Dans cette lecture des traces, Antoine Prost avait été le précurseur non seulement avec ses publications sur les anciens combattants de 14-18, mais aussi par sa contribution aux *Lieux de mémoire* sur « Les monuments aux morts »[27].

Non seulement ces orientations vont avoir un large retentissement en France, mais aussi à l'étranger et notamment aux États-Unis où des extraits de l'ouvrage sont sur tous les *Readers* utilisés sur les campus américains pour s'initier à l'histoire de la Grande Guerre. En France, il a soulevé une très vive polémique, portant sur la thèse du consentement à la guerre. Frédéric Rousseau et Rémy Cazals notamment contestent avec véhémence l'idée défendue par Stéphane Audoin-Rouzeau et Annette Becker selon laquelle les soldats, mus par leur nationalisme, sont allés au combat entraînés par leur conviction nationale, et se sont conduits selon ce que l'historien allemand George L. Mosse appelle la « brutalisation », propre à la culture de guerre. Ils mettent au contraire en avant les systèmes de contrainte conçus par la hiérarchie militaire[28].

Mais au-delà de ce différend historiographique, qui n'a pas peu contribué à la relance des recherches sur l'objet guerre, on peut convenir avec Christian Delacroix que « la fécondité heuristique de l'approche par le culturel est – dans tous les cas – peu contestable[29] ». En effet, cette nouvelle lecture culturelle de la guerre a permis de rouvrir un certain nombre de questions majeures comme le caractère matriciel ou non de la violence radicale dans le phénomène de guerre totale, ou encore le fait de penser la guerre comme eschatologie, attente d'un monde meilleur, avènement d'une nouvelle civilisation qui exige de s'exposer au sacrifice dans un esprit de croisade, dans une « religion de la guerre » qui serait le socle du consentement collectif des populations d'Europe durant quatre longues années de barbarie. Cette culture de guerre pose aussi la question de ses traces dans le monde de l'après-guerre, de l'après-trauma. Enfin, la mémoire du conflit n'est-elle pas devenue la matrice des totalitarismes nés du cataclysme et d'une revitalisation des eschatologies ?

Pierre Nora situe le déplacement historiographique réalisé par ses deux auteurs et le séisme qu'il représente au niveau de celui qu'avait opéré François Furet pour l'histoire de la Révolution française : « Les deux plus gros massifs de l'histoire nationale française auront vu leur problématique traditionnelle semblablement sapée et profondément renouvelée. Dans les deux cas, on est parti d'une historiographie bien établie[30]. »

L'accouchement au forceps d'Alphonse Dupront

Dans le domaine des études médiévales, Pierre Nora va surtout réaliser un exploit éditorial en réussissant à publier la fameuse thèse sur l'idée de croisade soutenue en 1956 par le franc-tireur de l'histoire médiévale qu'est Alphonse Dupront. Elle est en soi un défi à toute velléité éditoriale : quelque 3 000 pages dactylographiées qu'on se passait comme un *Samizdat* dans la Sorbonne des années 1960. Alphonse Dupront a tout fait pour ne pas la publier, tout en modifiant le manuscrit jusqu'à sa mort. Pierre Nora est tout de suite impressionné à la fois par le caractère innovant des analyses de Dupront, et par le caractère inclassable de ce spécialiste des croisades ouvert à l'anthropologie comme à la psychanalyse jungienne, et qui ne se limite pas à sa période médiévale, car son approche de la croisade est celle de son mythe tel qu'il court à travers les siècles jusqu'au temps présent.

Pierre Nora est particulièrement séduit par la contribution que publie Dupront en 1972 sur le sentiment national[31]. Il ne cessera de mobiliser ce texte dans son séminaire de l'EHESS lorsqu'il définira la problématique des *Lieux de mémoire*. On retrouve en effet dans l'analyse de Dupront portée par la valeur symbolique de la patrie, de la nation, de la France, une source essentielle d'inspiration des thématiques ultérieures de Pierre Nora : « Tant patrie que nation avouent, dans leur mémoire sémantique, l'originel et le natal. Français, lui, prend tout, les trois dimensions du temps ensemble. Par rapport aux Français, la France est totalité et esprit. Beaucoup plus que patrie et nation, dans un univers de vivants, elle impose la présence, celle d'une personne, celle d'une histoire, celle d'une puissance où esprit et corps s'équilibrent ou bien diversement témoignent[32]. »

Dès les années 1970, Dupront préconise une autre voie que celle de l'histoire des mentalités qui valorise déjà, ce qui sera particulièrement développé après lui, les représentations, la diversité des modes d'appropriation, les dénivelés de conscience, car l'historien doit rester «libre de tout présupposé et du plus grand nombre de nos conditionnements[33] ». Le véritable objet d'interrogation de Dupront est celui de la croyance dans les sociétés et il soumet à la question le passé lové dans le présent aussi bien dans ses permanences, ses équilibres précaires que dans ses ruptures instauratrices. Chez Dupront, l'histoire est une forme de thérapie.

Cette tentative de plongée dans les profondeurs séduit beaucoup Pierre Nora qui va devenir son éditeur acharné, envers et contre son auteur pour lui assurer le maximum de visibilité, car il connaît et apprécie la valeur intellectuelle de sa quête. Une longue correspondance entre l'éditeur et l'auteur atteste les résistances de ce dernier à toute forme de publication. Elle aura duré de la fin des années 1960 jusqu'à la disparition de Dupront.

Dès que Pierre Nora entre chez Gallimard, au milieu des années 1960, il lit sous forme manuscrite la thèse de Dupront à la Sorbonne. Convaincu de la nécessité de l'éditer, il prend son bâton de pèlerin pour en convaincre son auteur. Alphonse Dupront pratique alors l'esquive et déplace l'attention de Pierre Nora vers une promesse de Gascon, celle de lui écrire une *Croisade des enfants* pour sa jeune collection «Archives». Le 5 mars 1969 Pierre Nora relance Dupront à propos de cette promesse qui ne se réalisera jamais. Ne voyant rien venir, il réitère en 1971 : «Puis-je vous rappeler votre promesse?... Je connais votre louable répulsion pour l'imprimé. Permettez à vos amis et admirateurs de vous persécuter un peu[34]. » Pierre Nora change son fusil d'épaule et, faisant son deuil d'une croisade des enfants, il propose, dès la fin 1972, de publier un recueil d'articles pour la «Bibliothèque des histoires», soit au tout début de la collection. En 1979, à l'occasion d'une nouvelle missive, il fait état de son regret de ne pas avoir réussi à le convaincre malgré ses promesses : «Il me semble qu'un recueil d'articles de vous aujourd'hui rétablirait un itinéraire intellectuel essentiel pour l'histoire contemporaine[35]. » Alphonse Dupront est certes sensible et flatté par les assauts répétés de son éditeur putatif : « Votre lettre est la délicatesse même... Votre main tendue aujourd'hui me contraint : il le fallait sans doute, puisque du geste, mais plus encore peut-être de son dessein, je vous suis reconnaissant. Les actes doivent suivre... Nous définirons ensemble l'économie à donner au volume pour que ces *membra disjecta* retrouvent sinon corps, du moins âme – ce qui en définitive plus importe[36]. » Au fil des années, Alphonse Dupront entretient avec son éditeur Pierre Nora un rapport particulièrement intense, et en même temps poursuit ses manœuvres dilatoires.

Pierre Nora n'en revient pas lui-même de parvenir à lui extorquer en l'année 1987 un recueil de ses articles : « Cette année s'annonce faste puisqu'elle commence – Hosanna ! – avec la mise en fabrication de ce livre que vous aurez tout le mérite d'avoir écrit, mais moi le mérite éternel de vous l'avoir arraché[37]. » Il s'agit d'essais d'anthropologie religieuse sur le pèlerinage qui traversent les frontières des périodes et des civilisations puisqu'ils embrassent aussi bien les pèlerinages de Saint-Jacques-de-Compostelle, de Lourdes, de La Mecque, des croisades, de Rocamadour dans une réflexion d'ensemble.

Pour Pierre Nora, il ne s'agit là que d'une étape : « Je suis profondément heureux de vous adresser en double exemplaire un contrat... Laissez-moi également vous dire quelle joie profonde c'est pour moi de sentir que nous touchons enfin au but et que derrière il y a la perspective de cette fameuse thèse[38]. » Mona Ozouf, qui suit le séminaire d'Alphonse Dupront, veille aussi à ce que cette thèse soit un jour publiée. Dupront assure bien à Pierre Nora qu'il lui en réserve la publication, mais qu'il doit en poursuivre la mise au point : « Je ne puis que vous dire que *Le Mythe de croisade* vous appartient. Je le dois à votre lumière, à vos certitudes. Mais en toute conscience, je vous dois encore une dernière fois de revenir sur mes scrupules. Franchement, nous savons vous et moi que c'est un pavé dont je vous charge, et j'aurais le plus vif regret que ce pavé pèse pour vous dans votre maison[39]. » Et, prenant prétexte de ne pas trop encombrer le bureau de Pierre Nora, son auteur se met en devoir de reprendre tout le manuscrit en s'imposant une discipline de fer, des « travaux forcés » pour consolider les fondations et peaufiner l'ensemble en y traquant les moindres faiblesses. Tout cela justifie encore le report d'une échéance imprudemment fixée à Noël 1987. À la procrastination s'ajoutent les maladies qui ralentissent la mise au point de la thèse : « Dans vos lignes jaillissantes, perçait, il va sans dire, l'éditeur... Qu'il sache que ma convalescence est quasi tout entière dans le mythe de croisade, et que poursuivre le polissage m'a été thérapie[40].» Décidé à procéder par échantillons, Alphonse Dupront envoie donc une partie à son éditeur en juillet 1989 : «Votre manuscrit m'est arrivé comme l'enfant du miracle... Ce sera une de mes gloires d'éditeur de vous avoir finalement arraché *La Croisade* après *Le Sacré*[41].» Mais Dupront disparaît en 1991 sans avoir mené à bien, mais le voulait-il vraiment, son entreprise de polissage de sa thèse. Une Association des amis d'Alphonse Dupront se constitue alors sous la présidence de François Furet, qui se donne pour mission de publier toute l'œuvre inédite de Dupront et notamment sa fameuse thèse.

C'est en 1997 que cette immense aventure éditoriale s'achèvera par la parution de quatre gros volumes – avec un si énorme appareil de notes érudites que la totalité du dernier volume lui est consacrée – sous le titre *Le Mythe de croisade*[42] dont l'auteur avait confié à sa femme la publication posthume. Pierre Nora a réussi à décrocher les subventions nécessaires à cette édition de prestige[43].

Après sa disparition, son épouse, Monique Dupront, veille à entretenir le goût perfectionniste de son mari, et la préparation de la publication du *Mythe de croisade* donne lieu à de multiples réunions de mise au point dans les plus infimes détails. C'est d'ailleurs à la suite d'une de ces séances mémorables que Pierre Nora subit dans son bureau, chez Gallimard, un infarctus, et que seule l'intervention immédiate du SAMU le sauvera : «Il y avait dans ces réunions une tension extrême. Mme Dupront était toujours sur le point de dire non, et l'engagement de Pierre était d'une transparence totale[44].»

Cet accident cardiaque n'est cependant pas imputable à la seule mise au point du manuscrit d'Alphonse Dupront. En cette année 1995, il fait suite à l'énorme fatigue accumulée dans la réalisation de la vaste entreprise des *Lieux de mémoire* dont la finalisation, avec ses trois volumes sur les France, a été particulièrement éprouvante. À l'impératif de la préparation simultanée de trois volumes de 1 000 pages chacun sur *Les France*, aux angoisses liées à leur financement, s'ajoute en effet une petite guerre interne dans la maison Gallimard entre le service de fabrication et le service artistique qui étaient brouillés au point de ne plus se parler. Or, chaque ouvrage des *Lieux* comporte nombre d'illustrations et présuppose une entente cordiale entre les deux services. Cette situation va engendrer un certain nombre de ratés, comme celui, entre tant d'autres, qui concerne la photo de Ferdinand Brunot, l'auteur de la fameuse *Histoire de la langue française* parue en dix mille pages entre 1905 et 1938. Pierre Nora ne disposait d'aucune photo de Brunot, mais il retrouve la trace de son fils, âgé de près de quatre-vingt-dix ans, qui accepte de le recevoir et lui prête des illustrations auxquelles il tient d'autant plus que c'est tout ce qui lui reste de son père. Pierre Nora communique ces précieux documents au service de fabrication qui perd l'ensemble du dossier : «Cette petite querelle, c'était tous les jours, et je devenais fou[45].» À la sortie des trois volumes, Pierre Nora connaît un nouveau pic d'angoisse, persuadé du pire des scénarios, il est convaincu qu'il va à l'échec et que celui-ci entraînera inéluctablement son éviction de chez Gallimard. Il est donc particulièrement sensible aux échos que suscite sa publication, et son pessimisme se révèle déplacé, car c'est au contraire un succès spectaculaire, qui le conduit à devoir répondre sans cesse à de multiples sollicitations. Il entreprend donc un véritable tour de France des librairies, et c'est dans ce cadre que, revenant de Rennes où il avait donné une conférence, il se sent singulièrement fatigué et part se reposer à la Cour-des-Haies pour le week-end. Revenu lundi à son bureau rue Sébastien-Bottin, il a ce rendez-vous de trop avec Mme Dupront, mais surtout il est au bout de ses forces. Il ressent les symptômes caractéristiques de la crise cardiaque et téléphone à son frère médecin, Jean, qui lui dit d'appeler immédiatement le 15 : «J'ai eu la chance inouïe de tomber dans le bureau où se trouvait la directrice du SAMU, Geneviève Barrier[46].» Lorsque celle-ci, qui est une amie, épouse de son cousin François Jacob, entend le nom de Nora et de Gallimard, elle envoie immédiatement en urgence une voiture du SAMU rue Sébastien-Bottin : «J'aurais fait cette crise cardiaque dimanche à la campagne, j'étais foutu, et je l'aurais faite le mardi, au début des grandes grèves de 1995 et dans un Paris bloqué, j'étais tout autant foutu[47].» Un vrai miracle !

Le conte de fées Esteban Buch

Il était une fois un jeune Argentin originaire d'une ville de Patagonie, Bariloche, qui débarque en France en 1990 après des études d'esthétique et de critique musicale. Il soutient sa thèse à Paris en juin 1997 et se voit proposer par Pierre Nora, membre de son jury, de l'éditer dans la «Bibliothèque des histoires». On imagine la surprise de l'impétrant, d'autant que la vocation de cette «Bibliothèque» n'est pas vraiment d'éditer des thèses, sauf à les transformer en profondeur. La publication de l'ouvrage est spectaculairement rapide entre le moment de la soutenance, l'été 1997, et le moment de sa parution, 1999. Elle renforce encore le pôle culturel de la «Bibliothèque des histoires».

Il s'agit d'un ouvrage sur le finale de la Neuvième Symphonie de Beethoven[48], la fameuse *Ode à la joie*, en montrant comment il a été instrumentalisé par les politiques à des fins diverses, avant de devenir l'hymne officiel de l'Union européenne. Esteban Buch a d'abord été en Argentine critique musical, mais son travail a pris bientôt une dimension politique, puisqu'il porte sur la manière dont la dictature militaire argentine a violé le droit. Il réalise dans les années 1980 un documentaire sur un disparu de cette sombre époque et publie un ouvrage biographique sur un nazi réfugié à Bariloche. Lorsqu'il arrive à Paris en 1990, il a pour projet de travailler sur l'hymne national argentin, et s'inscrit à l'EHESS : «Je suis allé voir Pierre Nora pour lui demander des conseils et j'avais repéré son séminaire comme un de ceux qui pouvaient m'apporter des éléments d'historiographie[49].» Pierre Nora l'encourage et le conforte dans son idée, en lui disant qu'il tient là un sujet neuf peu exploré, et en lui indiquant l'étude de Michel Vovelle dans *Les Lieux de mémoire* sur *La Marseillaise* : «Il a été d'un encouragement franc et enthousiaste. J'ai commencé à fréquenter son séminaire à l'EHESS à partir de 1991[50].» Esteban Buch soutient d'abord un mémoire de diplôme de l'École sur l'hymne argentin sous la direction de Jacques Leenhardt, sociologue de la littérature, avec Pierre Nora au jury qui lui exprime son enthousiasme : «Cher Monsieur, je ne sais pas quel sera le sort et le jugement global qui sera porté sur votre mémoire, mais au moment de rendre mon propre rapport, j'ai plaisir à vous dire à titre personnel combien sa lecture m'a comblé, c'est un travail excellent, parfaitement maîtrisé, profondément original, digne de tous les éloges et qui fera date, le premier, à mon sens, sur ce sujet capital et délicat. Il fait de vous dans ce domaine si neuf le vrai spécialiste. Je ne sais pas quel sera votre avenir universitaire, ni même s'il est en France, je ne sais donc pas non plus si vous reviendrez au séminaire, si nous nous reverrons, mais sachez toute l'importance que j'attache à votre travail dont j'aimerais suivre et connaître les développements. Vous me feriez donc grand plaisir en me tenant au courant de ce que vous devenez[51].»

On imagine l'effet d'encouragement d'une telle lettre sur un jeune Argentin frais débarqué sur le sol français. Puis, mieux informé des orientations de l'historiographie en France et de la problématique des

Lieux de mémoire, il se lance dans un travail de thèse sur la Neuvième Symphonie de Beethoven : « J'ai eu le temps d'incorporer des éléments d'historiographie plus solides. J'avais alors bien compris que toute l'entreprise des *Lieux* était le cadre ou le point de repère naturel pour ce que je voulais faire[52]. » Et, lors de la soutenance, l'improbable devient réalité avec cette proposition de publication dans la plus prestigieuse collection de livres d'histoire. Certes, il a fallu quelque peu adapter, retravailler le manuscrit de la thèse, et Pierre Nora y a veillé de près, demandant au nouveau doctorant une dernière partie sur la réception de Beethoven en général au lieu des étapes de la construction européenne que l'on trouvait dans la thèse : « Il a fait un vrai travail d'éditeur dont je lui suis particulièrement reconnaissant[53]. » Le grand intérêt, pour Pierre Nora, du travail d'Esteban Buch est de traiter d'un moment au cours duquel naissent des musiques politiques modernes comme *La Marseillaise* ou le *God Save the King*, de montrer la politisation de Beethoven, son rôle de compositeur de musique d'État, et de suivre le parcours du mythe Beethoven tout au long des XIXe et XXe siècles avec diverses appropriations de tous les bords de l'échiquier politique, jusqu'à la création de l'Union européenne. L'ouvrage est très remarqué.

Grâce à ce succès, Esteban Buch est élu dès l'année de parution, en 1999, maître de conférences à l'EHESS, puis, en juin 2008, directeur d'études, porté par son second ouvrage, et avec le soutien enthousiaste de Pierre Nora auprès de la présidente de l'EHESS, Danièle Hervieu-Léger : « C'est avec conviction et joie que je viens soutenir la candidature d'Esteban Buch à un poste de directeur d'études à l'École... Cette recommandation, je la fais avec joie parce que je me sens lié au très singulier parcours d'Esteban Buch qui m'a permis d'admirer le sérieux qu'il met dans toutes ses entreprises... Esteban Buch est un enfant de l'École. Sa vie y est liée[54]. »

Renouvellements de l'histoire de l'art

Une des manières de prendre le tournant culturel que traverse l'historiographie en France aura été pour Pierre Nora d'accorder une importance croissante à l'histoire de l'art qui connaît un regain de faveur dans le grand public, dépassant le strict domaine des spécialistes, d'autant que la lecture de l'image devient de plus en plus un impératif majeur. Lorsque la « Bibliothèque des histoires » n'existait pas encore, Pierre Nora a accueilli un certain nombre de travaux fondamentaux d'histoire de l'art dans sa « Bibliothèque des sciences humaines » où il a notamment publié Erwin Panofsky et Pierre Francastel en 1967. Désormais la « Bibliothèque des histoires », enrichie de la « Bibliothèque illustrée des histoires », devient le support naturel d'un nombre croissant de publications.

Il y publie le grand maître de la critique d'art qu'est André Chastel[55], ainsi que le célèbre historien d'art britannique Francis Haskell, professeur à Oxford[56], ou encore Michaël Baxandall qui s'intéresse aussi à la relation qu'entretient le public avec les œuvres d'art, dans *L'Œil du Quattrocento*, paru initialement à Oxford et en 1985 chez Gallimard[57].

Avec la publication d'Edgar Wind, c'est un spécialiste de l'art d'une génération plus ancienne que Pierre Nora publie. Né en 1900 et décédé en 1971, il fait autorité mais est resté ignoré en France. Le regain d'intérêt pour les historiens d'art anglais comme Haskell ou Baxandall attire l'attention sur les travaux qui les ont précédés, d'où l'intention d'exhumer les deux principaux ouvrages de Wind. C'est pourquoi Pierre Nora pousse Gallimard à signer les contrats nécessaires avec l'épouse d'Edgar Wind, Margaret Wind, d'autant que Flammarion est sur les rangs. Les deux ouvrages paraissent en 1988 et en 1992[58].

Mais Pierre Nora n'est pas seulement venu au secours du succès déjà reconnu, il a aussi imposé des auteurs qu'il est allé chercher et qu'il a convaincus d'écrire, leur faisant gagner une notoriété certaine, comme Édouard Pommier, ancien inspecteur général des Musées de France, devenu un auteur Gallimard qui a écrit pas moins de quatre ouvrages pour la « Bibliothèque des histoires ». La rencontre avec Édouard Pommier remonte au moment où, dans les années 1970, ce dernier est conseiller culturel à Madrid. Il invite alors Pierre Nora en 1976 pour le faire mieux connaître du public espagnol et noue avec lui des relations d'amitié. Après vingt-cinq ans d'errance, ayant consacré la majeure partie de son temps à présenter des conférenciers, Édouard Pommier songe à rentrer en France : « J'étais intéressé par la question du patrimoine et je m'étais donné pour projet de travailler sur l'apparition et le développement de cette notion depuis le XVIIIe siècle[59]. » Il en parle à Pierre Nora qui lui demande pour *Les Lieux de mémoire* deux contributions : l'une sur la « Naissance des musées de province » et l'autre sur « Versailles, l'image du souverain ».

Ce qui intéresse Pierre Nora est là aussi, comme pour Francis Haskell, la capacité d'Édouard Pommier à se situer dans l'entre-deux, dans cet espace où se nouent les enjeux entre les dimensions politique et artistique. C'est le cas à propos de sa première publication, née d'une suggestion de Pierre Nora d'écrire un livre sur le discours que tient la Révolution sur les arts, et qui va donner lieu à la publication de *L'Art de la liberté* en 1991.

Édouard Pommier a ensuite le projet d'une nouvelle publication sur l'art du portrait : « J'en parle à Pierre Nora qui me dit son intérêt mais ne veut pas d'une anthologie, mais d'un vrai livre[60]. » Édouard Pommier rédige donc un véritable ouvrage qui est publié en 1998[61]. Il y analyse l'évolution des théories du portrait entre le XVe et la fin du XVIIIe siècle, toute une littérature restée jusque-là le domaine réservé des spécialistes.

Suit un livre d'Édouard Pommier sur Winckelmann, auteur majeur dans le renouvellement de l'histoire de l'art au XVIIIe siècle[62], en attendant, espère Pierre Nora, une grande synthèse sur ce que peut être l'histoire de l'art. Cet ouvrage paraît en 2007, sous un titre choisi par Pierre Nora[63], en France et chez Einaudi le même jour, obtenant un prix d'histoire de l'art de la part d'une fondation italienne : « Je suis profondément reconnaissant à Pierre de m'avoir traité avec cette générosité, d'autant que ce ne sont pas des livres faciles à vendre[64]. »

À travers ces publications si diverses, Pierre Nora a cherché à fonder une approche de l'art enrichie par une démarche historienne, sociétale qui n'exclut en rien l'univers des formes et sa restitution réflexive.

L'effet Lieux de mémoire

Le renouvellement dans l'écriture de l'histoire se fait surtout sentir dans ces années 1980-1990 avec la publication des *Lieux de mémoire*, et il était naturel que la problématique suggestive portée par ce monument suscite un certain nombre de publications dans la « Bibliothèque des histoires », illustrant la fécondité de cette nouvelle approche par la trace dans la mémoire collective, cette forme d'historisation de la mémoire. Le lien est même parfois direct entre la contribution écrite pour *Les Lieux* et la réalisation d'un ouvrage de plus grande ampleur.

C'est le cas pour Gérard de Puymège qui passe sans transition de la soutenance de thèse à l'article puis au livre. Pierre Nora prend connaissance de ce travail à l'occasion de sa soutenance de thèse, invité au jury à Genève par Saul Friedländer qui en a assuré la direction : « Je me suis rendu à Genève et je me suis tout de suite dit que c'était typiquement un lieu de mémoire[65]. » En effet, le thème de cette enquête est particulièrement significatif de ce que peut être un lieu de mémoire, de sa dimension symbolique, puisqu'il s'agit ici de l'histoire d'un individu, le soldat Nicolas Chauvin, qui a donné naissance à un qualificatif si réputé qu'il s'est transformé de nom propre en nom commun, alors que ce soldat Nicolas Chauvin n'a jamais existé. Il est pourtant présenté avec force détails comme le vétéran des guerres de la Révolution et de l'Empire, dix-sept fois blessé, décoré de la Légion d'honneur et revenu terminer ses jours dans sa famille à La Rochelle.

Ce mythe se cristallise dans la longue durée autour de cette figure singulière du soldat Chauvin destinée à incarner les valeurs propres du soldat-laboureur, renouant ainsi avec une profonde assise dans le temps qui remonte jusqu'à l'Antiquité. Cette figure du soldat-laboureur sera mobilisée lors de chaque affrontement guerrier, mais aussi lors de chaque poussée ruraliste jusqu'au cœur du XXe siècle avec le régime de Vichy. Pierre Nora y voit dès 1987 un rejeton tout à fait séduisant des *Lieux de mémoire* : « Ce sera somme toute le premier enfant des *Lieux de mémoire*[66]. » Le livre paraît en 1993, en même temps, significativement, que les derniers volumes des *Lieux de mémoire*[67]. Il reçoit le prix d'Histoire générale, médaille d'argent, de l'Académie française, au titre de ses prix d'histoire de 1994, et le prix Berthault de l'Académie des sciences morales et politiques en 1995.

Même continuité entre *Les Lieux de mémoire* et la « Bibliothèque des histoires » avec l'ouvrage de l'historien américain Robert Morrissey, professeur à Chicago. L'auteur est sollicité par Pierre Nora lorsqu'il est venu travailler dans les archives à Paris pour écrire une contribution sur Charlemagne au dernier volume des *Lieux* relatif aux identifications nationales. Sur la lancée, Robert Morrissey écrit un ouvrage sur le mythe de Charlemagne, tout à fait dans l'esprit des *Lieux*. Charlemagne, grande figure héroïque nationale et européenne, y est interrogé dans ses traces aussi bien historiques que mythologiques. C'est Pierre Nora qui trouve le titre de l'ouvrage après pas mal de tentatives infructueuses. Morrissey proposait : « Charlemagne : mythohistoire de la modernité. » C'est son éditeur qui trouvera le titre définitif : « Je vais vous faire une proposition de titre qui va vous étonner. Ce serait tout simplement de l'appeler : *L'Empereur à la barbe fleurie*, Charlemagne dans la mythologie et l'histoire de France. Dites-moi ce que vous en pensez. Je suis très content de moi ! Et vous[68] ? » L'auteur partage pleinement la satisfaction éprouvée par Pierre Nora :

« Génial ! Simple, élégant, avec un peu clin d'œil. Ça fait donc deux à être très contents de vous ![69] »; ce sera le titre retenu[70]. La figure de Charlemagne a acquis, selon Morrissey, une valeur constituante dans la mesure où une certaine idée de la France se réclame de lui comme initiateur. Morrissey suggère même une notion qui opère une fusion de deux horizons, celui de l'histoire du personnage et celui de sa mythologie, avec le concept de « mythohistoire[71] ».

Autre rejeton des *Lieux*, paru la même année que le livre de Morrissey, celui de Dominique Poulot[72]. Comme il travaille sur le musée des Monuments français sous le Directoire, Pierre Nora lui demande une contribution pour les *Lieux* qui paraît dans le volume sur la Nation[73]. Puis Dominique Poulot élargit son sujet d'étude pour sa thèse qu'il soutient en 1989 à la Sorbonne sur le thème « Le passé en Révolution. Essai sur les origines intellectuelles du patrimoine et de la formation des musées : 1774-1830 ». Il y analyse le processus de gestation qui a conduit à partir de la fin du XVIIIe siècle à forger la notion de patrimoine national, en un temps où c'est l'avenir qui importe au premier chef, ce qui n'empêche pas la Révolution de se réclamer d'un passé, de renouer les fils du temps pour se légitimer, instruire le peuple, diffuser ses valeurs, insérant un héritage ancien dans un tout autre message et illustrant ainsi la fécondité de la notion de « formalité des pratiques » qu'avait avancée Michel de Certeau.

Avec le mythe tenace des frontières naturelles, c'est un autre thème des *Lieux* qui va trouver son prolongement, naturel celui-là, dans une publication de la « Bibliothèque des histoires ». Daniel Nordman écrit une contribution sur « Des limites d'État aux frontières nationales[74] ». Pierre Nora accompagne son auteur pendant une bonne dizaine d'années pour qu'il transforme sa contribution en ouvrage, ce qui est chose faite en 1998[75].

Dans le domaine du religieux, l'ouvrage de Catherine Maire est aussi tout droit issu des *Lieux*. Elle avait écrit une contribution sur « Port-Royal[76] ». Spécialiste du jansénisme, elle avait déjà publié un volume de la collection « Archives », *Les Convulsionnaires de Saint-Médard*. Active dans le groupe de la Bussière qui a profondément renouvelé, sous l'impulsion de Michel de Certeau, l'histoire du religieux en France, elle a soutenu sa thèse sous la direction de Jacques Revel. C'est cette thèse, profondément remaniée, qui paraît en 1998[77]. Loin de se limiter à la sphère religieuse, Catherine Maire plonge dans les méandres des disputes théologiques pour en mesurer les enjeux politiques dans le combat janséniste du XVIIe siècle, établissant par là même l'influence de Jansénius sur l'Église et sur la destinée politique de la France.

Dans le prolongement immédiat des *Lieux*, Pierre Nora publie aussi un recueil d'essais très évocateurs, *Réflexions sur l'histoire allemande* (1992) de Thomas Nipperdey. Ce qui le séduit dans ces essais est la manière dont l'auteur envisage le passé allemand à la lumière des enjeux du présent, et donc de la mémoire, de ce qui subsiste dans la mémoire collective allemande. La proximité avec la problématique des *Lieux* frappe Pierre Nora : « Il y a d'ailleurs un chapitre sur la cathédrale de Cologne qui est exactement traité comme un "lieu de mémoire"[78]. » Autre prolongement au plan de la réflexion sur ce qu'est la mémoire, la publication de l'ouvrage de Mary Carruthers en 2002[79] qui dirige le Centre de recherche sur le Moyen Âge et la Renaissance à l'université de New York. La boucle est ici bouclée avec cette publication postérieure à la réalisation des *Lieux* qui vient compléter l'ouvrage antérieur de Frances Yates, *L'Art de la mémoire*, également publié par Pierre Nora. Comme son titre initial en anglais l'exprime bien (*The Craft of Thought* – Le métier de la pensée), cet ouvrage place au cœur de son étude cognitive la catégorie de la mémoire dont la fonction est justement d'articuler la méditation, la rhétorique et la fabrique des images. Comme on peut le mesurer, on n'en finit jamais avec la mémoire.

22

Résister à la crise des sciences humaines

Le temps rêvé de l'âge d'or des sciences humaines s'achève progressivement au fil des années 1980. Le thème de la crise s'installe et alarme tout le milieu de l'édition. Les sciences humaines sont vidées de leurs enjeux, considérés il y a peu encore comme des impératifs catégoriques. Dans ce contexte, Pierre Nora, qui a été au cœur de cet âge d'or, devrait être le plus touché par ce retournement de situation et connaître son chant du cygne. Tout en subissant évidemment l'érosion des ventes, il a su réagir, d'une part en créant dès 1980 une revue, *Le Débat*, qui a pris la mesure du retournement de conjoncture intellectuelle, puis en misant sur la «Bibliothèque des histoires» qui a bénéficié d'un climat plus propice à l'historicisation généralisée et à un véritable tournant historiographique.

Sur le front des sciences humaines, il a su résister au ressac avec sa «Bibliothèque des sciences humaines». Il réagit d'abord en se refusant à toute déploration, résolument tourné vers un avenir certes différent, mais pas forcément désastreux. C'est le sens de ses propos dans *Le Point* en 1983 : «Il n'y avait autrefois que les professeurs pour gémir chaque année sur la baisse du niveau des élèves. Pleurer l'ignorance de nos compatriotes deviendrait-il le sport matinal au moment où, pour les enseignants, il s'agit d'un fait accompli[1] ?»

À l'enquête sur le savoir des Français, Pierre Nora suggère une lecture à l'envers en prenant à contre-pied le sempiternel «le niveau baisse» des Cassandre, pour porter un regard plus positif en remarquant qu'au contraire le niveau monte, et surtout que les références diffèrent des critères passés. Il ne déplore pas le fait que deux tiers des Français ne savent plus ce qu'est un alexandrin, mais se réjouit qu'un tiers le sachent, que plus de la moitié des Français connaissent *Le Rouge et le Noir* de Stendhal, et considère avec humour que si l'on disait que les militaires étaient en général en retard d'une guerre, «j'ai bien peur qu'aujourd'hui les gardiens du temple du savoir ne soient en retard d'une culture[2]». En 1987, Pierre Nora reste encore serein et se réjouit du retour des grandes questions classiques qui avaient été quelque peu délaissées au cours de la période précédente au profit de problèmes plus topiques, locaux et périphériques.

Son discours change manifestement dans les années 1990 avec l'effondrement durable des chiffres de vente. C'est alors un changement culturel profond qui est invoqué et perçu comme une atteinte à la civilisation de la lecture. Le paradoxe devient frappant de constater que la population étudiante s'accroît dans de larges proportions et que le lectorat des sciences humaines s'effondre*. Certes, le secteur connaît encore quelques beaux succès dont le plus spectaculaire, significatif du retour en force de la philosophie, est *Le Monde de Sophie* (plus 800 000 exemplaires vendus). Cependant, pour la masse de la production, on est entré dans l'ère des rendements décroissants et du cercle vicieux qui a pour effet que les livres se vendant moins bien, les éditeurs réduisent les tirages et sont donc obligés d'augmenter le prix de vente considéré par les lecteurs potentiels comme trop élevé, ce qui accentue encore la mévente.

Pierre Nora constate en 1997 que des disciplines entières sont «éditorialement sacrifiées[3]». Or ce sont justement ces disciplines qui ont fait la splendeur de sa «Bibliothèque des sciences humaines», et notamment l'anthropologie, les travaux de Leach, d'Evans-Pritchard, de Turner et de bien d'autres, mais aussi la science pilote qu'a été la linguistique et que Pierre Nora avait contribué à diffuser avec les travaux de Benveniste. Pierre Nora se montre cette fois moins optimiste, et diagnostique un «rétrécissement des curiosités». Il ne cède pourtant pas au pessimisme et juge que la situation reste ambivalente, qu'on note une soif de repères, de connaissances, et un déplacement des curiosités, attesté par le fait qu'un des numéros les mieux vendus du *Débat* soit celui consacré aux sciences cognitives[4], ce qui lui permet d'affirmer : «Je ne suis pas fondamentalement pessimiste[5]», même s'il ajoute qu'il lui semble appartenir à une communauté en voie de disparition, comme un des derniers des Mohicans. Il dira un peu plus tard à

* De 1980 à 1988, les ventes moyennes dans ce secteur sont passées de 2 200 à 1 200 exemplaires et la tendance à la baisse s'est même accélérée pour se situer en dessous de 1 000 en 1994 (900). Par rapport à la décennie dite «sans pareille» des années 1965-1975, le chiffre d'affaires de l'édition des sciences humaines a baissé de 20 %.

Denis Olivennes : «Je suis comme d'autres le dinosaure d'un monde en perdition[6].»

En 2004, les PUF publient le rapport commandé par le CNL à l'économiste Sophie Barluet sur l'état de l'édition en sciences humaines, ouvrage préfacé par Pierre Nora[7]. Le bilan sonne comme un cri d'alarme sur une situation qui risque de devenir irréversible. Par son titre, *Le Cœur en danger*, Sophie Barluet signifie que ce sont les ouvrages les plus novateurs, les essais de savoir et d'idées qu'elle qualifie de «livres raison» pour les distinguer de ce qu'elle appelle les «livres textes», qui sont le plus touchés par la crise. Quant aux raisons de la crise, elles avaient déjà été analysées par le directeur des éditions de La Découverte, François Gèze, au milieu des années 1990[8]. Elles tiennent à plusieurs facteurs que reprend, dans sa préface à l'ouvrage de Sophie Barluet, Pierre Nora. En premier lieu, et à ses yeux c'est le plus grave, à la disparition progressive des humanités classiques : «Dans la hiérarchie éditoriale, une réévaluation s'opère au profit des sciences de la vie et de la communication, comme de la philosophie cognitive[9].»

Avec humour, toujours, Pierre Nora oppose la situation d'hier, de l'âge d'or qu'il a vécu comme éditeur, à celle d'aujourd'hui. Hier, il recevait la visite du grand auteur prêt immédiatement à corriger son manuscrit au moindre haussement de sourcils involontaire de son éditeur. Il ne demandait pas d'à-valoir, remerciait tous les services offerts par la maison d'édition et vendait à 30000 exemplaires, alors que dans les années 2000, l'auteur exige un à-valoir important avant d'avoir écrit une ligne, remet en retard un manuscrit disproportionné qu'il faut totalement réécrire discrètement pour qu'il ne s'en aperçoive pas trop, «il récrimine contre tous les services, attend une publication rapide, se vend à 800 exemplaires, l'impute au manque de publicité et vous certifie qu'il ne reviendra la prochaine fois que parce que c'est vous[10]».

Sophie Barluet met en évidence dans son rapport le rôle qu'ont joué les éditeurs dans la préservation de la créativité intellectuelle qui a peu à peu déserté les campus universitaires pour se déplacer du côté des maisons d'édition et de leurs directeurs de collection qui ont orchestré l'âge d'or des sciences humaines chez Gallimard bien sûr, mais aussi chez Minuit, Maspero, les PUF, Le Seuil, Flammarion, Calmann-Lévy, Albin Michel...

Au cœur du dispositif se trouve en effet le directeur de collection, et Pierre Nora se reconnaît dans cette fonction qui se définit par son caractère hybride. Lorsqu'il évoque cette figure de passeur, d'intermédiaire qu'est le directeur de collection, pensant à Jean Malaurie, le créateur chez Plon de la collection « Terre humaine », l'autoportrait n'est pas loin : « Oiseau voici mes ailes, poisson voici ma queue – reconnu par les siens, mais sachant reconnaître les autres, chercheur et accoucheur, metteur en scène, diplomate, chef d'orchestre, psychanalyste, entremetteur, couturier, maître et esclave, un peu Nègre et un peu négrier[11]. »

Une nouvelle sociologie

Pour faire face à l'érosion des ventes, à la marginalisation d'un secteur qui avait été porté au plus haut, Pierre Nora joue la carte qui a toujours été la sienne, celle de l'innovation, qui consiste à ouvrir de manière nouvelle des objets que l'on croyait avoir définitivement rangés au rayon des antiquités. Il sait négocier les tournants car il n'appartient à aucune chapelle, et n'est pas l'homme d'une idéologie, tant il tient à sa liberté.

Dans le domaine de la sociologie, la domination du paradigme bourdieusien se poursuit dans ces années, mais Pierre Nora donne naissance à quelques essais qui vont contribuer à en montrer les limites. C'est d'abord un ouvrage qui trouve son originalité dans le fait rare d'être l'œuvre d'un scientifique, Ilya Prigogine, prix Nobel de chimie en 1977 pour ses recherches sur les structures dissipatives, et d'une sociologue, Isabelle Stengers, qui a cumulé une formation de chimiste et de philosophe. Leur ouvrage, *La Nouvelle Alliance*, aura un grand retentissement[12].

Ce livre diffuse dans le grand public les découvertes les plus récentes des sciences de la nature et leurs incidences, souvent à retardement, dans les sciences humaines. Le déplacement épistémologique qu'il opère conduit à s'interroger de manière transdisciplinaire sur les notions de « chaos », de « complexité », d'« auto-organisation », et se situe dans la filiation des travaux de René Thom et d'Henri Atlan, suggérant une tout autre voie que la démarche structurale d'hier qui privilégiait les permanences, les résistances au changement, ainsi que l'objectivation de la situation de l'observateur qui devait rester extérieur à son objet de recherche pour livrer un point de vue considéré comme absolu et de surplomb.

Les auteurs remettent en perspective le tournant de la physique mécanique à la mécanique quantique, la dynamique de Boltzmann, et la réévaluation des phénomènes irréversibles dans la nouvelle thermodynamique qui redonne place à l'événement comme phénomène non totalement déterminé, mais simplement contraint, et laissant place à l'aléatoire. Par ailleurs, ces travaux montrent que l'objet observé dépend étroitement de la position de l'observateur dont le regard est forcément situé, ce qui relativise son point de vue. Cet ouvrage va contribuer à modifier en profondeur les orientations des sciences humaines dans le sens d'un antidéterminisme. Il trouvera un large public, malgré son caractère savant[13], et il est couronné par le prix du Haut Comité de la langue française 1981 pour la catégorie des livres de «sciences et techniques».

Pierre Nora, de concert avec Marcel Gauchet, donne aussi une visibilité à une nouvelle sociologie qui a pour objet d'étude l'ultracontemporain, ce qui constitue l'épiderme de notre contemporanéité, l'air du temps. C'est le cas avec Gilles Lipovetsky à qui il est demandé un certain nombre d'articles pour *Le Débat*, rassemblés ensuite en un ouvrage qui paraît en 1983 sous le titre suggestif, proposé par Pierre Nora, de *L'Ère du vide*, dans la collection «Les Essais»; il fait débat car c'est une apologie du narcissisme propre à la société postmoderne. Le moment de sa publication, caractérisé par l'épuisement des grands modèles de rupture de la modernité, assure à son auteur le succès[14]. Il rompt en effet radicalement avec le discours de déploration sur l'effondrement des valeurs et des appartenances pour se féliciter au contraire de l'avènement d'une société des individus se déterminant en fonction de leur seul bon plaisir. La société de consommation qui avait été stigmatisée dans les années 1960 par la pensée critique est ici considérée comme un cadre libérateur pour les individus.

Pierre Nora y voit un salubre bol d'air : «L'intérêt du livre est certain. Il me paraît double : de renouer le contact, accessoirement, avec la sociologie américaine en son dernier état, contre le marasme masturbatoire et ratiocineur où croupit en vase clos la pseudo-conceptualité française[15].» Avec ce premier livre, l'auteur est lancé dans le public. Pierre Nora lui signifie qu'il attend maintenant de lui un véritable ouvrage. Celui-ci paraît en 1987 dans la «Bibliothèque des sciences humaines», sous le titre complémentaire du premier, *L'Empire de l'éphémère*, dont Pierre Nora le félicite vivement : «Il est clair que vous avez fait un grand pas depuis *L'Ère du vide* dans le souffle, l'ampleur et que *L'Empire de l'éphémère* est un livre dont on va beaucoup parler... Comme éditeur, je suis satisfait à cent pour cent[16].» Il fait cependant quelques réserves de fond en tant qu'historien et lecteur à propos de la faible épaisseur temporelle de l'analyse, et sur le fait de considérer la mode comme l'expression même du phénomène démocratique. Mais ces réserves s'effacent devant le plaisir de donner à lire au public des thèses qui bousculent les convictions établies[17]. Cet éloge de la mode et de la publicité qui l'entretient fait pièce à leurs dénonciations, notamment celles exprimées la même année par Alain Finkielkraut qui y voit *La Défaite de la pensée.*

Pierre Nora et Marcel Gauchet ont aussi donné une grande visibilité, grâce au *Débat* et à la «Bibliothèque des sciences humaines», à un autre jeune sociologue au tempérament encore plus provocateur et particulièrement hétérodoxe, Paul Yonnet, totalement marginal parmi les sociologues de métier, travaillant pour une agence de l'Assistance sociale. Ce sociologue scrute aussi l'air du temps au travers de l'analyse de nombreuses pratiques considérées comme récréatives et donc marginales, la passion automobile, le tiercé, le jogging, la multiplication des animaux domestiques, et qui sont envisagées comme autant d'exemplifications de la société démocratique de masse. Pierre Nora voit dans ces analyses très concrètes un souffle de renouveau à même de redynamiser une «Bibliothèque des sciences humaines».

Le rendez-vous allemand

La sociologie française a été profondément marquée à la fin du XIXe siècle et au tournant du XXe siècle par l'empreinte durkheimienne. Elle a pour l'essentiel manqué les apports de la sociologie compréhensive allemande, et donc les œuvres de Simmel, Weber, Dilthey, suggérant une autre voie d'analyse, plus proche des sciences de la nature. Le dialogue entre ces deux voies n'a pas eu lieu, et il a fallu attendre Raymond Aron pour faire connaître au public français les sociologues allemands. Or, la crise que traverse le marxisme, qui a contribué à occulter l'apport de ce courant, suscite un regain d'intérêt qui bénéficie à Max Weber. Il est à ce point spectaculaire dans les sciences sociales que Jean-Pierre Olivier de Sardan a pu parler d'espace wébérien des sciences sociales[18]. Certes, la véritable introduction des idées wébériennes remonte à la veille de la Seconde Guerre mondiale. Elle date de la publication de la thèse de Raymond Aron[19]. Puis Julien Freund a relayé cet effort pour introduire en France les thèses wébériennes[20].

Dans une lettre adressée à Michaël Pollack, Pierre Nora répond à la question que se pose le sociologue sur la réception éditoriale de Max Weber et précise que la maison Gallimard avait songé à éditer ce dernier, mais avait dû y renoncer car Éric de Dampierre chez Plon s'était lancé dans un grand programme de publication, « et nous considérions qu'il avait une manière de priorité[21] ». Mais ce programme étant resté sans lendemain, il en tire les conséquences. Dès 1984, il porte la maison Gallimard candidate à un soutien du CNL pour la traduction de *Économie et société*. L'ouvrage paraît en 1992 et trouve son public, signe de ces nouveaux temps wébériens[22].

Pierre Nora se lance ensuite dans un vaste chantier de traduction et de publication de l'essentiel de l'œuvre de Max Weber. En 1994, il met au point avec Jean-Claude Passeron, qui va en écrire l'introduction, un choix d'essais pour la publication de *Sociologie des religions*[23]. Jacques Julliard y salue un véritable événement dans *Le Nouvel Observateur*[24]. Suivent *Confucianisme et taoïsme* présenté par son traducteur Jean-Pierre Grossein[25], puis *L'Éthique protestante et l'Esprit du capitalisme* en 2003 pour parachever un ensemble cohérent. Ce classique de Weber était déjà en circulation en France depuis longtemps, publié par Plon en 1968, puis en poche chez « Pocket ». Mais la traduction est jugée mauvaise, et l'appareil critique indigent. Pierre Nora a donc décidé de refaire traduire l'ouvrage par Jean-Pierre Grossein, et de le publier dans sa « Bibliothèque », avec un risque certain de n'avoir qu'un lectorat limité aux initiés, l'ouvrage étant déjà disponible en poche. L'impératif intellectuel aura une fois encore prévalu pour Pierre Nora sur les considérations commerciales. Il aura donc joué un rôle tout à fait déterminant dans ce retour à Weber qui a accompagné la fin du XXe siècle en donnant une tout autre orientation aux études sociologiques.

Quelques grands classiques

L'attitude de résistance à la crise consiste aussi à exhumer quelques grands classiques des sciences humaines. C'est dans cette perspective que Pierre Nora se lance dans une vaste aventure éditoriale qui va mobiliser quelque douze traducteurs pour publier en français le monumental ouvrage de l'économiste viennois Joseph Schumpeter, *Histoire de l'analyse économique*, paru initialement aux États-Unis en 1954. Le travail de traduction et de préparation du manuscrit a pris une dizaine d'années. Les traducteurs ont été choisis par Pierre Nora et Jean-Claude Casanova au début des années 1970 pour finalement aboutir en 1983 à la publication de cette énorme somme de trois volumes introduits par Raymond Barre à la demande de Pierre Nora, par l'entremise de Jean-Claude Casanova[26].

Autre grand classique, proscrit en France pour sa compromission avec le nazisme dans les années 1933-1934, le philosophe Carl Schmitt est publié par Pierre Nora en 1988[27]. Il avait applaudi l'arrivée de Hitler au pouvoir, et même s'il a fait l'objet de menaces en 1936 de la part des SS, il n'est jamais revenu sur son attitude. Dans l'après-guerre, il s'est enfermé dans le travail et le mutisme sur cette période, un peu comme Heidegger. Cela lui a valu l'ostracisme de la part de la France, à l'exception de Raymond Aron qui a fait traduire un de ses livres en 1972, *La Notion du politique et la Théorie du partisan*, paru chez Calmann-Lévy. Pierre Nora juge qu'avec le retour du politique et le regain de faveur pour la pensée politique, le moment est venu de mieux faire connaître cette œuvre jusque-là ignorée par les intellectuels français. L'ouvrage qu'il fait paraître est à l'origine d'un thème qui a été largement repris, celui des origines religieuses des notions politiques modernes, et notamment de toute la thématique relative à la souveraineté. Avec cette publication, Pierre Nora entend participer pleinement aux interrogations montantes en ces années 1980 qui replacent le politique au premier rang : « Si l'on veut faire place dans les bibliothèques au nouvel univers de références que l'histoire contemporaine et la théorie politique appellent et forment peu à peu, ces deux opuscules réunis en un petit volume s'imposent parmi les quelques titres indispensables[28]. »

La poursuite d'un regard anthropologique

S'il est évident que l'anthropologie n'est plus la discipline phare des sciences humaines au cours de cette seconde période qui débute autour de 1980, son repli est organisé en bon ordre, et un certain nombre d'auteurs évitent l'engloutissement, certains autres apparaissent, reconnus pour la qualité et l'intérêt de leurs travaux. La filiation anthropologique qui a si fortement marqué l'identité de la « Bibliothèque des sciences humaines » se poursuit donc sur un mode mineur, mais ne disparaît pas. Il y a d'abord les succès d'hier que l'on peut reprendre comme le fameux livre de Michel Leiris, *L'Afrique fantôme*, qui a été publié en 1934 dans la collection des «Documents bleus», puis en «Hors série» en 1951, dans la collection «Blanche» en 1968, édition qui a été épuisée en 1978. Claude et Antoine Gallimard suggèrent à Pierre Nora de reprendre l'ouvrage dans sa «Bibliothèque», ce qu'il fait en 1981.

Autre continuité avec la période précédente, familiale celle-là, Pierre Nora, après avoir été l'éditeur de Jacques Berque, lequel a fortement marqué les études du monde arabe, publie son fils, Augustin Berque, qui devient le spécialiste de la civilisation japonaise. Géographe de formation, celui-ci a dirigé la Maison franco-Japonaise à Tokyo où il a épousé une Japonaise. Pierre Nora assiste à ses conférences à Paris en janvier 1982 et Augustin Berque lui propose l'édition d'un ouvrage complémentaire à celui qui paraît à la même date aux PUF[29]. Pierre Nora répond favorablement à cette requête : «Vous savez combien je m'intéresse à vos travaux. L'idée de publier un livre de vous sur *L'Écologie du regard japonais* m'est donc très agréable[30].»

Son ouvrage paraît en 1986[31], et non seulement il apporte une meilleure connaissance du monde japonais, mais il renouvelle très profondément la discipline qu'est la géographie en l'ouvrant à des questionnements d'ordre anthropologique et philosophique. Approfondissant le lien entre l'homme et la nature, thématique classique de l'approche géographique, il l'actualise en concentrant ses réflexions sur la notion de paysage, d'environnement et d'écologie et en les situant dans leur contexte civilisationnel.

Puis, en 1993, Augustin Berque publie un livre relatif au phénomène urbain et les formes qu'il prend dans la culture japonaise, à la fois dans l'espace et dans le temps[32]. Les résultats commerciaux de ces ouvrages, si honorables soient-ils, montrent que la période faste des sciences humaines est désormais passée*.

C'est aussi au début des années 1980 que Pierre Nora édite le grand classique de l'anthropologie économique qu'est le livre de Karl Polanyi[33]. Il en demande la préface à Louis Dumont. Karl Polanyi est de ceux qui ont été victimes, comme Max Weber ou Schumpeter, de l'hégémonisme du marxisme en matière d'analyse économique. Le renouveau d'intérêt pour la pensée libérale dans les années 1980 crée

* *Le Sauvage et le Sacrifice* paru en 1986, tiré à 4000 exemplaires, sera vendu à 3120 exemplaires jusqu'en 1999; *Du geste à la cité*, paru en 1993, tiré à 4000 exemplaires, est vendu à 1262 exemplaires jusqu'en 1999. Chiffres cependant supérieurs à la moyenne, mais qui n'ont rien d'éclatant.

un climat plus favorable à la réception de ses thèses. Hongrois d'origine, Karl Polanyi, qui a émigré à Londres, fait partie de ces intellectuels qui ont été confrontés au nazisme. *La Grande Transformation* est celle de la mort du libéralisme économique au cours de la funeste période ces années 1930-1945.

Mais le regard anthropologique se porte désormais aussi sur notre propre société, et de plus en plus avec le retour des chercheurs qui quittent les horizons lointains des anciennes colonies pour revenir en métropole. Dans ce domaine, le lectorat est resté plus solide car les mutations de la société française, la seconde révolution française comme l'appelle Henri Mendras, ont très vite transformé bon nombre de pratiques de la vie quotidienne ancestrale en objet d'exotisme, avec un effet de rupture radicale renvoyant un passé proche aux régions les plus lointaines de la mémoire locale. C'est le sens des recherches d'Yvonne Verdier qui s'est donnée pour terrain le village bourguignon de Minot, en Côte-d'Or. Elle y a dirigé une enquête ethnographique pour le laboratoire d'anthropologie sociale de Claude Lévi-Strauss au Collège de France, et en a tiré une thèse que Marcel Gauchet soumet à Pierre Nora.

Elle y restitue la société paysanne traditionnelle en train de disparaître, dans la lignée des publications d'Edgar Morin sur le village de Plodémet en Bretagne ou encore de Wylie sur la Provence[34]. Yvonne Verdier fait revivre ce village de Minot à travers le monde féminin, le travail des femmes, celui de laveuse, de cuisinière, de couturière, mettant en évidence la cohérence de ce petit monde basé sur une solide division du travail entre celles qui aident, celles qui habillent, celles qui nourrissent, source d'un pouvoir occulte, d'autant plus redoutable qu'il est souterrain et indispensable, se cristallisant sur le corps de la femme doté du pouvoir magique de donner la vie.

Alors qu'Yvonne Verdier préparait un second ouvrage pour la « Bibliothèque des sciences humaines », elle meurt dans un accident de voiture en 1993. Ce livre inachevé était une étude ethnographique consacrée à la description de la paysannerie anglaise à l'époque victorienne à partir des romans de Thomas Hardy. Pierre Nora estime que le livre est assez avancé pour le publier, complété par quatre de ses articles et d'une présentation de son itinéraire par deux ethnologues qui ont travaillé avec elle, Daniel et Claudine Fabre[35].

Ce couple, qui s'inscrit dans la filiation du travail ouvert par Yvonne Verdier, est ensuite sollicité par Pierre Nora qui demandera à Daniel Fabre une contribution aux *Lieux de mémoire* sur les chansons et les proverbes. Quant à son épouse, Claudine Fabre-Vassas, elle publie dans la «Bibliothèque des sciences humaines» sa thèse qui porte sur l'analyse des pratiques culinaires et carnavalesques dans le sud-ouest de la France, concentrant ses observations sur les attitudes populaires vis-à-vis du cochon[36].

Pierre Nora aura aussi publié l'anthropologue Philippe Descola qui avait été édité, sur les conseils de Lévi-Strauss, par Jean Malaurie dans sa collection «Terre humaine» chez Plon. C'est un bon représentant de la nouvelle génération qui atteste la fécondité des voies ouvertes par Claude Lévi-Strauss, mais en les situant dans une perspective nouvelle. Dans sa thèse soutenue en 1983, Philippe Descola explore le symbolisme et la pratique dans l'écologie d'un groupe Jivaro d'Amazonie équatorienne, les Achuars, dont il étudie les diverses formes de socialisation de la nature. Sa perspective reprend le projet de Lévi-Strauss de dépasser la coupure nature/culture, réel/symbolique, mythologie/technologie. Dans cette anthropologie comparative des formes de socialisation et des systèmes de représentation de la nature, Philippe Descola déplace cependant le point de vue de Lévi-Strauss. En effet, l'analyse de la société concrète Jivaro laisse apparaître que les distinctions utilisées par cette population passent par des canaux très différents, et ne s'organisent pas systématiquement autour du distinguo entre les hommes d'un côté et la nature de l'autre. Il replace donc la nature au centre de l'analyse, alors que chez Lévi-Strauss elle n'occupait qu'un rôle accessoire de répertoire, de lexique d'objets naturels dans lequel pouvaient puiser à loisir les groupes humains pour y sélectionner un nombre limité d'éléments signifiants. Élu au Collège de France en 2000, Philippe Descola soumet en 2004 à Pierre Nora une somme sur les rapports de la culture et de la nature, et ce dernier perçoit tout de suite qu'elle engage l'anthropologie dans une direction nouvelle et prometteuse : «Descola repose à neuf le problème classique des rapports culture/nature[37].» L'ouvrage paraît en 2005[38], ranimant quelque peu une discipline que certains croyaient moribonde.

Quelques francs-tireurs

En dépit du caractère apparemment académique de la maison Gallimard et de ses collections prestigieuses, dont on pourrait facilement penser qu'elles ne font que consacrer des notoriétés acquises ailleurs, rien ne suscite davantage la passion éditoriale chez Pierre Nora que la proposition originale émanant d'un franc-tireur marginal par rapport aux institutions, d'un non-conformiste qui bouscule le prêt-à-penser à partir d'une multicompétence dans divers domaines du savoir.

C'est cette prédisposition qui a suscité un certain nombre de publications comme celles de Dany-Robert Dufour dont le parcours est atypique et traverse les frontières disciplinaires[39]. Ainsi Marcel Gauchet demande à Dany-Robert Dufour, auteur d'un premier ouvrage, *Le Bégaiement des maîtres*[40], qui est pour l'essentiel une virulente critique des thèses structuralistes et de leur binarisme, s'il considère que les intellectuels sont condamnés à bégayer éternellement, et comme il commençait à travailler sur la forme trinitaire, il se lance dans une vaste étude visant à démontrer que nous ne sommes pas condamnés au bégaiement pour autant que nous accédions au mystère de la Trinité. Ce travail sur la figure ternaire séduit Pierre Nora par son originalité : « Une bonne surprise : un livre original de pensée et bien écrit, d'un auteur jeune et qui a probablement de l'avenir... Ce livre n'est pas d'un farceur, mais d'un esprit rompu à la logique contemporaine et pourvu d'une forte et vaste culture classique. Son intérêt et son originalité profonde est, à mon sens, d'être un des premiers livres de moi connu qui est passé par l'acquis des années 1960 en philosophie, psychanalyse, ethnologie, logique formelle, pour revenir aux grandes questions de la philosophie classique. En ce sens il illustre une génération intellectuelle neuve[41]. » Son ouvrage paraîtra en 1990[42].

Il arrive même, c'est rare, que des manuscrits parvenus par la poste entrent dans la prestigieuse « Bibliothèque des sciences humaines ». L'assistante de Pierre Nora, Denise Laroutis, reçoit un jour de 2001 un coup de téléphone d'un certain Christian Morel, inconnu au bataillon, qui se met à lui raconter son manuscrit sur *Les Décisions absurdes*[43]. À partir de plusieurs exemples concrets, il décrit comment notre société s'obstine à prendre des décisions absurdes qui sont en général sources de catastrophes, provoquant la collision de bateaux, des crashs d'avions, des explosions de navettes spatiales ou des erreurs de jugement politique comme la crise de la baie des Cochons. Morel montre à quel point cela tient à l'obstination dans le but poursuivi, et que l'on ne se rend compte que dans l'après-coup de l'absurdité des décisions prises. Denise Laroutis, intriguée et séduite par le sujet, lui demande d'envoyer son manuscrit par la poste et le soumet à Pierre Nora : « Pierre, toujours pessimiste, me dit : "Je crains le pire."[44] » Elle réécrit tout le manuscrit avec son auteur qui est par ailleurs DRH de

Renault-Véhicules industriels. Pierre Nora est dubitatif, ce qu'atteste le rapport interne qu'il rédige : « Il s'agit là d'un livre inhabituel dans la littérature sociologique et qui détonnera dans la "Bibliothèque des sciences humaines", mais pourquoi pas ? Le sujet est bizarre mais en définitive intelligent et amusant... Les exemples donnés sont tout à fait remarquables, souvent étonnants. On se prend au jeu qui mène en définitive assez loin. Si bien que, en dépit de son caractère un peu bizarre, cette expérience me paraît valoir la peine d'être tentée[45]. »

On sent bien par le ton adopté que Pierre Nora n'a été qu'à demi convaincu par Denise Laroutis et reste réticent. Pourtant, ce livre atteindra un score de ventes totalement imprévisible : « C'est le livre qui a le mieux marché de la collection et qui m'a valu de la part du chef de fabrication : "Cela redore votre blason !"*[46] » Il suscite de nombreuses conférences devant des auditoires peu habituels pour des publications Gallimard comme celui des cadres dirigeants du groupe Pinault, Printemps, La Redoute, et il reçoit le prix Adrien Duvand décerné par l'Académie des sciences morales et politiques.

La relance par l'histoire contemporaine

Pierre Nora a hérité en 1965 d'une vieille collection d'ouvrages d'histoire qui a été lancée pendant la Seconde Guerre mondiale, « La suite des temps ». Personne dans la maison ne s'en occupait vraiment, si bien que les publications manquaient de cohérence, juxtaposant des ouvrages qui feront date comme les livres d'Édouard Perroy[47] ou de Georges Duveau[48] ou encore la somme de Daniel Guérin sur la Révolution française[49], et d'autres publications vite retombées dans l'oubli comme celles de Léon Lemonnier**.

Dans la mesure où Pierre Nora lance en 1966 la « Bibliothèque des sciences humaines », il ne dispose pas encore de collection proprement historique jusqu'en 1971, date de la création de la « Bibliothèque des histoires ». Lorsqu'un projet de manuscrit d'ordre historique retient

* En effet, le livre paru en 2002 sera vendu à 22331 exemplaires jusqu'en septembre 2006 et, passé en poche, coll. « Folio », en octobre 2004, vendu à 10184 exemplaires jusqu'en septembre 2006.

** Léon Lemonnier, *La Guerre de Sécession*, Gallimard, 1943 ; *La Ruée vers l'or en Californie*, Gallimard, 1944 ; *Les Mormons*, Gallimard, 1948 ; *La Formation des États-Unis*, Gallimard, 1948 ; *La Guerre indienne*, Gallimard, 1952.

son attention, il le propose pour «La suite des temps» qui a le mérite d'exister, et qui est ainsi relancée.

Il publie ainsi en 1967 un grand classique avec le livre de Ronald Syme[50] paru en 1939, et toujours pas traduit en français. Pierre Nora avait rencontré, par l'entremise de Jean d'Ormesson, cet éminent spécialiste de la Rome antique, professeur d'histoire ancienne à Oxford. Il publie aussi, la même année, l'ouvrage de Normann Cohn sur le protocole des Sages de Sion[51]. Ce livre avait été commandé en fait à son auteur en 1963 pour la nouvelle collection «Archives» chez Julliard. Mais Normann Cohn avait demandé à Pierre Nora de pouvoir faire un ouvrage plus long. Les délais de publication ont donc dû être repoussés. L'ouvrage paru entre-temps en anglais ne correspondait plus du tout au cahier des charges de la collection «Archives», et il était bien dans l'intention de Pierre Nora de publier l'ouvrage chez Gallimard. Il décide donc de faire transférer le contrat de Julliard chez Gallimard et précise à Claude Gallimard avec humour : «C'est un beau cadeau du directeur d'"Archives" au directeur de "La suite des temps" !!![52]» Pierre Nora, qui suit de très près l'auteur de ce projet depuis 1963, en attend beaucoup au moment de sa publication en 1967. Mais l'ouvrage paraît en pleine guerre des Six Jours, et les médias sont alors uniquement concentrés sur le conflit israélo-arabe. Le livre de Cohn en pâtit, et Pierre Nora écrit à son ami Léon Poliakov qui a traduit l'ouvrage : «Je suis assez déçu de l'accueil réservé au Cohn. Rien dans la presse ! J'ai beau m'agiter[53]...» Il est même décidé à ne plus rien faire jusqu'à la rentrée de l'automne 1967 et à relancer le livre comme s'il venait de sortir. En définitive, le livre de Cohn trouvera son public et passera en poche en 1991, repris en collection «Folio» par Éric Vigne.

Pierre Nora publie aussi en 1967 l'ouvrage d'Angelo Tasca sur les débuts du fascisme italien[54]. Il est particulièrement enthousiaste : «Nous attendrons longtemps qu'un auteur nous apporte un manuscrit de ce calibre. Il n'y a pas d'équivalent sur le sujet[55].» L'ouvrage deviendra un classique, et il sera repris en poche, collection «Tel» en 2004.

En cette année 1967, beaucoup regardent du côté du Grand Timonier, de la révolution culturelle chinoise. Pierre Nora publie de son côté une critique de gauche de la révolution chinoise, traduite par son ami situationniste René Viénet, l'ouvrage de Harold R. Issacs[56], qui a été interdit de séjour en Chine populaire pour trotskisme depuis la victoire de Mao en 1949. Dans ce livre, il fait pour l'essentiel le récit de la première révolution de Canton qui s'est déroulée entre 1925 et

1927, et qui fut la source d'inspiration de *La Condition humaine* de Malraux.

À propos du monde communiste, Maurice Nadeau communique à Pierre Nora l'ouvrage de Leonard Schapiro sur l'histoire du parti communiste de l'Union soviétique qu'il édite aussi en 1967[57]. L'auteur, né à Glasgow en 1905, a vécu en Russie jusqu'en 1920, date à laquelle il revient en Angleterre où il devient avocat à Londres jusqu'en 1955, puis professeur à la London School of Economics and Political Science, spécialiste des questions soviétiques.

Sur les intellectuels communistes français cette fois, Pierre Nora publie un ouvrage qui va faire des vagues et qui a failli lui coûter sa place chez Gallimard, le livre de l'historien anglais David Caute[58]. Pierre Nora avait déjà pris une option sur ce livre lorsqu'il était chez Julliard, et il en assure le transfert chez Gallimard. Lorsque le livre paraît, Pierre Nora est en négociation avec Einaudi en Italie, et lorsqu'il est de retour rue Sébastien-Bottin, il se trouve plongé dans une atmosphère calamiteuse de désastre : « Claude vous attend, cela ne va pas du tout, c'est effrayant », lui dit-on. Louis Aragon n'avait pas supporté le chapitre le concernant et était allé voir Claude Gallimard pour lui dire qu'il ne pouvait rester un jour de plus dans cette maison qui l'insultait, demandant réparation, et sommant Claude Gallimard de choisir entre lui et Pierre Nora : « Claude était évidemment très ennuyé, d'autant que je ne l'avais pas prévenu. Pendant trois jours, j'étais presque vidé, et la crise s'est soldée par la publication d'un livre sur Elsa Triolet pour la collection "Les écrivains de toujours"[59]. »

Au total, on ne peut pas dire que cette collection ait acquis une vraie visibilité dans le paysage éditorial. Il y aura bien encore quelques publications égrenées au fil des années 1970, comme les livres d'Ivan Morris sur la vie de cour dans l'ancien Japon[60], d'Oppenheim sur la Mésopotamie[61], ou encore d'Alastair Hamilton sur le fascisme[62], mais pour l'essentiel la collection tombe en désuétude, et tout l'effort éditorial de Pierre Nora en matière d'ouvrages d'histoire se porte sur la nouvelle « Bibliothèque des histoires » lancée en 1971 avec le succès que l'on sait.

Jusqu'en 1990, « La suite des temps » n'existe donc plus vraiment que sur le papier. Avec l'édition des volumineux ouvrages de Jean-Louis Crémieux-Brillac, Pierre Nora décide de la réanimer en lui donnant un vrai projet intellectuel, une véritable cohérence et une assise plus solide. Il prend la mesure du renouveau d'intérêt pour la période contemporaine quelque peu délaissée jusque-là au profit du Moyen

Âge et de l'époque moderne. Il constate que Le Seuil et les éditions des Sciences politiques répondent bien à ce regain d'intérêt et se dit que la collection «La suite des temps» peut devenir la terre d'accueil pour ce type de travaux qui font revivre le XXe siècle.

En novembre 1988, Jean-Louis Crémieux-Brilhac va voir Pierre Nora chez Gallimard avec sous le bras un énorme manuscrit de trois volumes de 250 pages chacun, un total de trois millions de signes sur la France en 1940 et la «drôle de guerre». L'ouvrage qu'il vient d'écrire, y ayant consacré sa retraite, se décompose en trois volets : la bataille de l'opinion, la bataille de la production et la bataille militaire. L'auteur n'est pas un historien de métier, mais un haut fonctionnaire, conseiller d'État, ancien collaborateur de Pierre Mendès France. Pierre Nora, qui a en tête le petit et excellent ouvrage sur cette période écrit sur le vif par Marc Bloch[63], est tout de suite intéressé par le sujet – d'autant qu'il n'existe pas d'étude systématique sur archives sur ce moment énigmatique d'effondrement –, convaincu que ce traumatisme va remonter à la surface après avoir été balayé par le mythe résistancialiste véhiculé par le gaullisme.

Dans le même temps, Jean-Louis Crémieux-Brilhac donne son manuscrit au Seuil où Michel Winock, alerté par Jean-Pierre Azéma, se dit prêt à signer tout de suite un contrat pour la collection «L'univers historique». Dans un premier temps, Pierre Nora ne voit pas bien dans quel cadre l'éditer chez Gallimard et présente comme un pis-aller une publication dans ce qui est devenu une collection en déshérence, cette collection «La suite des temps» qui fait figure de sous-collection, et «Crémieux-Brilhac a eu ce *fair play* extraordinaire de me dire que le livre était pour moi car j'avais été le premier à le voir, alors que pour lui c'était un enjeu très fort, son premier livre[64]».

Le succès de ce livre permet de relancer la collection[65]. Il reçoit le prix de l'Assemblée nationale en mai 1990, et l'auteur passe dans l'émission de télévision dont l'évocation du simple nom renvoie alors à la consécration absolue, celle de Bernard Pivot, *Apostrophes*. L'auteur prépare ensuite un gros ouvrage sur la France libre dans la perspective du cinquantenaire de la Libération, en 1995. Il exhume des archives qu'on lui ouvre à titre personnel. Crémieux-Brilhac y retrace l'histoire de la France libre qu'il a rejointe alors que, jeune appelé de vingt ans, il avait été fait prisonnier et envoyé en Poméranie d'où il s'était évadé. Auprès du général de Gaulle, à Londres, il devient secrétaire du comité de propagande de la France libre. L'ouvrage paraît un peu plus tard que prévu, et manque la date commémorative, mais il trouve aussi son public[66].

Pierre Nora entend bien confirmer ces premiers succès pour asseoir la notoriété de « La suite des temps » en histoire contemporaine et la sortir de sa phase léthargique. L'occasion lui en est donnée avec la préparation de la célébration du centenaire de la naissance de Jean Moulin en 1999. Il se trouve que Daniel Cordier, le secrétaire de Jean Moulin de 1942 à sa mort en juin 1943, était en contrat avec Gallimard pour ses Mémoires. Il est alors en train de réaliser une immense biographie de Jean Moulin dont les trois premiers volumes, sur les sept prévus, sont déjà publiés chez Jean-Claude Lattès[67]. Pierre Nora voit là l'opportunité d'un grand succès. Gallimard ayant racheté à Lattès les droits sur les ouvrages de Daniel Cordier, il lui demande d'actualiser les 300 premières pages de son *Inconnu du Panthéon* pour une biographie en un seul volume qui serait éditée par Gallimard.

Daniel Cordier accepte une publication nouvelle, mais à condition qu'on lui mette à disposition une collaboratrice rémunérée par Gallimard. Pierre Nora, sûr du succès de l'opération, accepte ces conditions peu habituelles, d'autant que Jean Moulin était récemment redevenu d'actualité avec les mises en cause de Thierry Wolton qui dénonçait en lui l'œil de Moscou[68]. Pierre Vidal-Naquet avait déjà répondu vertement et savamment à ce soupçon, s'appuyant d'ailleurs beaucoup sur l'énorme publication de Daniel Cordier pour en démontrer l'inanité[69]. Pierre Nora propose à une des étudiantes qui suit son séminaire à l'EHESS, et qui est en même temps inscrite à Sciences-Po, la jeune historienne Bénédicte Vergez-Chaignon, d'aider Daniel Cordier à préparer son nouveau livre sur Jean Moulin. Elle y travaillera pendant deux ans et passera le relais à l'éditrice Denise Laroutis. L'ouvrage paraît en 1999 sous la forme d'une énorme somme de 1 000 pages dans « La suite des temps »[70]. Même si le livre n'est pas le succès commercial espéré, il fait événement ; on en parle, la presse est abondante en cette année de célébration qu'est 1999 et l'ouvrage reçoit le prix Philippe Viannay-Défense de la France décerné par un jury présidé par René Rémond. La politique de renouveau de la collection « La suite des temps » commence à porter ses fruits.

Les grands dossiers du tragique XXe siècle, avec leurs moments traumatiques, vont devenir la spécialité de la collection. Parmi eux, la guerre d'Algérie et l'usage de la torture. Sur ce thème longtemps occulté, une thèse est en préparation sous la direction de Jean-François Sirinelli, celle de Raphaëlle Branche qui va voir Pierre Nora de la part de Jean-Loup Champion. Elle a pu consulter librement les archives lorsque ces dernières ont commencé à s'ouvrir aux chercheurs. Pierre Nora est bien conscient de l'importance du sujet, de la qualité de la doctorante, même si sa thèse n'est pas encore soutenue. Il opte pour la signature d'un contrat avant soutenance avec l'intention de publier l'ouvrage dans « La suite des temps ». La soutenance de thèse revêt un retentissement exceptionnel. Il est en effet rare qu'une soutenance donne lieu à un article dans *Le Monde*. Or c'est le cas, dans la mesure où la démonstration de Raphaëlle Branche atteste, sur la base des archives, l'usage quotidien, et non pas marginal, de la torture. En novembre 2000, avant la soutenance, Pierre Nora redit à Raphaëlle Branche tout l'intérêt qu'il accorde à son prochain ouvrage, d'autant que *Le Monde* vient de publier le 23 novembre un article dans lequel les généraux Aussaresses et Massu font l'aveu d'avoir pratiqué la torture[71].

Ce retour du refoulé suscite un grand émoi national : « L'explosion de votre sujet dans l'actualité donne à votre thèse une dimension supplémentaire. Elle va nous mettre, j'en suis sûr, au centre d'un mouvement de recherche qui s'esquisse sur toute la guerre d'Algérie. [...] Sachez en tous les cas que je vois bien les recadrages qui seraient à faire, les réajustements nécessaires pour transformer cette belle thèse en un beau livre[72]. »

Bénédicte Vergez-Chaignon, qui a travaillé pour Cordier et occasionnellement pour Gallimard, est chargée de suivre le manuscrit de Raphaëlle Branche. Elle assiste à la soutenance avec l'idée de tenir compte des remarques du jury pour la préparation du manuscrit. Or, quelle n'est pas sa stupeur lorsque, se rendant au lieu de soutenance, déjà difficilement accessible tant il y a de monde, chose aussi inhabituelle pour une thèse, elle rencontre Michel Winock qui lui dit : « Que faites-vous là ? », étonné de la voir s'intéresser à la guerre d'Algérie, alors qu'elle est spécialiste de la Seconde Guerre mondiale. Bénédicte Vergez-Chaignon lui répond innocemment qu'elle est chargée de l'édition du manuscrit pour Pierre Nora : « Michel Winock me rétorque : “Comment cela ? Raphaëlle Branche m'a promis ce manuscrit !”[73] » Il s'avère qu'une promesse similaire avait été faite à Anthony Rowley chez Perrin. Or le contrat avait bel et bien été signé le 4 septembre 2000 avec Gallimard.

Puis, il y eut une petite bataille interne, car Raphaëlle Branche voulait que sa thèse paraisse dans la « Bibliothèque des histoires », mais Pierre Nora est resté inébranlable dans son intention de la publier dans « La suite des temps », ce qui correspondait tout à fait à ce qu'était en train de devenir cette collection. Cet ouvrage, convoité par tous les éditeurs, promettait d'être plus qu'un beau succès, un best-seller. Le harcèlement médiatique commence dès avant la sortie : plateaux télé, commandes de bonnes feuilles, dossiers, articles en une, pour préparer la sortie en librairie du 10 septembre 2001. Or, le 11 Septembre a effacé le 10 et ce qui était programmé comme un événement médiatique majeur s'est retrouvé presque annulé par l'événement monstre de l'attentat contre les *Twin Towers*. L'ouvrage n'en a pas moins obtenu une presse abondante et remporté un succès commercial, même si Al-Qaida avait évidemment supplanté dans l'intérêt du public la question de la torture en Algérie.

Les autres publications de la collection en reviennent à la période de la Seconde Guerre mondiale. D'abord avec la thèse de Denis Peschanski portant sur les camps d'internement en France entre le décret du 12 novembre 1938 qui a permis d'interner les « indésirables étrangers » et la libération du dernier interné en 1946. Entre ces deux dates, ce sont 600 000 personnes qui ont été enfermées dans les camps français. Le contrat passé avec Denis Peschanski datait de 1992, mais comme il s'agissait d'une thèse d'État ancien régime, il avait un devoir d'exhaustivité qui l'a retardé. Pour accélérer les choses, il soumet le manuscrit pléthorique avant la soutenance. Bénédicte Vergez-Chaignon prend en charge le suivi du manuscrit avec pour consigne de le dégraisser, ce dont convient Denis Peschanski, et l'ouvrage peut ainsi paraître en 2002[74].

À son tour Bénédicte Vergez-Chaignon, après avoir beaucoup travaillé pour la collection, publie elle-même en 2006 un ouvrage sur l'épuration des Vichyssois[75]. Elle ajoutera rapidement une seconde publication en reprenant un projet de recherche sur « Ces Messieurs de Fresnes. Détention et parole des épurés. 1945-1946 » qui était un essai autour des archives de Bernard Ménétrel, médecin et secrétaire particulier de Pétain, sur la détention à Fresnes d'hommes de Vichy et de la collaboration, la préparation de la défense et de la réhabilitation de Pétain et les prémices d'une mémoire des épurés : « Pierre Nora m'a dit : ce n'est pas juste car vous n'en tirez aucun bénéfice. Je vous fais un contrat pour ce livre[76]. » C'est Ran Halévi qui va suivre son manuscrit, mais Pierre Nora trouvera le titre, récusant celui proposé par l'auteur qui était « Le salon des épurés ». Il l'a trouvé drôle mais pas assez explicite*.

* Le livre de Bénédicte Vergez-Chaignon paraîtra sous le titre *Vichy en prison : les épurés à Fresnes après la Libération*, Gallimard, 2006.

Cette seconde relance à partir de 1990 a été un succès, mais selon Bénédicte Vergez-Chaignon, qui s'est beaucoup impliquée dans ce moment, ce n'est pas pour Pierre Nora une de ses priorités : « J'ai tendance à penser qu'il a fait ces publications parce qu'elles avaient un intérêt historique évident, mais ce n'est pas sa tasse de thé. Lui-même ne s'est pas beaucoup impliqué dans l'élaboration de ces livres[77]. »

23

Plus Gallimard que les Gallimard

Le défi relevé par Pierre Nora, qui a donné suite à la proposition de Claude Gallimard d'animer tout le secteur non-fiction dans la maison, a été à la fois exaltant et redoutable car toute la tradition de cette maison d'édition était enracinée dans les publications littéraires, symbolisées par la prestigieuse collection «Blanche». Comment Pierre Nora, «Monsieur-Notes-de-bas-de-page», comme l'apostropha avec arrogance Louis Aragon, est-il parvenu à conquérir la légitimité du secteur dont il a eu la charge? Il lui aura fallu un sérieux mélange de persévérance et de sens diplomatique pour réussir cette entreprise qui semblait au départ une gageure. Non seulement la greffe a pris, et avec elle une bonne part de l'identité des éditions Gallimard se fonde désormais sur les sciences humaines, mais Pierre Nora a su incarner tout au long de son magistère l'esprit maison jusqu'à l'extrême, au point que lors de la remise de son épée d'académicien le 4 juin 2002, Antoine Gallimard, rappelant comment Pierre Nora avait réussi à retenir Michel Foucault de se séparer de la maison, lui avait dit alors : «Pierre. Vous êtes plus Gallimard que les Gallimard[1].»

Pierre Nora aura en effet porté au plus haut les couleurs de la maison, avec fermeté, exigence et courtoisie. La chose est entendue aujourd'hui et paraît évidente. Elle ne l'était nullement au milieu des années 1960 lorsqu'il entre dans une maison dont l'identité se construit en rupture avec la culture universitaire, fermement attachée au sacre de l'écrivain, et résistant à l'ascension du magistère professoral. L'équation personnelle que porte Pierre Nora, sa position ambivalente et transversale entre son état d'universitaire et sa passion littéraire, a fait de lui l'homme de la réconciliation possible des deux cultures. Claude Gallimard l'a bien compris, et c'est ainsi que d'un Gallimard l'autre, de Claude à son fils Antoine, Pierre Nora a pu bénéficier d'une réelle autonomie au sein de la maison. Il aura ainsi réussi le décloisonnement du domaine universitaire, lui faisant gagner un nouveau public, et offrant au fonds Gallimard quelque sept cents titres nouveaux. Dès son arrivée au milieu des années 1960, Pierre Nora est donc « le jeune homme de la situation[2] ».

Le mythique comité de lecture

La maison est avant tout familiale, ce qui fonde une de ses singularités en des temps plutôt favorables aux sociétés anonymes. Elle est restée cantonnée au domaine du livre à l'heure de la multifonction. Dirigée de main de maître par Gaston Gallimard, ce dernier s'est progressivement entouré d'un prestigieux comité de lecture qui assurait à ses côtés le rôle de conseiller du prince, et c'est toujours un honneur insigne d'en être. Lorsque Pierre Nora fait ses débuts dans la maison, il n'a pas vraiment l'intention d'y rentrer, mais Claude Gallimard l'y invite. Il doit ainsi rejoindre les éminents écrivains composant le comité qui se réunit tous les mardis après-midi : Raymond Queneau, Claude Roy, Michel Mohrt, Roger Caillois, Michel Deguy, Louis-René Des Forêts, Jean Grosjean, Georges Lambrichs, Jean Blanzat, et une seule femme, Dominique Aury... Jusqu'en 1968, le comité de lecture siège sans table. Chacun prend place sur un confortable fauteuil, pose ses liasses de feuillets sur ses genoux, et attend sagement que s'installe en face du petit cénacle d'élus le triumvirat qui tient les décisions en main, composé de Gaston, son fils Claude et son neveu Robert, bénéficiant lui d'un bureau directorial. Robert Gallimard est en effet depuis 1948 le responsable des services littéraires, chargé de centraliser et de répartir les manuscrits entre les divers services de la maison. Il lui arrive d'ailleurs un jour de faire une faute d'aiguillage, induit en erreur par le titre d'un manuscrit, *Les Régions céréalières*. Pensant avoir affaire à une étude de sciences humaines, il la communique à Pierre Nora : « Il a fait un compte rendu remarquable, estimant qu'il s'agissait là d'un vrai romancier[3]. » Effectivement, la maison publiera l'ouvrage en 1976 et trois titres du même auteur – J. Lovay – suivront.

Dans une atmosphère quelque peu compassée, chacun s'exprime, défend son point de vue, mais le directoire se garde bien de communiquer sa décision d'édition ou non. Sans table, chacun est enfoncé dans son fauteuil. Il peut arriver que certains s'y assoupissent comme un jour Marcel Arland qui, après un repas un peu arrosé, s'endort tout tranquillement mais si profondément qu'il glisse en bas de son fauteuil club avec ses manuscrits qui s'étalent par terre : « Gaston a dit : "Il dort, partons tout doucement. Ce serait effroyable pour lui s'il se réveillait au milieu de nous tous." On a quitté ainsi le bureau ovale sur la pointe des pieds[4]. »

Un des effets de Mai 68 aura été de donner davantage de transparence aux décisions prises et de rapprocher par une longue table ovale la petite assemblée de sa direction. Cet aréopage prestigieux n'est pourtant pas le cœur du réacteur de la machine éditoriale. Il incarne un rituel, comme le décrit avec humour Michel Deguy : « Longtemps je me suis hâté de bonne heure, l'après-midi du mardi, vers la rue Sébastien-Bottin, longtemps j'ai appartenu à un cénacle prestigieux, d'autant mieux fermé qu'incertaine était la nomenclature de ses conjurés... à un cercle plus important que sa circonférence[5]. » L'essentiel se joue ailleurs, dans les relations directes entre les responsables de collection et Claude Gallimard, par des notes internes, et non par les manuscrits évalués par le comité de lecture dont l'essentiel de l'activité réside dans l'examen des manuscrits arrivés par la poste et qui échappent donc aux innombrables réseaux de recommandations : « Je n'ai pas souvenir d'un livre important dont le manuscrit m'aurait été transmis par le comité[6]. » Très conscient de cet état de fait, Pierre Nora n'avait d'ailleurs pas pris très au sérieux sa première fiche de lecture pour le comité, expédiant le manuscrit à évaluer provenant d'un philosophe par quelques phrases ironiques. Le secrétariat général lui a alors fait savoir qu'il convenait de résumer le propos du manuscrit et lui a donné pour exemple deux fiches de lecture écrites par « Albert Camus, prix Nobel, d'une page et demie ![7] ».

La disparition du père fondateur, Gaston Gallimard, en décembre 1975, plonge la maison dans la nuit du deuil que la réserve en usage interdit d'exprimer : « L'ordre règne, le roi est mort, ce n'était qu'un lointain fondateur, timide conquérant d'une très modeste province, le roi est mort, vive l'empereur ! Il serait indécent d'avoir de la peine, plus encore de la dire ou de la montrer. Pourtant j'ai de la peine. Parce qu'il était l'homme d'une fidélité et de tous les abandons, égoïste, rusé, injuste lorsque cela l'arrangeait, mais toujours lucide, aimant la vie, les femmes, le talent, courtois comme on ne sait plus l'être avec autant de naturel[8]. »

Pour jouer un rôle dans la maison, il faut être de ce comité de lecture, respecter le rituel, et en même temps savoir que l'essentiel ne se joue pas là, ce que Pierre Nora rappelle parfois à Michel Deguy : « En être soustrait, cela *veut*, donc, *dire* quelque chose, que vous le vouliez ou non. Bien entendu *ça n'a aucune importance*, comme toute chose. Et soulignant ce point pour me rappeler à une mesure qu'il affectait de croire que j'avais perdue, Pierre Nora, ce matin-là où nous en parlions rue du Bac, devant L'Escurial – "que ce soit toi ou moi, qui s'en soucie ?" comme si j'avais perdu le sens de cette banalité, et m'oubliais jusqu'à *me* croire de quelque importance[9]. »

Le faible poids du comité de lecture est compensé par un surcroît de rituel qui est immuable jusqu'au cérémonial de l'arrivée des participants à la réunion du mardi. Françoise Verny qui l'intègre en janvier 1983 l'apprend à ses dépens quand elle commet l'impair de se rendre avec Françoise Mallet-Joris directement dans la grande salle de réunion du premier étage sans passer par la case départ, c'est-à-dire le bureau d'Odette Laigle, car seul Claude Gallimard a alors le droit de rentrer par la grande porte qui donne sur le couloir : « Odette Laigle, grande prêtresse tolérante, nous pardonne ce manquement aux usages – nous ne sommes que des novices – et nous assigne nos places pour l'éternité*[10]. »

Seuls les manuscrits littéraires sont débattus au sein du comité, ce qui donne lieu à quelques passes d'armes épiques comme lorsque Paulhan prend la parole avec son accent prononcé du Sud-Ouest pour dire : « Je viens de lire un manuscrit d'un poète. C'est un disciple de Raymond Queneau, c'est très mauvais. Queneau était présent à la réunion[11]. »

La montée en puissance du service Nora dans la maison accompagne l'importance croissante que prennent les sciences humaines et l'histoire. Cela suscite parfois quelque irritation, comme c'est le cas chez son confrère Michel Deguy qui, ancien khâgneux comme Pierre Nora, a échoué à entrer rue d'Ulm et a choisi, contrairement à Pierre Nora, la voie de la philosophie. Il considère avec une certaine amertume le primat accordé à l'histoire aux dépens de la philosophie qui serait tournée en dérision et dénoncée pour son arrogance : « Je me rappelle un bon dîner à Senonches chez François Furet qui avait tourné au sarcasme anti-Nietzsche, et à l'éloge exclusif de Burckhardt[12]. »

---

* En 1983 le comité de lecture est composé de Odette Laigle, Michel Tournier, Roger Grenier, Michel Mohrt, Pascal Quignard, Florence Delay, Claude Roy, Michel Deguy, Jean-Bertrand Pontalis, Pierre Nora, Claude, Robert, Christian et Antoine Gallimard, Jean-Louis Jacques, Dominique Aury, Georges Lambrichs, J.-.M.G. Le Clézio et Jean Grosjean.

Pourtant proche de Pierre Nora, Michel Deguy va se heurter à lui justement à propos de la part à faire au discours philosophique dans la maison. Depuis longtemps Michel Deguy espère que son ami Jacques Derrida puisse devenir un auteur chez Gallimard. L'opportunité semble se présenter lorsqu'en 1986 Jacques Derrida confie un projet destiné à Gallimard qui passe par Michel Deguy. Il est question de l'ensemble des discours prononcés par Derrida sur les campus américains pour défendre la mémoire de Paul de Man, et à cette occasion Jacques Derrida retrace la généalogie de son concept majeur de déconstruction : «Je téléphone à Pierre – et longuement puisqu'il me refuse un entretien ad hoc. Je savais qu'en deuxième lecture il nous fallait son soutien, et, quasi, sa décision[13].» Certes, Michel Deguy sait bien que Pierre Nora, qui a été sur les bancs de sa khâgne un compagnon de Jacques Derrida, n'est pas pour autant un zélateur de la déconstruction derridienne, qu'il a toujours affirmé ne vouloir publier que ce qu'il comprend. Mais il espère le convaincre en lui faisant valoir l'ampleur de la renommée du philosophe français, unanimement salué à l'étranger même si ce rayonnement lui vaut une montée en puissance de ses adversaires dans l'Hexagone, et qu'il est temps que sa valeur exceptionnelle soit enfin reconnue par la maison Gallimard : «Pierre refusa de s'intéresser au projet, et conclut en m'avisant que j'avais à "me débrouiller seul". Il arrive ce qui devait arriver : le manuscrit fut confié en dernière lecture... à un lecteur riche en mérites, certes, mais à peu près aussi doué pour comprendre un texte et un enjeu philosophique que moi pour un manuel de jardinage ou la pratique du turf. "Derrida ?" Refusé[14].» Ce rejet de Derrida est significatif des limites que se donne Pierre Nora qui se tient résolument en lisière du continent philosophique depuis l'expérience douloureuse de ses échecs à l'ENS. Sans incriminer nullement sa responsabilité car ce n'était pas son domaine, Antoine Gallimard regrette que la maison soit passée à côté de Derrida : «J'aurais bien publié Derrida, je l'ai regretté. C'était une erreur. J'aurais été en responsabilité à ce moment-là, cela ne serait pas arrivé[15].»

Les interventions de Pierre Nora au sein du comité de lecture ont été variables en fonction de la période. Dans un premier temps, à l'époque où Claude Gallimard était aux commandes, Pierre Nora intervenait régulièrement à propos des ouvrages qu'il publiait jusqu'à ce que manifestement Claude Gallimard, pendant la période de tension entre eux deux, prenne ostensiblement à chacune de ses prises de parole son carnet, se livrant à d'autres activités. De plus, une petite altercation ayant eu lieu entre Pierre Nora et Raymond Queneau, ce dernier ayant voulu publier dans la «Bibliothèque des idées» un livre que Pierre Nora considérait comme mauvais, Claude Gallimard a fini par dissuader Pierre Nora d'intervenir : «Il a fini par me dire : "Vous savez, cela n'intéresse personne ce que vous dites, donc faites-moi des notes directes."[16]» À compter de ce moment, Pierre Nora participe au comité en restant silencieux jusqu'à ce que des membres de celui-ci tel Louis-René Des Forêts lui signifient que le déroulement du comité est devenu sinistre et l'enjoignent d'y participer de nouveau activement. Depuis, il a repris ses interventions régulières pour annoncer les publications de son service et évoquer quelques cas de conscience.

Depuis la fin des années 1980, Philippe Sollers siège dans le prestigieux comité de lecture : «Je suis arrivé ici avec une petite camionnette bourrée de dossiers de l'ancienne revue *Tel Quel* en 1982, mais j'ai d'abord été mis en décontamination aux éditions Denoël où j'ai lancé une nouvelle revue, *L'Infini*[17].» Ce n'est qu'en 1988 que Philippe Sollers devient le voisin de Pierre Nora et de Marcel Gauchet au premier étage de la rue Sébastien-Bottin, dans ce qu'il appelle avec humour «la terrasse des cardinaux[18]» où se trouvait autrefois Albert Camus. Mais les interventions de Philippe Sollers au comité de lecture sont minimales et en général humoristiques car pour lui, comme pour tous, l'essentiel se passe ailleurs. Dans le couloir où ils se croisent quotidiennement ou dans le jardin sur lequel donnent leurs bureaux respectifs, Philippe Sollers et Pierre Nora devisent de manière improvisée et avec ironie sur l'état du monde : «Pierre est à la croisée de forts enjeux historiques et politiques, joueur assez discret, il a plusieurs mains. C'est ce qui est intéressant chez lui, c'est un homme multiple. Il est d'une précision sociale extrême et d'un athéisme total. C'est un homme des Lumières, d'où le rire, l'humour, la plaisanterie. Je l'ai ressenti physiquement comme un allié dans une période de déperdition générale par rapport à la destruction massive à laquelle on assiste[19].»

Le couple charnière : le couple Évrard

Le secteur que prend en charge Pierre Nora lorsqu'il arrive chez Gallimard est en pleine expansion. Il lui faut d'urgence s'entourer de collaborateurs de qualité s'il veut réussir son pari. Il va trouver les perles rares avec le couple Évrard, Louis et Nicole, qui seront pour lui sa providence. Le directeur de la revue *Preuves* lui indique l'existence de ce couple remarquable qui travaille près de Nice pour les éditions du Rocher. Louis et Nicole Évrard s'étaient connus au cours d'Henri-Irénée Marrou, tous deux portés vers l'Antiquité gréco-latine. Couple en effet étonnant, Nicole Évrard avait fait un cursus d'histoire de l'art et son époux, Louis, véritable érudit, est parfaitement bilingue en anglais, mais il parle aussi bien l'italien que l'allemand, le yiddish, traduit aussi le grec, le latin, et connaît même le slavon !

Pierre Nora a commencé à travailler avec eux à distance, leur envoyant des manuscrits chez le boucher du village où ils habitaient. Puis, il a réussi à faire créer un double poste chez Gallimard qui a permis au couple de s'installer à Paris. Nicole Évrard est alors devenue la secrétaire de Pierre Nora, occupant le bureau du premier étage, alors que son mari, travailleur de l'ombre tout à fait essentiel, occupe un bureau sous les combles au troisième étage, reclus dans un isolement monacal : « Nicole, par son charme, sa gentillesse, s'est imposée au-dessus de tous les éloges[20]. » Dans le bureau du secrétariat de Pierre Nora, elle régnait en maître de la demeure, gérant le planning, assurant le suivi des auteurs avec la plus grande amabilité et générosité, d'une très grande attention à l'autre. Ainsi, lorsqu'il s'est révélé que Cioran n'était plus couvert par la Sécurité sociale, Nicole Évrard monte un dossier et y met bon ordre : « Elle était capable de faire tout ce qu'il fallait dans les plus brefs délais[21]. »

Quant à Louis Évrard, sa science en a étonné plus d'un et parmi eux des experts de renom. C'est ainsi que lorsque David Landes, dont il traduisait avec Pierre-Emmanuel Dauzat son monumental ouvrage sur le temps[22], entre dans sa cellule monacale, il est sidéré de l'entendre s'adresser à lui... en yiddish. En outre, Louis Évrard est un grand connaisseur en histoire de l'art et dans le domaine de l'histoire de l'Église. Il avait été l'éditeur de Puech et de Jonas sur la gnose. Issu d'une famille protestante, son père était pasteur. Pendant la guerre, il emmenait les enfants juifs de Nice au Chambon-sur-Lignon en Haute-Loire. À la tête d'un réseau, il a pu ainsi sauver soixante-treize d'entre eux.

Pierre-Emmanuel Dauzat fait ses débuts chez Gallimard à vingt ans. À peine sorti de Sciences-Po, il s'était spécialisé dans les traductions de textes d'économistes pour la Documentation française, lorsque Louis Évrard cherche quelqu'un pour la traduction du monument de Schumpeter paru initialement en 1954, *Histoire de l'analyse économique* dont la publication en France va mobiliser un pool de douze traducteurs pour une parution en 1983 en trois volumes : « Je suis entré dans le bureau de Louis Évrard et on a parlé pendant une heure de l'évolution de la notion de capital. Il m'a dit à la fin de cette conversation : "Si cela vous intéresse, vous partez avec ce manuscrit."[23] » Pierre-Emmanuel Dauzat est d'autant plus ravi que Schumpeter est un de ses auteurs de chevet qu'il s'était procuré en langue anglaise, mais il est surtout sidéré par la générosité de Louis Évrard qui l'embauche ainsi sur un chantier si complexe sur la seule foi d'une discussion informelle. Leur entente ne connaîtra pas d'ombres et ils travailleront de concert jusqu'au décès de Louis Évrard, se partageant parfois entre eux certains gros ouvrages de référence comme le livre de Landes sur le temps : « J'ai dû me constituer pour traduire ce livre, moi qui n'avais jamais démonté une montre de ma vie, une vraie bibliothèque sur l'horlogerie et j'avais appris un dictionnaire sur l'horlogerie par cœur[24]. » Pierre Nora a pu s'appuyer sur ce couple Évrard qui faisait en tous points un travail de grande qualité.

C'est le couple Évrard qui sera à l'initiative du recrutement de celle qui sera longtemps l'assistante de Pierre Nora, Denise Laroutis. Elle entre chez Gallimard en 1979 pour *Le Débat* alors qu'elle venait de démissionner de l'Éducation nationale après avoir été professeur d'espagnol : « Nicole Évrard était là, vraie puissance exécutante dans le service, ne sachant trop au départ comment elle allait pouvoir me diriger. Mais Louis a pensé que je pourrai travailler à la préparation de la copie. J'ai accepté, mais je n'y connaissais rien, et c'est Louis qui m'a appris le métier[25]. » C'est aussi par Louis Évrard qu'Hélène Monsacré, aujourd'hui éditrice chez Albin Michel et qui avait lancé la revue *Préfaces*, a travaillé tout un temps pour Gallimard à partir de 1981. En thèse sous la direction de Pierre Vidal-Naquet, elle cherchait alors à gagner sa vie en mettant ses compétences d'antiquisante au service de l'édition.

Outre la gestion quotidienne du secrétariat de Pierre Nora, le suivi des manuscrits, les traductions et même une série de suggestions de contacts avec des auteurs, notamment dans le domaine artistique, le couple Évrard est aussi la cheville ouvrière de la réalisation du *Débat*. Le couple est en effet responsable de la réalisation et du secrétariat de la revue.

Cette idylle s'est cependant interrompue, sans que le fil se casse, grâce au talent de Nicole Évrard qui a sans cesse œuvré pour faire baisser une tension grandissante. Il est certain que la débauche d'activité et d'efficacité dont a fait montre Louis Évrard a dû lui être de plus en plus pénible, car il restait confiné dans le statut d'homme de l'ombre, alors qu'il aurait souhaité accéder à un peu de lumière. Il ne se sentait nullement reconnu, alors qu'il cumulait le savoir d'un vrai savant et une réelle efficacité pratique. Les occasions de brouille se sont accumulées et sont devenues de plus en plus fréquentes et délicates.

Louis Évrard supportait de plus en plus mal le magistère montant de Marcel Gauchet qui avait la responsabilité de la rédaction en chef du *Débat*. Au plan politique, il restait très attaché à ses options trotskisantes anciennes et considérait de manière de plus en plus critique l'évolution libérale de Marcel Gauchet. Par ailleurs, il accordait une priorité absolue à tout ce qui relevait de l'art et de la science par rapport aux exigences des débats politiques. Véritable érudit et grand connaisseur de l'histoire de l'Église, il n'a pas non plus supporté les thèses défendues par Marcel Gauchet. Homme de l'ombre du *Débat*, homme de l'ombre des collections de Pierre Nora chez Gallimard, Louis Évrard décide de ne pas le devenir pour la grande entreprise éditoriale qu'ont été *Les Lieux de mémoire*. Il refuse donc d'en être.

Le premier accrochage sérieux qui va d'ailleurs être décisif et susciter une demi-rupture intervient lorsque Louis Évrard présente à Pierre Nora quelques pages qu'il a traduites de l'ouvrage de Robert Burton, *The Anatomy of Melancholy*. Pierre Nora suggère un gros dossier sur le thème de la mélancolie qui paraît en mars 1984, mais, raconte-t-il : « Louis Évrard m'apporte quarante pages de notes sur six pages traduites ! Au dernier moment, nous arrivent deux pages d'un ministre (Lionel Stoleru) et l'on décide de réduire quelque peu les notes de Louis qui considère que c'est un vrai scandale, un véritable crime, et cela a été le tournant dans nos relations[26]. » À cela s'est ajoutée la suppression des livres-montages auxquels tenait particulièrement Louis Évrard qui décide alors de faire retirer son nom, ainsi que celui de son épouse, de l'ours de la revue. Louis Évrard, grand amateur de musique, aurait aussi souhaité animer personnellement une collection d'ouvrages musicologiques. L'occasion a failli se présenter avec le projet de Pierre Boulez, et Pierre Nora était tout disposé à lui en laisser la responsabilité, mais Claude Gallimard n'était pas de cet avis et la collection en projet n'a jamais vu le jour. Peu après, lorsque Marcel Gauchet publie *Le Désenchantement du monde*, Louis Évrard ne supporte pas qu'il s'aventure dans le domaine du religieux dont il se considère comme le spécialiste. Quand Paul Yonnet a publié ses articles sur « La machine Carpentras » à propos de la profanation du cimetière juif, dénonçant dans *Le Débat*[27] un syndrome d'épuration, la coupe a vraiment débordé, et il a fallu que son épouse Nicole déploie tout son art diplomatique pour le retenir de claquer la porte : « Pendant des semaines entières Pierre Nora et Louis Évrard ne se parlaient plus[28]. » La maladie de Nicole Évrard, qui l'a écartée du service, et la mort brutale en 1995 de Louis Évrard ont été un coup dur pour le service Nora : « Cela a été un gros choc la mort de Louis. Le matin même, il était dans mon bureau et Pierre venait de recevoir sa décoration des Arts et des Lettres deux jours avant[29]. »

Le service Nora

Outre le couple Évrard qui aura été longtemps la cheville ouvrière du travail éditorial de Pierre Nora, ce dernier est entouré par un certain nombre de collaborateurs permanents. Parmi eux, Marie-Claude de Saint-Seine, devenue Mme René Char en 1988, peu avant le décès du poète. Elle entre chez Gallimard à peu près au même moment que Pierre Nora, en 1965, pour travailler avec Claude Gallimard dont elle devient la secrétaire jusqu'en 1967. Puis elle fait un premier mariage, quitte Gallimard pour suivre son mari dans le Poitou. En 1969, en mal d'activité, elle écrit à Claude Gallimard pour lui demander s'il n'y aurait pas un poste à pourvoir, car elle souhaitait travailler de nouveau pour la maison : « Il me répond que Pierre Nora va lancer la "Bibliothèque des histoires" et qu'il y a donc là une opportunité[30]. »

Marie-Claude de Saint-Seine travaille huit années auprès de Pierre Nora, avant de passer en 1976 au service de presse qu'elle va diriger, pour finir par s'occuper du fleuron de la maison qu'est la collection « Blanche » jusqu'en 1988. Au côté de l'éditeur, elle a beaucoup appris et aimé le contact avec les historiens en vogue en ces temps de triomphe de l'école des *Annales* : Jacques Le Goff qui venait alors travailler chez Gallimard et qui était avec elle très généreux de son temps, Jacques Revel qui codirigeait la collection « Archives », Emmanuel Le Roy Ladurie qui arrivait avec des bouts de manuscrit dans son sac à dos, le couple Duby pour lequel elle a transcrit le procès de Jeanne d'Arc qui était sur bande magnétique en ancien français. Par contre, on ne peut dire qu'elle conserve de cette période un souvenir d'épanouissement, considérant que Pierre Nora est un « homme autoritaire par rapport à son savoir qu'il ne partage pas[31] » et qui « lui maintenait la pression pour [qu'elle] reste plutôt la tête sous l'eau[32] ».

Marie-Claude de Saint-Seine confiait les manuscrits sur lesquels on attendait des avis autorisés à Georges Liébert, Jean-Paul Enthoven ou Marcel Gauchet qui constituaient alors le noyau dur de ceux qui devaient rapporter des notes de lecture circonstanciées pour se faire une opinion sur l'éventualité de publication. Grâce à Pierre Nora, elle a beaucoup appris dans le domaine de l'histoire qui n'était pas le sien, et plus largement elle a découvert ce qu'éditer un livre veut dire. Elle s'est en effet retrouvée en charge du suivi des notes de lecture, puis de toute la chaîne de production du livre, et a même été mise en situation de devoir prendre des options auprès d'agents littéraires : « De tout cela je suis reconnaissante à Pierre, c'est ce qui m'a permis plus tard de devenir éditeur indépendant, mais professionnellement il était très dur, et il y avait entre lui et moi un rapport de maître à esclave, en tout cas je l'ai vécu comme cela[33]. »

À la fin des années 1970, c'est Denise Laroutis qui prend le relais. Elle est d'abord occupée au lancement du *Débat* dont le rythme mensuel exigeait une rigueur particulière dans la préparation de la copie et dans le respect du calendrier. La brouille avec Louis Évrard a conduit Denise Laroutis à gérer l'énorme entreprise des *Lieux de mémoire* dans tous ses aspects : relations avec les auteurs, maquette, préparation de la copie, iconographie. Elle travaille alors en étroite relation avec Pierre Nora, tandis que jusque-là son partenaire était davantage Louis Évrard : « Sur le premier volume des *Lieux*, on a beaucoup travaillé sur la création visuelle de ces lieux pour savoir comment traiter l'illustration pour ne pas faire des livres illustrés, en concevant une illustration qui parle avec le texte[34]. » L'élaboration de ce monument éditorial a été particulièrement difficile en amont pour lui assurer une cohérence, et Denise Laroutis ayant lu au moins trois fois chacune des contributions conservait la mémoire de l'ensemble, ce qui était particulièrement précieux pour une entreprise dont la publication va s'étendre sur près de dix ans, de 1984 à 1993 : « Il y eut beaucoup de déceptions, car certaines contributions étaient trop descriptives, d'autres pas assez, mais l'ensemble tient la route[35]. » Denise Laroutis avait aussi à superviser bien d'autres publications des collections de Pierre Nora et non des moindres, comme le livre de Schumpeter avec ses 3 000 pages.

Le service éditorial est en prise directe avec le service de fabrication et le service de presse, et entre les deux Pierre Nora porte un soin tout particulier au choix du titre du livre et à la rédaction de la quatrième de couverture dont il se charge en général lui-même : « Une des qualités de Pierre, une de ses œuvres les plus importantes, ce sont les quatrièmes de couverture. C'est le roi des quatrièmes de couverture. Il les écrit et elles sont formidables[36].» La plupart des auteurs de Pierre Nora ont porte ouverte dans son bureau chez Gallimard. Il est toujours prêt à entendre leurs problèmes, leurs doléances et à les aider en cas de blocage en leur suggérant des pistes fécondes et propices à les faire rebondir. Lorsque Nicole Évrard tombera malade, en 1993, Denise Laroutis la remplacera au secrétariat de Pierre Nora, ce qui sera pour elle une fonction différente de celle d'assistante éditoriale, moins gratifiante.

En l'été 2000, Christel Chassagnol, venue de province, de formation économiste, pose sa candidature pour devenir la secrétaire de Pierre Nora. Dès la première rencontre le courant passe entre eux et elle est embauchée. Elle travaillera pendant six années à ses côtés, de 2000 à 2006, passant ensuite au secrétariat général d'Antoine Gallimard. Lorsque Christel Chassagnol arrive en 2000, Pierre Nora, qui n'est pas loin d'avoir soixante-dix ans, lui dit qu'il a l'intention de rester au maximum chez lui pour travailler et écrire et d'être le moins présent possible chez Gallimard, lui confiant donc les clés de la maison, mais cela n'a pas duré plus de trois semaines. Elle aura vécu avec lui en ce début des années 2000 son élection à l'Académie française : «Moment très fort pour lui[37].» Christel Chassagnol s'entend remarquablement bien avec Pierre Nora, et en ces temps d'anxiété face à l'enjeu d'un possible échec à l'Académie, elle est à son écoute, le rassure, le réconforte. Lorsqu'il annonce la énième bronchite, elle lui rappelle que ce ne peut être qu'une fausse alerte, mais qu'il va en avoir une vraie autour de son anniversaire. Elle considère que Pierre Nora ne se rend pas vraiment compte à quel point il a réussi, tout en étant pleinement conscient du rôle majeur qu'il joue dans la vie intellectuelle française. Il reste en effet travaillé par le doute, par l'anxiété malgré l'aisance dont il fait preuve et qui peut se déployer positivement comme négativement car il peut aussi se révéler très cassant : «Est-ce que ce sont de vrais doutes? Je n'arrive pas à le croire. Je pense que ce sont des doutes d'intellectuel. Pierre est quelqu'un d'intellectuellement honnête et ses petits doutes, son hypocondrie sont pour moi liés à sa façon de se remettre en cause, peut-être pas vraiment lui, mais ses questionnements, car il avance doucement, avec des remises en cause très réfléchies. C'est un doute fondamentalement lié à la pensée[38].» Ce qu'elle constate aussi, à travailler avec Pierre Nora, c'est son perfectionnisme, son extrême exigence autant vis-à-vis de lui-même que des autres.

Lorsqu'il a une préface à écrire, un discours à prononcer, il va tourner autour, ne pas pouvoir s'y mettre tout de suite, maugréant, se plaignant de manquer de temps, de ne pas être en état : « On va alors s'engueuler et il finit par s'y mettre en vous donnant à taper à la machine quelque chose de superbe, des phrases abouties, d'autant plus belles qu'elles sont écrites d'un seul jet[39]. »

Le suivi des auteurs, de leurs manuscrits, et la gestion de la fabrication d'un livre, qui prend en général six mois, sont une œuvre essentiellement collective, un travail d'équipe semblable à celui d'une équipe de tournage sur un film où tous les maillons de la chaîne sont essentiels. Compte tenu de ses compétences, maîtrisant le grec et le latin, Isabelle Châtelet se voit confier les manuscrits sur l'Antiquité et le Moyen Âge. Malgré un savoir reconnu, pour elle « chaque livre est un enjeu. Il faut prouver qu'on est à la hauteur de la chose. C'est chaque fois un défi et on est alors mis à l'épreuve[40] ». Quand on sait que cela représente pour le service Nora quelque dix-sept à dix-huit livres par an, rien n'est jamais vraiment acquis, et la pression demeure constante.

Autre recrue du service Nora, Olivier Salvatori est entré chez Gallimard plus récemment, en 2005, d'abord comme indépendant, extérieur à la maison, et depuis fin 2006 comme salarié à plein temps. Il a été l'initiateur et le rédacteur en chef du *Monde de la Révolution* au moment du bicentenaire en 1989, après avoir été journaliste à *Actuel*, puis à *Libération*. À cette occasion, il a fait la connaissance de François Furet, Marcel Gauchet et Pierre Nora pour leur demander des contributions. Après les célébrations du bicentenaire, François Furet le fait rentrer chez Calmann-Lévy où il fait ses débuts comme éditeur. Mais assez vite il reprend son indépendance et s'installe à Biarritz, travaillant pour des éditeurs, mais en *free lance*. En 2005, il commence à s'ennuyer d'être à ce point excentré et il en informe Pierre Nora qui lui répond de manière très chaleureuse en lui disant qu'il ne voit pas bien ce qu'il peut faire pour lui, mais qu'il serait bon d'en discuter. Il a commencé par s'occuper de traductions d'articles pour *Le Débat*, puis les premiers manuscrits sont arrivés alors qu'il travaillait toujours de Biarritz.

Denise Laroutis partant à la retraite à soixante ans, Pierre Nora fait appel à Olivier Salvatori pour un poste à plein temps qui exige évidemment son retour à Paris. Olivier Salvatori suit essentiellement les manuscrits d'histoire contemporaine, de sciences humaines et les ouvrages de la collection « Témoins ». Depuis son arrivée récente, il a suscité la parution de deux ouvrages extraits du flot de manuscrits arrivés par la poste et qu'il se charge de dépouiller par plaisir, ce qui constitue malgré tout une lourde tâche car il lui arrive quelque cinquante manuscrits par mois qu'il lui appartient d'évaluer. La partie n'est pas facile, car après avoir fait un choix très sélectif à partir de sa propre réaction de lecteur-éditeur, ne bénéficiant d'aucune recommandation, il a le plus grand mal à convaincre Pierre Nora de s'impliquer dans la défense de ces livres : « Cela tient à la manière de faire de Pierre, à sa façon de fonctionner en réseau, d'organiser les choses en privilégiant une intelligence collective. En même temps, ce fonctionnement trouve là ses limites car ces deux livres, il m'a laissé les faire, sans jamais les défendre, car ils ne provenaient pas de lui ni de son réseau[41]. »

Cela ne signifie aucunement que Pierre Nora mélange les genres pour faire valoir le copinage. Il fait la part jusqu'à l'extrême entre ses relations amicales et ses relations professionnelles. Il est bien sûr l'objet de multiples sollicitations au titre de l'amitié, mais sur ce plan il reste de marbre : « Face au risque de perception de manipulations familiales, il prend d'extrêmes précautions pour que ce ne soit jamais le cas. Il fait en sorte qu'au milieu de tous ses réseaux il ne puisse être soupçonné ou soupçonnable de choses inavouables. C'est sa rectitude, sa droiture intellectuelle[42]. »

Ce service Nora qui se compose en fait d'un très petit nombre de personnes – la secrétaire de Pierre, Isabelle Châtelet, Olivier Salvatori, Marie-Christine Régnier qui est depuis longtemps la secrétaire de la revue *Le Débat* – se réunit chaque mois pour examiner le programme des publications à venir, et faire le point sur l'état d'avancement des chantiers en cours, mais ce n'est pas vraiment là non plus, comme pour le comité de lecture de la maison, que les choses sérieuses se passent. Elles se négocient en tête à tête, car dans ces réunions de service les participants assistent surtout à un numéro en solo et théâtralisé de Pierre Nora, à un monologue.

Des collaborateurs extérieurs

Le programme de publications de toutes les collections animées par Pierre Nora ne peut être supporté par le seul petit cercle intérieur à la maison Gallimard. Il faut donc compter sur des collaborations extérieures à qui l'on soumet le suivi d'un certain nombre d'auteurs et de manuscrits. Cela a été le cas dans les années 1980 pour Hélène Monsacré qui a eu en charge les deux derniers ouvrages de Michel Foucault, mission particulièrement délicate car celui-ci était alors au bord de la rupture avec la maison Gallimard et en froid avec Pierre Nora. Hélène Monsacré a même eu droit à une réunion avec Louis Évrard et Pierre Nora pour lui dire qu'il allait falloir agir avec tact, ne pas intervenir à tort et à travers. Or, il y avait encore un gros travail à faire sur le manuscrit, car Foucault était déjà très malade, le plus souvent aux États-Unis, et pour les deux derniers volumes de son *Histoire de la sexualité* traitant de la période gréco-latine il a laissé beaucoup de notes savantes en souffrance qu'il a fallu compléter. Pour faire ce travail, Hélène Monsacré est tenue à la plus grande confidentialité, au point qu'elle ne se levait pas de son siège sans retourner son dossier pour que le nom de Michel Foucault n'apparaisse pas aux yeux de visiteurs indiscrets. Chargée du travail minutieux de vérification des notes de Foucault au centre Gernet de la rue Monsieur-le-Prince, elle se trouve un jour perchée en haut d'une échelle surplombant le manuscrit de Foucault caché par un rempart de Budé lorsque Pierre Vidal-Naquet entre dans la bibliothèque : « Qu'est-ce que vous faites là vieux singe ? » lance Vidal. « Le temps que je redescende, il avait déjà pris mon manuscrit, l'avait retourné, vu qu'il s'agissait de la NRF/Gallimard et découvert le nom de Foucault : "Ah, mais c'est Foucault !" et de page en page, il ne cessait de s'exclamer : "Mais c'est faux ! Et la référence ?"[43] »

Terrifiée, Hélène Monsacré explique à Pierre Vidal-Naquet que c'est justement le travail qu'on lui a confié, mais qu'elle est tenue à la plus stricte confidentialité. Mais il se fait un malin plaisir d'aller raconter sa découverte à Didier Éribon. Dès le lendemain Hélène Monsacré reçoit un coup de téléphone de Pierre Nora : « Il me dit : "Venez tout de suite, c'est très grave."[44] » Vidal-Naquet était allé dire à Éribon que Michel Foucault était devenu fou, que son manuscrit n'était pas du tout au point et que c'était d'ailleurs une de ses étudiantes qui était chargée de le mettre à jour. Hélène Monsacré explique alors à Pierre Nora la scène qui atteste qu'elle n'est pas vraiment à l'origine de l'indiscrétion. Rentrée chez elle, elle reçoit un coup de téléphone de Michel Foucault qui lui demande de passer à son domicile le lendemain. Elle s'y rend et explique de nouveau sa mésaventure : « Il a été d'une grande gentillesse, très touchant. Ensuite, on correspondait par petits mots. De la part de Pierre, le fait de m'avoir confié ce travail était un signe de grande confiance. Je ne l'ai réalisé que bien après[45]. » Ce moment de travail pour Gallimard s'achèvera pour

Hélène Monsacré en 1985-1986, moment où elle entre au Cercle de la librairie, suivant encore quelques travaux, mais de moins en moins, faute de temps. Poursuivant sa carrière dans l'édition, elle est très marquée par ce passage : « Pierre reste pour moi une figure presque paternelle dans le sens noble du terme, une figure qui vous a appris ou permis d'apprendre beaucoup de choses et fixer un seuil d'exigence, avec en même temps tellement de charme. Il a une grande élégance intellectuelle. Il est intransigeant et en même temps il ne va pas faire une jaunisse avec un problème alors que des érudits en feraient une maladie. Il a une vision plus haute, plus large[46]. »

Pour le recrutement des collaboratrices extérieures, Sciences-Po a été un vivier. C'est là que pour *Le Débat* ou pour le suivi de manuscrits, pour des notes de lecture, Pierre Nora a trouvé un certain nombre de jeunes chercheuses, soucieux de rester à l'écoute de la génération montante, de sa sensibilité, de ses attentes. Le lien avec les éditions Gallimard était facilité par le fait que si Pierre Nora n'enseignait plus dans les années 1980-1990 à Sciences-Po, son séminaire de l'EHESS restait ouvert aux étudiants de DEA de Sciences-Po. C'est dans ce cadre par exemple qu'Anne Simonin s'inscrit dans son séminaire à l'École et que Pierre Nora lui propose en 1987 d'établir la chronologie de la revue *Le Débat* depuis sa création en 1980. Outre sa collaboration régulière pour la revue, elle a eu à suivre quelques manuscrits comme ceux de Dominique Schnapper[47], de Gérard de Puymège[48] ou de Jacques Rigaud[49] pour lancer la collection « Le Débat ». Saisie par la dureté des jugements de Pierre Nora, soupçonné par elle d'un assez profond machisme, elle apprécie en revanche son extrême disponibilité : « Il est capable de virer de bord complètement à partir du moment où quelque chose l'intéresse et où il pense qu'il y a un sujet possible. Il ne triche jamais. Si je n'avais qu'un mot pour le qualifier, je dirais : la disponibilité. C'est très rare dans le monde intellectuel français où les gens sont liés à des clans, affiliés à des appartenances avec des positions de pouvoir à entretenir[50]. »

Bénédicte Vergez-Chaignon est aussi étudiante à Sciences-Po, préparant un DEA en 1987-1988, lorsque Pierre Nora vient y faire une conférence sur les sources de l'histoire contemporaine : « Il m'avait éblouie et comme on pouvait suivre dans le cadre du cursus de Sciences-Po son séminaire de l'EHESS, je l'ai suivi le jeudi matin[51]. » Elle se trouve alors plongée en plein laboratoire d'expérimentation des *Lieux de mémoire*.

En thèse sous la direction de Serge Berstein sur les internes des hôpitaux de Paris entre 1918 et 1945, on a vu comment elle a été recrutée par Pierre Nora pour travailler avec Daniel Cordier puis sur les thèses de Raphaëlle Branche et Denis Peschanski. Au contact de Pierre Nora, elle a, comme tous, fait l'expérience d'un degré extrême d'exigence joint à un grand souci de ses interlocuteurs. Il est d'une attention et d'une gentillesse constantes pour son personnel : « Je suis allée travailler dans sa maison de campagne [la Cour-des-Haies], sorte de longère aux pièces très vastes, et j'avais ma fille avec moi. Il avait préparé du papier et des crayons de couleur[52]. »

Entre éditeurs : la pax editoriana

Portant ses publications vers les sommets de la légitimité savante, Pierre Nora aurait pu se faire de sérieux ennemis du côté de ses confrères concurrents. Il n'en est rien car son honnêteté, sa droiture n'ont jamais pu être prises en défaut. On a déjà vu la concurrence loyale livrée avec Le Seuil où se trouvait un Michel Winock pour lequel il représentait un modèle. Les relations sont d'estime mutuelle : « Je vous remercie, encore, pour le témoignage d'estime que vous donnez à notre travail et, venant de vous, je vous assure que ce témoignage m'est cher car je vous connais bien sûr ! et je vous lis et moi aussi je sais ce que vous faites[53] », lui écrit Paul Flamand.

Pierre Nora entreprend d'ailleurs, en 1979, de lancer une collection commune à Gallimard, au Seuil et à l'École des hautes études, ce dont se félicite Michel Chodkiewicz, le nouveau directeur du Seuil : « La naissance d'une collection publiée sous notre double étendard se trouve ainsi entourée des meilleurs présages. Croyez, je vous prie, cher Monsieur, à mes sentiments très sincèrement cordiaux – et à mon admiration sans réticence pour tout ce que vous avez personnellement apporté à l'édition et pas seulement à votre éditeur*[54]. »

Pierre Nora sera aussi un modèle pour Laurent Theis dans ses pérégrinations éditoriales, et encore davantage pour celui qui a mené dans

* Cette collection publie à partir de 1981 des ouvrages très importants : ses premiers titres sont ceux de Françoise Héritier, *L'Exercice de la parenté*, 1981 ; Gershom Scholem, *Du frankisme au jacobinisme*, 1981 ; Francis Zimmermann, *La Jungle et le Fumet des viandes*, 1982 ; Pierre Vilar, *Une histoire en construction*, 1982 ; Robert Darnton, *Bohème littéraire et Révolution*, 1983, etc.

le domaine de l'édition une carrière fulgurante, son neveu Olivier Nora, fils de son frère Simon qui voue à son oncle un sentiment filial. Il est devenu successivement, et en un temps record, secrétaire d'édition chez Hachette en 1986, responsable du bureau du livre français à New York en 1991, P-DG de Calmann-Lévy en 1996, directeur de la maison Grasset en 2000, il se trouve à la tête d'un empire avec sous sa responsabilité les deux maisons Grasset et Fayard, en succédant à Claude Durand en 2009 à quarante-neuf ans !

Entre Pierre et Olivier, entre l'oncle et le neveu, il n'y a qu'affection, estime mutuelle, et une proximité qui a trouvé son lieu dans leur maison familiale de campagne, le « Noraland » de la Cour-des-Haies dans les Yvelines où ils passent l'essentiel de leurs week-ends. Olivier Nora a été à bonne école avec son oncle, il a hérité de la même classe, de la même élégance aristocratique et du même art de la diplomatie. Qualifié par BHL en privé de « Rabbin », non pour des raisons religieuses, mais pour « sa grande rigueur intellectuelle », on pourrait utiliser le même qualificatif pour Pierre Nora qui a lui-même qualifié ainsi Jérôme Lindon au moment de sa disparition[55]. Comme son oncle, il aura vite moralisé les pratiques du métier d'éditeur et mis fin aux à-valoir dispendieux versés par la maison Grasset à ses auteurs : « Je suis venu tout seul, sans équipe. Le petit Paris me guettait en agent nettoyeur[56]. » Il réussit l'exploit de bousculer les habitudes prises rue des Saint-Pères sans provoquer plus que du vague-à-l'âme. Avec Olivier Nora, la transmission quasi filiale des valeurs portées par Pierre Nora est assurée avec éclat.

Alors que Pierre Nora aurait bien aimé compter parmi ses auteurs Claude Lévi-Strauss, qu'il a d'ailleurs essayé de convaincre de le rejoindre chez Gallimard, il n'en écrit pas moins un vibrant éloge de ce « travailleur de l'ombre » qu'a été Jean Malaurie chez Plon avec sa collection « Terre humaine » dans laquelle est parue en 1955 *Tristes tropiques*. Il salue la création par Malaurie d'une collection à son image, à laquelle il s'est totalement identifié, dont la formule est assez précise pour se singulariser dans la durée et en même temps à spectre large car trouvant son gibier en tous points du globe. Au bout du compte cela ne représente pas pléthore de publications : cinquante en un quart de siècle, ce qui est déjà beaucoup selon Pierre Nora pour lequel, chaque fois, c'est un véritable événement.

Le portrait que fait Pierre Nora de Jean Malaurie est un véritable autoportrait, on y reconnaît sa passion, ses exigences, comme ses tensions, ses doutes et la précarité de sa situation. Voici comment

Pierre Nora présente ces travailleurs de l'ombre que sont les directeurs de collection : « Ils tiennent du séducteur et du guerrier, du metteur en scène et du grand couturier, du toxicomane et de l'homme d'affaires, du navigateur solitaire et du coupeur de têtes, du philatéliste et du négrier. Le public les connaît peu, car ce sont des travailleurs de l'ombre, mais il leur doit sans le savoir ses découvertes et ses émotions. Les éditeurs se les attachent, mais les supportent mal et ils ont raison, car ce sont des gens insupportables. Obsédés, exigeants, ombrageux, moitié auteur moitié éditeur, tout en n'étant ni l'un ni l'autre, toujours entre l'arbre et l'écorce, toujours vingt fers au feu[57]. »

Aucune ombre n'a jamais obscurci les relations fraternelles entretenues avec son ami – et pourtant concurrent dans le domaine de l'édition – Christian Bourgois, avec lequel il a fait ses débuts chez Julliard au commencement des années 1960. Lorsque Christian Bourgois quitte momentanément Julliard en 1964 après un désaccord avec Dominique de Roux, avant de revenir avec les pleins pouvoirs, il écrit à son ami Pierre Nora : « Je quitte Julliard. Je suis trop triste et trop ému pour t'en donner toutes les raisons. Tu peux les deviner sans peine... Sache seulement que tu es vraiment une des personnes auxquelles je tiens le plus et que j'ai tout le temps pensé à toi ces jours-ci[58]. »

Avec les éditions de Minuit, la tension aurait pu se manifester non seulement parce que les deux maisons tiennent aussi jalousement l'une que l'autre à l'exigence de qualité, à leur indépendance et jouissent d'un rayonnement similaire auprès des intellectuels, mais surtout parce que Pierre Bourdieu y est le maître des sciences humaines et considère Pierre Nora comme le prototype de ce qu'il entend combattre. Il n'en a pourtant rien été car les relations entre Pierre Nora et Jérôme Lindon sont non seulement amicales, mais fraternelles : « Mon mari appréciait beaucoup Pierre Nora, surtout son humour. Il ne comprenait pas pourquoi Pierre restait chez Gallimard, alors qu'il aurait pu diriger sa propre maison d'édition[59]. » Ils devisaient ensemble du paysage éditorial durant le week-end à la Cour-des-Haies où Jérôme et Annette Lindon étaient souvent invités : « Le père de Pierre était très fier de son fils. J'avais dit au docteur Nora ce que m'avait dit mon mari, Jérôme, c'est-à-dire que c'était Pierre qui comptait le plus chez Gallimard étant donné qu'il apportait l'avenir. Le père de Pierre en avait été très content et n'en revenait pas[60]. » Lorsqu'en 1973 Pierre Nora sera au bord de la brouille avec Claude Gallimard, prêt à quitter le navire, « Jérôme ne m'a pas poussé à rompre, mais je le voyais souvent et il m'a écrit pour me dire : "Viens ! On partage tout. Tu fais ce que tu veux, je prends la littérature et tu prends le reste."[61] »

À l'occasion de sa disparition, Pierre Nora écrit sur son ami Jérôme Lindon un bel hommage dans lequel il salue la constance d'un combat, celui de la Résistance reconverti dans la défense intransigeante d'un métier, celui d'éditeur : « Il est entré en édition comme on entre, très jeune, en religion et il a su en faire une grande cause[62]. » Non seulement Pierre Nora rappelle son rôle dans l'invention du nouveau roman, son élégance, ses combats, ses affaires Dreyfus, mais il fait surtout preuve d'une grande intelligence du malheur lorsqu'il écrit : « Jérôme Lindon avait déjà des allures de survivant. C'est peut-être de ce sentiment-là, lui qui vivait du besoin qu'on avait de lui, qu'il a été le plus gravement malade, à en mourir[63]. » Dans cet hommage, Pierre Nora évoque le rôle majeur auprès de lui de sa fille, Irène, et de son épouse, Annette, toutes deux très sensibles à ces mots qui expriment au plus près le vrai de leur douleur : « Cher Pierre, en pleurant, je lis et relis ton article, si vrai, si juste... Il t'aimait beaucoup, il appréciait énormément ton intelligence, ton humour, à te lire, on sent combien tu l'aimais toi aussi[64]. »

Lorsque l'éditeur Olivier Orban passe en 2001 devant les tribunaux pour avoir publié la confession du général Aussaresses[65], il est immédiatement défendu par Pierre Nora qui lui exprime son soutien sans faille, d'autant plus évident qu'il a lui-même publié les mémoires de Drieu La Rochelle, ce qui avait fait grand bruit. À défaut de pouvoir témoigner à la barre, il envoie une lettre au président du tribunal et aux juges : « Ma position en cette affaire. Elle est double. À la fois comme éditeur et comme historien. En tant qu'éditeur, un des premiers devoirs est d'informer le public. À ce titre, je considère que Olivier Orban n'a fait que se conformer à la déontologie de la profession et a fait son travail en éditant l'ouvrage du général Paul Aussaresses, *Services spéciaux, Algérie 1955-1957*. Tout éditeur qui aurait refusé d'éditer ce livre n'aurait pas fait son devoir. Bien entendu, ce devoir n'entraîne aucune approbation du contenu même du livre. Il ne tient compte que des fonctions occupées par l'auteur et de l'importance du témoignage qu'il apporte. En tant qu'historien, je ne puis que répéter après beaucoup d'autres qu'il n'y a pas de vérité officielle et que la face cachée de l'histoire est aussi importante sinon plus que sa face visible. Ce type d'ouvrage constitue un document essentiel. Ne pas le porter à la connaissance du public aurait à mes yeux constitué une censure historique inadmissible[66]. » Olivier Orban lui est très reconnaissant de ce soutien décisif : « Merci de m'avoir soutenu dans ce procès qui ne fut pas sans intérêt du point de vue des témoignages. J'avais l'impression d'être pris sous le tir conjugué et paradoxal de l'extrême gauche voulant faire le procès de la guerre d'Algérie et d'une certaine droite voulant sauver à tout prix l'honneur de l'armée française. Le pire est d'avoir été assis à côté d'Aussaresses pendant trois jours et d'avoir entendu ses réflexions[67]. »

Un État dans l'État ?

L'adéquation entre Pierre Nora et la maison Gallimard, l'élégance mise au service de l'excellence, ne fait pas de doute, au point qu'il aura incarné l'esprit même de la maison. Tout n'a pourtant pas toujours été simple. Il y a eu de longues périodes d'harmonie, mais aussi des moments de crise, des phases de tension qui sont allées jusqu'aux limites de la rupture. On se souvient déjà que lorsque son ami Philippe Garcin lui avait proposé fin 1968 de regrouper les fonds des PUF et de Gallimard dans le domaine des sciences humaines, Claude Gallimard avait repoussé une telle perspective. Apparemment, cela n'a pas suscité de refroidissement, d'autant que Pierre Nora a suivi les conseils de son patron et n'a pas cherché à donner suite à ce projet qui, à peine formulé, a été aussitôt enterré. Mais une certaine suspicion en est résultée de la part de Claude Gallimard qui désormais se demande pour qui roule Pierre Nora, et qui a bien peur qu'il n'utilise l'autonomie qu'il lui a laissée pour y édifier un État dans l'État, au risque de menacer un jour le fameux équilibre de la maison. Néanmoins, entre ses débuts en 1965 et l'année 1973, à la faveur des succès de ses « Bibliothèques », Pierre Nora bénéficie de la confiance de Claude Gallimard et, s'il y a bien des différends sur tel ou tel projet de publication, ce qui est le lot commun de tout milieu éditorial, le baromètre est au beau temps. Cette idylle n'a d'ailleurs pas été sans provoquer quelques ricanements crispés dans la maison. Lorsque Pierre Nora bénéficia pour son mobilier de bureau d'un magnifique canapé Knoll en cuir, on s'est plaint ici et là des largesses bénéficiant au favori de la cour.

Mais les choses vont se gâter en 1973. C'est le moment où le fils aîné de Claude Gallimard, Christian, revient à l'âge de vingt-neuf ans d'un voyage d'études de quelques mois aux États-Unis où il a notamment fait un stage à New York chez l'éditeur Harcourt, Brace & Jovanovich.

Son père le nomme dès son retour à un haut poste de responsabilité ; il doit s'occuper de la distribution de la maison. Or, peu avant, en 1971, le frère de Pierre Nora, Simon, devient directeur général de la maison Hachette. Les deux maisons sont liées depuis très longtemps – 1932 – par un contrat de distribution exclusif*.

Claude Gallimard fait une proposition à Hachette qui implique de prendre sous sa responsabilité et à ses frais les rémunérations de ses représentants et les commissions laissées aux libraires, évaluant la prestation à 11 % du prix des livres : « Hachette refuse d'être un prestataire de services mais, au début, ne commente pas, ne répond pas, tout en reconnaissant en privé que si Gallimard devait connaître des difficultés le groupe le rachèterait volontiers comme il en a l'habitude[68]. » Et Hachette finit par faire une contre-proposition dans laquelle les frais de distribution sont portés à plus de 52 %. Face à cette situation de blocage, Claude Gallimard obtient une prolongation de l'ancien contrat pour douze mois. C'est l'épreuve de force installée dans la durée.

Cet affrontement qui oppose Claude Gallimard – d'autant moins enclin à céder qu'il y va de sa crédibilité de digne successeur de Gaston – et Simon Nora – qui vient de prendre la direction d'Hachette – n'est pas sans effet sur Pierre Nora qui se trouve malgré lui au cœur du cyclone, pris entre le marteau et l'enclume. Dès qu'il a pris ses fonctions chez Hachette, Simon Nora téléphone à Claude Gallimard pour lui signifier son intention de régler le problème qui oppose les deux maisons à l'amiable, lui précisant qu'il a la plus grande estime pour les éditions Gallimard, base même de toute sa culture littéraire, où d'ailleurs son épouse, Léone Nora, a travaillé comme attachée de presse, où son frère Pierre a le rôle que l'on sait, toutes raisons qui militent dans le sens d'un accord entre eux : « Claude monte dans mon bureau, s'assied devant moi et me dit : "Pierre, c'est réglé. J'ai eu Simon au téléphone." Mais comme toujours, réglé voulait dire dans son esprit qu'Hachette allait capituler devant les exigences de Gallimard[69]. »

---

* Ce contrat a été renouvelé en 1949 et en 1956, mais à cette dernière date la négociation avait été difficile et Gaston Gallimard avait dû ferrailler car Hachette prévoyait la résiliation de la clause de garantie et décidait de prélever 48 % du prix des livres distribués (ce qui restait en deçà de la moyenne qui était alors de 50 %). Ce dernier contrat arrive à expiration en février 1971. Il faut tout remettre à plat, et Hachette a de nouvelles exigences. On s'attend au choc frontal entre les deux grandes maisons.

Simon Nora prend l'initiative de se rendre chez Gallimard pour discuter directement du problème avec Claude Gallimard, et il découvre tout de suite le malentendu en constatant que son interlocuteur n'a pas varié d'un pouce de ses positions initiales, et qu'il n'y a aucune marge de manœuvre pour un compromis. Il lui explique être venu avec les meilleures intentions du monde, mais qu'il ne peut brader les intérêts de la maison Hachette dont il vient de prendre la direction. C'est l'échec et la rupture qui va en résulter, faisant de Simon Nora l'ennemi public numéro un de Claude Gallimard. Ce dernier, poussé par son fils Christian, décide de rompre, et en six mois il met au point sa propre société de distribution, la Sodis, et dans la foulée sa propre collection de poche, «Folio». Le divorce est consommé, et cela n'a pas été sans effets sur le service Nora chez Gallimard. Certes, apparemment, on essaie de faire comme si cela n'avait aucune incidence : «Claude Gallimard était tout le temps dans mon bureau à l'époque, s'asseyant devant moi pour me dire : "Pierre, je voulais vous dire. Il faut le savoir, cela ne change rien entre nous. Simon, c'est Simon; Hachette, c'est Hachette. Vous travaillez pour Gallimard." Je lui répondais : "Mais bien évidemment, Claude, cela ne change rien. Pourquoi voulez-vous que cela change quoi que ce soit?" Et il reprenait : "Non, mais je voulais quand même vous le dire pour qu'il n'y ait pas de malentendus."[70]»

Le fils de Claude, Christian, à qui vient d'être confiée la responsabilité de la distribution, entretient la suspicion contre Pierre Nora qu'il peut d'autant moins supporter qu'il se sent dépossédé de l'entreprise familiale par quelqu'un qui, à ses yeux, en a pris trop à son aise, qui dispose de trop de pouvoir dans la maison et qui, pour couronner le tout, représente la famille de l'adversaire au sein des Gallimard, une sorte de cinquième colonne. Il entend bien écorner sa marge de manœuvre et habilement le faire glisser vers la porte de sortie.

La situation devient vite délétère lorsque Simon appelle son frère Pierre pour qu'il signe des papiers de succession de leur maison de campagne à la Cour-des-Haies. Ils se donnent rendez-vous près de chez Gallimard au café L'Espérance, et, alors qu'ils sont tous deux attablés devisant et paraphant des papiers administratifs, Claude Gallimard entre dans le café et passe discrètement à côté d'eux, persuadé d'un complot, d'une fuite de documents Gallimard vers Hachette : «Je l'ai su par la responsable du service de fabrication, Suzanne Ducongé, femme admirable, qui me prévient : "Claude m'a dit : 'Pierre donne les secrets de fabrication à Hachette, ne lui dites plus rien.'"[71] » C'est dans ce climat de paranoïa galopante qu'il a fallu tenir le cap, ce qui n'a pas été aisé tous les jours pour Pierre Nora qui va au-devant de toute une série de vexations. Il avait pour habitude de garer sa voiture dans la cour intérieure, privilège qu'il partageait avec la famille Gallimard. Or, un beau jour, le concierge lui fait de grands signes. Claude Gallimard lui aurait enjoint de ne plus laisser entrer Pierre Nora qui va s'en plaindre auprès de Claude Gallimard ; celui-ci jure ses grands dieux qu'il n'en est rien. On lui supprime son abonnement au *Times Literary Supplement* et autres petites gracieusetés.

Lorsque Antoine Gallimard entre dans la maison en 1972, son père lui confie la collection « Tel » qui verra le jour en 1976 avec toute une série de titres initiés et gérés jusque-là par Pierre Nora : « Une véritable mise en quarantaine progressive, un étouffement qui a duré de 1973 à 1976. J'en conserve le souvenir d'une persécution quotidienne, de persécution, il n'y a pas d'autre mot[72]. » Cette situation est d'autant plus invraisemblable que c'est justement dans ces années que Pierre Nora peut recueillir, et la maison Gallimard avec lui, les fruits de ses succès éditoriaux. C'est en effet au cours de ces années de persécution qu'il publie sa fameuse trilogie *Faire de l'histoire* en 1974 qui assure le triomphe absolu de la nouvelle histoire en France et son rayonnement international. On ne soupçonne en rien dans le public que la coupe est pleine et que Pierre Nora songe à claquer la porte. Il en a d'ailleurs la possibilité et sa candidature en 1975 à l'EHESS pour y devenir directeur d'études n'est pas étrangère à ce climat devenu de plus en plus insupportable.

Il a même fallu batailler. En effet, en 1982, Daniel Toscan du Plantier, directeur de Gaumont, cherche à s'associer avec Gallimard et réussit à convaincre de ses projets celle que Jean-François Josselin qualifie dans *Le Nouvel Observateur* de « délicieuse ogresse », l'éditrice très en vue de Grasset, Françoise Verny. Toscan du Plantier organise un déjeuner avec elle et le fils de Claude Gallimard, Christian, au début de l'année 1982 : « J'accepte volontiers et nous nous retrouvons, tous les trois, au restaurant Le Récamier, carrefour de l'édition française[73]. » C'est Christian qui va prendre l'initiative de l'engagement en août 1982 de Françoise Verny chez Gallimard. Au cours des négociations qui préparent ce transfert majeur, Françoise Verny entend bien faire bénéficier de sa nouvelle affectation sa vedette préférée, son protégé Bernard-Henri Lévy. Elle le met en relation avec Antoine Gallimard : « En juillet, j'ai invité chez moi Bernard et Antoine : ils appartiennent à la même génération, portent tous deux l'empreinte de

Mai 68. Antoine déploie son charme pour séduire Bernard et y parvient. Bernard, enthousiasmé, ne rêve plus que des combats que nous mènerons rue Sébastien-Bottin[74]. »

Face au risque de l'arrivée d'un Bernard-Henri Lévy qui serait prompt à défaire le minutieux tissage d'un travail exigeant pour lui substituer quelques coups médiatiques, Pierre Nora sent l'effet de souffle qu'aurait une telle arrivée qui mettrait en péril tout ce à quoi il a œuvré depuis le milieu des années 1960. Il fait allumer quelques contre-feux efficaces : Michel Foucault, Georges Dumézil, Emmanuel Le Roy Ladurie font savoir à Claude Gallimard que si ce turlupin entre chez Gallimard, ils en sortiront immédiatement. La levée de boucliers est pour le coup dissuasive, et lorsque Françoise Verny organise une rencontre en plein mois d'août entre Bernard-Henri Lévy et Claude Gallimard, ce dernier, tout en se montrant aimable, ne cache pas que cette entrée suscite de vives hostilités dans la maison. En définitive, Claude Gallimard lui proposera de l'éditer chez lui en tant qu'auteur, sans lui donner de responsabilité éditoriale, sinon chez Denoël : « Bernard hésite. Le 23 août au soir, il semble être d'accord, et le 24 août au matin, à l'aube, il me rend visite, après une nuit d'insomnie, et me remet une lettre de refus que j'ai gardée : il déteste n'être pas aimé. Il a décidé de rester chez Grasset[75]. » Le cordon sanitaire a fonctionné, et Pierre Nora a réussi en cette occasion à préserver sa conception de l'édition en sciences humaines qui a été sérieusement mise en péril.

Un événement interne à la maison va assainir la situation en 1983, la destitution de Christian Gallimard qui orchestrait en sous-main la mise en quarantaine de Pierre Nora. En effet, Claude Gallimard n'ayant pas voulu reproduire avec son fils ce qu'il avait subi avec son propre père Gaston, une émancipation tardive, Christian a pu bénéficier un peu prématurément de larges pouvoirs et il s'est quelque peu aventuré dans des relations privilégiées avec une maison lyonnaise de sous-distribution gérant les stocks et desservant les supérettes du Midi qui s'est révélée peu fiable, et surtout inadaptée aux publications Gallimard. Il a signé des traites de plus en plus élevées avec cette maison en accord avec le directeur commercial, jusqu'au moment où les sommes ont été telles que ce dernier, inquiet, en a avisé son père, court-circuitant le fils. Claude Gallimard rend alors son fils responsable de ces pertes et souhaiterait qu'il s'installe temporairement à Lyon, mais ce dernier refuse de quitter la capitale et incrimine le directeur commercial, Jean-Louis Jacques : « Comme souvent, Christian n'a pas tort. Quelques mois après son départ, Claude, appuyé par Antoine, sera amené à se séparer de Jean-Louis Jacques et le remplacera par un homme remarquable, Ambroise Pujebet. Mais Christian agit avec une maladresse et une brutalité qui me déconcertent. Je connais sa mauvaise éducation : il entre toujours dans mon bureau sans frapper, sans se soucier de mes visiteurs, et s'installe ostensiblement jusqu'à ce qu'ils disparaissent[76].» Une fronde monte parmi les cadres de Gallimard, et un texte circule à l'instigation du directeur commercial, Jean-Louis Jacques, signé par la plupart des chefs de service et qui s'adresse à Claude Gallimard pour attirer son attention sur le fait que son fils Christian est en train de faire courir aux éditions Gallimard des dangers majeurs.

Ce texte demande qu'il soit écarté de la maison. Certains, peu nombreux, refuseront de le signer comme Pierre Marchand, Laurent Boyer et Dominique Blanc, mais aussi Pierre Nora : «J'ai dit que je ne signerai pas car, historien, j'avais étudié les procès de Staline et qu'il aurait mieux valu que Claude Gallimard envoie son fils pendant deux années en stage au Canada[77].» Claude Gallimard, fort de cette lettre, convoque Christian pour lui dire qu'il aurait bien voulu le garder auprès de lui mais qu'il ne le peut pas, ce qui provoque une violente réaction chez son fils, lequel, de rage, casse la vitre du bureau et se blesse, cesse de s'alimenter pendant quelques jours, faisant le tour de la rue Sébastien-Bottin pour interpeller les signataires de la lettre. Mais il a su que Pierre Nora n'avait pas signé, et par reconnaissance il vient le voir et lui dit : «Vous avez du mérite car j'ai tout fait pour vous scier la planche. J'ai été totalement jaloux de vous, ne supportant pas la greffe de mon père. Une des raisons pour lesquelles mon père vous fait des misères, c'est moi, le fait que *Le Débat* ne soit plus mensuel, c'est moi aussi. Vous ne me devez rien. J'ai d'autant plus apprécié que vous ne me mettiez pas la tête sous l'eau[78].»

La défense de l'esprit maison

En 1988, le deuxième fils de Claude Gallimard, Antoine, prend les commandes du prestigieux navire. Il est familier de Pierre Nora depuis son enfance. Adolescent autour de 1968, il n'hésitait pas à pousser la porte de son bureau pour discuter avec lui du situationnisme et en général des idées nouvelles en cette fin des années 1960 et début des années 1970 : «Malgré la différence d'âge, sa porte pouvait être ouverte. Ils étaient deux dans ce cas : Pierre Nora et Raymond

Queneau[79]. » Antoine Gallimard exerçait déjà en 1988 des fonctions au sein de la maison, mais lorsqu'il devient maître à bord, ceux qui pensent qu'il sera capable de surmonter les difficultés que rencontre alors le monde de l'édition sont encore très peu nombreux. Il a en effet une réputation de dilettante, et pourtant il va devenir un excellent manager, celui, comme le dira un de ses concurrents, qu'on n'attendait pas.

Une de ses règles est de conserver et de cultiver la structure même de la maison qu'il voit comme « un nid d'abeilles. Chacun y cultive son pré carré. Et moi, je suis la tour de contrôle[80] ». Il se révèle une tour de contrôle particulièrement efficace, d'autant qu'il doit faire face à une véritable guerre de succession qui a failli emporter la maison dans les flots. À son arrivée au poste de commande, il recrute une femme d'autorité qui a fait ses preuves en Italie, Teresa Cremisi, qui devient son bras droit pendant seize années avant de prendre la direction des éditions Flammarion. Elle arrive en 1989 à la direction de la maison pour en être le numéro deux : « La deuxième personne que je suis allée voir en arrivant est Pierre. Il faisait partie depuis mon enfance d'un petit Olympe personnel, sans qu'il le sache, car ma mère qui était sculpteur et qui venait souvent à Paris pour ses expositions avait beaucoup d'amis qui étaient des connaissances de Pierre et il était à la source d'une véritable mythologie dans ma famille, si bien qu'il était dans mon panthéon depuis déjà longtemps[81]. » Des relations de confiance s'établissent tout de suite entre elle et Pierre Nora.

Mais les choses se compliquent, car avec Antoine Gallimard c'est une nouvelle génération qui prend le relais, et Pierre Nora qui approche de la soixantaine symbolise à ses yeux la génération de son père. Il nomme un éditeur talentueux, Éric Vigne, qui a fait ses classes à La Découverte où il a, entre autres, créé la collection « Armillaire » et publié le fameux ouvrage de Yerushalmi, *Zakhor*, avant de passer chez Fayard. Antoine Gallimard lui donne la responsabilité de relancer la collection « Les Essais », créée par Gaston Gallimard en 1931, mais qui manquait jusque-là de pilote, et où l'on mettait un peu ce qui ne rentrait pas dans des collections mieux définies : « Je cherchais quelqu'un pour diriger "Folio-Essais" et je voulais une collection de critique littéraire[82]. » Éric Vigne lance alors « NRF-Essais », dont il fait tout autre chose qu'une collection de critique littéraire. Il y publiera des ouvrages essentiels dans le renouvellement des sciences humaines comme celui de Luc Boltanski et Laurent Thévenot[83], ou d'imposantes synthèses comme celle qu'a dirigée Jean-François Sirinelli[84].

Éric Vigne va vite jouer un rôle majeur dans la politique éditoriale de Gallimard, publiant dans sa collection quelque cent quarante-neuf titres entre 1989 et 2009 et prenant la responsabilité des collections de poche « Folio » et « Tel ». Il est d'évidence que la construction d'un tel magistère ne pouvait pas aller sans froissements avec Pierre Nora, d'autant que leurs domaines respectifs sont particulièrement proches ; Pierre Nora et Éric Vigne ont en effet tous deux pour vaste champ d'édition le domaine de la non-fiction, et il n'y aura pas loin de la non-fiction à la friction : « Pour moi, Pierre, c'était les grands textes fondateurs et je voulais avec Éric Vigne faire quelque chose de plus réactif par rapport à notre société contemporaine. Quand j'ai appris cette nomination à Pierre, il en a été un peu contrarié[85]. » Il y a pourtant quelques différences entre leurs manières de considérer l'édition en sciences humaines : « Paradoxalement, Éric, qui était l'étoile montante de l'édition quand j'étais en Italie, est plus universitaire et austère dans ses choix. Ils avaient très peu de contacts quand j'étais chez Gallimard. Pierre a souffert de l'arrivée qui lui a été imposée d'Éric[86]. »

Le passage aux années 1990 n'a pas été de toute quiétude pour Pierre Nora, ni pour le navire Gallimard qui a failli couler du fait d'une terrible guerre de succession déclenchée peu après la nomination d'Antoine comme P-DG de l'entreprise, alors que son père Claude se retire, malade, et mourra le 29 avril 1991. En janvier 1990, sa fille Françoise prend la part d'actions qui lui revient dans l'héritage de son père, et annonce par l'intermédiaire de la banque Henry Ansbacher de New York qu'elle les met en vente. Elle réclame en outre de recevoir des indemnités de la part de la maison d'édition en tant que salariée de celle-ci, abusivement licenciée. Antoine Gallimard se dit prêt à tout pour sauver l'indépendance de la maison et n'hésite pas, pour montrer sa détermination, à qualifier de « prédateurs » tout détenteur de capital qui convoiterait de la racheter. Jeune P-DG de l'entreprise, il ne possède alors que 33,5 % du capital. Mais il dispose d'un appui de poids, celui des éditeurs et des auteurs de la maison.

Un mardi, Françoise Gallimard, la sœur d'Antoine, décide de s'imposer au comité de lecture et d'enfreindre ainsi les règles du sacro-saint rituel pour y faire valoir ses droits. Lorsque Pierre Nora arrive rue Sébastien-Bottin, il trouve Antoine Gallimard dans tous ses états, refusant de participer à ce comité si sa sœur, qui est déjà dans la salle de réunion, persiste à vouloir en être : « Elle avait déjà affirmé son intention de vendre, refusé ma proposition de nomination d'un expert pour évaluer la société, et je me proposais de racheter ses parts à leur juste valeur. Et elle a le culot de venir au comité de lecture. Je dis à Pierre que je suis vraiment très embêté et lui demande s'il veut bien s'en occuper[87]. » Pierre Nora, tendu, le rassure en lui promettant de prendre l'affaire en main. Arrivé dans la salle où la plupart des membres du comité étaient déjà installés, Pierre Nora demande vertement à Françoise Gallimard de bien vouloir « foutre le camp ». Elle lui oppose la légitimité de sa place et qu'elle ne bougera pas. Mais Pierre Nora ne s'en laisse pas conter et lui lance que si elle n'entend pas quitter la salle d'elle-même immédiatement, il se verra contraint de l'expulser. Associant le geste à la parole, il la reconduit à la porte de force malgré ses protestations véhémentes et ses menaces de rétorsion à son égard. Il faut dire que Pierre Nora, peu coutumier de ce genre d'affrontements, plus connu à juste titre pour sa courtoisie, a été particulièrement indigné et même scandalisé par l'attitude de cette femme : « Pierre a fait preuve en cette occasion d'un courage physique dont je lui suis toujours très reconnaissant[88]. »

Cet accrochage n'est que le premier d'une longue série. En mars 1990, Antoine Gallimard crée une holding avec des actionnaires minoritaires pour obtenir la majorité dans la société. Mais son frère Christian et ses sœurs contestent devant le tribunal la légitimité des opérations réalisées par leur père lorsque, après la rupture avec Christian, il a cédé à Antoine une partie de ses propres actions pour que celui-ci puisse contrôler l'entreprise le jour venu. Le risque d'éclatement est encore grand, et Pierre Nora, comme bien d'autres, se mobilise pour soutenir Antoine Gallimard qui défend avec ténacité l'indépendance de la maison fortement convoitée en ces temps troublés. À l'occasion d'un dossier publié par *Le Nouvel Observateur*, Pierre Nora exprime son soutien sans réserves à Antoine Gallimard, seul capable de préserver l'esprit de la maison : « Il a fait ses preuves et s'est acquis la confiance de la maison[89]. » Cet esprit, selon Pierre Nora, consiste à faire entendre une autre musique que celle du tiroir-caisse « qui nous casse les oreilles depuis quinze jours[90] ». Son ami et confrère, responsable des collections de psychanalyse, J.-B. Pontalis, s'en prend de son côté à la logique infernale des financiers contre les savetiers. Il en retient surtout le fait que Gallimard a conquis le « statut d'institution[91] », et le doit avant tout à ses écrivains. Philippe Sollers prend aussi la plume dans *Le Figaro* et Antoine Gallimard bénéficie du soutien très affirmé de Jack Lang au ministère de la Culture. Par ailleurs, Robert Gallimard a fait signer un manifeste par un très grand nombre d'auteurs ayant décidé de quitter Gallimard si la maison tombait entre les mains de banquiers. Au terme de laborieuses négociations, mais grâce à la détermination sans faille d'Antoine Gallimard qui va jusqu'à renoncer au reste d'héritage laissé par son père au moment de son décès, une holding (Madrigall) est constituée qui permet, avec 51,8 % des actions, de sauver l'indépendance de la maison.

Pierre Nora est admiratif devant le parcours de cet Antoine Gallimard qu'il a connu gamin, passant son bac, timide, fragile, maladif et qui s'est révélé un éditeur aux qualités exceptionnelles, écartant tous les obstacles, affrontant tous les incendies, en se mettant personnellement en danger pour sauver l'esprit Gallimard. Philippe Sollers, qui entre en 1988 rue Sébastien-Bottin en pleine guerre de succession, soutient lui aussi immédiatement Antoine Gallimard : « Je lui ai dédicacé mon livre *Les Folies françaises* à un moment où personne n'aurait misé un kopeck sur sa réussite. Joueur je suis, j'ai senti le contraire. Cela consistait à être plus légitimiste que ceux qui se sentaient légitimes[92]. » Alain Minc voulait de son côté que la maison Gallimard entre en Bourse et, devant le refus d'Antoine Gallimard, il le qualifia de capitaliste archaïque : « Mais Dieu merci ! C'était effarant, les Atrides ou Dallas n'étaient rien à côté[93]. »

Le jardin secret littéraire

L'homme des sciences humaines et de l'histoire qu'est Pierre Nora n'a jamais renoncé à ses goûts profonds qui le portent vers la littérature, vers la poésie. Côté public, il assure son magistère en publiant, en préfaçant, en s'engageant dans les voies les plus innovantes, mais il préserve jalousement du regard public sa passion littéraire qu'il maintient dans les limites de son jardin secret auquel n'accèdent que ses plus proches. C'est une autre des raisons pour lesquelles il est dans son élément chez Gallimard, puisque la véritable identité de cette maison depuis sa création est la littérature en majesté. Les auteurs qu'affectionne Pierre Nora viennent de là, et Marcel Proust est le premier d'entre eux, mais aussi les poètes : « Il peut vous réciter du Rimbaud et je pense que c'est ce qu'il a aimé dans la maison Gallimard, cette dimension littéraire[94]. » Un jour, Robert Gallimard demande à Pierre Nora, dont le statut est un peu à part dans la maison en tant qu'éditeur de ce qui ne relève pas de la fiction, s'il aime la littérature : « Il m'a récité *La Maison du berger* d'Alfred de Vigny. J'en suis resté bleu. Il adore la littérature[95]. » Au fond de lui-même, confirme son ami

Georges Liébert, ce qui compte, c'est la littérature, à la fois par goût et par la formation qu'il a reçue, et cet idéal a plutôt pour effet de le paralyser : « C'est la seule personne que je connaisse qui soit capable de vous réciter d'affilée une cinquantaine de vers de *La Jeune Parque* de Paul Valéry ou d'un très beau poème que nous admirons tous les deux, celui de Pierre Louÿs célébrant les amours avec Marie de Régnier, *Pervigilium Mortis* (1917)[96]. »

Gaston Gallimard a pressenti tout de suite cette vocation rentrée d'écrivain chez Pierre Nora : « Quand Pierre est arrivé dans la maison, il a vite assisté aux comités de lecture et je reverrai toujours Gaston, au sortir d'un comité, poser la main sur l'épaule de Pierre Nora et lui disant : "Je suis ravi, c'est très bien ce que vous faites, mais quand est-ce que vous allez me faire un livre de vous pour moi ?" Je me suis dit : "Quel éditeur, ce Gaston !"[97] » Chez Gallimard, il aura eu l'occasion de nouer des relations d'amitié avec quelques écrivains qu'il apprécie tout particulièrement. C'est le cas notamment avec Milan Kundera dont il a été très proche. Pierre Nora avait beaucoup aimé *La Plaisanterie* ainsi que son recueil de nouvelles, *Risibles amours*, lorsqu'il fait fortuitement sa connaissance dans son haut lieu de villégiature habituelle, à Belle-Île, où il se rend régulièrement l'été à l'hôtel Castel Clara. Milan Kundera, arrivé de Tchécoslovaquie en France en 1975, y passait lui aussi ses vacances dans une maison prêtée par un de ses amis. Claude Roy, autre habitué de l'île fait les présentations : « On s'est connus sur la plage et on ne s'est plus quittés, devenant même très copains[98]. » Pierre Nora aura beaucoup fait pour son intégration dans la vie intellectuelle parisienne : « Je n'oublierai jamais que vous m'avez donné un premier coup de pouce dans la direction de la libération intérieure en disant : il faut tourner la page[99]. »

Lorsqu'ils se rencontrent, Milan Kundera enseigne à l'université de Rennes 2. Pierre Nora le fait entrer à l'EHESS en 1980. Alors qu'en 1979 la République tchèque, en pleine normalisation, lui retire sa nationalité, Pierre Nora s'emploie à ce qu'il acquière au plus vite la nationalité française, ce qu'il obtient dès 1981 grâce à son réseau de proches : François Furet, Jean-Claude Casanova, ce dernier étant au cabinet de Raymond Barre : « Arrivé à Paris, j'étais de ceux qu'il appelait sans cesse pour s'y retrouver dans un monde qu'il ne connaissait pas[100]. »

C'est de plus une période de célibat pour Pierre Nora qui est alors séparé de son épouse Françoise Cachin, si bien qu'il était le plus souvent chez les Kundera, Milan et son épouse Véra : « Cher Pierre, où es-tu ? On s'ennuie de toi et on s'ennuie avec les autres[101]. » Lorsque

Pierre Nora lance *Le Débat*, il sollicite Milan Kundera qui y écrit dès la seconde livraison[102]. Pierre Nora lui demande d'écrire pour la revue son dictionnaire personnel, les mots clés qui parcourent ses romans[103]. Ils ont été à ce point proches qu'est venu un jour où Milan Kundera n'a plus pu supporter sa situation de dépendance vis-à-vis de son ami et, au cours d'un dîner chez le frère de ce dernier, Jean, médecin qui l'avait opéré de la vésicule biliaire et avec lequel il avait aussi sympathisé, il lance à Pierre Nora : «J'en ai marre, je ne te supporte plus.» Leur relation amicale se poursuit, mais avec davantage de distance, d'autant que c'est le moment où Kundera se brouille avec les premiers amis qui l'ont accueilli en France, et notamment avec Claude Roy qui a beaucoup fait pour lui, l'ayant entre autres introduit au *Nouvel Observateur*.

Poursuivant son travail d'écriture en France et en français, Milan Kundera n'a plus rencontré le même écho qu'avec ses premiers livres et il en a nourri une aigreur croissante. Moins reconnu en France, il subit même de violentes attaques du côté de son pays natal où il est accusé en 2008 d'avoir dénoncé à la police un individu qui, selon lui, jouait un double jeu. Cette accusation est néanmoins très fragile, ne s'appuyant que sur une seule source, d'origine policière douteuse, sans aucun recoupement. Krzysztof Pomian et Pierre Nora y voient la résurgence de pratiques néostaliniennes et écrivent ensemble un article de protestation paru dans *Le Monde* : «Les accusations contre Milan Kundera sont scandaleuses et dangereuses[104].»

Pierre Nora est aussi un ami proche du poète Yves Bonnefoy qui a enseigné au Collège de France de 1981 à 1993, et à qui il suggère d'ailleurs de le rejoindre à l'Académie française à la fin de l'année 2002. Yves Bonnefoy est très sensible à cette amicale attention, mais ne donne pas suite, car pour lui la poésie doit rester en dehors de toute institution. Dans sa réponse, il cite Pasternak qui écrit que «quand la place du poète n'est pas vide, elle est dangereuse». Déclinant l'offre, il n'en exprime pas moins sa reconnaissance : «Permettez-moi en tout cas de vous redire avec quelle émotion je me sens l'objet de votre pensée si amicale. L'admiration que j'ai pour votre œuvre ajoute à ce sentiment[105].»

Pierre Nora découvre avec enthousiasme, comme beaucoup, le roman de Jonathan Littell, *Les Bienveillantes*, et il consacre dans *Le Débat* un gros dossier à l'ouvrage[106]. À cette occasion, il s'entretient directement avec son auteur, en lui exprimant le choc que son livre a provoqué chez lui : «Je suis de ceux que votre livre a sidérés. C'est pour moi un phénomène littéraire et historique extraordinaire[107].» Pierre Nora renoue avec ses interrogations déjà anciennes sur ce qu'est un *best-seller* comme symptôme d'une sensibilité d'époque à laquelle il renvoie comme un miroir. Au cours de l'entretien, il prend ses distances avec les réactions critiques de certains historiens qu'il juge par trop corporatistes et reconnaît en certains cas la supériorité de la littérature dans l'évocation du passé, comme Littell le montre à propos de Babi Yar. Et Pierre Nora salue aussi dans cet ouvrage son effet de réhistoricisation de la Shoah réintégrée dans le phénomène plus général de la Seconde Guerre mondiale, alors qu'on avait tendance à l'en isoler. En même temps, le roman de Littell crée, selon Pierre Nora, «un appel d'air, consistant à ramener à l'humain l'inhumain total[108]». Cette proximité temporaire avec Littell, comme son amitié et sa proximité avec le romancier Patrick Modiano, renvoient Pierre Nora à ses premiers enthousiasmes littéraires qui ne l'ont jamais quitté, pour René Char, pour Proust...

Lieux de vie et d'évasion

Françoise Cachin, devenue comme l'on sait Mme Nora à la fin de 1963, a travaillé à Montréal, mais s'y s'ennuyant ferme, et désireuse de revenir en France, elle se voit proposer par André Chastel, dont elle est l'élève, de mettre en place un musée du Vin à Bordeaux, chez les Rothschild. Ravie de cette opportunité, elle accepte et partage son temps entre Paris et Bordeaux où elle passe deux jours par semaine. Elle devient ainsi la protégée et l'amie de Pauline de Rothschild et de son mari Philippe qui possèdent le fameux Mouton-Rothschild. Pauline de Rothschild, qui fait montre d'une grande curiosité intellectuelle, se lie d'amitié avec Françoise Cachin et lui demande d'inviter son fiancé à leurs soirées parisiennes. C'est ainsi qu'au début des années 1960, de retour d'Algérie, Pierre Nora, en compagnie de Françoise Cachin, passe une soirée épique chez Pauline de Rothschild. Parmi les convives se trouvent aussi François Nourissier et les prestigieux André Pieyre de Mandiargues et Louis Aragon : «Nourissier et moi ne disant évidemment rien devant un tel aréopage, Pauline de Rothschild se tourne vers moi et me dit : "Ah ! Pierre, expliquez-nous ce qu'est le structuralisme." Je me suis lancé dans un discours qui n'en finissait plus et qui endormait tout le monde. J'en transpirais, des gouttes tombant dans ma soupe[109].» Cet exploit mémorable a suscité une grande compassion chez la maîtresse de maison qui a invité régulièrement Pierre Nora à venir prendre le thé chez elle l'après-midi.

C'est en entrant dans le cercle des Rothschild que les Nora vont faire la connaissance de leurs amis, le baron Teddy Van Zuylen et son épouse Gabrielle. Au fil des années, Pierre Nora sera sous le charme de Gabrielle qui, une fois séparée de son mari, deviendra sa compagne. Il éprouve par ailleurs une véritable fascination pour le faste de la vie de cette noblesse flamande et de ses raffinements qui n'est pas sans rappeler celle de son frère Simon pour la famille de Cossé Brissac, sa première épouse.

Le couple Nora connaît à la fin des années 1960 des remous qui vont le conduire à une séparation en 1971. C'est Françoise Cachin qui trouve le nouvel appartement de Pierre Nora, « un petit bijou, rue de Furstenberg[110] ». Outre son bureau de la rue Sébastien-Bottin, Pierre Nora se préserve là un espace personnel en passant une bonne partie de son temps de lecture, d'écriture et d'entretiens dans son bel appartement situé sur la plus charmante et charmeuse place de Paris, la place Furstenberg où, du quatrième étage, il domine de son balcon les toits du triangle d'or de l'édition parisienne, au-dessus du musée Delacroix.

Entre cette séparation et la vie avec Gabrielle Van Zuylen, Pierre Nora devenu célibataire a un garçon, Elphège, avec la directrice des librairies Flammarion, Anna-Josyane Magniant. Cette situation est restée clandestine pendant un bon moment car Pierre Nora n'avait pas l'intention de se marier avec la mère de l'enfant. Gabrielle Van Zuylen était alors en plein divorce, son choix est allé vers elle : « Gabrielle a fait preuve d'une grande générosité, estimant qu'ayant quatre filles et moi aucun enfant, elle a fini par accepter une situation que personne d'autre n'aurait acceptée. La mère d'Elphège aura été aussi exceptionnelle, acceptant d'élever cet enfant dans la discrétion et la perfection[111]. » Il n'en aura pas moins vécu là une situation qui n'était pas simple. Mais, au fil des années, il a découvert, avec une joie non dissimulée, la paternité, éprouvant pour son fils une affection croissante, une vraie passion. Il est partout en photo chez lui rue de Furstenberg, et il voyage très souvent avec lui, qui a vingt-cinq ans et poursuit de brillantes études dans le domaine de la génétique et biologie du développement. Un moment fort dans cette découverte de la paternité remonte à l'année 2000 lorsque Bogumil Jewsiewicki invite Pierre Nora en Afrique du Sud pour un colloque sur la mémoire. Pour ce lointain voyage, la compagne de Pierre Nora, Gabrielle, est conviée mais son état de santé ne lui permettant pas de s'aventurer si loin, elle suggère à Pierre Nora d'emmener son fils Elphège : « Cela a été le plus extraordinaire de ce voyage en Afrique du Sud, cette découverte par Pierre de son fils, ce grand moment de rapprochement avec ce fils qu'il ne voyait que peu, et cette réconciliation avec son rôle de père, y trouvant un grand plaisir, une sorte de voyage initiatique entre père et fils[112]. »

Gabrielle Van Zuylen est restée dans son appartement de la rue de Bellechasse dans le 7e arrondissement de Paris, jusqu'à sa mort en juillet 2010. Paysagiste, elle avait été l'élève de Russell Page à qui elle avait consacré un beau livre d'hommage[113]. Elle avait d'ailleurs demandé à son maître de s'occuper du jardin de la maison qu'elle venait d'acheter avec son mari en 1966 en Normandie, à Varaville, près de Deauville. Dans le même temps, elle faisait construire, près de l'écurie qui date du XVIIIe siècle, une maison moderne à l'américaine, un seul bloc de pierre et de verre de plain-pied. Ils auront ainsi jardiné ensemble : « L'attention que Russell porta au moindre détail et le soin qu'il déploya aux plantations furent sans bornes[114]. » Pierre Nora y a passé beaucoup de son temps de loisir lorsque Gabrielle Van Zuylen est devenue sa compagne. Il est aussi allé assez souvent dans la demeure des Van Zuylen en Hollande, le château de Haar, que Teddy Van Zuylen, après le divorce, a laissé à son épouse chaque mois de septembre. De grandes réunions festives et amicales se tinrent dans ce lieu sublime et proustien où Pierre Nora transformé en châtelain pouvait inviter qui il souhaitait dans ce qui est le plus spacieux château de Hollande. Datant du XIVe siècle, il a été incendié par les troupes de Louis XIV et rebâti dans le style néogothique à la fin du XIXe siècle. Il abrite des trésors et notamment de superbes tapisseries flamandes datant des XVIe et XVIIe siècles : « Il y avait la saison du Haar en septembre, tous les ans entre 1980 et 1995, et le tout-Paris éditorial s'y précipitait[115]. » Il faut dire que les conditions d'accueil étaient exceptionnelles, pas moins d'une quarantaine de chambres et autant de domestiques dans un luxe que l'on a peine à imaginer aujourd'hui.

Outre ce lieu qui rappelle le salon de Mme de Guermantes, Pierre Nora affectionne un endroit à l'écart de l'agitation parisienne, Belle-Île-en-Mer, où il a pris l'habitude d'aller passer ses courtes vacances estivales : « Un été à Belle-Île sans Pierre, c'est un repos sans vie, c'est Belle-Île sous la mer, c'est Pierre sans sa malice, c'est la place Furstenberg sans ses réverbères[116]. » Dans cette île, très prisée par le milieu littéraire, il retrouve toute une sociabilité intellectuelle. Les habitués de ce lieu sont nombreux l'été : Claude Roy, Georges Kiejman, Claude Lanzmann, Robert Badinter... Françoise Verny y a été adoptée, descendant deux fois par an à l'hôtel Castel Clara. Elle est même devenue l'amie des propriétaires, se faisant appeler par Jean-François Josselin la « madone de Kervilhaouen », le lieu-dit auquel est rattaché son hôtel.

L'ami de Pierre Nora, J.-B. Pontalis, y a loué une maison pendant treize années consécutives. Il y retrouve aussi François Hartog qui, cédant au charme du lieu, y a fait construire une maison. L'été est l'occasion pour eux deux de discussions plus libres qui ont conforté leur proximité dans la discipline historique : « C'est un lieu qui compte beaucoup pour lui. Il y a toute une part de son existence, de souvenirs accrochés à ce lieu. Nous les partageons et nous y sommes très sensibles[117]. » Et puis, il y avait le vénérable de l'île, propriétaire d'une maison depuis plus d'un demi-siècle, Jean-Pierre Vernant : « Le plus ancien est toujours au grade le plus élevé[118]. »

Mais c'est surtout un haut lieu de la détente, des balades à vélo, des promenades, des bains de mer, et pour Pierre Nora dans le luxe de l'hôtel Castel Clara, magnifiquement situé, surplombant la mer près du grand phare de l'île sur la côte sauvage, en face du port de Goulphar. Olivier Rolin ayant dirigé un ouvrage sur les chambres d'hôtel, François Hartog lui a écrit une contribution sur la chambre 110 de ce luxueux hôtel. Et, en homme de terrain et d'enquête, il est allé y passer avec son épouse une nuit pour écrire son chapitre : « Sur la terrasse, un petit groupe cherchait à s'abriter du vent, où je reconnais Pierre Nora et Maurice Olender, je vais les saluer. Leur conversation porte sur le roman policier : un livre sur cinq vendus en France est un polar[119]... »

24

La ligne prestige

Parmi les collections de non-fiction chez Gallimard, il en est une qui jouit d'un prestige particulier, celle qu'a fondée Bernard Groethuysen en 1927, la « Bibliothèque des idées ». C'est là que l'on trouve certaines des publications les plus prestigieuses de l'avant-guerre comme celle du créateur de la collection[1], côtoyant la même année Gabriel Marcel[2], auxquels s'ajouteront, dans les années 1930, Bertrand Russell[3], Max Raphaël[4], Élie Halévy[5], Raymond Aron[6], puis, dans les années 1940 et au-delà, les ouvrages de Jean-Paul Sartre[7]. Il faut encore y ajouter Brice Parain, Georges Friedmann, Maxime Leroy, Alexandre Kojève ou Oswald Spengler et Lucien Goldmann, soit une belle brochette d'auteurs qui font encore autorité dans le paysage intellectuel du milieu des années 1960 quand Pierre Nora est sollicité par Claude Gallimard pour animer le secteur non-fiction.

Lorsqu'il prend ses responsabilités chez Gallimard, personne n'est vraiment au poste de commande de cette « Bibliothèque » dont les publications suivent les aléas des suggestions des uns et des autres au comité de lecture. La responsabilité allait-elle en incomber à Pierre Nora qui était déjà très occupé avec la poursuite de sa collection « Archives » et le lancement de sa « Bibliothèque des sciences humaines » et de sa collection « Témoins » ? « Claude Gallimard pensait que je devais d'abord faire mes armes avant de me la confier, car elle représentait une sorte de sanctuaire symbolique[8]. »

Puis, au fil des années 1960, constatant le succès spectaculaire de la « Bibliothèque des sciences humaines » qui a supplanté la « Bibliothèque des idées » tombée un peu en léthargie et en manque d'inspiration face au triomphe des sciences humaines, Claude Gallimard demande cette fois à Pierre Nora en 1971, lorsqu'il lance sa « Bibliothèque des histoires », de s'occuper aussi de la « Bibliothèque des idées ». Il n'est certes pas seul à l'animer, mais il va y jouer un rôle déterminant à partir du début des années 1970. À cette « Bibliothèque », s'ajoute aussi pour lui une autre collection dans laquelle il peut placer un certain nombre de publications, la collection « Les Essais » qui a été créée par Gaston Gallimard en 1931 et dont la direction était collégiale, animée par la famille Gallimard, Jean Paulhan, Raymond Queneau et Brice Parain. Inaugurée par la publication de Benda et d'André Gide, cette collection comptera seize titres entre 1931 et 1936, puis totalisera deux cent vingt-neuf titres jusqu'en 1987, date d'arrivée chez Gallimard d'Éric Vigne qui va la relancer en lui donnant davantage de cohérence sous le titre nouveau « NRF-Essais ».

La filiation littéraire

Avant même d'être appelé à s'occuper davantage de la « Bibliothèque des idées », Pierre Nora avait fait quelques suggestions et écrit quelques rapports qui ont donné lieu à des publications d'ordre littéraire.

Mais sa première grande implication dans l'animation et la direction de cette collection date de la publication de Jean-Yves Tadié, spécialiste de Marcel Proust qui est son auteur de prédilection, son modèle littéraire, et plus que cela. Il n'est pourtant pas particulièrement enthousiasmé par la thèse de Tadié qui, dit-il dans son rapport, « sent son premier de la classe, son normalien d'honnête calibre[9] », précisant même qu'à toutes ses analyses fines et distinguées il préfère une page de Proust, mais justement il s'agit de Proust et donc de « thèmes qui mettent simultanément en éveil la sensibilité contemporaine : le temps, le je, les structures du récit, les transfigurations de personnages, les mécanismes de la mémoire, les techniques de description[10] ». Il estime que Tadié a réalisé la plus vaste étude d'ensemble sur Proust comme romancier, et le livre paraît en 1971[11].

Avec Jean Starobinski, qui va devenir son ami, Pierre Nora alimente aussi dans le domaine littéraire la « Bibliothèque des idées ». Georges Lambrichs et Pierre Nora font savoir en 1968 à Starobinski que les éditions Plon sont prêtes à lui rendre ses droits à propos de son ouvrage sur Rousseau paru en 1957, ouvrage qui, revu et augmenté par sept essais publiés depuis, sera édité chez Gallimard en 1971*.

* Jean Starobinski, *Jean-Jacques Rousseau ou la Transparence et l'obstacle*, Gallimard, 1971. L'ouvrage connaîtra un beau succès, passant en poche en 1976, coll. « Tel ».

Starobinski y renouvelle le genre biographique, même s'il présente son ouvrage comme ne relevant ni de la biographie ni de l'étude systématique d'une œuvre. Il part de cet entrelacs, de cet indéfini qui se situe entre réalité et fiction. L'approche de Rousseau ne doit imposer aucune grille de lecture, mais partir scrupuleusement de l'observation et de la description du rapport au monde tel que l'entretient Rousseau tant dans sa vie que dans son œuvre. Cela implique une pénétration au plus profond de la structure de l'œuvre avec ce qu'elle charrie de symboles et d'idées, mais aussi une restitution de ce que le texte évoque pour le magnifier ou s'y opposer, le monde social extérieur qui pour Rousseau fait obstacle à la transparence à laquelle il aspire et rêve.

En 1982, Jean Starobinski communique un nouveau manuscrit à Pierre Nora sur Montaigne. Dans une perspective similaire, il y retrace les étapes de la pensée de Montaigne comme relevant d'un refus initial à partir duquel son désir d'écrire a pris son élan*. Ce texte suscite l'enthousiasme de Pierre Nora : « Un ouvrage de haute qualité, sans artifice de style ni érudition universitaire, appelé, comme le *Rousseau*, à devenir classique[12]. » Puis en 2003, Starobinski récupère les droits de trois de ses livres publiés chez Skira, *Portrait de l'artiste*, *Les Emblèmes de la raison* et *L'Invention de la liberté*, qui sont immédiatement repris par Pierre Nora pour la « Bibliothèque illustrée des histoires »[13]. Le 5 mai 2010, c'est Pierre Nora qui fait l'éloge de son ami au Victoria Hall à l'occasion de la remise du prix de la Fondation pour Genève. Il affirme voir en lui l'incarnation du meilleur de la culture et de l'esprit de l'Europe. Starobinski, outre son œuvre personnelle, aura en effet présidé pendant trente ans, de 1965 à 1995, les Rencontres internationales de Genève, toujours attentif au décloisonnement des disciplines savantes et des aires culturelles pour faire prévaloir un humanisme européen. Pierre Nora salue en lui le plus grand critique vivant qui a su conserver son indépendance d'esprit grâce à son refus de toute inféodation, et possède un sens exceptionnel du comparatisme grâce à sa sidérante culture littéraire, des beaux-arts, musicale ainsi que médicale, attestée par la richesse de sa bibliothèque personnelle de 40 000 ouvrages.

Grâce à Starobinski, Pierre Nora prend contact avec le professeur allemand de l'université de Constance qui a révolutionné la critique

---

* Jean Starobinski, *Montaigne en mouvement*, Gallimard, 1982. Ce nouvel ouvrage de Starobinski sera aussi un succès et passera en poche en 1993, coll. « Folio ».

littéraire, Hans-Robert Jauss. En 1978, il publie un ouvrage de Jauss présentant sa théorie originale de l'histoire littéraire, avec une préface de Jean Starobinski qui introduit Jauss auprès du public français[14]. Jauss définit une troisième voie, très féconde, entre la théorie du reflet, théorie marxiste selon laquelle la littérature ne serait que le simple reflet de l'univers social, et la théorie formaliste selon laquelle elle se serait tout au contraire coupée de tout enjeu sociétal. L'esthétique de la réception, selon Jauss, prend en compte ces deux pôles pour définir un horizon d'attente fait d'imaginaire social et d'univers des formes, un tissage mixte émanant à la fois de logiques synchroniques et diachroniques. Jauss aura fortement contribué à ce que l'on pense ensemble texte et contexte, car cette dernière dimension est essentielle pour comprendre les divers modes d'appropriation par les lecteurs.

Pierre Nora publiera un autre ouvrage de Jauss, recueil d'essais parus dans des revues spécialisées, attestant la fécondité de l'approche herméneutique. Ces ouvrages trouvent un assez large public en France où l'œuvre de Jauss est particulièrement appréciée en ces années 1980, renouvelant profondément l'analyse littéraire. *L'Esthétique de la réception*, publié en 1978 à 3 000 exemplaires et épuisé en 1985, ne cesse d'élargir son audience, ce dont bien évidemment Hans-Robert Jauss se réjouit : « Merci aussi bien pour la nouvelle de la vente si considérable de mon livre. J'en suis particulièrement heureux et même un peu fier ! Un succès en France m'importe beaucoup plus, parce que je considère votre pays comme ma "patrie mentale"[15]. »

L'autre auteur qui a permis de sortir d'un certain nombre d'impasses du modèle structuraliste et que la « Bibliothèque des idées » fera connaître au public français, est Michaël Bakhtine. Il permet de sortir de la clôture du texte. Comme Jauss, il ouvre l'étude critique des textes littéraires à la trame historique dans laquelle ils s'inscrivent. Une telle approche disqualifie toute tentation d'enfermement du texte sur lui-même. Ce sont en premier lieu des sémiologues venus de Bulgarie, Julia Kristeva et Tzvetan Todorov, qui ont introduit Bakhtine en France, donnant ainsi à l'analyse structurale littéraire un second souffle et une nouvelle orientation à partir de 1966.

En 1967, la maison Gallimard s'intéresse à la publication de ses travaux en France et Claude Gallimard demande son avis à Louis Aragon : « Au mois de septembre dernier, Raymond Queneau m'a vivement recommandé l'ouvrage de Michaël Bakhtine traitant de l'œuvre de François Rabelais et de la culture populaire au Moyen Âge et sous la Renaissance... Par ailleurs, l'on vient de me parler d'un autre livre de

Bakhtine, un essai sur les problèmes poétiques de Dostoïevski... Je n'ai pas non plus demandé d'option car encore une fois je serais heureux avant de le faire de connaître votre avis sur ces livres[16]. » L'ouvrage sur Rabelais sera assez vite publié dans la « Bibliothèque des idées »[17]. Bakhtine replonge l'œuvre de Rabelais dans le terreau qui a été le sien, celui de la culture populaire, dans ses catégories mentales, et c'est dans l'expression carnavalesque qu'il saisit l'inspiration majeure du comique grotesque de Rabelais.

Pierre Nora prend le relais, et lorsqu'il apprend la parution à Moscou en 1976 d'un ouvrage posthume de Bakhtine, il le donne immédiatement à lire à Andrée Robel et Michel Aucouturier, et demande à ce dernier d'écrire une préface à ce recueil d'essais en 1978[18]. Il en publie encore un autre en 1984 qui comporte sept études parmi les écrits posthumes de Bakhtine s'échelonnant sur trente ans, et demande à Tzvetan Todorov de le préfacer[19]. Sur Rabelais encore, Pierre Nora publiera en 1992 un classique paru en Angleterre en 1979, et que lui a conseillé son ami Alain Besançon, l'ouvrage de Michael Screech*. Ce gros ouvrage est une mine d'érudition et suit pas à pas l'œuvre de Rabelais selon son ordre chronologique, restituant à chaque étape la complexité du monde rabelaisien où se croisent des données aussi hétérogènes que l'héritage de la comédie humaniste, la pensée utopique, les éléments de culture cabalistique et bien d'autres éléments d'un univers particulièrement riche d'apports multiples. Ce n'est plus la culture populaire bakhtinienne qui résonne dans le texte de Rabelais dont Screech délivre le sens allégorique. Loin d'en faire un ironiste du pouvoir toujours occupé à en dénoncer le ridicule, l'auteur nous le présente comme fondamentalement engagé et avec passion en faveur du roi de France et de sa dynastie.

Pierre Nora aura aussi amené à la « Bibliothèque des idées » René Étiemble avec lequel il avait eu un grave contentieux remontant à l'époque de ses vingt ans. Il avait connu par René Char une « princesse » malgache d'une grand beauté pour laquelle il avait éprouvé une véritable passion. Cette femme avait vécu avec Étiemble qui, apprenant sa liaison avec Pierre Nora, l'avait provoqué en duel. Une fois revenu à de meilleurs sentiments, ils sont devenus amis. Pierre Nora avait déjà édité Étiemble dans sa collection « Archives »[20]. Il va cette fois publier en 1988 en deux volumes le cours qu'Étiemble a donné à

* Michael Screech, *Rabelais*, Gallimard, 1992. L'ouvrage rencontrera son public en France et passera en poche en 2009, coll. « Tel ».

la Sorbonne sur la Chine dans la pensée occidentale et notamment française au XVIIIe siècle, moment où elle entre de plain-pied dans la connaissance de l'Europe des Lumières[21].

L'affaire n'a pas été simple, et pas seulement du fait de l'épaisseur du manuscrit qui a nécessité sa publication en deux volumes. René Étiemble fait état auprès de Pierre Nora de contentieux personnels avec Claude Gallimard. Il prétend que tout a changé en mal dans la maison Gallimard depuis 1974, et se plaint d'avoir de nombreux projets restés en souffrance, ce qu'il supporte d'autant moins qu'il a été un collaborateur interne de la maison, y ayant même animé une collection. Pierre Nora essaie de le rassurer, d'abord sur les bonnes intentions de Claude Gallimard vis-à-vis de lui, ensuite sur ce qu'est devenue la maison Gallimard : « La maison a moins changé, soyez-en sûr, que le monde, l'économie et le prix de la vie. L'édition est devenue réellement difficile[22]. » Avec *L'Europe chinoise* qui paraît grâce à Pierre Nora, René Étiemble connaît dans sa vieillesse, il a soixante-dix-neuf ans lors de sa sortie, un succès notoire, une reconnaissance publique. Il reçoit le prix Balzan du comparatisme et Bernard Pivot lui consacre une de ses émissions d'*Apostrophes* en février 1988 : « La présentation de *L'Europe chinoise* par Bernard Pivot dans son émission... fut si généreusement excessive, oui, c'est le mot, que j'en ai quelque gêne ; heureuse gêne puisqu'elle vous remercie, vous autant que moi, et autant que moi je vous remercie d'avoir obtenu que sortît cet ouvrage[23]. »

L'œuvre de Paul Bénichou est en totale correspondance avec la « Bibliothèque des idées ». Spécialiste de l'histoire des idées en littérature, il a étudié le transfert de sacralité dont a bénéficié l'écrivain et consacré quatre imposants volumes à une grande histoire philosophique du romantisme français. Issu d'une famille juive de Tlemcen en Algérie, Paul Bénichou a été victime du statut des Juifs de Pétain en 1940. Interdit d'enseignement, il avait gagné l'Argentine où il a connu et fréquenté Jorge Luis Borges qu'il a traduit. Il est de retour en France en 1949, après la publication de *Morales du Grand Siècle* en 1948 dans la « Bibliothèque des idées »[24].

Si Paul Bénichou est tout de suite consacré par Gallimard, curieusement l'université française lui reste fermée. Il enseigne longtemps au lycée Condorcet à Paris avant de partir pour Harvard. Il publie chez Corti son fameux livre, *Le Sacre de l'écrivain*, en 1973, montrant à quel point l'auteur littéraire se voit charger d'une véritable mission par une société postrévolutionnaire qui transfère sur lui ses valeurs de sacralité et reconnaît à la littérature la capacité de déchiffrer le monde. L'ouvrage devient vite un classique, et lorsque Pierre Nora apprend en 1995 qu'il peut reprendre les droits de l'ouvrage aux éditions Corti, il suggère tout de suite de l'éditer et il reparaît chez Gallimard en 1996.

En 1977, on examine chez Gallimard le manuscrit de Paul Bénichou qui porte le nom de «Doctrines de l'âge romantique» et qui se situe dans la même perspective que ses ouvrages précédents, explorant le pourquoi et le comment de ce pouvoir spirituel confié à la littérature en France. Sa thèse est très opposée au climat structuralisant et se réclame plutôt de l'humanisme et du classicisme. Pierre Nora apprécie sans plus le manuscrit qui pour lui s'apparente à une histoire littéraire un peu trop traditionnelle, et il entend bien changer le titre qui est par trop scolaire, mais il salut l'érudition et la clarté de l'exposé : «C'est un livre extrêmement soigné, nourri d'une forte et saine érudition. Personnellement, il m'a fait mieux connaître les grands auteurs, et m'a introduit surtout à une petite quantité d'auteurs mineurs dont j'ignorais tout[25].» Il annonce dans une lettre du 24 février à Paul Bénichou que son manuscrit est retenu pour publication et qu'il va profiter d'un passage à Harvard entre le 18 et le 25 mars 1977 pour le rencontrer. Le livre paraît en 1977 sous un autre titre[26], et reçoit en 1978 le prix Bordin de l'Académie française.

Paul Bénichou poursuit sa démonstration en s'avançant au cœur du XIXe siècle avec Lamartine, Vigny, Hugo qui se sont considérés comme les prêtres d'une nouvelle religion de l'humanité, les incarnations poétiques d'une nouvelle prophétie, ouvrage qui suscite davantage d'enthousiasme chez Pierre Nora : «Un très beau livre, solide, savant, lisible, parfaitement dominé, et comme on en voudrait beaucoup[27]...» Il emporte cette fois le prix d'études Alfred de Vigny en 1988.

Puis, alors qu'il a plus de quatre-vingts ans, Paul Bénichou apporte à Pierre Nora en 1991 le dernier opus qui doit clore son aventure romantique, son chant du cygne dans la seconde moitié du XIXe siècle, avec Nerval, Musset, Théophile Gautier, Sainte-Beuve qui vivent le «coucher de soleil romantique» avec mélancolie[28]. Il publiera encore un autre ouvrage chez Gallimard, l'ultime, avec son éclairage de l'œuvre de Mallarmé dans lequel il développe l'idée que le poète «crypte» une poétique qui est en fait davantage la dernière expression du romantisme que l'invention d'une poétique totalement nouvelle[29].

Du côté de l'Allemagne, Georges Liébert engage vivement son ami Pierre Nora à publier l'ouvrage de Wolf Lepenies sur Sainte-Beuve, ce qui sera chose faite en 2002[30], ce dont se réjouit Pierre Nora : «Voilà plusieurs semaines que je voulais personnellement vous écrire pour vous dire toute mon admiration devant votre *Sainte-Beuve* que je suis particulièrement heureux de publier[31].» Cependant l'ouvrage sera un échec commercial assez étonnant dans la mesure où Lepenies est connu en France pour avoir ouvert la voie à la définition d'une troisième culture, d'un type de langage en tension entre littérature et sciences. Son *Sainte-Beuve* n'a pas trouvé son public en France, «résultat qui en dit long sur l'état de la culture française[32]».

Avec George Steiner, critique littéraire à la notoriété internationale qui enseigne à la fois à Cambridge et à Genève, Pierre Nora apporte en 1986 à la «Bibliothèque des idées» un intellectuel talentueux, un vrai virtuose, et en même temps un succès commercial. L'œuvre de George Steiner a pourtant eu quelques difficultés à être reconnue en France, et la période structuraliste ne lui a pas été favorable. Son livre *Après Babel*, publié chez Albin Michel en 1974, a été un échec. Mais en 1984, Pierre Nora, qui a bien compris que les temps ont changé et que l'orientation dominante d'hier n'est plus de saison, considère qu'«il est fort possible que son heure soit enfin venue[33]». Le manuscrit qu'il entend publier analyse la trace du mythe d'Antigone dans la culture occidentale. C'est toute une sédimentation de sens différents que restitue George Steiner[34] dans un livre dont le grand succès lui ouvrira grandes les portes de l'Hexagone : «C'est le triomphe et il ne pouvait être plus complet ! J'en suis profondément heureux car il répare une trop longue période d'indifférence française à votre œuvre. Je suis fier de me sentir secrètement et très "circonstantiellement" l'instrument de cette aventure qui ne fait que commencer[35].» La joie est bien évidemment partagée et scelle une profonde amitié : «Mon cher Pierre, grâce à vous, à Gallimard, je vis des heures vraiment exceptionnelles !... mon entrée dans la maison par la porte de votre générosité[36].»

Pierre Nora a aussi attiré vers Gallimard un auteur qui vient du Seuil et dont la brillante carrière l'a conduit jusqu'au Collège de France, Antoine Compagnon. Il avait été sollicité pour écrire une contribution essentielle dans *Les Lieux de mémoire* sur Marcel Proust que Pierre Nora voulait rédiger lui-même. Spécialiste de l'histoire littéraire, Antoine Compagnon écrit un certain nombre de portraits à la demande de Pierre Nora pour *Le Débat* : Thibaudet, Péguy, et à la suite de ces petits essais, ils décident qu'il y a matière pour un ouvrage qui rassemblerait ces portraits déjà écrits en ajoutant des inédits sur le thème de la réaction au modernisme[37]. Pour cet ouvrage, il écrit une longue introduction représentant la moitié du livre dans laquelle il définit cette figure à la fois paradoxale et contradictoire de l'écrivain antimoderne. C'est le « mécontemporain » façon Péguy qui se trouve partagé entre l'ancien et le nouveau comme l'ont été Chateaubriand, Tocqueville au XIXe siècle, qui se sont bien gardés de brandir la foi dans le progrès, ce « fanal obscur ». On retrouve, selon Antoine Compagnon, cette même ambivalence au XXe siècle chez Marcel Proust, Georges Bataille, Roland Barthes ou Julien Gracq qui sont autant de « mécontemporains » devenus le sel de l'histoire littéraire, l'aiguillon nécessaire à une modernité qui autrement serait condamnée à se dissoudre.

Mais Pierre Nora entend bien lever tout malentendu avec Le Seuil. Il écrit au directeur de la maison rivale, Claude Cherki, pour éviter tout contentieux à propos d'Antoine Compagnon qui est jusque-là auteur au Seuil : « Cher Claude, Antoine Compagnon t'aura écrit de son côté, mais je tiens du mien à te dire tout de suite comment j'ai été amené à engager un ouvrage avec lui pour que tu n'aies pas le sentiment d'un détournement d'auteur. Ce projet est né de deux articles que je lui ai successivement commandés pour *Le Débat* sur Thibaudet et sur Péguy. Un autre sur Benda que finalement nous n'avons pas publié et réservé pour la galerie de portraits d'"antimodernistes"[38]. »

Parmi les « mécontemporains », Pierre Nora est aussi l'ami et l'éditeur de Marc Fumaroli, professeur au Collège de France, spécialiste du XVIIe siècle, dont il édite en 2006 son cours sur l'histoire de la République des lettres du XVIe au XIXe siècle[39]. Les publications de Marc Fumaroli et celles de Pierre Nora vont fortement marquer le travail de recherche engagé par un jeune doctorant littéraire, Jean-Louis Jeannelle, et c'est par Antoine Compagnon que le lien avec Pierre Nora va se nouer et déboucher sur une publication dans la « Bibliothèque des idées » en 2008[40].

Normalien, agrégé de lettres, Jean-Louis Jeannelle part un an à Harvard en 1998-1999 pour ses recherches sur le genre littéraire constitué par les mémoires. Lorsqu'il rentre en France, il va trouver Antoine Compagnon, dont il apprécie particulièrement le retour théorique de l'histoire littéraire, pour lui soumettre et pour qu'il dirige ce travail de thèse. C'est au moment de la constitution du jury de thèse qu'il exprime à Antoine Compagnon le souhait que Pierre Nora y participe, tout en précisant que cette requête peut paraître quelque peu incongrue : « J'avais envie d'un regard critique, de trouver un espace intermédiaire entre les écrits littéraires et l'histoire, et comme j'utilisais beaucoup de catégories venant de Pierre Nora, et notamment sa catégorie d'ego-histoire que j'oppose aux écrits autobiographiques, ou son concept de mémorable, j'avais envie de sa présence au jury[41].» C'est donc le jour de la soutenance que Jean-Louis Jeannelle rencontre pour la première fois Pierre Nora, le 13 décembre 2003. En tant que membre du jury, ce dernier, comme à son habitude, a joué le jeu de la critique, du regard extérieur, acerbe et prompt à déceler des insuffisances. Mais celles-ci n'affectent cependant pas un jugement très laudatif sur cette thèse. Pierre Nora «se déclare très frappé de ce travail impressionnant par l'ampleur de sa mission, qui couvre dans tout son développement historique un genre littéraire : par l'ampleur de la lecture, celle des mémoires eux-mêmes, des genres voisins, autobiographie, histoire, sociologie, psychologie, par la finesse de l'analyse, l'auteur est en permanence conscient de l'ambiguïté du genre, marginal et central à la fois à la littérature et à l'histoire[42]».

Une fois son premier ouvrage sur *Malraux* paru en «Hors série»[43], Pierre Nora travaille de concert avec Jean-Louis Jeannelle à la transformation de la thèse en ouvrage, ce qui suppose de nombreuses modifications, des coupes sévères et donc des échanges avec son auteur pour qu'il les accepte : «Il m'a beaucoup aidé à revoir mon plan, à le simplifier et à placer ma partie théorique en fin de volume, après trois parties historiques[44].» Après des discussions de fond, s'engage entre eux un débat sur le titre. Pierre Nora, qui a pourtant le génie des titres, en aura récusé un bon que lui suggérait son auteur, celui de «Vies majuscules» qui faisait évidemment écho aux *Vies minuscules* de Pierre Michon. Trouvant ce titre trop clin d'œil pour initiés, pas assez explicite, il a opté pour un titre certes explicite, mais plat, qui évoque trop le manuel que le livre n'est pas, *Écrire ses mémoires au* XX*e siècle*.

Au-delà de la «Bibliothèque des idées», Pierre Nora s'est très fortement engagé dans le véritable retour sur l'avant-scène de la critique littéraire, dont bénéficie, dans les années 2000, Albert Thibaudet, qui avait traversé un long purgatoire, sombrant peu à peu dans l'oubli. Pierre Nora est toujours resté très attaché à Thibaudet qu'il avait beaucoup utilisé dans son enseignement à Sciences-Po. On comprend bien ce qui peut l'attacher à cette grande figure de l'hybridité, passeur entre les continents philosophique, littéraire et politique. Thibaudet réunit une sensibilité littéraire, un savoir encyclopédique et un sens de la démarche historienne. En outre, il est considéré par René Rémond comme «le fondateur de l'histoire des idées politiques en France[45]».

Ce bi-admissible à l'agrégation de philosophie et agrégé d'histoire qu'était Thibaudet a été un monument dans l'histoire de la maison Gallimard, et la *NRF* lui a consacré un numéro d'hommage en juillet 1936, symbolisant alors le moment du sacre de l'écrivain, de la suprématie de la littérature.

Le reflux du modèle structuraliste, le rayonnement de l'école dite de Genève – Georges Poulet, Jean-Pierre Richard ou Jean Starobinski – pour laquelle Thibaudet, ancien professeur à Genève, fait figure de pionnier, tout ce contexte devenait favorable à son retour : « J'ai toujours eu pour idée de faire dans *Le Débat* une série sur les grands critiques depuis Sainte-Beuve, que l'on fasse un ensemble sur Focillon, Chastel, Thibaudet[46]... » Pierre Nora propose d'abord à Michel Winock, qui décline l'offre, de lui écrire un portrait de Thibaudet. Il se tourne alors vers Antoine Compagnon qui se met au travail dans la lignée de son Brunetière[47]. À la suite de cet article, Robert Kopp, professeur de littérature à Bâle et collaborateur de la collection « Bouquins » chez Laffont, prend contact avec Antoine Compagnon pour qu'il lui prépare pour « Bouquins » un Thibaudet analogue à ce qu'ils avaient fait sur Renan.

Antoine Compagnon élabore un projet de publication qui comporte quatre volumes : « Alors que je bataillais pour Thibaudet, un beau jour, Antoine Compagnon m'annonce qu'il prépare pour "Bouquins" un Thibaudet en quatre volumes chez Laffont où l'on s'était aperçu que Thibaudet passait dans le domaine public. Mon sang n'a fait qu'un tour. Je suis allé voir Antoine Gallimard en lui disant qu'il allait perdre un personnage très important, alors que la maison disposait de tous ses textes d'ordre littéraire, qu'il importait d'urgence de le republier, et qu'un seul support était envisageable, celui de la collection "Quarto" chez Gallimard[48]. » Pierre Nora se tourne donc vers la responsable de la collection « Quarto », Françoise Cibiel, qui ne manifeste aucun enthousiasme, considérant que le volume ne se vendra pas et qu'elle ne peut donc en publier, comme le prescrit sa collection, 6000 exemplaires. Son pessimisme était alors fondé sur le fait que les « Quarto » de Paul Bénichou occupaient la lanterne rouge des ventes de sa collection. Elle en avait déduit que la critique littéraire ne se vendait pas.

Pierre Nora use alors de tout son art de conviction dans un interminable va-et-vient entre le bureau de Françoise Cibiel qui s'abrite derrière un supposé veto d'Antoine Gallimard et le bureau de ce dernier qui l'assure faire ce qu'il peut pour convaincre sa collaboratrice de publier ce volume « Quarto » sur Thibaudet. En désespoir de cause,

Pierre Nora va voir Robert Kopp : « Je lui ai raconté tout cela en lui disant que j'en étais malade. Il m'a dit : "Je vous comprends" et il m'a invité à faire des conférences à Bâle[49]. » En bataillant encore et en obtenant l'aide du CNL, Pierre Nora parvient enfin à obtenir un accord pour la publication d'un « Quarto » consacré à la part littéraire de l'œuvre de Thibaudet. De son côté, Antoine Compagnon avançait son travail pour « Bouquins ».

Un heureux contretemps va permettre une publication simultanée opportune. Alors que le premier volume de « Bouquins » était prêt pour être publié en avril 2006, célébrant ainsi la date de la mort de Thibaudet en avril 1936, on s'aperçoit chez Laffont que les écrits de Thibaudet tombent bien dans le domaine public soixante-dix ans après sa disparition, mais qu'il faut y ajouter une année légale, et donc le volume ne peut être mis sur le marché qu'au début 2007. Antoine Compagnon, aidé par deux de ses étudiants, se lance alors dans une course de vitesse pour que le volume « Quarto » soit prêt à paraître à cette date, alors qu'il n'en avait pas encore commencé l'élaboration au printemps 2006. Confirmant le diagnostic de Pierre Nora, ces deux publications vont être un succès et remettre Thibaudet au goût du jour. Non seulement le public est au rendez-vous, mais la presse fait un bon accueil à l'événement éditorial qui donne lieu par ailleurs à une rencontre au Centre culturel suisse le 29 mai 2007 où se retrouvent quelques spécialistes de Thibaudet dont les interventions sont publiées dans *Le Débat*[50].

L'orientation littéraire de la « Bibliothèque des idées », sous l'impulsion de Pierre Nora, se confirme encore avec la publication des ouvrages d'un philosophe de profession, Alain Roger, mais dont les corpus analysés sont essentiellement littéraires. Pierre Nora le publie d'abord, en 1997, dans la « Bibliothèque des sciences humaines »[51]. Dans ce livre, Alain Roger s'interroge sur la notion de paysage, historicisant les diverses approches et apportant un point de vue original jusque sur les problèmes contemporains de l'écologie et du patrimoine naturel. Cette thématique du paysage connaît un regain d'intérêt à la fois chez les géographes, architectes, historiens d'art et simples curieux.

Dix ans plus tard, Alain Roger soumet à Pierre Nora un nouvel essai qu'il publie cette fois dans la « Bibliothèque des idées »[52]. On reconnaît là un thème que cet ancien élève de Gilles Deleuze doit à son maître, celui d'avoir à lutter contre la bêtise avec, entre autres, une arme qui est celle de l'humour, seule capable de « nuire à sa propre bêtise ».

Mais il importe aussi, dans la filiation deleuzienne, de répondre sérieusement aux défis que pose la bêtise. Alain Roger se donne donc pour objet ce que l'on a coutume de considérer comme de simples dérapages momentanés et marginaux. Or, c'est dans le domaine littéraire que l'on trouve les pépites les plus éclatantes de la bêtise, selon Alain Roger, qui se demande même si les écrivains n'auraient pas inventé la bêtise qui serait devenu leur affaire.

Le magistère philosophique

Si la nature proprement philosophique de cette « Bibliothèque des idées », placée sous le signe prestigieux des grandes publications sartriennes, s'est fortement atténuée pour laisser place au domaine des humanités au sens large, elle n'en a pas moins poursuivi la publication d'ouvrages d'ordre philosophique, partageant l'édition de la philosophie avec la « Bibliothèque de la philosophie ». Dès ses débuts chez Gallimard, et alors qu'il était encore tenu à distance de cette « Bibliothèque », Pierre Nora suggère en 1967 d'y publier l'ouvrage de Pierre Naville sur d'Holbach qui était paru en 1943 chez Hachette, mais dont le tirage, épuisé, permettait la reprise des droits, et qui reparaît refondu et actualisé en 1968[53]. En cette année 1968, Pierre Nora suggère aussi de traduire l'ouvrage d'histoire des idées politiques de Hobbes à Locke sur la formation du capitalisme de C. B. Macpherson qui a déjà connu un large succès en Angleterre et aux États-Unis[54].

Le grand introducteur de l'œuvre de Hegel qu'a été Alexandre Kojève a été publié dans la « Bibliothèque des idées » en 1947*, alors que toute l'œuvre de Hegel se trouvait publiée chez Gallimard dans la « Bibliothèque de philosophie ». On connaît la fascination et le magistère qu'a exercés sur toute une génération d'intellectuels Alexandre Kojève, qui a diffusé une certaine lecture de Hegel, particulièrement marquée par la période stalinienne. En 1968, peu avant sa mort, Pierre Nora rencontre Kojève qui lui explique qu'il ne s'est rien passé en Mai 68 en France car il n'y a pas eu de morts. Disparaissant à la fin de l'année 1968, il laisse une très vaste œuvre posthume que Raymond Queneau va peu à peu éditer chez Gallimard dans ces années 1970 au

* Alexandre Kojève, *Introduction à la lecture de Hegel*, Gallimard, 1947. Ouvrage qui a bénéficié du magistère de Kojève. Il s'en est vendu 13 792 jusqu'en 1984, puis il a connu une seconde carrière en poche, coll. « Tel ».

cours desquelles l'autorité de Kojève est à la mesure d'une domination sans partage de sa lecture de Hegel[55].

Pierre Nora prend le relais au début des années 1980 avec la publication des manuscrits posthumes du maître de l'hégélianisme. Raymond Aron transmet en 1979 à Pierre Nora un manuscrit posthume à la fois très achevé et très ambitieux de Kojève, une vaste phénoménologie du droit qui se présente comme la matrice de l'historicité, avec une fin de l'histoire qui correspondrait à l'avènement du « droit parfait ». Pierre Nora publie l'ouvrage en 1982[56], et en 1984 il suggère la publication d'un petit livre de synthèse définissant l'esprit philosophique comme discours spécifique qui « vise à dire tout ce que l'on peut dire sans se contredire, en tenant et en rendant compte du fait qu'on le dit ». Pierre Nora n'est pas particulièrement enthousiasmé par la thèse défendue par Kojève, mais soutient le projet de sa publication au nom de son importance dans le siècle : « Je ne suis ni philosophe ni kojévien. Mais il est évident qu'on a là l'un des philosophes majeurs de l'époque, *le* morceau le plus important, le plus clair aussi, et dont la publication s'impose[57]. » Malgré sa détermination, Pierre Nora ne sera pas entendu et Claude Gallimard ne considérera pas nécessaire la publication de ce manuscrit de Kojève. Sa dernière publication dans la « Bibliothèque des idées » sera suscitée par Marcel Gauchet auquel François Terré, professeur de droit et membre de l'Académie des sciences morales et politiques, propose d'éditer un manuscrit écrit par Kojève pendant la guerre, un petit volume consacré à une notion en vogue dans le début des années 2000, celle de l'autorité, qui effectivement sera édité[58].

L'introduction de Kojève à Hegel était un moyen d'arriver à son dépassement par Marx. C'est une tout autre lecture de Marx que donne le philosophe Michel Henry, celle d'une phénoménologie de Marx. Dans un courrier envoyé en octobre 1973, Michel Henry fait savoir qu'il vient d'achever une longue recherche qui a abouti à ce qu'il présente paradoxalement comme le premier vrai ouvrage philosophique sur Marx. Il en espère l'édition par la maison Gallimard et précise : « Mon ami Le Roy Ladurie, de passage à Montpellier, veut bien se charger du manuscrit qu'il compte remettre à M. Pierre Nora[59]. » Un an après, en septembre 1974, Michel Henry fait le voyage de Montpellier à Paris pour remettre à Pierre Nora son manuscrit en son état définitif qui paraît en 1976 en deux volumes[60].

Son intention est de dissocier la parole originelle de Marx des lectures postérieures qui en sont faites dans les divers courants marxistes qui véhiculent selon lui l'ensemble des contresens qui ont été faits sur Marx. Michel Henry reconnaît en Marx l'unité d'un projet philosophique et l'utilisation de concepts fondamentaux d'ordre ontologique. Faire retour à Marx exige de mieux comprendre ce qu'il a voulu dire, et Michel Henry a pour ambition de prendre son intention philosophique au sérieux. Puis en 1984 Michel Henry propose un nouveau manuscrit, *Le Commencement perdu*, qui est défendu par Pierre Nora mais refusé par le comité de lecture et Claude Gallimard. Pierre Nora le déplore auprès de Michel Henry : « Quand j'ai adressé personnellement ma note à Claude Gallimard, la lettre de refus était déjà partie. Je n'ai pas beaucoup d'influence dans ce domaine, mais mon argumentation était simple : quand on a un philosophe de votre qualité, on ne le lâche pas... Ce refus traduit un flottement général du secteur philosophique dans la maison. Le problème n'est pas nouveau[61]. »

Référence montante dans les années 1980-1990, Walter Benjamin sera aussi un des auteurs de Pierre Nora pour la « Bibliothèque des idées ». Philosophe allemand de la fameuse école de Francfort, Benjamin a fui le nazisme pour se réfugier en France où il s'est suicidé en 1940. Pierre Nora est bien conscient que Benjamin suscite un intérêt croissant comme témoin d'une époque tragique qu'il a su incarner et exprimer, et qui a pour conséquence que le grand éditeur allemand Suhrkamp publie dans les années 1980 toute son œuvre en douze volumes : « J'ai toujours regretté que l'ensemble n'ait pas été localisé dans la maison, mais publié ici et là en ordre dispersé[62]. » Pierre Nora se voit proposer en 1986 par un jeune germaniste, en accord avec l'éditeur Suhrkamp, un recueil de textes de Walter Benjamin qui ont été directement écrits en français sur Baudelaire, sur l'œuvre d'art à l'époque de la reproduction mécanisée, sur le concept d'histoire et sur son enfance berlinoise. Le tout sera présenté par Jean-Maurice Monnoyer et la destination première qui était celle des « Essais » se transformera en « Bibliothèque des idées »[63].

Avec la publication en 1981 de l'ouvrage de Gérard Jorland qui a soutenu sa thèse en 1978 sur Alexandre Koyré, Pierre Nora fait une incursion dans l'histoire réflexive des sciences[64]. L'auteur reçoit le prix Bordin de l'Académie française pour ce livre sur la tradition du rationalisme occidental. Pierre Nora publie en 1985 l'ouvrage de Dominique Janicaud[65]. Professeur de philosophie à Nice, Dominique Janicaud se consacre à une analyse critique d'un monde contemporain qui s'épuise dans une dynamique de l'accroissement de puissance, au risque de mettre en danger la rationalité elle-même. Ce danger exige de la part de la pensée philosophique une critique serrée de toute philosophie de la connaissance et notamment des sciences qui ne prendraient pas en charge les effets concrets de la puissance rationnelle, donc de la dimension éthique de la question.

Pierre Nora voit en Dominique Janicaud un bon philosophe de la nouvelle génération qu'il convient d'attirer vers Gallimard : « Il y a là un travail de décapage théorique de haute qualité. L'analyse de la distinction pensée/raison chez Heidegger et de son approche du monde technique contemporain, par exemple, est de premier ordre ; ou même sa critique, assez drôle et ironique, du rapport Nora-Minc et de la philosophie inconsciente qui la sous-tend !... Si l'on veut attirer dans la maison les quelques bons philosophes, il faut prendre celui-là[66]. »

Le contrepoint musical

Pierre Nora a aussi beaucoup nourri la « Bibliothèque des idées » dans un domaine où on ne l'attendait pourtant pas, celui de la musique, notamment au travers des nombreuses publications de Rémy Stricker qu'il a amené comme auteur chez Gallimard. Rémy Stricker avait déjà publié un ouvrage chez Gallimard dans la collection « Les Essais » en 1968[67], puis, plus rien. C'est Jean-Louis Crémieux-Brilhac qui fait savoir à Pierre Nora en septembre 1978 que Rémy Stricker souhaiterait vivement le rencontrer à propos d'un manuscrit qu'il est en train d'écrire sur les opéras de Mozart.

Rémy Stricker est à la fois musicien, élève de Dufourcq, de Beaufils et de Roland-Manuel, musicologue et professeur d'esthétique musicale au conservatoire de Paris, critique musical et animateur de nombreuses émissions à France Musique et France Culture. Pierre Nora répond favorablement à la requête transmise par Jean-Louis Crémieux-Brilhac : « Je connais Rémy Stricker, non seulement pour ses émissions, mais par sa *Musique du baroque*. S'il veut me voir, il sera le bienvenu[68]. » Ils se rencontrent et il se trouve que Philippe Beaussant doit lancer une nouvelle collection « Pour la musique » en 1980, ce qui crée des conditions favorables pour l'accueil d'un tel manuscrit chez Gallimard : « Mon cher Stricker, Bravo ! C'est pris et je suis content de pouvoir enfin vous l'annoncer[69]. »

Le projet de collection de Philippe Beaussant n'aboutissant pas, cet ouvrage, dans lequel Rémy Stricker présente Mozart comme un dramaturge shakespearien cherchant à comprendre « ce que l'œuvre et la vie se racontent l'une à l'autre», sera finalement publié dans la «Bibliothèque des idées»[70] : «Un très beau livre d'esthétique et de psychologie, stimulant et provocant pour la réflexion, qui prendra normalement sa place à côté des études de Hocquart, de Barraud, de Mann, il a sa place toute trouvée dans la "Bibliothèque des idées", plutôt que dans une collection musicologique[71]. » Suivra, du même auteur, un ouvrage sur Schumann en 1984[72].

Rémy Stricker se trouve avoir en Pierre Nora un ferme soutien dans la maison car les choses ne vont pas de soi. Claude Gallimard voit en effet avec réticence l'accumulation de ces publications musicales dans une «Bibliothèque des idées» qui n'a pas été conçue pour la musicologie. Il décide d'ailleurs en 1984 de refuser le projet soumis par Rémy Stricker d'un ouvrage sur Franz Liszt : «Je ne crois pas qu'il faille se lancer dans la publication du livre de Stricker sur Franz Liszt, pour plusieurs raisons : [...] La "Bibliothèque des idées" ne peut devenir une collection où seraient publiés les livres sur la musique ; ou alors il faudrait attendre les résultats du livre de Stricker sur Schumann... Je vois mal depuis quelque temps le succès que peut remporter un livre difficile sur la musique quand il est publié au coup par coup, sans collection précise, et sans politique bien définie[73]. »

Le projet se heurte donc à un refus, mais Pierre Nora revient à la charge à l'occasion de la préparation du centenaire de la mort de Liszt, en 1986. Il faudra pourtant attendre l'année 1993 pour que le *Liszt* de Rémy Stricker puisse paraître[74], là encore grâce au soutien indéfectible de Pierre Nora : «Il y a longtemps qu'on attend sur Liszt le livre autorisé. On a beaucoup glosé sur ses amours, sa virtuosité pianistique, sa production immense et inégale, mais on n'avait pas trouvé le livre d'ensemble et la tentative d'interprétation d'ensemble de cette personnalité écrasée par la gloire et d'une complexité et d'une richesse qui en font un modèle de héros romantique français[75]. » Pour son *Liszt*, Rémy Stricker reçoit le prix particulièrement prestigieux de l'académie Charles-Cros remis au palais des Congrès le 4 mars 1994, ainsi que le prix Bernier de l'Académie des beaux-arts en novembre 1993. Rémy Stricker exprime sa profonde reconnaissance à son éditeur devenu son ami : «Cher ami, je vous dois tout plein de remerciements... D'abord pour le livre si bien réalisé que c'était une joie de le tenir entre les mains. Ensuite pour votre télégramme qui m'a fait autant plaisir que le prix, lequel récompense autant la confiance que vous n'avez cessé de me faire et la façon dont vous m'avez toujours défendu, ce dont je vous ai une profonde reconnaissance, croyez-le bien[76]. » Puis, Rémy Stricker prépare pour Gallimard l'année Schubert, en 1997[77]. Il y aura encore un ouvrage sur Beethoven en 2001[78], et sur Berlioz à l'occasion des festivités de sa commémoration en 2003[79]. Il aura entre-temps écrit une biographie de Georges Bizet pour la collection «NRF/Biographies» de Georges Liébert[80].

Il faut préciser que dans le domaine de la réflexion sur la musique, Pierre Nora pouvait s'appuyer sur le fait que les éditions Gallimard ont systématiquement publié dans la «Bibliothèque des idées» les ouvrages du philosophe Adorno concernant la musique[81]. Pierre Nora s'occupe de la suite de ce programme de publications au milieu des années 1980 et défend le projet de publication de l'essai d'Adorno sur Berg : «Il correspond en effet très bien au type même de livre sur la musique qui peut être fait dans la maison... Le centième anniversaire de la naissance d'Alban Berg approche[82].» Puis, la maison d'édition allemande Suhrkamp propose en 1999 à Pierre Nora la publication de la correspondance entre Adorno et Berg entre 1925 et 1935 qui vient de paraître en Allemagne. Pierre Nora donne une suite favorable, d'autant que l'ouvrage permet de faire revivre toute la vie musicale si riche de l'entre-deux-guerres en Allemagne avec la naissance de la musique dite moderne[83].

Dans le domaine de la critique musicale, Pierre Nora a aussi publié en 1978 dans la «Bibliothèque des idées» un vieil ami à lui, l'Américain Charles Rosen, pianiste et musicologue réputé aux États-Unis, qui va connaître un réel succès commercial en France avec ce livre réimprimé en 1983, en 1991 et en 1995[84]. Puis Pierre Nora examine en 1997 un nouveau manuscrit de Charles Rosen sur Chopin, Schumann, Liszt, soit toute la génération romantique. Dans un premier temps, quelque peu effrayé par l'épaisseur du manuscrit et le nombre de portées musicales, il émet un avis défavorable, mais il se ravise devant le succès remporté par l'édition américaine du livre et l'accueil élogieux de la presse, et fait suivre le manuscrit par Georges Liébert qui deviendra à son tour un grand ami de l'auteur. L'ouvrage paraîtra en 2002[85], et Claude Samuel lui fera obtenir le prix des Muses de 2003.

Civilisations non occidentales

Pierre Nora aura aussi été pour cette «Bibliothèque» le premier lecteur et l'éditeur du plus grand spécialiste de l'Islam iranien, Henry Corbin, qui a publié entre 1971 et 1973 une énorme somme d'érudition en quatre volumes sur ce thème[86]. Tout pourtant semble un défi à l'édition au plan commercial dans ce projet, mais l'intérêt scientifique a prévalu. Henry Corbin a consacré quelque vingt-cinq ans à mieux faire connaître en Europe le chiisme iranien. Il est alors en poste au département d'iranologie de l'Institut français de recherche de Téhéran. Pierre Nora engage des négociations avec les Iraniens qui acceptent de subventionner la moitié de chacune des éditions : « Ce livre est assez extraordinaire et serait à peu près comme *Mythe et Épopée* de Dumézil. Je ne vois pas pourquoi nous publierions Dumézil sans problème et sans subvention et pourquoi nous refuserions Corbin qui est subventionné[87]. » Juste récompense pour l'auteur et pour l'éditeur, le défi économique que représentait cette édition sera brillamment relevé*. Pierre Nora écrit à sa veuve en 1988 : « La publication de *En Islam iranien* est une de mes fiertés d'éditeur et je garde un souvenir vraiment très chaud et très vivant de l'amitié dont M. Corbin a bien voulu m'honorer[88]. »

Autre monument éditorial et défi aux lois du commerce, Pierre Nora a pris en charge la publication de la thèse de Louis Massignon en quatre tomes dans la « Bibliothèque des idées »[89]. Il signe en 1967 un contrat avec le CNRS pour la réédition de cette thèse monumentale, précédemment publiée aux éditions Geuthner en 1922, mais que Massignon n'a pas cessé de remanier et d'enrichir jusqu'à sa mort en 1962. Professeur au Collège de France, Louis Massignon s'est consacré à l'histoire de l'Islam médiéval et à la sociologie de l'Islam contemporain. Il a fallu trouver d'importants moyens financiers pour réaliser une telle entreprise. Pierre Nora a pris l'initiative avec Jacques Berque de faire le tour des ambassades arabes pour solliciter des achats fermes d'exemplaires. De plus, un prix de souscription a été offert pour ceux qui se porteraient acquéreurs de l'ouvrage avant parution. En définitive, le bilan commercial n'aura pas été mauvais, puisque l'ouvrage tiré à 2 000 exemplaires par volume est épuisé en 1989.

---

* Les quatre volumes parus en 1971-1973 ont été épuisés en 1977, et seront réimprimés.

V

AU CŒUR DE LA CITÉ

25

Du *Débat* avant toute chose

On sent bien dans la fin des années 1970 comme un parfum d'épuisement de quelque chose, de tournant nécessaire par rapport aux modèles qui ont fait la fortune des sciences humaines. Ce désir de changement est en quête d'un catalyseur chez ceux qui ne supportent plus le prêt-à-penser des chapelles qui se disputent des lambeaux de magistrature à base d'excommunications et d'anathèmes. La philosophie du soupçon, nourrie du structuralisme, du marxisme et autres ismes, est en perdition, et si sur ses décombres les voies de sortie semblent multiples, une alternative crédible tarde à se faire jour.

Une floraison de revues

Comme à chaque moment de basculement, on ressent ici et là le besoin de susciter de nouvelles aventures, de créer de nouvelles revues et les postulants sont nombreux sur les rangs à vouloir incarner un nouvel envol de la vie intellectuelle française. Des projets, des initiatives prolifèrent en ces années de mue. Régis Debray lance un mensuel qui ne sera qu'un ballon d'essai sans lendemain, *Ça ira*, qui paraît en 1977.

La même année voit naître une petite revue chez Payot, *Libre*, qui prend la suite de *Textures* autour de Marc Richir, Claude Lefort, Cornelius Castoriadis, Marcel Gauchet, Pierre Clastres et Miguel Abensour, revue qui se situe dans un engagement antitotalitaire et entend favoriser les échanges intellectuels. Toujours du côté de la pensée antitotalitaire, mais sur son versant libéral et aronien, naît en 1978 la revue *Commentaire* sous la direction de Jean-Claude Casanova, avec à ses côtés Pierre Manent et Marc Fumaroli.

Mais c'est surtout du côté des historiens que souffle un vent favorable. Ils incarnent incontestablement un désir de sortir des schémas trop rigides, d'une langue trop ésotérique, et éprouvent un besoin de passer les credos d'hier au crible de leur historisation. En cette même année 1977, François Furet prend ses fonctions de président de l'EHESS et s'apprête à pourfendre ce qu'il appelle le « catéchisme révolutionnaire ». Il ressent aussi la nécessité d'une nouvelle revue. Sans en prendre la direction, il est à la base du projet qui se réalise en 1979 sous le nom de *H-Histoire*, revue lancée chez Hachette sous la direction de l'historien et ami de Furet, Laurent Theis. Elle n'aura qu'une existence de deux années. Furet est alors conseiller chez Hachette-Littérature où travaille Laurent Theis qui livre un premier numéro austère mais prestigieux, avec une forte représentativité de l'EHESS[1]. François Furet s'est beaucoup impliqué dans ce projet malgré ses lourdes responsabilités administratives à la tête de l'École : « On a fait les trois premiers sommaires ensemble. J'avais très souvent besoin de lui, pour contacter les gens que je voulais avoir, notamment les étrangers. Il n'a été pour moi qu'affection et facilitation, à la seule condition que l'on fasse du sport, du tennis surtout, mais aussi du vélo[2]. »

Au Seuil aussi, on se prépare au lancement, qui va être immédiatement un succès, de la revue *L'Histoire*. Elle va prendre place en kiosque à un rythme mensuel et gagner tout de suite un vaste public. C'est Michel Winock qui met au point le projet et en assume la direction : « *L'Histoire* est née en 1978 et cela a été pour Claude Gallimard un choc. Il l'a dit à Pierre Nora qui me l'a confirmé : “Comment n'avez-vous pas eu cette idée-là ?” Il fallait trouver autre chose, et cela a été *Le Débat* qui est né de cet aiguillon, de cette rivalité, pour que la dynamique de la maison continue à être visible[3]. »

La déjà ancienne revue des *Annales* (1929) n'est pas en reste dans ce souci de renouvellement, et Jacques Le Goff, membre du comité de direction de la prestigieuse revue qui incarne alors l'école historique française, nourrit le projet de lancer un magazine qui se serait appelé *La Nouvelle Histoire* : « Quand Jacques Le Goff a appris que nous lancions *L'Histoire*, il en a été alarmé et déçu. Je me souviens d'un déjeuner avec lui où on a bluffé tous les deux. Je lui disais que nous avions une supériorité qui était Le Seuil, alors que lui dépendait des éditions Retz. Le Seuil à l'époque avait un dynamisme formidable, Retz ne faisait pas le poids, et lui de me répondre : “Nous sommes prêts.”[4] » C'est dans ce climat de forte concurrence que naît *L'Histoire* qui risquait de se heurter au patriotisme des *Annales*, de la nouvelle histoire, risque conjuré par le parti pris dès l'origine par Michel Winock, celui de l'éclectisme, du plus grand pluralisme. Par ailleurs, sa percée est facilitée par le fait que le projet de Jacques Le Goff ne verra pas le jour.

Depuis déjà un bon moment, et périodiquement, Claude Gallimard évoquait l'intérêt de lancer une revue qui pourrait jouer dans les sciences humaines le rôle qu'a joué la *NRF* pour la littérature. Pierre Nora en avait bien le désir, mais repoussait chaque fois ce «spectre», craignant son caractère chronophage qui risquait de menacer son rôle dans l'animation de ses «Bibliothèques». Mais devant des initiatives qui fusent de partout et notamment le succès immédiat de la revue *L'Histoire*, Claude Gallimard commence à s'inquiéter. La déjà vieille *NRF* pouvait difficilement rivaliser. Pierre Nora venait d'être élu directeur d'études à l'EHESS et se trouvait donc en bonne position, au cœur de la corporation historienne qui avait su porter au faîte de la gloire internationale les recherches historiennes françaises. Pierre Nora avait depuis déjà longtemps l'idée de créer une nouvelle revue. Lorsque *L'Histoire* est lancée au Seuil, en même temps que quelques grandes collections qui vont conquérir un vaste lectorat comme l'*Histoire de la France rurale*, l'*Histoire de la France urbaine*, Claude Gallimard entre dans le bureau de Pierre Nora, furieux, et s'en prend à son attentisme. Il l'accuse de laisser partir ses propres auteurs et l'invite à réagir au plus vite. Il est alors certain qu'une nouvelle revue serait un appel d'air, ce que dans le milieu on appelle vulgairement un râteau à auteurs.

François Furet le pousse aussi à créer une revue qui aurait l'avantage d'avoir le support logistique et prestigieux de la maison Gallimard, et en même temps il pensait y jouer un rôle majeur, consolidant sa position à la tête de l'École. Michel Foucault également s'emploie à dissiper les dernières hésitations de Pierre Nora en lui présentant cette perspective comme magnifique, espérant bien lui aussi l'animer à ses côtés : «J'ai intériorisé la chose dans une période difficile, assez vide, très “post” : postmarxiste, poststructuraliste, postfreudiste, une période qui émergeait d'un gauchisme intellectuel où l'histoire donnait au marxisme des leçons de réel très fortes[5].»

Un couple improbable

Une fois bien décidé à lancer cette nouvelle revue chez Gallimard, Pierre Nora se demande avec qui l'animer. Il rejette le schéma classique qui consiste à former un comité de rédaction, un réseau de correspondants, un comité de parrainage. Il est à ce point de plain-pied dans tous les réseaux de la vie intellectuelle française qu'il n'a pas besoin de s'encombrer d'une structure administrative lourde. Pour lui, une revue, c'est un homme, et s'il lance un tel projet, il entend bien en assumer l'entière responsabilité. Il lui faut néanmoins quelques collaborateurs pour une telle entreprise. Jacques Julliard va jouer là encore un rôle important auprès de Pierre Nora. Il l'avait déjà, nous l'avons vu, mis en relation avec Jacques Revel pour animer la collection «Archives», et cette fois il lui fait connaître la personne décisive pour la revue à venir : Marcel Gauchet. Il venait de faire sa connaissance ainsi que celle de Claude Lefort car il se passionnait pour *Socialisme ou barbarie* et il côtoyait Marcel Gauchet dans le milieu de la revue *Esprit* : «J'avais trouvé ce type exceptionnel et j'avais proposé au Seuil de le faire entrer comme éditeur[6].» La suggestion de Julliard au Seuil est fermement repoussée, car elle aurait posé des problèmes vis-à-vis du responsable des publications de philosophie et des sciences humaines dans la maison, François Wahl, ami de Roland Barthes, de Jacques Lacan et de Jacques Derrida. Jacques Julliard informe Pierre Nora de la situation, et lui dit avoir rencontré un philosophe de tout premier plan : «J'ai dit à Pierre : si tu le prends, je vais être jaloux, mais Le Seuil ne veut pas[7].»

Pierre Nora fait la connaissance de Marcel Gauchet en 1977 par l'intermédiaire de Claude Lefort, et l'intègre dans son service éditorial en tant que lecteur. Très vite, Marcel Gauchet devient auteur chez Gallimard et Pierre Nora y veille de près : «Je vous écris pour donner à mon message la plus grande solennité : j'attends votre prochain manuscrit et j'espère bien que vous ne vous serez pas engagé avec un autre éditeur avant de vous adresser à moi[8].» Au moment où il sera question de créer la nouvelle revue, Pierre Nora prend la fonction de directeur et Marcel Gauchet en dirigera la rédaction. Pierre Nora cherche un *alter ego* de Marcel Gauchet qui puisse offrir un contrepoids plus journalistique, une écriture plus accessible que celle du philosophe. Il pense à son ami Jean Lacouture avec lequel il a travaillé de près au *Nouvel Observateur*. Pierre Nora tient vraiment à s'adjoindre Jean Lacouture pour animer cette revue à venir. Il décide de faire le voyage en Provence, à Roussillon, pour le convaincre de tenter l'aventure avec lui : «J'en tire de la fierté, cela prouve son amitié pour moi. Il a fait l'aller-retour à Roussillon pour me convaincre, et j'ai refusé car à cette époque j'étais au *Monde* et au *Nouvel Observateur*[9].» Il aurait fallu pour Jean Lacouture quitter son activité journalistique pour une problématique revue engagée dans les débats de la haute intelligentsia parisienne, et il a sagement choisi ce qui constitue son savoir-faire apprécié, le journalisme de l'immédiat.

Ce sera finalement Krzysztof Pomian, historien d'origine polonaise, qui a été déporté en Sibérie avec sa famille où il a passé sa jeunesse, puis a enseigné à l'université de Varsovie à son retour en Pologne. Se trouvant privé de son poste en 1968, il vient s'installer en France en 1973 ; c'est lui qui sera le troisième homme, assistant Pierre Nora dans la direction de la revue. Il vient, lui, de la revue *Libre* : « Il fait partie du *Package Deal* selon ses termes, imposé à Nora par Gauchet qui ne voulait pas se séparer de lui[10]. » Avant la disparition accidentelle de Pierre Clastres, Marcel Gauchet et Pierre Clastres avaient demandé à Pomian de les rejoindre à *Libre* qui paraissait deux fois par an et était édité par Payot. Au moment où Pierre Nora s'apprête à lancer sa nouvelle revue, Krzysztof Pomian et Marcel Gauchet sont très liés : « Marcel, c'est un coup de foudre dans ma vie, cela n'arrive pas souvent[11]. » Quant aux relations entre Pierre Nora et Krzysztof Pomian, on ne peut pas dire qu'elles aient commencé sous les meilleures auspices. Leur premier contact a en effet été un refus signifié à Pomian par Pierre Nora d'éditer le manuscrit qu'il lui avait soumis. Peu après son arrivée de Pologne en France dans l'hiver 1973-1974, Jacques Le Goff pour lequel rien de ce qui est polonais n'est étranger, et voulant aider son ami, réussit à convaincre Pomian de soumettre à Pierre Nora sa thèse sur la pensée historique au Moyen Âge, déjà publiée en polonais. Pomian rédige donc un synopsis sans y croire vraiment, car il est alors totalement inconnu et la traduction envisagée risque d'être difficile : « Pierre m'a accordé une audience au cours de laquelle il m'a gentiment expliqué pourquoi il ne pouvait pas me publier[12]. » Au moment où Pierre Nora lance *Le Débat*, il reprend contact avec Pomian et l'invite au restaurant Au charbon de bois, rue du Dragon, point de départ d'une longue collaboration.

C'est ce trio qui va faire fonctionner la revue dont on cherche alors le titre. Il est question un moment du *Journal des débats*, pour finalement s'arrêter sur le titre *Le Débat* qui exprime bien une volonté de ne pas se donner de limites, de ne pas représenter un courant, une filiation idéologique particulière. À la différence des autres revues généralistes, *Le Débat* entend s'ouvrir à tous les vents et échapper à toutes les chapelles, à toute école, à toute institution. La gageure est de taille, car voilà une revue née au cœur même de l'institution la plus légitime et la plus puissante du monde éditorial, Gallimard, mais qui entend préserver une totale liberté de choix quant aux noms de ses collaborateurs et au contenu de leurs articles.

Le moins que l'on puisse dire est que le choix de Marcel Gauchet pour devenir la cheville ouvrière de la revue *Le Débat* ne relève en rien de quelque convention académique, car il n'y a pas plus atypique que ce brillant philosophe. Son milieu d'origine est tout en contraste avec celui de Pierre Nora. Né en 1946 dans le village de Poilley, dans le département de la Manche, il est fils d'un cantonnier et d'une mère qui exerçait le métier aujourd'hui disparu de couturière. Si Marcel Gauchet a reçu un héritage de ses parents, c'est celui de l'ascèse du travail. Excellent élève à l'école, mais ne pouvant bénéficier d'une trop longue prise en charge financière par ses parents, il entre à l'École normale d'instituteurs au début des années 1960. Son itinéraire d'enfant méritocratique de la République semblait tracé lorsque l'adolescent qu'il devient se révolte : « Le modèle Baudelaire, Rimbaud, Mallarmé : mettre toute sa vie en littérature. Et je n'étais certes pas le seul à raisonner ainsi, d'une manière que j'aimerais désigner comme "révoltiste". Nous formions tous un petit milieu, sans mots d'ordre, huit ans avant l'explosion. Révoltistes, c'est-à-dire absolument étrangers au marxisme sous toutes ses formes et allergiques au parti communiste comme aux groupes gauchistes. Sans doute nous trouvions-nous assez proches de ce qu'on appellera le situationnisme[13]. »

La découverte de *Socialisme ou barbarie* par Marcel Gauchet est très précoce, elle remonte à 1962 lorsqu'il était à l'École normale d'instituteurs de Saint-Lô et qu'il a fait la connaissance de Daniel Anger. Mai 68 fera de Marcel Gauchet un homme de revue. Son intérêt et son implication dans l'activité des revues remonte en fait à l'immédiat après-68. Il rencontre en 1970 Marc Richir qui s'occupait d'une petite revue soixante-huitarde belge, *Textures*. Ils décident ensemble de la relancer sur de nouvelles bases avec Claude Lefort et Cornelius Castoriadis au comité de rédaction. Cette revue va durer jusqu'en 1976. En 1977 l'opportunité se présente de lancer une revue en poche chez Payot, *Libre*. Mais un conflit entre Castoriadis et Lefort va provoquer la disparition rapide de cette nouvelle revue : « Marcel me dit que Castoriadis et Lefort se sont brouillés et ont décidé d'arrêter la revue[14]. » Pomian décide alors de jouer les médiateurs, persuadé qu'il pourrait les convaincre de poursuivre l'aventure, ce qui a débouché sur une réunion au sommet – placée sous la présidence de Jean-Luc Pidoux-Payot – dans le sous-sol de la maison d'édition aussi glacée qu'une rencontre entre Coréens du Nord et Coréens du Sud et qui n'a pu qu'entériner la mort de *Libre*. C'est dans ce contexte que *Libre* disparaît et qu'une aventure nouvelle peut commencer en 1980 avec Pierre Nora et le lancement de la revue *Le Débat* chez Gallimard. Cette nouvelle revue entend se situer au cœur des débats contemporains, sans exclusives, sur le seul critère de compétence. L'attelage Pierre Nora-Marcel Gauchet va s'inscrire dans la longue durée et dans une harmonie intellectuelle d'autant plus étonnante qu'il s'agit d'un couple improbable, détonnant, fait de contrastes, surtout si l'on songe au Marcel Gauchet de ces années-là, encore ébouriffé, sauvage, farouche, au côté d'un Pierre Nora qui passait pour aimable : « C'était Alceste et Philinte dans un bocal. Marcel, c'était un rude animal dans les années 1970, et faire vivre Marcel dans l'institution éditoriale par excellence, et faire *Le Débat* : c'était inimaginable[15]. »

Cheville ouvrière de la revue, Marcel Gauchet construit à l'ombre de Pierre Nora une grande œuvre philosophique que ce dernier va publier dans ses collections chez Gallimard : « Marcel Gauchet, un jeune anthropologue que j'ai attiré comme lecteur dans la maison, est en train de devenir un auteur. Claude Lefort et Pierre Clastres sont bien d'accord avec moi pour penser qu'il y a là déjà plus qu'un espoir, peut-être une espèce de nouveau Merleau-Ponty de la pensée politique[16] ! »

C'est d'abord son ouvrage écrit avec Gladys Swain, *La Pratique de l'esprit humain*, qui paraît au même moment que *Le Débat*, en avril 1980. Ce seul livre suffit à mettre le feu aux poudres, car il va à l'encontre des thèses majeures de l'ami de Pierre Nora, Michel Foucault. Son premier titre, provisoire, était *L'Institution asilaire et la société moderne*, et Pierre Nora le soutient avec une particulière ferveur en interne chez Gallimard : « Il s'agit d'un livre neuf, sans aucun doute possible, remarquable à beaucoup d'égards, difficile par là même à juger, ambitieux dans son intention, le premier d'une œuvre qui sera peut-être intéressante[17]. » La thèse défendue par Marcel Gauchet vient contredire radicalement celle de Michel Foucault sur l'exclusion de la figure de l'insensé par la modernité occidentale. L'erreur de diagnostic de Michel Foucault viendrait de l'illusion selon laquelle l'époque prémoderne aurait donné lieu à une société de tolérance où toutes les différences auraient été acceptées dans un contexte social de l'indifférenciation. Au contraire, selon Marcel Gauchet et Gladys Swain, le fou n'est alors toléré que parce qu'il est considéré comme l'expression d'une espèce infrahumaine. Plus tard, si la cohabitation entre la folie et la normalité pose problème, ce n'est pas par volonté d'exclusion du fou par la raison, mais parce que le fou est perçu comme *alter ego*, comme semblable et non comme tout autre que la raison. À partir de là, l'histoire de la folie dans la société moderne n'est donc plus une histoire d'exclusion, mais au contraire d'intégration.

Marcel Gauchet entreprend ensuite de comprendre comment la dimension symbolique agit dans la société en se donnant le domaine du religieux comme champ d'investigation qui doit être décrypté par l'historien, comme il l'a été hier par le sociologue Max Weber, à partir du partage réalisé entre la part explicite et la part inconsciente des représentations. Sur le plan historique se pose la question de savoir ce qui fonde cette humanité commune. C'est à ce problème que Marcel Gauchet s'est confronté avec *Le Désenchantement du monde*[18] sous l'angle de l'observation des croyances religieuses. Cette histoire des métamorphoses de la place du religieux a pour volonté de conjoindre deux approches souvent présentées comme antinomiques : « L'unité du devenir et l'existence en son sein de discontinuités radicales[19]. » Cette combinatoire entre continuités et discontinuités est à la base d'une possible compréhension du passé, car une expérience humaine commune relie passé et présent. En interne, Pierre Nora insiste sur la nouveauté de la thèse qui consiste à montrer que si la religion peut être historicisée, c'est qu'elle a un début, et donc que l'on peut penser sa fin possible, et qu'« en dépit du retour du religieux que l'on peut remarquer partout dans le monde, la religion – entendue comme la forme de l'organisation de l'expérience humaine en général – est derrière nous. L'idée forte et provocatrice, mais puissamment féconde est que la religion n'est pas allée, avec le monothéisme, vers une spiritualisation supérieure et une forme d'affinement de son expression, mais que le monothéisme a constitué déjà une dégénérescence, par rapport à un âge primitif où, pendant des millénaires, le monde entier, les rapports des hommes à la nature, à l'au-delà et entre eux étaient commandés entièrement par le religieux[20] ». Dans cet ouvrage, Marcel Gauchet s'inscrit dans la lignée des études wébériennes sur la progressive sécularisation du monde moderne, sur la fin de la croyance en un principe transcendental comme fondement du lien social, dont la démocratie occidentale serait le point d'aboutissement.

Marcel Gauchet poursuivra et approfondira sa réflexion sur la démocratie représentative, le pouvoir politique dans la modernité dans toute une série de publications. À l'occasion du bicentenaire, il réalise un ouvrage sur les droits de l'homme que Pierre Nora souhaitait depuis bien longtemps publier : «L'intérêt majeur de son livre est, comme souvent chez lui, d'appuyer une réflexion d'ordre philosophique par une recherche d'historien qui pourrait en remontrer à beaucoup de spécialistes. Il a notamment retrouvé une douzaine de projets de Déclaration des droits de l'homme dont on n'avait jamais parlé[21] .» Suivront les autres pièces maîtresses de sa philosophie politique, *La Révolution des pouvoirs 1789-1799* (Gallimard, 1995), *L'Avènement de la démocratie* (vol. 1 et vol. 2, Gallimard, 2007 ; vol. 3, Gallimard, 2010).

En ce printemps 1980 qui voit naître *Le Débat*, Jean Daniel reçoit de Benny Lévy, dit Victor, la transcription de son entretien avec Sartre revu et corrigé car la première version de 1978 avait été jugée trop pauvre. C'est en compagnie de Pierre Nora que Jean Daniel découvre cette nouvelle version : «Nous le lisons attentivement : c'était troublant, il y avait un tournant dans sa pensée, mais c'était fermement écrit, tout en marquant des changements étonnants sur des thèmes essentiels[22].» Il y avait là, chez Jean Daniel, Pierre Nora et le docteur Norbert Bensaïd, très circonspects. D'un côté, le premier cercle des proches de Sartre – Simone de Beauvoir, Claude Lanzmann – enjoint à Jean Daniel de mettre ces propos de Sartre au compte à la fois de son état de sénilité et d'une entreprise de manipulation, et d'avoir assez de respect pour l'homme et sa pensée en n'en tenant pas compte, et de l'autre, Benny Lévy se présente comme accoucheur de ces propos. André Gorz ayant déjà en une autre affaire écarté un texte attribué à Sartre, on se méfiait sérieusement du côté de Jean Daniel, mais dans la nuit Sartre lui-même appelle Jean Daniel qui raconte : «Je prends la décision de publier l'entretien, en prenant toutes les garanties. Pierre a participé à ma décision et j'en informe André Gorz. À ce moment-là Pierre m'annonce la création du *Débat*, cela m'a froissé[23].»

C'est en effet ce type de débat qui n'hésite pas à transgresser les frontières pour servir la vérité que souhaite favoriser et voir émerger Pierre Nora, suscitant plus qu'une amertume chez son ami Jean Daniel qui pensait que son hebdomadaire, *Le Nouvel Observateur*, pouvait être le support de ce type de remise en cause interne à la gauche intellectuelle.

Une naissance qui se heurte à une levée de boucliers

Le hasard, mais en même temps c'est un symbole fort, fait paraître *Le Débat* au moment même de la mort de Jean-Paul Sartre. La parution chez l'éditeur de Sartre, Gallimard, d'une nouvelle revue qui entend rompre avec le mode d'engagement intellectuel qu'il a incarné depuis 1945, en bousculant le nécessaire temps du recueillement et du bilan de l'œuvre sartrienne, est vécue par les animateurs des *Temps modernes* comme une véritable déclaration de guerre, une provocation. La colère est d'autant plus vive que Pierre Nora accorde un entretien à Jacqueline Piatier qui paraît dans *Le Monde* du 2 mai 1980 (Sartre est mort le 15 avril) dans lequel il affirme que le fait que la revue *Le Débat* soit «sortie des presses le jour de la mort de Sartre [lui] paraît être un symbole, le signe d'une relève[24]».

L'éditorial des *Temps modernes* réplique avec fureur contre cette idée de relève, s'interrogeant sur la manière d'être fidèle au maître disparu. La rédaction décide de poursuivre la publication selon le souhait de Simone de Beauvoir, sans prétendre représenter sa «relève», en ajoutant cette note assassine qui vise Pierre Nora : «Ni bien sûr le “contrepied”, pour parler comme ce spécialiste sans vergogne du marketing culturel, qui n'a pas hésité à voir un “symbole” dans la parution de sa nouvelle gazette le jour même de la mort de Sartre (*cf.* dans *Le Monde* du 2 mai 1980 l'interview de P. Nora à l'occasion du lancement du *Débat*). “Contrepied”, beau sobriquet à lui attacher : comme aurait dit cette fois la duchesse de Guermantes, il finit aussi bien qu'il commence[25].»

Du côté du frère ennemi de Sartre, Raymond Aron, l'accueil n'est pas plus chaleureux. Pierre Nora reçoit, avant même la parution de la revue, un coup de téléphone de Raymond Aron vers 21 h 30 : «Il paraît que vous faites une revue? Vous auriez pu me prévenir[26].» Raymond Aron, peu prolixe en ce genre de circonstances, s'étonne d'apprendre cette création de manière fortuite, alors qu'elle paraît chez son éditeur. Rappelant à Pierre Nora la fondation de sa propre revue, *Commentaire*, qui n'a alors que deux années d'existence, il lui demande si cette revue rivale est une déclaration de guerre, et poursuit : «Vous avez pris qui pour faire cette revue?» Pierre Nora lui répond : «Marcel Gauchet.» Silence, puis : «Vous avez pris le meilleur», commente-t-il à un Pierre Nora à la fois surpris et saisi par un tel accueil.

Mais il n'est qu'à moitié surpris car ses relations avec Raymond Aron ont toujours été difficiles. Pourtant, Pierre Nora avait été un des premiers intellectuels de gauche à sortir Raymond Aron de l'ostracisme dont il avait été victime à l'occasion de la publication de son livre *18 leçons sur la société industrielle*, en 1962. Il en avait fait une recension positive dans *France Observateur*, insistant sur le fait que ce cours de la Sorbonne attestait qu'Aron n'était pas réductible au polémiste à la plume acérée contre la gauche. Toujours très attentif aux accroches de ses interventions, Pierre Nora avait rappelé les propos peu amènes de Simone de Beauvoir écrivant dans *Les Temps modernes* : « Aron ne se sent à son aise que lorsqu'il pourfend les puériles illusions de ses adversaires[27]... », et ce simple rappel a fortement déplu à Raymond Aron qui a réduit cet article pourtant louangeur à cette pique. Leurs relations sont dès le départ ambivalentes car Pierre Nora, lorsqu'il était professeur au lycée Lamoricière d'Oran, songeant à se consacrer, après ses deux années algériennes, à une thèse sous la direction de Pierre Renouvin, mais pas encore vraiment décidé, est allé rendre visite à Raymond Aron pour étudier avec lui la possibilité qu'il devienne son directeur de thèse. Ne donnant finalement pas suite, Raymond Aron a considéré avoir affaire à un velléitaire quelque peu inconsistant. Quand il a vu Pierre Nora s'engager vers l'édition au lieu de plonger dans une thèse d'État, il s'est trouvé conforté dans ses impressions négatives.

Mai 68 aurait pu les rapprocher. Raymond Aron prend alors violemment parti dans *Le Figaro* contre le mouvement étudiant et en appelle à un retour à l'ordre. Il se heurte à une vive réplique de Sartre qui dénonce en lui le mandarin qui ne s'est jamais remis en question et appelle à prendre la Bastille Aron pour que le roi se retrouve nu : « Je mets ma main à couper que Raymond Aron ne s'est jamais contesté et c'est pour cela qu'il est, à mes yeux, indigne d'être professeur... Il faut maintenant que la France entière a vu de Gaulle tout nu, que les étudiants puissent regarder Raymond Aron tout nu. On ne lui rendra ses vêtements que s'il accepte la contestation[28]. » Les étudiants de Raymond Aron, notamment Pierre Hassner et Jean-Claude Casanova, prennent l'initiative d'une lettre collective de protestation qui est publiée dans *Le Nouvel Observateur**. Pierre Nora, à qui le texte de la lettre a été apporté par son ami Kostas Papaïoannou, et qui a revu quelques formulations, a signé cette lettre de soutien à Aron. Or, chaque signataire a été chaleureusement remercié personnellement par Aron, sauf Pierre Nora. Est-ce l'effet de la recension qu'il n'avait pas

* *Le Nouvel Observateur*, 3-9 juillet 1968, lettre signée par Jean Baechler, Yvon Bourdet, Jean-Claude Casanova, Alfred Grosser, Pierre Hassner, Serge Hurtig, Pierre Kende, Jacques Lautman, Raymonde Moulin, Pierre Nora, Kostas Papaïoannou, Alain Pons.

appréciée ou plutôt une rumeur infondée selon laquelle on aurait dû lui extorquer sa signature ? Le fait est que, quelle qu'en soit la raison, un climat de défiance a subsisté entre eux, malgré la publication par Pierre Nora dans sa nouvelle « Bibliothèque des sciences humaines » de son cours à la Sorbonne sur *Les Étapes de la pensée sociologique* en 1967. L'irritation de Raymond Aron au moment de la création du *Débat* ne semble pourtant pas dépasser un simple mouvement d'humeur pour ne pas avoir été informé de cette entreprise.

Il en est tout autrement de la réaction de Michel Foucault, d'autant que ce dernier entretient avec Pierre Nora des relations de grande proximité intellectuelle (il est son éditeur depuis 1966) et amicale. La création du *Débat* provoque une violente bagarre. Ce que Foucault va immédiatement prendre pour une déclaration de guerre est le choix par Pierre Nora de Marcel Gauchet comme rédacteur en chef de la revue. En effet, Marcel Gauchet est celui qui, avec Gladys Swain, a contesté le schéma du grand renfermement de la folie à l'époque moderne. Michel Foucault, en cette année 1980, est encore sous le coup des critiques qui lui ont été adressées lors de la publication en 1976 du premier volume de son *Histoire de la sexualité*, et quiconque n'est pas totalement pour lui ne peut être que contre lui. À cet égard, il vient de se brouiller avec son grand ami Gilles Deleuze.

Et pourtant cette revue, qui connaît une naissance si controversée, cherche à accueillir tous les courants, toutes les contributions sans exclusive, sans anathème, dans un esprit de pacification de la vie intellectuelle, et selon Marcel Gauchet, il n'y a « rien de plus pacifique que cette naissance[29] ». Les autres revues comme *Esprit* ou *Commentaire* sont d'ailleurs perçues comme des revues amies pour *Le Débat* qui entend être une revue intellectuelle pour les intellectuels, selon la formule en forme de boutade de Pierre Nora qui suggère comme devise de style gaullien pour *Le Débat* : « Les intellectuels parlent aux intellectuels. » La nouvelle revue ne se présente pas vraiment non plus comme une simple entreprise éclectique, attrape-tout, une sorte de concentré de consensus mou : « La démocratie, c'est la confrontation, au niveau le plus élevé, de visions du monde, d'options fondamentales touchant les sujets les plus divers, dont, si on est démocrate, on admet qu'elles sont irréductiblement destinées à être contradictoires[30]. »

Changement d'époque

Le retournement de la conjoncture intellectuelle est particulièrement bien perçu par Pierre Nora. Il est alors bien conscient que la page est tournée. Prenant acte de l'échec des visées globalisantes, il lance cette nouvelle revue qui fait figure de véritable événement dans la vie intellectuelle française en 1980. L'ouverture se veut être une rupture décisive avec la période qui précède et proclame de manière provocatrice : «*Le Débat*, parce qu'en France il n'y en a pas.» La nouvelle revue ne prétend plus être le support d'un système de pensée, d'une méthode à vocation unitaire, mais plus simplement un lieu de dialogue, un carrefour des idées : «*Le Débat* n'a pas de système à imposer, pas de message à délivrer, ni d'explications ultimes à fournir[31].» *Le Débat* se place dans une perspective d'ouverture, et prend donc ses distances avec la conjoncture structuraliste pour lui substituer un certain éclectisme et la juxtaposition la plus vaste des points de vue, sans accorder de prévalence à telle ou telle méthode d'analyse.

Cette nouvelle orientation, qui rompt radicalement avec le paradigme de l'hypercritique des années 1960, se double d'une mise à distance des rapports privilégiés qu'entretenaient jusque-là Pierre Nora et Michel Foucault. Le choix par Pierre Nora de Marcel Gauchet pour diriger la rédaction de la revue signifie en lui-même pour Michel Foucault une rupture radicale : «Il y a une porte-fenêtre dans le bureau de Pierre Nora, qui est l'ancien bureau de Camus, porte-fenêtre qui donne sur un jardin, et quand Foucault se faisait annoncer chez Gallimard, Marcel Gauchet passait par la fenêtre[32].»

La création du *Débat* révèle la réconciliation des intellectuels avec les valeurs de la société occidentale, une réévaluation de la démocratie, des Lumières. La revue constate l'épuisement des modèles de dépassement, que ce soit dans la relation à un avenir désormais forclos, en deuil d'avenir progressiste ou révolutionnaire, ou au plan scientifique dans une rigueur débarrassée du parasitage idéologique. Le temps est à une pensée mobile, labile, qui révèle les illusions perdues du scientisme des années 1960. Il est encore symptomatique que le sous-titre du *Débat* mette en avant : «Histoire, politique, société», car en 1980 les disciplines qui ont exercé un rôle pilote pendant l'heure de gloire du structuralisme, l'anthropologie, la linguistique, la psychanalyse, sont toutes dans une situation de crise, de reflux, d'éclatement et de désarroi théorique.

Dans ce numéro inaugural, Pierre Nora se pose frontalement et sans complaisance la question : « Que peuvent les intellectuels ? » Il constate que le déplacement du centre de gravité de la littérature vers les sciences humaines est peut-être en train de s'inverser. Certes, les sciences sociales ont permis de comprendre que l'on parle un langage autre que celui que l'on croit parler, de savoir que l'on ignore les motifs pour lesquels on agit, et que le point d'aboutissement, les résultats échappent au projet initial. Si sur ce plan le bilan est positif, la conjoncture impose un nouveau rapport au savoir car « c'est à l'abri de la fonction *critique* que fonctionne à plein l'irresponsabilité politique des intellectuels[33] ». Avec la même détermination qu'il avait éradiqué au scalpel les illusions d'une Algérie encore française en 1961, Pierre Nora s'en prend en 1980 à une certaine forme de terrorisme intellectuel, à cette propension à exercer un magistère, un pouvoir de maître penseur. S'il ne cède nullement à une tradition anti-intellectuelle qui ne peut être à ses yeux, qu'elle émane de la droite ou de la gauche, que « dangereuse et méprisable[34] », il entend bien rompre, grâce aux vertus d'ouverture prônées par sa nouvelle revue, avec ce fantasme du pouvoir absolu que peuvent véhiculer les intellectuels dominants de la période précédente : « Dans ce modeste fonctionnaire de l'intellect, il y a un despote. Et nulle part ce despote ne s'est plus exprimé que dans la tradition française[35]. » Selon Pierre Nora, c'est en France que quelques grands penseurs se sont érigés en figures tutélaires autoproclamées, porte-parole qui ont cru incarner la vérité de l'histoire et en étaient d'autant plus persuadés qu'ils se coupaient du public en un délire de plus en plus paranoïaque.

Pierre Nora n'est pas tendre vis-à-vis de cette dérive qui fait de l'intellectuel « quelque chose du tyran archaïque et de l'empereur du Bas-Empire[36] ». Sur fond de narcissisme et de solitude, chaque intellectuel n'aurait pas tant pour cible le pouvoir, mais la mort de l'autre intellectuel qui fait obstacle à son désir de toute-puissance, si bien décrit par Élias Canetti : « Il y a un lien étroit entre le statut des intellectuels et l'imaginaire du pouvoir absolu. C'est ce lien qu'il faut détruire[37]. » Il s'agit bien de trancher, de rompre radicalement avec un certain type de pratiques que d'aucuns auraient qualifié d'*habitus*.

Pierre Nora achève son intervention inaugurale par un décalogue qui vise à définir les tâches indispensables pour faire naître enfin un « régime de démocratie intellectuelle ». Son ami Michel Foucault, un de ces maîtres du soupçon qui a particulièrement et brillamment assumé ce rôle de maître penseur dans les années 1960 et 1970, investit immédiatement le bureau de Pierre Nora chez Gallimard, brandissant dans un état de fureur extrême son décalogue, lui lisant les dix commandements à haute voix, et ponctuant chacun en lui demandant si c'est bien lui qui est visé personnellement : « "Qui est derrière ?", m'interrogeait-il. "Il y a Lacan, il y a Derrida." "Alors je n'y suis pas ? Autrement dit, je ne suis pas un intellectuel, je ne compte pas. Choisissez : ou j'y suis et nos rapports sont terminés, ou je n'y suis pas et nos rapports sont terminés."[38] »

Ce vif échange a été vite suivi d'une véritable rupture dont l'objet a été la succession de deux articles polémiques et caustiques de Marcel Gauchet. Le premier numéro de la revue comporte en effet un article très drôle sur la tendance propre à une certaine forme de structuralisme qui prend à contrepied la thèse de l'existentialisme pour affirmer que rien n'existe vraiment, renvoyant systématiquement le réel à la néantisation. Lacan est visé avec sa fameuse formule selon laquelle la femme n'existe pas plus que les rapports sexuels, mais c'est surtout Paul Veyne, alors proche de Michel Foucault sur lequel il vient de publier une apologie de sa méthode – « Foucault révolutionne l'histoire –, qui est la cible de l'ironie de Marcel Gauchet : « J'ai pris conscience à la fois de ce que la dissolution finale était proche, et de ce qu'en ce philosophème radical, *n'existe pas*, se concentrait l'apport le plus aigu de ces rudes années critiques[39] », et Marcel Gauchet d'affirmer que Paul Veyne a absolument raison, car pour être crédible et considéré comme profond, il convient de décréter que des choses tout à fait naturelles n'existent tout simplement pas, et qu'« en la personne des clercs, nous avons à plier devant un rien qui est tout[40] ».

Après ces quelques pavés lancés lors du numéro inaugural, qui ont provoqué plus que des crispations chez les ténors en vue du monde intellectuel, la charge menée par Marcel Gauchet lors du deuxième numéro suscite plus qu'un mouvement d'humeur, une véritable fronde : « Je me rappelle Gauchet arrivant avec son texte chez Nora un samedi après-midi : "Les mystères du best-seller ou les fortunes de la vertu." Il nous le lit et on en meurt de rire. C'est un texte épatant[41] », se souvient Jacques Revel. Le propos de Marcel Gauchet est de faire le diagnostic d'une certaine moralité dans l'inversion qu'il constate et selon laquelle la publicité fait un bide lamentable, alors que la science paie, ce qui semble être l'augure de temps nouveaux. En effet, Seguéla publie un livre avec une énorme orchestration publicitaire, et malgré cela le livre ne trouve pas son public et vient vite rejoindre le pilon. Dans le même temps, Pierre Bourdieu publie un pavé indigeste, jargonnant, « mêlant de manière inimitable la grisaille bureaucratique et les vives couleurs néologiques des belles années sémiotico-structurales, une précoce ossification dans des catégories de bois d'un type inédit et supérieur[42] », et avec cette publication, *La Distinction*, il fait un malheur, signe que quelque chose bouge dans le royaume et que le discours scientifique n'est peut-être pas mort. Cela ne fait pas pour autant de Marcel Gauchet un thuriféraire de Bourdieu dont il stigmatise la raideur dogmatique et dont le manuel de civilité peut servir comme « encyclopédie des filles à marier, cherchant chez leur partenaire, par de subtiles questions sur Vivaldi, Brahms et Bach, des signes qui ne trompent pas quant au rang véritable et quant aux chances d'ascension[43] ». Marcel Gauchet achève sa pochade en vision digne des Mystères d'Éleusis : « Les momies elles-mêmes, au contact du souverain élixir de jouvence que dispensent les ondes, reviennent de leur embaumement. La dalle du tombeau de la thèse se soulève. À quelle nuit des morts-vivants n'allons-nous pas devoir assister[44] ? »

Du côté du 54, boulevard Raspail, à l'EHESS, cela provoque plus que des remous. Pierre Bourdieu fait retirer *Le Débat* des présentoirs des revues de la bibliothèque. Michel Foucault demande à voir Claude Gallimard et lui signifie qu'il n'écrira pas dans *Le Débat* et qu'il veut la tête de Pierre Nora, sinon il ira chercher un éditeur ailleurs. Un des joyaux de la couronne risquait ainsi de disparaître. Certes, Claude Gallimard défend Pierre Nora sans aucune réserve, mais en interne il lui dit qu'il va peut-être falloir renoncer au *Débat*, car on ne peut se mettre tous les universitaires à dos. Le fils de Claude, Antoine Gallimard, est missionné par son père pour jouer les médiateurs et convaincre Michel Foucault de rester dans la maison : « J'ai été le voir à la demande de mon père car on était très embêtés. Il menaçait de quitter Gallimard pour Le Seuil[45]. » Michel Foucault avait même conquis un petit espace éditorial chez Gallimard en 1978 avec son éphémère collection sur « Les vies parallèles » dans laquelle il n'aura fait paraître que deux titres[46]. Foucault est d'autant plus amer devant l'évolution des choses chez Gallimard qu'il ambitionne depuis longtemps de prendre la tête de la « Bibliothèque des idées » qui, à ses yeux, lui revient de droit, surtout que ses ouvrages ont tous bénéficié d'un écho exceptionnel et que le nombre d'exemplaires vendus justifie une meilleure reconnaissance de la part des éditions Gallimard*.

---

* En 2003, grâce au passage en poche, coll. « Tel », le nombre des exemplaires vendus de Michel Foucault est en effet impressionnant : *Histoire de la folie à l'âge classique* : 169 648 exemplaires vendus en « Tel » à ajouter aux 11 363 de la

Michel Foucault, joignant le geste à la parole, lance avec Paul Veyne une nouvelle collection au Seuil, «Des travaux», qui annonce qu'il n'y aura pas de service de presse ni aucune forme de publicité et que la collection s'imposera par le sérieux et la qualité scientifique de ses publications. La nouvelle collection créée au Seuil est placée sous la direction conjointe de Michel Foucault, Jean-Claude Milner, Paul Veyne et François Wahl*.

Néanmoins Foucault reste un auteur Gallimard et dépose en août 1983 son manuscrit sur l'histoire de la sexualité, à la grande joie de Pierre Nora : «Foucault m'a déposé ce matin son manuscrit définitif. Cet événement se passe de commentaire bien qu'il mérite d'être fêté[47] !» Mais les relations entre Gallimard et Foucault restent très délicates et conflictuelles au point qu'elles nécessitent une rencontre au sommet, houleuse, entre Foucault et Claude Gallimard le 28 février 1984. L'échange est si vif de propos peu amènes des deux côtés, à la veille de la parution des deux derniers volumes de Foucault, que Claude Gallimard prend la plume dès le lendemain pour rappeler à son auteur combien il tient à lui : «J'ai eu une réaction d'émotion très forte et – dans le feu de la discussion, c'est le cas de le dire – des expressions qui ne rendaient pas compte de mes pensées les plus sincères. Ces pensées, c'est que je tiens absolument à ce que votre livre paraisse et paraisse dans une maison où vous êtes depuis si longtemps, une maison qui tient à vous, et que je me suis vu tout d'un coup menacé de vous perdre[48].»

Évidemment, une telle situation conflictuelle ne pouvait pas ne pas plonger l'éditeur et ami de Foucault qu'est alors Pierre Nora dans une crise profonde. Cependant, Foucault confie malgré tout ses derniers ouvrages à Pierre Nora qui l'accompagnera jusqu'à ses derniers moments à l'hôpital de la Salpêtrière, où il lui signifiera qu'il compte sur lui pour sauver son œuvre. Pierre Nora apportant à l'hôpital ses deux derniers ouvrages sortant à peine de l'imprimerie, *Le Souci de soi* et *L'Usage des plaisirs*, Michel Foucault «s'est péniblement soulevé de

---

«Bibliothèque des histoires»; *Surveiller et punir* : 101 948 ventes en «Bibliothèque des histoires» auxquels il faut ajouter 63 929 exemplaires en «Tel»; *La Volonté de savoir* : 107 078 exemplaires en «Bibliothèque des histoires», auxquels il faut ajouter 28 152 exemplaires en «Tel».

* Elle publiera, entre autres, Paul Veyne, Ramsay Mac Mullen, Peter Brown, Catherine Darbo-Peschanski, Christian Meier, Fernand Hallyn, Gérard Simon, Bernard Cerquiglini, François Jullien, Howard Bloch, Michael Baxandall, Jean-Claude Milner...

son lit-cage, m'a saisi le bras pour me murmurer : "Maintenant, il faudra vous occuper de tout"[49]». Pierre Nora lui rend un vibrant hommage dès l'annonce de sa disparition le 25 juin 1984 dans *Le Nouvel Observateur* : «Foucault mort : il n'y a pas un intellectuel de ce pays qui ne se sente par ces mots atteint lui-même à la tête et au cœur... Cette mort est un peu la nôtre et comme le glas de ce qu'avec lui nous avons vécu[50].» Il lui consacrera peu après, en 1986, tout un numéro d'hommages du *Débat*[51]. Présentant ce numéro, Pierre Nora en exprime le caractère exceptionnel : «Ce numéro du *Débat* n'est pas pour moi comme les autres. D'abord parce qu'il est, exceptionnellement, tout entier consacré à un auteur. Ensuite parce que, de cet auteur, le responsable de ce numéro se trouve avoir été, pendant vingt ans, l'éditeur et l'ami. Il s'en honore. Je n'oublie rien de ce qui a fait nos rapports, fondamentalement affectueux, parfois conflictuels et toujours intenses[52].» Par-delà la disparition de Foucault, Pierre Nora poursuivra le travail d'édition de son œuvre avec la publication monumentale en 1994 des quatre volumes des *Dits et Écrits*.

Cette naissance fracassante du *Débat* ne passe donc pas inaperçue, et c'est l'essentiel pour installer la revue dans le paysage intellectuel français, avec la ferme volonté d'éviter les écueils d'une trop grande spécialisation universitaire qui conduirait à un langage trop ésotérique pour le lectorat. Le pari est gagné avec 8000 à 15000 exemplaires vendus par numéro.

Signe plus tardif du changement d'époque, la publication du très controversé *La Pensée 68* d'Alain Renaut et de Luc Ferry en 1985 dans la collection «Le Monde actuel», les auteurs tournant la page avec les années 1960, avec la philosophie du soupçon, critiquant radicalement, au nom de l'humanisme, les pensées de Foucault, Derrida, Deleuze Bourdieu, Lacan. Or, c'est Pierre Nora qui en est l'éditeur et confirme ainsi la distance qu'il prend avec les orientations philosophico-politiques de son ami Michel Foucault. Ce livre est en effet le résultat d'une commande de Pierre Nora qui avait demandé à ses auteurs d'écrire un article pour *Le Débat* en 1984[53]. À la suite de cet article qui a un écho certain et est déjà l'objet de controverses, il leur propose d'écrire un petit essai de deux cents pages sur la philosophie des années 1960. Ce qui intéresse Pierre Nora dans ce projet est de diffuser le point de vue de ce qu'il ressent comme l'expression d'une nouvelle génération de philosophes qui cherche même à s'institutionnaliser avec la création du «Collège de philosophie». De plus, il nourrit le secret espoir, avec la publication de ce livre très polémique, de rééditer le succès du fameux *Pourquoi des philosophes ?* de son ami Jean-François Revel. Enfin, il y a la conviction chez Pierre Nora qu'en tant qu'intellectuel à la tête d'une grande revue comme *Le Débat* il doit accompagner les changements, les mutations en cours. Cette publication fera en effet date comme moment tournant et suscitera de vives réactions, telle celle de Gilles Deleuze qui, pressenti au début de l'année 1985 pour écrire une contribution pour un numéro spécial d'hommage à Foucault après sa disparition et qui donne son accord de principe, envoie son article et se récuse finalement après avoir pris connaissance de *La Pensée 68* dont il juge le propos injurieux pour Foucault et pour sa pensée[54].

Combat de coqs dans la cour de récréation

Jean-Paul Enthoven, ami de Pierre Nora et journaliste au *Nouvel Observateur*, entend bien relayer dans son journal l'événement que représente la création du *Débat*. Il a l'excellente idée de demander à Régis Debray, qui incarne alors l'intellectuel de gauche qui pourfend avec talent toutes les formes de pouvoir et qui vient de publier *Le Pouvoir intellectuel en France*[55], et à Pierre Nora de répondre à une série de questions sur les intellectuels et de dire chacun quelle représentation il a de l'autre. Cet échange ne sera pas publié sur le moment car les deux protagonistes, pris au jeu, ont développé leur point de vue de manière disproportionnée pour un hebdomadaire*. Ce violent duel n'en est pas moins très significatif du climat encore très clivé qui se mène à coups de serpe et d'exclusive en ce tournant des années 1980.

On mesure, à distance, à quel point *Le Débat* a gagné la partie en pacifiant les confrontations intellectuelles, en privilégiant l'argumentation et l'écoute. Le portrait que dresse Pierre Nora de Régis Debray est particulièrement caustique. Il dissocie en lui l'image publique du personnage : « C'est l'enfant chéri des années folles ou marxo-gauchistes... Ce n'est pas la génération perdue, c'est la génération battue... Il est le représentant le plus talentueux de la lumpen-intelligentsia de Marx. Un homme qui se cambre dans la gauche avec une morale de droite[56] », de l'homme lui-même travaillé par une faille secrète,

---

* Cette confrontation sera publiée trente ans plus tard, à l'occasion du 30e anniversaire du *Débat*, « Régis Debray, Pierre Nora : Pourquoi des revues ? », *Le Débat*, n° 160, mai-août 2010, p. 4-14.

douloureux, mal à l'aise, malheureux, rêvant d'un pouvoir auquel il aspire tout en sachant qu'il n'y accédera jamais. De son côté, Régis Debray dresse le portrait de son interlocuteur comme celui d'un patricien subtil et désabusé, « une sorte de Paulhan des sciences humaines, téléguidant le trafic des bons travaux de pointe[57] ». L'enjeu politique de la création de la nouvelle revue n'est pas, selon Pierre Nora, là où le croit Régis Debray, ce n'est pas la lutte de classes, mais la relation ambivalente de l'intellectuel à la violence politique, et sur ce point Régis Debray incarne bien à ses yeux ce dont il faut se défaire : « Il y a chez Debray, comme chez Sorel, ou même parfois chez Sartre, de la brute salvatrice[58]. » Pierre Nora invoque une longue tradition de ruptures par lesquelles les avant-gardes se sont manifestées de manière tonitruante, que ce soit les surréalistes qui appelaient à descendre dans la rue pour abattre le premier venu ou l'acte gratuit chez Gide qui renvoie lui aussi au meurtre. Il y perçoit un acte fondamentalement aristocratique du « Seigneur saigneur » qui s'est manifesté par une haine du « bourgeois » et une nature vraie des intellectuels qui « est restée tyrannique et despotique ».

De son côté, Régis Debray dénonce dans *Le Débat* « une revue de mauvaise foi » lancée par un homme de bonne foi, qui sous des proclamations qui peuvent sembler légitimes d'ouverture, de récusation du terrorisme intellectuel, assure le passage en force de choix politiques précis, ceux de « l'establishment intellectuel d'aujourd'hui, comme on coupe un bordeaux avec l'eau du robinet. Mais à la cave et dans le dos des invités[59] ». Régis Debray ironise en lançant à son interlocuteur qu'il nous promet Lévi-Strauss et nous sert du Glucksmann, loin d'échapper à l'air du temps, il le « décalque ». Il voit même en lui le soutier du *box-office* qui se justifie de parler des *best-seller* comme symptômes d'une époque, attitude que Régis Debray juge bonapartiste : « À ce compte-là, Pétain était légitime jusqu'en mars 1944[60]. » Et de dénoncer chez Pierre Nora sa fascination du « *show-biz* des idées actuelles » et une « *Realpolitik* de l'intelligence ». Il lui reconnaît certes une redoutable habileté, mais à se vouloir arbitre et boxeur, il l'accuse de tricherie. Comme le pouvoir intellectuel est le fruit de ceux qui occupent les trois étages que sont la légitimité universitaire, celle conférée par l'édition, et enfin par les médias, Régis Debray dénonce un évêque du genre alors que lui fait plutôt figure de gladiateur qui n'a que ses propres livres pour se défendre dans la fosse aux lions.

Face à ce véritable affrontement, abondamment nourri par chacun, Jean-Paul Enthoven ne peut donner suite dans son hebdomadaire. Il suggère aux deux duellistes de se rencontrer par son entremise, sans armes, pour un déjeuner et, surprise, les deux adversaires tombent dans les bras l'un de l'autre. Cette rencontre sera le point de départ d'une complicité amicale non démentie depuis : « J'ai alors découvert sous son aspect un peu sec, sarcastique, un homme de cœur, de fidélités, affectueux, ayant une grande capacité d'ironie envers lui-même et réagissant semblablement à la fois sur les gens et les divers sujets que nous avons abordés[61]. »

Certes, avec la victoire de François Mitterrand en 1981 et les responsabilités que va prendre Régis Debray auprès de lui, de nouveaux motifs de frictions vont surgir, comme celui de la personne même de Mitterrand qui suscite une réaction de rejet presque physique de la part de Pierre Nora, ou à propos des célébrations du bicentenaire de la Révolution française dans lesquelles Régis Debray a joué un rôle majeur, à distance des thèses de François Furet. Mais malgré quelques différends, leur amitié n'a plus été altérée, et la proximité de leurs maisons de campagne respectives dans les Yvelines les a encore rapprochés, au point qu'ils passent beaucoup de temps ensemble, lisant les mêmes livres, ayant les mêmes occupations, et considérant chacun ce moment d'insultes mutuelles avec un regard aujourd'hui distancié et amusé : « Pour moi, Pierre Nora était alors la cinquième colonne de la bourgeoisie dans le monde intellectuel, avec des positions de pouvoir insolentes et masquées, et moi j'étais pour lui un petit Beria raté et insincère[62]. » Outre leur relation amicale, Pierre Nora a même participé à une décade de Cerisy organisée par la revue de Régis Debray, *Les Cahiers de médiologie*, et coordonnée par Françoise Gaillard et Daniel Bougnoux du 13 au 20 juin 2000 autour du thème de la transmission. Il y a fait une communication sur un intellectuel qui pouvait les rassembler tous deux, Chateaubriand[63].

À trente ans de distance, *Le Débat* a exhumé cet échange entre les deux protagonistes, un duel métamorphosé en duo et commenté par un échange épistolaire[64].

Une revue qui innove

Le maître mot pour caractériser *Le Débat* est l'ouverture, une volonté de décloisonner, de briser les lignes frontières, tant disciplinaires que nationales. Une des caractéristiques de la vie intellectuelle française a été jusque-là de s'appuyer fermement sur le rayonnement à l'étranger d'un certain nombre de maîtres penseurs : Sartre, Lacan, Foucault, Bourdieu, Lévi-Strauss, Althusser, Barthes... et d'écoles de pensée comme le structuralisme ou la nouvelle histoire née en 1929 avec la revue des *Annales*. Forts de cette assise qui s'exportait bien, les intellectuels français ont eu tendance à se cantonner aux productions nationales, et à ne pas s'ouvrir aux publications venues d'ailleurs, à ne pas ou peu traduire les travaux issus d'autres contextes nationaux.

Le Débat rompt radicalement avec cette position frileuse et ouvre deux rubriques qui doivent permettre de connecter les intellectuels français avec les travaux les plus novateurs écrits en une autre langue. On trouve en effet dès le premier numéro dans la rubrique « Bibliothèque » une partie consacrée au « livre étranger », et pour inaugurer cette rubrique les animateurs de la revue demandent à un certain nombre de personnalités prestigieuses de signaler parmi les ouvrages non français récemment parus ceux qui mériteraient d'être traduits et lus par les lecteurs français. Cornelius Castoriadis, Éric Hobsbawm, François Jacob, Leszek Kolakowski, Emmanuel Le Roy Ladurie, Claude Lévi-Strauss et Jean Starobinski sont ainsi sollicités. Mais surtout, belle innovation qui va se prolonger sur un bon nombre de numéros, les animateurs de la revue créent une rubrique appelée « Livre-montage » faite d'extraits du livre présentés par un spécialiste de la question, un peu selon le principe qui avait fait le succès de la collection « Archives ». C'est l'occasion de faire connaître de grandes œuvres parues à l'étranger, totalement ignorées ou devenues des classiques par réputation, mais toujours pas traduites, ou encore des ouvrages français particulièrement novateurs et qui auraient échappé à l'attention de la critique.

Le premier livre-montage est celui du maître ouvrage de Karl Polanyi, *The Great Transformation*, présenté par Lucette Valensi. Pierre Nora éditera le livre de cet exilé hongrois, initialement paru en anglais en 1944, dans sa « Bibliothèque des sciences humaines » en 1983. Ce livre deviendra le creuset d'une anthropologie économique qui va s'opposer au modèle standard fondé sur la seule maximisation de l'intérêt. Dans la deuxième livraison, c'est un ouvrage français qui est mis à l'honneur, mais parce qu'il est novateur et ouvre un chantier d'investigation nouveau à l'historien en s'inspirant fortement de l'œuvre foucaldienne, celui de Georges Vigarello, *Le Corps redressé*, présenté par Roger Chartier. Dans sa troisième livraison, *Le Débat* publie le livre-montage du marxiste anglais Edward Palmer Thompson, *La Formation de la classe ouvrière anglaise*, présenté par

Patrick Fridenson. C'est devenu un classique de l'histoire sociale qu'il a révolutionnée de l'intérieur en sortant des réifications faciles et en privilégiant le système de représentations du monde ouvrier, accordant un primat au vécu, à l'expérience : « Il existe aujourd'hui une tentation omniprésente d'assimiler une classe à une chose », écrit Thompson, à l'inverse de Durkheim[65]. Thompson conteste aussi la pertinence du fameux schéma marxiste classique repris par Althusser entre infrastructures et superstructures. Ce livre majeur dans les débats sur l'histoire sociale, de plus de mille pages, paru en 1963 en anglais, n'était toujours pas accessible en français. Cette parution dans *Le Débat* aura très certainement beaucoup fait pour en hâter la traduction qui pourra enfin paraître en 1988 dans la collection « Hautes Études » commune à Gallimard et au Seuil.

Dans son étape préparatoire, le projet de la revue a été pensé comme devant répondre à plusieurs impératifs : offrir aux lecteurs des éclairages sur l'actualité dans la rubrique « Actuelles-inactuelles » ; publier des articles de fond dans la rubrique « L'histoire invisible » qui débutera avec une charge contre le psychanalysme signée par Robert Castel et Jean-François Le Cerf ; donner une idée sur ce qui se passe d'intéressant dans le domaine des événements culturels – expositions, colloques, lieux et milieux culturels – et remplir un peu le rôle que joue dans le monde anglo-saxon le *New York Review of Books* avec sa rubrique « Bibliothèque », le tout se terminant par un livre-montage.

C'est le trio Nora, Gauchet, Pomian qui va faire tourner la machine, sans comité de rédaction, sans comité scientifique, sans comité de surveillance, en pleine liberté. Dans la plus grande simplicité et dans une atmosphère particulièrement chaleureuse, les trois compères se réunissent tous les lundis en fin de journée chez Gallimard pour définir les sommaires, les contributeurs, débattre des priorités et confectionner la revue. Il leur arrive cependant d'inviter des participants extérieurs soit pour préparer avec eux un grand entretien, soit pour faire le point sur une question précise qui nécessite les conseils d'un spécialiste. Sinon ils se retrouvent en général en trio, à quelques exceptions près car Pomian, ayant des obligations d'enseignement en Italie, et depuis 1989 en Pologne, n'est pas systématiquement présent aux réunions du lundi, ce qui ne l'empêche pas d'être virtuellement aux côtés de ses deux amis par le biais des échanges sur le Net.

Dans la grande majorité des cas, ce qui est très exceptionnel en trente ans de travail en commun, le trio s'accorde sur les choix à faire, mais l'actualité peut donner lieu à des divergences de point de vue.

Les cas de confrontations ont été plus nombreux au début de l'entreprise, dans le temps de rodage, « d'autant que les tempéraments étaient très différents. À l'époque, aucun d'entre nous n'aurait mis un kopeck sur la durée de la revue[66] ». Une coutume s'est installée pour assurer la bonne gestion des différences. Lorsque Pierre Nora se heurte à un point de vue différent de la part de Marcel Gauchet et de Pomian, il sait en général qu'il sera acculé à rendre les armes ; lorsque Pierre Nora et Marcel Gauchet sont en accord contre le point de vue de Pomian, l'affaire est réglée. Il est néanmoins des situations plus délicates d'hésitation de chacun, d'absence de position forte, et dans de tels cas il peut y avoir des rebondissements et de longues discussions en interne.

Ces réunions du lundi soir sont, au fil du temps, devenues tout à fait essentielles pour Pierre Nora qui y trouve son ballon d'oxygène au point que ce à quoi il tient le plus chez Gallimard, c'est à la revue, car il ne pourrait se passer de ces moments d'intensité intellectuelle où mille choses trouvent à se concrétiser : « Au fil des années, la relation Marcel et Pierre s'est créée avec une affection et une estime mutuelles : "Marcel, c'est mon soleil quotidien", dit Pierre[67]. »

26

Une revue au cœur de la cité

L'ambition du *Débat* est d'offrir des instruments utiles à une meilleure intelligibilité de notre présent, ce qui passe par la fin des anathèmes et des interdits pour raisons idéologiques ou autres. De caractère généraliste, la revue entend s'inscrire dans une temporalité plus longue que celle de la production journalistique. Le trio qui l'anime – Pierre Nora, Marcel Gauchet et Krzysztof Pomian – a le constant souci de publier des contributions qui puissent affronter l'épreuve du temps : «On se dit, si je lis cet article dans vingt ans, qu'en restera-t-il? C'est une question qu'on ne cesse de se poser et qui nous préoccupe. On fait ce qui était dans le temps le vrai travail de l'historien, être des enregistreurs de l'actualité à laquelle on assiste, une sorte d'histoire du présent. C'est très délibéré de notre part et depuis le début[1].» D'ailleurs, chacun des numéros signale les contributions précédentes qui correspondent au thème traité, signifiant bien son caractère de laboratoire de réflexion inscrit dans la durée.

Pierre Nora a pour intention de se faire, grâce à la revue, comme il l'est par ailleurs en tant qu'éditeur, ou encore comme concepteur des *Lieux de mémoire*, l'historien du temps présent, ce qui suppose de se laisser interpeller par l'actualité, et en même temps de se tenir à distance de l'instantanéité des médias. La tâche est particulièrement délicate, car être actuel sans tomber dans l'immédiateté nécessite de tenir un cap sous les coups de boutoir de vents contraires dont certains peuvent éloigner du présent et d'autres peuvent conduire à une certaine myopie sur une perspective plus longue. Pierre Nora affirme hautement ce principe de non-fermeture de sa revue : «Je me dois, je nous dois d'accueillir toutes les personnes qui s'imposent sur un thème ou un débat, que je sois ou non d'accord avec elles[2].» Si bien que les contributeurs de la revue proviennent de tous les réseaux intellectuels, de tous les organes de presse, et même des revues généralistes voisines et concurrentes, que ce soit *Commentaire* avec Jean-François Revel, Marc Fumaroli, ou *Esprit* avec Jacques Julliard et Philippe Meyer. Le choix des collaborateurs extérieurs est décidé en fonction des interventions ponctuelles à publier à partir des compétences reconnues. Cette conjonction de l'ouverture et de la qualité d'expertise en matière politique et sociétale va faire le succès de la revue dans les milieux de la haute administration, parmi les décideurs qui vont se l'approprier comme ressource : «Pour moi, *Le Débat* était une référence ainsi que pour un certain nombre de gens, et pas des moindres, comme Hubert Védrine. Pierre Nora sera l'homme d'une revue historique fondamentalement en rupture avec tout ce qui existait à l'époque, ce qui n'est pas fréquent[3] », précise Bernard Latarjet, haut fonctionnaire issu de la DATAR, ancien conseiller de Jack Lang, avant de devenir conseiller culturel à l'Élysée auprès de François Mitterrand.

En cette année 1980 de naissance de la revue, le combat antitotalitaire est un des positionnements forts du *Débat*, une de ses identités. La présence dans le trio d'un homme comme Pomian, qui connaît bien tous les réseaux de résistance au stalinisme d'Europe centrale, renforce encore les interventions de la revue dans ce domaine qui prolongent ainsi l'héritage de la critique de *Socialisme ou barbarie* et de *Libre* dans lesquels s'imposaient les analyses de Claude Lefort et de Cornelius Castoriadis. Ce dernier écrit d'ailleurs dès le premier numéro du *Débat* : «*Le Débat* était engagé sur la Pologne, et plus généralement dans ce que l'on appellera la gauche antitotalitaire[4]. »

Parmi les souvenirs inoubliables, hauts en couleur de Pomian, figure une invitation lancée par Francette Lazard, alors membre du bureau politique du PCF, à venir à l'institut du marxisme-léninisme : «Il y avait là Pierre Nora, Marcel Gauchet, François Furet et moi, tous les quatre pour discuter des rapports entre *Le Débat* et le PCF. Ils avaient en la personne de Furet et de moi deux apostats, donc on pouvait parler franchement entre camarades[5] ! » Pomian commente dans *Le Débat* la signature des accords de Gdansk[6] et on retrouve sa signature, ainsi que celle de Pierre Nora, dans une pétition signée par une cinquantaine d'intellectuels destinée à dénoncer les positions flottantes du gouvernement socialiste après la proclamation par le général Jaruzelski de l'état de guerre à Varsovie qui avait pour objectif de bâillonner Solidarnosc[7].

De l'intellectuel critique à l'intellectuel démocratique

Le Débat contribue à l'émergence d'un intellectuel d'un nouveau type qui n'est pas loin de la figure promue aussi par Olivier Mongin dans la revue *Esprit*, un intellectuel démocratique qui aurait renoncé à sa posture de surplomb, du monsieur qui-sait-tout, et prompt à donner des leçons de choses à tout le monde sur tous les sujets. L'intellectuel nouveau ne parlerait qu'au nom d'une compétence acquise par la traversée des ateliers de la raison pratique et, à ce titre, il pourrait servir d'éclaireur de la complexité, renonçant aux facilités du tout ou rien, du jeu du blanc et du noir, du bien et du mal.

En s'ouvrant à des collaborateurs de tous bords, la revue contribue à décrisper la vie intellectuelle française, à la pacifier, en rendant caducs les murs élevés entre chapelles qui permettaient jusque-là de s'enfermer dans un autisme rassurant. Œuvrant à la démocratisation du débat intellectuel, le trio n'en est pas moins conscient des risques encourus par cette décrispation, par cette pacification de la vie intellectuelle : « Singulier moment. La démocratie triomphe, donc. Mais dans le temps même où elle s'installe dans l'incontestable, on la découvre en proie à un profond malaise. Elle se voit frappée par un profond mouvement de désertion civique[8] », déplore Marcel Gauchet dix ans après la création de la revue, en 1990. Le consensus atone qui semble résulter de l'évolution de la décennie des années 1980 n'est, aux yeux de Marcel Gauchet, qu'un trompe-l'œil et ne signe en rien quelque fin de l'histoire. Et d'indiquer les lieux des vrais enjeux qui se sont déplacés vers la sphère du vivant, de l'âge, du sexe, de la fécondité, de la morbidité, de la santé, des flux de population : « À force de socialisation de la vie, voici l'ordre vital en passe de devenir le cœur de la question sociale[9]. »

Marcel Gauchet met en garde contre le rêve de cette pacification totale qui relèverait d'une vision totalitaire se donnant pour ambition de subsumer les contradictions dans une résorption du conflit, alors qu'il convient tout au contraire d'accepter la confrontation de points de vue différents, car l'autre ne peut être réduit au même. Il faut donc renoncer à l'espérance d'une réconciliation généralisée. Le politique cristallise le lieu même de la fracture propre à la vérité. L'intellectuel démocratique doit donc apprendre à vivre avec le conflit des interprétations, et non pas s'ériger en arbitre suprême d'une vérité représentative d'une collectivité redevenue homogène.

Définissant la fonction de l'intellectuel, et donc celle de la revue *Le*

Débat, Marcel Gauchet la situe dans la mise au service de sa compétence acquise à un public plus large que celui de son champ de spécialité, partout où les choses de l'esprit pèsent dans le domaine politique. C'est dans cette fonction de médiation que se définit l'intellectuel démocratique : « Il y a des intellectuels, en un mot, là où il y a des *intermédiaires*, des acteurs intermédiaires capables de transcender leur spécialité pour en rendre accessibles les développements significatifs sans rien sacrifier des exigences de la spécialité[10]. »

Aussi, pour les animateurs du *Débat*, est-il une figure d'intellectuel qu'il importe de dénoncer justement parce qu'elle vise à court-circuiter les médiations, c'est l'intellectuel médiatique qui devient un idéologue de l'instantané. Ce type de posture est incarnée avec talent par Bernard-Henri Lévy. Pierre Nora, réagissant à ses thèses exprimées dans *L'Idéologie française*[11], s'en prend avec une particulière vivacité au phénomène BHL qui n'en est pourtant alors, en 1981, qu'à ses débuts. Il dénonce l'écriture du n'importe quoi, tout en disant que là n'est pas l'essentiel, car ce qui compte dans le cas BHL, c'est qu'il est très largement écouté, que ses thèses font mouche. Or, sa dénonciation du nationalisme français est porteuse des relents nationalitaires qu'il prétend combattre : « Comment ne pas voir dans ce nombrilisme incantatoire et appropriateur, l'obsession à la fois provinciale et gaullienne de la grenouille qui n'a pas renoncé à se faire bœuf[12] ? » Pierre Nora stigmatise ce qu'il qualifie de pensée-slogan. Il y reconnaît toutes les caractéristiques de la pensée totalitaire, avec toute sa panoplie : l'appel aux tripes, l'intimidation, l'anesthésie du contradicteur, le souci de l'effet produit au mépris de la vérité... et il oppose à ce mélange détonant « l'humble soumission au principe de réalité[13] ». En lieu et place de cela, BHL fait un procès stalinien à la France accusée de tous les maux au nom d'un « je » débridé, d'un « je dis que » qui ne souffre pas la moindre contradiction. Et Pierre Nora d'historiciser le phénomène BHL : « Dans les sociétés primitives, on a connu le "fripon divin", plus près de nous, dans les sociétés monarchiques, le bouffon. Mais c'est un droit à la vérité qu'exerçaient autrefois les bouffons. C'est le droit à l'erreur que l'on reconnaît à nos modernes amuseurs[14]. » Pierre Nora se gausse de l'analogie utilisée pour clouer la France au pilori, celle d'une « psychanalyse au fer à repasser » qui conduit BHL à affirmer que « le fascisme français est, à la lettre, structuré comme un inconscient ». Il fallait oser. Ironiquement, Pierre Nora salue l'artiste : « Du beau travail de judoka, combinaison très méditée, ou plutôt, parfaitement naturelle, du rond-de-jambe de petit page et du hold-up de mafioso[15].» On mesure ici à quel point considérer *Le Débat* comme une revue académique, consensuelle et œcuménique est erroné. Ses concepteurs n'ont rien perdu de leur verve, de leur ironie décapante et de leur sens de la polémique. À propos du phénomène BHL, la charge de Pierre Nora vaut largement le texte de Gilles Deleuze sur «Les nouveaux philosophes[16]» déjà écrit au vitriol et mis en circulation par Jérôme Lindon. Au-delà de la polémique, Pierre Nora défend dans cette charge sa conception de l'exigence du travail intellectuel qui doit récuser l'alternative suggérée entre l'enfermement dans une spécialisation universitaire et la posture du prophète médiatique négatrice du vrai savoir : «Des intellectuels qui ne sont ni des pisse-froid titrés, ni des hiérarques solennels, ni des ronds-de-cuir sinistres se refusent à accréditer l'idée qu'il y aurait, d'un côté, des têtes chercheuses philosophiques ou historiques dont les travaux seraient réservés à une élite ésotérique et d'autre part des plumes brillantes pour les rendre comestibles, c'est-à-dire en fin de compte, les parasiter et les occulter[17].»

On peut mesurer avec cette polémique à quel point le qualificatif de pensée tiède est peu approprié pour caractériser la conception de l'intellectuel défendue par Pierre Nora. C'est pourtant sur ce thème que l'historien marxiste anglais Perry Anderson publie une charge sévère contre ce que représente *Le Débat*[18]. À l'origine, Perry Anderson avait publié deux longs articles dans la *London Review of Books* : «Dégringolade» et «Union sucrée» qu'il a réunis pour en faire un essai sur *La Pensée tiède*. Pierre Nora y est décrit comme l'incarnation même de la réaction ultralibérale en cours en France depuis le début des années 1980, soit depuis la création du *Débat*, et, pour faire bon poids, il est présenté comme provenant d'une riche famille de banquiers, alors que, certes d'extraction bourgeoise, son père était chirurgien. François Furet est présenté comme le fossoyeur de la Révolution, mais il restait à se défaire d'un ultime héritage du passé, «à le purger totalement de ses ambiguïtés : la Nation. La tâche revint à Pierre Nora[19]». Sur l'amalgame entre les nouveaux philosophes et Pierre Nora, on vient d'en mesurer l'inanité. Derrière l'union sucrée, Perry Anderson voit sourdre un redoutable complot contre la culture française, une sorte de cinquième colonne qui défait le grand œuvre de la période gaullienne, celui de la grandeur de la France au beau temps de son rayonnement international. Perry Anderson, dans sa vision complotiste de l'histoire, qualifie *Le Débat* d'organe central du «libéralisme de guerre froide» qui contribue à l'effondrement de la culture française, alors qu'au début des années 1980 elle « faisait précisément partie des rares entreprises qui se proposaient de remonter le courant[20] ». Elle est de surcroît présentée comme une pieuvre, forte des flots d'argent de la maison Gallimard ayant ratissé sur son passage toutes les petites pousses de revues n'ayant pas les moyens de soutenir la concurrence ! Pierre Nora comprend que pour Anderson, dont le rapport au monde se définit en termes de militance, une revue comme *Le Débat* échappe à ses catégories de pensée, et il lui précise qu'il n'y a qu'un seul critère qui compte pour sa revue, « qu'une vertu dont le nom seul doit faire horreur à Perry Anderson : la compétence[21] », et de rappeler à cet égard l'avoir sollicité pour un article sur l'Europe au nom de cette exigence. L'ambition de la revue selon Pierre Nora n'est pas d'ajouter une opinion au concert dissonant des autres opinions, mais d'être un instrument qui puisse servir à digérer la masse d'informations et à les interpréter, ce qui exige de « trouver la bonne distance entre le monde de la recherche savante et l'univers des médias[22] », car c'est là que se situe, aux yeux de Pierre Nora, le véritable engagement intellectuel.

Un des exemples de cet engagement à contre-courant pour remonter la pente de l'inventivité culturelle, parmi bien d'autres, est l'intervention de Pierre Nora en 1982 qui s'alarme de la crise qui frappe la circulation des idées avec un titre qui relève de l'humour noir : « Écrivez, on ne vous lira pas[23]. »

Pierre Nora dresse un tableau consternant des relations entre les acteurs respectifs qui avaient contribué hier à l'âge d'or de l'édition intellectuelle. Des auteurs qui, tout en se plaignant qu'on n'achète plus leurs livres, n'achètent pas pour autant ceux de leurs pairs ; des étudiants qui ne lisent que ce qui peut leur être directement utile pour leurs examens en délaissant tout savoir critique ou désintéressé ; des enseignants croulant sous le poids des thèses à lire et totalement enfermés dans leur spécialité, le tout conjugué avec la perte de contact avec le public cultivé au sens large et la perte de foi dans l'efficacité de ce type de savoir. « Chacun désormais se sert comme il peut, dans l'ignorance mutuelle : vaste self-service où se mélangent vrais chefs-d'œuvre, ennuis brevetés Sorbonne et camelote bariolée du *discount*. On en arrive à l'ultime contradiction : autant l'esprit du temps pousse tout le monde à écrire, autant il décourage de lire[24]. »

À échéances régulières, dix ans, quinze ans, vingt ans, trente ans, le trio fait le point sur son engagement intellectuel. Jusqu'au numéro 19, soit jusqu'en février 1982, la revue soutient le rythme infernal du mensuel.

Puis, elle devient bimestrielle, interrompant sa parution durant la période estivale, ce qui représente cinq numéros dans l'année.

En mai 1990 la revue fête ses dix ans, en un soixantième numéro copieux qui s'interroge sur les vents d'est après la destruction du Mur et l'effondrement du système soviétique en même temps qu'il dresse un bilan des années 1980 en France. Pierre Nora constate d'entrée que «l'esprit du *Débat* est devenu l'esprit de l'époque», tout en se posant la question de savoir : «Nous avons gagné, mais n'avons-nous pas perdu davantage[25] ?» La revue a gagné la partie dans son souci de décrispation du débat intellectuel, dans le recul des attitudes sectaires, d'un certain terrorisme et de l'argument d'autorité au profit des lois de l'argumentation dans les controverses, et donc dans l'avènement d'un nouveau type d'intellectuel, non plus l'intellectuel engagé sartrien ni celui qui, dans les années 1960, présupposait un modèle sous-jacent déchiffrable et prétendait, au moyen d'une grille de lecture hypercritique, dévoiler une vérité cachée, mais l'intellectuel démocratique : «C'est évidemment celui dont *Le Débat* se veut la défense et l'illustration[26].» Il regrette cependant en 1990 la perte des grandes ambitions théoriques d'envergure qui ont marqué l'âge d'or des sciences humaines.

À l'occasion des quinze ans de la revue, et récusant toujours la posture de déploration sur la «défaite de la pensée», Pierre Nora affirme qu'en dépit de la disparition des maîtres penseurs, «il s'est fait au cours des quinze dernières années de vie intellectuelle française un travail impressionnant. Il s'est assurément "passé quelque chose" dans le domaine de l'histoire par exemple, ou celui de la philosophie politique, où s'est imposée toute une génération[27]». Revue très en vue, *Le Débat* aura acquis très vite une place centrale dans tous les grands débats, et aura à la fois accompagné et provoqué un véritable basculement des références et des méthodes du monde intellectuel français, comme on peut le mesurer lors de son vingtième anniversaire en 2000 qui est l'occasion pour la revue de faire un nouveau point réflexif sur le changement des intellectuels en vingt ans avec la publication de trois numéros[28]. À l'occasion de ses trente ans en 2010, la revue affirme haut et fort son intention de poursuivre son travail, même si l'esprit de l'époque va dans un sens contraire : «Il est impératif que subsistent les lieux consacrés à la communication de la réflexion», écrit Pierre Nora d'entrée dans ce volumineux numéro[29]. Au terme de la célébration du trentenaire de la revue à la Maison de l'Amérique latine, son directeur, qui donne avec humour rendez-vous à son public pour le soixantième anniversaire, confie : «Je me sens un peu comme le vieux Ford à qui on disait de changer la couleur de ses voitures, lui présentant du rouge, du jaune et qui disait : "Peignez-les en rouge, en jaune, du moment qu'elles restent en noir." J'aurais tendance à dire la même chose pour *Le Débat*[30].» Les échos de ce trentenaire ont été particulièrement nombreux, sans doute parce que la revue n'a pas choisi le ton de la mélancolie ni celui des Cassandres – elles sont légion dans la Cité –, mais celui de l'ouverture sur la nouvelle génération, sur la relève possible, avec la conviction que le pire n'est jamais sûr.

Le Débat *et les années Mitterrand*

La revue de Pierre Nora, dont un des sous-titres est «politique», naît juste un an avant la victoire de la gauche éloignée du pouvoir depuis bien longtemps. Alors que jusque-là la gauche n'a eu avec le pouvoir qu'une relation fugitive qui n'a jamais permis de lui conférer la moindre légitimité dans son exercice, le tour de force de François Mitterrand va être de réconcilier la gauche avec la durée et de la rendre ainsi totalement légitime aux yeux de l'opinion publique : deux mandats successifs d'un président socialiste, suivis d'un gouvernement socialiste sous la direction de Lionel Jospin dans le cadre de la cohabitation avec Jacques Chirac entre 1997 et 2002. En même temps, la situation est plus complexe qu'il ne paraît, car si la gauche a gagné au plan politique, elle est en plein désarroi au plan idéologique, en matière de programme et de projet de société. Elle a tendance à se rassurer en se réclamant d'archétypes anciens, ceux du programme commun de la gauche de 1972, mais ils ne tiendront pas longtemps la route devant les exigences de la construction européenne. De plus, la chute du mur de Berlin, provoquant l'effondrement du monde communiste en 1989, clôt historiquement l'utopie d'un certain type d'organisation sociale qui, malgré les critiques véhémentes de la gestion à l'Est, continuait de faire rêver une bonne partie de la gauche.

Le trio qui anime *Le Débat* s'inscrit bien dans ce qu'on peut appeler la gauche intellectuelle, mais en position d'écart vis-à-vis de ceux qui sont aux responsabilités, d'abord par principe, pour préserver une indépendance de pensée et de critique, mais aussi parce que autant Pierre Nora – qui partage avec son frère Simon son adhésion à Pierre Mendès France – que Marcel Gauchet et Krzysztof Pomian – issus du courant *Socialisme ou barbarie* et liés à Castoriadis et Lefort – se reconnaissent davantage dans les thèses de ce que l'on appelle alors la deuxième gauche, la gauche rocardienne.

Entre l'adoption d'une posture de distance critique en tant qu'intellectuels vis-à-vis des décisions du pouvoir et la position d'extériorité vis-à-vis du mitterrandisme, les animateurs du *Débat* vont se révéler parfois très acerbes, contestant souvent de manière très radicale les orientations du pouvoir de gauche.

La revue a pourtant accueilli la bonne nouvelle de la victoire de la gauche tant attendue, tant différée, et enfin concrétisée en 1981 avec satisfaction, mais dès le départ, en juin 1981, elle oppose l'idée d'une gauche éternelle, immuable dans ses certitudes, de plus en plus déphasée, à une gauche en mouvement qu'elle espère voir se renforcer. *Le Débat* consacre ses premières réflexions à deux points qui sont érigés en thèmes prioritaires : « Celui d'abord de l'appartenance de gauche et de ses transformations actuelles. Celui, ensuite, plus spécifiquement historique et national, de la tradition révolutionnaire et jacobine[31]. » On l'aura compris, il s'agit là certes d'un soutien, mais extrêmement vigilant, très critique, même si l'ancrage à gauche est réaffirmé par les personnalités appelées à exprimer ce que signifie pour eux être de gauche, l'ancien communiste espagnol et ancien déporté Jorge Semprun et un représentant de la génération de 68, ancien maoïste, l'économiste Alain Lipietz.

Dans son numéro de l'été 1981, l'éditorial de la revue exprime plus fortement encore l'espoir qu'elle place dans le regain d'intérêt constaté pour la chose publique et dans la soudaine ouverture de nouvelles perspectives pour la société. Si ce n'est pas une raison pour transformer la revue en organe partisan, la situation nouvelle créée par l'arrivée de la gauche au pouvoir rend plus impérieux encore l'approfondissement de thèmes chers à la revue : « *Histoire, politique, société* : c'est tout notre projet qui embraie tout à coup sur le réel et trouve sa véritable dimension[32]. »

Le parcours du combattant qui a consisté pour un homme de gauche à conquérir l'Élysée est salué comme un tour de force à ce point improbable qu'il suscite l'admiration. Le nouveau président n'est en rien suspecté de quelque faiblesse vis-à-vis du totalitarisme et l'éditorial manifeste donc une assez grande confiance dans les capacités du pouvoir à faire changer les choses. Mais *Le Débat* souligne aussi ce paradoxe historique qui voit la gauche gagner au plan politique en pleine bourrasque idéologique qui met en question son identité intellectuelle : « Le moment est tout autant pour les intellectuels que pour la gauche à la redéfinition d'une attitude nouvelle : ni des consciences ni des prophètes. Acteurs parmi les acteurs sociaux, sans privilège et sans complaisance, à notre place et dans notre ordre[33]. »

Cependant l'état de grâce se dissipe très rapidement aux yeux de Pierre Nora qui, réagissant auprès de son ami Jean-François Revel à son livre très caustique sur la gauche au pouvoir[34], lui signifie ne pas le suivre lorsqu'il assimile la politique jacobine du nouveau pouvoir socialiste à participation communiste au modèle totalitaire, tout en se faisant très critique vis-à-vis de la politique menée depuis mai 1981 : « Ce qui me semble caractériser la situation actuelle, plutôt que le déjà joué avec le modèle totalitaire, c'est l'incohérence – le gouvernement n'est ni révolutionnaire en paroles et réformiste en fait, ni l'inverse. Il est encore plus maladroit dans le réformisme dont il refuse la théorie, et maladroit dans le révolutionnarisme, dont il ne prend pas les moyens. Ce sont les réformes pratiques qui sont mauvaises : mauvaise décentralisation, mauvaises nationalisations, mauvaises réformes médicales, mauvaises réformes fiscales. Bref, pataugeage et inconséquences, incompétences... C'est la pratique qui m'inquiète[35]. »

Un an après la victoire électorale, en mai 1982, la revue donne encore une image assez équilibrée en confrontant deux portraits, deux regards sur François Mitterrand, celui du directeur du *Point*, Claude Imbert, ancien condisciple en hypokhâgne de Pierre Nora qui voit en Mitterrand un « personnage de roman[36] », et celui du directeur de *Libération* qui salue « le "parrain" converti » depuis la mise en ballottage du général de Gaulle à l'occasion de l'élection présidentielle de 1965[37].

Lorsque la droite revient au gouvernement à l'occasion des législatives de 1986, la revue s'interroge pour savoir s'il y a encore des idées de gauche, et se demande si, après avoir perdu son passé, elle n'est pas en train de perdre tout avenir[38]. C'est dire que les quelques espérances du début se sont perdues dans les contraintes de l'exercice du pouvoir de plus en plus soumis au regard critique du *Débat*.

La revue entend néanmoins poursuivre sa réflexion sur un certain nombre de dossiers politiques qui peuvent être l'objet de réformes. Il en est ainsi par exemple de la Constitution de la Ve République dont la revue prend acte du consensus réalisé autour d'elle par les Français. Mais un certain nombre de mécanismes institutionnels peuvent néanmoins poser problème et donner lieu à des correctifs comme la durée du mandat du président, le recours à l'article 49-3, l'usage du référendum, ou encore la place du Conseil constitutionnel[39]. On ne peut pas dire que le charme du printemps 1981 joue de nouveau sur les animateurs du *Débat* lorsque François Mitterrand gagne la bataille de la présidentielle en 1988, bénéficiant ainsi d'un second mandat de sept années. Cette fois, c'est la prééminence du rôle du président qui est remise frontalement en cause et dénoncée comme l'expression d'une « monarchie républicaine ». L'approche du bicentenaire de 1789 donne au thème une actualité, et *Le Débat* de se gausser : « Par une ironie de l'histoire, est-ce un "roi" qui va conduire la commémoration de l'abolition de la royauté ? », mais plus sérieusement se pose en 1989 la question de la Constitution et de l'équilibre nécessaire des pouvoirs[40].

Au soir du second septennat, en 1994, *Le Débat* n'en est plus à l'état de grâce mais au coup de grâce en reprenant l'idée de confronter de nouveau deux regards sur François Mitterrand. À l'heure du bilan, le jugement devient cinglant, cruel même avec le point de vue de Paul Thibaud, ancien directeur de la revue *Esprit*, qui atteint un sommet dans la violence dénonciatrice sous le titre « L'homme au-dessus des lois[41] ». Cet article paraît dans un climat délétère de véritable curée contre celui qui a incarné tant d'espérance, et qui se trouve la cible de toutes les désillusions. Paul Thibaud dénonce le mitterrandisme comme le régime de la « corruption de masse », comme celui de la « dérision des valeurs », un président « cerné par les scandales, de Pelat à Bergé et à Attali ou Tapie[42] ». Paul Thibaud présente un Mitterrand qui aurait toujours été un chef de clan et réduit la rénovation du parti à Épinay en 1971 à une prise d'assaut par son gang. Quant à l'exercice du pouvoir, il n'aurait été qu'une manière de satisfaire son « narcissisme[43] ». Le combat ultime de Mitterrand contre la mort qui le ronge est même présenté comme une sinistre comédie, celle d'un « potentat » qui, au grand mépris du champ de ruines qu'il a suscité, se complaît à dire que pour lui, s'apprêtant à prendre congé, « ça va[44] ». On retrouve sous la plume de Paul Thibaud toutes les thématiques traditionnelles des complaintes sur le déclin de la France, sur le niveau qui baisse, sur la chute finale, et il considère que l'art de Mitterrand aura été, par son génie de l'inaction, d'accompagner sinon d'accélérer la chute, avec un sourire sardonique et un « plaisir cynique[45] ». *Le Débat* ne peut laisser s'exprimer un avis aussi unilatéral sans contrepoint, et pour faire bonne mesure, la revue publie le point de vue de Jean Lacouture : « Le souci d'équilibre nous a conduits à demander à un autre esprit indépendant, notre ami Jean Lacouture, de plaider à décharge[46]. »

Pierre Nora reconnaît avoir été allergique au personnage Mitterrand : « Je suis très injuste avec Mitterrand, je n'ai jamais aimé les pervers. Tout est calcul chez lui[47].» Il a même laissé dans ses tiroirs ce qui a dû être un éditorial rentré à la veille de la présidentielle de 1988 et qui est une charge presque aussi sévère que celle de Paul Thibaud sous le titre «Le sphinx et l'énigme». Mitterrand y est dépeint comme un pur politique, à la manière d'un Dracula «qui n'a plus qu'à se scier les crocs quand il a bu le sang des autres. Car il les a tous bus[48]». Contrairement à beaucoup d'autres leaders qui ont persévéré dans leur être, le Mitterrand de Pierre Nora est un être vide qui se nourrit de la fascination qu'exercent sur lui ses adversaires. Homme fondamentalement de droite tant au plan de ses racines que de ses principes, il s'est habillé à gauche par simple détestation de la droite qui n'a eu de cesse de le calomnier et de le persécuter. Son secret tant vanté serait en définitive une absence de secret qui lui permettrait cette labilité, cette capacité à se saisir de n'importe quel événement pour l'enfourcher : «En quoi il est un politique pur dont la seule et vraie foi est son entreprise personnelle[49].»

Pierre Nora a néanmoins eu quelques contacts, rares, avec le président François Mitterrand. En 1982, *Le Débat* publie un entretien avec Jean-Marie Lustiger qui n'est pas encore cardinal à l'époque, mais qui vient en 1981 d'être nommé archevêque de Paris. Il y explique le pourquoi de sa conversion au christianisme, lui qui est juif ashkénaze. Cet entretien était déjà paru en Israël dans le quotidien *Yediot Aharonot*, et Pierre Nora l'apprenant souhaitait vivement pouvoir le publier dans sa revue, ce qui impliquait l'accord de Lustiger, au départ réticent. À l'écart de la France, il avait adopté une expression plus libre, mais destinée au public israélien : «C'est à cette occasion que j'ai fait sa connaissance, et après un premier contact un peu froid, une confiance s'est établie et il a accepté la publication de son entretien[50].» Pierre Nora lui en est particulièrement reconnaissant. En effet, Jean-Marie Lustiger explique avec beaucoup de simplicité et de franchise comment il est devenu chrétien par choix à l'âge de quatorze ans, lui qui est le fils d'une famille d'immigrés juifs pauvres, et qui se fait malmener à la porte de son lycée Montaigne en tant que Juif : «Il se trouve que, à dix ans, j'ai lu la Bible tout entière en cachette[51].» C'était en 1936, et peu de temps après, à quatorze ans, il se convertit, au désespoir de ses parents, à Orléans, alors convaincus qu'il allait devenir un homme d'Église.

Pierre Nora, ravi d'avoir pu mettre à disposition du public français ses confessions, demande à Jean-Marie Lustiger s'il peut prendre une initiative qui lui soit agréable : «Il m'a dit : "Invitez-moi chez vous et faites-moi connaître quelques intellectuels."[52]» Pierre Nora organise alors un déjeuner chez lui, rue de Furstenberg, et invite autour de l'archevêque de Paris ses amis Régis Debray, Jacques Le Goff, François Furet et de son côté Jean-Marie Lustiger vient avec quelques proches, dont Jean-Luc Marion. On est alors en pleine crise polonaise, et Jean-Marie Lustiger affirme qu'il ne mettra pas les pieds dans ce pays : «Il nous a beaucoup impressionnés par sa connaissance d'Israël. Il avait fait tout le tour du pays à pied par les frontières[53].» Ce déjeuner est à ce point intéressant et chaleureux que Régis Debray, qui est alors à l'Élysée un des conseillers de François Mitterrand, lance l'idée de déjeuners de ce type autour du président de la République. C'est ainsi que Pierre Nora s'est retrouvé invité à l'Élysée à un déjeuner sur la question du Proche-Orient, en pleine intervention de l'armée israélienne au Liban en 1982, aux côtés de Claude Lanzmann, Pierre Vidal-Naquet, Simone de Beauvoir, Jacques Attali, Daniel Rondeau et Régis Debray bien sûr.

Un peu plus tard, en 1986, Pierre Nora a une nouvelle fois l'occasion de croiser François Mitterrand à propos de la transformation en musée de la maison où Léon Blum a passé ses cinq dernières années jusqu'à sa mort en 1950, à Jouy-en-Josas, dans les Yvelines. C'était le souhait le plus cher de son épouse Jeanne Blum, disparue en 1982, et avec laquelle Pierre Nora, qui deviendra président de la Fondation Jeanne et Léon Blum, entretient un rapport filial. Pour l'inauguration de ce musée, Pierre Nora a invité François Mitterrand qui vient honorer la mémoire de Léon Blum et participer au déjeuner, prononçant un de ses beaux discours : «Je le raccompagne ensuite à sa voiture et je l'entends encore s'installant près du chauffeur et me disant : "Votre livre, Monsieur le professeur, j'en connais qui l'étudie." Je referme la porte de la voiture et il part[54].» François Mitterrand faisait allusion aux *Lieux de mémoire*, et Pierre Nora, qui n'a pas saisi tout de suite qui désignait ce propos énigmatique, apprend peu après par Maurice Agulhon, lequel avait des relations professionnelles avec Anne Pingeot, que le «j'en connais» de François Mitterrand était en fait sa compagne, la mère de sa fille Mazarine, qui avait son livre toujours ouvert sur sa table de chevet.

Quant au numéro de bilan du mitterrandisme paru au début de 1995, il confirme la tonalité très négative de l'appréciation portée sur les deux septennats, avec en ouverture une «Chronique d'une décomposition» écrite par François Furet qui dénonce une monarchie de moins en moins républicaine, et «L'entrée en désillusion» de Paul Yonnet qui passe en revue les illusions perdues de la gauche[55].

Après la mort de François Mitterrand, Pierre Nora soutient la levée du secret d'État sur la longue lutte contre la maladie qu'a menée le président depuis 1981 et donc la publication avec son lot de révélations de l'ouvrage du docteur Gubler[56] : «On a voulu aussi enterrer *Le Grand Secret* sous le reproche de médiocrité et de vulgarité. Ce n'est pas mon avis[57].» Alors que le docteur Gubler est poursuivi et sera condamné à quatre mois de prison avec sursis et à l'interdiction de son ouvrage, Pierre Nora affirme : «Je lui aurais plutôt donné, si j'en avais eu les moyens, la Légion d'honneur[58].» Il y voit une pièce majeure versée au dossier sur la santé des chefs d'État, un grand document d'histoire, surtout à propos de cette Ve République si concentrée sur la personne même de ses présidents.

L'avocat de la famille Mitterrand qui s'est portée partie civile dans le procès intenté au docteur Gubler, Georges Kiejman, écrit à Pierre Nora qu'il connaît bien pour lui exprimer son désaccord : «Tu ne dis pas un mot dans cet article de ce qui est le fond du débat judiciaire, c'est-à-dire la violation d'un secret professionnel réprimé par le Code pénal. On peut bien sûr s'asseoir sur le Code pénal, surtout quand on dirige la revue *Le Débat*. Mais on se doit de donner la parole *dans le même numéro* à ceux qui ne pensent pas comme vous, à moins d'appeler sa revue *Le Pamphlet*... Je redoute que les complaisances des grands intellectuels comme toi à l'égard du dogme de la transparence ne conduisent un jour Orwell à retrouver quelque actualité[59].» Cet épisode suscite une brouille temporaire entre Georges Kiejman et son ami Pierre Nora qui ne supporte pas l'idée que l'on puisse interdire un livre. Charlotte Liébert-Hellman, alors étudiante, se souvient d'un déjeuner chez ses parents – Georges Liébert et Françoise Cachin – au cours duquel Pierre Nora et François Furet se sont vivement opposés sur cette question : «J'ai compris ce jour-là qu'il y avait chez Pierre ce sens moral, cette raideur qui en fait quelqu'un à part qui intervient sur des questions de principe avec une vraie conscience de ce qui se fait et de ce qui ne se fait pas[60].» En outre, la prise de position de Pierre Nora soulève l'indignation de son ami Jean Lacouture : «J'aurais été heureux de pouvoir ne pas vous écrire cette lettre. Mais ce serait une tricherie... Je ne peux taire l'indignation qu'a provoquée en moi votre article "C'est un secret d'État" qui nous oppose sur l'essentiel : le respect de l'autre[61].»

Un tout autre sort est réservé à ce qu'on appelle «la deuxième gauche», et Michel Rocard est sollicité pour un des grands entretiens de la revue, non à propos d'une actualité quelconque, mais en tant que personnalité politique incarnant en 1986 une méthode singulière en politique. Il fait suite à d'autres grands entretiens avec Jean-Marie Lustiger, Edmond Maire, Raymond Barre, Alain Savary, et c'est François Furet qui conduit cet échange[62]. Les animateurs de la revue affirment d'emblée leur proximité avec les positions défendues par Michel Rocard : «Si nous nous sommes aujourd'hui tournés vers Michel Rocard, c'est qu'à distance des péripéties de la vie politique, il est l'un de ceux-là, chez qui la conviction n'exclut pas la lucidité et auxquels les contraintes du pouvoir ne font oublier ni la liberté de parole ni la volonté de comprendre[63]. »

Ces grands entretiens sont un des points forts de la revue et ne sont pas conçus de la même manière que dans la presse. Ils ont pour ambition de donner le meilleur de celui qui est invité à s'exprimer. Il existe en général un écart important entre la spontanéité propre à l'oralité de l'entretien et le résultat final qui est publié et qui doit être en grande partie réécrit. La plupart sont réalisés par Marcel Gauchet, et l'idée n'est pas tant de publier un entretien, «mais de faire un texte. On élimine les scories de l'oral, mais de plus l'intérêt est de pouvoir exprimer des choses qu'il aurait été difficile de dire autrement. On a ainsi parfois eu affaire à des gens qui n'avaient rien écrit, mais qui ont donné de remarquables entretiens qui sont restés des références[64]». Avec ces grands entretiens, *Le Débat* a ainsi inventé un genre, celui de textes écrits à partir d'un échange oral.

La fondation Saint-Simon, créée en 1982, n'est pas éloignée de la revue *Le Débat* avec son intention de créer un lieu de dialogue entre intellectuels de droite, de gauche et des dirigeants d'entreprises pour désenclaver les cercles d'intellectuels et les lier davantage à la pratique sociale. François Furet en assure la présidence ainsi que Roger Fauroux, P-DG de la compagnie Saint-Gobain/Pont-à-Mousson, Alain Minc exerçant la fonction de trésorier et Pierre Rosanvallon celle de secrétaire général*. La cheville ouvrière de cette fondation était Pierre Rosanvallon, mais si Pierre Nora fait partie des membres fondateurs,

* La fondation regroupe quatre-vingts membres cooptés parmi lesquels on retrouve les frères Nora, Simon et Pierre, ainsi que Marcel Gauchet, Emmanuel Le Roy Ladurie, Jacques Julliard, Jean Daniel, Jean-Claude Casanova, Michel Albert, Edgar Morin, Serge July, Laurent Joffrin, Françoise Giroud, Pierre Manent, Bernard Manin, Gilbert Trigano, Antoine Riboud, Georges Kiejman, François Jacob, Franz-Olivier Giesbert...

surtout du fait de son amitié pour François Furet, il s'est en fait très peu investi dans cet organisme qu'il n'a jamais beaucoup apprécié : «Je n'aimais pas l'atmosphère qui y régnait et je n'avais pas grand-chose à y faire[65].»

Lorsque sur la place publique l'actualité donne lieu à des mises en cause abusives et anachroniques, comme les poursuites judiciaires en 1999 contre l'ancien Premier ministre Laurent Fabius à propos du sang contaminé en un moment, 1985, où les milieux médicaux spécialisés ne connaissaient pas encore vraiment le sida qui n'avait encore affecté que trois cent cinquante personnes en France, Pierre Nora, en tant que directeur de la revue *Le Débat*, signe un texte dans *Le Monde* avec le directeur de la revue *Esprit*, Olivier Mongin, et le directeur de la revue *Commentaire*, Jean-Claude Casanova, pour s'élever contre cette poursuite inique qui entend faire endosser à Laurent Fabius une responsabilité qui ne lui incombe pas, et récuse l'idée même d'un tel rite sacrificiel qui reviendrait à «commettre, à l'encontre de Laurent Fabius, une injustice irréparable[66]».

Tout au long de ces «années *Débat*», Pierre Nora s'est tenu au courant de très près des affaires politiques, et en même temps il est toujours resté à distance du pouvoir, soucieux de préserver l'indépendance nécessaire à son rôle d'intellectuel qui a besoin de disposer de son propre temps et espace de pensée, à l'abri des contraintes et des impératifs institutionnels ou partisans. Ce n'est pas le nombre de ses informateurs qui manquent sur le microcosme politique et en premier lieu René Rémond, mais aussi Alain Duhamel qu'il connaît depuis que ce dernier a suivi un troisième cycle à Sciences-Po autour de 1963. Devenu éditorialiste en vue du monde politique, Alain Duhamel, qui a bien perçu l'allergie de Pierre Nora pour Mitterrand, a aussi noté sa considération pour Raymond Barre, sans pour autant être barriste car se situant toujours dans la mouvance de la gauche réformiste : «Il est très friand de savoir comment sont vraiment ces hommes politiques et il a un grand souci de connaître leur degré de culture réel[67].»

27

Débats/combats du *Débat*

La transmission

Parmi les problèmes de société que le trio du *Débat* considère comme de son devoir d'éclairer figure la question de la transmission qui s'incarne dans l'institution éducative, du primaire à l'université. Les trois animateurs de la revue étant eux-mêmes enseignants, universitaires, chercheurs sont habilités à prendre position en connaissance de cause. L'arrivée de la gauche au pouvoir donne lieu à plusieurs projets de réforme basés sur le rapport de Laurent Schwartz pour l'université et sur les propositions de Louis Legrand pour la réforme des collèges. À ces projets qui font débat, s'ajoute le réveil de la vieille querelle scolaire entre laïcs et partisans de l'école libre. Ces derniers réussissent une telle mobilisation pour s'opposer au projet d'une grande école réunifiée pour tous qu'ils ont obtenu la démission du ministre Alain Savary, provoquant une véritable crise politique, avec changement de Premier ministre en 1984.

Dans ce contexte d'affrontements très violents, l'ancien compagnon d'Althusser, Jean-Claude Milner, publie un brûlot[1] qui lance bientôt une vraie controverse, orchestrée par la revue[2]. Jacques Revel, qui a participé à la commission dirigée par Antoine Prost sur la réforme des lycées, s'entretient avec Jean-Claude Milner, puis toute une série de personnalités engagées dans les réformes en cours ou spécialistes de la question répondent aux arguments de Milner : Jean-Claude Passeron, Christian Baudelot et Robert Establet, Anne-Marie Chartier, Jean Hébrard, Dominique Julia. Quant à Antoine Prost, il dénonce un discours de restauration qui prétend parler d'une réalité sitôt évacuée. Jean-Claude Milner répond en fin de dossier à ses critiques en y dénonçant une conspiration contre le savoir au nom du pédagogisme, avec la proposition de transformer «tout enseignant en mère et toute école en foyer[3]». La revue donne ainsi la parole à toutes les composantes de la controverse, mais elle penche incontestablement du côté de la critique d'un pédagogisme considéré comme coupable de minorer les questions de contenu au nom de la nécessaire transmission du savoir à un public qui a changé et qui entend placer l'élève plus au cœur du système éducatif. Il y a bien pour le trio de la revue crise de l'école et les remèdes envisagés ne sont pas adéquats. Déjà en septembre 1983 le philosophe Philippe Raynaud avait exprimé dans *Le Débat* un point de vue très critique vis-à-vis de la réforme Legrand des collèges, dénonçant notamment le projet d'un tutorat personnalisé pour les élèves, perçu comme la preuve de la démission de l'institution scolaire dans sa mission collective. De son côté, Marcel Gauchet fait le constat d'un déséquilibre récent entre la mission traditionnelle de transmission de l'école et l'hédonisme individuel triomphant propre aux années 1980, aggravé par le présentisme selon lequel l'enfant n'est plus perçu comme l'adulte qu'il deviendra, mais comme devant être satisfait dans ses désirs présents[4]. Cette tension entre le souci de transmettre le savoir et la question des moyens pour y parvenir, qui nourrit les réflexions et suggestions des pédagogues, donne lieu en 1988 dans la revue à un échange avec Alain Finkielkraut qui a fait de cette affaire une véritable croisade contre le pédagogisme présenté comme l'expression même de la «défaite de la pensée», et dénonce un complot contre la culture ourdi par une société de masse, reprenant à son compte nombre de thématiques d'Heidegger contre l'avilissement de la culture dans la modernité[5]. Marcel Gauchet n'est pas si loin des positions de son interlocuteur en dénonçant dans les projets des pédagogies nouvelles la caution sur le terrain d'entreprises aussi ineptes que barbares. Il ne partage pourtant pas son pessimisme foncier ni sa posture de Cassandre.

Lors du retour de la gauche au pouvoir, après un intermède de droite, Lionel Jospin devient ministre de l'Éducation nationale et engage un certain nombre de nouvelles réformes. *Le Débat* donne de nouveau une grande visibilité aux enjeux de l'école en consacrant en 1991 un numéro presque entier à la question, faisant le point sur les rapports entre la gauche et l'école, la formation des enseignants, l'état des lycéens, la place de Sciences-Po dans la formation des élites, et publiant sur la question deux grands entretiens avec le conseiller de Lionel Jospin au ministère, Claude Allègre, et avec le directeur de Sciences-Po, Alain Lancelot[6]. Le malaise de l'école dans tout son édifice de la maternelle à l'université est de nouveau analysé de manière plurielle en tant que zone particulièrement sensible des institutions républicaines dont «il s'agit de savoir si les évolutions récentes et en cours trahissent ou respectent l'inspiration primordiale. Il faut redire à cet égard, contre le sarcasme médiatico-technocratique qui n'y veut voir que billevesées passéistes, que c'est *la* discussion essentielle et que c'est faute d'avoir été sérieusement menée que la désorientation et l'inquiétude se sont à ce degré installées dans les esprits, en particulier au sein du corps enseignant[7] ». La revue fera plus tard largement écho au rapport demandé par François Bayrou, alors ministre de l'Éducation nationale, sur ce qu'il convient d'apprendre au collège[8].

Lorsqu'une discipline d'enseignement est l'objet de réformes et de controverses, la revue s'en fait l'écho : ainsi quand en 1998 l'on semble s'acheminer vers une nouvelle guerre de religion autour de l'enseignement de la philosophie. La revue expose les arguments du débat, déplorant l'immobilisme dont ont fait preuve les responsables de cet enseignement qui ont résisté à toutes les propositions de changement, reproduisant pour l'essentiel les mêmes programmes de terminale depuis 1973. Entre 1973 et 1998, où *Le Débat* fait le point sur la question, nombreux ont été les rapports critiques et les suggestions, comme le rapport Bouveresse-Derrida en juillet 1989, le projet Beyssade en 1993 et le projet Lucien Dagognet en 1996 sur lequel le Conseil national des programmes présidé par Luc Ferry émet un avis négatif[9].

Discipline la plus représentative des humanités classiques, l'enseignement du français traverse aussi des eaux agitées, ce qui pose le problème, par-delà la transmission de la langue et la pratique de la lecture, du statut de la littérature. La revue fait état d'une situation à ce point délabrée qu'elle consacre à la question de l'enseignement du français tout un numéro[10].

Il est un autre domaine lié à la transmission qui a fait l'objet d'une préoccupation constante de la revue, et donné lieu à l'exposition de la pluralité des points de vue, c'est la politique patrimoniale, la place et la fonction des musées anciens et nouveaux. Dix ans après la première année du patrimoine 1980, qui est celle aussi de la naissance du *Débat*, la revue fait le point sur cette explosion patrimoniale et sa signification à l'occasion de l'ouverture d'une École nationale du patrimoine, et publie un de ses grands entretiens avec le ministre de la Culture Jack Lang[11].

Siècle de l'histoire et moment essentiel de constitution d'une mémoire nationale et de la professionnalisation du métier d'historien, le XIXe devient l'objet d'un grand musée ouvert dans l'ancienne gare d'Orsay. C'est un numéro thématique entièrement consacré à ce musée que réalise *Le Débat*[12]. Dans ce numéro, Krzysztof Pomian s'entretient avec celle qui est à la fois directrice du musée d'Orsay et ancienne épouse de Pierre Nora, Françoise Cachin, qui rappelle que le lieu du musée n'a pas été choisi parce que c'était une gare, mais qu'on a voulu sauver cette gare et qu'on s'est demandé ensuite quel pouvait devenir son usage. Mais cette rencontre fortuite est d'autant mieux venue que la gare a été souvent source d'inspiration des impressionnistes. Par ailleurs, le « style du 1900-éclectique-rococo-Napoléon III[13] » d'Orsay fait ressembler la gare à un palais des beaux-arts. Françoise Cachin souligne la conception nouvelle des conservateurs mieux formés à l'histoire de l'art. Elle fait le lien en cette année 1987 qui a déjà vu la publication de plusieurs volumes des *Lieux de mémoire* avec le moment mémoriel que traverse la France et, par-delà le souci de conservation du patrimoine, elle présente ce nouveau musée comme un « musée de la mémoire [qui] se doit de mieux faire connaître ces cinquante années prodigieuses de la création en France[14] ».

La volonté de préservation du patrimoine architectural affecte le paysage urbain qui cristallise la confrontation entre le désir d'adaptation à la modernité et le souci de conservation. La revue consacre ainsi un numéro thématique au « Nouveau Paris[15] », confrontant les visions de divers spécialistes : urbanistes, politologues, sociologues, linguistes, économistes, écrivains, géographes et historiens de l'architecture. Le Grand Louvre, qui a été l'abcès de fixation des colères du grand ami de Pierre Nora, André Fermigier, est aussi l'objet d'un dossier du *Débat* : « Nous ne pouvions laisser passer l'ouverture du Grand Louvre sans lui accorder l'attention que l'événement mérite[16]. » Le musée apparaît de plus en plus en charge du rapport symbolique entretenu par le monde de la ville avec son passé.

Le Débat fait de nouveau le point sur les divers aspects de la politique patrimoniale en 1998, croisant les questions d'archéologie, de muséographie et celle des archives[17]. À cette occasion, Françoise Cachin, qui est alors directeur des Musées de France, souligne l'inflexion qui a affecté les musées au cours des dernières décennies, passant d'une approche patrimoniale à une vocation éducative. Cela tient essentiellement à un recrutement de conservateurs venus d'horizons très divers à partir du milieu des années 1960 et dont la formation s'est faite sur le tas. N'ayant pas été formés dans le sérail de l'école du Louvre, ils ont été à l'origine de transformations majeures qui les rapprochent de la conception élargie et plus historique de l'expression culturelle que défend *Le Débat* : « Se dessine une nouvelle tendance à ne plus privilégier l'objet esthétique par rapport à l'objet historique[18]. » Le souci didactique est de plus en plus pris en compte par les concepteurs des musées, qui donnent corps à cette nouvelle ambition éducative.

Achevant un cycle ayant débuté avec Beaubourg dans les années 1970, le Musée des arts premiers du quai Branly ouvre en 2007, et *Le Débat* consacre encore tout un numéro à ce que la revue appelle « Le moment du quai Branly[19] ». Ce nouveau musée exemplifie la volonté éducative qui est une préoccupation montante des dernières décennies au point qu'il se trouve doté d'une université populaire placée sous la direction de Catherine Clément. Par ailleurs, en tant que réalisation architecturale qui fait partie des grands projets présidentiels, le quai Branly est soumis au feu de la critique et la revue se fait l'écho des controverses quant aux choix qui ont présidé à sa construction, comme elle l'avait fait antérieurement pour les autres réalisations muséales.

La BNF : un crime d'État ?

S'il est un dossier dans lequel *Le Débat* s'est totalement impliqué, c'est celui de la construction de la Très Grande Bibliothèque. Cette affaire d'État commence par une asphyxie, celle de la Bibliothèque nationale qui croule rue de Richelieu sous le poids de ses acquisitions, et qui ne peut plus accueillir le nombre croissant de chercheurs qui souhaitent y travailler. La situation est tellement ingérable que son administrateur, André Miquel, jette l'éponge en 1987, laissant la place à Emmanuel Le Roy Ladurie. Il y a donc urgence à se soucier du sort de la BN, ainsi que des bibliothèques en général, et *Le Débat* ouvre le dossier dès le début de l'année 1988, donnant accès au rapport de Francis Beck sur l'état de la Bibliothèque nationale qui sert de support à divers points de vue, dont celui du ministre de la Culture de ce moment de cohabitation, François Léotard[20].

Dès sa réélection en 1988, le président Mitterrand en fait une priorité. C'est à ce point une affaire présidentielle qu'il n'attend même pas la constitution du nouveau gouvernement et appelle dès le lundi matin, au lendemain du vote, Émile Biasini, réputé pour être un véritable bulldozer et ayant fait montre de son efficacité dans la gestion du

Grand Louvre, pour lui proposer de devenir secrétaire d'État aux Grands Travaux. Parmi ceux-ci la construction d'une nouvelle Bibliothèque de France est une priorité. À l'occasion de la fête nationale du 14 juillet 1988, François Mitterrand annonce la réalisation à venir d'une bibliothèque entièrement nouvelle. À ce moment, il a en tête le conseil de Jacques Attali d'une antenne virtuelle totalement informatisée, purement immatérielle, mais cette idée va vite se révéler trop onéreuse et trop longue à mettre en place. Emmanuel Le Roy Ladurie calcule en effet que cela aurait pris quelque soixante-seize années et coûterait autour de 20 milliards de francs.

En définitive, le projet prendra la forme d'une véritable construction architecturale coulée dans le béton et l'acier. Une commission est installée sous la double direction du président du conseil d'administration de la Bibliothèque nationale, Patrice Cahart, et du directeur de la BPI du Centre Pompidou, Michel Mélot, qui décide la construction d'une nouvelle bibliothèque. Le concours d'architecture retient le 16 août 1989 le projet d'un jeune architecte de trente-six ans, Dominique Perrault, qui consiste à édifier quatre tours figurant sur les bords de la Seine, à Tolbiac, un livre ouvert. *Le Débat* publie un gros dossier dans son numéro de mai 1989 consacré à ce projet, donnant la parole à Michel Mélot et à un certain nombre de chercheurs, usagers de la Bibliothèque nationale[21]. Si la revue se félicite du souci des pouvoirs publics de répondre à l'état de misère que traversent les bibliothèques, elle s'inquiète de «l'intenable coupure chronologique en 1945 entre la Bibliothèque nationale et le futur établissement[22]». Il avait en effet été question d'établir la coupure chronologique en 1789, 1870, 1900 et 1914. C'est finalement la date de 1945 qui est retenue, permettant à la bibliothèque de la rue de Richelieu de conserver l'essentiel du fonds et de ne voir partir dans le nouvel établissement que 4 millions d'ouvrages, soit le tiers du volume.

Le journaliste du *Quotidien de Paris* Dominique Jamet, rallié à François Mitterrand, est nommé à la tête de ce projet qui provoque des haut-le-cœur chez les chercheurs. Comment peut-on scinder des sujets de recherche entre un avant et un après-1945 ? Pierre Nora essaie d'alerter Mitterrand personnellement sur cette question, et demande à Georges Kiejman d'organiser une rencontre, mais ce dernier n'a pas voulu indisposer le président de plus en plus agacé par cette fronde des intellectuels : «Il disait bien vouloir accepter les remarques de la communauté scientifique, mais à condition qu'elle commence par le remercier d'avoir été le premier à s'occuper vraiment du sort des bibliothèques[23]. » Connaissant les bonnes relations de Georges Duby avec François Mitterrand, Pierre Nora lui suggère d'aller en parler au président, mais il ne consentait à faire cette démarche qu'accompagné de Pierre Nora qui a trouvé cela absurde.

Pierre Nora dispose cependant d'un interlocuteur à l'Élysée avec le conseiller culturel de François Mitterrand, et notamment chargé auprès de lui de suivre les Grands Travaux, Bernard Latarjet : « J'étais chargé d'éteindre les incendies et Pierre Nora avait pris la tête de l'opposition avec des arguments à prendre en considération. J'essayais de jouer les médiateurs, mais le président était agacé par cette polémique et quand il était agacé, il avait tendance à évacuer le problème de fond et à compter sur nous pour trouver une solution[24]. »

Jacques Julliard écrit alors une « Lettre ouverte au président de la République » dans *Le Nouvel Observateur* pour affirmer qu'il faut soit tout déménager soit rien, mais certainement pas séparer géographiquement le fonds des ouvrages : « On ne coupe pas en deux la mémoire savante d'un pays, il faut tout laisser en place ou, comme les Anglais, tout déménager[25]. » Au même moment, *Le Débat* publie son dossier et en appelle à une meilleure concertation avec les acteurs et utilisateurs, s'alarmant avec vigueur de cette idée de césure chronologique, au point que Krzysztof Pomian qualifie ce projet d'« abattoir de la mémoire[26] » pendant que l'historien moderniste Denis Crouzet qualifie la TGB de « Très Grave Bévue[27] ».

Cette réaction provoque des effets immédiats sur les décisions prises. Alarmé par cette levée de boucliers, Dominique Jamet a l'idée de réunir un forum le 11 septembre 1989 dans la petite salle de l'Opéra Bastille pour discuter du projet avec tous les responsables autour du ministre Jack Lang et du secrétaire d'État aux Grands Travaux Émile Biasini : « C'est là que j'ai été tout de suite presque institué comme l'opposition à Sa Majesté[28]. » Le vent de protestation est enfin entendu au point que l'on renonce à la partition, et que l'on décide que tous les ouvrages seront regroupés dans la nouvelle bibliothèque, soit 12 millions de volumes, à charge pour l'architecte de trouver une solution pour les accueillir. Quant à la question de savoir si le nouvel établissement sera une bibliothèque de conservation et de consultation pour les chercheurs ou une bibliothèque ouverte à un plus large public, elle est réglée par l'idée de concevoir deux bibliothèques sur le même site, un rez-de-jardin pour les chercheurs et le grand public à l'étage au-dessus. Pierre Nora se félicite de ce premier succès et adopte un ton moins critique en 1990 : « On a longtemps pu craindre le pire ; et, disons-le tout de suite, le pire paraît en voie d'être écarté[29]. » Et la revue de donner la parole dans le même numéro aux décideurs en la matière : Émile Biasini, Jean Gattégno et Dominique Perrault.

La controverse n'est pourtant pas terminée et de nouveaux sujets de conflit surgissent. En mai 1990, Patrice Higonnet écrit un article alarmiste dans le *Times Literary Supplement* en s'appuyant sur les expériences déjà pratiquées de conservation des livres dans des tours. Il met en garde contre le fait que les ouvrages se trouvant exposés à la lumière dans les tours sont lentement carbonisés, ce qui fait dire à Pierre Nora que « le stockage en hauteur est une solution que regrettent, à l'étranger, ceux qui l'ont adoptée et qui tend à être abandonnée[30] ». On finit par corriger le projet de l'architecte en décidant de conserver les deux tiers des ouvrages à l'ombre, dans le socle de la construction, et pour le reste de les protéger par des volets de bois pour les préserver des effets funestes de la lumière. Le type de stockage, comme bien d'autres problèmes, nécessite le temps de la concertation, mais Émile Biasini s'est engagé à tenir coûte que coûte les délais et à inaugurer la nouvelle bibliothèque avant la fin du second mandat du président en 1995. Il a donc bien l'intention de ne pas se laisser embarquer dans les méandres de discussions interminables, fidèle en cela à sa réputation non usurpée de bulldozer. Pour ce faire, il dénonce la communauté des chercheurs comme étant un petit cénacle surtout soucieux de préserver ses privilèges, évoquant ainsi la bibliothèque de la rue de Richelieu comme le refuge « d'une sorte de club d'habitués, en général chercheurs historiens, qui en avaient fait leur domaine. Quels que fussent ses défauts, ils y trouvaient leurs commodités et leur confort et s'y sentaient chez eux, dans un bien-être d'initiés ignorant superbement les besoins de ceux qui ne bénéficiaient pas du même privilège[31] ». Ceux qui résistent à son rythme sont taxés de « réseaux conformistes de la communauté internationale des clercs », surtout sourcilleux de préserver leur tranquillité en restant à distance du grand public et même des étudiants[32].

L'ancien administrateur de la BN, Georges Le Rider, appuyé par un certain nombre de prix Nobel et par quelque cinq cents signataires français et étrangers, réclame en août 1991 un « moratoire ». Pierre Nora est plus ou moins chargé par André Miquel, devenu président du Conseil supérieur des bibliothèques, d'entreprendre une démarche auprès d'Émile Biasini. Ils déjeunent ensemble près du Trocadéro et, au cours du déjeuner, Pierre Nora conseille à Biasini de faire un geste, ne serait-ce que par courtoisie vis-à-vis de ce Conseil des bibliothèques : « Il m'a dit deux choses qui m'ont profondément choqué, d'une part qu'il y avait un contrat avec Bouygues et que le dédit aurait un coût d'un milliard. Par ailleurs, lorsqu'au dessert, je lui ai dit que tout son édifice ne pourrait durer plus de trente ans, il m'a rétorqué : "Mon cher Pierre, dans trente ans, ni vous ni moi ne serons là pour voir les dégâts." J'ai eu l'impression d'avoir été roulé dans la farine, mais il était payé pour cela[33]. »

À la suite de cette rencontre sans résultat tangible, Pierre Nora prend la décision d'écrire une lettre à François Mitterrand et de la faire signer par dix-neuf personnalités de tous bords, réunissant parmi d'autres Marc Fumaroli, Georges Duby, Maurice Agulhon, Régis Debray, Alain Decaux, Georges Vedel, Claude Lévi-Strauss... Il fait déposer sa lettre écrite sur un ton très mesuré au domicile de François Mitterrand par Laure Adler et Bernard Latarjet : « J'ai appris que Mitterrand a lu ma lettre, et en a été furieux. Il a écrit une réponse très sèche et à la signature de cette lettre, il l'a déchirée[34]. »

Il est cependant tenu compte des conclusions de la « commission Jolis » et il est décidé en janvier 1992 que les hautes tours seront rabotées de sept mètres. C'est la seule concession qu'a faite Émile Biasini, fort du soutien indéfectible de François Mitterrand. Livrer clés en main cette nouvelle bibliothèque avant la fin du second mandat présidentiel est son seul souci : « Pour moi, il fallait à tout prix qu'elle soit prête avant son départ. La veille de son départ de l'Élysée, je suis allé le chercher et je l'ai conduit à la BNF terminée. On était seuls. Administrativement, c'est ce que j'ai fait de plus efficace[35]. » L'inauguration officielle a lieu le 30 mars 1995 dans un établissement sorti de terre, mais encore vide. Il faudra attendre le 9 octobre 1998 pour que la nouvelle bibliothèque soit ouverte aux chercheurs. Pierre Nora profite de cette occasion solennelle pour faire le point dans *Le Débat*, et il en dénonce le coût exorbitant qui exige un personnel cinq fois plus important que l'ancienne BN et des frais annuels de fonctionnement « de l'ordre de 1,3 milliard de francs, quelque 10 % du budget du ministère de la Culture[36] ».

L'ouverture de la BNF ne calme pas la fronde. Elle a plutôt pour effet de relancer la polémique. La bronca devient générale et les sarcasmes se multiplient sur le caractère inhumain d'une construction faite de longs couloirs que doit parcourir solitaire le lecteur soucieux de rejoindre des toilettes si éloignées de sa table de lecture qu'il doit programmer ses besoins les plus naturels, sur ces lourdes portes en fonte entre des sas métallisés qu'il faut passer en poussant de tout son poids avec la force d'un joueur de rugby en pleine mêlée ouverte, tout en ayant à vaincre l'angoisse montante de la claustrophobie. L'accès lui-même est rendu problématique avec ces hauts escaliers sans rampes car l'architecte les considérait comme une dénaturation de son esthétique : « Moyennant quoi, à l'hôpital de la Salpêtrière on a appelé cette esplanade "l'esplanade des Invalides" parce que tous les hivers les gens tombent et qu'on leur amène en urgence des jambes, des hanches à refaire[37]. » À cela se sont ajoutés les problèmes informatiques provenant d'un système très centralisé qui a provoqué de multiples dysfonctionnements. *Le Débat* fera un bilan caustique de cette aventure en regroupant les témoignages de lecteurs français et étrangers qui décriront leurs premiers pas dans ce nouveau temple de la culture; leurs expériences initiatrices semblent tout droit sorties des films de Tati, du *Playtime* à Tolbiac en somme, un vrai dépaysement.

Quant à Pierre Nora, présentant le dossier, il se fait incisif : « Retour sur les lieux du crime[38] »; « Pierre Nora dont j'appréciais la pondération, voire même l'humilité, a fait preuve dans cette affaire d'une pugnacité, d'une combativité qui m'ont étonné. Je me suis dit être vraiment en face d'un vrai combattant et il a pris cela pour un combat presque personnel. J'ai découvert chez lui à ce moment-là un vrai courage politique, s'affrontant directement au président de la République qui en était agacé[39]. »

Faire débat au risque de la polémique

Au moment de sa création, nous l'avons vu, les diverses livraisons du *Débat* contenaient leur lot de contributions polémiques. On se souvient notamment de quelques papiers incendiaires de Marcel Gauchet qui ont d'ailleurs mis le feu à la plaine. Dans la durée, le ton est devenu moins mordant, d'autant que la revue entend certes promouvoir le débat, mais un débat argumenté, civil, respectueux de l'autre, comme on le pratique de l'autre côté de l'Atlantique. Pierre Nora adopte même sur ce plan en 1982 un ton un peu autocritique : « Nous avions voulu faire vif, nous avons fait léger, parfois blessant pour ceux-là mêmes dont par ailleurs nous estimions la personne et le travail[40]. » La revue n'en est pas moins restée attachée à susciter des discussions, et donc à prendre parti ou à solliciter des personnalités fortement engagées dans des causes sujettes à débat.

Dans le domaine de l'épistémologie *Le Débat* lance la controverse avec l'article de René Thom[41]. Il s'en prend aux publications récentes, celles de Jacques Monod, d'Edgar Morin, d'Henri Atlan, d'Ilya Prigogine et de Michel Serres qui ont en commun une apologie de l'aléatoire, du hasard qui entend rompre avec la valorisation antérieure, dans les années 1960, de la constance, de l'invariance de la structure : «Je voudrais dire d'emblée que cette fascination de l'aléatoire témoigne d'une attitude antiscientifique par excellence[42].» La charge est sévère puisque René Thom voit dans la profusion de ces thèses la résurgence de l'antiscientisme des années 1880-1890. Cet article déclenche, comme il était prévisible, toute une polémique épistémologique dont la revue se fait l'écho, donnant la parole aux thèses adverses. C'est ainsi qu'Edgar Morin, Jean Largeault, Antoine Danchin, Ilya Prigogine et Michel Serres répliquent successivement dans les colonnes du *Débat* aux arguments de René Thom qui lui-même ferme la marche de la discussion en répondant aux arguments qui lui ont été opposés[43]. Devenir le creuset de ce type de débat n'est pourtant pas chose facile comme pourra le mesurer l'initiateur de cette controverse, Krzysztof Pomian : «Il a fallu beaucoup de diplomatie pour obtenir des répliques, car beaucoup se sentaient agressés[44].» Lorsque Pomian souhaitera en faire l'objet d'un ouvrage collectif de la collection «Le Débat», il se heurtera pendant longtemps à des réponses fuyantes de la part d'Ilya Prigogine et il a fallu le hasard d'un congrès tenu à Florence, au cours duquel Prigogine prononce la leçon inaugurale pour les sciences de la nature et Pomian pour les sciences humaines, pour que Prigogine comprenne qu'il ne s'agit pas d'un guet-apens et qu'il n'y aura pas de bordées d'injures, consentant alors à communiquer sa contribution et permettant ainsi la publication de l'ouvrage en 1990[45].

Dans le domaine de l'art contemporain, la revue est aussi à l'initiative d'une belle controverse, en lançant une grenade incendiaire avec un texte d'un penseur pourtant consensuel, sage et posé dans ses prises de position, mais qui cette fois a livré un article particulièrement caustique et provocateur, Claude Lévi-Strauss[46]. Ce texte émane d'un catalogue d'exposition et porte un jugement particulièrement mélancolique sur la perte du travail de l'œil et de la main dans la peinture contemporaine. Lévi-Strauss y situe le début de la fin, le démarrage de la décadence picturale au temps de l'impressionnisme qui certes, reconnaît-il, a produit des chefs-d'œuvre, mais a donné l'illusion à ses épigones qu'il était possible de peindre sans aucun savoir-faire. L'impressionnisme, et plus tard le cubisme, ont eu le tort de manquer l'objet lui-même en valorisant exclusivement la perception des choses : « Où en sommes-nous aujourd'hui ? Une foule de peintres s'obstinent à répéter la stratégie de leurs aînés en aggravant progressivement ses vices[47]. » Selon Lévi-Strauss, le métier de peintre s'est ainsi progressivement perdu et, se faisant partisan radical du figuratif le plus classique, il va même jusqu'à considérer que la technique du clair-obscur de la Renaissance a signé le début de la fin de la peinture, faisant ainsi passer Léonard de Vinci pour un fossoyeur ! « C'est seulement en se montrant réfractaire aux sortilèges dissolvants du clair-obscur et en s'inclinant devant l'ordre intangible des choses que la peinture pourra de nouveau prétendre à la dignité d'un métier[48]. »

Le peintre Pierre Soulages répond peu après aux propos de Claude Lévi-Strauss dans les colonnes de la revue[49] ; il affirme que l'ethnologue rejoint les conclusions des idéologues totalitaires. C'est toute une longue controverse qu'ouvre *Le Débat* avec ce texte provocateur. Or, cette confrontation a été particulièrement longue et vive, presque violente, relayée par d'autres revues comme *Esprit* ou le quotidien *Le Monde*. Elle a vu s'affronter les arguments, entre autres, de Philippe Dagen, de Jean Clair, de Pierre Daix, de Jean-Philippe Domecq, Yves Michaud, Marc Fumaroli tout au long des années 1980 et 1990 dans une querelle si âpre que Krzysztof Pomian en fait la chronique à l'occasion du vingtième anniversaire du *Débat*[50]. Dans ce retour sur cette controverse, Pomian met en évidence la dimension politique de ce qui se joue autour de la défense ou du rejet de ce que l'on dénomme l'« art moderne », mis en rapport avec la fascination de la révolution et la volonté de « changer la vie ». Apparaît ainsi l'idée que « n'importe quel objet peut être élevé à la dignité d'une œuvre d'art par l'acte d'un artiste qui le détourne de sa fonction première[51] ». À partir de cette controverse, *Le Débat* a pu expliciter sa position qui consiste à se donner la liberté de critiquer l'art en train de se faire, sans pour autant se faire les laudateurs mélancoliques du passé : « Il y avait là un malentendu quand on nous assimilait aux positions de Lévi-Strauss qui était beaucoup plus passéiste, ce qui n'était pas notre cas à nous qui n'adoptions ni le point de vue des thuriféraires de l'art moderne ni les positons nostalgiques de mon ami Jean Clair[52]. »

Sur le territoire du philosophe, *Le Débat* s'est largement fait l'écho de la controverse autour du cas Heidegger, s'interrogeant sur ce paradoxe qu'Emmanuel Levinas avait défini comme l'impératif de penser ensemble le fait que le plus grand philosophe du XXe siècle a en même temps été un adhérent du parti nazi. Avant même l'édition du livre de

Victor Farias, la revue publie, en 1983, l'explication que donne le philosophe au sortir de la guerre sur cet épisode d'engagement dans le national-socialisme qu'atteste sa période du rectorat en 1933-1934[53]. En 1987, l'ouvrage de Farias[54] jette un trouble qui atteint jusqu'aux thèses philosophiques de Heidegger que l'on vient soupçonner d'ambivalence. La revue s'interroge sur l'apport de cette parution, se demandant si on y apprend des choses nouvelles sur les liens supposés entre la philosophie d'Heidegger et son engagement politique. *Le Débat* publie non seulement une pluralité de points de vue, mais aussi un corpus de textes de ces années 1933-1934 autour desquels se déploie la confrontation[55].

Le sommet de la polémique est atteint avec ce qu'Alain Finkielkraut a appelé les «sociologues du *Débat*», notamment Paul Yonnet et Gilles Lipovetsky. Tous deux sont des contributeurs très présents dans la revue puisque Gilles Lipovetsky aura donné au *Débat* quelque onze articles, et Paul Yonnet, avec dix-neuf articles, n'est dépassé par le nombre de ses contributions que par Pomian. La plupart de leurs ouvrages sont en fait composés de leurs articles dans la revue, complétés par quelques inédits. Autant la sociologie bourdivine s'est coupée de la société en l'analysant à partir de grilles purement théoriques, autant celle de Yonnet et Lipovetsky est une sociologie «de l'air du temps[56]».

La réaction de Paul Yonnet à la profanation du cimetière de Carpentras met le feu aux poudres et suscite un profond malaise jusque dans le service de Pierre Nora chez Gallimard où Louis Évrard retire sa signature en tant que responsable de la réalisation de la revue. Paul Yonnet réagit à cette affaire en stigmatisant un mécanisme de piège passionnel qu'il appelle la «machine Carpentras[57]». Il y dénonce le processus d'emballement médiatique qui joue sur l'émotion avant toute forme de vérification de l'information. Il s'en prend au fait de stigmatiser Le Pen en jouant sur sa victimisation, ce qui conduit, selon lui, à l'inverse de l'effet souhaité. De nouveau, Paul Yonnet attaque l'organisation dirigée par Harlem Désir, SOS-racisme, qui forme, selon lui, un couple binaire avec les thèses racistes. Il dénonce des attitudes qui conduisent au succès général du racialisme.

Dans cette polémique, *Libération* est visé en tant que fervent soutien de la cause de SOS-racisme et la riposte ne se fait pas attendre face à la salve de Paul Yonnet. Le quotidien consacre une double page à l'affaire avec des articles d'Alexandre Adler, de Jean-Louis Pouthier et de François Dubet dénonçant une vision complotiste de l'histoire et qui de plus se trompe d'adversaire en s'en prenant à ceux qui luttent contre la bête immonde, au lieu de réserver ses coups à ceux qui prêchent l'intolérance et le repli racial[58]. Cette réplique s'en prend, par-delà Paul Yonnet, à la revue *Le Débat* soupçonnée de complaisance avec Le Pen et de «nostalgie pour les années 1930».

Pierre Nora prend alors la plume dans les colonnes de *Libération* pour se faire l'avocat des thèses de Paul Yonnet, mal interprétées selon lui : «Nous n'avons décidément pas fait la même lecture de l'article de Paul Yonnet[59].» Il rappelle à cette occasion que le souci de désarmer le lepénisme rampant fait consensus, et à cet égard les soupçons de complaisance sont absurdes, mais que le débat porte sur les moyens les plus efficaces pour arriver à cet objectif, et à cet égard l'article de Paul Yonnet «pose les vrais problèmes... Il le fait avec virtuosité et brutalité. Une brutalité qui l'entraîne à des raccourcis sauvages et des formulations hâtives et simplificatrices. Mais je crains que vous ne vous soyez emparé de ces quelques imprudences pour négliger l'essentiel de sa démonstration[60]».

Un parfum de scandale entoure pareillement la parution de l'ouvrage de Paul Yonnet peu de temps après cet affrontement sur le même thème de la critique de l'antiracisme[61]. *Le Débat* dénonçant la campagne de presse «d'une rare malhonnêteté» par laquelle a été accueilli l'ouvrage et qui attesterait l'émergence d'un politiquement correct à la française, lui consacre tout un dossier de discussion[62]. Yonnet dénonce ce qu'il qualifie de cabale dans laquelle se trouvent mêlés non seulement *Libération*, mais *L'Express*, *Le Monde*, *Le JDD*, *Le Point* et *L'Événement du jeudi*. Il profite de l'occasion pour réaffirmer haut et fort ses thèses qui s'en prennent à ce qu'il qualifie de néo-antiracisme, et qui serait à la fois différencialiste et racialiste, source de tous les maux car il «encourage les identités d'origine et le communautarisme, vise à ethniciser les provinciaux français, racise les Blancs, extranéise les Juifs, combat l'assimilation[63]». Il dénonce dans l'engagement antiraciste une eschatologie de substitution après la perte du prolétariat qui a gagné le paradis. Avec la perte de la foi en un salut chrétien, l'immigré ferait figure, selon Yonnet, d'incarnation de la rédemption : «Fondamentalement, le néo-antiracisme se présente comme une utopie de substitution au mythe marxiste et à l'espérantisme prolétarien, une utopie où la race et ses ersatz se substituent à la classe[64].» Comme on peut le mesurer en cette année 1993, la revue n'a pas tant perdu en verve polémique par rapport à ses débuts fracassants.

Sa volonté de faire débat aurait pu faire de Pierre Nora la cible de toutes les inimitiés, ressentiments et aigreurs. Miraculeusement, malgré le ton vif de la revue, il n'en a rien été. Il aurait pu facilement se mettre tout Paris non dans la poche mais à dos, être brouillé avec tout le monde, d'autant plus que son métier d'éditeur consiste en premier lieu à savoir dire non, ce qui élargit le cercle des mécontents potentiels. Son savoir-faire, sa courtoisie ont permis de préserver la qualité de ses relations amicales.

Il y a cependant eu des moments où l'amitié a été fortement mise à l'épreuve, par exemple avec le premier mari de Françoise Chandernagor, Philippe Jurgensen, mis en cause dans un des premiers numéros du *Débat* dans un article sur la banque qu'il dirigeait à l'époque et qui entretenait des relations apparemment douteuses avec les pays africains. Le combat de Pierre Nora contre le projet de Très Grande Bibliothèque lui vaudra aussi un moment de brouille avec son ami Jean-Pierre Angremy, président de la BNF entre 1997 et 2002. Cette rupture temporaire de leur lien amical très ancien, on se souvient de leur voyage en Chine, est d'autant plus méritoire qu'elle a lieu en pleine campagne de Pierre Nora pour son élection à l'Académie française où siège Angremy. Mais après un temps d'affrontements vifs, leur relation amicale reprendra son cours.

Un article, en revanche, va ébranler une longue amitié, celle de Jérôme Clément qui a pourtant la plus grande admiration pour Pierre Nora, son ancien enseignant à Sciences-Po. C'est celui de Patrick Démerin sur Arte paru dans *Le Débat* en 2002[65]. La charge contre Arte est particulièrement sévère et empreinte de ressentiment de la part de son auteur qui était un des responsables de la chaîne et qui venait d'être écarté par Jérôme Clément pour différend professionnel. Patrick Démerin présente en effet les négociations franco-allemandes comme le mariage de la carpe et du lapin, celui de négociateurs chevronnés, les Allemands, confrontés à des novices amateurs, les Français, tournant donc à l'avantage de nos voisins d'outre-Rhin et aboutissant au fait que « les carpes restèrent dans l'étang, et les lapins dans le pré[66] ».

La présentation de l'article de la part des responsables du *Débat* annonce l'ouverture d'une discussion, mais prend en même temps fait et cause pour les thèses de Démerin : « Mai 1992-mai 2002 : dix ans d'Arte. On nous avait annoncé comme le messie cette télévision qui allait faire tomber les frontières, rapprocher les peuples, donner corps à une culture européenne. La prophétie a tourné court...[67]. » À la veille des élections qui allaient faire basculer la France à droite, alors que tout le monde connaissait son adhésion socialiste, Jérôme Clément s'est senti déstabilisé, et de plus, l'attaque provenant d'un ami auquel il était très attaché, il en est particulièrement affecté. D'autant que Pierre Nora, proche de lui et appréciant la programmation d'Arte, ne cessait depuis longtemps de lui répéter qu'il faudrait faire quelque chose sur cette chaîne dans *Le Débat*. Il n'en revient donc pas : «J'ai pris cela très mal, ce qui a entraîné une fâcherie. Pierre Nora a voulu me donner la parole dans le numéro suivant, ce que j'ai refusé, cela n'avait aucun sens[68].» Jérôme Clément est à ce point furieux qu'il décide de supprimer tous les abonnements de la chaîne au *Débat*. Il en reste un échange épistolaire peu amène qui est publié dans le numéro suivant de la revue : «Avez-vous mesuré les conséquences négatives d'une telle publication sur les salariés français et allemands qui travaillent depuis une décennie à la construction d'une entreprise binationale?... J'y vois, cher Pierre Nora, au mieux un acte d'une grande négligence, au pire une intention de nuire. Venant d'un maître estimé et aimé, j'en suis très choqué[69].» Il faudra attendre la publication du très beau livre de Jérôme Clément *Un jour tu comprendras* et de la lettre très émue que lui enverra Pierre Nora pour que la fâcherie soit réduite à un mauvais souvenir.

Il y aura d'autres occasions d'accrochages, comme en 1987 un article très polémique de Jorge Semprun contre *Le Nouvel Observateur* qui suscite une vive réaction de Jean Daniel défendant son journal et Élisabeth Schemla, sa journaliste incriminée pour ses reportages sur l'Espagne. Jean Daniel écrit à son ami Pierre Nora qu'il est indigné de découvrir que Semprun reproche à son hebdomadaire de publier «depuis des années, d'indécentes sottises sur l'Espagne démocratique[70]». La revue publie autant la lettre de Jean Daniel que la réponse de Jorge Semprun. Quant à Pierre Nora, il rappelle la fonction de débat de sa revue qui est sa raison d'être : «La tradition des revues, et d'une revue comme *Le Débat* qui se veut par définition pluraliste, est de laisser, plus encore que la presse, les auteurs absolument libres de développer des opinions qui n'engagent qu'eux-mêmes... Nous sommes tous conscients de la difficulté qu'il y a à tenir la vivacité des discussions qui sont notre raison d'être dans des bornes qui l'empêchent d'affecter les personnes, qui sont de surcroît des amis[71].»

28

Innover et s'ouvrir

Le défi majeur qu'entend relever *Le Débat* est de faire circuler toutes les formes innovantes de la création et de la réflexion, tout ce qui peut faire bouger les lignes en bousculant les prêts-à-penser et autres conformismes, fussent-ils parés des habits neufs du modernisme. D'où une revue à l'affût de ce qui permet d'exprimer, de penser différemment et mieux notre monde. Cette posture côtoie par définition l'immédiatisme et l'écueil d'un certain éclectisme, mais le trio qui détermine le cap à suivre reste particulièrement vigilant.

Une historiographie en construction ouverte aux apports extérieurs

Le Débat ne porte pas pour rien en sous-titre le terme « histoire » comme premier terme de la trilogie sous laquelle la revue est née, « Histoire, politique, société ». Il renvoie à l'identité professionnelle de son directeur Pierre Nora. Le temps semble venu en 1980, alors que l'école historique française des *Annales* vient de fêter ses cinquante ans, de s'interroger sur la fécondité du paradigme qui a fait son succès, trop souvent sur la base de l'ignorance d'autres courants historiographiques. La tâche prioritaire pour l'équipe du *Débat* est donc de faire entendre d'autres points de vue que ceux de l'autocélébration et d'engager la discipline dans un travail sur elle-même, sur sa propre historicité, sur les continuités et discontinuités de son écriture.

Dès sa première année, la revue publie deux textes majeurs qui vont jouer un grand rôle dans les réinflexions de l'historiographie française. Le premier, qui date de septembre 1980, soit le quatrième numéro de la revue, est un texte très critique par rapport à l'orientation de l'école historique française, celui de Lawrence Stone, professeur à Princeton[1].

Cet article, paru initialement dans *Past and Present*, est porté à la connaissance du public français par *Le Débat*. L'historien anglo-saxon dresse un bilan négatif des prétentions scientistes de l'histoire qui ont revêtu plusieurs formes. Il constate avec satisfaction le retour du récit qui sanctionne les impasses de la démarche quantitativiste en histoire.

Peu après, toujours en 1980, *Le Débat* publie un autre texte majeur, paru initialement en 1979 en italien, celui d'un représentant de la *microstoria* italienne, Carlo Ginzburg[2]. Dans une perspective différente, Ginzburg critique aussi les apories de la discipline historique qui a vécu jusque-là en s'appuyant sur un paradigme galiléen dont l'efficacité ne fait pas de doutes dans les sciences de la reproduction, mais qui échoue à restituer des logiques plus singulières et des phénomènes non itérables. Il suggère de s'inspirer d'une tout autre démarche, qu'il appelle le paradigme indiciaire et qui, à l'écart des larges quantifications, est en quête d'indices, de traces révélant la singularité du phénomène étudié. Comme Stone, par d'autres moyens, Ginzburg réhabilite le récit, la mise en intrigue, alors que les *Annales* avaient cru pouvoir lui tourner le dos au profit de l'histoire quantitative, statistique.

Poursuivant dans le sens de propositions constructives et pas seulement critiques, *Le Débat* publie en 1981 un texte de Carlo Ginzburg et de Carlo Proni, déjà paru en 1979 dans la revue *Quaderni Storici*, qui présente les grandes orientations de la micro-histoire[3]. Ainsi *Le Débat* contribue, grâce à une attention nouvelle à ce qui s'élabore au-delà des frontières nationales, à l'émergence d'un nouveau paradigme en histoire et en sciences humaines. Il est alors question, comme l'affirment Ginzburg et Proni, de prendre en compte les limites des instruments macrohistoriques, et de déplacer l'attention vers des phénomènes singuliers par définition plus micro, ce qui ne signifie aucunement un enfermement à cette échelle comme l'atteste le concept avancé par Edoardo Grendi sous forme d'oxymore, celui d'« exceptionnel normal ».

Le mouvement qui se dessine est de ramener l'écriture historienne à une dimension humaine fondamentalement liée au récit. C'est un tournant radical de l'historiographie en France que préparent ces réflexions, qui anticipent d'un certain nombre d'années ce que les *Annales* qualifieront, en 1988, de « tournant critique[4] ». Bien avant ce tournant critique de 1988-1989, *Le Débat* est très conscient de la crise que traverse l'école historique française et de sa difficulté à s'engager dans des voies nouvelles. La publication de ce texte sur la microhistoire fait partie d'un dossier publié dans deux numéros sur l'« Histoire : hier, ailleurs et demain[5] » qui fait le point sur les impasses des orientations des historiens et tente de trouver des sources d'inspiration pour rebondir.

Dans ce dossier, François Furet écrit une contribution révélatrice des distances qu'il prend avec l'orientation économico-sociale des *Annales*, déplorant la poursuite éperdue de nouveaux objets dans une stratégie conduisant à un émiettement qui a montré ses limites[6]. Il s'oriente alors personnellement vers une histoire conceptuelle et politique qui le conduira à rechercher des liens avec les philosophes, et à la création à l'EHESS du centre Raymond-Aron en 1985. Le corollaire du tournant historiographique en cours est la prise en considération de la subjectivité historienne, ce qui est déjà ancien puisque Lucien Febvre lui-même considérait l'histoire non comme un donné mais comme un « construit », et même du « créé ». Mais dans ce début des années 1980, on commence à prendre le « moi » de l'historien comme objet de réflexion en soi. C'est dans cet esprit que Georges Duby écrit dans ce même numéro du *Débat* un article sur « De l'autobiographie[7] ». Duby décrit ce phénomène d'engouement de l'écriture de soi qui s'empare de tous et qui devient une source particulièrement riche pour l'historien qui est lui-même conduit à dévoiler sa subjectivité : « Le discours sur soi est maintenant arraché au secret[8]. » La revue lance une enquête à partir d'un premier constat qui est le changement de rapport de l'historien à son objet, signe d'un moment de transition, d'un moment où les historiens mais aussi toutes les sciences sociales s'interrogent sur leur propre passé, établissent leur généalogie : « L'heure est à l'inspection panoramique et récapitulative avant d'aller voir les mêmes choses d'un autre œil[9]. » Il est ainsi demandé à un certain nombre d'historiens ce qui leur semble dans leur champ de compétence renouveler le plus la vision de l'histoire.

L'innovation venant le plus souvent des marges, des zones frontières, *Le Débat* contribue à donner une visibilité et une légitimité dans la communauté savante à un certain nombre d'historiens qui ont eu quelques difficultés à se voir reconnaître par l'institution, mais dont l'œuvre est prometteuse. Ce souci de la part des animateurs de la revue est très significatif de leur volonté de ne pas se laisser enfermer dans quelque académisme que ce soit. Cette mise en visibilité est souvent liée aussi à la politique éditoriale de Pierre Nora dans ses collections. Ainsi, Michel de Certeau, historien à l'itinéraire si singulier[10], dont l'essentiel de l'œuvre a été édité par Pierre Nora, est l'objet, peu après sa disparition prématurée, d'un dossier destiné à prendre la mesure de son apport décisif dans l'évolution historiographique française[11]. Dix années plus tard, *Le Débat* consacre, en 1998, un dossier similaire à un autre historien qui a beaucoup apporté dans le domaine de l'histoire religieuse, Alphonse Dupront[12]. Pierre Nora venait en effet d'éditer, en 1997, la thèse volumineuse et considérée comme impubliable de Dupront sur le mythe de croisade[13]. Un autre franc-tireur, cette fois sans lien avec l'activité éditoriale de Pierre Nora, est mis en vedette par la revue, c'est l'ami de Pierre Vidal-Naquet, Robert Bonnaud, auteur en 1989 d'un ouvrage qui se donne pour ambition de penser synchroniquement toute l'histoire de l'humanité à partir d'un certain nombre de catégories d'analyse définissant une véritable théorie de la noosphère[14]. Professeur à l'université Paris-7, ayant peu publié jusque-là, Robert Bonnaud va déployer son système à partir de ses présupposés théoriques à un rythme de deux ou trois publications par an, mais, malgré un savoir encyclopédique, il reste très isolé. *Le Débat* lui consacre un dossier en 1993, faisant ainsi mieux connaître sa conception universelle de l'histoire, et soumettant son système, fondé sur une érudition exceptionnelle, à la discussion[15].

L'autre thématique historienne fortement présente dans *Le Débat* est l'analyse critique des commémorations. Elle accompagne la publication des *Lieux de mémoire*. Ainsi, la revue se demande très tôt, en 1983, ce qu'il va advenir de la commémoration de la Révolution française, avec un article de Mona Ozouf posant la question de savoir si l'on peut commémorer un événement de rupture comme celui-là dans la mesure où une commémoration cherche avant tout à faire consensus. Or, « la Révolution française est un événement dont les discordances brutalisent et presque scandalisent la mémoire irénique, conjonctive, réconciliatrice que réclame la commémoration[16] ». Mais il est un autre élément du malaise commémoratif, c'est l'affirmation de François Furet en 1978 selon laquelle « la Révolution est terminée[17] ». Si elle est un astre mort, il n'y a en effet plus rien à commémorer, car l'acte commémoratif suppose qu'il y ait encore un peu du passé dans le présent, que l'événement en jeu parle encore aux contemporains et alimente encore un peu leurs rêves et leurs craintes. En tout état de cause, *Le Débat* sera bien présent à l'heure de la commémoration, puisque l'ensemble d'un numéro lui est consacré[18].

Mais le phénomène est loin de se limiter à ce temps fort de l'histoire française qu'est la Révolution de 1789, car nous vivons en ces années 1980-2010 dans ce que Pierre Nora a qualifié d'« ère des commémorations ». C'est d'ailleurs par ce diagnostic qu'il clôt ses *Lieux de mémoire*. En 1994, alors que Thierry Gasnier passe en revue la France commémorante entre 1986 et 1993, Étienne François étudie ce qu'il en est en Allemagne, et Denis Lacorne rappelle l'importance des commémorations aux États-Unis depuis les pères fondateurs de la nation américaine jusqu'à l'Holocauste, soit deux siècles de commémorations ; Bernard Vincent analyse la relation de l'Espagne confrontée aux commémorations de la conquête du Nouveau Monde en 1492, pendant que Laurent Theis se penche sur le millénaire du roi capétien et que Philippe Raynaud s'interroge sur la commémoration comme phénomène d'illusion ou d'artifice[19].

Peu d'événements ont suscité autant de discours que Mai 68. La force de Mai réside sans doute dans cet entrelacement de sens qui rend caduque toute tentative de réduction de cette énigme à un système causal unique et mécanique. Chaque anniversaire de l'événement est l'occasion d'essayer de saisir les inflexions de l'image de Mai venues frapper à la vitre d'une traversée existentielle qui ne cesse de s'éloigner à l'horizon. Le vingtième anniversaire de l'événement donne en effet lieu à deux dossiers successifs pour essayer de percer, de manière plurielle, « le mystère 68 »[20]. Ce qui apparaît avec de plus en plus d'évidence, c'est que Mai 68 est indissociable de ses diverses facettes, de ses diverses appropriations et tentatives de récupération ou de dénigrement. Le quarantième anniversaire de Mai 68 a révélé qu'il n'y avait pas de fixation définitive et que l'enjeu est toujours aussi vif et présent. Faut-il quarante ans pour se donner le temps de la réflexion ? Comme l'affirme *Le Débat*, « Mai 68 est un de ces événements dont le rôle n'est pas séparable de ses mises en mémoire et des relectures dont il n'a cessé de faire l'objet chez ses acteurs et les autres[21]. »

Le Débat a été aussi particulièrement attentif aux chantiers novateurs, aux zones frontalières de la discipline historique. La revue a ainsi beaucoup contribué à jeter les bases d'une histoire intellectuelle qui n'est ni simple histoire des idées ni histoire philosophique. Son ambition est de prendre comme entrées les réseaux de sociabilités, les nœuds des enjeux théoriques, les itinéraires, les mots-moments, les témoignages des acteurs, les logiques chronologiques. C'est ainsi que *Le Débat* a balisé tous ses anniversaires en publiant des matériaux pour construire cette histoire intellectuelle nouvelle, à commencer par son numéro 50 qui donne lieu à un important dossier thématique[22]. Parmi bien d'autres dossiers, dans la même perspective qui est celle de l'histoire intellectuelle de la France, j'ai bénéficié, en tant qu'auteur, d'un débat autour de mon livre, *Histoire du structuralisme*, dont l'objet était de savoir si une histoire du structuralisme était possible[23]. La publication du livre du sociologue Rémy Rieffel donnera lieu en 1994 à un dossier similaire dans la perspective d'une histoire des clercs sous la Ve République[24].

Autre front sur lequel *Le Débat* est intervenu avec insistance, la relation entre la discipline historique et la fiction. Certes déjà ancienne, elle a connu un long moment d'éclipse lorsque les historiens se sont professionnalisés à la fin du XIXe siècle, puis se sont installés au cœur des sciences humaines. Ils ont alors coupé le cordon ombilical les rattachant aux littéraires, éludant les nombreux problèmes que pose la pratique narrative en tant que schème explicatif. C'est cette interface entre roman et histoire qui est examinée dans deux livraisons de la revue en 1989[25]. Les interrogations sur les instruments et notions utilisés par l'historien, aussi bien la mémoire que la vérité, le récit, la causalité, les ambitions mêmes que peut avoir l'historien au travail ; toutes ces questions, qui sont de plus en plus l'objet de conflits et d'enjeux sur la place publique par-delà la corporation des historiens de métier, ont fait la matière de réflexions croisées dans les colonnes de la revue.

L'évolution du métier d'historien qui le conduit, comme l'a écrit Olivier Dumoulin, de la chaire au prétoire[26], pose frontalement le problème de ce que peuvent être la vérité historique et la vérité judiciaire, question majeure en cette période où les historiens sont appelés à témoigner dans les grands procès, celui de Touvier, de Papon... Cette question fait l'objet d'un dossier en 1998[27]. En 1996, *Le Débat* publie dans le même numéro deux gros dossiers sur ces disciplines sœurs que sont en France l'histoire et la géographie, présentant un large tour d'horizon de ce que l'on appelle les « Nouvelles géographies » pris en charge par Jacques Lévy, et un point sur « Histoires et historiens » qui se clôt par un entretien avec Georges Duby sur l'écriture en histoire[28]. À l'occasion de la publication par Roger Chartier de son ouvrage *Au bord de la falaise. L'histoire entre certitudes et inquiétudes* en 1998, la revue reprend ses interrogations épistémologiques sur la discipline, et Marcel Gauchet fait le diagnostic d'un élargissement de l'objet historique[29].

Lorsque Paul Ricœur publie son ouvrage *La Mémoire, l'Histoire, l'Oubli* à l'automne 2000, la revue consacre tout un numéro aux « Mémoires du XXe siècle », avec un ensemble de contributions qui discutent la publication de Paul Ricœur, mais aussi toute une série d'études sur les relations entre histoire et mémoire en Afrique du Sud, en Argentine, en Allemagne, en URSS...[30]. Dans le souci de faire connaître les évolutions les plus en pointe de la discipline et de s'ouvrir à d'autres historiographies, la revue a aussi consacré tout un numéro à la manière dont la mondialisation modifie le travail de l'historien, mettant à l'ordre du jour, sous un angle différent de celui de l'époque braudélienne, l'histoire mondiale, dite aussi histoire globale[31].

Transversales disciplinaires et nationales

La volonté d'ouverture, de meilleure circulation des savoirs au plan international a alimenté la rubrique «Livre-montage» des débuts de la revue. C'est ainsi que bon nombre d'œuvres vont être portées à la connaissance du public français, suscitant parfois assez d'intérêt pour être traduites.

Eugen Weber, déjà bien connu en France pour son histoire de *L'Action française* parue en 1964, publie en 1976 une imposante étude sur la IIIe République comme moment clé de pénétration de la conscience nationale dans les profondeurs de la paysannerie française. *Le Débat* en publie des extraits dans le «Livre-montage» de son numéro 7, en décembre 1980, présenté par Raoul Girardet. Fayard l'éditera en 1983.

La revue consacre son «Livre-montage» en février 1981 à une étude monumentale d'un chercheur américain, Joseph Frank, sur la vie et l'œuvre de Dostoïevski publiée par les Presses de Princeton en 1976[32]. Il faudra attendre 1998 pour que les éditions Actes-Sud publient l'ouvrage en français. En mars 1981, c'est le tour des extraits d'un ouvrage d'un chercheur américain proche de Michel Foucault, John Boswell, qui venait de faire paraître aux Presses de Chicago une étude sur les rapports entre le christianisme et l'homosexualité au Moyen Âge, laquelle sera éditée peu après, en 1985, par Pierre Nora dans sa «Bibliothèque des histoires».

Soutenir à ce rythme la diffusion d'ouvrages majeurs par le procédé de ces «Livres-montages» s'est révélé quelque peu exténuant et n'a pu durer que pendant les deux premières années de la revue. Un autre moyen, novateur lui aussi, est expérimenté pour se faire l'écho de la production éditoriale, celui de la réalisation d'un dossier autour d'un livre controversé en donnant la possibilité à l'auteur de répondre à ses critiques, après avoir eu communication de leur contribution. Mais il s'agira alors surtout de prolonger une actualité éditoriale française.

Le Débat entend aussi rendre compte des mutations profondes et parfois souterraines de l'époque. Or, les années 1980 voient se substituer à la démarche délaissée du structuralisme une nouvelle ambition unitaire portée par un tout autre attelage disciplinaire. Ce modèle nouveau porte le nom de cognitivisme, et il devient au fil des années source de beaucoup d'espérances pour les cognisciences qui regroupent les spécialistes de l'intelligence artificielle, certains courants de la linguistique et de la psychologie, une partie de la philosophie analytique dite philosophie de l'esprit, et surtout les neurosciences en plein développement. En France, Jean-Pierre Changeux incarne cet espoir d'un dépassement de ce qui sépare les sciences de la nature des sciences de l'esprit autour de la figure de l'« homme neuronal ».

Le Débat consacre tout un numéro à cette « Émergence du cognitif », avec l'ambition de dessiner les perspectives qu'il permet d'ouvrir, en même temps que de signaler les controverses qu'il porte en lui, les divisions et contradictions que recouvre le phénomène[33]. C'est tout un champ problématique qu'ouvre ainsi la revue et qui, malgré le caractère très savant et quelque peu austère du contenu de ce numéro, trouve un large public puisque la revue réussit là un de ses meilleurs chiffres de vente.

L'autre grand événement culturel que n'a pas manqué *Le Débat* est celui du retour spectaculaire dans les années 1980-1990 de la philosophie que l'on croyait dans les années 1960 atteinte de maladie de langueur. Sur le devant de la scène se trouvent ainsi portés des courants philosophiques comme la phénoménologie, l'herméneutique et la philosophie analytique qui alimentent les réorientations des sciences humaines. Là encore, la revue fait le point avec un volumineux numéro thématique sur « La philosophie qui vient » en 1992[34]. Le tableau dressé est pluraliste, mais révèle une relève générationnelle et contredit surtout l'idée qu'après l'ère des maîtres penseurs, on ne pense plus en France.

La revue a accordé aussi une grande place aux réflexions que suscite la création littéraire sous toutes ses formes, romanesque, poétique, critique, biographique, avec quelques temps forts comme le numéro thématique de 1989 : « Questions à la littérature[35]. » *Le Débat* prend acte du brouillage qu'a subi au cours de la dernière décennie le paysage littéraire. La revue se tourne ainsi vers un certain nombre de spécialistes pour faire le point sur la place des classiques au sein de la culture contemporaine, sur la signification du retour spectaculaire de la subjectivité sous ses formes biographiques et autobiographiques, sur le succès du roman historique, ainsi que la curiosité montante des historiens pour la fiction, et enfin sur le déclin de la poésie qui avait longtemps été considérée comme le genre roi de la littérature.

Autre vaste champ d'investigation, la revue explore la sphère des médias qui se trouve au cœur d'un certain nombre de mutations majeures dans le domaine de la culture, où se décide et s'énonce ce qui fait actualité, ce qui fait événement pour le public. La communication sous toutes ses formes est donc sans cesse interrogée par *Le Débat*. Ainsi, la revue fait une large place à cette nouvelle discipline forgée par Régis Debray, la médiologie[36].

Le Débat, conscient de l'importance de ce domaine de réflexion, consacre en 2006 deux numéros thématiques à « Penser la société des médias[37] ». Ce qui est considéré comme un « quatrième pouvoir » est interrogé sous tous les angles, et notamment par ses acteurs, au plus près des pratiques. S'il apparaît réducteur de dénoncer les médias comme le simple reflet de l'idéologie dite dominante, il semble bien que les médias soient porteurs d'une idéologie spécifique qu'il s'agit donc de définir. Marcel Gauchet montre que si l'on peut en effet qualifier ce nouveau pouvoir médiatique de « quatrième pouvoir », il n'est pas question de le considérer comme un pouvoir comme les autres car « il ne s'y ajoute pas ; il constitue leur vis-à-vis[38] ».

À la jointure de l'histoire et des médias, *Le Débat* s'interroge sur le succès public d'Alain Decaux qui sur le petit écran a incarné l'histoire pour des générations de Français. Pierre Nora s'entretient longuement avec lui sur son magistère[39]. Par-delà leurs différences de conception de ce qu'est l'histoire, la complicité amicale entre Pierre Nora et Alain Decaux remonte à loin dans le temps. Ils se sont en effet rencontrés et se sont liés d'amitié en 1955. À l'époque, Alain Decaux se trouve à Istanbul, enquêtant sur la fameuse « affaire Cicéron », cet espion qui se faisait passer pour valet de chambre auprès de l'ambassadeur de Grande-Bretagne, photocopiant tous ses documents laissés sur sa table de nuit et les revendant aux Allemands, à Ludwig Moyzisch. Mankiewicz en a fait un film et Alain Decaux, fasciné par cette histoire, apprend que l'espion en question est toujours vivant et vit à Istanbul. Il s'y rend avec une amie pour un reportage destiné au *Figaro*. Un jour de recherche aussi harassant qu'infructueux, Alain Decaux se rend avec son amie au Hilton qui venait d'être inauguré et où se pressait une foule de touristes : « Yanie se détache de notre petit groupe pour rejoindre un garçon fort jeune et particulièrement avenant. Embrassades qui se prolongent. Feignant l'indifférence, je m'approche à pas lents. La jeune fille blonde s'exclame à mon intention : “Il faut que je te présente un ami : Pierre Nora."[40]» Lorsque Alain Decaux apprend que son amie Yanie, qu'il entend épouser, retrouve chaque hiver Pierre Nora et fait du ski avec lui, «le poignard de la jalousie rôde sur [sa] tête[41]». Pierre Nora n'a alors que vingt-quatre ans et a entrepris de faire le tour de la Méditerranée. Istanbul n'est pour lui qu'une étape vers l'Égypte, mais Alain Decaux et lui ont le temps de sympathiser : «Nous avons échangé nos coordonnées comme tous les touristes. En général les promesses de se revoir restent lettre morte, mais on s'est revus avec grand plaisir à Paris[42].»

Pierre Nora suggère à Alain Decaux ce long entretien au cours duquel, en cette année 1984, il affirme que la querelle entre les deux formes d'histoire, savante et populaire, est en train de perdre de sa virulence. D'un côté l'histoire savante s'intéresse davantage aux événements, et de l'autre Alain Decaux a évolué de l'anecdotique vers de grands sujets historiques. Il pense même pouvoir diagnostiquer un «moment Decaux». Ce «moment Decaux» commence avec le passage au direct dans une émission régulière de trois quarts d'heure que Maurice Cazenave lui demande d'animer à partir de 1970 et qui a duré jusqu'en 1981. La différence resurgit entre les deux histoires lorsqu'il est question de distanciation, de démythologisation, de prise en compte de l'épaisseur historiographique des questions : «Probablement touchez-vous là à l'une des grandes règles non écrites de la communication publique – et à l'une des grandes différences, aussi, de votre métier d'avec l'histoire universitaire. Ce qu'on demande à l'historien scientifique, c'est d'être dépassionné, désengagé affectivement de son objet dans toute la mesure du possible. Alors que c'est au travers de son engagement personnel que l'historien médiatique communique avec son public[43].» Mais après avoir établi cette distinction, Pierre Nora considère, à la grande satisfaction bien sûr d'Alain Decaux, que les deux approches sont fondamentalement complémentaires, car «si on coupe ce cordon affectif et dramatique au passé, il n'y a plus de sens à l'histoire[44]».

Une collection pour du débat : coup d'envoi, le best-seller *de Bernard Pivot*

Le Débat ayant été un succès et exerçant désormais un magistère dans la vie intellectuelle française, Pierre Nora décide avec Marcel Gauchet, dix ans après sa création, en 1990, de lancer une collection de livres pour donner davantage de visibilité et approfondir certains thèmes d'actualité. Le cahier des charges que se donne cette collection est, comme son nom l'indique clairement, complémentaire du travail de la revue, centré sur la recherche d'une meilleure compréhension des transformations majeures du monde contemporain. Véritable prolongement de la revue dans le secteur du livre, la collection « Le Débat » doit susciter, éclairer, animer des controverses, des conflits d'interprétation, donner des arguments étayés par de bons spécialistes dans leur domaine, mais aussi s'ouvrir à un monde d'écrivants pas nécessairement universitaires, parfois marginaux, non conformistes mais qui peuvent être à l'origine d'un renouvellement dans l'abord de telle ou telle question de société, qui peuvent davantage innover parce qu'ils ne subissent pas le poids d'une bureaucratie institutionnelle.

Certains auteurs de cette collection sont très indépendants, inclassables, et ce choix est intentionnel ; il vise à déborder les frontières disciplinaires et universitaires pour avancer dans le débat des idées nouvelles, suggestives et roboratives. De plus, le trio Nora-Gauchet-Pomian est en quête de ces profils rares, transversaux, peu en vue et peu en cour : « Pierre adore ces inclassables qui ne sont pas enfermés dans une discipline. Toute une brochette d'auteurs sont dans ce cas, très bons dans leur domaine, mais n'étant pas à l'université[45]. » C'est chez lui une tendance spontanée qui vaut pour toutes ses collections, trop souvent prises pour des lieux de consécration académique. Il pense trouver à partir de 1990 avec cette nouvelle collection « Le Débat » davantage de liberté pour échapper aux logiques universitaires et se laisser porter par les seules exigences de l'éclairage de l'actualité.

Une fois encore, Pierre Nora n'a pas manqué son entrée et il donne tout de suite une visibilité maximale à sa nouvelle collection en s'adressant à l'homme-livre le plus populaire de France, au passeur essentiel dans le public de la production éditoriale, à l'homme culte de la télévision au plan de l'actualité littéraire, Bernard Pivot. Alors que son émission à succès qui a tant contribué à faire lire le grand public, *Apostrophes*, s'acheminait vers sa fin, Pierre Nora sollicite Bernard Pivot pour un des grands entretiens du *Débat* : « Pendant un mois, pas de réponse, puis je le croise à l'occasion d'un cocktail en l'honneur de Kundera et il me dit être gêné car très mauvais à l'oral ! Il suggère alors que je lui pose des questions par écrit et qu'il y réponde[46]. » Ils mettent donc au point un dispositif très particulier au terme duquel Pierre Nora regarde chaque semaine l'émission *Apostrophes* du jeudi soir et dépose une question au courrier, Bernard Pivot se chargeant d'y répondre pendant le week-end. Cet échange a duré pendant plusieurs mois, jusqu'au moment où Bernard Pivot a appelé Pierre Nora pour lui dire qu'il en avait peut-être assez pour la publication : « Dès ses premiers courriers, j'ai été frappé par le soin, la fraîcheur et le plaisir communicatif de son écriture. Plaisir pour moi redoublé par la clandestinité de cette correspondance, puisque, incertains du résultat, nous nous étions promis le secret[47]. » Voilà donc Bernard Pivot apostrophé chaque semaine entre début janvier et fin mars 1990. Pierre Nora a vécu ce moment avec une particulière jouissance, celle d'avoir réussi à renverser les rôles en contraignant à faire plancher celui qui a fait trembler sur le plateau de télévision les auteurs qui y ont joué leur réputation littéraire : « Quelle revanche ! Apostrophés de toutes les semaines, unissez-vous ! » écrit avec humour Pierre Nora[48].

Les deux interlocuteurs se prennent vite au jeu et y trouvent un singulier plaisir. Bernard Pivot peut ainsi commencer son travail de sevrage de cette émission qui va disparaître, et Pierre Nora donner libre cours aux questions qu'il se pose depuis un bon moment dans sa position d'éditeur sur la vie des livres, sur ce qu'est un *best-seller.* Avec ses réponses, Bernard Pivot envoie de petites remarques amusées à son accoucheur : « Cher ami, voici les réponses aux deux questions qualifiées par vous d'"amuse-gueule" – en vérité, casse-gueule[49] ! » ; « À question vive et mordante, réponse vive et mordante. J'attends la suivante », « Ouf !... Mais ce n'est pas fini... J'attends de pied ferme la prochaine[50] ».

Avant la dispersion estivale, en juin 1990 à l'occasion de la dernière émission, cet échange entre Pierre Nora et Bernard Pivot paraît à la fois dans le numéro du dixième anniversaire du *Débat*[51] et les souvenirs de « Quinze ans d'*Apostrophes* », sous forme d'abécédaire, dans le magazine dirigé par Bernard Pivot, *Lire.* Est-ce la fin de cette aventure ? Non, car, sur leur lancée, le plaisir pris par les deux joueurs est tel qu'ils veulent poursuivre et transformer l'essai par la publication d'un livre : « Il n'y a pas eu grande difficulté à persuader l'auteur que la moitié du travail était fait et que l'autre moitié l'aiderait au sevrage de sa drogue hebdomadaire[52]. » L'échange épistolaire se poursuit donc pendant l'été et aboutit, ce qui n'était pas l'objectif visé au départ, à la publication d'un livre dans cette nouvelle collection « Le Débat »[53]. Cet ouvrage de Bernard Pivot, qui est à la fois un livre de mémoires et de réflexion sur le rôle des médias dans la vie littéraire va devenir un *best-seller.* Il occupe même pendant quatre semaines le tableau des dix meilleures ventes de livres d'essais et atteindra le chiffre record pour un essai en ces temps de crise de l'édition de 66226 exemplaires vendus jusqu'en 2000, date à laquelle l'ouvrage passe en «Folio» avec quelques rajouts, aboutissant à une vente cumulée de 120000 exemplaires !

Ainsi l'animateur de cette émission exceptionnelle, véritable phénomène de société qui oscille, de 1982 à 1984, entre 2,5 et 5 millions de téléspectateurs, aura prolongé l'aventure par l'édition d'un livre à succès. Manifestement Pierre Nora est impressionné dans ces échanges par les qualités de Bernard Pivot qu'il resitue dans la longue filiation historique du lecteur public, héritier d'une grande tradition, celle qui a commencé avec Jules Huret, journaliste qui a inventé à la fin du XIXe siècle l'interview des écrivains et l'enquête littéraire, plus témoin qu'analyste.

Il possède bien les qualités qui lui sont reconnues d'honnêteté, de prudence et de sympathie pour ses auteurs, mais Pierre Nora lui reproche cependant trop de timidité à s'aventurer dans le domaine des idées, alors que lorsqu'il se lance il s'en tire très bien, comme cela a été le cas avec Georges Dumézil, invité de la dernière heure «pour une émission très réussie et qui lui avait laissé, à lui, le meilleur souvenir[54]». De cette confrontation est née une réelle amitié : «Cher Pierre, grâce à vous, 1990 aura été pour moi un millésime exceptionnel. Comme je ne ferai pas de livre, en 1991, avec PN, l'année sera forcément moins inattendue et captivante. Surtout moins noble, moins élégante, aucune émission de télévision ne pouvant remplacer de ce point de vue le privilège de publier. Je vous redis ma reconnaissance[55].»

Scruter les mutations

La nouvelle collection va s'attacher à décrypter ce qui bouge, les mutations essentielles tant au plan économique que social, politique ou culturel. Avec la chute du mur de Berlin et l'effondrement du bloc communiste en 1989, avec l'accélération du processus de mondialisation, les anciens schémas d'analyse se révèlent caducs et se fait sentir de plus en plus, au fil des années 1990, le besoin de comprendre des phénomènes inédits à partir de nouveaux instruments d'analyse. Dès l'année de création de la collection paraît l'ouvrage d'un éminent économiste hongrois, Janos Kornai, professeur à Harvard[56]. Le prolongement immédiat entre le travail de la revue et la collection est là encore évident, comme pour le cas de Bernard Pivot. À l'origine de ce livre se trouve en effet un dossier pour la revue sur ce thème du passage du socialisme au capitalisme dans les pays de l'Europe de l'Est. Mais l'auteur hongrois, au lieu d'écrire une modeste contribution de la taille d'un article, envoie à Pierre Nora un petit manuscrit qui est sous presse chez Norton. Sans se faire d'illusion sur le sort commercial de ce livre plutôt austère, Pierre Nora juge que le sujet traité, qui va devenir le grand problème des pays de l'Est, vaut une publication, et décide de prendre le manuscrit pour la nouvelle collection.

Le passage du bloc communiste au capitalisme ne signifie pourtant pas que le capitalisme soit la réalisation du paradis terrestre. Il est aussi miné par ses dysfonctionnements et notamment, comme on est en train de le mesurer d'évidence depuis 2008, par l'irresponsabilité de tout le système financier qui est pourtant une de ses assises essentielles. C'est ce que n'a cessé d'exprimer un économiste français, Jean-Luc Gréau, qui écrit dans *Le Débat* depuis 1988[57] et qui a été invité, par Marcel Gauchet, à écrire un certain nombre d'ouvrages décapants sur ce thème dans la nouvelle collection de la revue. Il en aura publié trois entre 1998 et 2008, portés par une actualité de crise qui n'a cessé de confirmer ses mises en garde[58]. Au cœur de la cible de l'auteur se trouve la « financiarisation » de l'économie au cours des années 1980 et ses funestes effets. C'est déjà à ce phénomène qu'il s'attaque dans son premier ouvrage de 1998 en historisant les mécanismes économiques qui se mettent en place à partir de 1945.

Dans son deuxième ouvrage, tout en montrant les limites de la mondialisation, Jean-Luc Gréau réserve ses chapitres les plus critiques au rôle des Bourses dans la vie économique. Dans son troisième volume, l'auteur s'en prend aux clichés des commentateurs de l'économie dans l'espace public : « Il est, cette fois, au service d'un autre objectif : rouvrir l'indispensable débat enterré par la vulgate faussement consensuelle. De ce point de vue, le livre s'inscrit on ne peut mieux dans la ligne de la collection[59]. »

Le succès programmé n'est pas toujours au rendez-vous, comme l'atteste l'ouvrage de Jean-Marie Dru[60]. L'auteur, président-directeur général de TBWA qui est un des plus grands groupes mondiaux de la publicité, est un publiciste connu et reconnu au plan international. Théoricien de la publicité en même temps que praticien, il a dans ce domaine des idées innovantes, disposant d'un réseau aux mille ramifications et prévoit un lancement de son livre peu ordinaire chez Gallimard. Il réserve les panneaux publicitaires sur les bus, sur les Abribus et dans le métro, et paie l'intégralité de la note. Voyageant beaucoup en avion, et donc familier des aéroports, il constate avec stupeur que son livre n'est pas distribué par les Relais H. Il décide alors d'acheter des placards publicitaires pour son livre destinés aux Relais H qui se sont ainsi vus obligés de commander et de distribuer un livre qui se trouvait en bonne place sur leurs panneaux publicitaires. Le livre est par ailleurs agréable à lire et avance l'idée d'un concept nouveau et intéressant dans le domaine des transformations de la publicité, celui de disruption. Pourtant le chiffre des ventes, sans être insignifiant, reste très décevant : « Dans notre candeur, on pensait que ce type de livre pouvait préfigurer un nouveau type de livre qui aurait pour objectif de vulgariser pour un public curieux et cultivé un domaine dans lequel on ne connaît pas grand-chose. Cela nous a soignés pour un moment[61]. »

Avec Hervé Juvin, Pierre Nora publie un auteur qui est, comme il les aime, un inclassable, un penseur indépendant, hors cadre disciplinaire ou institutionnel. Hervé Juvin n'est pas un universitaire, mais préside la société du conseil en stratégie Eurogroup et exerce des fonctions importantes dans le domaine de la gestion de l'assurance-vie. Économiste, il est par ailleurs chroniqueur à *L'Expansion*. Il a donc un profil peu habituel dans les arcanes du milieu intellectuel. C'est en outre un bon connaisseur des marchés financiers auxquels il a déjà consacré une publication de nature technique. Ce sont ces compétences multiples, ces divers ancrages qui sont à la base, pour Pierre Nora, de l'originalité du manuscrit qu'il lui propose en 2004 sur le « nouveau corps », reconsidéré à l'aune de l'allongement de l'espérance de vie. Il repère la substitution du vieux corps de souffrance par le corps de jouissance et de performance. Avec cette mise en relation du corps et des mutations financières, le lecteur dispose d'un regard singulier et innovant[62].

En 2007, Hervé Juvin présente un nouveau manuscrit « sur un sujet beaucoup plus large et ambitieux, puisqu'il s'agit ni plus ni moins des perspectives économiques du prochain quart de siècle en fonction du défi écologique[63] ». Selon l'auteur, nous serions à l'aube d'une nouvelle révolution industrielle, et cela crée de nouvelles responsabilités. Cette mutation implique non seulement des exigences éthiques, mais une tout autre manière de vivre, une révolution mentale et éthique, et Hervé Juvin de suggérer que certaines valeurs antiques comme la « modération », la « retenue » peuvent redevenir des valeurs appropriées à notre nouveau monde[64].

La collection « Le Débat » s'efforce aussi d'éclairer d'un jour nouveau les transformations affectant la politique culturelle, avec une grande pugnacité dans des polémiques souvent vives. La première année de la collection voit la publication d'un ouvrage d'un haut responsable de la politique culturelle, Jacques Rigaud, qui a été au ministère de la Culture le collaborateur de Jacques Duhamel, avant de devenir le président-directeur général de RTL[65]. Jacques Rigaud consacre en cette année 1990 un essai sur la place de la culture dans la société française sous la Ve République, et notamment sur le rôle de l'État dans ce domaine. Il étudie les conditions de la création dans une société dans laquelle règne la culture de masse, avec la montée en puissance des médias modernes qui transforment la politique culturelle en industrie de la culture. Jacques Rigaud peut dans ces domaines parler d'expérience et faire état de ses propres interventions au ministère, de ses choix, de ses goûts. Il développe aussi des propos polémiques sur la politique culturelle menée par Jack Lang à la fin des années 1980, dont il stigmatise « la lassitude un peu distraite », tout en reconnaissant son « talent personnel », dénonçant sa fascination démagogique pour la culture jeune.

Jacques Rigaud s'en prend aussi vertement à des auteurs promus dans le même temps par Pierre Nora et Marcel Gauchet comme Paul Yonnet ou Gilles Lipovetsky. Pierre Nora suit de près le manuscrit de ce spécialiste de la politique culturelle et lui demande bon nombre de modifications de son manuscrit au plan de la forme comme de son volume, ce qu'accepte volontiers et avec humour son auteur : « Je suis désormais si bien dressé que, relisant une dernière fois ce chapitre IV après correction, j'ai fait du "Super Nora" : j'ai encore enlevé une soixantaine d'adverbes et d'autres mots inutiles, de chevilles et de répétitions. Si ça continue comme ça, vous allez vous retrouver avec un texte de dimension comparable aux diverses productions de Beckett. Ça vous changera de Chateaubriand[66]. »

Si Pierre Nora n'a pas un goût prononcé pour la polémique, il lui arrive pourtant d'éditer des plumes bien acérées, trempées dans du vitriol. C'est le cas avec Jean Clair, pseudonyme de Gérard Régnier, qui aura participé de manière fracassante au grand débat sur l'art moderne. Il est avec Marc Fumaroli et Jean Baudrillard un de ceux pour lesquels l'art moderne n'a plus aucun sens, condamné qu'il est à la vacuité. Il s'en prend notamment avec virulence à l'impunité dont jouit l'avant-garde artistique qui prétend n'avoir à répondre de rien. Selon lui, ces avant-gardes ont été alimentées et ont nourri à leur tour des utopies dévastatrices. Elles ont fait de la haine, de la violence et de l'antihumanisme leur programme. Quant aux artistes postmodernes qui n'espèrent plus de rupture révolutionnaire, ils verseraient, selon Jean Clair, dans une perversion similaire consistant à incarner la révolte tout en tendant la sébile aux pouvoirs publics[67].

La collection «Le Débat» ne délaisse pas non plus un autre champ d'intervention majeur de la revue, celui des enjeux politiques nationaux et internationaux. S'il est une construction majeure de la période, c'est bien l'Europe. C'est le troisième personnage du trio de la revue, Krzysztof Pomian, qui prend cette fois la plume pour intervenir sur ce dossier l'année même de la création de la collection, en 1990[68]. Dans cet ouvrage, Pomian retrace à grands traits les étapes de la formation des nations européennes depuis Rome jusqu'à la Grande Guerre, mêlant histoire politique, culturelle et scientifique. L'espoir de Pierre Nora, alors que l'on se trouve confronté aux difficultés d'une identité culturelle européenne, est que cet ouvrage très informé puisse représenter «le bréviaire que tout homme de culture ou tout décideur politique a envie et besoin de lire. Ce sera à nous de le présenter comme tel. J'entendais Jacques Delors récemment réclamer un effort des historiens pour donner un sens à la notion d'Europe. Ce petit livre répond exactement à sa demande[69]». Le pari sera en partie gagné car le livre trouvera son public*.

Dans le domaine de l'analyse politique, la collection publie aussi des hétérodoxes, des inclassables, comme Michel Guénaire qui est avocat d'affaires et en même temps auteur d'analyses sur les évolutions du politique, sujet sur lequel il a écrit plusieurs ouvrages[70]. Dans son livre publié dans la collection «Le Débat» en 2002[71], il s'interroge sur ce qu'il reste du pouvoir dans notre présent marqué par la mondialisation. Il voit le principe du pouvoir ébranlé partout et se demande si ce phénomène doit être considéré comme temporaire ou irréversible.

Au cœur des enjeux politiques du moment, Pierre Nora publie dans cette collection le livre de Lionel Jospin lorsque celui-ci se demande s'il va renouer avec des responsabilités et revenir sur l'avant-scène en se présentant de nouveau à l'élection présidentielle en 2007, après avoir abandonné toute fonction politique après le désastre de 2002 qui l'a éliminé du second tour contre Jacques Chirac au profit de Jean-Marie Le Pen[72]. Pour la réalisation de cet ouvrage, Pierre Nora a beaucoup fait retravailler Lionel Jospin. Celui-ci s'est d'ailleurs prêté au jeu

* L'ouvrage de Pomian paru en 1990 sera vendu à 5573 exemplaires jusqu'en septembre 2001.

avec bonne volonté, revenant régulièrement de l'île de Ré et repartant travailler de nouveau, son manuscrit sous le bras, en relation constante avec la collaboratrice de Pierre Nora, Denise Laroutis : « J'ai été sans cesse sur le pont. Jospin m'appelait chez moi, y compris le week-end. Pierre lui faisait refaire le plan et toute une série de chapitres. Il a travaillé tout l'été avant publication[73]. »

On mesure par ce petit échantillon, qui n'a aucune prétention de couvrir toute la production de la collection « Le Débat », à quel point le souci est grand de la part de ses animateurs d'assumer leurs responsabilités d'intellectuels, non pas par des déclarations tonitruantes et d'autant plus fracassantes qu'ignorantes de l'état exact des dossiers, mais en s'engageant avec vigueur dans l'élucidation publique de problèmes souvent considérés comme l'affaire des seuls spécialistes et d'éclairer ainsi le débat démocratique, les choix à faire, grâce à une connaissance au meilleur niveau des questions à résoudre.

29

Le jour le plus beau sous la Coupole : le 6 juin

Par une maussade journée hivernale de 1993, alors que la vaste aventure des *Lieux de mémoire* vient de s'achever avec la publication du septième volume, Pierre Nora et Jacques Revel sortent du Collège de France où Pierre Toubert vient de donner sa conférence inaugurale. La grisaille parisienne et la froidure du jour ne se prêtent pourtant pas à des temps inauguraux et nos deux amis, marchant de conserve dans la rue Saint-Jacques, cherchent un estaminet pour se remonter le moral. Jacques Revel, qui avait déjà qualifié Pierre Nora de Lavisse des temps nouveaux, lui rappelle que ce dernier est entré il y a tout juste un siècle à l'Académie française et qu'il serait peut-être temps d'y songer. Amusé, Pierre Nora le regarde, circonspect, pour scruter dans le rire de son compagnon le degré de sérieux dans ce qui n'est d'abord qu'une boutade.

Ce que Revel a pris pour un divertissement va devenir au fil des années 1990 un défi des plus sérieux pour Pierre Nora qui joue dans cette affaire une part essentielle de sa personnalité, car celui qui est pris pour le pape de l'histoire et des sciences humaines est avant tout un homme de lettres classiques qui situe la littérature au sommet de son Olympe. Si l'Académie le recevait, il aurait ainsi l'occasion de se voir reconnu dans sa véritable identité, celle, secrète, qu'il tisse patiemment par son usage de la langue française qu'il honore d'un style porté à l'excellence, mais qui s'est toujours fait rare. Entrer dans le Parnasse des écrivains est à cet égard une consécration qui vengerait le triple échec à l'École normale supérieure si mal vécu. Devenir académicien est aussi l'occasion pour celui que l'on appelle trop souvent avec affection «petit Pierre» de devenir Monsieur Nora, tant au regard du père exigeant, certes disparu, mais toujours aussi présent dans son for intérieur, que vis-à-vis du grand frère Simon, brillant énarque au parcours sans faute et projeté sur les cimes des responsabilités.

La disparition soudaine de son grand ami François Furet durant l'été 1997, alors qu'il venait d'être élu à l'Académie, précipite sa décision. Il se présente au fauteuil occupé par René Huyghe décédé en février 1997. L'élection se déroule le 26 mars 1998 et oppose quatre candidats*. Il est d'usage dans cette vénérable institution de faire acte de candidature par courrier au secrétaire perpétuel qui doit annoncer à la séance qui suit, soit le jeudi à 15 heures, le nom du nouveau candidat. Une fois le candidat déclaré, il peut, s'il le veut, émettre le souhait d'être reçu par les « immortels ». Il est en effet d'usage de faire la tournée des popotes, même si le règlement l'interdit, et si certains académiciens comme Lévi-Strauss s'abritent derrière les statuts de 1816 pour ne pas recevoir, d'autres reçoivent systématiquement comme c'était le cas de Pierre Messmer qui invoquait un autre règlement datant de 1752. D'autres encore disent, comme Alain Decaux : « Cela est interdit par le règlement mais consacré par la tradition », et se rendent donc disponibles. Or, il en est un qui est incontournable, c'est Maurice Druon. Pierre Nora cherche à le joindre, mais il n'est pas à Paris et son secrétaire lui demande d'envoyer son dossier de candidature ; il finit par obtenir un rendez-vous, mais le courant ne passe pas avec l'auteur des *Rois maudits*, la fameuse saga en sept volumes, qui sera secrétaire perpétuel de l'Académie durant quatorze ans.

À peine Pierre Nora sorti de chez Maurice Druon, ce dernier lance, en plus de la candidature de Paul Lombard, celle du dramaturge Jean-Claude Brisville pour lui barrer la route de l'élection, car il est plus difficile d'obtenir le score requis en cas de triangulaire. Maurice Druon était en général hostile à l'élection d'universitaires, et disait dans son entourage que celui-là ne sera pas « de bonne compagnie ». Ce coup de froid lui vaudra l'échec, malgré un score honorable et encourageant pour la suite. Pierre Nora compte en effet à son actif bon nombre de proches parmi les académiciens : de vieilles amitiés comme Jean-Pierre Angremy (Pierre-Jean Rémy) ou encore l'historien national Alain Decaux, un cousin prix Nobel de médecine, François Jacob, son grand ami Jean-François Revel, et des complicités intellectuelles et amicales avec René Rémond, Hélène Carrère d'Encausse, Jean d'Ormesson, Claude Lévi-Strauss, Michel Déon, Maurice Rheims, Bertrand Poirot-

* Outre Pierre Nora, l'avocat Paul Lombard, l'auteur dramatique Jean-Claude Brisville et Louis Lefroid.

Delpech... ainsi qu'avec le philosophe-écrivain José Cabanis qui lui envoie une très belle dédicace personnelle écrite en exergue à son ouvrage *Regards, Sables*, pour lui exprimer son soutien : « N'ayant jamais quitté mon trou d'eau, la Haute-Garonne, on peut comprendre qu'il m'ait été agréable d'être à l'Académie, d'autant qu'on est venu me chercher. On écrit pour être publié et lu et mes livres n'avaient jamais été vendus. J'ai pu croire qu'une certaine notoriété sociale m'apporterait quelques lecteurs, mais vous, vous n'avez aucun besoin de cela, ceci vous regarde. Votre élection serait un honneur pour l'Académie, veuillez m'excuser de m'occuper de ce qui ne me regarde pas, mais pour les raisons que je vous dis, il est absolument nécessaire que vous soyez élu tout de suite et glorieusement. On vous doit cela. Donc pas de *vote blanc*, ce dont l'Académie raffole. Avez-vous pris toutes vos précautions et interrogé qui de droit ? Les académiciens sont des gens fantasques, imprévisibles. Vous savez la position des gens du *Figaro* qui constituent une minorité de blocage : sont-ils en votre faveur ? et les professeurs, émérites ou non, à la Sorbonne ou au Collège de France qui représentent une forte cohorte, et le secrétaire perpétuel, très influent ! Je vous dis tout cela par sympathie pour vous, car si vous n'y étiez pas d'emblée, j'en aurais *honte*[1]. » Mais ce qui était prévisible s'est déroulé selon le scénario voulu par Maurice Druon : Pierre Nora est arrivé en tête de la triangulaire avec dix voix au premier tour (il en fallait quatorze pour être élu), douze voix au second tour, et même score insuffisant pour être élu au troisième tour de scrutin. Maurice Druon a fait bloc contre Pierre Nora, mobilisant son fort réseau composé entre autres de Mgr Lustiger, Ambroise-Marie Carré, Pierre Moinot, Henri Troyat, Jean Bernard...

Le score réalisé en ce premier tour laissait pourtant augurer une suite plus favorable, et Pierre Nora se présente de nouveau trois ans plus tard, le 7 juin 2001, au fauteuil occupé jusque-là par le journaliste Michel Droit. Cette fois, rien n'est laissé au hasard dans cette nouvelle campagne. Il refait le tour des électeurs et demande à rencontrer ceux qui sont entrés à l'Académie depuis sa première tentative d'élection. C'est comme cela qu'il fait la connaissance du poète, romancier et dramaturge René de Obaldia : « Comme j'ai horreur des rencontres officielles, on s'est retrouvés dans un bistrot. Il y a eu tout de suite ce que Goethe appelle les affinités électives, un contact, une complicité immédiate[2]. » Obaldia ayant une propriété non loin de la Cour-des-Haies, près de Gambais, ils auront de nombreuses occasions de se retrouver le week-end à la campagne. Cette fois, Pierre Nora obtient une élection de commandeur dès le premier tour, cumulant sur son nom dix-huit voix sur trente, alors qu'aucun de ses concurrents n'a obtenu plus de trois voix*. À l'âge de soixante-neuf ans, Pierre Nora devient «immortel», et cette intronisation au sein de l'institution incarnant au plus haut degré la nation et l'esprit de la France lui donne une assurance, une solidité psychique et physique qui lui faisait souvent défaut. Il en sort métamorphosé au dire de ses proches qui s'étonnent des effets quasi miraculeux de cet événement et des vertus thérapeutiques de la vénérable institution qu'on croyait à ce point poussiéreuse qu'elle ne méritait que risée.

Son vieil ami Jean Daniel n'en revient pas : «Ce miracle de l'Académie ! On dirait qu'il a été fait pour cela. Il a été guéri de toutes ses maladies[3].» Sa nouvelle secrétaire chez Gallimard, recrutée en août 2000, Christel Chassagnol, qui le secondera pendant six ans, partage au quotidien ce temps fort de sa carrière où se jouent tant de non-dits. Même si elle plaisante souvent avec lui à propos des petits hommes verts, elle enregistre une baisse de son anxiété, une plus grande sérénité : «L'Académie l'a apaisé par rapport à beaucoup de choses, y compris par rapport à la maison Gallimard, il le souhaitait vivement pour la maison[4].» Son amie Mona Ozouf constate aussi cet apaisement, ce recul de la difficulté d'être, ce déliement des nœuds constitués par les épreuves quotidiennes à traverser : «Je me demande si l'Académie n'a pas dénoué tout cela, car Pierre réalise, avec son entrée à l'Académie, le rêve de son père. Il incarne le souhait de sa famille, l'exigence d'une excellence absolue[5].» Auprès de lui, Marcel Gauchet, avec lequel il forme un couple intellectuel exceptionnel depuis la création de la revue *Le Débat*, ne partage pourtant pas du tout cet enthousiasme et ne comprend pas ce qu'il va faire dans cette galère. Resté à l'écart de toute mondanité, fuyant systématiquement tous les cocktails de Gallimard, Marcel Gauchet décide de prendre sa semaine de vacances (il n'en prend qu'une seule par an) au moment de l'intronisation de son ami et des cérémonies qui l'accompagnent. Il range ses affaires et souhaite à chacun de bien s'amuser.

Le nouvel immortel

Avec cette élection, Pierre Nora se voit aussi conforté en tant qu'intellectuel français et juif au cœur de l'institution qui entend incarner

---

* Il s'agit de Henri Amoroso, Christian Dedet et Gonzague Saint-Bris.

une certaine idée de la France. Il le dira discrètement le jour de son discours de réception lorsqu'il rappellera à ses pairs qu'un des prédécesseurs à son fauteuil, le vingt-septième, aura été Joseph Kessel qui, en 1962, déclare en entrant à l'Académie : « Qui avez-vous désigné ? Un Russe de naissance, et juif de surcroît[6]. » Il faut en effet se souvenir que pendant longtemps la vénérable institution s'est protégée de tout écart par rapport à une conception ancestrale de ce qu'est présumé être l'identité française de souche : pas de Juifs, pas d'étrangers, pendant très longtemps pas d'hommes de couleur (il faut attendre l'élection de Léopold Sédar Senghor en 1983), et pas de femmes (il faut attendre l'élection de Marguerite Yourcenar en 1980).

Cette identité juive, sur laquelle Pierre Nora est à ce point discret que certains de ses amis les plus proches pensent qu'elle ne lui tient pas à cœur, relève pourtant de l'essentiel, ce qu'il dira à haute voix lors de la cérémonie de remise de son épée d'académicien. Il décrit ainsi ce qui est plus qu'un détail de son épée : « Au dessus de l'aile centrale, une petite étoile de David. Elle a quelque chose à voir avec le livre plus qu'avec le glaive sur lequel elle s'inscrit. Parce que je suis de ceux qui persistent à croire que ce que les Juifs ont à dire au monde relève plus de l'esprit que des armes. Parce que je me sentirai juif tant qu'il y aura, quelque part, un Juif menacé en tant que tel, comme je l'ai été moi-même dans mon enfance[7]. »

Pour cette épée, Pierre Nora a constitué un comité d'honneur bien particulier puisqu'il est composé exclusivement de femmes. Il y a dans cette décision un souci d'exprimer un certain écart (et l'on retrouve son identité juive) par rapport à la tradition machiste de l'Académie si lente à accepter des femmes en son sein. S'y ajoute l'occasion d'un hommage à celle qui lui a donné la vie et l'a élevé, sa mère, qui a vécu dans l'ombre de son mari et dont « la bonté absolument exceptionnelle – la vraie bonté, celle qui s'ignore elle-même – a été le ciment silencieux de cette unité familiale à laquelle nous sommes, à laquelle je suis profondément attaché[8] ».

Le secrétariat de ce comité de l'épée a été piloté par l'historienne Bénédicte Vergez-Chaignon, relayée chez Gallimard par Christel Chassagnol et Françoise Peyre. Pierre Nora a d'abord sollicité, pour présider ce comité, Simone Veil qui n'a pas donné suite : « Pourquoi cette demande, alors qu'en définitive, nous nous connaissons si peu ? Eh bien parce qu'en dehors même de la sympathie et de l'admiration que m'inspirent votre personne et votre parcours, ce que vous représentez à tous égards, l'histoire dont vous êtes la vivante incarnation sont chargés pour moi d'un sens lourd, celui-là même dont j'aimerais que soit entourée mon entrée sous la coupole[9]. » Simone Veil reçoit Pierre Nora, mais se dit gênée par cette proposition car son comité est exclusivement composé de femmes, ce qu'elle juge de manière paradoxale comme une forme de machisme, et malgré les explications que lui donne Pierre Nora, elle ne revient pas sur cette réaction et décline l'offre.

Pierre Nora sollicite alors comme présidente de son comité d'honneur la femme de François Jacob, Geneviève Barrier, celle qui, directrice du SAMU, a eu l'occasion, avec le docteur Sauval, de lui sauver la vie lorsqu'il a été victime d'un infarctus dans son bureau de la rue Sébastien-Bottin*.

Par la belle journée estivale du 4 juin 2002, les nombreux amis de Pierre Nora se pressent dans l'hôtel de Soubise, aux Archives nationales, pour célébrer celui qui a lancé la fameuse collection « Archives », et lui remettre son épée d'académicien. La cérémonie commence par une allocution de bienvenue de la présidente Geneviève Barrier qui relève surtout le caractère novateur de cette composition exclusivement féminine du comité de l'épée, rappelant avec humour le bon mot de l'astronaute Armstrong après avoir été le premier à marcher sur la Lune et répondant à un journaliste qui lui demande s'il a vu Dieu : « *Yes, she is black.* » Ensuite, viennent les hommages des proches : Mona Ozouf, Antoine Gallimard, Jacques Revel et Alain Decaux. Moment de cristallisation d'une vie entière et de sa cohérence, la consécration intellectuelle touche ici aussi, avec ses amis, le domaine de l'affectif, du plus intime, et pour Pierre Nora du plus secret, discrètement dévoilé comme le nom donné à l'épée : Gabrielle. L'épée portera donc le nom de sa compagne car elle a, comme elle, « la beauté, la rectitude et l'élégance ; parce qu'elle vivra à mon flanc gauche comme l'autre, la vraie, à mon côté droit[10] ». Quant au dernier mot, il est pour le fils dont beaucoup, parmi les présents, apprennent l'existence, ce fils qu'il a reconnu et qui fait sa joie et sa fierté. À ce fils, Elphège, qui passe alors son baccalauréat, est promise cette épée sur laquelle

* Le comité d'honneur de l'épée est constitué, outre sa présidente Geneviève Barrier, de Mabel H. Cabot, Françoise Cachin, Françoise Chandernagor, Teresa Cremisi, Régine Deforges, Andrée Duby, Grace countess of Dudley, Deborah Furet, Isabelle Gallimard, Maley Guichard Ozannat, Lady Lever of Manchester, Léone Nora, Mona Ozouf, Micheline Phankim-Koupernik, Elizabeth Rohatyn, la baronne David de Rothschild, Maryvonne de Saint Pulgent, Nicole Salinger, Colette Soulages, Muriel Toso, Lady Weidenfeld, Olimpia Weiller.

figurent déjà ses initiales auprès du nom du père. Ce legs vaut message dans le détournement d'usage traditionnel de l'épée pour un fils qui fait de l'escrime et doit considérer que ce qui fut une arme conçue pour blesser et tuer peut devenir une arme de justice capable de rassembler et de symboliser la félicité.

L'intronisation suit de peu cette réunion préparatoire. Elle a lieu en une date chargée d'histoire, celle du jour le plus long et le plus empli d'espérance, le 6 juin. Pierre Nora est reçu à l'Académie par son collègue et ami René Rémond en présence du ministre de la Culture Jean-Jacques Aillagon. En cette circonstance exceptionnelle, l'Académie accueille un certain nombre de hauts fonctionnaires et d'universitaires*. Le moment est alors venu de recevoir Pierre Nora au 27e fauteuil, occupé par douze titulaires à travers les siècles et notamment par Fontenelle qui y a siégé quelque soixante-six ans.

Comme il est d'usage, le discours du récipiendaire rend hommage à son prédécesseur, en l'occurrence le journaliste Michel Droit. L'exercice relève d'un art de haut vol car il s'agit de faire l'éloge d'un homme qui se situe aux antipodes de Pierre Nora par ses convictions et par la manière de les défendre. Là encore l'élégance du nouvel académicien se fera entendre. Il aurait été possible d'édulcorer, de taire ce qui pouvait être objet de désaccord, comme on le fait d'habitude pour ne retenir des disparus que leur image positive, mais cela aurait consisté à pratiquer l'évitement du sujet dont il est question. Ce qui caractérise notre nouvel académicien n'est pas seulement son savoir-vivre, ses bonnes manières, son sens inné des coutumes, mais sa franchise et son courage, et donc rien ne sera dissimulé dans le parcours de Michel Droit, mais avec un constant souci de lui rendre justice, de redonner corps à un homme qu'il cherche à comprendre par-delà ce qui le différencie de lui.

Pierre Nora répare la mauvaise réputation dont souffre son prédécesseur en insistant sur le rôle majeur qu'il a joué dans la vie nationale à l'occasion de la première élection au suffrage universel direct du président de la République en 1965. La statue gaullienne est alors ébran-

---

* On peut ainsi noter la présence de l'amiral Philippe de Gaulle, de l'ambassadeur d'Israël Élie Barnavi, de l'ancien ministre des Affaires étrangères Hubert Védrine, du directeur des Archives Martine de Boisdeffre, du président de la Bibliothèque nationale de France Jean-Noël Jeanneney, de l'éditeur Antoine Gallimard, de Sylviane Agacinski, Régis Debray, Régine Deforges, Laure Adler et Françoise Chandernagor, sans compter nombre d'invités étrangers dont l'historien américain Lawrence Kritzmann.

lée par sa mise en ballottage qui le contraint à un second tour face à François Mitterrand. C'est Michel Droit qui va lui permettre de prendre une figure plus humaine, plus proche des Français, à l'occasion de trois entretiens télévisés entre les deux tours que de Gaulle n'a acceptés qu'avec la plus grande réticence pour finalement y prendre goût et y exceller au point d'en regretter la fin, d'autant qu'il aurait bien continué avec plaisir à « jaspiner comme ça pendant des heures ». On connaît la suite : le contact est renoué, le personnage transformé, l'opinion reconnue dans sa légitimité, et de Gaulle réélu président : « Et le truchement de cette métamorphose, ç'aura été Michel Droit[11]. »

D'une certaine manière, Michel Droit aura été un héros, un des premiers de la geste nouvelle du petit écran qui s'invite chaque soir dans les foyers des familles françaises. Pierre Nora souligne que ce qui a fait sa gloire explique en même temps l'opprobre qui a été jeté sur lui car, en liant son nom au général de Gaulle, il a incarné l'information télévisée de l'époque gaullienne qui se caractérisait par le fait de transmettre la voix de son maître. Rédacteur en chef de l'actualité télévisée à partir de 1961, il fut en effet un farouche partisan du contrôle le plus strict et il en paya le prix lorsque vint l'heure de la libéralisation de la parole télévisuelle.

Pierre Nora n'occulte en rien dans ce rappel ce rôle de porte-parole officiel d'une information confisquée, sa raideur qui passe pour dédain, amplifiée par son allure. À la manière de son maître, le général, « il était de ces hommes qui ont l'air de s'accompagner eux-mêmes[12] ». Orphelin du gaullisme dans les années 1970, Michel Droit s'est enfermé dans la défense sourcilleuse de ce qu'il considérait comme des valeurs éternelles, tournant le dos aux mutations de la société française. Pierre Nora ne cache pas qu'il a aussi vécu cette période comme celle d'un changement, mais en adoptant le point de vue inverse consistant à accompagner celle-ci, en la comprenant de l'intérieur : « C'est peut-être là, d'ailleurs, que nos destins respectifs... se croisent sans le savoir, se fixent chacun, et s'éloignent l'un de l'autre[13]. » Alors que Michel Droit se pare de ses habits de « guerrier » pour combattre la pilule, la minijupe, *Le Dernier Tango à Paris,* l'historien fait son miel de l'avènement de cette nouvelle culture. On sait comment ce combat se terminera, par quelle descente aux enfers, avec cet accident de chasse au cours d'un de ses safaris africains qu'il affectionnait et au cours duquel son fusil se déclenche sans qu'il y prenne garde, tuant son compagnon à trente mètres.

Mais Pierre Nora tient à porter à la connaissance de son public la part cachée du personnage car derrière ce voyage au bout de la nuit est restée dans l'ombre sa meilleure part, celle de l'homme de lettres, de l'écrivain dont les livres donnent une tout autre image de lui-même. En définitive, le maître mot qui définit la personnalité de Michel Droit, selon Pierre Nora, est la fidélité qui reste un sentiment noble, même si celui-ci l'a poussé dans des aveuglements dont il a payé le prix fort.

Prenant connaissance de ce discours sur Michel Droit, Maurice Druon lance de sa voix tonitruante : «Je me suis trompé sur vous. Dans mes bras, vous avez fait un discours qui est un chef-d'œuvre. Je regrette de m'être privé de vous[14].» D'ailleurs, une fois installé quai Conti, Pierre Nora deviendra un proche de Maurice Druon, très complice, au point qu'à chaque occasion de vote, Maurice Druon aura tendance à se ranger à l'avis de son nouvel ami Pierre Nora et dans la dédicace de ses *Mémoires* il lui signifie son «intense amitié». Le hasard a voulu qu'au jour de la disparition de Maurice Druon, le 14 avril 2009, le directeur en exercice ne fût autre que Pierre Nora qui a eu la charge, comme il est d'usage, de prononcer l'éloge funèbre devant toute l'assistance des académiciens debout. Or, c'est un vibrant hommage que Pierre Nora a rendu le 23 avril à Maurice Druon qui «s'est toujours fait "une certaine idée" de l'Académie, à laquelle il s'est donné tout entier, dans laquelle il voyait précisément l'expression la plus haute de l'identité de la nation et comme l'incarnation de la France[15]».

Cette élection suscite une véritable marée de lettres, plusieurs centaines, pour féliciter le nouvel académicien. Anciens élèves, anciens étudiants, personnalités politiques, collègues, anonymes expriment leur joie. Du côté des historiens, ce sont surtout les contemporanéistes, les historiens du temps présent qui témoignent non seulement de leur plaisir de voir consacrer un ami, mais aussi par lui la légitimité de leur champ d'investigation : «Je suis fou de joie à l'idée de te voir bientôt en habit vert, car c'est bien toute "l'histoire au présent" que tu portes aux nues ! Merci pour elle et gloire à toi !» lui écrit Jean-Pierre Rioux[16]; «Avec Carrère d'Encausse, Rémond, Furet, vous, c'est bien le siècle de la contingence qui fait son entrée en force chez les immortels», précise Henry Rousso[17]; «Une vraie bonne surprise que ton élection à l'Académie française, car je ne savais pas que tu étais candidat. Voilà l'histoire bien représentée... Surtout je te dis ma joie de cette consécration», lui écrit Antoine Prost[18].

Les politiques ne sont pas en reste, de gauche comme de droite : «Très chaleureuses félicitations pour cette élection brillante et méritée», lui écrit Laurent Fabius[19] ; « Vous savez combien je me réjouis de votre élection qui est venue reconnaître la portée de vos travaux et de vos contributions à la vie intellectuelle de notre pays », lui écrit le président de la République Jacques Chirac[20] ; « Toutes mes félicitations », lui dit plus laconiquement de son côté Édouard Balladur[21] ; « Je me réjouis de votre entrée dans cette prestigieuse institution qui honore aujourd'hui l'Histoire, que vous servez inlassablement depuis tant d'années », lui écrit Dominique de Villepin, alors ministre des Affaires étrangères[22].

Le sacre de l'écrivain

L'Académie consacre avec Pierre Nora non pas un retraité cherchant un endroit calme et serein pour finir ses jours, mais tout au contraire un des animateurs les plus actifs de la vie intellectuelle française et qui entend bien, en cette année 2001, continuer à faire preuve du même dynamisme comme historien, comme éditeur, et comme responsable du *Débat*. Son entourage pensait que l'épisode de l'Académie n'était qu'un épiphénomène, une simple breloque à ajouter à ses autres décorations. C'était ne pas bien connaître les ressources du nouvel académicien qui prend sa tâche avec le plus grand sérieux et s'y investit avec la même méticulosité dont il a toujours fait montre dans toutes les responsabilités qu'il a assumées, même s'il le fait avec humour quand il se dit le nouveau « décorateur de la République » tant il distribue de décorations. Cette compagnie royale a permis ce que Paul Bénichou a qualifié de « sacre de l'écrivain », et Pierre Nora se voit ici reconnu dans sa vocation rentrée. Il est de ceux qui sont les plus présents lors des séances hebdomadaires du jeudi à 15 heures.

Le scénario en est resté immuable. Les académiciens se rassemblent dans le salon de l'Institut du quai Conti, puis traversent la grande salle où siègent l'Académie des beaux-arts et celle des sciences. Ils signent le registre de présence, passant dans la salle du fond où les attendent, déjà installés, le secrétaire perpétuel, le chancelier et le directeur en exercice. C'est au directeur, élu pour trois mois, de diriger la séance. Il est assisté à sa droite par le chancelier et à sa gauche par le secrétaire perpétuel. Chacun prend place, rejoignant le fauteuil sur lequel il a été élu. La séance peut alors commencer. Elle débute par la lecture du procès-verbal de la séance précédente qui est en général adopté. Puis, on aborde les questions diverses, excusant notamment les absents : « On devrait être quarante, mais c'est très rare. En général, on est une vingtaine, ce qui est une belle densité si l'on compte les malades et ceux qui sont en mission[23]. »

La fonction de cet illustre aréopage depuis sa création par Richelieu est de travailler à un dictionnaire qui soit à même de consacrer les usages de la langue française. Le premier a été édité en 1632, et les académiciens en sont à élaborer la neuvième édition, prenant le dernier en date pour référence pour y introduire les modifications qui s'imposent, soit celui de 1935. Cette fonction consiste à « résumer l'inscription des Lettres dans la fabrique de l'État et de la société française. Inscription si profonde, si coutumière, qu'elle échappe à l'attention, sauf aux yeux du "corps" qui en détient l'arcane[24] ».

On prête en général à cette institution un rôle purement conservateur, celui d'une sorte de vestale antique campant pour préserver le maintien de la tradition. Elle est sur ce plan l'héritière de la fameuse doctrine de Malherbe selon laquelle il convient de stabiliser la langue en se préoccupant moins d'innover que de plier celle-ci aux conventions admises par tous. La méthode de Malherbe « réussit à mettre le français littéraire sur la voie qui allait faire de lui un latin vivant[25] ». Mais la réalité contemporaine est plus complexe, car l'Académie doit rester à l'écoute de son temps et des enrichissements multiples de la langue. Ce n'est pas moins de 15 000 mots nouveaux qui sont soumis à l'approbation des académiciens, provenant pour l'essentiel des domaines scientifiques et médicaux dont la rapidité de transformation est particulièrement vive. Une commission prépare le terrain le matin et communique l'état des dossiers pour que les académiciens décident en connaissance de cause de l'intronisation de tel ou tel mot, ainsi que des variations de définition.

Selon leur tempérament, les académiciens sont plus ou moins ouverts ou fermés à l'ouverture de la langue. Parmi les « immortels », il en est un qui est particulièrement sourcilleux dans la défense de la tradition, c'est Jean Dutourd. Un jour, la commission propose au débat l'intégration de la notion de l'« import-export ». Jean Dutourd demande immédiatement la parole et se lance dans une longue diatribe, rappelant ses états de service, ses cruelles traversées d'épreuves, le fait d'avoir été prisonnier des Allemands, sa périlleuse évasion... Il achève son discours en lançant à l'auguste assemblée : « Jamais je n'aurais pensé, même dans les moments les plus accablés, entendre proposer "import-export" à l'Académie française face au portrait de notre créateur le cardinal de Richelieu[26] ! » Sur quoi le directeur le rassure en l'invitant à ne pas trop s'alarmer car la commission a en fait rejeté cette suggestion, mais l'on a décidé de la conserver pour lui donner l'occasion d'une belle intervention d'indignation. À quelques années de distance, Alain Decaux vérifie ce qu'il en est dans le Dictionnaire, et constate en riant que la notion d'« import-export » a bien été introduite ! Comme quoi les parures de l'immobilisme peuvent parfois cacher bien des facéties. Dans cette assemblée, certains font plus ou moins acte de présence et s'investissent de manière variable dans les débats au cours des séances. Pierre Nora est de ceux qui interviennent volontiers et ne manquent les séances qu'à titre exceptionnel.

Il est d'usage que chaque année un académicien se charge du grand rituel de faire en séance publique un discours sur la vertu. La charge en incombe aux nouveaux entrants. C'est un exercice de style de pure rhétorique installé dans le marbre de l'immuabilité et qui suscite plutôt la fuite que la convoitise, comme le rappelle Pierre Nora le jour où vient son tour et qu'il doit prendre l'habit du « malheureux sur lequel s'est immobilisé le pendule de notre chère secrétaire perpétuelle[27] ». Quant à l'entourage, il ressent quelque compassion pour celui qui va réaliser cet acte intangible de la tradition.

D'un exercice de haute voltige, mais totalement vain, Nora va faire l'occasion de considérations particulièrement fines sur son époque. Il constate d'abord que le terme de vertu est devenu désuet, frappé de ridicule, tant le moment est obsédé par l'idée perdue de vertu transformée en vertuisme qui étend partout son impérieux empire. Il s'interroge alors sur une telle obsession, et trouve une esquisse de réponse dans le caractère de plus en plus insaisissable de l'idée du Bien, au point que l'on ne conçoit plus le Bien que par son contraire, le Mal. Les trois piliers du Bien que sont les enseignements de la religion, le sens de l'histoire et l'humanisme sont sortis « terriblement ébranlés directement ou indirectement de l'âge totalitaire et nous ne sommes pas encore remis de son cortège de guerres et de génocides[28] ». Le temps présent est celui de l'éclipse du Bien, et le seul repère qui subsiste du tragique XXe siècle est la question du Mal et même du Mal radical, point sur lequel Paul Ricœur avait déjà mis l'accent lorsqu'il présentait cette dimension comme celle d'un double défi à la philosophie et à la théologie[29].

Historisant la question, Pierre Nora relève comme symptôme de cette fascination contemporaine du Mal l'engouement spectaculaire pour l'ouvrage de Jonathan Littell, *Les Bienveillantes*, qui vient d'être consacré par l'Académie française avec l'attribution de son prix annuel. Avec ce roman, le bourreau fait figure de héros et devient le narrateur de ce livre-fleuve. La contamination du Bien par le Mal peut aussi se lire dans notre époque par cette course folle à la victimisation avec son cortège de réparations revendiquées, conduisant à ne plus lire l'histoire du passé que sous le prisme du regard moralisant, vertuiste; ce que Marc Bloch considérait déjà comme le propre de la démarche négatrice de la fonction historienne. Ce discours de nature purement rhétorique tourne en texte d'intervention critique au cœur des enjeux les plus actuels, et Pierre Nora en achève le propos en rappelant Jean-Jacques Rousseau lorsque ce dernier enjoignait à ses contemporains : « Soyez vertueux pour savoir ce que c'est que de l'être[30]. »

Pierre Nora jouit dans cet aréopage d'« une forte autorité morale[31] ». Il joue de ce fait un rôle majeur pour faire ou empêcher des élections et intervient fréquemment dans les débats avec autorité. Il est à l'initiative de l'obtention du prix d'histoire de l'Académie française donné à Jean Lacouture pour l'ensemble de son œuvre de biographe. Le jour de la remise du prix, Michel Déon communique la liste des récompenses et, lorsqu'il en arrive à Jean Lacouture, il mentionne toutes ses biographies à l'exception de la plus volumineuse qui a été publiée en trois gros volumes, celle du général de Gaulle : « Pierre s'en est aperçu et il est allé lui dire qu'il n'avait pas cité mon livre sur de Gaulle. Déon lui a répondu que c'était un nom qui ne sortait pas de sa bouche. C'est magnifique, énorme[32] ! »

L'Académie ne fait pas de vagues et sa chronique est inlassablement faite de son lot de disparus suivi des intrigues propres à leur trouver de dignes successeurs. Quant à ses débats internes, ils restent feutrés et ne traversent que très rarement les murs épais de l'Institut. Pourtant, à peine plus d'un an après son arrivée, Pierre Nora se trouve plongé dans les eaux mouvementées d'une véritable tempête que suscite la candidature de l'ancien président de la République Valéry Giscard d'Estaing. Pourtant l'élection du trop bien né Giscard semblait devoir se dérouler sans coup férir. Au fauteuil de successeur de Léopold Sédar Senghor, il bénéficie en effet du soutien du secrétaire perpétuel, Hélène Carrère d'Encausse, de Jean d'Ormesson, Marc Fumaroli, Pierre Rosenberg, François Jacob, Michel Déon, Félicien Marceau, Jean-Marie Rouart, Alain Decaux, René Rémond et... Pierre Nora.

Que s'est-il passé pour que ce qui devait être une simple formalité devienne un conflit à portée nationale ? Maurice Druon a très mal pris de n'avoir pas été prévenu à temps de cette initiative, et en est particulièrement irrité au point de prendre la plume dans *Le Figaro* pour stigmatiser la candidature de l'ancien président de la République. Bien des choses séparent le gaullisme de Maurice Druon et le fameux « Oui, mais » de l'élu de 1974, les convictions nationalistes de l'un et européennes de l'autre. Druon lance son offensive au nom de la défense d'un principe d'ordre juridique : on ne fait pas acte public de candidature et un ancien président de la République, qui a été le protecteur de l'Académie, ne peut être à la fois au-dessus et prétendre être au-dedans. De Gaulle qui avait été sollicité n'avait-il pas dit : « La France n'entre pas à l'Académie » ? Et Druon de constituer autour de lui un véritable front du refus qui échouera cependant le 11 décembre 2003 lorsque par un beau score de dix-neuf voix sur trente-quatre, Giscard se verra l'heureux élu à l'Académie.

En quête de renouveau, l'Académie, ce « havre de vieux hérons moroses », formule de Barbey d'Aurevilly, cherche à se rajeunir et à redonner un peu de lustre à son institution. Beaucoup sont l'objet de sollicitations amicales et pressantes comme Mona Ozouf pressentie par Pierre Nora et qui décline l'offre, comme Élisabeth Badinter, Patrick Modiano, Philippe Sollers ou J.M.G. Le Clézio...

Face à l'Académie, s'est dressée au début du XXe siècle avec la NRF puis la maison Gallimard une sorte de contre-Académie selon Marc Fumaroli, la levée de Genève contre Rome. Alors que l'Académie se tenait abritée sous l'autorité du pouvoir royal, Gallimard a défendu de manière sourcilleuse et avec acharnement une indépendance qui lui vaut d'être aujourd'hui la seule maison d'édition importante qui n'appartienne pas à un grand groupe financier. L'autorité croissante et conquérante de cette maison à l'œcuménisme éprouvé n'est-elle pas une forme d'héritage du rayonnement ancien de l'Académie, avec cette aura incontestable qui se distingue du reste du monde des lettres par son élégance et son excellence ?

Pierre Nora aurait donc suivi une trajectoire marquée par une très solide cohérence ; en passant des collections blanches qu'il a initiées chez Gallimard à son entrée chez les « immortels », il aura réussi à parfaire le parcours d'une contre-Académie devenue pleinement légitime.

30

Combats pour l'histoire

S'il est un fil directeur de tout le parcours de Pierre Nora, c'est son combat pour les libertés. Lorsque celles-ci furent menacées dans la pratique même de sa discipline, autour de 2005, on le trouve aux avant-postes d'un engagement militant, ce qui n'est pas trop son habitude, mais l'urgence d'une riposte par rapport aux empiètements répétés de l'État rendait nécessaire de dépasser les formes de protestation habituelles. Au début des années 2000 se multiplient en effet en France les symptômes de véritables pathologies mémorielles, manifestées par une fâcheuse tendance à la judiciarisation qui a poussé le pouvoir politique à légiférer en matière mémorielle. L'intention était parfois tout à fait louable, et c'est le cas le 13 juillet 1990 avec l'adoption de la loi Gayssot qui tendait à faire obstacle aux thèses négationnistes récusant l'existence des chambres à gaz du nazisme. Mais on a assisté au début des années 2000 à une accélération du genre, nettement plus problématique. Le 29 janvier 2001, une loi est adoptée pour qualifier de génocide le massacre des Arméniens en 1915 ; le 21 mai 2001, la loi dite « Taubira » définit la traite négrière et l'esclavage transatlantique comme crime contre l'humanité depuis le XVe siècle, et enfin la loi du 23 février 2005 disposait, avant d'être modifiée, que « les programmes reconnaissent en particulier le rôle positif de la présence française outre-mer, notamment en Afrique du Nord ». Le pouvoir politique en arrive donc avec ces lois à prescrire aux historiens non seulement quelle doit être la mémoire à transmettre aux nouvelles générations, mais en plus la manière dont elle doit être présentée. Une véritable incongruité quand on sait que le principe majeur de la déontologie qui prévaut dans l'Éducation nationale est le respect de la liberté de l'enseignant.

Quelques groupes porteurs de mémoire ont bien compris l'enjeu et la possibilité de faire valoir leurs droits auprès des autorités publiques.

Ils se sont organisés en associations dont le fondement est d'asseoir une permanence mémorielle par-delà l'usure du temps, de transmettre une fidélité à la génération montante, rien là que de très légitime. Mais certains, animés par une logique exclusiviste, s'aveuglent et au prix des pires anachronismes.

Du côté des dirigeants politiques de tous bords, l'irresponsabilité est aussi largement partagée et le plus grand désordre règne, à droite comme à gauche. Le député UMP chargé en 2003 du rapport sur la présence française en outre-mer, Michel Diefenbacher, intervient à l'Assemblée nationale le 11 juin 2004 pour louer « la ferme volonté de la représentation nationale que l'histoire enseignée à nos enfants, dans nos écoles, garde intact le souvenir de l'épopée de la plus grande France ». On reprend ainsi, comme le souligne Romain Bertrand[1], un langage typiquement colonialiste, celui du XIXe siècle européocentré. Les débats parlementaires révèlent à quel point c'est le domaine de l'enseignement, de la transmission qui est visé et que les députés de l'UMP veulent contrôler. Ainsi, Lionnel Luca (UMP), défendant la loi du 23 février 2005 à l'Assemblée, insiste : « Ce qui est vrai, c'est qu'on pointe la façon dont les manuels scolaires ont tendance à raconter l'histoire de façon partielle et partiale. Les livres en circulation ont une vision trop négative sur ce sujet. » La gauche participe aussi à ce climat de confusion, et c'est le PS qui fait passer à l'Assemblée nationale le 12 octobre 2006 la loi de pénalisation pour quiconque émettrait des doutes sur le génocide arménien, rendant passible d'un an de prison et de 45 000 euros d'amende. Comme le dit avec humour Pierre Nora, à quand une loi pour défendre la cause des Russes blancs contre les crimes communistes ? Une loi pour indemniser les descendants des protestants massacrés lors de la Saint-Barthélemy ? Une loi sur les Vendéens décimés pendant la Révolution française et pourquoi pas une loi sur les Albigeois exterminés[2] ? Ces débordements mémoriels ne sont pas vraiment une nouveauté, comme le remarque Patrick Garcia[3], que l'on songe au conflit de deux siècles cristallisé sur la ligne de clivage qu'a constituée la Révolution française dans le paysage politique. Le caractère particulièrement intense de la crise tient dans les années 2000 à la perte de valeur structurante de l'État-nation. Alors que chacun, d'un camp à l'autre, se réclamait de la vraie France, « c'est cette configuration qui vole en éclats dans les années 1980[4] », sous le double coup d'une mutation dans les sensibilités qui substitue à la figure du héros celle de la victime, et des effets de la mondialisation qui relativise les frontières nationales.

Lorsqu'au même moment un historien, publié par Pierre Nora chez Gallimard et récompensé par le prix d'histoire du Sénat, encourt des poursuites judiciaires pour avoir défendu que la traite des Noirs ne relevait pas des mêmes mécanismes mortifères que le génocide des Juifs, et que l'État enjoint à ses enseignants de donner une présentation positive de la colonisation en Afrique du Nord et dans les DOM-TOM, la coupe est pleine et l'heure est venue de réagir. Jean-Pierre Azéma invite Olivier Pétré-Grenouilleau, enseignant à Lorient, à son séminaire de Sciences-Po pour exposer les thèses de son livre[5]. Il sollicite aussi le spécialiste de la question Pap Ndiaye pour débattre du dossier historique, alors que règne un véritable climat de chasse à l'homme qui vise Pétré-Grenouilleau. Cette atmosphère de soufre suscite la présence de nombreuses personnes et personnalités à cette séance de séminaire qui dépasse le cadre de l'assistance habituelle des exposés savants. Jean-Pierre Azéma soumet à la discussion ce qu'il semble opportun de faire pour réagir à ces attaques : « Cela a été la déferlante. Je dis alors : “Vous ne voulez quand même pas faire une manifestation ?” “Si, me répond-on. Il faut faire une manifestation pour sauver le soldat Grenouilleau”, et c'est Françoise Chandernagor, venue à cette réunion, qui a suggéré de créer une association[6]. »

Jean-Pierre Azéma a procuré le lieu de naissance et l'occasion de cette importante initiative de la part des historiens, et Françoise Chandernagor a saisi cette opportunité, prenant immédiatement l'affaire en main. Lorsqu'elle participe au séminaire d'Azéma, elle est déjà très informée et très remontée. Elle est en effet membre du jury d'un prix de livres d'histoire qui est aujourd'hui le prix Chateaubriand et qui était le prix de la Vallée-aux-Loups, longtemps présidé par Georges Duby. Elle lit l'ouvrage de Pétré-Grenouilleau et le recommande au secrétaire général du prix et aux autres membres du jury. Apprenant les poursuites dont son auteur est l'objet, elle se fait communiquer les attendus du recours judicaire. Son âme de juriste ne fait qu'un tour, d'autant que Françoise Chandernagor, outre son activité d'écrivain, a été major de sa promotion de l'ENA et a tôt intégré le Conseil d'État. Entre-temps, le prix d'histoire est attribué à Pétré-Grenouilleau, et Françoise Chandernagor apprend que l'auteur de ce livre est invité au séminaire de Jean-Pierre Azéma. Elle s'y rend avec la ferme intention de ne pas en rester à une simple indignation verbale. Elle ne connaît personne parmi les participants mais intervient avec vigueur pour affirmer la nécessité de lancer une pétition et de créer une association, convaincue que le moment est propice, car il est possible de fédérer toutes les raisons de s'indigner.

De retour dans sa Creuse natale, Françoise Chandernagor rédige un texte de pétition. Elle appelle René Rémond, son ancien professeur de Sciences-Po, qui lui exprime son soutien, mais qui doit se rendre à l'étranger et ne peut donc activer ses réseaux : « J'appelle Pierre qui a tout de suite pris le relais et a appelé des historiens que je ne connaissais pas personnellement[7]. » Pierre Nora s'est immédiatement investi dans cette affaire, alertant ses réseaux : « Il fallait une association car on voulait se réserver le droit d'aller en justice, et cela présuppose d'avoir une association qui a au moins cinq années d'existence pour défendre quelqu'un[8]. » Françoise Chandernagor sollicite un premier cercle qu'elle réunit chez elle, et c'est là que se constitue le bureau de la nouvelle association Liberté pour l'histoire qui appelle à signer une pétition réclamant l'abrogation de toutes les lois mémorielles. Cet appel, qui date du 12 décembre 2005, porte la signature de dix-neuf historiens*; le 16 février 2006 il a recueilli celles de 650 chercheurs et enseignants d'histoire. René Rémond est pressenti pour en devenir le président et Pierre Nora en assure la vice-présidence. Avec son expérience associative et sa compétence de juriste, Françoise Chandernagor engage alors le bureau à faire du lobbying qui consiste à rencontrer des responsables pour les sensibiliser aux problèmes que posent les lois mémorielles. C'est ainsi qu'un petit groupe composé de Pierre Nora, Françoise Chandernagor, Michel Winock et de temps à autre Jean-Pierre Azéma sera reçu par les présidents des assemblées, des ministres, les représentants des groupes parlementaires.

Ils auront pu ainsi sensibiliser à cette question aussi bien Jean-Louis Debré que Bernard Accoyer qui n'était pas encore président de l'assemblée, recevoir le soutien résolu de Jack Lang qui est venu à Blois appuyer l'appel européen de Liberté pour l'histoire. Pierre Nora est aussi allé voir, en compagnie de René Rémond, le président du groupe UMP du Sénat, Josselin de Rohan, qui leur a donné des conseils utiles et précis en leur signifiant qu'au plan parlementaire il ne pourra rien faire, d'autant que les comités Arménie sont très forts et vindicatifs. Il leur a montré à cette occasion une lettre d'un de ces comités au prési-

* L'appel est signé par Jean-Pierre Azéma, Élisabeth Badinter, Jean-Jacques Becker, Françoise Chandernagor, Alain Decaux, Marc Ferro, Jacques Julliard, Jean Leclant, Pierre Milza, Pierre Nora, Mona Ozouf, Jean-Claude Perrot, Antoine Prost, René Rémond, Maurice Vaïsse, Jean-Pierre Vernant, Paul Veyne, Pierre Vidal-Naquet, Michel Winock.

dent de la région PACA le menaçant s'il ne parvenait pas à faire voter une loi mémorielle sur le génocide. Il leur a plutôt conseillé de faire du lobbying intellectuel, parce que c'est le seul qui puisse impressionner les députés.

À ces démarches auprès des décideurs politiques s'ajoute une rencontre non programmée avec Emmanuelle Mignon, conseillère spéciale de Nicolas Sarkozy, alors ministre de l'Intérieur sous la présidence de Jacques Chirac. Ce contact n'a pas été sans effets. Pierre Nora explique dans un entretien que le problème de Nicolas Sarkozy, président de l'UMP et ministre de l'Intérieur, mais candidat déclaré aux futures échéances de l'élection présidentielle de 2007, est qu'il parle des Français, alors que le Premier ministre Dominique de Villepin parle, lui, de la France : « J'ai alors reçu un coup de téléphone de quelqu'un que je ne connaissais pas, Emmanuelle Mignon, qui demande à me voir en tant que chargée des Études, Travaux et Projets pour Nicolas Sarkozy. Je n'avais aucune raison de ne pas la voir[9]. » Pierre Nora se rend donc au ministère de l'Intérieur et rencontre son interlocutrice dont il apprécie l'intelligence, le sérieux et la culture historique. Il lui explique alors que de son point de vue son candidat continue d'incarner un déficit tant qu'il ne porte pas son discours à un certain niveau historique. Il lui parle de l'importance de l'identité nationale, du patrimoine, des lieux de mémoire, sans vraiment prendre conscience au cours de cet échange que ses propos sont soigneusement enregistrés.

Une quinzaine de jours plus tard, le 9 mai 2006, Nicolas Sarkozy fait un discours important sur la nation à Nîmes dans lequel beaucoup des propos de Pierre Nora sont utilisés et son nom mentionné une fois en signe de dette. Nicolas Sarkozy fait cette fois de la France son leitmotiv et ce discours a un vrai retentissement au point que sa cote de popularité se met à monter, ce qui le conforte dans la course à l'Élysée : « Merci d'avoir voulu affirmer votre foi dans une idée d'avenir : la France. La France dont on n'a pas assez parlé ces temps derniers. La France qui n'est pas toujours assez respectée. La France dont le devoir premier de chaque Français est de l'aimer. L'idée que je me fais de la France est trop grande pour qu'elle appartienne à quiconque... La France n'appartient à personne parce qu'elle s'appartient elle-même. Son existence est indépendante des hommes et des femmes qui l'habitent... Elle est sans doute la nation qui jouit de la plus ancienne conscience d'elle-même... Combien sommes-nous à avoir mal à la France ? La France ne cesse de chercher des occasions d'espérer des "moments pleins d'histoire nationale" (Nora). Elle ne se trouve que des malheurs[10]... »

Après son élection en 2007, Pierre Nora estime que le président Sarkozy n'a pas seulement instrumentalisé le thème de la France à des fins électorales, mais qu'il l'a aussi vraiment intériorisé : « Au plus profond de lui-même, il y a comme une conscience d'immigré[11]. » Emmanuelle Mignon a très vivement remercié Pierre Nora qui, de son côté, a fait valoir les thèses de Liberté pour l'histoire sur l'arrêt nécessaire de la frénésie des lois mémorielles. Emmanuelle Mignon s'engage, de son côté, à en parler de vive voix à Nicolas Sarkozy devenu président qui lui aurait donné carte blanche pour s'occuper du dossier.

Lorsque René Rémond meurt en avril 2007, c'est tout naturellement Pierre Nora qui est élu président de l'association : « Pierre s'est pris au jeu qu'il a mené de manière très subtile car c'est un jeu d'influences dont il use sans en abuser. C'est un grand art chez lui et qui a fait avancer les choses et a donné une grande respectabilité à cette association qui regroupe quelque sept cents personnes, ce qui n'est pas rien[12]. »

En plein désordre mémoriel, au moment même où est lancée la pétition de Liberté pour l'histoire, en décembre 2005, Pierre Nora intervient de manière fracassante et ironique dans *Le Monde* sur la question de la commémoration de la bataille d'Austerlitz[13]. Il s'étonne de voir une Europe, pour une fois unanime, célébrer l'héritage napoléonien, alors que la France abandonne les cérémonies commémoratives de la bataille d'Austerlitz sous la pression de ceux qui présentent Napoléon comme un négrier esclavagiste : « Avec cette commémoration, ou plutôt cette non-commémoration de la bataille d'Austerlitz, on touche le fond. Le fond de la honte et le fond du ridicule[14]. » Ce recul du pouvoir devant les intimidations d'un certain Claude Ribbe qui assimile le Code noir à une préfiguration des lois de Nuremberg et Napoléon à une première incarnation d'Hitler suscite l'indignation d'un Pierre Nora pourtant peu bonapartiste, mais qui, pour le coup, se sent une fibre d'appartenance à l'ancienne Grande Armée : « C'est le moment de rappeler la remarque de l'historien Marc Bloch (1886-1944) : "Il est deux catégories de Français qui ne comprendront jamais l'histoire de France : ceux qui refusent de vibrer au souvenir du sacre de Reims et ceux qui lisent sans émotion le récit de la fête de la Fédération." Il aurait pu ajouter : ceux qui ne sentent pas quelque chose se lever dans leur cœur avec le soleil d'Austerlitz[15]. » Pierre Nora s'adresse personnellement au président de la République avec véhémence pour condamner une telle reculade et lui suggère avec humour d'aller jusqu'au bout, de déloger Napoléon des Invalides, de le renvoyer en Corse et d'y faire déposer à sa place la tombe de l'esclave inconnu. Manifestement Pierre Nora exprime tout haut ce que pensent tout bas bien des Français de tous bords et il reçoit en cette occasion une salve de félicitations d'amis et de relations plus éloignées qui saluent dans son article l'expression de leur propre sentiment d'indignation : « Je me joins au chœur avec enthousiasme[16] » ; « Bravo pour votre formidable article du *Monde*. C'est un article très beau. Très courageux. Il m'a enthousiasmé. Je suis très heureux qu'il vienne de vous[17] ».

L'association a dû se battre à contre-courant dans ses débuts. Les mises en garde de Pierre Nora contre cette contagion galopante : « Gare à la criminalisation générale du passé ! C'est une forme de suicide collectif[18] » ne sont alors guère entendues. De son côté, le président de l'association, René Rémond, précise le caractère non corporatiste de ce combat pour les libertés : « Le texte demande la liberté pour l'histoire : pas pour les historiens. L'histoire ne leur appartient pas plus qu'aux politiques. Elle est le bien de tous[19]. » Et René Rémond de rappeler qu'en dernière instance c'est le citoyen qui tranche dans la tension entre le pôle mémoriel et le pôle de l'histoire, d'où la nécessité de l'éclairer dans ses choix.

Assez vite, un nombre croissant de politiques vont être à l'écoute et adopter une position plus sage. Certains ont été vite convaincus, comme Hubert Védrine qui était ministre des Affaires étrangères au moment de l'adoption en 2001 de la loi sur le génocide arménien : « J'ai clairement dit que ce n'était pas à l'Assemblée nationale de dire la vérité historique. Elle n'est pas dans son rôle[20]. » Il s'exprime dans ce sens et demande au président Jacques Chirac ce qu'il en pense. Ce dernier acquiesce et Hubert Védrine lui demande alors s'il s'exprimera sur cette question publiquement et s'entend répondre : « Vous avez raison, et vous l'avez exprimé avec une telle justesse qu'il ne faut pas dénaturer le message[21]. » L'exécutif fera donc silence. Le député Bernard Accoyer, déjà convaincu d'engager une réflexion sur la question et devenu président de l'Assemblée nationale, prend la présidence d'une mission d'information sur les questions mémorielles qui a la sagesse d'auditionner devant un aréopage de députés de tous bords des historiens et des intellectuels pour qu'ils donnent leur point de vue. C'est dans ce cadre qu'après Jean Favier, président du Haut Comité des célébrations nationales, Pierre Nora est auditionné le 15 avril 2008 en tant que président de l'association Liberté pour l'histoire. Il rappelle en cette occasion le rôle précurseur joué lors de l'adoption de la loi Gayssot par Madeleine Rebérioux et Pierre Vidal-Naquet qui avaient déjà mis en garde en 1990 contre les dangers que font peser des lois qui garantissent des vérités d'État.

Pierre Nora dénonce la « gayssotisation » qui s'est ensuivie, et qui a vu chaque groupe réclamer sa propre loi mémorielle. Il dénonce le péché d'anachronisme que Lucien Febvre considérait comme irrémissible et qui conduit à ce que la loi Taubira permette de poursuivre des gens sur des faits remontant à plus de trois siècles. Il s'agit là d'une dérive législative dangereuse : « Si la France doit s'ériger en procureur de son propre passé et en juge de la conscience universelle, allons-y gaiement aussi avec les Indiens d'Amérique ! La "pan-diabolisation" de l'Histoire est très grave et doit s'arrêter[22]. » Il souligne que si le pouvoir politique est dans son rôle en intervenant sur le terrain de la symbolique en histoire, ce doit être par le biais non de la loi, mais de déclarations, de commémorations, d'hommages. Cette intervention donne lieu à un courtois mais ferme échange avec la députée Christiane Taubira, membre de la commission qui voit dans la polémique suscitée par les thèses de Pétré-Grenouilleau non un danger mais l'occasion d'une « belle fortune commerciale » de l'ouvrage incriminé, et d'accuser Pierre Nora d'avoir totalement occulté la colonisation dans *Les Lieux de mémoire*.

Face au feu roulant des historiens venus mettre en garde les parlementaires devant les graves risques de dérive, la commission a finalement adopté un rapport qui incite à ne plus emprunter la voie législative en matière de mémoire. Le président de la commission, Bernard Accoyer, envoyant le rapport à Pierre Nora le remercie de l'avoir éclairé sur ce dossier sensible : « C'est grâce à lui (Pierre Nora) qu'il a pris conscience de la portée dangereuse des lois mémorielles et qu'il a finalement pu obtenir à l'unanimité des membres de la mission, c'est-à-dire de la part des députés et de tous les membres politiques de la mission, des conclusions heureuses pour mettre un terme à cette dérive[23]. »

On peut donc considérer que la bataille est, temporairement au moins, gagnée au plan national. Mais les enjeux se sont immédiatement déplacés au plan européen avec la décision-cadre du Conseil des ministres européens d'avril 2007 qui institue à l'échelle de l'Union européenne des délits nouveaux qui risquent de porter atteinte à la libre recherche historique. Cette décision-cadre instaure, pour tous les génocides, le délit de « banalisation grossière » passible de peines d'emprisonnement, quelles que soient, sauf dérogations particulières, l'époque des crimes en cause et l'autorité qui les a considérés comme établis. L'association Liberté pour l'histoire décide alors de changer d'échelle, et à l'occasion des rendez-vous de l'histoire de Blois de 2008, dont le thème est l'Europe, elle lance l'appel de Blois par lequel elle s'adresse aux responsables politiques. Le lancement de cet appel a été minutieusement préparé par l'association, et son président Pierre Nora a fait encore une fois jouer ses réseaux pour obtenir un engagement des historiens à l'échelle internationale. Ainsi, les premiers signataires de cet appel attestent l'internationalisation du problème des rapports entre lois et mémoire. Pierre Nora est aidé de très près par son collaborateur chez Gallimard, coopté membre du bureau de l'association, Olivier Salvatori : «Je le vois fonctionner là dans un tout autre contexte, un autre réseau, plus restreint. Il se donne des objectifs limités, alors que l'association est sollicitée de toutes parts, sommée d'intervenir en tous sens. Il n'en fait rien, ayant une grande capacité à cerner les enjeux et à s'y tenir[24]. »

En cette occasion d'appel international, Pierre Nora et Françoise Chandernagor publient un petit livre manifeste pour la défense de la liberté de l'histoire[25]. L'axe du combat s'est donc déplacé au plan européen, d'autant que, comme le fait remarquer l'historien italien Luigi Cajani qui a enquêté au plan international, si des pays comme la France ou l'Allemagne suggèrent des annexes à la décision-cadre, qui doit être impérativement adoptée par tous les pays de l'Union le 28 novembre 2010, pour en atténuer les contraintes, d'autres pays vont au contraire dans le sens inverse et proposent des options qui en rajoutent sur la portée de l'encadrement européen de la mémoire comme la Lettonie qui entend inclure la poursuite des crimes totalitaires commis par le communisme ou encore la Pologne qui veut poursuivre quiconque parlerait de «camps polonais» pendant la Seconde Guerre mondiale au lieu de «camps allemands en Pologne».

Au plan national, si la sensibilisation orchestrée a permis une accalmie, les empiètements sur l'histoire n'ont pas disparu pour autant, et se sont déplacés du terrain législatif au terrain éducatif. C'est ainsi qu'à l'automne 2008 le ministre de l'Éducation nationale, Xavier Darcos, auditionné par la commission Accoyer, s'interrogeant à haute voix sur le contenu de l'enseignement de l'histoire, suggère : «Est-ce qu'il ne faudrait pas, une bonne fois pour toutes, que ce que nous considérons comme devant être enseigné aux élèves soit prescrit par la représentation nationale ?» Xavier Darcos intervenant dans ce contexte sur un ton prescriptif en tant que ministre de l'Éducation nationale ne pouvait que susciter quelque émoi. Pierre Nora prend sa plume comme président de Liberté pour l'histoire et écrit au ministre pour lui demander des précisions sur ce qu'il entend faire. Ce dernier lui répond en minorant la portée de ses propos nés d'un vif échange avec Christian Vanneste : «Il n'entre nullement dans mes intentions de demander au Parlement de se substituer à la communauté des historiens pour définir le contenu des programmes d'histoire enseignés dans nos écoles et encore moins des interprétations qui doivent en être retirées[26].»

Par ailleurs, se multiplient les instrumentalisations de l'histoire par le président Nicolas Sarkozy sous forme d'injonctions directes aux enseignants, comme à propos de la lecture imposée de la lettre de Guy Môquet dans toutes les classes du pays, ou encore avec sa proposition de confier à chaque élève de CM2 la «mémoire» d'un des 11 500 enfants juifs de France victimes de la Shoah. Pierre Nora réagit vivement à cette dernière proposition sur France Info, dénonçant le caractère «contraignant de l'injonction de mémoire» et ajoutant que «le plus choquant» est que cela relève d'une initiative personnelle d'un président agissant sans aucune concertation. En outre, Pierre Nora se dit choqué par une mesure qui a été présentée par Nicolas Sarkozy à l'occasion du dîner du Conseil représentatif des institutions juives de France (CRIF), comme une sorte de cadeau à la communauté juive, faisant suite à «un cadeau aux catholiques à Saint-Jean-de-Latran et à un cadeau aux musulmans à Riyad».

En 2009, le front de résistance aux encadrements législatifs de l'histoire s'est déplacé du côté de la Russie où des initiatives particulièrement inquiétantes ont été prises. Le 6 mai 2009, pour la première fois, un projet de loi mémorielle est soumis à la Douma par le groupe de députés qui soutient le pouvoir en place. Il prévoit une modification du Code pénal dans l'intention de réprimer toute fausse présentation des décisions du tribunal de Nuremberg et toute velléité de présenter comme criminelles les actions de la coalition antihitlérienne. Ce qui est en jeu pour le pouvoir russe est de mieux encadrer la transmission d'une histoire nationale qui est en proie à des contestations de plus en plus virulentes de la part d'un certain nombre de nationalités qui ont particulièrement souffert sous l'ère stalinienne. C'est le cas, entre autres, des peuples des pays Baltes.

L'historien Nikolay Koposov, très engagé contre cette nouvelle atteinte aux libertés, rappelle que ce désir d'encadrer la mémoire remonte au conflit russo-estonien d'avril 2007, « consécutif au déplacement du monument de bronze "au soldat inconnu" du centre de Tallinn vers un cimetière militaire. L'opinion publique russe a réagi à ce déménagement d'une manière extrêmement brutale[27] ». Le 28 mai 2009, Nikolay Koposov alerte Pierre Nora en tant que président de Liberté pour l'histoire pour le prévenir de cette nouvelle menace qui pèse sur les historiens avec ce projet de loi mémorielle et des protestations qu'il suscite. Pierre Nora se porte immédiatement à ses côtés et lui répond le jour même : « Je tiens à m'associer personnellement à votre démarche de protestation et à vous assurer de la solidarité de notre association dans votre combat pour la liberté de recherche et d'expression en histoire[28]. » Dmitri Medvedev, le nouveau président de la Fédération russe, a signé en mai 2009 un décret sur la création d'une commission de lutte contre les falsifications de l'histoire, pour l'essentiel composée de hauts fonctionnaires. En octobre 2009, c'est un historien qui est arrêté pour ses recherches sur l'ère stalinienne, Mikhail Suprun, risquant quelque quatre années de prison pour son enquête sur le sort des Allemands emprisonnés en URSS pendant la guerre. La menace est donc sérieuse et mobilise la communauté internationale. Les associations d'historiens aux États-Unis et en Italie ont envoyé des lettres de protestation au président russe. Prenant connaissance de ces protestations, Pierre Nora s'associe pleinement au mouvement et notamment aux démarches d'Arnita Jones, présidente de l'American Historical Association, et de William Taubman, président de l'American Association for the Advancement of Slavic Studies auprès de Medvedev.

C'est dans ce contexte qu'au début de février 2010 Pierre Nora, invité en tant que président de Liberté pour l'histoire à une table ronde à Moscou organisée par le Centre franco-russe sur les problèmes mémoriels, prend conscience qu'à l'Est le problème se pose différemment qu'à l'Ouest, et avec une acuité beaucoup plus grande : « Le simple mot de liberté est encore chargé d'un sens presque dissident en Russie. On y est presque accueillis comme des héros de la liberté, mais ce qui m'a frappé, c'est l'extrême liberté de parole[29]. » Les historiens russes ont emmené Pierre Nora dans certaines grandes librairies de Moscou pour lui faire remarquer l'importance des publications sur le nazisme dont certaines ne se révèlent pas vraiment hostiles et sont souvent proches des thèses négationnistes. Il a pu constater aussi à quel point en Russie, comme dans toutes les républiques de l'ancienne URSS, les historiens sont directement requis par le pouvoir pour l'élaboration des manuels scolaires qui doivent refléter l'histoire officielle. Le combat des historiens russes est à fronts renversés par rapport à la situation française : « Nous avons eu à lutter contre des lois qui consistaient à défendre des victimes de l'histoire. Eux non, c'est la version officielle de l'État qui veut s'imposer. Ici, on luttait contre des lois qui divisaient la mémoire collective ; eux s'opposent à des lois qui unifient la mémoire collective[30]. »

À l'écart du débat/déballage lancé par Éric Besson sur l'identité nationale, Pierre Nora intervient sur le thème de l'identité française qui a été l'interrogation constante de toute sa vie et une fois encore il réaffirme la nécessité de la fonction historienne dans une situation de crise au cours de laquelle cette dernière est frontalement remise en question[31]. Dans cette contribution fondamentale, en historien, il éclaire la généalogie de l'identité française, ses caractères originaux constitués, à ses yeux, par un certain nombre de traits comme l'ancienneté, la continuité, la place de l'État, le poids exceptionnel de l'histoire, le transfert de sacralité dont elle est l'objet, mais aussi ses forces d'éclatement, de division qui ont fortement contribué, paradoxalement, à construire de l'unité. La grande césure de la Révolution française se trouve en position de rupture instauratrice dans ce jeu d'une identité en quête indéfinie d'une unité perdue dans une dynamique de l'affrontement entre amis et ennemis. La césure révolutionnaire a contribué à donner à l'histoire une position majeure dans le souci de l'assimilation de ses acquis et de leur consolidation dans une temporalité plus ancienne, dans une inspiration quasi intemporelle qui fonde le caractère universel de son message. Elle aura alimenté, du fait de son esprit messianique, une permanence du phénomène de guerre chez une République née dans le climat de la « patrie en danger », mais qui portera son message au loin à l'épreuve du feu.

Ce modèle national a subi depuis quarante ans plusieurs secousses telluriques et s'en trouve irréversiblement ébranlé, ne serait-ce que parce que la violence militaire a été fondamentalement expulsée de la vie de la nation et qu'on ne meurt plus pour la patrie, mais à cause d'elle. La France s'en est trouvée réduite à son pré carré hexagonal et a dû réinvestir ses rêves missionnaires sur une construction européenne qui entame nombre de prérogatives de l'État national. Le modèle national énoncé par Ernest Renan a vu son unité éclater avec l'explosion des minorités en quête de reconnaissance de leur identité. Il en résulte, selon Pierre Nora, une autre forme d'identité nationale, celle de l'identité démocratique de la France qui « consiste dans ce passage à une conscience de soi plus sociale que politique, plus mémorielle qu'historique, plus patrimoniale que nationale[32] ».

Face à cette confusion croissante, Pierre Nora reprend son bâton de pèlerin, défendant encore une fois avec une grande fermeté le bien-fondé de l'approche historique. Il ne s'agit pourtant pas de s'enfermer dans la conception d'une histoire-bunker résistant aux assauts répétés des vagues/vogues mémorielles, mais de défendre la légitimité et la fécondité d'une approche historienne renouvelée par cette ère des identités plurielles, par cette « tyrannie » du mémoriel. Cela passe par le refus de considérer qu'en une société des identités l'historien ne serait qu'un des militants, parmi bien d'autres, de la mémoire. La prise en considération de ces demandes de reconnaissance mémorielle ne peut être relayée que par deux instances d'arbitrage : le pouvoir politique dans l'immédiat ; l'historien dans le temps et la durée qu'il entend exprimer. Lourde responsabilité pour l'historien qui doit à la fois rendre compte de sa contemporanéité, écrire sous la surveillance des vivants et en même temps résister aux facilités du présentisme, car « on se demande ce qui le qualifierait comme historien s'il ne cherchait, précisément, à se détacher des pressions du présent et à prendre de la hauteur, sa forme à lui de regard "éloigné"[33] ».

CONCLUSION

Le moment Nora

Qui aurait pu imaginer qu'un jour je me lancerais avec passion dans une biographie intellectuelle de Pierre Nora ? Pas moi en tout cas, et certainement pas lui non plus, ni en général la confrérie historienne. Lorsque je publiai *L'Histoire en miettes* en 1987, j'avais pour thèse adverse à démonter la déconstruction de la discipline historique qu'il incarnait alors avec sa notion d'éclatement portée comme l'étendard de la nouvelle histoire dans sa « Bibliothèque des histoires » chez Gallimard. Si je pressentais bien que c'était là et pas ailleurs que se trouvait la pensée en histoire, j'étais persuadé qu'il y avait un sens de l'histoire dont il convenait d'accélérer le rythme, tâche dévolue à chaque génération, et dont l'historien devait dévoiler le moteur. La référence actuelle à la notion de sens n'a plus la même signification. Elle entend exprimer le fait que l'agir et le dire humains sont porteurs d'un sens émergeant dont les sciences humaines ont à rendre compte. Cela ne présuppose aucun *telos*, mais une approche herméneutique de l'autre dans l'espace et dans le temps. Je pensais appartenir à une génération qui n'avait pas eu à faire de deuil – ce qui a conduit la génération précédente, celle de l'après-guerre, et parmi elle beaucoup d'historiens passés par le PCF (François Furet, Denis Richet, Jacques Ozouf, Emmanuel Le Roy Ladurie...), à brûler l'objet de leur adoration. Je prends conscience aujourd'hui à quel point ma génération a dû elle aussi réaliser un véritable travail de deuil par rapport à ce qui a constitué pour beaucoup d'entre nous l'identité politique de notre jeunesse, nourrie par une conviction inébranlable en des lendemains qui chantent et consacrant tous nos efforts à faire chanter l'histoire à l'occasion d'un prochain grand soir.

Il a fallu « faire avec » la mort de cette espérance eschatologique au rythme des découvertes de ce qu'elle recouvrait. Ayant eu à vivre des années orphelines et retrouver d'autres voies d'espérance, c'est dans cette recherche d'une autre voie que j'ai découvert que la perspective historiographique ouverte par Pierre Nora était celle d'une quête constante de sens, de reprise réflexive d'un sens toujours instable et lié à l'agir, au présent. Au-delà de l'épistémologie historienne, il y a eu la rencontre avec l'homme et la découverte progressive de ses qualités personnelles, insoupçonnées du public, masquées sous sa réputation de mondain, séduisant mais homme de caste ne dérogeant pas à la règle de l'endogamie et restant confiné dans son milieu privilégié.

Le pur hasard m'a placé un jour dans la situation d'être un des maîtres de conférences de son cours magistral donné en 1995 à Sciences-Po sur l'historiographie en France aux XIXe et XXe siècles. En cette occasion privilégiée, j'ai pu découvrir un homme qui ne correspondait pas du tout à cette image. Derrière l'arrogance et l'assurance supposées, je découvrais un intellectuel anxieux, peu sûr de lui, dans le doute sur lui-même et les autres, jamais assis sur une position de certitude, très à l'écoute, disponible ; autant de traits qui me l'ont rendu tout de suite très sympathique.

Contrairement à ce que l'on peut supposer, il porte un pessimisme de fond et un doute qui est profondément ancré en lui. J'aurai plus tard l'occasion de mesurer à quel point Pierre Nora est foncièrement affectif, attentif à l'autre, doté d'une sensibilité exacerbée, aimable au sens de Sénèque, en particulier lors de la disparition de Paul Ricœur. Il m'enverra en ce moment douloureux une très belle lettre, attestant de cette extrême sensibilité, alors que nous n'étions encore nullement engagés dans quelque élaboration biographique le concernant : « Puisque je ne connais personne de la famille de Paul Ricœur, c'est à vous que je pense spontanément pour partager ma tristesse, qui est réelle. Bien sûr une belle vie et une belle mort. Mais n'empêche. C'était un homme comme on n'en fait plus beaucoup, et il va nous manquer. À vous particulièrement. Au moins lui aurez-vous beaucoup donné, de son vivant[1]. »

Ces qualités, j'en avais eu un avant-goût plus tôt, lorsque s'était révélée à moi la probité de l'honnête homme dans la mesure où, en tant que pourfendeur de ses thèses, il aurait pu légitimement m'inscrire sur la liste noire des interdits de séjour. Tout au contraire, dès 1988, soit un an seulement après la publication de *L'Histoire en miettes*, Pierre Nora m'ouvrait les colonnes de sa revue *Le Débat* pour exprimer mon point de vue sur les *Essais d'ego-histoire*[2]. Plus tard, il consacrera tout un dossier à la publication de mon *Histoire du structuralisme* dans *Le Débat*[3], et plus tard encore il me demandera d'écrire un article à l'occasion du vingtième anniversaire de la revue sur le changement de repères revendiqué par les intellectuels entre 1980 et 2000[4]. Cette ouverture atteste de la part de Pierre Nora une conception de ce qu'est pour lui le débat démocratique, dénué de l'esprit de secte, posture exceptionnelle dans un monde intellectuel français plus souvent familier des exclusives et des anathèmes.

De mon côté, j'évoluais d'un marxisme critique à son deuil progressif et à l'abandon de la téléologie qu'il portait. Ayant réalisé ce travail de deuil grâce à ma plongée dans l'œuvre de Paul Ricœur, je ressentais le désir d'écrire une biographie intellectuelle de Pierre Nora peu après avoir achevé celle consacrée à Paul Ricœur. Au printemps 1999, je lui soumettais un projet dans ce sens : « Votre place centrale dans la vie intellectuelle française en cette seconde moitié du siècle atteste l'intérêt que pourrait revêtir, plus qu'un livre d'entretiens, une véritable biographie intellectuelle qui rende compte de vos multiples activités d'éditeur, d'auteur, d'animateur de revue et de réseaux, de concepteur de projets, de passeur[5]. » J'ajoutais que me lançant alors dans une biographie de Michel de Certeau, rien ne pressait, et que l'on pouvait se donner le temps de la réflexion. Je n'ai pas reçu de réponse de Pierre Nora à cette lettre, mais alors que nous nous retrouvions à un colloque à Québec peu de temps après, il est venu s'assurer auprès de moi que j'avais bien compris son silence. Quand un peu interloqué je lui réponds que je n'ai pas d'explication, il m'explique qu'il est en train de rédiger ses mémoires. Le félicitant de cette excellente et prometteuse initiative, je renonce alors bien évidemment à mon projet.

Quelques années plus tard, Pierre Nora m'informe à la sortie d'un séminaire qu'il ne parvient pas à écrire ses mémoires, ce que je relie alors à un emploi du temps chargé, incompatible avec la solitude nécessaire à leur réalisation, ce qui n'est pas faux, mais tient sans doute aussi à d'autres raisons plus profondes. Ne voyant rien venir, je me permets alors au mois de mai 2008 de revenir à la charge, gardant, sans trop y croire, le secret espoir que cette biographie soit encore réalisable. Quelle ne fut donc pas ma joie d'entendre un jour au téléphone la voix si bien posée de Pierre Nora qui acceptait que l'on se voie pour en étudier la possibilité et pour que l'on s'entende sur un dispositif d'écriture qui promettait de ne pas être simple. C'est ainsi que ce livre est né.

La première question que je posai à Pierre Nora, tout en lui demandant de ne pas répondre tout de suite, était de réagir à l'affirmation de

Jacques Derrida selon laquelle la catégorie de l'avenir est une catégorie juive par excellence. Pierre Nora a la réputation par ses objets de prédilection de faire valoir plutôt le passé, au point d'être devenu au sein de notre République Monsieur commémoration, l'homme par excellence des célébrations, des décorations, et d'une manière de muséographie, de patrimonialisation du passé. Je n'ai pas reposé ma question car mon enquête m'a appris combien derrière ce faux-semblant se lovait le regard toujours vif, toujours en alerte de possibles nouveautés, porté vers l'innovation, récusant systématiquement toute vision passéiste, nostalgique ou mélancolique, prêt même à trahir pour quelque aventure intellectuelle prometteuse.

À chaque étape de son parcours, on retrouve cette tension vers l'avenir, chemin non tracé justifiant d'accepter des expérimentations des plus inédites. Pierre Nora reste en alerte et sensible à l'événement dans sa force d'ébranlement, comme capacité d'ouverture à un monde nouveau. L'événement par définition est tout entier porté vers le devenir, à partir de la faille qu'il constitue entre passé et avenir : « Il semble que les événements soient plus vastes que le moment où ils ont lieu et ne peuvent y tenir tout entiers », écrit Proust[6]. Le sens d'une rencontre importante ou d'une décision majeure ne se révèle d'ailleurs que dans un après-coup : « Personne ne fait l'histoire, on ne la voit pas, pas plus qu'on ne voit l'herbe pousser[7]. » Ce retard, cet écart temporel, cette différ*a*nce comme l'appelait Derrida, dans le sens de différer, n'est pas un trait supplémentaire de l'événement, il est sa nature même. Et ce retour de l'événement est analysé par Pierre Nora dès 1972, lors même que toute l'historiographie dominante de l'époque lui tourne le dos.

Plus tard, la liaison qu'il entreprend entre histoire et mémoire se donne pour horizon d'en saisir les métamorphoses de sens, et Pierre Nora peut être rapproché de Charles Péguy dans sa volonté de conserver du vif, du vivant dans ce qui est passé. On retrouve même, dans ce rapprochement avec Péguy, l'affaire Dreyfus qui a tant marqué Péguy dans sa résistance à la fossilisation de l'événement pratiquée par l'école dominante chez les historiens, mais qui a aussi marqué la famille Nora en la personne du père de Pierre Nora, Gaston, qui l'a vécu difficilement en tant qu'enfant juif. Péguy dénonce la pratique de refroidissement des historiens de métier qui s'efforcent de penser « l'affaire » en la rangeant dans un passé définitivement forclos, tout en pansant les plaies. Au contraire, la mémoire continue à faire vivre cette affaire, à transmettre son sens, à scruter son secret, et à élever une protestation contre les responsables politiques qui auront réussi prématurément à transformer les citoyens actifs en historiens passifs : « Ils nous ont fait perdre *le goût* de l'affaire Dreyfus[8]. »

Bergson a lui aussi avancé une conception du temps très novatrice qui peut être rapprochée de la problématique des *Lieux de mémoire* de Pierre Nora. Elle est fondée sur la conception d'un passé « contemporain » du présent qu'il a été. Il en résulte que le passé n'est jamais vraiment révolu et persiste dans le présent dont il n'est pas dissociable. Il y a un paradoxe de la contemporanéité du passé qui tient à l'incarnation du souvenir dans une image-souvenir qui ne peut se projeter dans son propre présent dont il est contemporain, mais seulement en fonction du nouveau présent qui le tient pour passé. Bergson délinéarise la chronologie, suggérant une logique qui ne soit pas simplement consécutive, intriquant passé et présent grâce à la prise en considération du dédoublement du présent : « Il se dédouble à tout instant, dans son jaillissement même, en deux jets symétriques, dont l'un retombe vers le passé tandis que l'autre s'élance vers l'avenir[9]. »

On retrouve la même attention au nouveau, à la création dans la philosophie vitaliste d'un Bergson et dans la démarche intellectuelle de Pierre Nora. Ce qui compte est l'acte en train de s'effectuer, le processus en cours, libérant des devenirs : « Il y a *plus* dans un mouvement que dans les positions successives attribuées au mobile, *plus* dans un devenir que dans les formes traversées tour à tour[10]. » Dans ce processus qui est l'élan de la vie même se conjuguent à la fois la matière qui représente le pôle de la nécessité et la conscience qui est le pôle de la liberté.

La disponibilité de Pierre Nora à l'événement, à l'actualité, à ce qui bouge, lui aura permis de traduire en historien les enjeux majeurs de son temps, d'être pleinement le contemporain du présent. On peut donc parler d'un « moment Nora » de la vie intellectuelle française de la même manière que l'on peut parler dans le passé d'un « moment Michelet » ou d'un « moment Lavisse » pour reprendre la généalogie d'une filiation d'historiens consacrés.

Ce moment est caractérisé par l'âge d'or des sciences humaines que Pierre Nora a orchestré, ayant eu la chance d'arriver chez Gallimard au moment même de l'explosion des sciences humaines au milieu des années 1960. C'est aussi le triomphe de ce que l'on a appelé la nouvelle histoire qui trouve en Pierre Nora celui qui, avec d'autres, en a assuré le rayonnement exceptionnel dans la décennie suivante, celle des années 1970.

Pourtant cette adéquation qui semble sans faille entre Pierre Nora et ce qu'il a incarné est animée par un sentiment d'incomplétude de l'écrivain qu'il était destiné à être et qui reste sans œuvre personnelle, dont l'essentiel du temps aura été consacré à l'élaboration et à la diffusion des œuvres des autres. Telle est l'énigme essentielle de ce parcours, qui reste non résolue. Pierre Nora se sera nourri toute sa vie des autres avec d'autant plus d'intensité qu'il semble que la confrontation avec la solitude de l'écrivain lui soit difficile, éprouvante à affronter de par l'intensité d'une tension qu'il ressent au plus profond, qui le taraude et que le choix de consacrer sa vie à l'histoire a, sinon résolue, du moins atténuée.

En même temps on peut penser que ce « moment Nora » aura joué contre Pierre Nora lui-même dans la mesure où il aura été à ce point absorbé par les exigences de cette conjoncture intellectuelle qu'il aura dû renoncer à sa vocation première d'écrivain, et donc abandonner toute idée de faire œuvre au sens traditionnel. Au regard des promesses de sa jeunesse, peut-on alors parler d'un certain échec personnel ? Tout son parcours et ses réalisations si nombreuses démontrent le contraire avec éclat. Il aura été un accoucheur d'exception de l'œuvre des autres, et loin de se contenter que l'on vienne à lui, il aura joué un rôle majeur qui est en soi une œuvre monumentale, plus fondamentale que bien des œuvres personnelles.

Il aura sur ce plan fait valoir une conception de la fonction de l'éditeur comme celle d'un vrai créateur, d'un auteur soucieux d'une certaine cohérence dans la mise en scène de la pluralité. Il aura par ailleurs, inconsciemment, résolu sa tension entre l'intellectuel juif qu'il est et l'historien spécialiste de l'histoire nationale qu'il est devenu en élaborant un agencement particulièrement subtil entre histoire et mémoire, introduisant un nouveau paradigme historique et initiant une nouvelle manière d'écrire l'histoire. Si une œuvre est une œuvre lorsqu'elle met au travail, et lorsqu'elle permet des rebonds, des ricochets à la surface de l'eau, Pierre Nora a bien fait œuvre, au-delà de ce que pouvaient pressentir ses proches lorsqu'il n'était qu'une jeune pousse prometteuse.

Il incarne un grand moment, particulièrement fécond, de la vie intellectuelle française. Mais ce moment revêt une fragilité qui tient au fait que Pierre Nora a quelque peu délaissé la question posée par la relève générationnelle de son héritage. Pour ne prendre que l'exemple significatif de sa revue, *Le Débat*, sa direction, restée immuable depuis trente ans, est entre les mains de trois intellectuels de grand talent mais qui ont respectivement soixante-dix-neuf, soixante-quinze et soixante-trois ans, ce qui fait dire avec humour à Krzysztof Pomian que le trio qui anime la revue risque de se transformer en « clinique gériatrique[11] ». Pierre Nora ayant fait don de sa personne à l'histoire, il était logique qu'un historien lui en manifeste quelque reconnaissance. Maître d'œuvre, il aura fait de sa vie une œuvre.

Il se sera fait une certaine idée de l'édition dont il a bien conscience qu'elle est en train de prendre l'eau. Il se présente sur ce plan comme « un des derniers dinosaures », ce qui est « à la fois déprimant et exaltant : les espèces en voie de disparition ont la valeur des choses rares. Et puis je ne peux pas m'empêcher de penser qu'il y en aura toujours quelques-uns pour prendre le relais. Ces "quelques-uns", par qui, comme disait Gide, "le monde sera sauvé"[12] ».

Notes

Avant-propos

1. Marie-Laure Delorme, «Pierre Nora entre l'ombre et la lumière», *Le Journal du dimanche*, 4 janvier 1998.
2. Maurice Clavel, *Le Nouvel Observateur*, 27 septembre 1976.
3. Plutarque, *Vies parallèles*, «Vie d'Alcibiade», tome 1, GF-Flammarion, 1995, p. 193.
4. Jules Michelet, préface à *L'Histoire de France*, dans *Œuvres complètes*, tome IV, éd. établie par Paul Viallaneix, Flammarion, 1974, p. 14.

I. GUERRE ET PAIX

1. Une famille de miraculés

1. Jean-Pierre Franck, entretien avec l'auteur.
2. *Ibid.*
3. Pierre Nora, entretien avec l'auteur.
4. *Ibid.*
5. Jacqueline Nora, entretien avec l'auteur.
6. *Ibid.*
7. Jérôme Garcin, *Pour Jean Prévost*, Gallimard, 1994, p. 152.
8. Simon Nora, préface à Jean Prévost, *Derniers poèmes*, Gallimard, 1990, p. 10.
9. Jérôme Garcin, *Pour Jean Prévost*, *op. cit.*, p. 151.
10. Simon Nora, propos cités par Jérôme Garcin, *ibid.*, p. 153.
11. Jérôme Garcin, *Pour Jean Prévost*, *op. cit.*, 1994, p. 154.
12. Pierre Nora, entretien avec l'auteur.
13. *Ibid.*
14. Jacqueline Nora, entretien avec l'auteur.
15. Pierre Nora, entretien avec l'auteur.
16. Jacqueline Nora, entretien avec l'auteur.
17. Robert Debré, *L'Honneur de vivre*, Stock/Hermann, 1974, p. 221.
18. Laurent Joly, *Xavier Vallat. Du nationalisme chrétien à l'antisémitisme d'État. 1891-1972*, Grasset, 2001, p. 92.
19. Michel Laffitte, *Juif dans la France allemande*, Tallandier, 2006, p. 54.
20. Robert Debré, *L'Honneur de vivre*, *op. cit.*, p. 221.
21. *Ibid.*, p. 221.
22. Xavier Vallat, interpellation à la Chambre des députés, 6 juin 1936, dans Louis Bodin, Jean Touchard, *Front populaire 1936*, coll. «Kiosque», Armand Colin, 1961, p. 200.
23. Déposition de Gaston Nora le 5 décembre 1947, citée par Laurent Joly, *Xavier Vallat. Du nationalisme chrétien à l'antisémitisme d'État. 1891-1972*, *op. cit.*, p. 380.
24. Xavier Vallat, cité par Laurent Joly, *ibid.*, p. 381.
25. Pierre Nora, entretien avec l'auteur.
26. *Ibid.*
27. Jacqueline Nora, entretien avec l'auteur.
28. Annette Becker, entretien avec l'auteur.
29. Jean-Jacques Becker, *Un soir de l'été 42... souvenirs d'un historien*, Larousse, 2009, p. 19.
30. Philippe E. Landau, *Les Juifs en France et la Grande Guerre*, CNRS éditions, 1999, p. 10-11.
31. Marie-Pierre de Cossé Brissac, entretien avec l'auteur.
32. *Ibid.*
33. Pierre Nora, entretien avec l'auteur.
34. Jacqueline Nora, entretien avec l'auteur.
35. *Ibid.*
36. Annette Lindon, entretien avec l'auteur.
37. Jacqueline Nora, entretien avec l'auteur.
38. *Ibid.*
39. *Ibid.*
40. Annette Lindon, entretien avec l'auteur.
41. *Ibid.*
42. Jacqueline Nora, entretien avec l'auteur.
43. *Ibid.*
44. Marie-Pierre de Cossé Brissac, entretien avec l'auteur.
45. Marie-Pierre de Cossé Brissac, *Mémoires d'automne*, Fayard, 2009, p. 106.

46. *Ibid.*, p. 111.
47. Léone Nora, entretien avec l'auteur.
48. Jean-William Dereymez (dir.), *Le Refuge et le Piège : les Juifs dans les Alpes (1938-1945)*, L'Harmattan, 2008.
49. Propos de Julie Nora, cités par Anne-Marie Chimènes, entretien avec l'auteur.
50. Anne-Marie Chimènes, entretien avec l'auteur.
51. Information reprise dans Jean-William Dereymez (dir.), *Le Refuge et le Piège : les Juifs dans les Alpes (1938-1945)*, *op. cit.*, p. 124.
52. Annette Lindon, entretien avec l'auteur.
53. *Ibid.*
54. Jean-Marcel Jeanneney, entretien avec l'auteur.
55. Jean-Noël Jeanneney, entretien avec l'auteur.
56. Jean-Marcel Jeanneney, entretien avec l'auteur.
57. Pierre Nora, entretien avec l'auteur.
58. *Ibid.*
59. Didier Franck, entretien avec l'auteur.
60. Jean-Marcel Jeanneney, entretien avec l'auteur.
61. *Ibid.*
62. Pierre Nora, lettre au président de la République Jacques Chirac, 28 janvier 2007, archives Pierre Nora.
63. Jean-Noël Jeanneney, entretien avec l'auteur.

2. Un après-guerre décalé : les copains d'abord

1. Pierre Vidal-Naquet, *Mémoires. 1. La Brisure et l'Attente (1930-1955)*, Seuil, coll. «Points», p. 96.
2. *Ibid.*, p. 185.
3. Pierre Vidal-Naquet, *Mémoires. 1. La Brisure et l'Attente (1930-1955)*, *op. cit.*, p. 230.
4. «Situation», *Imprudence*, p. 3.
5. *Ibid.*
6. *Ibid.*
7. Noël Alexandre, «La rivière coule aussi la nuit», *Imprudence*, n° 2, 1948, cité par Pierre Vidal-Naquet, *Mémoires. 1. La Brisure et l'Attente (1930-1955)*, *op. cit.*, p. 232-233.
8. Pierre Vidal-Naquet, «L'engagement de l'historien», cité par Robert Franck, *Écrire l'histoire du temps présent*, CNRS, 1993, p. 385.
9. Pierre Vidal-Naquet, *Mémoires. 1. La Brisure et l'Attente (1930-1955)*, *op. cit.*, p. 235.
10. Paul Éluard, cité par Laurent Greilsamer, *L'Éclair au front. La vie de René Char*, Fayard, 2004, p. 219.
11. René Char, lettre à Pierre Nora, 18 juin 1948, citée par Pierre Vidal-Naquet, *Mémoires. 1. La Brisure et l'Attente (1930-1955)*, *op. cit.*, p. 235.
12. René Char, lettre à Pierre Vidal-Naquet, *ibid.*, p. 236.
13. *Imprudence*, n° 3, p. 66.
14. Pierre Nora, «Pierre à bâtir», *ibid.*, p. 83.
15. Laurent Greilsamer, *L'Éclair au front. La vie de René Char*, *op. cit.*, p. 239.
16. Pierre Nora, «Nouveaux chemins de la connaissance», émission de Raphaël Enthoven, *France Culture*, 10-14 mars 2008.
17. Pierre Nora, «Nouveaux chemins de la connaissance», émission de Raphaël Enthoven, *op. cit.*
18. René Char, «Un feu dans le bocage aride», *Le Débat*, n° 14, juillet-août 1981 ; «Les voisinages de Van Gogh. Extraits», *Le Débat*, n° 34, mars 1985.
19. René Char, lettre à Pierre Nora, 22 décembre 1972, archives Pierre Nora.
20. Jacques Guicharnaud, *Molière, une aventure théâtrale*, Gallimard, 1964.
21. J.-B. Pontalis, entretien avec l'auteur.
22. *Ibid.*
23. Pierre Nora, discours de remise de la grande médaille de Vermeil de la Ville de Paris, 1er octobre 2007.
24. J.-B. Pontalis, entretien avec l'auteur.
25. Olivier Philipponnat, Patrick Lienhardt, *Roger Stéphane, biographie*, Grasset, 2004, p. 438.
26. Pierre Nora, entretien avec l'auteur.
27. Roger Stéphane, *Parce que c'était lui*, La Table Ronde, 1953.
28. André Fermigier, lettre à Pierre Nora, juillet 1947, archives Pierre Nora.
29. André Fermigier, lettre à Pierre Nora, 28 août 1947, archives Pierre Nora.
30. *Ibid.*
31. André Fermigier, lettre à Pierre Nora, 8 mai 1948 ou 1949, archives Pierre Nora.
32. André Fermigier, lettre à Pierre Nora, 8 mars 1953, archives Pierre Nora.
33. André Fermigier, lettre à Pierre Nora, 21 mars 1953, archives Pierre Nora.
34. Pierre Nora, «Les colères de Fermigier», *Le Nouvel Observateur*, 20-26 mai 1988.
35. Pierre Nora, lettre à André Fermigier, 28 novembre 1980, archives Gallimard.
36. André Fermigier, *La Bataille de Paris*, Gallimard, 1991.
37. André Fermigier, *Chroniques d'humeur*, Gallimard, 1991.
38. André Fermigier, *La Bonne et la Mauvaise Peinture*, Gallimard, 2002.
39. André Fermigier, cité par Pierre Nora, «Nouveaux chemins de la connaissance», émission de Raphaël Enthoven, *op. cit.*
40. Jean-François Revel, *Sur Proust : Remarques sur* À la recherche du temps perdu, Julliard, 1960.
41. Pierre Nora, «Nouveaux chemins de la connaissance», émission de Raphaël Enthoven, *op. cit.*

42. Jean-François Revel, *Mémoires. Le Voleur dans la maison vide*, Plon, 1997, p. 276.

43. Jean-François Revel, *Le Style du Général*, Julliard, 1959, cité par Pierre Nora, dans Raphaël Enthoven, « Les nouveaux chemins de la connaissance », *France Culture*, 10-14 mars 2008.

44. Pierre Nora, « Pour Jean-François », hommage le 5 mai 2006, repris dans *Commentaire*, « Le courage du bon sens », n° 116, vol. 29, hiver 2006-2007, p. 1031.

45. Pierre Nora, « Le courage du bon sens », *Commentaire*, *ibid.*, p. 1032.

46. Jean-François Revel, *Mémoires. Le Voleur dans la maison vide*, *op. cit.*, p. 327.

47. *Ibid.*, p. 327.

48. Pierre Nora, lettre à Jean-François Revel, archives du fonds Jean-François Revel, « Manuscrits » de la Bibliothèque nationale.

49. Jean-François Revel, *La Tentation totalitaire*, Robert Laffont, 1986.

50. Pierre Nora, lettre à Jean-François Revel, 1986, archives du fonds Jean-François Revel, « Manuscrits » de la Bibliothèque nationale.

51. Jean-François Revel, *Mémoires. Le Voleur dans la maison vide*, *op. cit.*, p. 295.

52. Jean-François Revel, lettre à Pierre Nora, 7 octobre 1962, archives Pierre Nora.

53. Jean-François Revel, lettre à Pierre Nora, 10 mars 1963, archives Pierre Nora.

54. Jean-François Revel, lettre à André Fermigier, non datée, archives Pierre Nora.

3. Un destin contrarié

1. Pierre Nora, « Histoires d'historiens », entretien avec Marc Riglet, 1. Égo-histoire, DVD/INA, 2001.

2. Pierre Nora, « Lieux et milieux. Khâgne 1950 », *Le Débat*, n° 3, juillet-août 1980, p. 88-101.

3. *Ibid.*, p. 89.

4. Jean-François Revel, *Mémoires. Le Voleur dans la maison vide*, *op. cit.*, p. 277.

5. Benoît Peeters, *Derrida*, Flammarion, 2010, p. 54.

6. Louis Martinez, entretien avec l'auteur.

7. Paul Viallaneix, entretien avec l'auteur.

8. Pierre Nora, « Lieux et milieux. Khâgne 1950 », *op. cit.*, p. 89.

9. *Ibid.*, p. 89-90.

10. *Ibid.*, p. 93-94.

11. Jean-François Revel, *Pourquoi des philosophes ?*, Julliard, 1957.

12. Pierre Nora (dir.), *Les Lieux de mémoire*, tome 2, *La Nation*, volume 3, Gallimard, 1986, p. 617.

13. Pierre Nora, entretien avec l'auteur.

14. Jérôme Garcin, *La Chute de cheval*, Gallimard, 1998.

15. Pierre Nora, lettre à Jérôme Garcin, 16 février 1998, communiquée par Jérôme Garcin.

16. Pierre Nora, Hommage à Philippe Garcin, 1973.

17. Pierre Nora, lettre à Philippe Garcin, le 22 mai 1951, communiquée par Jérôme Garcin.

18. Allusion à son neveu, Olivier Nora, fils de son frère Simon.

19. Pierre Nora, lettre à Jérôme Garcin, 27 juillet 1976, communiquée par Jérôme Garcin.

20. Pierre Nora, entretien avec l'auteur.

21. Jean-François Revel, *Mémoires. Le Voleur dans la maison vide*, *op. cit.*, p. 277.

22. Antoine Prost, entretien avec l'auteur.

23. Pierre Nora, entretien avec l'auteur.

24. *Ibid.*

25. *Ibid.*

26. *Ibid.*

27. Jean-François Revel, lettre à Pierre Nora, septembre 1958, archives Pierre Nora.

28. André Fermigier, lettre à Pierre Nora, 15 août 1958, archives Pierre Nora.

29. Pierre Vidal-Naquet, *L'Histoire est mon combat*, entretiens avec Dominique Bourel et Hélène Monsacré, Albin Michel, 2006, p. 28.

4. Un essai qui est un coup de maître : 1961

1. Jean Cohen, *Structures du langage poétique*, Flammarion, 1966.

2. Georges Devallet, entretien avec l'auteur.

3. Jean Montoya, entretien avec l'auteur.

4. *Ibid.*

5. Évelyne Dahan, entretien avec l'auteur.

6. Frédéric Grasset, entretien avec l'auteur.

7. Michelle Laurent, lettre à Pierre Nora, 13 juin 2001, archives Pierre Nora.

8. Frédéric Grasset, entretien avec l'auteur.

9. Évelyne Dahan, entretien avec l'auteur.

10. Frédéric Grasset, entretien avec l'auteur.

11. Marc Ferro, entretien avec l'auteur.

12. Frédéric Grasset, entretien avec l'auteur.

13. Louis Martinez, entretien avec l'auteur.

14. Pierre Nora, entretien avec l'auteur.

15. Pierre Nora, *Les Français d'Algérie*, Julliard, 1961, p. 53-54.

16. *Ibid.*, p. 158.

17. Voir historique de la fondation Thiers, Pascal Ory, « Le premier siècle de la fondation Thiers », *Annuaire de la Fondation*, 1993, numéro à l'occasion du centenaire.

18. Pascal Ory, entretien avec l'auteur.

19. Pascal Ory, « Le premier siècle de la fondation Thiers », *op. cit.*

20. Pierre Nora, « J'étais professeur en Algérie », *France Observateur*, 27 octobre 1960.

21. *Ibid.*

22. *Ibid.*

23. *Ibid.*

24. Jean-Jacques Servan-Schreiber, *Lieutenant en Algérie*, Julliard, 1957.

25. Henri Alleg, *La Question*, Minuit, 1958.

26. Pierre Vidal-Naquet, *L'Affaire Audin*, Minuit, 1958.
27. Frantz Fanon, *L'An V de la Révolution algérienne*, Maspero, 1959.
28. Informations dans Jean-Claude Lamy, *René Julliard*, Julliard, 1992, p. 258.
29. Charles-André Julien, introduction à Pierre Nora, *Les Français d'Algérie*, *op. cit.*, p. 10.
30. *Ibid.*, p. 33.
31. Pierre Nora, *ibid.*, p. 43.
32. *Ibid.*, p. 44.
33. *Ibid.*, p. 47.
34. *Ibid.*, p. 75.
35. *Ibid.*, p. 168.
36. *Ibid.*, p. 195.
37. Germaine Tillion, *L'Algérie en 1957*, Minuit, 1957.
38. Pierre Nora, *Les Français d'Algérie*, *op. cit.*, p. 211.
39. *Ibid.*, p. 217.
40. Jean Daniel, entretien avec l'auteur.
41. *Ibid.*
42. Pierre Nora, *Les Français d'Algérie*, *op. cit.*, p. 233.
43. *Ibid.*, p. 238.
44. Raymond Aron, *La Tragédie algérienne*, Plon, 1957.
45. Jean Lacouture, «*Les Français d'Algérie* de Pierre Nora», *Le Monde*, 29 avril 1961.
46. *Ibid.*
47. *Ibid.*
48. *Ibid.*
49. Albert-Paul Lentin, «Les Français d'Algérie», *France Observateur*, 13 avril 1961.
50. *Ibid.*
51. Germaine Tillion, «Les Français d'Algérie», *L'Express*, 18 mai 1961; repris dans *À la recherche du vrai et du juste*, Le Seuil, 2001, p. 283-290.
52. *Ibid.*, p. 283.
53. Isabelle Vichniac, *Combat*, 30 septembre-1er octobre 1961.
54. Vincent Monteil, «Les Français d'Algérie», *Esprit*, octobre 1961, p. 478-485.
55. *Ibid.*, p. 483.
56. *Ibid.*, p. 484.
57. *Ibid.*, p. 485.
58. Claude Pierre, «Pour être un des leurs», *Esprit*, *ibid.*, p. 487.
59. Jacques Derrida, lettre à Pierre Nora, 27 avril 1961, citée par Benoît Peeters, *Derrida*, *op. cit.*, p. 148.
60. *Ibid.*, p. 149.
61. *Ibid.*, p. 149.
62. Pierre Nora, lettre à Jacques Derrida, 22 juin 1961, cité par Benoît Peeters, *ibid.*, p. 151.
63. Émile Touati, «Portrait d'une communauté», *Évidences*, janvier 1962, p. 5-12.
64. Jean-Paul Enthoven, entretien avec l'auteur.
65. *Ibid.*
66. Charlotte Liébert-Hellman, entretien avec l'auteur.
67. Pierre Nora, *Les Français d'Algérie*, Julliard, 1961, p. 44.
68. Louis Martinez, entretien avec l'auteur.
69. Frédéric Grasset, entretien avec l'auteur.
70. Frédéric Grasset, lettre à Pierre Nora, 18 juin 2001, archives Pierre Nora.
71. *Ibid.*
72. Alain-Gérard Slama, entretien avec l'auteur.
73. *Ibid.*
74. *Ibid.*
75. Léon Poliakov, *Histoire de l'antisémitisme, de Mahomet aux Marranes*, Calmann-Lévy, 1961.
76. «Excellente conférence de Pierre Nora sur "Malraux, témoin de son temps"», *Oran républicain*, 1961.
77. Pierre Nora, «La scène primitive», sur Jean Daniel, texte dactylographié, archives Gallimard.
78. Pierre Nora, «Sept fois un jour en Algérie», *France Observateur*, 17 mai 1962.
79. *Ibid.*
80. *Ibid.*
81. *Ibid.*
82. *Ibid.*
83. Pierre Nora, «Ben Bella : Pourquoi cette crise ?», *France Observateur*, 2 août 1962.
84. Pierre Nora, «Le terrorisme idéologique a-t-il diminué ?», *Le Monde*, 28 mars 1963.
85. Pierre Nora, entretien avec l'auteur.
86. Pierre Nora, «Le terrorisme idéologique a-t-il diminué ?», *ibid.*
87. *Ibid.*
88. Pierre Nora, «La coexistence idéologique est-elle possible ?», *Le Monde*, 29 mars 1963.
89. *Ibid.*
90. Pierre Nora, «L'Algérie de profil», sur Charles-André Julien, *Histoire de l'Algérie contemporaine*, PUF, 1964.

5. Le tour du monde en plus de 80 jours

1. Eugen Weber, *L'Action française*, Stock, 1962.
2. Pierre Nora, «Ernest Lavisse : son rôle dans la formation du sentiment national», *Revue historique*, n° 463, 1962.
3. André Aymard, propos rapportés par Pierre Nora, entretien avec l'auteur.
4. André Aymard, lettre à Pierre Nora, 4 mai 1962, archives Pierre Nora.
5. Pierre Nora, entretien avec l'auteur.
6. Pierre Nora, «Rapport de M. Pierre Nora, agrégé d'histoire, 1963», dans fondation Singer-Polignac, *Rapports des cinq boursiers de voyage lointain, en 1962*, p. 168.
7. Pierre Nora, entretien avec l'auteur.

8. Pierre Nora, « Rapport de M. Pierre Nora, agrégé d'histoire », *op. cit.*, p. 134.
9. *Ibid.*, p. 134.
10. *Ibid.*, p. 137.
11. *Ibid.*, p. 141.
12. *Ibid.*, p. 146.
13. *Ibid.*, p. 148.
14. *Ibid.*, p. 150.
15. *Ibid.*, p. 152.
16. *Ibid.*, p. 171.
17. Françoise Cachin, entretien avec l'auteur.
18. Pierre Nora, entretien avec l'auteur.
19. Pierre-Jean Rémy, *La Chine. Journal de Pékin (1963-2008)*, Odile Jacob, 2008, p. 107.
20. Françoise Cachin, entretien avec l'auteur.
21. *Ibid.*
22. Pierre-Jean Rémy, *La Chine. Journal de Pékin (1963-2008)*, *op. cit.*, p. 108.
23. *Ibid.*, p. 108.
24. *Ibid.*, p. 109.
25. *Ibid.*, p. 112.
26. Jules Roy, *Le Voyage en Chine*, Julliard, 1965, p. 104.
27. Pierre Nora, entretien avec l'auteur.
28. *Ibid.*
29. Jules Roy, *Le Voyage en Chine*, *op. cit.*, p. 104.
30. Pierre-Jean Rémy, *La Chine. Journal de Pékin (1963-2008)*, *op. cit.*, p. 115.
31. Jules Roy, *Le Voyage en Chine*, *op. cit.*, p. 105.
32. Pierre Nora, entretien avec l'auteur.
33. Pierre Nora, lettre à Christian Bourgois, envoyée de Pékin le 9 septembre 1964, archives Gallimard.

6. Archivez, archivez, il en restera toujours quelque chose...

1. Jean-François Revel, lettre à Mme René Julliard, 5 février 1963. Archives du fonds Jean-François Revel, « Manuscrits » de la Bibliothèque nationale.
2. Annie Kriegel, *Ce que j'ai cru comprendre*, Robert Laffont, 1991, p. 678.
3. Pierre Nora, entretien avec Anne Simonin et Pascal Fouché, *Entreprises et Histoire*, n° 24, juin 2000, p. 10.
4. Jacqueline Piatier, *Le Monde*, 21 mars 1964.
5. Texte de présentation de la collection « Archives », inséré dans chacune des publications.
6. Pierre Nora, lettre à Pierre Goubert, le 15 décembre 1964, archives Gallimard.
7. Pierre Nora, lettre à Pierre Goubert, le 4 décembre 1963, archives Gallimard.
8. Pierre Goubert, lettre à Pierre Nora, le 22 mai 1964, archives Gallimard.
9. Pierre Nora, entretien avec Anne Simonin et Pascal Fouché, *Entreprises et Histoire*, *op. cit.*, p. 11.
10. Jules Humbert-Droz, lettre à Pierre Nora, le 4 avril 1964, archives Gallimard.
11. Jean Bouvier, *Les Deux Scandales de Panama*, coll. « Archives », Julliard, 1964.
12. Pierre Nora, lettre à Jean Bouvier, 20 mai 1964, archives Gallimard.
13. Léon Poliakov, *Le Bréviaire de la haine. Le IIIe Reich et les Juifs*, Calmann-Lévy, 1951.
14. Primo Levi, lettre à Léon Poliakov, le 23 avril 1964.
15. Jean-François Revel, lettre à Pierre Nora, 23 mars 1964, archives Pierre Nora.
16. Michel Devèze, *Cayenne*, coll. « Archives », Julliard, 1965.
17. Françoise Borin, entretien avec l'auteur.
18. Gilbert Badia, *Les Spartakistes*, coll. « Archives », Julliard, 1966.
19. Georges Lefranc, *Juin 36*, coll. « Archives », Julliard, 1966.
20. Françoise Borin, entretien avec l'auteur.
21. René Étiemble, *Les Jésuites en Chine*, coll. « Archives », Julliard, 1966.
22. Jean-Noël Jeanneney, entretien avec l'auteur.
23. Michel Borwicz, *L'Insurrection du ghetto de Varsovie*, coll. « Archives », Julliard, 1966.
24. Jacques Revel, entretien avec l'auteur.
25. Anne Rives, lettre à Françoise Rosset, 8 avril 1970. Archives du fonds Jean-François Revel, « Manuscrits » de la Bibliothèque nationale.
26. Renée Neher-Bernheim, *La Déclaration Balfour*, coll. « Archives », Julliard, 1969.
27. Renée Neher-Bernheim, lettre à Pierre Nora, le 12 novembre 1968, archives Gallimard.
28. Jacques Revel, entretien avec l'auteur.
29. Michel de Certeau, *La Possession de Loudun*, coll. « Archives », Julliard, 1970.
30. Jacques Revel, entretien avec l'auteur.
31. Voir François Dosse, *Michel de Certeau, le marcheur blessé*, La Découverte, 2002.
32. Michel Foucault, *Moi, Pierre Rivière, ayant égorgé ma mère, ma sœur, mon frère...*, coll. « Archives », Gallimard/Julliard, 1973, dossier réalisé par : Blandine Barret-Kriegel, Gilbert Burlet-Torvic, Robert Castel, Jeanne Favret, Alexandre Fontana, Michel Foucault, Georgette Legée, Patricia Moulin, Jean-Pierre Peter, Philippe Riot, Maryvonne Saison.
33. Godfrey Hodgson, *Carpetbaggers et Ku Klux Klan*, coll. « Archives », Julliard, 1966.
34. Raymond Bellour, « Qu'est-ce qu'une archive ? », *Les Lettres françaises*, 7 juillet 1966, p. 14.
35. Mona Ozouf, entretien avec l'auteur.
36. *Ibid.*
37. Jacques Rougerie, *Procès des communards*, coll. « Archives », Julliard, 1964.
38. Albert Soboul, *Le Procès de Louis XVI*, coll. « Archives », Julliard, 1966.

39. Gilbert Badia, *Les Spartakistes*, coll. «Archives», Julliard, 1966.
40. Pierre Nora, lettre à Gilbert Badia, 11 mars 1966, archives Gallimard.
41. Anonymes, *OAS parle*, coll. «Archives», Julliard, 1964.
42. Pierre Broué, *Les Procès de Moscou*, coll. «Archives», Julliard, 1964.
43. Pierre Nora, lettre à Pierre Broué, 15 octobre 1964, archives Gallimard.
44. Jean Chesneaux, *Les Sociétés secrètes en Chine*, coll. «Archives», Julliard, 1968.
45. Michel Devèze, *Cayenne*, coll. «Archives», Julliard, 1965.
46. Pierre Nora, lettre à Michel Devèze, 17 juin 1964, archives Gallimard.
47. Pascal Ory, *Les Collaborateurs*, Seuil, 1977.
48. Pascal Ory, *La France allemande : 1933-1945 : parole du collaborationnisme français*, coll. «Archives», Gallimard, 1977.
49. Pascal Ory, entretien avec l'auteur.
50. Robert Gauthier, *Dreyfusards !*, coll. «Archives», Julliard, 1965.
51. Pierre Nora, lettre à Robert Gauthier, 19 novembre 1965, archives Gallimard.
52. Georges Lefranc, *Juin 1936*, coll. «Archives», Julliard, 1966.
53. Georges Lefranc, lettre à Pierre Nora, 14 février 1965, archives Gallimard.
54. Gilles Martinet, lettre à Christian Bourgois, 17 juin 1966, archives Gallimard.
55. Christian Bourgois, lettre à Gilles Martinet, 21 juin 1966, archives Gallimard.
56. Jacques Julliard, *Clemenceau, briseur de grèves*, coll. «Archives», Julliard, 1965.
57. Jacques Julliard, entretien avec l'auteur.
58. *Ibid.*
59. Jacques Julliard, *Clemenceau, briseur de grèves*, *op. cit.*, p. 145.
60. Pierre Nora, lettre à M. le président de la Société des amis de Clemenceau, 20 mai 1965, archives Gallimard.
61. Marc Ferro, *Des soviets au communisme bureaucratique : les mécanismes d'une subversion*, coll. «Archives», Gallimard/Julliard, 1980.
62. Marc Ferro, entretien avec l'auteur.
63. Jean-François Revel, lettre à Pierre Nora, 6 septembre 1964, archives Pierre Nora.
64. Philippe Joutard, *Les Camisards*, coll. «Archives», Gallimard/Julliard, 1976.
65. *Ibid.*, p. 10.
66. Pierre Nora, lettre à Philippe Joutard, 21 décembre 1975, archives Gallimard.
67. Philippe Joutard, *L'Invention du mont Blanc*, coll. «Archives», Gallimard/Julliard, 1986.
68. Lucette Valensi, Nathan Wachtel, *Mémoires juives*, coll. «Archives», Gallimard/Julliard, 1986.
69. *Ibid.*, p. 12.
70. *Ibid.*, p. 331.
71. Pierre Nora, lettre à Lucette Valensi, 14 octobre 1986, archives Gallimard.
72. Itzhok Niborski, Annette Wieviorka, *Les Livres du souvenir*, coll. «Archives», Gallimard/Julliard, 1983.
73. Pierre Nora, lettre à Annette Wieviorka, 23 septembre 1983, archives Gallimard.
74. Alain Joxe, *Le Chili sous Allende*, coll. «Archives», Gallimard/Julliard, 1974.
75. Jean Heffer, *La Grande Dépression*, coll. «Archives», Gallimard/Julliard, 1976.
76. Olivier Carré, *Le Mouvement national palestinien*, coll. «Archives», Gallimard/Julliard, 1977.
77. Yohanan Manor, *Naissance du sionisme politique*, coll. «Archives», Gallimard/Julliard, 1981.
78. Pierre Nora, lettre à Yohanan Manor, 20 avril 1977, archives Gallimard.
79. Michel Vovelle, *Mourir autrefois*, coll. «Archives», Gallimard/Julliard, 1974.
80. Pierre Nora, lettre à Michel Vovelle, 25 octobre 1972, archives Gallimard.
81. Jacques Gélis, Mireille Laget, Marie-France Morel, *Entrer dans la vie*, coll. «Archives», Gallimard/Julliard, 1978.
82. Pierre Nora, lettre à Jean-Louis Flandrin, 8 mars 1973, archives Gallimard.
83. Jean-Louis Flandrin, lettre à Pierre Nora, 22 mars 1973, archives Gallimard.
84. Jean-Louis Flandrin, *Les Amours paysannes*, coll. «Archives», Gallimard/Julliard, 1975.
85. Jean-Marie Mayeur, *La Séparation de l'Église et de l'État*, coll. «Archives», Julliard, 1966.
86. Pierre Nora, lettre à Jean-Marie Mayeur, 25 octobre 1984, archives Gallimard.
87. Pascal Ory, *Le Discours gastronomique français*, coll. «Archives», Gallimard/Julliard, 1998.

7. L'Institut d'études politiques de Paris

1. Frédéric Grasset, entretien avec l'auteur.
2. Jean-Pierre Azéma, entretien avec l'auteur.
3. *Ibid.*
4. Raoul Girardet, *Singulièrement libre*, entretiens avec Pierre Assouline, Perrin, 1990, p. 177.
5. Alain Duhamel, entretien avec l'auteur.
6. Françoise Chandernagor, entretien avec l'auteur.
7. *Ibid.*
8. Jérôme Clément, entretien avec l'auteur.
9. *Ibid.*
10 Alain Duhamel, entretien avec l'auteur.
11. Je remercie Marie-Claire Lavabre de m'avoir communiqué l'argumentaire du séminaire de René Rémond de ces deux années 1964-1965 et 1965-1966 à Sciences-Po.
12. Pierre Nora, «Le "fardeau de l'histoire" aux États-Unis», *Mélanges Pierre Renouvin. Études d'histoire des relations internationales*, PUF, 1966, p. 51-74.

13. Pierre Nora, entretien avec l'auteur.
14. Pierre Nora, «Le "fardeau de l'histoire" aux États-Unis», *op. cit.*, p. 52.
15. *Ibid.*, p. 60.
16. *Ibid.*, p. 61.
17. *Ibid.*, p. 66.
18. F.-J. Turner, *La Frontière dans l'histoire des États-Unis*, PUF, 1964.
19. Pierre Nora, entretien avec l'auteur.
20. *Ibid.*
21. Jacques Chapsal, cité par Pierre Nora, entretien avec l'auteur.
22. Alain Duhamel, entretien avec l'auteur.
23. *Ibid.*
24. Pierre Nora, entretien avec l'auteur.
25. Jean Touchard, propos rapportés par Pierre Nora, entretien avec l'auteur.
26. *Ibid.*
27. Alain-Gérard Slama, entretien avec l'auteur.
28. Pierre Nora, «Introduction générale», dans Vincent Auriol, *Journal du septennat 1947-1954*, Armand Colin, 1970, p. XVI.
29. *Ibid.*, p. XXV.
30. Vincent Auriol, cité par Pierre Nora, *ibid.*, p. XXXI.
31. Pierre Nora, *ibid.*, p. XXXIV.
32. Mona Ozouf, entretien avec l'auteur.
33. Vincent Auriol, *Mon septennat (1947-1954)*, Gallimard, 1970.
34. Vincent Auriol, *Journal du septennat 1947-1954*, Armand Colin, 1970-1978, 6 volumes.
35. Vincent Auriol, *Journal du septennat 1947-1954*, Tallandier, 2004.
36. Michelle Vincent-Auriol, lettre à Pierre Nora, 14 mars 1970, archives Gallimard.
37. Vincent Auriol, *Journal du septennat 1947-1954*, *op. cit.*, vol. 1, 1947, version établie et annotée par Pierre Nora; vol. 2, 1948, version établie et annotée par Jean-Pierre Azéma; vol. 3, 1949, version établie et annotée par Pierre Kerleroux; vol. 4, 1950, version établie et annotée par Anne-Marie Bellec; vol. 5, 1951, version établie et annotée par Laurent Theis; vol. 6, 1952, version établie et annotée par Dominique Boché; vol. 7, 1953-1954, version établie et annotée par Jacques Ozouf.
38. Laurent Theis, entretien avec l'auteur.
39. Pierre Mendès France, *La Vérité guidait leurs pas*, Gallimard, coll. «Témoins», 1976.
40. Laurent Theis, entretien avec l'auteur.
41. Valéry Giscard d'Estaing, lettre à Pierre Nora, 12 février 2004, archives Pierre Nora.

8. Le choix de l'historiographie et frictions avec Braudel

1. Pierre Nora, «Ernest Lavisse : son rôle dans la formation du sentiment national», *Revue historique*, tome CCXXVIII, 1962, p. 73-106; repris dans Pierre Nora (dir.), *Les Lieux de mémoire*, tome 1, *La République*, Gallimard, 1984, rééd. Quarto, 1997, vol. 1, p. 239-275.
2. *Ibid.*, p. 104.
3. Pierre Nora, «L'*Histoire de France* de Lavisse», *Les Lieux de mémoire*, tome 2, *La Nation*, vol. 1, Gallimard, 1986, p. 317-375.
4. Karl Marx, *Les Luttes de classes en France. Le 18 Brumaire de Louis Bonaparte*, présentation par Pierre Nora, Jean-Jacques Pauvert, 1964.
5. Pierre Nora, *ibid.*, p. 12.
6. *Ibid.*, p. 18.
7. Pierre Nora, «Les deux apogées de l'Action française», *Annales ESC*, n° 1, janvier-février 1964, p. 127-141.
8. *Ibid.*, p. 130.
9. *Ibid.*, p. 136.
10. Fernand Braudel, propos rapportés par Pierre Nora, entretien avec l'auteur.
11. Marc Ferro, entretien avec l'auteur.
12. Pierre Nora, entretien avec l'auteur.
13. *Ibid.*
14. Pierre Nora, lettre à Fernand Braudel, 30 juin 1971, archives Gallimard.
15. Fernand Braudel, lettre à Pierre Nora, 8 juillet 1971, archives Gallimard.
16. Marc Ferro, entretien avec l'auteur.
17. Pierre Nora, «Pour une histoire contemporaine», *Mélanges en l'honneur de Fernand Braudel. Méthodologie de l'histoire et des sciences humaines*, Privat, 1973, p. 419-426.
18. *Ibid.*, p. 419.
19. Pierre Nora, «L'événement monstre», *Communications*, n° 18, 1972; repris et remanié sous le titre «Le retour de l'événement» dans Pierre Nora, Jacques Le Goff (dir.), *Faire de l'histoire*, Gallimard, tome 1, p. 210-227.
20. Pierre Nora, «Pour une histoire contemporaine», *op. cit.*, p. 422.
21. Pierre Nora, «L'ombre de Taine», *Contrepoint*, n° 9, janvier 1973, p. 67-76; repris dans Taine, *Tableau de la littérature française*, Gallimard, 1974.
22. *Ibid.*, p. 68.
23. *Ibid.*, p. 72.
24. *Ibid.*, p. 72.
25. Pierre Nora, «Préface» à Marquis de Custine, *Lettres de Russie. La Russie en 1839*, édition présentée et établie par Pierre Nora, Gallimard, 1975, p. 7-29.
26. *Ibid.*, p. 13.
27. *Ibid.*, p. 26.
28. *Ibid.*, p. 29.
29. Georges Friedmann, lettre à Pierre Nora, 16 novembre 1975, archives Pierre Nora.
30. Pierre Nora, note au comité de lecture sur le *Journal de guerre, 1939-1940* de Georges Friedmann, 13 février 1987, archives Gallimard.

II. LE DEUIL ÉCLATANT DE LA LITTÉRATURE

9. Les noces souvent incestueuses entre journalisme et édition

1. Edgar Morin, lettre à Pierre Nora, 16 août 1969, archives Pierre Nora.
2. Pierre Nora, entretien avec l'auteur.
3. *Ibid.*
4. Hervé de La Martinière, lettre à Pierre Nora, 12 juin 2006, archives Pierre Nora.
5. Jean Daniel, entretien avec l'auteur.
6. Jean Daniel, lettre à Pierre Nora, 13 novembre 1970, archives Gallimard.
7. Pierre Nora, lettre à Jean Daniel, 18 novembre 1970, archives Gallimard.
8. Vladimir Dedijer, *Le Défi de Tito*, Gallimard, 1970.
9. Andrei Amalrik, *Voyage involontaire en Sibérie*, Gallimard, 1970.
10. Lawrence Wylie, *Chanzeaux, village d'Anjou*, Gallimard, 1970.
11. Seymour Hersh, *Le Massacre de Song-My*, Gallimard, 1970.
12. Pierre Nora, lettre à Jean Daniel, 18 novembre 1970, archives Gallimard.
13. Pierre Nora, «Allocution à l'occasion de la remise des insignes de commandeur de la Légion d'honneur à Jean Daniel», 6 juin 2007, archives Pierre Nora.
14. Jean Lacouture, entretien avec l'auteur.
15. *Ibid.* Ce portrait de Michel Foucault est reparu dans un recueil d'articles : Jean Lacouture, *Profils perdus*, Métailié, 1983.
16. Jean Lacouture, entretien avec l'auteur.
17. Thierry Wolton, *Le Grand Recrutement*, Grasset, 1993.
18. François Furet, «Les réseaux d'espions soviétiques dans la France d'avant guerre. Le secret des taupes», *Le Nouvel Observateur*, 18-24 février 1993, p. 88.
19. Jean Lacouture, «Jean Moulin : attention, intox ! Des sorcières de haut vol», *ibid.*, p. 89.
20. Pierre Nora, «Lacouture-De Gaulle : rencontre au sommet», *Le Matin*, 4 octobre 1984.
21. Pierre Nora, «Leur traversée du siècle», *Le Nouvel Observateur*, 11-17 mai 1993, à propos de Jean Lacouture, *Mes héros et nos monstres*, Seuil, 1993 ; Jean Daniel, *Voyage au bout de la nation*, Seuil, 1993.
22. Jean Lacouture, entretien avec l'auteur.
23. Jean Lacouture, *L'Algérie algérienne*, Gallimard, 2008.
24. Pierre Nora, «Allocution à l'occasion de la remise à Jacques Julliard des insignes d'officier de la Légion d'honneur», le 19 avril 2000, texte dactylographié, archives Pierre Nora.
25. *Ibid.*
26. Jacques Julliard, entretien avec l'auteur.
27. *Ibid.*
28. *Ibid.*
29. *Ibid.*
30. Jacques Julliard (dir.), *La Mort du roi. Essai d'ethnographie politique*, Gallimard, 1999.
31. Pierre Péan, Philippe Cohen, *La Face cachée du Monde*, Mille et une nuits, 2003 ; Bernard Poulet, *Le Pouvoir du Monde ou les Illusions perdues*, La Découverte, 2003.
32. Jean-Noël Jeanneney, Jacques Julliard, *Le Monde de Beuve-Méry*, Seuil, 1979, cité par Bernard Poulet, *Le Pouvoir du Monde ou les Illusions perdues*, *ibid.*, p. 67.
33. Michel Legris, *Le Monde tel qu'il est*, Plon, 1976, p. 210.
34. *Ibid.*, p. 207.
35. *Le Monde*, 24 mars 1976.
36. Pierre Nora, entretien avec l'auteur.
37. «*Le Monde* et nous», *Le Nouvel Observateur*, 12-18 avril 1976.
38. *Ibid.*
39. Pierre Nora, «Si le sel perd sa saveur...», *ibid.*
40. *Ibid.*
41. *Ibid.*
42. Jacques Sauvageot, lettre à Claude Perdriel, 13 avril 1976, archives Pierre Nora.
43. Georges Liébert, entretien avec l'auteur.
44. Claude Nicolet, lettre à Pierre Nora, 13 avril 1976, archives Pierre Nora.
45. Edgar Morin, lettre à Pierre Nora, archives Pierre Nora.
46. Pierre Avril, lettre à Pierre Nora, 14 avril 1976, archives Pierre Nora.
47. Philippe Levillain, lettre à Pierre Nora, 12 avril 1976, archives Pierre Nora.
48. Paul Guilbert, lettre à Pierre Nora, 19 avril 1976, archives Pierre Nora.
49. Georges Liébert, entretien avec l'auteur.
50. *Ibid.*
51. *Ibid.*
52. Philippe Meyer, entretien avec l'auteur.
53. Philippe Meyer, *L'Enfant et la Raison d'État*, Seuil, 1976.
54. Philippe Meyer, *Dans mon pays lui-même...*, Flammarion, 1993.
55. Philippe Meyer, entretien avec l'auteur.
56. *Ibid.*
57. Jean-Paul Enthoven, entretien avec l'auteur.
58. *Ibid.*
59. *Ibid.*
60. *Ibid.*
61. *Ibid.*
62. Laurent Theis, entretien avec l'auteur.
63. Pierre Nora, remise des insignes de chevalier de la Légion d'honneur à Laurent Theis, 6 novembre 2007, texte dactylographié, archives Pierre Nora.
64. Laurent Theis, entretien avec l'auteur.
65. François George, *L'Effet 'yau de poêle*, Hachette, 1979.
66. Laurent Theis, entretien avec l'auteur.

67. Anne Martin-Fugier, «Le Siècle (1944-2004). Un exemple de sociabilité des élites», *Vingtième Siècle, Revue d'histoire*, n° 81, janvier-mars 2004, p. 21-29.
68. Françoise Chandernagor, entretien avec l'auteur.
69. *Ibid.*
70. Pierre Nora, entretien avec l'auteur.
71. *Ibid.*

10. L'orchestrateur de l'âge d'or des sciences humaines

1. Robert Gallimard, entretien avec l'auteur.
2. Léone Nora, entretien avec l'auteur.
3. Pierre Nora, entretien avec Anne Simonin et Pascal Fouché, *Entreprises et Histoire*, juin 2000, n° 24, p. 12.
4. Raymond Queneau, cité par Pierre Nora, *ibid.*, p. 12.
5. Jean Laplanche, J.-B. Pontalis, *Vocabulaire de la psychanalyse*, PUF, 1968.
6. J.-B. Pontalis, entretien avec l'auteur.
7. Pierre Nora, entretien avec l'auteur.
8. Voir François Dosse, *Histoire du structuralisme*, La Découverte, tome 2, 1992, chapitre 4, «Benveniste : l'exception française».
9. Pierre Nora, lettre à Émile Benveniste, 4 mars 1966, archives Gallimard.
10. Émile Benveniste, cité par Pierre Nora, entretien avec Anne Simonin et Pascal Fouché, *op. cit*, p. 4.
11. Geneviève Calame-Griaule, *Ethnologie et langage. La parole chez les Dogon*, Gallimard, 1966.
12. L'ouvrage a paru en avril 1966.
13. Élias Canetti, *Masse et Puissance*, Gallimard, 1966, coll. «Tel», 1993, p. 499.
14. Pierre Nora, «Un Tocqueville du XXe siècle», *La Quinzaine littéraire*, 15 avril 1966.
15. *Ibid.*
16. Michel Foucault, *Folie et Déraison*, Plon, 1961.
17. Arlette Farge, Michel Foucault, *Le Désordre des familles*, Gallimard/Julliard, coll. «Archives», 1982.
18. Gilles Lapouge, «Encore un effort et j'aurais épousé mon temps», *La Quinzaine littéraire*, n° 459, 16/30 mars 1986, p. 30.
19. Roland Barthes, *Essais critiques,* Points-Seuil, 1981, «Avant-propos : 1971», p. 7.
20. Voir François Dosse, *Histoire du structuralisme*, tome 1, La Découverte, 1991 ; rééd. livre de poche, «Biblio-Essais», 1995.
21. *Le Nouvel Observateur*, n° 91, 10 août 1966.
22. Informations communiquées par Pierre Nora.
23. Pierre Nora, entretien avec l'auteur.
24. Léone Nora, entretien avec l'auteur.
25. Pierre Nora, entretien avec l'auteur.
26. *Ibid.*
27. Roland Barthes, lettre à Pierre Nora, le 30 janvier 1976, archives Pierre Nora.
28. Michel Foucault, *Les Mots et les Choses*, Gallimard, 1966, p. 221.
29. Jean Lacroix, «La fin de l'humanisme», *Le Monde*, 9 juin 1966.
30. Robert Kanters, «Tu causes, tu causes, c'est tout ce que tu sais faire», *Le Figaro*, 23 juin 1966.
31. François Châtelet, «L'homme, ce Narcisse incertain», *La Quinzaine littéraire*, 1er avril 1966.
32. Madeleine Chapsal, *L'Express*, n° 779, 23-29 mai 1966, p. 119-121.
33. Gilles Deleuze, «L'homme, une existence douteuse», *Le Nouvel Observateur*, 1er juin 1966.
34. Jacques Berque, lettre à Pierre Nora, 9 avril 1966, archives Pierre Nora.
35. Nathalie Sarraute, avis adressé à Claude Gallimard, 11 octobre 1973.
36. Georges Dumézil, entretien avec Jean-Pierre Salgas, *La Quinzaine littéraire*, 16 mars 1986.
37. Pierre Nora, lettre à Georges Dumézil, le 27 mai 1966, archives Gallimard.
38. Pierre Nora, entretien avec l'auteur.
39. Georges Dumézil, *Les Dieux souverains des Indo-Européens*, Gallimard, 1977.
40. Georges Dumézil, lettre à Pierre Nora, le 28 novembre 1978, archives Pierre Nora.
41. Georges Dumézil, «Introduction», *Mythe et Épopée*, Gallimard, 1973.
42. Pierre Nora, note au comité de lecture, 25 août 1983, archives Gallimard.
43. *Ibid.*
44. Georges Dumézil, *Le Moyne noir en gris dedans Varennes*, Gallimard, 1984. Le livre ne dépassera guère le lectorat habituel de Dumézil : jusqu'en 1993, il aura été vendu à 4424 exemplaires.
45. Georges Dumézil, *Le Roman des jumeaux et autres essais*, Gallimard, 1995.
46. Georges Dumézil, *Mythes et dieux de la Scandinavie ancienne*, Gallimard, 2000.
47. Pierre Nora, lettre à Raymond Aron, 20 juin 1966, archives Gallimard.
48. Raymond Aron, *Les Étapes de la pensée sociologique*, Gallimard, 1967.
49. Informations communiquées par Dominique Schnapper, entretien avec l'auteur.
50. Pierre Nora, «Raymond Aron. Les raisons d'un succès», *France Observateur*, 31 janvier 1963.
51. *Ibid.*
52. Kostas Papaïoannou, *Les Marxistes*, livre de poche, «J'ai lu», 1965 ; *L'Idéologie froide. Essai sur le dépérissement du marxisme*, Pauvert, 1967.
53. Pierre Nora, «Kostas et les travaux d'Hercule», *Le Nouvel Observateur*, 21 novembre 1981.
54. Pierre Nora, entretien du 21 janvier 2004

avec François Bordes, thèse de doctorat d'histoire de l'IEP, *«Désespérer du faux». Histoire d'une critique du communisme soviétique : Michel Collinet, Papaïoannou et les anticommunistes de gauche en France de 1944 à 1972*, sous la direction de Jean-François Sirinelli, 5 décembre 2008.

55. Kostas Papaïoannou, *De Marx et du marxisme*, Gallimard, 1983.

56. François Jacob, entretien avec l'auteur.

57. François Jacob, *La Logique du vivant*, Gallimard, 1970. Entre la publication en 1970 et juin 1974, le tirage cumulé de l'ouvrage est de 51 700 et les ventes de 47 869 exemplaires.

58. Pierre Nora, note à Claude Gallimard, 2 novembre 1970, archives Gallimard.

59. Alfred Métraux, *Le Vaudou haïtien*, Gallimard, 1966.

60. Pierre Nora, note au comité de lecture sur *Homo aequalis*, 9 mars 1976, archives Gallimard.

61. Pierre Nora, lettre à Louis Dumont, 23 mars 1976, archives Gallimard.

62. *Ibid.*

63. Louis Dumont, lettre à Pierre Nora, 30 mars 1976, archives Gallimard.

64. *Homo hierarchicus*, paru en 1967, est repris en collection «Tel» en 1978.

65. Claude Gallimard, lettre à Jacques Berque, 27 janvier 1967, archives Gallimard.

66. Jacques Berque, *L'Égypte*, Gallimard, 1967.

67. Pierre Nora, lettre à Jacques Berque, 12 novembre 1969, archives Gallimard.

68. Pierre Nora, rapport au comité de lecture le 28 octobre 1969 sur *L'Orient second.*

69. Jacques Berque, *L'Intérieur du Maghreb*, Gallimard, 1978.

70. Pierre Nora, lettre à Jacques Berque, 20 février 1978, archives Gallimard.

71. Claude Lévi-Strauss, lettre à Pierre Nora, 17 novembre 1968, archives Gallimard.

72. Pierre Nora, lettre à Luc de Heusch, 23 décembre 1983, archives Gallimard.

73. Luc de Heusch, *Le Sacrifice dans les religions africaines*, Gallimard, 1986.

74. Pierre Nora, lettre à Luc de Heusch, 22 octobre 1993, archives Gallimard.

75. Victor Turner, *Les Tambours d'affliction*, Gallimard, 1972.

76. Pierre Nora, rapport à Claude Gallimard, 10 octobre 1966, archives Gallimard.

77. E. Evans-Pritchard, *Sorcellerie, oracles et magie chez les Azandés*, Gallimard, 1972.

78. Edmund R. Leach, *L'Unité de l'homme*, Gallimard, 1980.

79. Clifford Geertz, *Bali*, Gallimard, 1983.

80. Marshall Sahlins, *Âge de pierre, âge d'abondance*, Gallimard, 1976.

81. Pierre Nora, rapport au comité de lecture sur *Culture and Practical Reason*, 1er juin 1977, archives Gallimard.

82. Pierre Nora, rapport sur *Culture in Practice*, 20 octobre 2000, archives Gallimard.

83. Roger Caillois, *Approches de l'imaginaire*, Gallimard, 1974.

84. Roger Caillois, *Approches de la poésie*, Gallimard, 1978.

85. Roger Caillois, lettre à Pierre Nora, 7 juillet 1978, archives Gallimard.

86. Pierre Nora, lettre à Roger Caillois, le 12 juillet 1978, archives Gallimard.

87. Gilles Deleuze, Félix Guattari, *L'Anti-Œdipe*, Minuit, 1972.

88. Georges Devereux, *Essais d'ethnopsychiatrie générale*, Gallimard, 1970.

89. Marcel Detienne, *Les Jardins d'Adonis*, Gallimard, 1972.

90. Marcel Detienne, *Dionysos mis à mort*, Gallimard, 1977 ; *L'Invention de la mythologie*, Gallimard, 1981 ; *L'Écriture d'Orphée*, Gallimard, 1989 ; *Apollon le couteau à la main*, Gallimard, 1998.

91. Pierre Nora, lettre à Jeanne Favret-Saada, le 19 mars 1971.

92. Jeanne Favret-Saada, *Les Mots, la Mort, les Sorts*, Gallimard, 1971.

93. Pierre Nora, lettre à Erwin Panofsky, 3 mai 1967, archives Gallimard.

94. Pierre Francastel, *La Figure et le Lieu*, Gallimard, 1967.

95. Pierre Nora, rapport au comité de lecture sur *Art and Illusion*, 3 juin 1969.

96. Pierre Nora, lettre à Jean Baudrillard, 12 mars 1975, archives Gallimard.

97. Claude Lévi-Strauss, lettre à Henri Mendras, le 29 octobre 1988, archives Gallimard.

98. Michel Winock, entretien avec l'auteur.

99. *Ibid.*

100. *Ibid.*

101. Paul Veyne, *Comment on écrit l'histoire*, Seuil, 1971.

102. Paul Veyne, lettre à Pierre Nora, 21 avril 1972, archives Gallimard.

103. Pierre Nora, lettre à Paul Veyne, 27 avril 1972, archives Gallimard.

11. Un témoin de son temps

1. Pierre Nora, «Pierre Nora, éditeur», entretien avec Anne Simonin et Pascal Fouché, dans *Entreprises et Histoire*, juin 2000, n° 24, p. 16.

2. *Ibid.*, p. 17.

3. Pierre Nora, note pour Claude Gallimard, 1968, archives Gallimard.

4. Pierre Nora, «Pierre Nora, éditeur», entretien avec Anne Simonin et Pascal Fouché, *op. cit.*, p. 17.

5. Artur London, lettre à Pierre Nora, 4 décembre 1970, archives Pierre Nora.

6. Pierre Nora, «Avertissement de l'éditeur», dans *Artur London. Aux sources de L'Aveu*, coll. «Témoins», Gallimard, 1997, p. 7.

7. Pierre Nora, lettre à Artur London, 6 février 1973, archives Gallimard.
8. Karel Bartosek, *Les Aveux des archives. Prague-Paris-Prague, 1948-1968*, Seuil, 1996.
9. *Ibid.*, p. 317.
10. *Artur London. Aux sources de L'Aveu*, coll. « Témoins », Gallimard, 1997.
11. Pierre Nora, « Pierre Nora, éditeur », entretien avec Anne Simonin et Pascal Fouché, *op. cit.*, p. 15.
12. *Ibid.*, p. 15.
13. Pierre Nora, télégramme à l'ambassade russe, juin 1973.
14. Nadejda Mandelstam, *Contre tout espoir. Souvenirs*, Gallimard, tome 1, 1972, tome 2, 1974, tome 3, 1975.
15. Pierre Nora, « Avertissement de l'éditeur », dans August Stern, *Un procès « ordinaire » en URSS*, coll. « Témoins », Gallimard, 1976.
16. Lettre à Ania Chevallier, 19 avril 1978, archives Gallimard
17. Pierre Nora, lettre à August Stern, 25 avril 1978.
18. Hannah Arendt, *Eichmann à Jérusalem*, coll. « Témoins », Gallimard, 1966.
19. *Ibid.*, p. 109.
20. Léon Poliakov, lettre à Pierre Nora, 23 mai 1965, archives Gallimard.
21. Roger Paret, « Qui n'est pas Adolf Eichmann », *Preuves*, 191, 1967, p. 8-17.
22. Pierre Déméron, « Le livre qui scandalise les Juifs et les non-Juifs », *Le Nouveau Candide*, 14-20 novembre 1966.
23. *Le Nouvel Observateur*, 5 octobre 1966.
24. *Le Nouvel Observateur*, 12 octobre 1966.
25. Mary McCarthy, lettre à Hannah Arendt du 11 octobre 1966, dans H. Arendt et M. McCarthy, *Correspondance (1949-1975)*, Stock, 1996 ; cité par Laure Adler, *Dans les pas de Hannah Arendt*, Gallimard, 2005, p. 517-518.
26. Pierre Nora, lettre à Hannah Arendt, 4 janvier 1967, archives Gallimard.
27. *Ibid.*
28. Pierre Vidal-Naquet, « La banalité du mal », *Le Monde*, 13 janvier 1967.
29. Pierre Drieu La Rochelle, *Journal 1939-1945*, coll. « Témoins », Gallimard, 1992.
30. Pierre Nora, « Avertissement de l'éditeur », dans Pierre Drieu La Rochelle, *Journal 1939-1945*, *ibid.*, p. 7.
31. Pierre Drieu La Rochelle, *ibid.*, 19 avril 1943.
32. Jean-Paul Enthoven, « Quand un écrivain tenait son journal d'infamie. L'affaire Drieu », *Le Nouvel Observateur*, 30 avril-6 mai 1992.
33. Bertrand Poirot-Delpech et François Bott, *Le Monde*, 7 mai 1992 ; Antoine de Gaudemar, *Libération*, 7 mai 1992 ; Alain-Gérard Slama, Bernard-Henri Lévy, *Le Point*, 9 mai 1992 ; François Nourissier, *Figaro-Magazine*, 9 mai 1992 ; Hubert Brochier, *Le Magazine littéraire*, mai 1992 ; extraits dans *Lire*, juin 1992 ; entretien avec Jacques Hervier par Michel Crépu et article de Laurent Lemire, *La Croix*, 5 mai 1992 ; Jean Lebrun, « Culture matin », France Culture, 8 mai 1992 ; Jean-Pierre Elkabach reçoit Pascal Ory, Europe 1, 5 mai 1992 ; Bernard Pivot, *Bouillon de culture*, France 2, 17 mai 1992.
34. Paru en mai 1992, il atteint 16 435 ventes au début de 1999.
35. « Un aigle s'envole », *Le Canard enchaîné*, 20 mai 1992.
36. *Ibid.*
37. Pierre Nora, lettre à Maurice Braun, 11 juin 1992, archives Gallimard.
38. Pierre Nora, note à Claude Gallimard, 30 janvier 1975, archives Gallimard.
39. Pierre Nora, rapport sur *Prisoner of Mao* de Jean Pasqualini, 20 novembre 1973, archives Gallimard.
40. Michael B. Frolic, *Le Peuple de Mao. Scènes de la vie en Chine révolutionnaire*, Gallimard, 1982.
41. Lucien Bianco, préface, *ibid.*, p. 13.
42. Pierre Nora, entretien avec l'auteur.
43. Romain Gary, *Éducation européenne*, Calmann-Lévy, 1946.
44. Pierre Nora, entretien avec l'auteur.
45. Pierre Nora, note à Claude Gallimard, 24 octobre 1974, archives Gallimard.
46. Pierre Nora, rapport de lecture de *A Separate Reality*, 19 octobre 1971, archives Gallimard ; traduction française, *Voir*, coll. « Témoins », Gallimard, 1973.
47. À l'été 1980, Gallimard en est déjà à quatre titres publiés, et si les ventes fléchissent, elles n'en restent pas moins à un bon niveau : *Voir* (1973) : 48 908 exemplaires vendus ; *Le Voyage à Ixtlan* (1974) : 41 069 ; *Histoire de pouvoir* (1975) : 34 256 ; *Le second annonce le premier* (1979) : 20 062.
48. Pierre Nora, rapport sur *Le Don de l'aigle*, 20 novembre 1980, archives Gallimard.
49. Pierre Nora, rapport sur *The Fire from Within*, 7 juin 1984, archives Gallimard ; traduction française, *Le Feu du dedans*, coll. « Témoins », Gallimard, 1985.
50. Pierre Nora, note à Antoine Gallimard sur *The Art of Dreaming*, 24 février 1993.
51. Claudine Vegh, *Je ne leur ai pas dit au revoir*, coll. « Témoins », Gallimard, 1979.
52. Pierre Nora, lettre à Simone Veil, 12 avril 1979, archives Gallimard.
53. Pierre Nora, rapport à Claude Gallimard, 7 mars 1979, archives Gallimard.
54. Claude Lanzmann, *Le Lièvre de Patagonie*, Gallimard, 2009, p. 425.
55. Georges Wellers, *Les chambres à gaz ont existé*, coll. « Témoins », Gallimard, 1981.
56. *Ibid.*, p. 9.
57. Mariano Constante, Manuel Razola, *Triangle bleu*, coll. « Témoins », Gallimard, 1969.
58. Pierre Daix, préface, *ibid.*
59. Walter Laqueur, *Le Terrifiant Secret. La*

«solution finale» et l'information étouffée, Gallimard, 1981.

60. Daniel Cordier, *Alias Caracalla*, coll. «Témoins», Gallimard, 2009.

12. L'orchestrateur du triomphe de la nouvelle histoire

1. Pierre Nora, entretien avec l'auteur.
2. *Ibid.*
3. Robert Van Gulik, *La Vie sexuelle dans la Chine ancienne*, Gallimard, 1971.
4. François Maspero, lettre à Pierre Nora, 7 janvier 1972, archives Gallimard.
5. Pierre Nora, lettre à Nathan Wachtel, 1er juillet 1968, archives Gallimard.
6. Nathan Wachtel, *La Vision des vaincus*, Gallimard, 1971.
7. Nathan Wachtel, entretien avec l'auteur.
8. *Ibid.*
9. Pierre Nora, propos cités par Nathan Wachtel, entretien avec l'auteur.
10. Pierre Nora, entretien avec l'auteur.
11. Jacques Le Goff, entretien avec l'auteur.
12. Jacques Le Goff, entretiens avec Jacques Heurgon, *Une vie pour l'histoire*, La Découverte, 1996.
13. Jacques Le Goff, *Les intellectuels au Moyen Âge*, Seuil, 1957.
14. Pierre Nora, «Côte à côte», dans Jacques Revel et Jean-Claude Schmitt (dir.), *L'Ogre historien. Autour de Jacques Le Goff*, Gallimard, 1998, p. 60.
15. Pierre Nora, «Côte à côte», *op. cit.* p. 62.
16. *Ibid.*, p. 63.
17. Michel de Certeau, «Faire de l'histoire. Problèmes de méthodes et problèmes de sens», *Recherches de science religieuse*, t. 58, 1970, p. 481-520.
18. Michel de Certeau, «L'opération historique», dans Jacques Le Goff et Pierre Nora (dir.), *Faire de l'histoire*, t. 1, Gallimard, 1974, p. 3-41.
19. «Histoire et structure», débat Michel de Certeau, Pierre Nora, Raoul Girardet, dans *Censure et liberté d'expression*, *Recherches et débats*, DDB, 1970, p. 165-195.
20. Michel de Certeau, *L'Écriture de l'histoire*, Gallimard, 1975.
21. Marc Ferro, «Le film : une contre-analyse de la société», dans Pierre Nora et Jacques Le Goff (dir.), *Faire de l'histoire*, t. 3, Gallimard, 1974, p. 236-255.
22. Marc Ferro, entretien avec l'auteur.
23. «L'histoire aux quatre coins», entretien de Jean-François Josselin avec Jacques Le Goff et Pierre Nora, 7 mai 1974.
24. Jean-Marie Mayeur, «Où en est la science historique française», *Le Monde*, 3 mai 1974.
25. Pierre Nora, entretien avec Claude Jannoud, «Pierre Nora au service de l'histoire», *Le Figaro*, 4 mai 1974.
26. Georges Suffert, *Le Point*, 21 mai 1974.
27. Max Gallo, «Le regain de la politique», *L'Express*, mai 1974.
28. *La Quinzaine littéraire*, 1er-15 décembre 1974.
29. Régine Robin, «Une nouvelle résurgence de l'empirio-criticisme», *Dialectiques*, n° 10-11, 1975.
30. Claude Lévi-Strauss, lettre à Pierre Nora, archives Gallimard.
31. Jacques Le Goff et Pierre Nora, *Faire de l'histoire*, t. 1, p. XI.
32. Pierre Nora, entretien avec l'auteur.
33. Pierre Vilar, «Histoire marxiste, histoire en construction», *Faire de l'histoire*, t. 1, Gallimard, 1974, p. 188.
34. Pierre Nora, entretien avec l'auteur.
35. Pierre Vilar, entretien avec l'auteur.
36. Pierre Nora, *Le Nouvel Observateur*, 7 mai 1974.
37. Emmanuel Le Roy Ladurie, *Le Territoire de l'historien*, tome 1, Gallimard, 1973, p. 20.
38. Pierre Nora, «L'événement monstre», *Communications*, n° 18, 1972; repris et remanié sous le titre «Le retour de l'événement» dans Pierre Nora, Jacques Le Goff (dir.), *Faire de l'histoire*, Gallimard, tome 1, p. 210-227.
39. Pierre Nora, *ibid.*, «Le retour de l'événement», p. 212.
40. Emmanuel Le Roy Ladurie, *Histoire du climat depuis l'an 1000*, Flammarion, 1967.
41. Emmanuel Le Roy Ladurie, Leçon inaugurale au Collège de France, 30 novembre 1973, repris dans *Le Territoire de l'historien*, tome 2, Gallimard, 1978, p. 7-34.
42. *Ibid.*, p. 11.
43. Jacques Le Goff, *La Civilisation de l'Occident médiéval*, coll. «Les grandes civilisations», n° 3, Arthaud, 1964.
44. Jacques Le Goff, entretien avec l'auteur.
45. Jacques Le Goff, *Pour un autre Moyen Âge*, Gallimard, 1977.
46. Pierre Nora, lettre à Jacques Le Goff, le 21 janvier 1977, archives Gallimard.
47. Jacques Le Goff, *La Naissance du purgatoire*, Gallimard, 1981. Il passe en poche «Folio» en 1991.
48. Jacques Le Goff, *Saint Louis*, Gallimard, 1996.
49. David O'Connell, *Les Propos de Saint Louis*, coll «Archives», Gallimard/Julliard, 1974.
50. Jacques Le Goff, lettre à Pierre Nora, 14 janvier 1996, archives Pierre Nora.
51. Marquise de Vasselot de Régné, lettre à Antoine Gallimard, 30 mars 1996, archives Gallimard.
52. Jacques Le Goff, *Saint François d'Assise*, Gallimard, 1999.
53. *Ibid.*, p. 8.
54. Georges Duby, *La Société aux* XIe *et*

XIIe *siècles dans la région mâconnaise*, Armand Colin, 1953.

55. Georges Duby, « L'histoire des mentalités », dans Charles Samaran (dir.), *L'Histoire et ses méthodes*, Gallimard, La Pléiade, 1961.

56. Pierre Nora, lettre à Georges Duby, 3 juillet 1963, archives Gallimard.

57. Pierre Nora, lettre à Georges Duby, 22 février 1967, archives Gallimard.

58. Georges Duby, *Le Dimanche de Bouvines*, Gallimard, 1973.

59. Pierre Nora, préface à Georges Duby, *Le Dimanche de Bouvines*, Gallimard, 2005, p. III.

60. Georges Duby, *Le Dimanche de Bouvines*, Gallimard, 1973, p. 14.

61. Pierre Nora, préface à Georges Duby, *Le Dimanche de Bouvines*, *op. cit.*, 2005, p. XI.

62. *Ibid.*, p. XII.

63. Pierre Nora, lettre à Georges Duby, 27 avril 1972, archives Gallimard.

64. Georges Duby, *Guerriers et paysans* VIIe-XIIe *siècle*, Gallimard, 1973.

65. Pierre Nora, télégramme à Georges Duby, 5 juin 1979, archives Gallimard.

66. Marcel Gauchet, « De deux corps du roi au pouvoir sans corps. Christianisme et politique », *Le Débat*, n° 14, juillet-août 1981, p. 137.

67. Ernst Kantorowicz, *Frédéric II*, Gallimard, 1987.

68. Pierre Nora, entretien avec l'auteur.

69. Annie Kriegel, *Communismes au miroir français. Temps, cultures et société en France devant le communisme*, Gallimard, 1974.

70. Annie Kriegel, lettre à Pierre Nora, 14 février 1982, archives Pierre Nora.

71. Annie Kriegel, lettre à Pierre Nora, le 4 avril 1983, archives Pierre Nora.

72. Propos rapportés par Mona Ozouf, entretien avec l'auteur.

73. Jacqueline Nora, entretien avec l'auteur.

74. Mona Ozouf, entretien avec l'auteur.

75. Raymond Barre, « Une certaine idée de la France », entretien avec François Furet, *Le Débat*, n° 26, septembre 1983.

76. Pierre Nora, entretien avec l'auteur.

77. Mona Ozouf, entretien avec l'auteur.

78. Jean-Denis Bredin, entretien avec l'auteur.

79. *Ibid.*

80. *Ibid.*

81. François Furet, Denis Richet, *La Révolution française*, Fayard, 1965.

82. François Furet, *Penser la Révolution française*, Gallimard, 1978.

83. Pierre Nora, rapport au comité de lecture sur *Penser la Révolution française* dont le titre est encore *L'Interprétation de la Révolution française*, archives Gallimard.

84. *Ibid.*

85. Mona Ozouf, *La Fête révolutionnaire 1789-1799*, Gallimard, 1976.

86. Frances Yates, *L'Art de la mémoire*, Gallimard, 1975.

87. Pierre Nora, lettre à Mme Gela J. Jacobson, 17 mars 1975, archives Gallimard.

88. Philippe Joutard, *Les Camisards*, coll. « Archives », Gallimard/Julliard, 1976.

89. Philippe Joutard, entretien avec l'auteur.

90. Pierre Nora, rapport au comité de lecture, 2 décembre 1975, archives Gallimard.

91. Pierre Nora, entretien avec l'auteur.

92. Michel Vovelle, *La Mort et l'Occident de 1300 à nos jours*, Gallimard, 1983.

93. Pierre Nora, rapport au comité de lecture sur *La Mort en Occident de 1300 à nos jours*, 2 mars 1981, archives Gallimard.

94. Pierre Nora, entretien avec l'auteur.

95. *Ibid.*

96. Jean-Pierre Azéma, entretien avec l'auteur.

97. *Ibid.*

98. Alain-Gérard Slama, cité par Thomas Wieder, « Rétrolecture 1973 : *La France de Vichy*, *Le Monde*, 9 août 2008.

99. Henry Rousso, *Le Syndrome de Vichy*, Seuil, 1987.

100. Carlo Ginzburg, *Le Fromage et les Vers. L'univers d'un meunier du* XVIe *siècle*, Aubier, 1980.

101. Michel de Certeau, Dominique Julia, Jacques Revel, *Une politique de la langue. La Révolution française et les patois : l'enquête de Grégoire*, Gallimard, 1975. Voir François Dosse, *Michel de Certeau. Le marcheur blessé*, La Découverte, 2002, p. 304-310.

102. Jacques Revel, entretien avec l'auteur.

103. Pierre Nora, entretien avec l'auteur.

104. Jacques Le Goff, entretien avec l'auteur.

105. Leszek Kolakowski, *Chrétiens sans Église*, Gallimard, 1969.

106. Pierre Nora, entretien avec l'auteur.

107. *Ibid.*

108. *Ibid.*

109. Livre-montage Percy Ernst Schramm, « Les signes du pouvoir et la symbolique de l'État », présenté par Philippe Braunstein, *Le Débat*, n° 14, juillet-août 1981, p. 166-192.

110. Pierre Nora, entretien avec l'auteur.

111. *Ibid.*

112. *Ibid.*

13. 1967 : le rappel de l'identité juive

1. Jean-Paul Sartre, *Réflexions sur la question juive*, Gallimard, 1954.

2. Voir Johann Michel, *Gouverner les mémoires*, PUF, 2010.

3. Pierre Nora, « Tout concourt aujourd'hui au souvenir obsédant de Vichy », entretien avec Robert Solé et Nicolas Weill, *Le Monde*, 1er octobre 1997.

4. Pierre Nora, « De Mahomet aux Marranes », *France Observateur*, 23 mars 1961.

5. Pierre Nora, «Tout concourt aujourd'hui au souvenir obsédant de Vichy», *op. cit.*
6. Pierre Nora, «Israël contre les Juifs?», *Le Nouvel Observateur*, 13 mai 1965.
7. Pierre Nora, entretien avec l'auteur.
8. Robert Gallimard, entretien avec l'auteur.
9. Pierre Nora, entretien avec l'auteur.
10. *Ibid.*
11. *Ibid.*
12. Jean-Noël Jeanneney, entretien avec l'auteur.
13. Pierre Nora, entretien avec l'auteur.
14. Pierre Nora, «Le Juif des nations», *Le Nouvel Observateur*, 28 janvier 1974.
15. *Ibid.*
16. *Ibid.*
17. Pierre Nora, «Le feu vert», *Le Monde*, 22 novembre 1975.
18. *Ibid.*
19. Léon Poliakov, lettre à Pierre Nora, 22 novembre 1975, archives Gallimard.
20. Hubert Védrine, entretien avec l'auteur.
21. Pierre Vidal-Naquet, *Mémoires. 2. Le Trouble et la Lumière (1955-1998)*, Seuil et La Découverte, 1998, Points-Seuil, 2007, p. 249.
22. *Ibid.*, p. 250-251.
23. François Hartog, *Vidal-Naquet, historien en personne*, La Découverte, 2007.
24. Pierre Vidal-Naquet, *Les Assassins de la mémoire*, La Découverte, 1987, p. 82.
25. Pierre Vidal-Naquet, *Mémoires. 2. Le Trouble et la Lumière (1955-1998)*, *op. cit.*, p. 262.
26. Pierre Vidal-Naquet, *Les Juifs, la Mémoire et le Présent*, Maspero, 1981; tomes 1 et 2, La Découverte, 1991, tome 3, La Découverte, 1995.
27. Pierre Nora, «Entre mémoire et histoire», *Les Lieux de mémoire*, tome 1, *La République*, Gallimard, 1984, p. XXXIV.
28. Pierre Nora, «1898. Le thème du complot et la définition de l'identité juive», dans Maurice Olender (dir.), *Pour Léon Poliakov. Le racisme : mythes et sciences*, éd. Complexe, 1981, p. 157-165.
29. *Ibid.*, p. 163.
30. Philippe Meyer, entretien avec l'auteur.
31. Claude Lanzmann, lettre à Pierre Nora, 28 août 1987, archives Pierre Nora.
32. Pierre Nora, entretien avec l'auteur.
33. Claude Lanzmann, lettre à Pierre Nora, 18 février 1997, archives Pierre Nora.
34. Claude Lanzmann, *Le Lièvre de Patagonie*, Gallimard, 2009.
35. Pierre Nora, entretien avec l'auteur.
36. Maryvonne de Saint Pulgent, entretien avec l'auteur.
37. Renaud Camus, *La Campagne de France*, Fayard, 2000.
38. Maryvonne de Saint Pulgent, entretien avec l'auteur.
39. Jérôme Clément, *Plus tard, tu comprendras*, Grasset, 2005.
40. Jérôme Clément, entretien avec l'auteur.
41. *Ibid.*
42. Philippe Joutard, entretien avec l'auteur.
43. Pierre Nora, rapport sur Sabine Zlatin, *Mémoires de la «Dame d'Izieu»*, 10 avril 1992, archives Gallimard.
44. François Mitterrand, «Avant-propos», dans Sabine Zlatin, *Mémoires de la «Dame d'Izieu»*, coll. «Témoins», Gallimard, 1992, p. I-II.
45. Bernard Latarjet, entretien avec l'auteur.
46. Henry Rousso, entretien avec l'auteur.
47. Pierre Nora, entretien avec l'auteur.
48. Antoine Spire, *Ces enfants qui nous manquent*, Maren Sell, 1990, p. 11.
49. Bernard Latarjet, entretien avec l'auteur.
50. Alice Kaplan, *Intelligence avec l'ennemi : le procès Brasillach*, Gallimard, 2001.
51. Pierre Nora, lettre à Emmanuel Levinas, 18 octobre 1975, archives Gallimard.
52. Pierre Nora, note pour le comité de lecture sur *De la Rahmanut, essai sur l'identité juive* de Shmuel Trigano, 25 novembre 1975, archives Gallimard.
53. Pierre Nora, «Berl, le grand rabbin Voltaire», *Le Nouvel Observateur*, 27 septembre 1976.
54. Pierre Nora, entretien avec l'auteur.
55. *Ibid.*
56. *Ibid.*
57. Emmanuel Berl, *Interrogatoire*, par Patrick Modiano, Gallimard, coll. «Témoins», 1976, p. 14.
58. *Ibid.*, p. 24-25.
59. Pierre Nora, entretien avec l'auteur.
60. *Ibid.*
61. Mireille, *Avec le soleil pour témoin*, Laffont, 1981, p. 268.
62. Pierre Nora, entretien avec l'auteur.
63. Emmanuel Berl, *La Fin de la IIIe République*, Gallimard, 2006.
64. Jacques Julliard, entretien avec l'auteur.
65. «Mémoires juives», *Le Débat*, n° 82, novembre-décembre 1994, avec des contributions de Jean-Michel Chaumont, Georges Bensoussan et Alex Derczansky.
66. «Les Juifs de France et la France, une confiance à rétablir», Gilles Bernheim, Élisabeth de Fontenay, Alain Finkielkraut, Philippe de Lara, Philippe Raynaud, Paul Thibaud, Michel Zaoui, *Le Monde*, 30 décembre 2003.
67. «Israël-Palestine : le cancer», Edgar Morin, Sami Naïr, Danielle Sallenave, *Le Monde*, 4 juin 2002.
68. Annette Lindon, entretien avec l'auteur.
69. Peter Novick, *L'Holocauste dans la vie américaine*, Gallimard, 1999.
70. Pierre Nora, rapport au comité de lecture sur *The Holocauste in America Life*, 26 novembre 1999, archives Gallimard.
71. *Ibid.*
72. Élie Barnavi, entretien «Où en est Israël?», *Le Débat*, janvier-février 2004, n° 128, p. 11.

73. Pierre Nora, entretien avec l'auteur.
74. Pierre Nora, «Mémoire et identité juives dans la France contemporaine», *Le Débat*, n° 131, septembre-octobre 2004, p. 20-34.
75. *Ibid.*, p. 34.
76. Itzhok Niborski et Annette Wieviorka, *Les Livres du souvenir*, coll. «Archives», Gallimard, 1983.
77. Laurent Theis, entretien avec l'auteur.
78. Pierre Nora, «Présentation d'Annette Wieviorka, lauréate du prix Mémoire de la Shoah 2000», archives Pierre Nora.
79. *Ibid.*

III. LES PALAIS MÉMORIELS

14. L'EHESS : le laboratoire des *Lieux de mémoire*

1. Pierre Nora, entretien avec l'auteur.
2. André Fermigier, lettre à Pierre Nora, 23 mars 1975, archives Pierre Nora.
3. Jacques Le Goff, entretien avec l'auteur.
4. Pierre Nora, «Projet pour une direction d'études sur Histoire du présent», archives EHESS.
5. Jacques Le Goff, intervention à la commission électorale du 22 avril 1976, archives EHESS.
6. Pierre Vilar, lettre au président de l'EHESS, 17 novembre 1975, archives Pierre Nora.
7. Pierre Vidal-Naquet, «Rapport sur la candidature à un poste de directeur d'études de M. Pierre Nora», 24 novembre 1975, archives EHESS.
8. *Ibid.*
9. *Ibid.*
10. Jacques Revel, entretien avec l'auteur.
11. Marc Ferro, entretien avec l'auteur.
12. Alain Clément, Pierre Nora, «L'Amérique et la France : deux révolutions et deux mondes», *La Révolution américaine et l'Europe*, actes du colloque international, Paris-Toulouse 21-25 février 1978, CNRS, 1979, p. 329-345.
13. Pierre Nora, «Toute la mémoire de l'Amérique», *Nouvel Observateur*, 19 juillet 1976.
14. Pierre Nora, «L'Amérique et les intellectuels français», *Mélanges en l'honneur de Charles Morazé*, Privat, 1978, p. 433-444.
15. *Ibid.*, p. 434.
16. *Ibid.*, p. 435.
17. *Ibid.*, p. 440.
18. *Ibid.*, p. 442.
19. Pierre Nora, séminaire à l'EHESS, 1er décembre 1976, notes de Jérôme Garcin.
20. *Ibid.*, 11 mai 1977, notes de Jérôme Garcin.
21. Pascal Ory, entretien avec l'auteur.
22. Pim de Boer, entretien avec l'auteur. Laurent Theis qui intervient alors dans le séminaire corrobore ce témoignage.
23. Pierre Nora, rapports de séminaire, 1977-1978, archives EHESS.
24. Mona Ozouf, entretien avec l'auteur.
25. Mona Ozouf, «Le passé recomposé», *Le Magazine littéraire*, février 1993, p. 22.
26. Pierre Nora, notes préparatoires à son séminaire, année 1978-1979, archives Pierre Nora.
27. *Ibid.*
28. Pierre Nora, notes préparatoires à son séminaire, année 1979-1980, archives Pierre Nora.
29. *Ibid.*
30. *Ibid.*
31. Jacques Revel, entretien avec l'auteur.
32. Daniel Milo, entretien avec l'auteur.
33. Marc Ferro, entretien avec l'auteur.
34. Daniel Milo, entretien avec l'auteur.
35. *Ibid.*
36. *Ibid.*
37. *Ibid.*
38. Daniel Milo, «Le nom des rues», «Les classiques scolaires», *Les Lieux de mémoire*, tome 2, *La Nation*, vol. 3, Gallimard, 1993 ; rééd. «Quarto», vol. 2, 1997, p. 1887-1918; p. 2085-2130.
39. Thierry Gasnier, «Le local», *Les Lieux de mémoire*, tome 3, *Les France*, vol. 2, Gallimard, 1993 ; rééd. «Quarto», vol. 3, 1997, p. 3423-3477.
40. Thierry Gasnier, entretien avec l'auteur.
41. *Ibid.*
42. *Ibid.*
43. *Ibid.*
44. Yoseph Hayim Yerushalmi, *Zakhor*, La Découverte, 1984; rééd. Gallimard, coll. «Tel», 1991.
45. Thierry Gasnier, entretien avec l'auteur.
46. Yanqing Liu, entretien avec l'auteur.
47. *Ibid.*
48. Jamil Dakhlia, entretien avec l'auteur.
49. *Ibid.*
50. *Ibid.*
51. Jamil Dakhlia, *Histoire de la presse de télévision en France de 1950 à 1995*, thèse soutenue le 22 mai 1998 sous la direction de Pierre Nora, jury : Jean-Noël Jeanneney, Rémy Rieffel, Christian Delporte, Pierre Nora.
52. Jamil Dakhlia, «La presse de programmes en France», *Le Débat*, n° 139, mars-avril 2006, p. 122-134.
53. Yves Morel, *Charles Seignobos devant ses contradicteurs*, Septentrion, 1998.
54. Lichman Tai, *L'Ethnologie française entre colonialisme et décolonisation 1920-1960*, EHESS, 2001.
55. Claudine Drame, *Les Représentations de la Shoah au cinéma en France 1945-1985*, EHESS, 2001, thèse soutenue le 27 mars 2001 avec au jury : Pierre Nora, Marc Ferro, Saul Friedländer, Michèle Lagny, Henry Rousso.

15. La fabrique des *Lieux de mémoire*

1. Peter Laslett, *Un monde que nous avons perdu*, Flammarion, 1970.
2. Philippe Joutard, *La Légende des camisards. Une sensibilité au passé*, Gallimard, 1977.
3. Pierre Nora, «Lettre-préface», dans *Montagnes, Méditerranée, Mémoire*, Mélanges offerts à Philippe Joutard, Publications de l'université de Provence, 2002, p. 12.
4. Pierre Nora, «Mémoire de l'historien, mémoire de l'histoire», entretien avec J.-B. Pontalis, *Nouvelle Revue de Psychanalyse*, n° 15, printemps 1977, p. 221-232.
5. J.-B. Pontalis, *ibid.*, p. 231.
6. Annette Wieviorka, entretien avec l'auteur.
7. Pierre Nora, «La mémoire collective», dans Jacques Le Goff (dir.), *La Nouvelle Histoire*, Encyclopédie Retz, 1978, p. 398-401.
8. *Ibid.*, p. 401.
9. Pierre Nora, «Quatre coins de la mémoire», dans *H-Histoire*, n° 2, juin 1979, p. 9-31.
10. *Ibid.*, p. 28.
11. Pierre Nora, «Entre mémoire et histoire», *Les Lieux de mémoire*, Gallimard, 1984, rééd. «Quarto», vol. 1, 1997, p. 23.
12. Voir Patrick Garcia, «*Les Lieux de mémoire*, une poétique de la mémoire?», *EspacesTemps*, n° 74-75, 2000, p. 122-142.
13. Maurice Halbwachs, *Les Cadres sociaux de la mémoire*, Alcan, 1925; rééd. Albin Michel, 1994; *La Mémoire collective*, PUF, 1950; rééd. Albin Michel, 1997.
14. Pierre Nora, «Entre mémoire et histoire», *op. cit.*, p. 24-25.
15. Roger Bastide, «Mémoire collective et sociologie du bricolage», dans *L'Année sociologique*, vol. 21/1970, 1971, p. 82.
16. Pierre Nora, «Entre mémoire et histoire», *op. cit.*, p. 25.
17. *Ibid.*, p. 26.
18. *Ibid.*, p. 31.
19. *Ibid.*, p. 33.
20. *Ibid.*, p. 37.
21. Pierre Nora, «Présentation», *Les Lieux de mémoire*, tome 1, *La République*, Gallimard, 1984, rééd. «Quarto», 1997, p. 19.
22. *Ibid.*, p. 20.
23. *Ibid.*, p. 21.
24. Pierre Nora, «Comment écrire l'histoire de France?», *Les Lieux de mémoire*, tome 3, *Les France*, vol. 1, Gallimard, 1993; rééd. «Quarto», vol. 3, 1997, p. 2226.
25. Alphonse Dupront, conférence ENS, citée par Dominique Julia, séminaire de l'IHTP et du Centre d'histoire culturelle des sociétés contemporaines de l'université de Saint-Quentin-en-Yvelines, 14 janvier 1999.
26. Pierre Nora, «Comment écrire l'histoire de France?», *op. cit.*, p. 2229.
27. Pierre Nora, commentaire au séminaire de Bogumil Jewsiewicki-Koss et de Philippe Joutard, 18 janvier 2008, Médiathèque des études supérieures, Anamnesis.tv.
28. Pierre Nora, présentation, *Les Lieux de mémoire*, Gallimard, 1984, rééd. «Quarto», vol. 1, 1997, p. 19.
29. Pierre Nora, «Entre mémoire et histoire», *op. cit.*, p. 34.
30. Yosef Yerushalmi, *Zakhor. Histoire juive et mémoire juive*, La Découverte, 1984.
31. Paul Ricœur, *La Mémoire, l'Histoire, l'Oubli*, Seuil, 2000, p. 517-518.
32. Yosef Yerushalmi, *Zakhor. Histoire juive et mémoire juive*, *op. cit.*, p. 97.
33. *Ibid.*, p. 111.
34. Yosef Yerushalmi, «Réflexions sur l'oubli», dans *Usages de l'oubli*, colloque de Royaumont, Seuil, 1988, p. 11.
35. Pierre Nora, lettre à Yosef Yerushalmi, 11 septembre 1987, archives Gallimard.
36. Yosef Yerushalmi, entretien avec François Furet, *Le Nouvel Observateur*, 4-10 septembre 1987.
37. Yosef Yerushalmi, lettre à Pierre Nora, le 19 octobre 2002, archives Pierre Nora.
38. Pierre Nora, «Histoires d'historiens», entretien avec Marc Riglet, DVD-INA, 4e CD : «Les Lieux de mémoire», 1re diffusion TNT, 2/12/2004.
39. Claude Gallimard, note à Pierre Nora, 25 avril 1984, archives Gallimard.
40. Pierre Nora, note sur *Les Lieux de mémoire* au comité de lecture, 23 novembre 1983, archives Gallimard.
41. Pierre Nora, lettre à Antoine Prost, 22 juillet 1983, archives Gallimard.
42. Antoine Prost, entretien avec l'auteur.
43. Pierre Nora, lettre à Madeleine Rebérioux, 2 mai 1984, archives Gallimard.
44. Pierre Nora, lettre à Michel Vovelle, 20 avril 1984, archives Gallimard.
45. Reprise de l'article de Pierre Nora, «Ernest Lavisse : son rôle dans la formation du sentiment national», paru dans *La Revue historique*, juillet-septembre 1962.
46. Pierre Nora écrira une préface à l'ouvrage de Daniel Denis et Pierre Kahn (dir.), *L'École républicaine et la Question des savoirs. Enquête au cœur du Dictionnaire de pédagogie de Ferdinand Buisson*, CNRS éd., 2003, «Vingt ans après... Retour sur un lieu de mémoire».
47. Pierre Nora, «De la République à la Nation», *Les Lieux de mémoire*, tome 1, *op. cit.*, rééd. «Quarto», vol. 1, p. 561.
48. Pierre Nora, «Présentation», *Les Lieux de mémoire*, tome 2, *La Nation*, Gallimard, 1986; rééd. «Quarto», tome 1, p. 579.
49. Pierre Nora, lettre à Julien Gracq, 20 novembre 1983, archives Gallimard.
50. Pierre Nora, lettre à Antoine Prost, 2 août 1984, archives Gallimard.

51. Pierre Nora, lettre à Jean-Marie Mayeur, 1er mars 1985, archives Gallimard.
52. Pierre Nora, «Les mémoires d'État», *Les Lieux de mémoire*, tome 2, *La Nation*, volume 2, Gallimard, 1986; rééd. «Quarto», vol. 1, 1997, p. 1383-1427.
53. *Ibid.*, p. 2210.
54. *Ibid.*, p. 2213.
55. Pierre Nora, «Présentation», *Les Lieux de mémoire*, tome 3, *Les France*, volume 3, Gallimard, 1993; rééd. «Quarto», vol. 3, 1997, p. 3874.
56. Pierre Nora, lettre à Mona Ozouf, 26 juin 1987, archives Gallimard.
57. Pierre Nora, lettre à Pierre Vidal-Naquet, 8 juillet 1987, archives EHESS, fonds Pierre Vidal-Naquet.
58. Pierre Birnbaum, «Grégoire, Dreyfus, Drancy et Copernic. Les Juifs au cœur de l'histoire de France», *Les Lieux de mémoire*, tome 3, *Les France*, volume 1, Gallimard, 1993; rééd. «Quarto», 1997, vol. 2, p. 2679-2718.
59. Antoine Compagnon, «La *Recherche du temps perdu* de Marcel Proust», *Les Lieux de mémoire*, tome 3, *Les France*, volume 2, Gallimard, 1993; rééd. «Quarto», 1997, vol. 3, p. 3835-3869.
60. Antoine Compagnon, entretien avec l'auteur.
61. *Ibid.*
62. Antoine Compagnon, «La *Recherche du temps perdu* de Marcel Proust», *op. cit.*, p. 3861.
63. Pierre Nora, lettre à Antoine Compagnon, 8 mars 1990, archives Gallimard.
64. Antoine Compagnon, entretien avec l'auteur.
65. Paul Viallaneix, entretien avec l'auteur.
66. Pierre Nora, «postface» à Jules Michelet, *Histoire de France*, 17 volumes, éditions des Équateurs, 2009, p. 356.
67. Andrée Corvol, *L'Homme aux bois XVIIe-XXe siècle*, Fayard, 1987.
68. Pierre Nora, lettre à Andrée Corvol, 17 mars 1987, archives Gallimard.
69. Jean-Paul Poisson, «L'étude du notaire», *Les Lieux de mémoire*, tome 3, *Les France*, volume 3, Gallimard, 1993; rééd. «Quarto», 1997, vol. 3, p. 3909-3935.
70. Henri Rousso, *Le Syndrome de Vichy*, Seuil, 1987.
71. Henry Rousso, entretien avec l'auteur.
72. Philippe Burrin, «Vichy», *Les Lieux de mémoire*, tome 3, *Les France*, volume 1, Gallimard, 1993; rééd. «Quarto», 1997, vol. 2, p. 2467-2487.
73. Franco Venturi, lettre à Pierre Nora, 20 juin 1987, archives Gallimard.
74. Pierre Nora, lettre à Philippe Boutry, 8 avril 1988, archives Gallimard.
75. Pierre Nora, lettre à François Loyer, 16 septembre 1985, archives Gallimard.
76. Pierre Nora, «L'ère de la commémoration», *Les Lieux de mémoire*, tome 3, *Les France*, volume 3, Gallimard, 1993; rééd. «Quarto», 1997, vol. 3, p. 4687-4719.
77. *Ibid.*, p. 4703.
78. *Ibid.*, p. 4712.
79. *Ibid.*, p. 4715.
80. Laurent Theis, entretien avec l'auteur.
81. Pierre Nora, «Rencontre avec François Léotard», *Le Quotidien de Paris*, 6 février 1989.

16. La réception française des *Lieux de mémoire* : le moment mémoriel

1. François Hartog, *Le Miroir d'Hérodote*, Gallimard, 1980
2. François Hartog, «Temps et Histoire. Comment écrire l'histoire de France?», *Annales HSS*, novembre-décembre 1995, n° 6, p. 1219-1236.
3. François Hartog, *Régimes d'historicité*, Seuil, 2003, p. 138.
4. *Ibid.*, p. 158.
5. Henry Rousso, «Le jeu de l'oie de l'identité française», *Vingtième Siècle*, n° 15, juillet-septembre 1987, p. 151.
6. *Ibid.*, p. 153.
7. Pierre Nora, «Le syndrome, son passé, son avenir», *French Historical Studies*, Duke University Press, vol. 19, n° 2, automne 1995, p. 487-493.
8. *Ibid.*, p. 489.
9. Éric Conan, Henry Rousso, *Vichy, un passé qui ne passe pas*, Fayard, 1994.
10. Marie-Claire Lavabre, *Le Fil rouge. Sociologie de la mémoire communiste*, Presses de Sciences-Po, 1994.
11. Marie-Claire Lavabre, «Usages du passé, usages de la mémoire», *Revue française de sciences politiques*, n° 3, 1994.
12. *Ibid.*
13. Olivier Mongin, «Une mémoire sans histoire? Vers une autre relation à l'histoire», *Esprit*, mars 1993, p. 102.
14. *Ibid.*, p. 112.
15. Paul Ricœur, *La Mémoire, l'Histoire, l'Oubli*, Seuil, 2000.
16. Paul Ricœur, «Approches historiennes, approche philosophique», *Le Débat*, n° 122, novembre-décembre 2002, p. 54.
17. Steven Englund, «De l'usage du mot nation par les historiens, et réciproquement», *Le Monde diplomatique*, mars 1988, p. 28-29; «Note critique : Lieux de mémoire en débat», *Politix*, n° 26, 2e semestre 1994, p. 141-168.
18. *Ibid.*, p. 28.
19. Lucette Valensi, «Histoire nationale, histoire monumentale», *Annales HSS*, novembre-décembre 1995, n° 6, p. 1271-1277.
20. Lucette Valensi, *Les Fables de la mémoire. La glorieuse bataille des trois rois*, Seuil, 1992.

21. Lucette Valensi, «Histoire nationale, histoire monumentale», *op. cit.*, p. 1273.
22. *Ibid.*, p. 1277.
23. Fred F. Schrader, «Comment une histoire nationale est-elle possible?», *Genèses*, 14, 1994, p. 153-163.
24. Jean-Paul Willaime, «De la sacralisation de la France, *Lieux de mémoire* et imaginaire social», *Archives des sciences sociales des religions*, 66/1, juillet-septembre 1988, p. 126.
25. Bernard Lepetit, «Le présent de l'histoire», dans *Les Formes de l'expérience*, Albin Michel, 1995, p. 298.
26. Patrick Garcia, «*Les Lieux de mémoire*, une poétique de la mémoire?», *EspacesTemps*, n° 74/75, 2000, p. 141.
27. Pierre Nora, entretien avec l'auteur.
28. *Ibid.*
29. *Ibid.*
30. Lucette Valensi, communication au séminaire de Philippe Joutard, Bogumil Jewsiewicki et Marie-Claire Lavabre, EHESS, IEP, Maison Suger, 1er décembre 2004.
31. William B. Cohen, *Français et Africains. Les Noirs dans le regard des Blancs 1530-1880*, Gallimard, 1981.
32. Alain Roger, «Histoire et mémoire», dans *Europa 50*, Villa Vigoni, X, 1 Luglio, juillet 2007, p. 85.
33. Pierre Nora, «La nation sans nationalisme», *EspacesTemps*, n° 59-60-61, 1995, p. 66-69.
34. Pierre Nora, «Le nationalisme nous a caché la nation», *Le Monde*, 18-19 mars 2007.
35. Pierre Nora, «Qu'est-ce qu'être français aujourd'hui? Entretien avec Pierre Nora et Paul Thibaud», dans Alain Finkielkraut (dir.), *Qu'est-ce que la France?*, Stock, 2007.
36. *Ibid.*
37. Alain Duhamel, entretien avec l'auteur.

17. L'ère du patrimoine

1. Jean-Michel Leniaud, *L'Utopie française. Essai sur le patrimoine*, Mengès, 1992, p. 115.
2. Bernadette M. Gradis, lettre à Pierre Nora, 20 octobre 1993, archives Gallimard.
3. Pierre Nora, lettre à Bernadette M. Gradis, 27 octobre 1993, archives Gallimard.
4. Pierre Nora, «L'explosion du patrimoine», *Revue de l'Institut national du patrimoine*, n° 2, 2006, p. 7.
5. Jack Lang, lettre à Pierre Nora, 4 avril 1990, archives Gallimard.
6. Pierre Nora, entretien avec l'auteur.
7. Philippe Joutard, entretien avec l'auteur.
8. Pierre Nora, «Note pour la séance du 20 juin 1990 du groupe de travail sur "Les lieux de mémoire"», archives Gallimard.
9. Philippe Joutard, entretien avec l'auteur.
10. Maryvonne de Saint Pulgent, allocution à l'occasion de la remise par Pierre Nora des insignes d'officier de la Légion d'honneur, 13 octobre 2005, archives Gallimard.
11. *Les Lieux de mémoire*, tome 2, *La Nation*, volume 2, Gallimard, 1986. La partie consacrée au patrimoine comporte les contributions d'André Chastel, «La notion de patrimoine», d'Édouard Pommier, «Naissance des musées de province», de Dominique Poulot, «Alexandre Lenoir et les musées des Monuments français», Françoise Bercé, «Arcisse de Caumont et les sociétés savantes», Laurent Theis, «Guizot et les institutions de mémoire», André Fermigier, «Mérimée et l'Inspection des monuments historiques» et Bruno Foucart, «Viollet-le-Duc et la restauration».
12. Maryvonne de Saint Pulgent, entretien avec l'auteur.
13. *Ibid.*
14. Pierre Nora (dir.), *Actes des entretiens du patrimoine. Science et conscience du patrimoine*, Fayard, 1997.
15. Pierre Nora, *ibid.*, p. 12.
16. *Ibid.*, p. 396.
17. Brochure annuelle, Célébrations nationales, dir. de publication : Martine de Boisdeffre, directrice des Archives de France. Comité de rédaction : Danièle Neirinck, Charles-Louis Foulon, Arlette Grimot.
18. Pierre Nora, entretien avec l'auteur.
19. Pierre Nora, «Cet étrange musée historique de Versailles», dans *Mélanges en hommage à Françoise Cachin*, Gallimard, 2004, p. 63.
20. Marie-Anne Sire, entretien avec l'auteur.
21. Pierre Nora, entretien avec l'auteur.
22. Pierre Nora, «Profane et sacré dans la mémoire de la nation républicaine», *Tribune : loi de 1905*, Académie des sciences morales et politiques, 14 février 2005, p. 36.
23. Emmanuel de Roux, «Mobilisation en faveur des Archives nationales», *Le Monde*, 22 janvier 2001.
24. Annette Wieviorka, entretien avec l'auteur.
25. Emmanuel de Roux, «Mobilisation en faveur des Archives nationales», *Le Monde*, 22 janvier 2001.
26. Annette Wieviorka, entretien avec l'auteur.
27. Krzysztof Pomian, «Les archives. Du trésor des Chartes au Caran», *Lieux de mémoire*, tome 3, *Les France*, volume 3; rééd. «Quarto», 1997, vol. 3, p. 3999-4067.
28. Pierre Nora, «Mission et enjeux des archives dans les sociétés contemporaines», *Comma. Revue internationale des archives*, 2/3, 2003, p. 48.
29. Pierre Nora, «Choisir, c'est anticiper l'avenir», *Les Nouveaux Dossiers de l'audiovisuel*, n° 6, septembre-octobre 2005, p. 40.
30. Pierre Nora, entretien avec Christian Delporte et Isabelle Veyrat-Masson, «La fièvre

médiatique des commémorations», *Le Temps des médias*, n° 5, automne 2005, p. 191.

18. Le soleil ne se couche plus sur *Les Lieux de mémoire*

1. Pierre Nora, «La loi de la mémoire», *Le Débat*, n° 78, janvier-février 1994, p. 187.
2. Bogumil Jewsiewicki, entretien avec l'auteur.
3. Pierre Nora, *Le Devoir*, 16 novembre 1998.
4. Pierre Nora, *Le Soleil*, 17 octobre 1998.
5. Pierre Nora, «Deux ou trois choses que je sais de lui», dans Isidore Daywel È Nziem et Élisabeth Mudimbe-Boyi, *Images, mémoires et savoirs. Une histoire en partage avec Bogumil Koss Jewsiewicki*, Karthala, 2009.
6. *Ibid.*
7. Bogumil Jewsiewicki, entretien avec l'auteur.
8. Pierre Nora, «Deux ou trois choses que je sais de lui», *op. cit.*
9. Lawrence Kritzman, entretien avec l'auteur.
10. *Realms of Memory. Construction of the French Past*, I – Conflicts and Divisions; II – Traditions; III – Symbols, under the direction of Pierre Nora, Foreword by L. D. Kritzman, Translated by Arthur Goldhammer, Columbia University Press, 1996-1998.
11. Entre autres, de Tony Judt dans le *New York Review of Books*, de David Bell, professeur à l'université Johns Hopkins dans *The New Republic* ou encore de Sunil Khilnani et Eugen Weber dans le *Los Angeles Times.*
12. Pierre Nora, lettre à Sunil Khilnani, 8 avril 1999, archives Gallimard.
13. Pierre Nora, lettre à David A. Bell, 12 septembre 1997, archives Gallimard.
14. *Ibid.*
15. Pierre Nora, lettre à Tony Judt, 12 février 1999, archives Gallimard.
16. Pierre Nora, entretien avec l'auteur.
17. *Rethinking France*, under the direction of Pierre Nora. Translation. Directed by David P. Jordan, volume 1 : *The State*, Chicago University Press, 2001; volume 2 : *Space*, 2006; volume 3 : *Legacies*, 2009; volume 4 : *Les Lieux de mémoire : Histories and Memories*, 2010.
18. Pierre Nora, «Postface», dans Étienne François, Hagen Schulze, *Deutsche Erinnerungsorte*, Berg, 2001.
19. Bénédicte Vergez-Chaignon, communication au séminaire de Bogumil Jewsiewicki, Philippe Joutard et Marie-Claire Lavabre, 1er décembre 2004.
20. *Mémoires allemandes*, dir. Étienne François et Hagen Schulze, postface Pierre Nora, Gallimard, 2007.
21. Bénédicte Vergez-Chaignon, entretien avec l'auteur.
22. Pim Den Boer, *History as a profession. History in France 1818-1914* (1987), Princeton University Press, 1998.
23. Pierre Nora, «La notion de lieu de mémoire est-elle exportable?», dans Pim Den Boer et Willem Frijhoff (dir.), *Lieux de mémoire et identités nationales*, Amsterdam University Press, 1993, p. 3-10.
24. Pierre Nora, entretien avec Nicolas Weil, *Le Monde*, 3 janvier 1997.
25. Mario Isnenghi (dir.), *L'Italie par elle-même : Lieux de mémoire italiens de 1848 à nos jours*, ENS, 2006.
26. Mario Isnenghi, «Conclusione», dans *I luoghi della memoria. Personaggi e date dell'Italia unita*, Laterza, 1997, p. 429.
27. Gilles Pécout, «D'impossibles lieux de mémoire italiens?», dans Mario Isnenghi (dir.), *L'Italie par elle-même : Lieux de mémoire italiens de 1848 à nos jours*, *op. cit.*, p. 25.
28. Girolamo Arnaldi, «Unité et divisions italiennes», *Le Débat*, n° 78, janvier-février 1994, p. 31-41.
29. Josefina Cuesta, entretien avec l'auteur.
30. Felipe Brandi, «Connaissance historique et usages politiques du passé. Considérations autour de l'épilogue du *Dimanche de Bouvines* de G. Duby», *Cahiers du CRH*, octobre 2009, n° 44, p. 180-181.
31. Josefina Cuesta, *La Odisea de la Memoria. Historia de la memoria en España, Siglo XX*, Alianza Editorial, 2008.
32. Paloma Aguilar Fernandez, *Politicas de la memoria y memorias de la politica*, Alianza Editorial, 2008.
33. *À l'Est, la mémoire retrouvée*, «Introduction», Alain Brossat, Sonia Combe, Jean-Yves Potel, Jean-Charles Szurek (dir.), La Découverte, 1990, p. 11.
34. Pierre Nora, dans Youri Afanassiev et Marc Ferro (dir.), *50 idées qui ébranlèrent le monde. Dictionnaire de la Glasnost*, Payot, 1989, p. 416-417.
35. Pierre Nora, lettre à Liu, 16 mai 2005, archives Gallimard.
36. Pierre Nora, lettre au professeur Yoshinari Nishinaga, 24 avril 2003, archives Gallimard.

IV. LE «RETOUR» DU SUJET

19. Le tournant interprétatif

1. Marcel Gauchet, *Le Débat*, n° 50, mai-août 1988, p. 165-170.
2. Voir François Dosse, *Histoire du structuralisme*, tomes 1 et 2, La Découverte, 1991, 1992; rééd. Hachette, livre de poche, «Biblio-Essais», 1995.

3. Marcel Gauchet, *Le Débat*, *op. cit.*, p. 166.

4. Voir Christian Delacroix, François Dosse, Patrick Garcia, *Les Courants historiques en France XIXe-XXe siècle*, Gallimard, «Folio», 2007.

5. François Hartog, *Le Miroir d'Hérodote*, Gallimard, 1980.

6. Michel de Certeau, rapport de soutenance de thèse, juin 1979, archives Gallimard.

7. Pierre Nora, lettre à Arnaldo Momigliano, 20 février 1979, archives Gallimard.

8. Pierre Nora, rapport au comité de lecture sur *Essais d'historiographie ancienne et moderne*, 27 mars 1979, archives Gallimard.

9. Arnaldo Momigliano, *Problèmes d'historiographie ancienne et moderne*, Gallimard, 1983.

10. Jean-Pierre Vernant, *L'Individu, la Mort, l'Amour. Le même et l'autre en Grèce ancienne*, Gallimard, 1988.

11. Peter Brown, *Genèse de l'Antiquité tardive*, Gallimard, 1983.

12. Peter Brown, *Le Renoncement de la chair*, Gallimard, 1995.

13. Marc Bloch, *Les Rois thaumaturges*, Gallimard, 1983.

14. Bernard Guenée, *Histoire et culture historique dans l'Occident médiéval*, Aubier, 1980.

15. Pierre Nora, rapport au comité de lecture, sur *Hommes d'Église* de Bernard Guenée, archives Gallimard, 1986.

16. Pierre Nora, lettre à Bernard Guenée, 5 septembre 1986, archives Gallimard.

17. Bernard Guenée, lettre à Pierre Nora, 20 décembre 1984, archives Gallimard.

18. Bernard Guenée, *Un meurtre, une société*, Gallimard, 1992.

19. Krzysztof Pomian, *L'Ordre du temps*, Gallimard, 1984.

20. Pierre Nora, rapport au comité de lecture, sur *L'Ordre du temps*, 13 avril 1982, archives Gallimard.

21. Jean Bottéro, Samuel Noah Kramer, *Lorsque les dieux faisaient l'homme*, Gallimard, 1989.

22. Samuel Noah Kramer, *L'histoire commence à Sumer*, Arthaud, 1957.

23. Jean Bottéro, *Naissance de Dieu*, Gallimard, 1986.

24. Jean Bottéro, *Mésopotamie*, Gallimard, 1987.

25. Jean Bottéro, lettre à Pierre Nora, 18 décembre 1993, archives Gallimard.

26. Louis Audibert, lettre à Pierre Nora, 1er juin 1989, archives Gallimard.

27. Carlo Ginzburg, *À distance*, Gallimard, 2001.

28. Jacques Revel, «L'histoire au ras du sol», préface à Giovanni Levi, *Le Pouvoir au village*, Gallimard, 1989.

29. Paul Viallaneix, entretien avec l'auteur.

30. Paul Viallaneix, *La Voie royale. Essai sur l'idée de peuple dans l'œuvre de Michelet*, Delagrave, 1959.

31. Paul Viallaneix, entretien avec l'auteur.

32. Jules Michelet, *Cours au Collège de France*, 2 vol., Gallimard, 1995.

33. Pierre Nora, propos cités par Paul Viallaneix, entretien avec l'auteur.

34. Paul Viallaneix, *Michelet, les travaux et les jours*, Gallimard, 1998.

35. Philippe-Jean Catinchi, *Le Monde*, 17 juillet 1998; Mona Ozouf, *Le Nouvel Observateur*, 30 juillet-5 août 1998; Laurent Theis dans *Le Point*, 17 juillet 1998; George Steiner dans *Times Literary Supplement*, 17 juillet 1998; Robert Bonnaud dans *La Quinzaine littéraire*, 1er-15 juillet 1998.

36. Pierre Nora, «L'inspirateur des *Lieux de mémoire*», *Le Figaro littéraire*, 25 juin 1998.

37. Pierre Nora, lettre à Paul Viallaneix, 21 novembre 2009.

38. Laurent Theis, *Guizot*, Fayard, 2008.

39. Laurent Theis, entretien avec l'auteur.

40. Laurent Theis, lettre à Pierre Nora, 11 octobre 2007, archives Pierre Nora.

41. Alain Decaux, entretien avec l'auteur.

42. Fernand Braudel, *L'Identité de la France*, Flammarion, 1986, p. 9.

43. André Burguière, Jacques Revel (dir.), *Histoire de la France*, 4 volumes, Seuil, 1989-1999.

44. Pierre Chaunu, *La France, Histoire de la sensibilité des Français à la France*, Robert Laffont, 1982.

45. Pierre Goubert, *Initiation à l'histoire de la France*, Fayard-Tallandier, 1984.

46. Maurice Agulhon, *Pénitents et francs-maçons de l'ancienne Provence*, Fayard, 1968.

47. Maurice Agulhon, *Les Quarante-Huitards*, coll. «Archives», Gallimard/Julliard, 1976.

48. Pierre Nora, lettre à Maurice Agulhon, 8 juillet 1973.

49. Maurice Agulhon, entretien avec l'auteur.

50. Colette Beaune, *Naissance de la nation France*, Gallimard, 1985; le livre connaîtra un réel succès et passera en poche, collection «Folio» en 1993.

51. Jacques Krynen, *L'Empire du roi*, Gallimard, 1993.

52. Pierre Nora, rapport au comité de lecture sur *Histoire critique de l'idéologie républicaine*, 9 novembre 1981, archives Gallimard.

53. Pierre Rosanvallon, *Le Moment Guizot*, Gallimard, 1985.

54. Pierre Nora, rapport au comité de lecture sur *Le Moment Guizot*, 21 novembre 1983, archives Gallimard.

55. Pierre Rosanvallon, *Le Sacre du citoyen*, Gallimard, 1992; *Le Peuple introuvable*, Gallimard, 1998; *La Démocratie inachevée*, Gallimard, 2000.

56. Pierre Nora, entretien avec l'auteur.

57. Daniel Lindenberg, *Le Rappel à l'ordre : enquête sur les nouveaux réactionnaires*, Seuil, 2002.

58. Pierre Nora, entretien avec l'auteur.

59. Pierre Nora, entretien avec Jean Birnbaum, *Le Monde*, 22 novembre 2002.
60. Pierre Nora, rapport au comité de lecture sur *Espion*, 13 octobre 1993, archives Gallimard.
61. Alain Dewerpe, *Espion*, Gallimard, 1994.
62. Alain Dewerpe, lettre à Pierre Nora, 10 avril 1994, archives Gallimard.
63. Eric Hobsbawm, *L'Âge des extrêmes*, éd. Complexe/*Le Monde diplomatique*, 1999.
64. Thierry Denoël, «Le livre interdit», *L'Express*, 22 octobre 1999.
65. Eric Hobsbawm, *Nations et nationalisme depuis 1780*, Gallimard, 1992.
66. Pierre Nora, lettre à Eric Hobsbawm, 11 juillet 1995, archives Gallimard.
67. Eric Hobsbawm, *L'Ère des Révolutions, 1789-1848*, Fayard, 1970; *L'Ère du Capital, 1848-1870*, Fayard, 1978; *L'Ère des Empires, 1870-1914*, Fayard, 1989.
68. Voir Olivier Bétourné et Aglaïa Hartig, *Penser l'histoire de la Révolution française*, La Découverte, 1988.
69. François Furet, cité par Pierre Nora, dans Perry Anderson, *La Pensée tiède*, suivi de Pierre Nora, *La Pensée réchauffée*, Seuil, 2005, p. 131.
70. «L'Âge des extrêmes», Eric Hobsbawm, Michaël Mann, Christian Meier, Krzysztof Pomian, Benjamin Schwarz, *Le Débat*, n° 93, janvier-février 1997, p. 12-92.
71. Krzysztof Pomian, «Quel XXe siècle?», *ibid.*, p. 47.
72. Eric Hobsbawm, «Commentaires», *ibid.*, p. 92.
73. Pierre Nora, «Traduire : nécessité et difficultés», *ibid.*, p. 94.
74. Pierre Vidal-Naquet, lettre à Pierre Nora, 12 avril 1997, archives Gallimard.
75. Bernard Lewis, *Les Arabes dans l'Histoire. La secte des Assassins au Xe siècle* (1967), éd. Complexe, 1982; *La Découverte musulmane de l'Europe*; *Race et couleur en pays d'Islam*, Payot, 1982.
76. Bernard Lewis, «Le retour de l'Islam», *Le Débat*, n° 14, juillet-août 1981.
77. Bernard Lewis, *Le Retour de l'Islam*, Gallimard, 1985. L'ouvrage trouvera son public et passera en poche en 1993, coll. «Folio».
78. Pierre Nora, lettre à Bernard Lewis, 3 avril 1986, archives Gallimard.
79. Pierre Nora, lettre à Bernard Lewis, 27 mars 1987, archives Gallimard.
80. Bernard Lewis, *Le Langage politique de l'Islam*, Gallimard, 1988.
81. Bernard Lewis, *Europe-Islam*, Gallimard, 1992.
82. Bernard Lewis, *Race et esclavage au Proche-Orient*, Gallimard, 1993.
83. Bernard Lewis, *Le Monde*, 1er janvier 1994.
84. Madeleine Rebérioux, «Les Arméniens, le juge et l'historien», *L'Histoire*, octobre 1995, p. 98.
85. Bernard Lewis, *Que s'est-il passé? (L'Islam, l'Occident et la Modernité)*, Gallimard, 2002, qui connaîtra un vif succès.
86. Christel Chassagnol, entretien avec l'auteur.
87. Pierre Nora, lettre à Bernard Lewis, le 15 novembre 2001, archives Gallimard.
88. Bernard Lewis, lettre à Pierre Nora, 3 décembre 2001, archives Gallimard.
89. Roger Pol-Droit, «Splendeur perdue de l'Islam», *Le Monde*, 4 octobre 2002.
90. Pierre Nora, entretien, *Le Figaro*, 17 mai 2006.
91. Olivier Pétré-Grenouilleau, *Les Traites négrières*, Gallimard, 2004.
92. Antoine de Baecque, «Il s'est fait traiter», *Libération*, 15 mars 2006.
93. Christel Chassagnol, entretien avec l'auteur.
94. Lionel Jospin, *Le Monde comme je le vois*, Gallimard, 2005.

20. L'écriture de soi : les *Essais d'ego-histoire*

1. Emmanuel Le Roy Ladurie, *Paris-Montpellier. P.C.-P.S.U. 1945-1963*, Gallimard, 1982.
2. Philippe Ariès, *Un historien du dimanche*, Seuil, 1980.
3. Pierre Nora, «Projet d'auto-histoire», texte dactylographiée, 1982, archives Gallimard.
4. *Ibid.*
5. Pierre Nora, lettre à Pierre Vidal-Naquet, 21 juillet 1982, archives Gallimard.
6. Pierre Vidal-Naquet, *Mémoires 1. La Brisure et l'Attente (1930-1955)*, Seuil/La Découverte, 1995; *Mémoires 2. Le Trouble et la Lumière (1955-1998)*, Seuil/La Découverte, 1998.
7. Pierre Vidal-Naquet, «Avant-propos», *Mémoires*, tome 1, Seuil, coll. «Points», p. 9.
8. Pierre Nora, lettre à Annie Kriegel, 22 juillet 1982, archives Gallimard.
9. Annie Kriegel, *Ce que j'ai cru comprendre*, Laffont, 1991, p. 11.
10. Voir François Dosse, *Michel de Certeau. Le marcheur blessé*, La Découverte, 2002; rééd. La Découverte-poche, 2007.
11. Michel de Certeau, lettre à Pierre Nora, 27 janvier 1985, archives Gallimard.
12. Paul Veyne, lettre à Pierre Nora, 3 septembre 1983, archives Gallimard.
13. Paul Veyne, *Le Quotidien et l'Intéressant. Entretien avec Catherine Darbo-Peschanski*, Les Belles Lettres, 1995, p. 8.
14. Paul Veyne, lettre à Pierre Nora, 27 septembre 1983, archives Gallimard.
15. Pierre Goubert, *Beauvais et le Beauvaisis de 1600 à 1730*, SEVPEN, 1960.
16. Pierre Goubert, lettre à Pierre Nora, 1er juin 1983, archives Gallimard.
17. Pierre Goubert, *Un parcours d'historien*, Fayard, 1996.

18. Jacques Julliard, entretien avec l'auteur.
19. Pierre Nora, lettre à Jacques Julliard, 15 juin 1984, archives Gallimard.
20. François Furet, *Le Passé d'une illusion. Essai sur l'idée communiste au* XX*e siècle*, Laffont/Calmann-Lévy, 1995.
21. Pierre Nora (dir.), *Essais d'ego-histoire*, Gallimard, 1987. Maurice Agulhon, Pierre Chaunu, Georges Duby, Raoul Girardet, Jacques Le Goff, Michelle Perrot, René Rémond.
22. Pierre Chaunu, lettre à Pierre Nora, 17 mai 1982, archives Gallimard.
23. Pierre Chaunu, «Le fils de la morte», dans Pierre Nora (dir.), *Essais d'ego-histoire*, *op. cit.*, p. 61-107.
24. Pierre Chaunu, *L'Instant éclaté*, entretiens avec François Dosse, Aubier, 1994.
25. Michelle Perrot, intervention dans le séminaire de Christian Delacroix, François Dosse, Patrick Garcia, IHTP, CHCE, 12 décembre 2008.
26. Michelle Perrot, lettre à Pierre Nora, 23 octobre 1983, archives Gallimard.
27. Pierre Nora, lettre à Maurice Agulhon, 28 août 1985, archives Gallimard.
28. Pierre Nora, *Essais d'ego-histoire*, *op. cit.*, p. 363.
29. Jeremy Popkin, *History, Historians and Autobiography*, University of Chicago Press, 2005, p. 75.
30. Jeremy Popkin, lettre à Pierre Nora, 16 mai 2005, archives Pierre Nora.

21. Le tournant vers une histoire culturelle

1. Voir Philippe Poirrier, *Les Enjeux de l'histoire culturelle*, coll. «L'histoire en débats», Seuil, 2004.
2. Pierre Nora, lettre à Georges Duby, 30 juillet 1982, archives Gallimard.
3. Aaron Gourevitch, *Les Catégories de la culture médiévale*, Gallimard, 1983.
4. Pietro Redondi, *Galilée hérétique*, Gallimard, 1985.
5. Jacques Gernet, *Chine et christianisme*, Gallimard, 1982.
6. Jacques Gernet, *L'Intelligence de la Chine*, Gallimard, 1994.
7. Bronislaw Geremek, *Truands et misérables dans l'Europe moderne : 1350-1600*, coll. «Archives», Gallimard/Julliard, 1980.
8. Pierre Nora, lettre à Jerrold Seigel, 31 mai 1988, archives Gallimard.
9. Jerrold Seigel, *Paris, Bohème. Culture et politique aux frontières de la bourgeoisie 1830-1930*, Gallimard, 1991.
10. Jean-Claude Schmitt, entretien avec l'auteur.
11. Jean-Claude Schmitt, *La Raison des gestes dans l'Occident médiéval*, Gallimard, 1990.
12. Jean-Claude Schmitt, *Les Revenants*, Gallimard, 1994.
13. Pierre Nora, rapport au comité de lecture sur *Les Revenants*, 10 juin 1993, archives Gallimard.
14. Jean-Claude Schmitt, *Le Corps, les Rites, les Rêves, le Temps. Essais d'anthropologie médiévale*, Gallimard, 2001.
15. Franco Cardini, *La Culture de la guerre* X*e*-XVIII*e siècle*, Gallimard, 1992.
16. Geoffrey Parker, *La Révolution militaire*, Gallimard, 1993.
17. Jean Guéno et Yves Laplume (dir.), *Paroles de Poilus. Lettres et carnets du front (1914-1918)*, Librio, 1998.
18. Stéphane Audoin-Rouzeau, entretien avec l'auteur.
19. *Ibid.*
20. Stéphane Audoin-Rouzeau, «La Grande Guerre, le deuil interminable», *Le Débat*, n° 104, mars-avril 1999.
21. Pierre Nora, lettre à Stéphane Audoin-Rouzeau, 30 avril 1997, archives Gallimard.
22. Stéphane Audoin-Rouzeau, lettre à Pierre Nora, 12 mai 1997, archives Gallimard.
23. Stéphane Audoin-Rouzeau, entretien avec l'auteur.
24. Pierre Nora, lettre à Stéphane Audoin-Rouzeau, 15 octobre 1998, archives Gallimard.
25. Stéphane Audoin-Rouzeau, Annette Becker, *14-18. Retrouver la guerre*, Gallimard, 2000.
26. Annette Becker, entretien avec l'auteur.
27. Antoine Prost, «Les monuments aux morts : culte républicain? culte civique? culte patriotique?», dans Pierre Nora (dir.), *Les Lieux de mémoire*, tome 1, *La République*, Gallimard, 1984, p. 195-225.
28. Frédéric Rousseau, *La Guerre censurée : une histoire des combattants européens de 14-18*, Seuil, 1999.
29. Christian Delacroix, François Dosse, Patrick Garcia, *Les Courants historiques en France* XIX*e*-XX*e siècle*, Gallimard, coll. «Folio», 2007, p. 606.
30. Pierre Nora, «Grande Guerre et Lieux de mémoire», *14-18, revue annuelle d'histoire*, éd. Noésis, 2000, p. 241.
31. Alphonse Dupront, «Du sentiment national», dans Michel François (dir.), *La France et les Français*, Encyclopédie de la Pléiade, Gallimard, 1972, p. 1423-1474.
32. *Ibid.*, p. 1442.
33. Alphonse Dupront, «D'une histoire des mentalités», *Revue roumaine d'histoire*, tome IX, 1970, p. 387.
34. Pierre Nora, lettre à Alphonse Dupront, 14 décembre 1971, archives Pierre Nora.
35. Pierre Nora, lettre à Alphonse Dupront, 5 février 1979, archives Pierre Nora.
36. Alphonse Dupront, lettre à Pierre Nora, 15 février 1979, archives Pierre Nora.

37. Pierre Nora, lettre à Alphonse Dupront, 16 janvier 1987, archives Pierre Nora.
38. Pierre Nora, lettre à Alphonse Dupront, 9 octobre 1985, archives Gallimard.
39. Alphonse Dupront, lettre à Pierre Nora, 21 décembre 1987, archives Pierre Nora.
40. Alphonse Dupront, lettre à Pierre Nora, 9 juin 1988.
41. Pierre Nora, lettre à Alphonse Dupront, 6 juillet 1989, archives Pierre Nora.
42. Alphonse Dupront, *Le Mythe de croisade*, 4 volumes, Gallimard, 1997.
43. Elles proviennent du CNL et de la Librairie européenne des idées.
44. Denise Laroutis, entretien avec l'auteur.
45. Pierre Nora, entretien avec l'auteur.
46. *Ibid.*
47. *Ibid.*
48. Esteban Buch, *La Neuvième de Beethoven. Une histoire politique*, Gallimard, 1999.
49. Esteban Buch, entretien avec l'auteur.
50. *Ibid.*
51. Pierre Nora, lettre à Esteban Buch, 12 octobre 1992.
52. Esteban Buch, entretien avec l'auteur.
53. *Ibid.*
54. Pierre Nora, lettre à Danièle Hervieu-Léger, 7 mai 2007, archives Gallimard.
55. André Chastel, *Le Sac de Rome 1527*, Gallimard, 1984.
56. Francis Haskell, *Mécènes et Peintres*, Gallimard, 1991 ; *De l'art et du goût*, Gallimard, 1989.
57. Michaël Baxandall, *L'Œil du Quattrocento*, 1985.
58. Edgar Wind, *Art et Anarchie*, Gallimard, 1988 ; *Les Mystères païens de la Renaissance*, Gallimard, 1992.
59. Édouard Pommier, entretien avec l'auteur.
60. *Ibid.*
61. Édouard Pommier, *Théories du portrait*, Gallimard, 1998.
62. Édouard Pommier, *Winckelmann, inventeur de l'histoire de l'art*, Gallimard, 2003.
63. Édouard Pommier, *Comment l'art devient l'art dans l'Italie de la Renaissance*, Gallimard, 2007.
64. Édouard Pommier, entretien avec l'auteur.
65. Pierre Nora, entretien avec l'auteur.
66. Pierre Nora, lettre à Gérard de Puymège, 18 novembre 1987, archives Gallimard.
67. Gérard de Puymège, *Chauvin, le soldat-laboureur*, Gallimard, 1993.
68. Pierre Nora, lettre à Robert Morrissey, 6 juin 1996, archives Gallimard.
69. Robert Morrissey, lettre à Pierre Nora, 7 juin 1996, archives Gallimard.
70. Robert Morrissey, *L'Empereur à la barbe fleurie*, Gallimard, 1997.
71. *Ibid.*, p. 12.
72. Dominique Poulot, *Musée, Nation, Patrimoine 1789-1815*, Gallimard, 1997.
73. Dominique Poulot, « Alexandre Lenoir et les musées des Monuments français », *Les Lieux de mémoire*, Gallimard, coll. « Quarto », vol. 1, 1997, p. 1515-1543.
74. Daniel Nordman, « Des limites d'État aux frontières nationales », *Les Lieux de mémoire*, Gallimard, coll. « Quarto », vol. 1, 1997, p. 1125-1146.
75. Daniel Nordman, *Frontières de France*, Gallimard, 1998.
76. Catherine Maire, « Port-Royal », *Les Lieux de mémoire*, Gallimard, coll. « Quarto », vol. 2, 1997, p. 2605-2652.
77. Catherine Maire, *De la cause de Dieu à la cause de la nation*, Gallimard, 1998.
78. Pierre Nora, rapport au comité de lecture sur *Réflexion sur l'histoire allemande*, 30 décembre 1988, archives Gallimard.
79. Mary Carruthers, *Machina memorialis. Méditation, rhétorique et fabrique des images au Moyen Âge*, Gallimard, 2002.

22. Résister à la crise des sciences humaines

1. Pierre Nora, « De quel savoir parle-t-on ? », *Le Point*, 12 décembre 1983.
2. *Ibid.*
3. Pierre Nora, « C'est la civilisation de la lecture qui est atteinte », *Le Monde*, 18 avril 1997.
4. « Une nouvelle science de l'esprit », *Le Débat*, n° 47, novembre-décembre 1987.
5. Pierre Nora, « C'est la civilisation de la lecture qui est atteinte », *op. cit.*
6. Pierre Nora, débat avec Denis Olivennes, « Bientôt, vous verrez, on regrettera Ardisson... », *Épok*, n° 50, octobre 2004.
7. Sophie Barluet, *Édition de sciences humaines et sociales : le cœur en danger*, PUF, 2004.
8. François Gèze, « Les défis de l'édition française », *Le Débat*, n° 86, septembre-octobre 1995.
9. Pierre Nora, préface à Sophie Barluet, *Édition de sciences humaines et sociales : le cœur en danger*, *op. cit.*, p. 9.
10. *Ibid.*, p. 12.
11. *Ibid.*, p. 13.
12. Ilya Prigogine, Isabelle Stengers, *La Nouvelle Alliance*, Gallimard, 1979.
13. *La Nouvelle Alliance*, publié en 1979, passe en poche, dans la collection « Folio », en 1985.
14. *L'Ère du vide*, publié en 1983, passe en poche, coll. « Folio », en 1989.
15. Pierre Nora, rapport au comité de lecture sur *L'Ère du vide*, le 22 juin 1982, archives Gallimard.
16. Pierre Nora, lettre à Gilles Lipovetsky, 13 avril 1987, archives Gallimard.
17. Gilles Lipovetsky, *L'Ère de l'éphémère*,

Gallimard, 1987. L'ouvrage passe en poche, collection «Folio» en 1991.

18. Jean-Pierre Olivier de Sardan, *Genèses*, 10, janvier 1993, p. 146-160.

19. Raymond Aron, *Essai sur une théorie de l'histoire dans l'Allemagne contemporaine, la philosophie critique de l'histoire*, Vrin, 1938.

20. Julien Freund, *Sociologie de Max Weber*, PUF, 1966.

21. Pierre Nora, lettre à Michaël Pollack, 28 mars 1983, archives Gallimard.

22. Max Weber, *Histoire économique*, Gallimard, 1992.

23. Max Weber, *Sociologie des religions*, Gallimard, 1996.

24. Jacques Julliard, «Un événement intellectuel : Max Weber enfin !», *Le Nouvel Observateur*, 1er mai 1997.

25. Max Weber, *Confucianisme et taoïsme*, Gallimard, 2000.

26. Joseph Schumpeter, *Histoire de l'analyse économique*, tome I *Les Fondateurs*; tome II *L'Âge classique*; tome III *L'Âge de la science*, Gallimard, 1983.

27. Carl Schmitt, *Théologie politique, 1922-1969*, Gallimard, 1988.

28. Pierre Nora, rapport au comité de lecture sur *Théologie politique I et II*, 11 septembre 1986, archives Gallimard.

29. Augustin Berque, *Vivre l'espace au Japon*, PUF, 1982.

30. Pierre Nora, lettre à Jacques Berque, 9 avril 1982, archives Gallimard.

31. Augustin Berque, *Le Sauvage et l'Artifice*, Gallimard, 1986.

32. Augustin Berque, *Du geste à la cité. Formes urbaines et lien social au Japon*, Gallimard, 1993.

33. Karl Polanyi, *La Grande Transformation*, Gallimard, 1983.

34. Yvonne Verdier, *Façons de dire, façons de faire*, Gallimard, 1979.

35. Yvonne Verdier, *Coutume et destin et autres essais*, Gallimard, 1995.

36. Claudine Fabre-Vassas, *La Bête singulière. Les juifs, les chrétiens et le cochon*, Gallimard, 1994.

37. Pierre Nora, rapport au comité de lecture sur *L'Usage des choses*, 31 mars 2004, archives Gallimard.

38. Philippe Descola, *Par-delà nature et culture*, Gallimard, 2005.

39. Voir François Dosse, *L'Empire du sens*, La Découverte, 1995.

40. Dany-Robert Dufour, *Le Bégaiement des maîtres*, F. Bourin, 1988.

41. Pierre Nora, rapport au comité de lecture sur *Les Mystères de la Trinité*, archives Gallimard.

42. Dany-Robert Dufour, *Les Mystères de la Trinité*, Gallimard, 1990.

43. Christian Morel, *Les Décisions absurdes*, Gallimard, 2002.

44. Denise Laroutis, entretien avec l'auteur.

45. Pierre Nora, rapport au comité de lecture, 30 mars 2001 sur *Les Décisions absurdes*, archives Gallimard.

46. Denise Laroutis, entretien avec l'auteur.

47. Édouard Perroy, *La Guerre de 100 ans*, Gallimard, 1945.

48. Georges Duveau, *La Vie ouvrière en France sous le Second Empire*, Gallimard, 1946.

49. Daniel Guérin, *La Lutte de classes sous la Première République*, Gallimard, 1946.

50. Ronald Syme, *La Révolution romaine*, Gallimard, 1967.

51. Normann Cohn, *Histoire d'un mythe*, Gallimard, 1967.

52. Pierre Nora, note à Claude Gallimard, 26 octobre 1966.

53. Pierre Nora, lettre à Léon Poliakov, 25 juillet 1967.

54. Angelo Tasca, *Naissance du fascisme*, Gallimard, 1967.

55. Pierre Nora, rapport au comité de lecture sur *Naissance du fascisme*, 1966.

56. Harold R. Isaacs, *La Tragédie de la Révolution chinoise*, Gallimard, 1967.

57. Leonard Schapiro, *De Lénine à Staline*, Gallimard, 1967.

58. David Caute, *Le Communisme et les Intellectuels français*, Gallimard, 1967.

59. Pierre Nora, entretien avec l'auteur.

60. Ivan Morris, *La Vie de cour dans l'ancien Japon au temps du prince Genji*, Gallimard, 1969.

61. A. Leo Oppenheim, *La Mésopotamie ancienne*, Gallimard, 1970.

62. Alastair Hamilton, *L'Illusion fasciste*, Gallimard, 1973.

63. Marc Bloch, *L'Étrange défaite*, Société des éditions «Francs-Tireurs», 1946, rééd. Gallimard, coll. «Folio», 1990.

64. Pierre Nora, entretien avec l'auteur.

65. Jean-Louis Crémieux-Brilhac, *Les Français de l'An 40*, 2 tomes, Gallimard, 1990.

66. Jean-Louis Crémieux-Brilhac, *La France libre. De l'appel du 18 juin à la Libération*, Gallimard, 1996.

67. Daniel Cordier, *Jean Moulin, l'inconnu du Panthéon*, éd. Jean-Claude Lattès. Tome 1 : *Une ambition pour la République, 1899-1936*, 1989; tome 2 : *Le Choix d'un destin, 1936-1940*, 1989; tome 3 : *De Gaulle, capitale de la Résistance, 1940-1942*, 1993.

68. Thierry Wolton, *Le Grand Recrutement*, Grasset, 1993.

69. Pierre Vidal-Naquet, *Le Trait empoisonné. Réflexions sur l'affaire Jean Moulin*, La Découverte, 1993.

70. Daniel Cordier, *Jean Moulin. La République des catacombes*, Gallimard, 1999.

71. Florence Beaugé, «Torture en Algérie, l'aveu des généraux», *Le Monde*, 23 novembre 2000.

72. Pierre Nora, lettre à Raphaëlle Branche, 30 novembre 2000, archives Gallimard.
73. Bénédicte Vergez-Chaignon, entretien avec l'auteur.
74. Denis Peschanski, *La France des camps. L'internement, 1938-1946*, Gallimard, 2002.
75. Bénédicte Vergez-Chaignon, *Vichy en prison*, Gallimard, 2006.
76. Bénédicte Vergez-Chaignon, entretien avec l'auteur.
77. *Ibid.*

23. Plus Gallimard que les Gallimard

1. Antoine Gallimard, *Discours de réception de Pierre Nora à l'Académie française*, Gallimard, 2002, p. 90.
2. *Ibid.*, p. 93.
3. Robert Gallimard, entretien avec l'auteur.
4. *Ibid.*
5. Michel Deguy, *Le Comité*, Champ Vallon, 1988, p. 13.
6. Pierre Nora, entretien avec Anne Simonin et Pascal Fouché, *Entreprises et histoire*, n° 24, juin 2000, p. 15.
7. *Ibid.*, p. 15.
8. Robert Gallimard, lettre à Pierre Nora, 31 décembre 1975, archives Pierre Nora.
9. Michel Deguy, *Le Comité*, *op. cit.*, p. 29.
10. Françoise Verny, *Le Plus Beau Métier du monde*, Olivier Orban, 1990, p. 368.
11. Robert Gallimard, entretien avec l'auteur.
12. Michel Deguy, *Le Comité*, *op. cit.*, p. 75.
13. *Ibid.*, p. 75.
14. *Ibid.*, p. 77.
15. Antoine Gallimard, entretien avec l'auteur.
16. Pierre Nora, entretien avec l'auteur.
17. Philippe Sollers, entretien avec l'auteur.
18. *Ibid.*
19. *Ibid.*
20. Pierre Nora, entretien avec l'auteur.
21. Pierre-Emmanuel Dauzat, entretien avec l'auteur.
22. David Landes, *Les Horloges, la Mesure du temps et la Formation du monde moderne*, Gallimard, 1987.
23. Pierre-Emmanuel Dauzat, entretien avec l'auteur.
24. *Ibid.*
25. Denise Laroutis, entretien avec l'auteur.
26. Pierre Nora, entretien avec l'auteur.
27. Paul Yonnet, «La machine Carpentras. Histoire et sociologie d'un syndrome d'épuration», *Le Débat*, n° 61, septembre-octobre 1990.
28. Pierre-Emmanuel Dauzat, entretien avec l'auteur.
29. Isabelle Châtelet, entretien avec l'auteur.
30. Marie-Claude Char, entretien avec l'auteur.
31. *Ibid.*
32. *Ibid.*
33. *Ibid.*
34. Denise Laroutis, entretien avec l'auteur.
35. *Ibid.*
36. *Ibid.*
37. Christel Chassagnol, entretien avec l'auteur.
38. *Ibid.*
39. *Ibid.*
40. Isabelle Châtelet, entretien avec l'auteur.
41. Olivier Salvatori, entretien avec l'auteur.
42. *Ibid.*
43. Hélène Monsacré, entretien avec l'auteur.
44. *Ibid.*
45. *Ibid.*
46. *Ibid.*
47. Dominique Schnapper, *Six manières d'être européen*, Gallimard, 1990.
48. Gérard de Puymège, *Chauvin, le soldat-laboureur*, Gallimard, 1993.
49. Jacques Rigaud, *Libre culture*, Gallimard, 1990.
50. Anne Simonin, entretien avec l'auteur.
51. Bénédicte Vergez-Chaignon, entretien avec l'auteur.
52. *Ibid.*
53. Paul Flamand, lettre à Pierre Nora, 11 janvier 1977, archives Pierre Nora.
54. Michel Chodkiewicz, lettre à Pierre Nora, 18 avril 1979.
55. Pierre Nora, «Le grand rabbin de l'édition», *JDD*, 7 avril 2001.
56. Olivier Nora, cité par Emmanuel Lemieux, *Pouvoir intellectuel. Les nouveaux réseaux*, Denoël, 2003, p. 74.
57. Pierre Nora, «Les travailleurs de l'ombre», «Terre humaine», bulletin 8, avril 1984, p. 12.
58. Christian Bourgois, lettre à Pierre Nora, 1964, archives Pierre Nora.
59. Annette Lindon, entretien avec l'auteur.
60. *Ibid.*
61. Pierre Nora, entretien avec l'auteur.
62. Pierre Nora, «Le grand rabbin de l'édition», *op. cit.*
63. *Ibid.*
64. Annette Lindon, lettre à Pierre Nora, 15 avril 2001, archives Pierre Nora.
65. Paul Aussaresses, *Services spéciaux, Algérie 1955-1957*, Perrin, 2001.
66. Pierre Nora, lettre au président et aux juges du tribunal, 23 novembre 2001, archives Gallimard.
67. Olivier Orban, lettre à Pierre Nora, 4 décembre 2001, archives Pierre Nora.
68. Pierre Assouline, *Gaston Gallimard*, Gallimard, coll. «Folio», 2006, p. 626.
69. Pierre Nora, entretien avec l'auteur.
70. *Ibid.*
71. *Ibid.*
72. *Ibid.*
73. Françoise Verny, *Le Plus Beau Métier du monde*, *op. cit.*, p. 339.
74. *Ibid.*, p. 355.

75. *Ibid.*, p. 355.
76. *Ibid.*, p. 378.
77. Pierre Nora, entretien avec l'auteur.
78. Christian Gallimard, propos rapportés par Pierre Nora, entretien avec l'auteur.
79. Antoine Gallimard, entretien avec l'auteur.
80. Antoine Gallimard, *Les Échos*, 2009.
81. Teresa Cremisi, entretien avec l'auteur.
82. Antoine Gallimard, entretien avec l'auteur.
83. Luc Boltanski, Laurent Thévenot, *De la justification*, Gallimard, 1991.
84. Jean-François Sirinelli, *Histoire des droites en France*, Gallimard, 3 tomes, 1992.
85. Antoine Gallimard, entretien avec l'auteur.
86. Teresa Cremisi, entretien avec l'auteur.
87. Antoine Gallimard, entretien avec l'auteur.
88. *Ibid.*
89. Pierre Nora, «Quand le capital, c'est le style...», entretien avec Gilles Anquetil, *Le Nouvel Observateur*, 8-14 février 1990.
90. *Ibid.*
91. J.-B. Pontalis, «Éloge des savetiers», *Le Nouvel Observateur*, 8-14 février 1990.
92. Philippe Sollers, entretien avec l'auteur.
93. *Ibid.*
94. Antoine Gallimard, entretien avec l'auteur.
95. Robert Gallimard, entretien avec l'auteur.
96. Georges Liébert, entretien avec l'auteur.
97. Robert Gallimard, entretien avec l'auteur.
98. Pierre Nora, entretien avec l'auteur.
99. Milan Kundera, lettre à Pierre Nora, 17 octobre 1977, archives Pierre Nora.
100. Pierre Nora, entretien avec l'auteur.
101. Milan Kundera, lettre à Pierre Nora, 6 avril 1978, archives Pierre Nora.
102. Milan Kundera, «Prague, poème qui disparaît», *Le Débat*, n° 2, juin 1980.
103. Milan Kundera, «Quatre-vingt-neuf mots», *Le Débat*, n° 37, novembre 1985 ; repris et remanié dans Milan Kundera, *L'Art du roman*, Gallimard, 1986.
104. Pierre Nora et Krzysztof Pomian, «Un nouveau procès kafkaïen à Prague», *Le Monde*, 25 octobre 2008.
105. Yves Bonnefoy, lettre à Pierre Nora, 21 décembre 2002, archives Pierre Nora.
106. «*Les Bienveillantes*, de Jonathan Littell», *Le Débat*, n° 144, mars-avril 2007, p. 4-69.
107. Pierre Nora, «Conversation sur l'histoire et le roman, avec Jonathan Littell», *ibid.*, p. 25.
108. *Ibid.*, p. 42.
109. Pierre Nora, entretien avec l'auteur.
110. Charlotte Liébert-Hellman, entretien avec l'auteur.
111. Pierre Nora, entretien avec l'auteur.
112. Bogumil Jewsiewicki, entretien avec l'auteur.
113. Marina Schinz et Gabrielle Van Zuylen, *Les Jardins de Russell Page*, Flammarion, 2008.
114. *Ibid.*, p. 117.
115. Charlotte Liébert-Hellman, entretien avec l'auteur.
116. Claude Roy, carte à Pierre Nora, 31 août 1979, archives Pierre Nora.
117. François Hartog, entretien avec l'auteur.
118. *Ibid.*
119. François Hartog, «Chambre 110, hôtel Castel Clara, Belle-Île», dans Olivier Rolin, *Rooms*, Seuil, 2006.

24. La ligne prestige

1. Bernard Groethuysen, *Origines de l'esprit bourgeois en France*, Gallimard, 1927.
2. Gabriel Marcel, *Journal métaphysique*, Gallimard, 1927.
3. Bertrand Russell, *Histoire des idées au* XIXe *siècle*, Gallimard, 1938.
4. Max Raphaël, *La Théorie marxiste de la connaissance*, Gallimard, 1938.
5. Élie Halévy, *L'Ère des tyrannies*, Gallimard, 1938.
6. Raymond Aron, *Introduction à la philosophie de l'histoire*, Gallimard, 1938.
7. Jean-Paul Sartre, *L'Imaginaire*, Gallimard, 1940 ; *L'Être et le Néant*, Gallimard, 1943 ; *Critique de la raison dialectique*, Gallimard, 1960.
8. Pierre Nora, entretien avec l'auteur.
9. Pierre Nora, rapport au comité de lecture sur *Formes et techniques du roman dans «À la recherche du temps perdu» de Proust*, 20 octobre 1970, archives Gallimard.
10. *Ibid.*
11. Jean-Yves Tadié, *Proust et le roman*, Gallimard, 1971.
12. Pierre Nora, rapport pour le comité de lecture sur *Montaigne en mouvement*, 31 mars 1982, archives Gallimard.
13. Jean Starobinski, *L'Invention de la liberté 1700-1789*, Gallimard, 2006.
14. Hans-Robert Jauss, *Pour une esthétique de la réception*, Gallimard, 1978.
15. Hans-Robert Jauss, lettre à Pierre Nora, 1er juillet 1984, archives Gallimard.
16. Claude Gallimard, lettre à Louis Aragon, 14 décembre 1967, archives Gallimard.
17. Michaël Bakhtine, *L'Œuvre de François Rabelais et la Culture populaire au Moyen Âge et sous la Renaissance*, Gallimard, 1970.
18. Michaël Bakhtine, *Esthétique et théorie du roman*, Gallimard, 1978.
19. Michaël Bakhtine, *Esthétique de la création verbale*, Gallimard, 1984.
20. René Étiemble, *Les Jésuites en Chine*, coll. «Archives», Gallimard/Julliard, 1973.
21. René Étiemble, *L'Europe chinoise*, Gallimard, 1988.
22. Pierre Nora, lettre à René Étiemble, 28 février 1985, archives Gallimard.
23. René Étiemble, lettre à Pierre Nora, 6 juin 1989, archives Gallimard.
24. Paul Bénichou, *Morales du Grand Siècle*,

Gallimard, 1948. Ouvrage réédité en collection de poche «Idées» en 1967, puis en poche coll. «Folio» en 1988.

25. Pierre Nora, lettre à Paul Bénichou, 24 février 1977, archives Gallimard.

26. Paul Bénichou, *Le Temps des prophètes*, Gallimard, 1977.

27. Pierre Nora, rapport au comité de lecture sur *Les Mages romantiques*, 16 mars 1987. L'ouvrage paraît sous ce titre en 1988.

28. Paul Bénichou, *L'École du désenchantement*, Gallimard, 1992.

29. Paul Bénichou, *Selon Mallarmé*, Gallimard, 1995.

30. Wolf Lepenies, *Sainte-Beuve*, Gallimard, 2002.

31. Pierre Nora, lettre à Wolf Lepenies, 7 février 2002, archives Gallimard.

32. Pierre Nora, lettre à Wolf Lepenies, 20 janvier 2006, archives Gallimard.

33. Pierre Nora, rapport au comité de lecture sur *Antigone*, le 18 septembre 1984, archives Gallimard.

34. George Steiner, *Les Antigones*, Gallimard, 1986.

35. Pierre Nora, lettre à George Steiner, le 3 décembre 1986, archives Gallimard.

36. George Steiner, lettre à Pierre Nora, 20 février 1991, archives Gallimard.

37. Antoine Compagnon, *Les Antimodernes*, Gallimard, 2005.

38. Pierre Nora, lettre à Claude Cherki, 4 mars 2004, archives Gallimard.

39. Marc Fumaroli, *Exercices de lecture*, Gallimard, 2006.

40. Jean-Louis Jeannelle, *Écrire ses mémoires au XXe siècle*, Gallimard, 2008.

41. Jean-Louis Jeannelle, entretien avec l'auteur.

42. Pierre Nora, intervention à la soutenance de thèse de Jean-Louis Jeannelle, le 13 décembre 2003, archives Gallimard.

43. Jean-Louis Jeannelle, *Malraux, mémoire et métamorphose*, Gallimard, 2006.

44. Jean-Louis Jeannelle, entretien avec l'auteur.

45. René Rémond, «En relisant *Les Idées politiques de la France* : Thibaudet, historien des familles de pensée», *Actes du colloque Albert Thibaudet*, Bulletin de la Société des amis des arts et des sciences de Tournus, t. XXXV, 1986, p. 109.

46. Pierre Nora, entretien avec l'auteur.

47. Antoine Compagnon, «Thibaudet, le dernier critique heureux», *Le Débat*, n° 120, mai-septembre 2002, p. 33.

48. Pierre Nora, entretien avec l'auteur.

49. *Ibid.*

50. «Albert Thibaudet : la réinvention d'un critique», Antoine Compagnon, Robert Kopp, Michel Crépu, Michel Leymarie, Alain-Gérard Slama, *Le Débat*, n° 150, mai-août 2008.

51. Alain Roger, *Court traité du paysage*, Gallimard, 1997. Ouvrage qui connaîtra un vrai succès commercial.

52. Alain Roger, *Bréviaire de la bêtise*, Gallimard, 2008.

53. Pierre Naville, *D'Holbach et la philosophie scientifique au XVIIIe siècle*, Gallimard, 1968.

54. C.B. Macpherson, *La Théorie politique de l'individualisme possessif*, Gallimard, 1971.

55. Alexandre Kojève, *Essai d'une étude raisonnée de la philosophie païenne*, Gallimard, tome 1, 1968; tome 2, 1972, tome 3, 1973; *Kant*, Gallimard, 1973.

56. Alexandre Kojève, *Esquisse d'une phénoménologie du droit*, Gallimard, 1982.

57. Pierre Nora, rapport au comité de lecture, 22 novembre 1984, archives Gallimard.

58. Alexandre Kojève, *La Notion de l'autorité*, Gallimard, 2004.

59. Michel Henry, lettre 18 octobre 1973, archives Gallimard.

60. Michel Henry, *Marx*, tome 1, *Une philosophie de la réalité*, tome 2, *Une philosophie de l'économie*, Gallimard, 1976, rééd. coll. «Tel», 1989.

61. Pierre Nora, lettre à Michel Henry, 22 juin 1984, archives Gallimard.

62. Pierre Nora, rapport au comité de lecture sur *Textes français* de Walter Benjamin, 15 janvier 1986, archives Gallimard.

63. Walter Benjamin, *Écrits français*, Gallimard, 1991.

64. Gérard Jorland, *La Science dans la philosophie*, Gallimard, 1981.

65. Dominique Janicaud, *La Puissance du rationnel*, Gallimard, 1985.

66. Pierre Nora, rapport au comité de lecture sur *La Puissance du rationnel*, 23 juillet 1984, archives Gallimard.

67. Rémy Stricker, *Musique du baroque*, Gallimard, 1968.

68. Pierre Nora, lettre à Jean-Louis Crémieux-Brilhac, 29 septembre 1978, archives Gallimard.

69. Pierre Nora, lettre à Rémy Stricker, 24 avril 1980, archives Gallimard.

70. Rémy Stricker, *Mozart et ses opéras*, Gallimard, 1980. L'ouvrage trouve son public et passe en poche, coll. «Tel», en 1987.

71. Pierre Nora, rapport au comité de lecture sur *Les Opéras de Mozart*, 1980, archives Gallimard.

72. Rémy Stricker, *Robert Schumann. Le musicien et la folie*, Gallimard, 1984.

73. Claude Gallimard, note à Pierre Nora, 30 mai 1984, archives Gallimard.

74. Rémy Stricker, *Franz Liszt. Les ténèbres de la gloire*, Gallimard, 1993.

75. Pierre Nora, rapport sur *Franz Liszt. Les ténèbres de la gloire*, 2 décembre 1992, archives Gallimard.

76. Rémy Stricker, lettre à Pierre Nora, 22 novembre 1993, archives Gallimard.

77. Rémy Stricker, *Franz Schubert*, Gallimard, 1996.
78. Rémy Stricker, *Le Dernier Beethoven*, Gallimard, 2001.
79. Rémy Stricker, *Berlioz dramaturge*, Gallimard, 2003.
80. Rémy Stricker, *Georges Bizet*, Gallimard, 1999.
81. Theodor Adorno, *Philosophie de la nouvelle musique*, Gallimard, 1962 ; rééd. « Tel », 1979 ; *Essai sur Wagner*, Gallimard, coll. « Les Essais », 1966 ; *Quasi una Fantasia*, Gallimard, 1982.
82. Pierre Nora, rapport au comité de lecture sur *Alban Berg*, 6 juin 1985, archives Gallimard.
83. Theodor Adorno, Alban Berg, *Correspondance (1925-1935)*, Gallimard, 2004.
84. Charles Rosen, *Le Style classique*, Gallimard, 1978, repris par Georges Liébert en coll. « Tel » en 1997.
85. Charles Rosen, *La Génération romantique*, Gallimard, 2002.
86. Henry Corbin, *En Islam iranien*, Gallimard, tomes 1 et 2, 1971 ; tomes 3 et 4, 1973.
87. Pierre Nora, note à Claude Gallimard sur *En Islam iranien*, 13 novembre 1969, archives Gallimard.
88. Pierre Nora, lettre à Mme Stella Corbin, 12 décembre 1988, archives Gallimard.
89. Louis Massignon, *La Passion de Hallâj, martyr mystique de l'Islam*, Gallimard, 1975.

V. AU CŒUR DE LA CITÉ

25. Du *Débat* avant toute chose

1. *H-Histoire*, n° 1, mars 1979, articles de Claude Billard, Pierre Daix, François Furet, Pierre Goubert, Joseph Goy, Pierre Guibbert, Jacques Le Goff, Mona Ozouf, Georges Perec, Philippe Ratte, Henri Vincenot, André Zysberg.
2. Laurent Theis, entretien avec l'auteur.
3. Michel Winock, entretien avec l'auteur.
4. *Ibid.*
5. Pierre Nora, « Histoires d'historiens », DVD INA, entretien avec Marc Riglet, novembre 2001.
6. Jacques Julliard, entretien avec l'auteur.
7. *Ibid.*
8. Pierre Nora, lettre à Marcel Gauchet, 20 avril 1977, archives Gallimard.
9. Jean Lacouture, entretien avec l'auteur.
10. Bénédicte Delorme, *La Revue* Le Débat *: tradition nationale et valeurs contemporaines*, DEA, dirigé par Pierre Birnbaum, Paris 1, 1994, p. 58.
11. *Ibid.*
12. *Ibid.*
13. Marcel Gauchet, dans Jean-Maurice de Montremy, « Marcel Gauchet, le franc-tireur des Hautes Études », *L'Histoire*, février 1990, p. 66.
14. Krzysztof Pomian, entretien avec l'auteur.
15. Georges Liébert, entretien avec l'auteur.
16 Pierre Nora, note à l'attention de Claude Gallimard concernant Marcel Gauchet, *La Première Politique*, projet, 12 mai 1977, archives Gallimard.
17. Pierre Nora, rapport au comité de lecture sur *L'Institution asilaire et la Société moderne* de Marcel Gauchet et Gladys Swain, le 9 juin 1979, archives Gallimard.
18. Marcel Gauchet, *Le Désenchantement du monde*, Gallimard, 1985.
19. *Ibid.*, p. XVIII.
20. Pierre Nora, rapport au comité de lecture sur *Le Désenchantement du monde* de Marcel Gauchet, 18 septembre 1984, archives Gallimard.
21. Pierre Nora, rapport au comité de lecture sur Marcel Gauchet, *La Révolution des droits de l'homme*, 20 juillet 1988, archives Gallimard.
22. Jean Daniel, 8 avril 1980, *Avec le temps*, Grasset, 1998, p. 104.
23. Jean Daniel, entretien avec l'auteur.
24. Pierre Nora, entretien avec Jacqueline Piatier, *Le Monde*, 2 mai 1980.
25. Éditorial signé T.M., *Les Temps modernes*, mai 1980, note 1, p. 1958, écrit par Claude Lanzmann.
26. Propos de Raymond Aron, rapportés par Pierre Nora, entretien avec l'auteur.
27. Pierre Nora, « Raymond Aron : les raisons d'un succès », *France Observateur*, 31 janvier 1963.
28. Jean-Paul Sartre, « Les bastilles de Raymond Aron », *Le Nouvel Observateur*, 19-25 juin 1968.
29. Bénédicte Delorme, *La Revue* Le Débat *: tradition nationale et valeurs contemporaines*, *op. cit.*, p. 36.
30. Marcel Gauchet, entretien avec Bénédicte Delorme, *ibid.*, p. 41.
31. *Le Débat*, n° 1, éditorial, mai 1980.
32. Anne Simonin, entretien avec l'auteur.
33. Pierre Nora, « Que peuvent les intellectuels ? », *Le Débat*, mai 1980, n° 1, p. 17.
34. *Ibid.*, p. 17.
35. *Ibid.*, p. 8.
36. *Ibid.*, p. 11.
37. *Ibid.*, p. 12.
38. Pierre Nora, « Mes années *Débat* », *Le Nouvel Observateur*, 19 mai 2005.
39. Marcel Gauchet, « De l'inexistentialisme », *Le Débat*, n° 1, mai 1980, p. 23.
40. *Ibid.*, p. 24.
41. Jacques Revel, entretien avec l'auteur.
42. Marcel Gauchet, « Les mystères du best-seller ou les fortunes de la vertu », *Le Débat*, n° 2, juin 1980, p. 31.
43. *Ibid.*, p. 32.
44. *Ibid.*, p. 34.

45. Antoine Gallimard, entretien avec l'auteur.
46. Herculine Barbin, *Mes souvenirs*, présenté par Michel Foucault, Gallimard, 1978; Henry Legrand, *Le Cercle amoureux*, Gallimard, 1979.
47. Pierre Nora, note à Claude Gallimard, 29 août 1983, archives Gallimard.
48. Claude Gallimard, lettre à Michel Foucault, 1er mars 1984, archives Gallimard.
49. Pierre Nora, «Mémoire de Michel Foucault», *Le Débat*, n° 41, septembre-novembre 1986, p. 4.
50. Pierre Nora, «Nos années Foucault», *Le Nouvel Observateur*, 28 juin 1984.
51. «Michel Foucault», *Le Débat*, n° 41, septembre-novembre 1986.
52. Pierre Nora, «Mémoire de Michel Foucault», *ibid.*, p. 4.
53. Alain Renaut et Luc Ferry, «Comment philosopher après la fin de la philosophie?», *Le Débat*, n° 28, janvier 1984.
54. Gilles Deleuze, lettre à Pierre Nora, 22 novembre 1985, archives Gallimard.
55. Régis Debray, *Le Pouvoir intellectuel en France*, Ramsay, 1979.
56. Pierre Nora, réponses aux questions de Jean-Paul Enthoven, 1980, «Régis Debray, Pierre Nora : Pourquoi des revues?», *Le Débat*, n° 160, mai-août 2010, p. 4-14.
57. Régis Debray, *ibid*, p. 4-14.
58. Pierre Nora, *ibid.*, p. 4-14.
59. Régis Debray, *ibid.*, p. 4-14.
60. Régis Debray, *ibid.*, p. 4-14.
61. Régis Debray, entretien avec l'auteur.
62. *Ibid.*
63. Pierre Nora, «Chateaubriand, le premier intellectuel?», dans *Les Cahiers de médiologie*, 11 avril 2001, p. 37-45.
64. Lettre de Régis Debray à Pierre Nora et lettre de Pierre Nora à Régis Debray, *Le Débat*, n° 160, mai-août 2010, p. 14-21.
65. Edward Palmer Thompson, *La Formation de la classe ouvrière anglaise*, dans *Le Débat*, n° 3, juillet-août 1980, p. 178.
66. Krzysztof Pomian, entretien avec l'auteur.
67. Denise Laroutis, entretien avec l'auteur.

26. Une revue au cœur de la cité

1. Krzysztof Pomian, entretien avec l'auteur.
2. Pierre Nora, entretien avec Bénédicte Delorme-Montini, dans Bénédicte Delorme-Montini, *La Revue* Le Débat *: tradition nationale et valeurs contemporaines*, DEA, Paris 1, 1993-1994, sous la direction de Pierre Birnbaum, p. 87.
3. Bernard Latarjet, entretien avec l'auteur.
4. Krzysztof Pomian, entretien avec l'auteur.
5. *Ibid.*
6. Krzysztof Pomian, «Miracle en Pologne?», *Le Débat*, n° 9, février 1981, p. 3.
7. Pétition parue dans *Le Monde*, 24 décembre 1981, on trouve aussi, parmi d'autres, les noms de Pierre Bourdieu, Jean-Marie Domenach, Jean Chesneaux, Michel Foucault, Jacques Le Goff, Emmanuel Le Roy Ladurie, Maurice Nadeau, David Rousset, Paul Thibaud, Alain Touraine, Paul Veyne, Pierre Vidal-Naquet...
8. Marcel Gauchet, «Pacification démocratique, désertion civique», *Le Débat*, n° 60, mai-août 1990, p. 87.
9. *Ibid.*, p. 93.
10. Marcel Gauchet, entretien «Le mal démocratique», *Esprit*, octobre 1993, p. 88.
11. Bernard-Henri Lévy, *L'Idéologie française*, Grasset, 1981.
12. Pierre Nora, «Un idéologue bien de chez nous», *Le Débat*, n° 13, juin 1981, p. 103.
13. *Ibid.*, p. 105.
14. *Ibid.*, p. 105.
15. *Ibid.*, p. 108.
16. Gilles Deleuze, «À propos des nouveaux philosophes et d'un problème plus général», supplément à la revue *Minuit*, n° 24, mai 1977, repris dans Gilles Deleuze, *Deux régimes de fous*, Minuit, 2003, p. 127-134.
17. Pierre Nora, «Un idéologue bien de chez nous», *op. cit.*, p. 109.
18. Perry Anderson, *La Pensée tiède, un regard critique sur la culture française*, suivi de *La Pensée réchauffée*, réponse de Pierre Nora, Seuil, 2005.
19. Perry Anderson, cité par Pierre Nora, *ibid.*, p. 103.
20. Pierre Nora, *ibid.*, p. 123.
21. *Ibid.*, p. 126.
22. *Ibid.*, p. 128.
23. Pierre Nora, «Écrivez, on ne vous lira pas», *Le Débat*, n° 19, février 1982, p. 14-26.
24. Pierre Nora, «Écrivez, on ne vous lira pas», *ibid.*, p. 19.
25. Pierre Nora, «Dix ans de *Débat*», *Le Débat*, n° 60, mai-août 1990, p. 5.
26. Pierre Nora, entretien avec Jérôme Garcin, *L'Événement du jeudi*, 24-30 mai 1990, p. 101.
27. Pierre Nora, «Quinze ans de *Débat*», entretien avec Nicolas Weil, 6 octobre 1995.
28. *Le Débat*, «20 ans. Première partie», n° 110, mai-août 2000; «20 ans. Deuxième partie», n° 111, septembre-octobre 2000; «20 ans. Troisième partie», n° 112, novembre-décembre 2000.
29. Pierre Nora, «Continuer *Le Débat*», *Le Débat*, n° 160, mai-août 2010, p. 3. En outre, la revue reprend à cette occasion l'enquête qu'elle avait lancée à ses débuts en 1980 sur le thème «De quoi l'avenir intellectuel sera-t-il fait?», republiant les réponses initiales et demandant à leurs auteurs de commenter leurs propos à trente ans de distance. En outre, elle donne sur ce même thème la parole à dix-sept représentants de la jeune génération, faisant de l'ensemble la publication d'un ouvrage dans la collection «Le

Débat» : *De quoi l'avenir intellectuel sera-t-il fait? Enquêtes 1980, 2010*, «Le Débat», Gallimard, 2010.

30. Pierre Nora, Maison de l'Amérique latine, 31 mai 2010.

31. «Gauche éternelle, gauche en mouvement», *Le Débat*, n° 13, juin 1981, p. 4.

32. «Éditorial : Au milieu du gué, 12 mai 1981», *Le Débat*, n° 14, juillet-août 1981, p. 4.

33. *Ibid.*, p. 6.

34. Jean-François Revel, *La Grâce de l'État*, Grasset, 1981.

35. Pierre Nora, lettre à Jean-François Revel, 1981, archives du fonds Jean-François Revel, «Manuscrits» de la Bibliothèque nationale.

36. Claude Imbert, «Un personnage de roman», *Le Débat*, n° 20, mai 1982, p. 4-12.

37. Serge July, «Le "parrain" converti», *ibid.*, p. 13-17.

38. «Y a-t-il encore des idées de gauche?», *Le Débat*, n° 42, novembre-décembre 1986, p. 74-121.

39. «Sur la Constitution», *Le Débat*, n° 43, 1987, p. 4-80.

40. «Sur la monarchie présidentielle», *Le Débat*, n° 55, mai-août 1989, p. 22.

41. Paul Thibaud, «L'homme au-dessus des lois», *Le Débat*, n° 81, septembre-octobre 1994, p. 112-140.

42. *Ibid.*, p. 118.

43. *Ibid.*, p. 121.

44. *Ibid.*, p. 125.

45. *Ibid.*, p. 130.

46. «Deux regards sur François Mitterrand», *Le Débat*, n° 81, septembre-octobre 1994, p. 111.

47. Pierre Nora, entretien avec l'auteur.

48. Pierre Nora, «Le sphinx et l'énigme», texte dactylographié, archives Gallimard.

49. *Ibid.*

50. Pierre Nora, entretien avec l'auteur.

51. Jean-Marie Lustiger, «Puisqu'il le faut...», *Le Débat*, n° 20, p. 168.

52. Pierre Nora, entretien avec l'auteur.

53. *Ibid.*

54. *Ibid.*

55. François Furet, «Chronique d'une décomposition»; Paul Yonnet, «L'entrée en désillusion», *Le Débat*, n° 83, janvier-février 1995.

56. Claude Gubler et Michel Gonod, *Le Grand Secret*, Plon, 1996.

57. Pierre Nora, «C'est un secret d'État», *Le Débat*, n° 91, septembre-octobre 1996, p. 49.

58. *Ibid.*, p. 51.

59. Georges Kiejman à Pierre Nora, 16 septembre 1996, archives Gallimard.

60. Charlotte Liébert-Hellman, entretien avec l'auteur.

61. Jean Lacouture, lettre à Pierre Nora, 1er octobre 1996, archives Pierre Nora.

62. «Une méthode en politique : entretien avec Michel Rocard», *Le Débat*, n° 38, janvier-mars 1986, p. 3-50.

63. *Ibid.*, p. 3.

64. Krzysztof Pomian, entretien avec l'auteur.

65. Pierre Nora, entretien avec l'auteur.

66. Jean-Claude Casanova, Olivier Mongin, Pierre Nora, «Sang contaminé. Laurent Fabius n'est pas coupable», *Le Monde*, 29 janvier 1999.

67. Alain Duhamel, entretien avec l'auteur.

27. Débats/combats du *Débat*

1. Jean-Claude Milner, *De l'école*, Seuil, 1984.

2. «La nouvelle querelle de l'école», *Le Débat*, n° 31, septembre 1984, p. 3

3. Jean-Claude Milner, *ibid.*, p. 49.

4. Marcel Gauchet, «L'école à l'école d'elle-même. Contraintes et contradictions de l'individualisme démocratique», *Le Débat*, n° 37, novembre 1985, p. 55.

5. Alain Finkielkraut, Marcel Gauchet, «Malaise dans la démocratie. L'école, la culture, l'individualisme», *Le Débat*, n° 51, septembre-octobre 1988, p. 130-152.

6. «L'école républicaine : maîtres et élèves», et «Sciences-Po : sur la formation des élites en France», *Le Débat*, n° 64, mars-avril 1991.

7. «L'École républicaine : maîtres et élèves», *ibid.*, p. 3.

8. «Qu'apprendre au collège?», *Le Débat*, n° 97, novembre-décembre 1995.

9. «Comment enseigner la philosophie?», *Le Débat*, n° 101, septembre-octobre 1998.

10. «Comment enseigner le français», *Le Débat*, n° 135, mai-août 2005.

11. «Autour du patrimoine», *Le Débat*, n° 65, mai-août 1991.

12. «Vers un autre XIXe siècle», *Le Débat*, n° 44, mars-mai 1987.

13. Françoise Cachin, entretien, «Orsay tel qu'on le voit», *ibid.*, p. 56.

14. *Ibid.*, p. 71.

15. «Le nouveau Paris», *Le Débat*, n° 80, mai-août 1994.

16. «Autour du Grand Louvre : le musée, l'art, la ville», *Le Débat*, n° 81, septembre-octobre 1994, avec des contributions de Michel Laclotte, Antoine Schnapper, Roland Recht, Christian Michel, Svetlana Alpers, Guillaume Guégan, Augustin Berque et Michel Conan.

17. «Musées, archéologie, archives : politiques du patrimoine», *Le Débat*, n° 99, mars-avril 1998.

18. Françoise Cachin, entretien «Musées : du patrimoine à l'éducation», *ibid.*, p. 97.

19. «Le moment du quai Branly», *Le Débat*, n° 147, novembre-décembre 2007.

20. «Sauver les bibliothèques», *Le Débat*, n° 48, janvier-février 1988.

21. «Quelle Très Grande Bibliothèque?», *Le Débat*, n° 55, mai-août 1989.

22. *Ibid.*, p. 136.

23. Pierre Nora, entretien avec l'auteur.

24. Bernard Latarjet, entretien avec l'auteur.
25. Jacques Julliard, « Lettre ouverte au président de la République », *Le Nouvel Observateur*, 22-28 juin 1988.
26. Krzysztof Pomian, *ibid.*, p. 146-151.
27. Denis Crouzet, *ibid.*, p. 158.
28. Pierre Nora, entretien avec l'auteur.
29. Pierre Nora, « Dans le bon sens », *Le Débat*, n° 62, novembre-décembre 1990, p. 4.
30. *Ibid.*, p. 7.
31. Émile Biasini, *Les Grands Travaux*, Odile Jacob, 1995, p. 284.
32. *Ibid.*, p. 290-291
33. Pierre Nora, entretien avec l'auteur.
34. *Ibid.*
35. Émile Biasini, entretien avec l'auteur.
36. Pierre Nora, « Le vin est tiré... », *Le Débat*, n° 84, mars-avril 1995, p. 141.
37. Pierre Nora, entretien avec l'auteur.
38. Pierre Nora, « Retour sur les lieux du crime », *Le Débat*, n° 105, mai-août 1999, p. 118-121.
39. Bernard Latarjet, entretien avec l'auteur.
40. Pierre Nora, « Continuons le débat », *Le Débat*, n° 21, septembre 1982, p. 4.
41. René Thom, « Halte au hasard, silence au bruit », *Le Débat*, n° 3, juillet-août 1980, p. 119-132.
42. *Ibid.*, p. 119-120.
43. René Thom, « En guise de conclusion », *Le Débat*, n° 15, septembre-octobre 1981.
44. Krzysztof Pomian, entretien avec l'auteur.
45. *La Querelle du déterminisme. Philosophie de la science aujourd'hui*, Gallimard, coll. « Le Débat », 1990, dossier réuni par Krzysztof Pomian.
46. Claude Lévi-Strauss, « Le métier perdu », *Le Débat*, n° 10, mars 1981, p. 5-9.
47. *Ibid.*, p. 7.
48. *Ibid.*, p. 9.
49. Pierre Soulages, « Le prétendu métier perdu », *Le Débat*, n° 14, juillet-août 1981, p. 77-82.
50. Krzysztof Pomian, « La querelle de l'art moderne », *Le Débat*, n° 110, mai-août 2000, p. 113-121.
51. *Ibid.*, p. 116.
52. Krzysztof Pomian, entretien avec l'auteur.
53. Martin Heidegger, « Le rectorat 1933-34 », *Le Débat*, n° 27, novembre 1983, p. 73-97.
54. Victor Farias, *Heidegger et le nazisme*, Verdier, 1987.
55. « Heidegger, la philosophie et le nazisme » et « Martin Heidegger : textes politiques 1933-34 », *Le Débat*, n° 48, janvier-février 1988, p. 112-192, avec la participation de Pierre Aubenque, Henri Crétella, Michel Deguy, François Fédier, Gérard Granel, Stéphane Moses, Alain Renaut.
56. Mona Ozouf, *Le Nouvel Observateur*, 14-20 novembre 1989.
57. Paul Yonnet, « La machine Carpentras », *Le Débat*, n° 61, septembre-octobre 1990, p. 18-34.
58. « Retours sur une profanation », *Libération*, 9 novembre 1990.
59. Pierre Nora, « Faux procès et usage de faux ? », *Libération*, 27 novembre 1990.
60. *Ibid.*
61. Paul Yonnet, *Voyage au centre du malaise français. L'antiracisme et le roman national*, Gallimard, 1993. Voir chapitre « Résister à la crise des sciences humaines ».
62. « Autour du malaise français », *Le Débat*, n° 75, mai-août 1993, p. 116-144.
63. Paul Yonnet, « Sur la crise du lien national », *ibid.*, p. 137.
64. *Ibid.*, p. 138.
65. Patrick Démerin, « Arte, vache sacrée des Français, vache à lait des Allemands, vache folle européenne ? », *Le Débat*, mai-août 2002, n° 120, p. 4-31.
66. *Ibid.*, p. 7.
67. *Le Débat*, mai-août 2002, n° 120, p. 4.
68. Jérôme Clément, entretien avec l'auteur.
69. Jérôme Clément, lettre à Pierre Nora publiée dans *Le Débat*, n° 121, septembre-octobre 2002, p. 177.
70. Jorge Semprun, « La démocratie sans plus... », *Le Débat*, n° 42, novembre-décembre 1986.
71. Pierre Nora, « À propos de l'Espagne », *Le Débat*, n° 43, janvier-mars 1987, p. 190.

28. Innover et s'ouvrir

1. Lawrence Stone, « Retour au récit ou réflexions sur une nouvelle vieille histoire », *Le Débat*, n° 4, septembre 1980, p. 116-142.
2. Carlo Ginzburg, « Signes, traces, pistes. Racines d'un paradigme de l'indice », *Le Débat*, n° 6, novembre 1980, p. 3-43.
3. Carlo Ginzburg, Carlo Proni, « La micro-histoire », *Le Débat*, n° 17, décembre 1981, p. 133-136.
4. « Histoire et sciences sociales. Un tournant critique ? », *Annales E.S.C.*, Armand Colin, n° 2, avril 1988.
5. « Histoire : hier, ailleurs et demain I », *Le Débat*, n° 17, décembre 1981 ; « Histoire : hier, ailleurs et demain II », *Le Débat*, n° 23, janvier 1983.
6. François Furet, « En marge des *Annales*. Histoire et sciences sociales », *ibid.*, n° 17, p. 112-126.
7. Georges Duby, « De l'autobiographie », *ibid.*, n° 23, p. 147-152.
8. *Ibid.*, p. 151.
9. « Enquête. Où va l'histoire ? », *Le Débat*, *ibid.*, p. 171.
10. Voir François Dosse, *Michel de Certeau. Le marcheur blessé*, La Découverte, 2002 ; rééd. La Découverte/poche, 2007.
11. « Michel de Certeau, historien », *Le Débat*, n° 49, mars-avril 1988, avec les contributions de Philippe Boutry, Anne-Marie Chartier,

Jean Hébrard, Jacques Le Brun et Michelle Perrot.

12. «Présence d'Alphonse Dupront», *Le Débat*, n° 99, mars-avril 1998, avec les contributions de Dominique Julia, Étienne Broglin, Mona Ozouf, Agnès Antoine et Denis Crouzet.

13. Alphonse Dupront, *Le Mythe de croisade*, 4 volumes, Gallimard, 1997.

14. Robert Bonnaud, *Le Système de l'histoire*, Fayard, 1989.

15. «À la recherche des tournants historiques mondiaux. À quelles conditions une histoire universelle est-elle possible ?», entretien avec Robert Bonnaud, «La passion et la distance. Rapport sur Robert Bonnaud», Pierre Vidal-Naquet, «La rigueur de l'approximation», Robert Bonnaud, réponse à Pierre Vidal-Naquet, *Le Débat*, n° 75, mai-août 1993.

16. Mona Ozouf, «Peut-on commémorer la Révolution française ?», *Le Débat*, n° 26, septembre 1983, p. 165.

17. François Furet, *Penser la Révolution française*, Gallimard, 1978.

18. «89 : la commémoration», *Le Débat*, n° 57, novembre-décembre 1989.

19. *Le Débat*, n° 78, janvier-février 1994.

20. «Le mystère 68», *Le Débat*, n° 50, mai-août 1988, avec des contributions de Jacques Baynac, Hervé Le Bras, Henri Weber, Paul Yonnet; «Le mystère 68 (suite)», *Le Débat*, n° 51, septembre-octobre 1988.

21. «Mai 68, quarante ans après», *Le Débat*, n° 149, mars-avril 2008, p. 3.

22. «Notre histoire. Matériaux pour servir à l'histoire intellectuelle de la France 1953-1987», *Le Débat*, n° 50, mai-août 1988.

23. «Le structuralisme a-t-il une histoire ?», *Le Débat*, n° 73, janvier-février 1993.

24. «La Ve République des clercs», *Le Débat*, n° 79, mars-avril 1994.

25. *Le Débat*, n° 54, mars-avril 1989; n° 56, septembre-octobre 1989.

26. Olivier Dumoulin, *Le Rôle social de l'historien*, Albin Michel, 2003.

27. «Vérité judiciaire, vérité historique», *Le Débat*, n° 102, novembre-décembre 1998.

28. «Nouvelles géographies»; «Histoires et historiens», *Le Débat*, n° 92, novembre-décembre 1996.

29. «Inquiétudes et certitudes de l'histoire», *Le Débat*, n° 103, janvier-février 1999.

30. «Mémoires du XXe siècle», *Le Débat*, n° 122, novembre-décembre 2002.

31. «Écrire l'histoire du monde», *Le Débat*, n° 154, mars-avril 2009.

32. «Joseph Frank, *Dostoïevski. Les germes de la révolte : 1821-1849*», présenté par Jean Malaquais, *Le Débat*, n° 9, février 1981.

33. «Émergence du cognitif», *Le Débat*, n° 47, novembre-décembre 1987.

34. «La philosophie qui vient. Parcours, bilans, projets», *Le Débat*, n° 72, novembre-décembre 1992.

35. «Questions à la littérature», *Le Débat*, n° 54, mars-avril 1989.

36. «Identification d'un objet : la médiologie», *Le Débat*, n° 85, mai-août 1995.

37. «Penser la société des médias I», *Le Débat*, n° 138, janvier-février 2006; «Penser la société des médias II», n° 139, mars-avril 2006.

38. Marcel Gauchet, «Contre-pouvoir, métapouvoir, anti-pouvoir», *Le Débat*, n° 138, janvier-février 2006, p. 20.

39. «Alain Decaux raconte... Alain Decaux, entretien avec Pierre Nora», *Le Débat*, n° 30, mai 1984, p. 45-80.

40. Alain Decaux, *Tous les personnages sont vrais. Mémoires*, Perrin, 2005, p. 225.

41. *Ibid.*, p. 225.

42. Alain Decaux, entretien avec l'auteur.

43. Pierre Nora, dans «Alain Decaux raconte... Alain Decaux, entretien avec Pierre Nora», *op. cit.*, p. 69.

44. *Ibid.*, p. 72.

45. Olivier Salvatori, entretien avec l'auteur.

46. Pierre Nora, entretien avec l'auteur.

47. Pierre Nora, dans Bernard Pivot, *Le Métier de lire, réponses à Pierre Nora*, Gallimard, 1990, p. 9.

48. *Ibid.*, p. 9.

49. Bernard Pivot, lettre à Pierre Nora, archives Pierre Nora.

50. Bernard Pivot, lettres à Pierre Nora, archives Gallimard.

51. Bernard Pivot, «L'esprit d'*Apostrophes*. Entretien avec Pierre Nora», *Le Débat*, n° 60, mai-août 1990.

52. Pierre Nora, dans Bernard Pivot, *Le Métier de lire, réponses à Pierre Nora, op. cit.*, p. 10.

53. Bernard Pivot, *Le Métier de lire, réponses à Pierre Nora, op. cit.*

54. Pierre Nora, *ibid.*, p. 111.

55. Bernard Pivot, lettre à Pierre Nora, 2 janvier 1991, archives Pierre Nora.

56. Janos Kornai, *Du socialisme au capitalisme*, Gallimard, 1990.

57. Jean-Luc Gréau, «Le savetier et le financier. Essais sur les origines de la crise boursière et la nature du capitalisme contemporain», *Le Débat*, n° 52, novembre-décembre 1988.

58. Jean-Luc Gréau, *Le Capitalisme malade de sa finance*, Gallimard, 1998; *L'Avenir du capitalisme*, Gallimard, 2005; *La Trahison des économistes*, Gallimard, 2008.

59. Marcel Gauchet, note à Antoine Gallimard, 15 janvier 2008, archives Gallimard.

60. Jean-Marie Dru, *La Publicité autrement*, Gallimard, 2007.

61. Olivier Salvatori, entretien avec l'auteur.

62. Hervé Juvin, *L'Avènement du corps*, Gallimard, 2005.

63. Marcel Gauchet, note à Antoine Gallimard, 17 septembre 2007, archives Gallimard.

64. Hervé Juvin, *Produire le monde. Pour une croissance écologique*, Gallimard, 2008.
65. Jacques Rigaud, *Libre culture*, Gallimard, 1990.
66. Jacques Rigaud, lettre à Pierre Nora, 12 janvier 1990, archives Gallimard.
67. Jean Clair, *La Responsabilité de l'artiste*, Gallimard, 1997.
68. Krzysztof Pomian, *L'Europe et ses nations*, Gallimard, 1990.
69. Pierre Nora, note à Antoine Gallimard sur *L'Europe des nations*, 28 septembre 1989, archives Gallimard.
70. Michel Guénaire, *Un monde sans élites*, Grasset, 1995 ; *Le Prince moderne ou les Limites du pouvoir*, Flammarion, 1998.
71. Michel Guénaire, *Déclin et renaissance du pouvoir*, Gallimard, 2002.
72. Lionel Jospin, *Le Monde comme je le vois*, Gallimard, 2005.
73. Denise Laroutis, entretien avec l'auteur.

29. Le jour le plus beau sous la Coupole : le 6 juin

1. José Cabanis, ajout manuscrit en tête de son ouvrage, *Regards, Sables*, 10 février 1998.
2. René de Obaldia, entretien avec l'auteur.
3. Jean Daniel, entretien avec l'auteur.
4. Christel Chassagnol, entretien avec l'auteur.
5. Mona Ozouf, entretien avec l'auteur.
6. Joseph Kessel, cité par Pierre Nora, *Discours de réception de Pierre Nora à l'Académie française*, Gallimard, 2002, p. 39.
7. Pierre Nora, « Discours à l'occasion de la remise de l'épée », dans *Discours de réception de Pierre Nora à l'Académie française*, *ibid.*, p. 125-126.
8. *Ibid.*, p. 121.
9. Pierre Nora, lettre à Simone Veil, archives Pierre Nora.
10. *Ibid.*, p. 122.
11. *Ibid.*, p. 17.
12. *Ibid.*, p. 27.
13. *Ibid.*, p. 28.
14. Maurice Druon, propos cités par Pierre Nora, entretien avec l'auteur.
15. Pierre Nora, « Hommage à Maurice Druon », 23 avril 2009, *Bulletin de l'Institut*, n° 18, 2009, p. 6.
16. Jean-Pierre Rioux, lettre à Pierre Nora, 9 juin 2001, archives Pierre Nora.
17. Henry Rousso, lettre à Pierre Nora, 19 juin 2001, archives Pierre Nora.
18. Antoine Prost, lettre à Pierre Nora, 10 juin 2001, archives Pierre Nora.
19. Laurent Fabius, lettre à Pierre Nora, 8 juin 2001, archives Pierre Nora.
20. Jacques Chirac, lettre à Pierre Nora, 10 juin 2002, archives Pierre Nora.
21. Édouard Balladur, lettre à Pierre Nora, 8 juin 2001, archives Pierre Nora.
22. Dominique de Villepin, lettre à Pierre Nora, 14 juin 2002, archives Pierre Nora.
23. Alain Decaux, entretien avec l'auteur.
24. Marc Fumaroli, « La Coupole », dans Pierre Nora (dir.), *Les Lieux de mémoire*, Gallimard, coll. « Quarto », 1997, p. 1929-1930.
25. *Ibid.*, p. 1934.
26. Jean Dutourd, propos rapportés par Alain Decaux, entretien avec l'auteur.
27. Pierre Nora, *Discours sur la vertu*, Académie française, 30 novembre 2006.
28. *Ibid.*
29. Paul Ricœur, *Le Mal. Un défi à la philosophie et à la théologie*, Labor et Fides, Genève, 1986, repris dans *Lectures 3*, Seuil, 1994, p. 211-233.
30. Jean-Jacques Rousseau, cité par Pierre Nora, *Discours sur la vertu*, Académie française, *op. cit.*
31. Jean-Denis Bredin, entretien avec l'auteur.
32. Jean Lacouture, entretien avec l'auteur.

30. Combats pour l'histoire

1. Romain Bertrand, *Mémoires d'Empire*, éd. Du Croquant, 2006.
2. Pierre Nora, *Le Débat*, n° 141, septembre-octobre 2006, p. 49.
3. Voir Patrick Garcia, « Paul Ricœur et la guerre des mémoires », dans Christian Delacroix, François Dosse et Patrick Garcia (dir.), *Paul Ricœur et les sciences humaines*, La Découverte, 2007, p. 57-76.
4. *Ibid.*, p. 64.
5. Olivier Pétré-Grenouilleau, *Les Traites négrières. Essai d'histoire globale*, Gallimard, 2004, voir chapitre : « L'affaire Pétré-Grenouilleau. »
6. Jean-Pierre Azéma, entretien avec l'auteur.
7. Françoise Chandernagor, entretien avec l'auteur.
8. *Ibid.*
9. Pierre Nora, entretien avec l'auteur.
10. Nicolas Sarkozy, ministre de l'Intérieur et de l'Aménagement du territoire, président de l'UMP, déclaration sur les enjeux politiques et électoraux de l'UMP, Nîmes, 9 mai 2006.
11. Pierre Nora, « La mise à feu mémorielle », *Le Diable probablement*, entretien avec Anaëlle Lebovits et Martin Quenehen, n° 3, automne-hiver 2008, p. 74.
12. Jean-Pierre Azéma, entretien avec l'auteur.
13. Pierre Nora, « Plaidoyer pour les "indigènes" d'Austerlitz », *Le Monde*, 13 décembre 2005.
14. *Ibid.*
15. *Ibid.*
16. Philippe Meyer, lettre à Pierre Nora, 13 décembre 2005, archives Gallimard.

17. Jean-Marie Rouart, lettre à Pierre Nora, décembre 2005, archives Gallimard.
18. Pierre Nora, « Légiférer sur le génocide arménien, c'est stériliser l'histoire », entretien avec Frédéric Fritscher et Alexis Lacroix, *Le Figaro*, 17 mai 2006.
19. René Rémond, *L'Histoire*, n° 306, février 2006, p. 84.
20. Hubert Védrine, entretien avec l'auteur.
21. Propos de Jacques Chirac, rapportés par Hubert Védrine, entretien avec l'auteur.
22. Pierre Nora, « Audition du 15 avril 2008 », dans *Rapport d'information n° 1262. Rassembler la Nation autour d'une mémoire partagée*, Assemblée nationale, 2008, p. 210.
23. Bernard Accoyer, mot de remerciement à Pierre Nora, 2009, archives Pierre Nora.
24. Olivier Salvatori, entretien avec l'auteur.
25. Pierre Nora, Françoise Chandernagor, *Liberté pour l'histoire*, CNRS éditions, 2008.
26. Xavier Darcos, lettre à Pierre Nora, 29 octobre 2008, archives Pierre Nora.
27. Nikolay Koposov, « Le débat russe sur les lois mémorielles », *Le Débat*, n° 158, janvier-février 2010, p. 50.
28. Pierre Nora, lettre à Nikolay Koposov, 28 mai 2009, site « Liberté pour l'histoire ».
29. Pierre Nora, intervention lors de l'assemblée générale de Liberté pour l'histoire, 13 février 2010, à la Sorbonne.
30. *Ibid.*
31. Pierre Nora, « Les avatars de l'identité française », *Le Débat*, n° 159, mars-avril 2010, p. 4-20.
32. *Ibid.*, p. 15.
33. *Ibid.*, p. 20.

CONCLUSION
Le moment Nora

1. Pierre Nora, lettre à l'auteur, 26 mai 2005.
2. François Dosse, « Autour de l'ego-histoire », *Le Débat*, mars 1988, p. 122-124.
3. *Le Débat*, n° 73, janvier-février 1993.
4. *Le Débat*, n° 110, mai-août 2000.
5. Lettre de l'auteur à Pierre Nora, 23 avril 1999.
6. Marcel Proust, *La Prisonnière*, *À la recherche du temps perdu*, Gallimard, Bibliothèque de la Pléiade, 1988, tome III, p. 902.
7. Boris Pasternak, exergue de Claude Simon, *L'Herbe*, Minuit, 1958.
8. Charles Péguy, *Clio*, Gallimard, 1932, p. 256.
9. Henri Bergson, *L'Énergie spirituelle*, PUF, 1919, p. 131.
10. Henri Bergson, *L'Évolution créatrice*, PUF, 1907, p. 315.
11. Krzysztof Pomian, entretien avec l'auteur.
12. Pierre Nora, « La fin des humanités », entretien avec Élisabeth Lévy, *Le Point*, 21 avril 2005.

Index

Remerciements

Je remercie tous ceux qui m'ont généreusement apporté leur témoignage au cours d'entretiens réalisés entre 2008 et 2010. Leur contribution a constitué un des matériaux majeurs de cette biographie intellectuelle. En premier lieu, Pierre Nora lui-même avec lequel j'ai eu quelques longs entretiens et qui m'a laissé une totale liberté au point de ne pas vouloir prendre connaissance du manuscrit avant publication.

Maurice Agulhon, Stéphane Audouin-Rouzeau, Jean-Pierre Azéma, Geneviève Barrier, Annette Becker, Émile Biasini, Françoise Borin, Jean-Denis Bredin, Esteban Buch, Françoise Cachin, Françoise Chandernagor, Marie-Claude Char, Christel Chassagnol, Isabelle Châtelet, Anne-Marie Chimènes, Jérôme Clément, Antoine Compagnon, Marie-Pierre de Cossé Brissac, Teresa Cremisi, Josefina Cuesta, Évelyne Dahan (née Bénichou), Jamil Dakhlia, Jean Daniel, Pierre-Emmanuel Dauzat, Régis Debray, Alain Decaux, Bénédicte Delorme-Montini, Georges Devallet, Alain Duhamel, Jean-Paul Enthoven, Marc Ferro, Didier Franck, Jean-Pierre Franck, Antoine Gallimard, Robert Gallimard, Jérôme Garcin, Thierry Gasnier, Raoul Girardet, Frédéric Grasset, François Hartog, François Jacob, Jean-Louis Jeannelle, Jean-Marcel Jeanneney, Jean-Noël Jeanneney, Bogumil Jewsiewicki-Koss, Philippe Joutard, Jacques Julliard, Lawrence Kritzman, Jean Lacouture, Denise Laroutis, Bernard Latarjet, Marie-Claire Lavabre, Jacques Le Goff, Emmanuel Le Roy Ladurie, Georges Liébert, Charlotte Liébert-Hellman, Annette Lindon, Louis Martinez, Philippe Meyer, Daniel Milo, Hélène Monsacré, Jean Montoya, Jacqueline Nora, Léone Nora, René de Obaldia, Pascal Ory, Mona Ozouf, Pim den Boer, Krzysztof Pomian, Édouard Pommier, J.-B. Pontalis, Antoine Prost, Jacques Revel, Henry Rousso, Maryvonne de Saint Pulgent, Olivier Salvatori, Jean-Claude Schmitt, Dominique Schnapper, Anne Simonin, Marie-Anne Sire, Alain-Gérard Slama, Philippe Sollers, Laurent Theis, Hubert Védrine, Bénédicte Vergez-Chaignon, Paul Veyne, Paul Viallaneix, Nathan Wachtel, Annette Wieviorka, Michel Winock, Yanqing Liu.

Je remercie aussi les secrétaires de Pierre Nora, Agathe Guillot et Élise Boulay, la secrétaire du *Débat*, Marie-Christine Régnier, pour m'avoir facilité l'accès aux archives du service Nora chez Gallimard. Mes remerciements vont aussi à Brigitte Mazon pour avoir mis à ma disposition les archives concernant Pierre Nora à l'EHESS et Clément Pieyre les archives de Jean-François Revel déposées à la Bibliothèque nationale.

Enfin, *last but not least*, mes remerciements vont à mon éditeur, Laurent Theis, excellent connaisseur du sujet dont il est un ami proche, pour sa lecture empathique et vigilante.

Table

II. LE DEUIL ÉCLATANT DE LA LITTÉRATURE

III. LES PALAIS MÉMORIELS

IV. LE «RETOUR» DU SUJET

V. AU CŒUR DE LA CITÉ

La photocomposition de cet ouvrage
a été réalisée par
Graphic Hainaut
59163 Condé-sur-l'Escaut

Imprimé en France par CPI
en février 2020

pour le compte des Éditions Perrin

N° d'impression : 157327
Dépôt légal : novembre 2016
K03379E/02